瞽女と瞽女唄の研究

研究篇

ジェラルド・グローマー 著

Gerald Groemer

名古屋大学出版会

写真撮影：相場浩一

序文

最近発表された統計によれば、先進国人口の約一割には何らかの「障害」があると推定されている[1]。具体的な数字は調査方法により大きく変動し、法律で「障害」が非常に狭く限定されている日本においては正確な人数を把握することは困難である。とはいえ、なお「障害者」は日本国内最大のマイノリティーであると推定される。そして、今後高齢化が進むにしたがい障害者の人数は、増えこそすれ、急激に減ることはないであろう。

従来の史学は、この最大のマイノリティーの存在を蔑ろにし、暗黙のうちに歴史は五体満足で壮年期の者（とりわけ男性）に対象を絞って語られてきたといって過言ではない。最近になってようやくこの傾向に変化の兆しが現れてきたものの、「完全な身体」を有する主体という虚像は依然として史学に強い影響を及ぼしつづけている。その結果、障害者とみなされてきた人々が、社会の中でどのように位置づけられ、どのように抑圧され、どのような支援を受け、またいかなる経済・政治・文化活動を展開してきたのか、といった諸点については、いまだ充分に解明が進んでいないのが実情である。

このいわば「障害者史」とでも呼ぶべき研究領域のなかで従来最も研究蓄積のあるテーマは、すでに近世期に一定の社会的、歴史的関心が寄せられていた男性視覚障害者の歴史であろう。男性視障者が早くから研究されてきた一つの理由は、彼らがすでに中世後期に「当道」（当道座）といった全国組織を確立し、明治維新後のその廃止にいたるまで当道を通して大名にまで融資を行い、また近世の鍼治・音曲の発展にも大きく貢献したからであろう。一方、女性視障者は当道に匹敵する統一した組織を持たなかった。したがって、「盲女」「瞽女」と称される彼女たちの実態には、なお不明な点が少なくない。そもそも彼女たちに限らず、女性が歴史語りのうちに取り戻されはじめたのはごく最近の現象でもある。

資料的にも、各地に分散していた瞽女組織は、当道が作成した膨大な文書資料と同等のものは残しておらず、瞽女の歴史を研究するにあたっては、断片的な史料にくわえて民俗誌、瞽女であった女性たちへのインタビュー、瞽女唄の録音などを駆使しなければならない。とりわけそれらの多彩な録音資料に大きく依存することから、研究も自ずから従来の文書中心の歴史学とは異なりより学際的とならざるをえない。民俗学、人類学、女性史、芸能史、宗教史など、さまざまなアプローチをとるべきはむろんのこと、さらには瞽女の演奏した唄を音楽学の対象とし、歌詞は口承文芸として把握することも必要である。

瞽女を対象とした学術的調査、瞽女の組織、稼業、口承文芸などをめぐる研究は、あたかもミネルヴァの梟が夕暮どきに飛び立つかのように、瞽女仲間が衰滅し、活動をほぼ停止した頃から一気に花開いたといってよい。本格的な研究は昭和八年（一九三三）に発表された中山太郎の「瞽女根元記」を嚆矢とする。この画期的な労作は、翌年中山著の『日本盲人史』に収録された。ついで、昭和十一年（一九三六）には、同じ著者による『続日本盲人史』も刊行されている。その後おおよそ四半世紀にわたり、この二部作は視覚障害者史の最も優れた総合的研究の地位を堅持しつづけた。たしかにかつて加藤康昭が指摘した通り、これら中山の著書には、封建支配層の立場をそのまま踏襲している記述も少なくなく、その意味ではそれらは批判的かつ慎重な取扱いを要する業績である。また、中山は研究の主な素材を当道関係文書に限定してしまったために、当時なお活躍していた瞽女たちを学術的に調査する二度とない好機を、あたら逸する結果となってしまった。しかし、このような問題点にもかかわらず、それらは現在にいたるまで瞽女研究には欠かせない書となっている。

瞽女研究は、戦時中に一時中断されたが、終戦後約十五年を経て学術的研究が再び軌道に乗りはじめた。昭和三十四年（一九五九）には市川信次「高田ゴゼ」と高田市文化財調査委員会編『高田のごぜ』の先駆的な報告書が発表され、越後高田を中心に住居を構えていた瞽女が注目された。引き続き水野都沚生が長野県飯田市の瞽女の調査に乗りだし、その成果が昭和三十五年（一九六〇）に「瞽女聞き書」として上梓され、ここに飯田瞽女と高田瞽女の比較が可能となった。翌年には岡見正雄が「瞽女覚書」において中世の瞽女を取りあげ、きわめて断片的な中世史料を最大限に活用し、近世以前の瞽女の実態把握を試みた。

瞽女唄の文化的・歴史的価値も、ほぼ同じ頃再認識されるようになった。一九六〇年代後半には、当時なおとりわけ多くの唄を覚えていた越後瞽女が注目の的となり、国立劇場などを舞台に高田瞽女の公演が催されるようになった。また昭和四十年（一九六五）には町田佳聲が柏崎の瞽女伊平タケの演奏（昭和十八年［一九四三］録音）を『「江差追分」と「佐渡おけさ」――民謡源流考』というレコードにおいて紹介し、これを皮切りに瞽女唄の録音刊行の流れが拡大していった。

一九六〇年代の瞽女研究が例外なく個別的、断片的な性格を帯びていたのに対し、一九七〇年代にはより包括的、体系的な民俗誌・民俗学的研究が相次いで発表された。昭和四十七年（一九七二）には画家の斎藤真一が『瞽女――盲目の旅芸人』と『越後瞽女日記』を出版した。前者は著者の「男のロマン」の追求に主眼を置いていたとはいえ、高田瞽女の生活・活躍をはじめ、瞽女宿などに関する貴重な学術的情報にも富んでいる。同年、鈴木昭英は「長岡瞽女の組織と生態」を発表し、それまではあまり目が向けられなかった中越の瞽女に注目している。鈴木は、その後も緻密な調査に基づく学術的価値の極めて高い数多くの論文を発表しつづけている。また昭和四十八年（一九七三）以降、佐久間惇一は、さらに北で活躍した瞽女の聞き書き調査の成果を「阿賀北の瞽女聞書」など一連の論文にまとめあげ、ついで昭和五十年（一九七五）には、後に国文学としての瞽女唄研究の基本資料のひとつとなる『阿賀北瞽女と瞽女唄集』を発表している。これによって数多くの越後瞽女唄の歌詞が翻字され、国文学の側面からの本格的な瞽女唄研究も可能となった。高田瞽女唄の音楽的要素についても、大滝雅楽絵（杉野三枝子）が、昭和四十八年（一九七三）に『楽道』に連載された論文「瞽女唄の研究――高田瞽女唄を中心として」で分析している。また橋本節子は、『阿賀北瞽女と瞽女唄集』所収の「越後瞽女唄の音楽的特色について」の中で、長岡瞽女唄の旋律について論じている。これらの成果を通して、瞽女唄の音楽学的研究もようやく緒についたのである。そして昭和五十年（一九七五）には水上勉著の小説『はなれ瞽女おりん』（のち映画化）が広く読まれ「瞽女ブーム」を呼び起こした。

こうして一九七〇年代には、瞽女を取り上げる視点が次第に多様化していった。岩瀬博と水沢謙一は瞽女の語る昔話・民話に注目し、また橋本照嵩は、『瞽女――橋本照嵩写真集』などを発行した。この時代の最も総合的な視障者に関する研究は、昭和四十九年（一九七四）刊行の加藤康昭著『日本盲人社会史研究』であり、これにより中山太郎の研究が三十年ぶりに再検討された。史料を博捜し、当道を経済史・社会史の視点から捉えた加藤のこの著作は、歴史を闘争と変化の過程として捉え、近世の視障者の生活実態、座の経済的機能と教育的役割などを鮮やかに分析している。加藤は元禄の町人文化の展開と瞽女との関わり、あるいは江戸中期以降における「盲人の上昇自立化」を認めつつも、中山と同様に当道を中心に分析を進めている。そのため、女性視障者が歩んだ独自の道の掘り起こしは、そこでは副次的な課題とならざるをえなかった。六〇〇頁に及ぶこの大著において、瞽女に関する言及は随所に見られるが、瞽女組織に当てられた紙幅はわずか一一頁に過ぎず、著しく男女で組織間のバランスを欠いているといわざるをえない。ただしにもかかわらず、中山の著作と共に加藤の研究は、今もなお視覚障害者史の双璧をなしているのは確かである。

近年には谷合侑が、『盲人の歴史』（平成八年［一九九六］）と『盲人福祉事業の歴史』（平成十年［一九九八］）の両著において、明治以降の視覚障害者の歴史を跡づけており、その中には瞽女に関する記述も多少見られる。平成十年（一九九八）に刊行された大隈三好著、生瀬克己補訂『盲人の生活』には、瞽女に関する章も設けられている。同書の補章（二二一～二四三頁）になる生瀬克己「近現代の〈視覚障害者〉をめぐって」は、明治以降の視障者の教育や就職状況などの歴史を分析した貴重な研究成果である。

そのほかにも視障者の歴史に大きな比重を占める巫女の研究が、中山太郎著『日本巫女史』（昭和五年［一九三〇］）以来飛躍的に進歩し、戦後には東北地方の「イタコ」などに関する幾多の民俗誌が発表された。当道の研究史料には渥美かをる他編『奥村家蔵当道座・平家琵琶資料』（昭和五十九年［一九八四］）が欠かせない材料を提供し、さらに中世以降、主に近世九州で活躍した盲僧の研究も最近になって量質共に目覚ましく向上した。『福岡県史』文化史料編二（平成五年［一九九三］）、福田晃・荒木博之編『巫覡・盲僧の伝承世界』（第一集、平成十一年［一九九九］、第二集、平成十五年［二〇〇三］、第三集、平成十八年［二〇〇六］）、永井彰子著『日韓盲僧の社会史』（平成十四年［二〇〇二］）を挙げておきたい。

越後瞽女に関する研究が進むのと平行して、他県の瞽女組織も少しずつ解明されてきた。長野県については、上に触れた水野都沚生の調査報告後、村沢武夫著『伊那の芸能』（昭和四十二年［一九六七］）、三好一成「飯田瞽女仲間の生活誌」（昭和五十年［一九七五］）、山田耕太「松代藩領の盲人――弘化三年年東寺尾村飴屋兵助女子一件」（平成十七年［二〇〇五］）、鈴木昭英「信州飯田瞽女の足跡」（平成十八年［二〇〇六］）が、さらに詳しい研究を進めている。くわえて三好は、「岐阜県東濃地方の瞽女仲間」（昭和五十三年［一九七八］）や「岐阜県東濃瞽女の生活誌」（昭和五十四年［一九七九］）において岐阜県の瞽女を、さらに「豆州三島瞽女仲間と足柄県の開化策」（平成九年［一九九七］）においては静岡県の瞽女に関する新史料を紹介し、それぞれの地域の瞽女組織を克明に分析している。また廣江清「近世瞽女座頭考」（昭和五十六年［一九八一］）、松本瑛子「近世社会における座頭・瞽女の考察」（平成四年［一九九二］）、河合南海子「宇和島藩における盲人養米制度の成立と展開」（平成十五年［二〇〇三］）では四国の瞽女に関する研究が掘り下げられ、福島邦夫「瞽女唄」（昭和六十年［一九八五］）と、同「稲荷に捧げる歌」（昭和六十年［一九八五］）では、福岡県の瞽女の調査成果が発表され、大島建彦「沼津の瞽女」（平成十年［一九九八］）では、沼津の瞽女に関する貴重な史料や分析が提供されている。このように、最近になって瞽女の各地での実態が次第に明らかにされつつある。

以上述べた著作や研究論文は、全体として瞽女の発言を単なる「素材」として取り扱う傾向が強いが、一九七〇年代以降には瞽女自らの言葉を採録する研究も現れはじめている。すでに触れた斎藤真一著『瞽女――盲目の旅芸人』には、杉本キクエ（明治三十一年～昭和五十八年［一八九八～一九八三］、瞽女になる前の姓は青木、瞽女名ハル、出世名初梅）

への短いインタビューが含まれており、[2] 大山真人著『わたしは瞽女——杉本キクエ口伝』においても瞽女の「口伝」がそのまま収録されている。佐久間惇一が一九七〇年代に発表した研究の多くにも下越の瞽女の言葉がほぼそのまま引用されているが、最初の本格的な「自伝」と目されるのは、伊平タケの語りを最大限に活かした鈴木昭英・松浦孝義・武田正明編『聞き書越後の瞽女』（昭和五十一年［一九七六］）であろう。昭和五十四年（一九七九）に鈴木は「聞き書　長岡瞽女」において渡辺キクと関根ヤスの言葉も忠実に伝えており、それらも極めて重要な資料となっている。鈴木が一九七〇年代に行った杉本キクエへのインタビューも最近翻字され、これからの瞽女研究にとって重要な資料となるであろう。そのほかにも長岡系の瞽女であった小林ハル（明治三十三年～平成十七年［一九〇〇～二〇〇五］）の語りからは、その後約十年おきに出版されてきた以下のような自伝や伝記が生み出されてきた。すなわち、昭和五十六年（一九八一）出版の桐生清次著『次の世は虫になっても』、平成三年（一九九一）の下重暁子著『鋼の女』、そして平成十三年（二〇〇一）の本間章子著『小林ハル』である。一九七〇年代からは、市販された録音のいくつかにも瞽女へのインタビューが含まれ、一九九〇年代以降にはＣＤ化されるものもあり、越後瞽女の語りが後世に遺されている。

瞽女研究の現状はおおよそ以上に述べた通りである。一九七〇年以降には特に越後瞽女に関する民俗誌や瞽女唄の歌詞集・録音の出版が飛躍的に進み、越後瞽女の全貌は次第に明らかになってきた。しかし、越後瞽女以外の瞽女に関する研究成果は依然として乏しく、瞽女に関する史料は無数の書物、論文、あるいは未刊の文書として全国に分散しており、瞽女唄の音楽的要素も、なお充分に理解されたとは言い難い。この現状を踏まえて本書においてはなるべく多くの史料を収集・整理しながら各地の瞽女と瞽女が築いた音楽文化の分析に努めた。

そこでまず、筆者の基本的姿勢を簡単に説明しておこう。

(1) 瞽女稼業や瞽女の仲間組織が日本社会から消えた現在では、瞽女を直接の研究対象とする新たなる民俗調査は困難となっている。しかし江戸初期から存続していた各地の瞽女の風俗、仲間組織、芸能活動などに関する未発掘・未使用の史料を活用するならば、あらゆる面から瞽女をめぐる歴史を解明することは、いまだ可能であり、またそれは重要な研究課題として残されている。

瞽女の歴史を論ずるにあたり、それを孤立した現象としてではなく、近世の経済成長および社会的変化一般の中に位置づけることが何よりも肝要である。瞽女の社会的地位を単純に経済的搾取関係などに還元することは賢明ではないが、瞽女の経験した待遇と差別を不変の「民俗」と見なすこともまた間違いである。本書は、全ての人間を身分別、性別、障害別、職業別、年齢別にきめ細かく分類し、そうした諸差別を支配原理の重要な構成要素として繰り込んだ近世社会を「差別社会」と捉え、時代とともに築き上げられた社会的差別システムを通して権力が甚だしく不均等に分配された事実を重視している。また経済的搾取と政治的支配を権力分配の基礎と見なしながら、同時に文化的ヘゲモニーの分配も重要な支配原理を構成しているとも考えている。

この時代、為政者が法律の制定、行政機関の設置、慣習の維持などを通して、このような差別システムの大枠を設定したのであるが、そのことはかならずしも個々の差別行為と差別的価値観が被支配者側に一方的に押しつけられたことを意味しない。場合によっては、かえって、地方の役人などが地元に通用する個別の差別的慣習の正当性を疑問視し、あるいはその撤廃を求めた例すらも見うけられる。また差別を受けた者は、彼らが「不当」と認識した為政者の行為や権力の行使に反発し、支配体制に抵抗を示した事例も当然あろうが、同時に、為政者が定めた大枠の中で被支配者同士が互いに差別し合い、図らずも権力構造の再生産・強化に貢献したことも稀ではない。こうした社会事情のもとに視覚障害者として、芸人として、多くの場合は地方出身者、また貧困層に属した者としてもあらゆる種類の差別の対象とされた瞽女の存在は、近世社会の不均等な権力の分配構造を鮮明に映し出しているといえよう。

(2) 近世・近代の瞽女が育成・伝授した独自の音楽ジャンルを歴史を超越する不変の「民俗」と解することは危険であり、本書においてはこのような解釈をあえて避けた。瞽女が歌っていた唄や演奏した器楽の創造（生産）、普及（流通）、受容（再生産）は近世の経済成長の土台の上に成立した芸能市場の発展に大きく依存していたのであり、瞽女の演奏活動全般あるいは個別の演奏の意味も時代と地域によって変化を免れなかった。都会における近世の視障者の音楽活動と芸能市場との関係については、すでに加藤康昭が、『日本盲人社会史研究』に指摘しているが、その視角は、当道を中心に論じている結果、男性と三都における芸能市場との関係にほぼ限られている。しかし瞽女も、三都や各地の城下町以外でも分散した形で小規模の組織を結成し、在方において芸能を習得、披露、伝授する役割をも担っていたのであり、そうした彼女らの組織や役割と地方における芸能市場の展開も重要な研究課題である。

(3)「もう唄の文句を忘れてしまった。生きている甲斐がない」という、昭和五十八年（一九八三）に他界した高田瞽女の杉本キクエの辞世の詞が端的に示すように、瞽女は自分を何よりもまず芸人であると自覚していた。むろん、彼女らの活動は、狭い意味での芸能には限られなかった。越後瞽女が昔話を語り、民間信仰者としても活躍したり、また関東などの瞽女が村に数日逗留し若者の「酒之相手等」となったり、明治以降には群馬県の瞽女が毒消しの薬を売り歩いたり、他の地方の瞽女も唄本（歌詞本）などの販売を行ったりというふうに、彼女らの活動は多彩であった。[3] しかしながら、彼女たちの活動は、やはり音楽（唄、三味線、箏曲など）の演奏と教授を中軸として展開されていたといわなければならない。

杉本キクエは「唄の文句」を失念したことを嘆きながらも、「唄の節」――つまりその旋律的、あるいはさらに広くいえばその音楽的要素――を忘れることは、最期までなかった。そこに、歌詞よりは音楽こそが瞽女の心に深く根付いていた証拠を見ることもできよう。同様に高田瞽女の杉本（五十嵐）シズ（またはシズエ、大正五年～平成十二年［一九一六～二〇〇〇］）が「祭文松坂」と「口説《くどき》」の相違点について聞かれた際、「節が違う！」と即答し、研究者が注目しがちな詞形には一言も触れていなかったことも注目される。[4] 幕末のはやり唄本の表紙に「ふしは御ぞんじ、もんくはしん作」とあるように、歌詞が激しくはやり廃りを繰り返すのに対し、旋律は変化が遅く、庶民の共有の潜在的財産となっていたといえよう。[5] 本書が、瞽女唄の歌詞についても論じながら、音楽的要素の分析を最重要課題のひとつとして位置づけたゆえんである。

瞽女の歴史研究の進展も、史料の有無に拠っていることは改めていうまでもなかろう。本書で使用した史料の収集にあたり、筆者は、各地の文書館、図書館、大学、役場、教育委員会、そして多くの方々の個人的好意に恵まれた。所蔵機関の多くは目下資料目録の電子化に尽力しており、今後の検索の効率化により新しい資料の発見が見込まれる。また瞽女の数百年間にわたる日本文化への貢献の大きさについて理解が深まるにつれ、個人所蔵の貴重な文書の公開も一層進むことが期待される。

その一方で、重要な瞽女研究史料を所蔵しながら、その公開に後ろ向きの態度を取る公的機関も数は少なくなってきてはいるものの、いまだに残っている。一例をあげれば、大野郡高山壱之町村の一連の宗門人別御改帳は高山市郷土館蔵であるが、半永久的に「未整理」とされている。その数カ所が加藤康昭著『日本盲人社会史研究』に翻刻され、一部も『岐阜県史』に所収され、原本の写真一枚までが『日本の近世』（七、身分と格式、中央公論社、一九九二年、一五一頁）に掲載されているにもかかわらず、「プライバシーの問題」の名目で、特別の「コネ」がなければその閲覧が不可能となっているのである。また瞽女唄の研究に欠かせない未発表の音響資料の入手も困難をきわめるのが実情である。公的機関の所有する貴重な録音資料の完全な公開が求められる。越後瞽女の場合、長岡系瞽女唄の録音を大量に所蔵している新発田市教育委員会は公開の手段として録音を業者に委託販売させることによって、瞽女唄研究に欠かせないCDが比較的容易に入手できるようになり、本書も第14章においてそれらを最大限に活用させていただいている。高田瞽女唄の録音を保管している上越市役所も、非売品ではあるが、五枚組のCD（『瞽女唄――上越市発足二十周年記念』一九九一年）を発行しており、瞽女の顕彰のために将来的には録音のさらなる公開を視野に入れており、その前向きな姿勢も評価したい。

これまでの史資料の調査、研究の執筆・刊行には、きわめて多くの方々の助力を得たことを感謝とともに記しておきたい。最後の長岡瞽女である小林ハル氏を紹介して下さったことをはじめとし、多くの録音資料をご提供下さった故佐久間惇一氏には言葉に尽くせないほどお世話になった。有賀得二、市川信夫、鈴木昭英、ロバート・スミス、田中喜男、永井彰子、西村晃、故松尾俊栄、宮田伊津美、宮田繁幸、宮成照子、茂手木潔子、本山幸一各氏にも貴重な文献史資料・録音資料などにくわえて様々な助言を賜った。史料の解読にあたっては特に金子誠司、近松鴻二、飯田文弥、北原進各氏に無数のご教示をいただいた。筆者の拙い日本語の添削には古矢旬氏に数年にわたり多くの時間を割いていただき、また石川敬史氏にも大変お世話になった。また譜例の作成に際してご協力いただいた山本雅一氏にも御礼を申し上げたい。市場価値に乏しい本書の刊行を引き受けていただいた名古屋大学出版会の方々、とりわけ編集担当者として苦労された橘宗吾氏と長畑節子氏には、本当に御世話になった。ここにしるして感謝の意を表したい。

なお、本書の刊行に際しては平成十八年度日本学術振興会科学研究費補助金（研究成果公開促進費）の交付を受けた。関係各位に感謝申し上げる。

目次

史料篇目次

凡例

研究篇の編集方針

本書に引用された史料には「盲人」「盲女」などの呼称が随所に見うけられる。これらの用語は現代社会でも使われている。しかし、「盲人」「盲女」は、弱視から全盲まで様々な障害の程度を十把一絡げに指し示す言葉として用いられ、しかもそこには前近代的な差別的意味合いが払拭されずに付随している。したがって、本書では、それらの用語はあえて使用していない。ただしそれらを歴史的用語として使用する際には、他の差別用語と同様に、原則として「　」に括っている。一方、「瞽女」と称された女性視障者は現代社会から姿を消しており、もっぱら歴史用語となっているので、括弧に括らなかった。また同じく瞽女の個人名も、歴史上の固有名詞とみなし、したがって敬称はすべて省略している。

引用した文献や主張の根拠などの出典は、なるべく正確に示すことに努めた。研究篇の巻末注や史料篇では、出典を著者名、書名・論文名、頁のみの略式で示しているが、それらの詳細については研究篇巻末の「瞽女関係文献目録・解題」を参照されたい。なお出典がこの文献目録に含まれていない場合に限り、それらの出版社、出版年などを記載した。なお、県市町村史の場合、自治体が出版元となることが多く、表題中の表記と重複する際には、それらを略したこともある。

譜例の作成にあたって

瞽女唄録音資料の採譜にあたっては、個別の演奏の特徴をなるべく正確に示すように努めた。したがって、録音に含まれた「間違い」「失敗」などと思われる箇所も原則としてそのまま生かした。多くの曲は一節以上を採譜したので、節と節を比較することによって「間違い」の有無はある程度確認できよう。一節以上の採譜により変奏過程、演奏における即興性なども明らかになると思われる。

本書においては、採譜の目的を主に旋律の特徴や曲の全体構造の把握に置いている。瞽女唄の大半は長編で有節的なものであり、原則として演奏の開始（前奏、導入部）、反復されている中心部の一～三節、そして曲の終わり（後奏、終結部など）を採譜した。曲の全体像をより明確に示すために反復記号を適宜付しているが、口頭伝承による反復には必ずある程度の変奏がともなうことに注意されたい。

大半の瞽女唄の録音は音質が良好とはいえず、音色あるいは音の強弱などに関する要素を充分に捉えられなかった場合が少なくない。また三味線のバチ使いなどを聴き分けることが困難な箇所も多く、そのため原則としてバチ使いあるいは左手の「打手」「ハジキ」などを明記することを断念した。

演奏された歌詞には「お」と「う」、「え」と「い」などの区別が曖昧な語が多い。それらの歌詞の翻字にあたっては、原則として標準語にしたがっている。ただし発音が標準語と著しく異なる場合には例外として方言を採用した箇所もある。掲載した歌詞は唄全体にわたるものではなく、採譜した部分のみのものである。越後瞽女唄の歌詞全体については、佐久間惇一『阿賀北瞽女と瞽女唄集』、鈴木昭英「刈羽瞽女」、同「長岡瞽女唄集」、板垣俊一の一連の論文などをはじめ、音源となったレコードとCDの解説書を参照されたい。

演奏のバチ使い、動機（モチーフ）の動きなどから、越後瞽女唄には二拍子と感じられる箇所が含まれている。しかし拍の結合性は非常に柔軟あるいは曖昧であるので、あえて拍子（meter）を指定しなかった。ただし一拍が規則的に三つに分けられた数少ない例にはそれを示した。西洋古典音楽の三拍子と混同されないように、3／8などではなく、3／♪などと記している。

記号解説

♪　バチ使いのミスなどから生じたであろう特定困難なピッチ。×の位置は推定のピッチである。

♪　語り口など、唄の旋律のピッチが極めて曖昧な音。
／　二つのピッチの間におけるスリ（スライドまたはポルタメント）。スリの最後のピッチは特定できるが、特に鳴らされていない場合は（ ）で括った。
︵　非常に短い装飾音が次の音符についている。
︶　三味線の弦の響きの継続。多くの曲には、三味線の一の弦（音程の最も低い弦）の音は開放弦として鳴り響き、共鳴弦の役割を果たしている。そのため、奏者が実際にバチで一の弦を弾いたかどうかの判断は困難である。低音や倍音の不鮮明な古い録音では特に判断しにくく、採譜にあたっては、否応なしにある程度の主観的判断が避けられない。
↑または↓（音符の前）　微分音（平均率より高い・低い）。
〰　鮮明なビブラート（トリル・モルデントではない）。
，　呼吸、フレーズの区分。
[a] [b] など　[ ] に囲まれたアルファベットの小文字はフレーズを指定している。[a′] [a″] は [a] の変形・変奏・ヴァリアンテを意味している。フレーズの区分にはある程度の主観的な判断が必要であり、奏者と筆者がフレーズの区分を同様に意識しているとは限らない。したがって採用した区分は演奏上の単位というよりは、研究上の分析単位として認識されたい。
[a] [a′] [a″] または [a¹] [a²] [a³] など　上付きの数字は、類似性を持つフレーズを指定している。しかし、節《せつ》の異なる類似性のあるフレーズは、例えば [2a] [2a′] [2b] [2b′] [2b″] のように示した。
本文に掲載した歌詞は、囃子詞・掛け声などは（ ）に括り、不明な音、音節は［ ］または［?］で示した。

音名について

ＡＢＣなど、アルファベットの大文字をピッチの指定に採用し、英語の名称にしたがった。中央ドより一オクターブ下のドをＣと表記、中央ドはC′とし、上行する次のピッチはD′となり、さらに一オクターブ高いドはC″となっている。音名は録音の実音ではなく、表記上の音を示しており、ト音記号の下に「8」の記号（実音が一オクターブ下の意）が付されている場合でも譜例に記されたピッチの音名は変わらない。

テトラコルドについて

本書においては、音階をテトラコルド単位で示したが、テトラコルド理論の詳細については、小泉文夫著『日本伝統音楽の研究』I（音楽之友社、一九八五年再版）、大塚拝子著『三味線音楽の音高理論』（音楽之友社、一九九五年）などを参照されたい。テトラコルドを音名とハイフンで示し（例 A–C'–D'）、連続するテトラコルドをセミコロンで区切った（例 A–C'–D'; E'–G'–A'）。また三味線のみが使用する音高は（ ）で示した。

各テトラコルドは二つの安定的な「格音」とその間にあるより不安定的な「中間音」から構成されている。二つの格音は四度をなしている。中間音の位置によりテトラコルドの性格は変化し、瞽女唄にはA–C'–D'（民謡テトラコルド）、A–B♭–D'（都節テトラコルド）、A–B–D'（律テトラコルド）という三つのテトラコルドが認められる。しかし、中間音の曖昧な曲も多く、テトラコルド分析には限界がある。

三味線の開放弦の表記は、原則として次の通りに設定している。

本調子　A–D'–A'
二上り　D'–A'–D''　または D–A–D'
三下り　A–D'–G'

第Ⅰ部　総　論

第1章　近世の瞽女

――障害・差別・芸能――

一　狂言のセリフと瞽女の縁起物

「目の見えぬ程物憂い事は御座らぬ。殊に女の事なれば、一入難儀に思ふ事で御座る」と狂言「清水座頭」にある。(1)この一節は、中世後期に成立し、その後幾度も改編された戯曲中のセリフとして、近世を通してその主張が観客に受け入れられてきた。そこには障害と性（ジェンダー）をめぐる前近代的意識が如実に反映されているとみることができようが、はたして当時、女性視覚障害者は同じ障害をもつ男性に比して、実際とりわけ「物憂い」生涯を送ったのであろうか。もしそうであったとするならば、その原因はどこにあったのであろうか。これらの問いに対し、上の狂言は「奉公はならず、嫁入しようにも主はなし」と解説しているが、それ以外には中世的色合いの濃い宿命論に終始し、具体的にはほとんどなにも説明していないに等しい。

近世初期以降、東日本の瞽女は男性視障者の全国的組織であった当道（当道座）に伝わる「式目」や『当道略記』などに倣い、「縁起」を作成した。これによると、嵯峨天皇の四女が失明し、それを契機に天皇は彼女のための支援組織を創立し、瞽女稼業を可能にしたとある。これもむろん神話の範囲を脱しない説明ではあるが、にもかかわらずこの伝説からは、上の狂言に見られる宿命観からある程度脱した、瞽女たちの新しい意識の芽生えを読み取ることができる。

すなわち嵯峨天皇やその側近たち――言い換えれば神話の中で視障者の立場を代弁する者たち――は視覚障害を単なる「宿命」とは捉えず、社会、なかんずく為政者の努力により充分に対処可能な政治・経済の次元における問題と解釈しているのである。姫君は薬効に望みを託し神仏に願をかけたが、それでも視力は回復しなかった。しかし、社会が適切な措置を講じるならば――つまり経済活動あるいは「奉公」への道が開けば――、彼女の経験すべき「物憂さ」は最小限に食い止められるであろうという推定の上に、この伝説は立脚している。「縁起」を通して瞽女は「物憂さ」の主因を障害自体ではなく、社会全般と生活環境に求めているといってよい。「縁起」が文書化されたと推定される十七世紀は、ちょうど女性視障者を「物憂さ」から解放する社会・経済条件が次第に確立しつつあった時代に当たっており、そのことは決して偶然ではなかった。(2)

次に狂言のセリフ「殊に女の事なれば」という文言に注目したい。狂言を見て楽しんでいた近世の人々は、おそらくこうした主張に納得し、共鳴していたのではないかと思われる。しかし今日から思うならば、納租の責任はもちろん、助郷役と兵役などが課せられた男性の失明こそは「一入難儀」なはずなのに、狂言が説いているところでは、女性視障者の方が辛い日々を過ごさなければならなかったという。それは、いったい何故であろうか。

そこには、おそらく視障者の男女間における社会組織の有無が関係していたと思われる。男性の場合、失明したとしても、当道に加入しさえすれば、社会的身分がある程度保証された。高官位を獲得するには莫大な資金を要したものの、広く認められていた勧進活動により官金を得ることができ、細々と座員として生きる道が残されていた。近世の宗門人別帳に一生「親掛り」「伯父掛り」となる男性の存在も確認できるが、家を借り、妻子を扶養し、場合によっては他家の娘を養女として貰うなどといった、晴眼者とさほど変わらない人生を送った例も珍しくない。(3)「畢竟盲ハ平人の産業も不相成者(4)」「盲蹇等の支体不具のものハ無寄所天下の窮民なり(5)」などという社会通念とは裏腹に、当道の検校たちはもちろん、社会の下層に属した男性視障者も多彩な稼業に携わっていた。近世後期筑後国の例を見れば、門付け三味線弾きや盲僧をはじめ、「盲目の魚商」もおり、農業に勤しむ者もいたことが窺われる。(6)

一方、女性視障者についてみるならば、中世には全国的組織はいうまでもなく、地方別の瞽女仲間すら存在した証拠はなく、近世を通して当道に匹敵する女性の組織も存立しなかった。地域ごとの仲間が形成された場合でも、一般にその加入者には、近世の女性にとって何よりも重要であった結婚が認められていなかったので、封建社会の最上の美徳とされた「良妻賢母」の実現への道は、彼女らには閉ざされていた。上の狂言の瞽女は「嫁入しようにも主はなし」と嘆いているが、たとえ瞽女仲間を敬遠し良縁に恵まれたとしても、近世農村社会の典型的な直系家族（単婚小家族）から構成された「家」において、主要な生産手段であった土地所有と権力の配分は著しく不均等であり、女性が土地を持参することは通例許されなかった。男性優位原則のもと、女性晴眼者ですら婚家の経営にかかわるための法的根拠が乏しかったのであるから、視障者にはそうした根拠がなお一層薄弱であったと考えざるをえない。女性視障者は家の外における活躍の範囲や種類も厳しく制限され、教育権のない社会において人間としての可能性を充分に発揮する機会も奪われていたといえる。彼女らに「適職」として残された按摩業、三味線・箏曲の演奏・指南などに従事したとしても、期待できる収入は少なく、音曲に携わる女性は「女芸人」に対する世間の偏見に晒された。こうして「盲女」「瞽女」などと称された女性たちは社会的悪条件に立ち向かわなければならず、それこそが狂言のいう「物憂さ」の主因に他ならなかったのである。(7)

二　「ゴゼ」という名称と瞽女の名前について

そもそも「ゴゼ」とはいかなる名称であったのであろうか。東北から九州にいたるまで芸人の女性視障者を「ごぜさん」、「ごぜサ」などと呼ぶのが普通であった。越後瞽女の場合も、瞽女同士で互いをたんに「ゴゼ」と呼ぶことはなく、「さん」あるいは「サ」をつけて呼んでいたようである。(8) 従来、この習慣は瞽女に対する民衆の特別な敬意の証と解釈されがちであった。しかし、越後では祭文語りが「祭文さ」と呼ばれたり、たんに職業を指す場合でも「大工さん」、「板前さん」、「芸者さん」などと「さん」をつけていたことからも、「さん」や「サ」が、ただちに瞽女への敬意を意味するとは必ずしも解釈できまい[9]。瞽女を「ゴゼノボー」と呼ぶ地域もあり、新潟県白根市出身の坂田トキは「新潟ではええとこで〈ゴゼさ来た〉と言うし、〈ゴゼ来た〉ていうし」と回想しているように、瞽女の呼び名は一様でなく、尊敬される場合と然らざる場合があった[10]。時には、同一人物の意識の中に、瞽女に対する相反するふたつの要素――畏怖と嫌忌――が同時に混在し、表裏一体をなすことも少なくなかった。そして、この一般的な両義的感情の内にこそ、近世の瞽女のおかれた立場を解明する重要な鍵が潜んでいると思われるのである。

視野を口語から文語に移すならば、文明六年（一四七四）の『文明本節用集』には「ー《御》前」が「女盲目」と解説され、天正十八年（一五九〇）の『節用集』にも「御前《ゴゼ》、盲女」とある。これらの文例は、すでに中世後期から「ゴゼ」という語が女性視障者を指したことがあると示している[11]。二人称であったことから、女性視障者自らがこの名称を考案したのではなく、他人によって付けられたのであろう。慶長八〜九年（一六〇三〜〇四）、イエズス会が長崎で刊行した『日葡辞書』でも「goje」（ゴゼ）は「molher cega」（「盲女」）と定義づけられている。ただし、それはすべての女性視障者がひとしなみに皆gojeと呼ばれていたというよりは、gojeは普通「molher cega」であったということとして解するのが妥当であろう[12]。

「ゴゼ」の語源説は、早くも延宝二年（一六七四）自序『山城四季物語』中に見られる。それによると、光孝天皇の姫宮が失明し、洛中の「女盲者《もうしゃ》」を集め伽にさせ、「御前《みまへ》に伺公《しこう》する故《ゆへ》、御前《ごぜん》といひけるとなり」と説かれている[13]。後年、荻生徂徠も「ゴゼ」の「御前」起源説を支持したが、「ゴゼ」が謡曲の「小林」や「望月」などに散見できる「盲《メクラ》御前」から転訛したと主張している[14]。「ごぜん」という語の最後の「ん」の省略は中世以降に類例が多く、たとえば『平家物語』に現れる「ひめごぜ」（姫御前、貴人の娘の敬称）や「わごぜ」（我御前、二人称、女性を親しんで呼ぶ語）、あるいは近世用語の「おとごぜ」（乙御前、末娘）、「あまごぜ」（尼僧の敬称）などがあげられる。江戸時代の地方文書中には、「めくらごぜい」、「ごせん」、「ごせんのふ」などが見受けられ、二十世紀になっても新潟県の東蒲原では瞽女を「ゴゼンサ」と呼んだ。[15] 都会から消えた用語が僻遠地で脈々と生き続け、その間に、主として上流社会で使用された敬称であった「御前」の意味が徐々に変化し、広く庶民にまで普及していった跡が窺えよう。

他方、近世の漢学者と文人の間では、「瞽女」の音読みである「コジョ」に固執する者も少なくなく、寛文六年（一六六六）初版の『訓蒙図彙』に「瞽女」が「こぢよ」と読まれ、享保二年（一七一七）刊の『書言字考節用集』にも「コジョ」・「ゴゼ」という二通りの振り仮名が付けられている。[16] 延宝六年（一六七八）序『色道大鏡』に「瞽女《こぢょ》とは、俗《ぞく》にごぜといひて、目しゐたる女の事也」とあり、「ゴゼ」の名称は俗称と解されている。[17] 正徳二年（一七一二）の『和漢三才図会』に「瞽女《ごぜ》、盲女、俗云五是《コゼ》、瞽女之字訛呼也」とあり、編者の寺島良安は「ゴゼ」の「コジョ」転訛説を提唱している。[18] この説はその後も徂徠説に反論した『可成三註』（享保二十年［一七三五年］序）に援用され、安永六年（一七七七）刊の『倭訓栞』にも登場している。[19] 文政十三年（一八三〇）の『嬉遊笑覧』では、「ゴゼ」の「御前」由来説が妥当視されているが、「又ハ瞽女の音などにや」と、著者は自信なさげに補足している。[20] 「こぢょ」という読み方は明治期の公文書にまで見窺える。[21]

女性視障者に対し敬称の「御前」を使用することには、武家出身の知識人、儒学者、漢学者の一部に抵抗感が強く、「御前」否定説には、そうした人々の女性視障者への差別的な先入観が働いていたとみられる。またそこには、庶民が複雑な字で書かれた「瞽女」の「正しい」発音を知らず、「ゴゼ」と訛っていたと解する、知的エリートに特有の民衆蔑視や偏見が働いていたこともまた想像に難くない。しかし、事情を複雑にし、後世の誤解を招いた責任は、「愚民」の方にではなく、衒学的に「御前」に「瞽女」という複雑な字を当てた漢学者・儒学者の側にあったというべきであろう。彼らが「瞽」などという稀にしか用いられず憶えにくい漢字を当てた結果、近世を通して社会の階級を問わず瞽女を「後世」、「古世」などと記す者は少なくなかった。また「婺女」「婺目」などという誤った書き方も奉行から百姓まで広く見られたのである。

「ゴゼ」以外に女性視障者は「盲女」、「女盲」、「盲人女」などとしても記録され、それらと瞽女は意味的に区別されることもあった。例えば享保二十年（一七三五）三月、現新潟県村上市にあった岩船町の明細帳に「壱人、盲人女」とあり、同文書に「ごせ無御座候」との記述も窺える。[22] また、幕末の越後高田において、瞽女仲間に加入しなかった者は「瞽女」ではなく「俗盲女」と呼ばれた例がある。そのような場合には勧進が公式には認められなかったようであり、「座頭之弟子・瞽女之弟子不相成候者ハ、座頭ニ而は瞽女と唱不申、盲女ニ而素人同様奉存候」という信州松代の座頭座の主張は、そうした事情を物語っている。[23] 女性視障者に関する以上のような名称区分は、必ずしも全国的に一律な規準でなされたわけではないが、そうした区分がなされたという事実の背後に、女性視障者の生き方（職業や所属）に対する当時の人々の関心の伏在を窺うことができよう。

職能者であり何らかの組織に所属する「ゴゼ」を個人として活動する「素人」と区別するには芸名、とりわけ「寿名」の形を取る芸名が有効な手段であった。中世には女性晴眼者や女性芸能者が「寿名」を名乗ることも多く、すでに十二世紀後半成立したと推定される『梁塵秘抄口伝集』巻第十に今様を歌う「延寿」なる女性が登場する。[24]『平治物語』に「延寿」は美濃の国奥波賀の宿の「長者大炊がむすめ」とされ、源義朝との間に「夜叉御前」という子があったという。傀儡・白拍子であったかと思われる「延寿御前」は建長八年（一二五六）二月一日の文書にもその名前が現れ、彼女は京都の堀川に住んでいたとされている。こうした諸史料からは、「延寿」は襲名であり、「延寿」は歴代、平安末期・鎌倉初期の貴族もしくは武将に仕えていたと推察できよう。[25] また『平家物語』や謡曲に登場する朗詠と今様を歌う駿河手越の長者の娘であった遊女の「千手」は、正しくは「千寿」であったかもしれない（喜多流の謡曲では実際に「千寿」と書く）。[26]

貞和五年（一三四九）の春日社臨時祭、若宮祭の神事芸能は専門芸能者の参仕はもとめず、主として素人巫女らが様々な風流な芸を所作し、「ツルジュ《（鶴寿）》御前」、「ホウジュ《（宝寿）》御前」、「福寿御前」などと名乗る「ゴゼタチ」が猿楽その他の芸能を披露した。[27] これらはみな晴眼者であったと思われるが、女性視障者の「寿名」の初見は『看聞御記』の応永二十

五年（一四一八）八月十七日条にあり、「愛寿、菊寿」という二人の「盲女」の名前が記されている。(28)

近世の上流階級には、配偶者と死別した女性が「寿名」を使うこともあったが、瞽女の「寿名」受領の場合はそれとは異なり、仲間内の秩序に関係していたと思われる。当道の「座頭式目」（享保十一年［一七二六］）には、瞽女が官位を得ることを「官寿成り」と称したこと、そして仲間入りから十年が経たない場合は「小瞽女」とされ、年輩の瞽女を「寿親」と呼ぶべきことが規定されている。改名については「法事寄合之所ニ而ハ、座立へ相断、其名を改め瞽女と名を付へし」と記されている。(29)ほぼ同時代、徳山藩（現山口県）が「盲人」に対する扶持米の新政策を打ち出した時にも、やはり「小瞽女」と「寿名瞽女」が区別され、「寿名瞽女」は一人前の瞽女とされていた。(30)天保頃、松代藩（現長野県）の当道組織が提出した願書の末尾にも、寿名瞽女が寿名を受領していない瞽女の前に名前を連ねており、両者の上下関係は明らかである。(31)瞽女が名前を改めた際には、松代の座頭座が瞽女師匠から提出された「名附状」を「相認、座元致奥印当人江相渡申候」ことがしきたりで、当道組織が寿名の受領に深く関わっていたことがわかる。(32)

実際に「寿名」あるいは「寿名瞽女」への言及が確認できる史料を表1・1にまとめておこう。(33)

当道組織と密接な関係を維持していた松代の瞽女以外はすべて西日本（四国・九州を含めて）の例である。(34)明治末期から大正にかけて編纂された『旧柳川藩志』によれば当地の瞽女には「家元」があり「芸に達すれば家元に相当金員を納めて位を受」け、「女子は何寿と称す」と説明されている。(35)ここにいう「家元」が当道組織であったのか、あるいは瞽女仲間であったのかは判然としないが、西日本の瞽女は中世以降、為政者らが支給した配当（吉凶の際に支給された施物）の分配を当道から受け、座頭が伝授した芸能を習得し、「寿名」を受領したであろう。その後、江戸中期以降、特に関東甲信越地方において瞽女は当道から一定の距離を置く仲間組織を設立したり、あるいは個人や小さな集団で活躍したりしたため、多数の瞽女が活動していた高田、長岡、富山、高岡、甲府、沼津、飯田、高山、武蔵、下総、上総などの地では、「寿名」は確認できない。

これら東日本の地では、瞽女の芸名の命名権は瞽女自身が握っており、例えば失明した娘が入門する時、あるいは彼

表 1.1　寿名瞽女の分布

場　所	現県名	年　　代	名前など
小浜藩（敦賀）	福井県	天和 2 年（1682）	世々寿，他 2 人
岩国藩	山口県	元禄 2 年（1689）	「寿瞽女」への言及
松山藩	愛媛県	元禄15年（1702）	はなしゆ，いちしゆ
宇和島藩	〃	宝永 6 年（1709），天明 7 年（1787），文政 6 年（1823）	ことじゆ，峯寿，玉浦琴寿
徳山藩	山口県	享保 9 年（1724）	「寿名瞽女」への言及
加賀藩	石川県	享保19年（1734）以前	ちよじ（千代寿か）
岩見国（幕府領）	島根県	宝暦 3 年（1753）	きみ寿，他 6 人
中津藩	大分県	寛政 8 年（1796）	栄寿，他
出石藩	兵庫県	文化12年（1815）	萩寿
肥後国	熊本県	弘化 3 年（1846）	照寿
松代藩	長野県	〃	房寿，他
土佐藩	高知県	安政 4 年（1857）	千重《(寿カ)》
岡山藩	岡山県	明治 3 年（1870）	千代寿
広島県		戦前まで	ヒサジ（久寿か）
福岡県		〃	筆寿，文寿，他

出典）『敦賀市史』史料編，第 5 巻，647 頁。『証記抜萃類聚』，「四十九印，座頭・瞽女」資料 1。『愛媛県史』資料編，近世上，238-240 頁。『記録書抜　伊達家御歴代記事』第 1 巻，307 頁，第 2 巻，180 頁，第 3 巻，349 頁。『徳山市史史料』上巻，733-735 頁。『輪島市史』資料編，第 4 巻，64 頁。『大和村誌』上巻，601-602 頁。『惣町大帳』後編，第 9 輯，113-114 頁。『兵庫県史』史料編，近世 2，360 頁。『弘化日記』（『随筆辞典』第 2 巻，153 頁）。『東寺尾村飴屋兵助女子一件』資料 11，15，その他。『安喜郡川北村御改正風土取締指出帳』高知市立市民図書館，1965 年，23 頁。『藩法集』第 1 巻，下巻，791 頁（512 号）。柳田国男編『山村生活の研究』53 頁。福島邦夫「稲荷に捧げる歌」98-99 頁。

女が一人前になったと認められた時点で、「瞽女名」、「出世名」などという芸名を直接師匠から授かり、時にはその旨地方の当道組織にも報告されていた。このように命名権が瞽女仲間にあった場合であっても、呼称は仲間の内部の階層秩序と関係づけられていたらしく、越後から駿河あるいは関東各地に伝わった「瞽女式目」に「一老より中老江おの字ニて可呼事、尤も初心かた名ニ而可呼也」などと定められていた。[36]「おの字」は写本によっては、「お文字」「お文字名」など様々であるが、それらの違いは口頭伝承によって生じたずれであろう。なお、上の引用中の「片名《かた》」（名を略して呼ぶ）のしきたりが厳守されたという証拠も乏しいが、一人前となった飯田瞽女はよその瞽女家に来た子供に対して名前を呼び捨てにできたという[37]。

三　当道による瞽女支配をめぐって

以上当道組織と瞽女仲間との関係について少しく述べてきたが、これをふまえて、公権力から強大な支配力を付与された当道組織と各地で活躍した瞽女との関わりをさらに詳しく検討する必要がある。周知の通り、近世社会の公的秩序の下では、女性によって設立・維持された諸組織は近世的家父長制に組み込まれ、その独立性は比較的低いのが通例であった。各地の瞽女仲間もその例外ではなく、当道と瞽女地方組織との間には、通常一定の支配・従属関係が認められる。その関係の深浅は地方・時代によって異なっていた。例えば、当道の総本山が置かれた京都から遠く離れた東北と九州では、両者の関係は比較的薄く、その場合瞽女にとっては当道に所属していなかった盲僧との関係がより重要となる。一方、近畿・中国・四国諸地方では瞽女の当道組織への従属は、より強かったと思われる。

ところで近世の瞽女と当道組織との関係を論じる際には、まず当道自体の歴史を考慮する必要がある。近世初期、視障者へ吉凶の配当（施物）を給与する習慣が広がってゆくにあたり、各地の当道組織はその再分配の担い手となっていった。また検校たちが創作・伝承した箏曲と三味線音楽の伝統を継承発展させる役割をも担っていた当道組織と連携することは、近世中期までは瞽女たちにとっても益することが多かった。しかし、経済と芸能市場の発展により個々の視障者たちにも様々な新しい可能性が広がってくるにつれて、座は、組織防衛の目的から、むしろ逆に強い保守性を示すようになった。そのため視障者の多くに、そうした座を敬遠する傾向が生まれてきた。近世中期の『当道略記』に「素人盲人に平家・琴・三味線之芸術伝へましき事」と強調されていることは、こうした経緯を物語っている[38]。そして安永五年（一七七六）十一月八日には「以来百姓町人の伜之盲人、琴三味線等針治導引を渡世ニいたし、又武家江被抱候而も、町中ニ住居いたし候者ハ勿論、主人の屋敷内ニ罷在候共、右家芸を以他所をも相稼候者ハ、検校之支配たるへき事」という重要な法令が布かれており、当道の幹部が推進した綱紀粛正の様子が強く反映されている。[39]

享保十一年（一七二六）の「座頭式目」には、「瞽女の作法は座頭中間の古法を相守、万事中間よりの差図を受へし」とあり、[40]その他、藩法にも当道の瞽女支配に言及する例が少なくない。松山藩の元禄十五年（一七〇二）五月二十一日の瞽女・座頭に対する配当取り制限令に「尤も貪事申候ハ、其瞽女・座頭御記置、支配之座頭方江可被仰聞候」とあり、瞽女にも「支配之座頭」があると藩が見なしていたことが窺われる。[41]広島では中川検校が元禄十二年（一六九九）十月十五日、封内の「座頭・盲女」の支配を命ぜられている。[42]さらに宇和島藩でも、安永六年（一七七七）一月五日に「盲女往来家芸を相稼候もの者惣而検校之支配ニ可相成事」と定められた。[43]また「才敷《さいじき》衆分」という官位を取得した杵築城下（現大分県杵築市）の嘉善（または嘉吉）には、嘉永三年（一八五〇）五月十二日付をもって領内あるいは他領から訪れる「座頭・瞽女之分支配」などが許されている。ここからみて、幕末の九州でも瞽女・座頭双方が当道組織に組み込まれることがあったことが窺い知れよう。[44]中央から遠い南部藩の一地方（現岩手県花巻市大迫《おおはさま》町）でも、座頭の小頭が「座頭宗門」を通して「座頭・瞽女及其子等迄」を取り扱っていたようである。[45]このように自らの強い組織を有しなかった東北、九州、西日本の瞽女にとって当道組織の支配や主張を否定することは容易ではなかった。のみならず別の地方では、瞽女が当道組織の支配を受忍することによって瞽女組織の正当性を補強しうるという利点から、瞽女たちが当道支配の由緒をむしろ肯定的に伝承しようとした事例もある。例えば駿河国三島宿などの「瞽女由緒紀」には「足利公ノ御世ニ当リ大阪ニ一派起リシニ生仏ト云ル、検校ノ配下トナリ剃髪イタセシニ因テ瞽女ノ坊と云し」などという語句が見られる。これは伝説に過ぎないであろうが、そこには仲間組織の確立に腐心した瞽女たちが、当道との関係を逆手に取ろうとする試みが示唆されている。[46]

多くの瞽女仲間組織が成立した近世後期の関東甲信越地方の事情は、どうであったろうか。当然ここでも当道は相変わらず瞽女に対するある程度の支配権を主張し続けていた。ここでは、「支配」の具体的な内容を明かす現存史料に少しく検討を加えてみよう。弘化三年（一八四六）十月、越後高田における当道組織の座元仮役であった満ツ一は「瞽女ハ検校之指配ニ而座元ニ而差配仕来候」と説明している。また、同年信州上田の座頭座の「心得」にも「瞽女は座頭之支配受候事」（傍点原文通り、以下同）とある。(47)後者の場合、医師あるいは芸者に弟子入りした瞽女も「座頭之仮師匠座元之支配受候」とされ、親元に残る者のみが「頓着無之」とされている。同じ信州の松代座も瞽女の支配権を主張したが、それに対し松代の町奉行が、支配の具体的意味内容について問い合わせている。問い合わせに対する座からの返答は驚くほど自己抑制的であった。(48)

瞽女名替之節は師匠より名附状相認、座元致奥印当人江相渡申候、他所より座頭・瞽女稼参候而も、何方ニ而も座元之聞置ニ而渡世仕候、夫故ニ座元支配(朱書)と先年より申唱罷在候

松代座の回答は、奉行などの支配権に抵触しないように注意を払っていると考えられる。ここでの「支配」とは、弟子の免状交付権、縄張における他所者の巡業・稼ぎを承認する権利に限られており、人別帳などに関わる身分的支配については一切言及がない。高田と上田でも同様であったと思われる。

松代藩の役人も座頭座が「瞽女ニも支配いたし候得共、是迄惣録所迄達シ候儀ニは無之、座元限り之仕来ニ御座候由」という見解を示しており、約言すれば、座による瞽女支配とは、身分に関わる公式的なものというよりは、当地の慣習の次元のものと認識されていたようである。(49)さらに、人別帳での取扱いに関しては、瞽女を藩の役人は「頭無之もの」と判断し、人別帳では「在町並人別ニ取扱」としている。身分的支配に関しては「座頭共差綺可申筋ニ無之」とされ、「尤座頭江弟子入いたし、針治・導引を渡世いたし候分は座頭之職業ニ付、座頭とも之支配ニは無之候得共、師匠様之進退請候義ニ可有之、琴・三味線都而音曲は頓着無之」という報告も受けている。(50)近領においても瞽女・座頭が完全に町人同様の身分と見なされておらず、瞽女・座頭を「制外之身分」と位置づけ、彼らについては「臨機応変」な対応が求められることもあった。(51)

甲府横近習町の瞽女仲間の例では、寛延元年～安政三年（一七四八～一八五六）の人別帳に瞽女頭の「かん」の名前が明記されており、その限りでは他の町人と変わらない記載である。また安政四年（一八五七）二月時点の金沢藩でも当道の地方組織が瞽女の「職分」のみを掌握しており、身分取扱いは百姓と同等であったことが史料に示されている。(52)

江戸後期の幕府も当道の瞽女の身分的支配については慎重であった。上述した安永五年（一七七六）十一月八日の「検校支配盲人差別之事」の取締令には瞽女に関する規定が欠けており、文化年間の再触などでも瞽女に関する言及が見られない。こうした先例の欠如は、幕府の役人をいたく困惑させたようである。天保三年（一八三二）十月の史料によれば、

寺社奉行へ差出、十月十六日御付札

百姓町人之伜、盲目にて渡世致し候者之儀に付、安永文化之両度御触有之候得共、盲女之儀は右御触之趣にても難相分、都て盲人は男女とも同様にて御座候哉、此段御問合申上候、以上

辰十月

家来

七月廿九日

書面盲人之儀に付、安永文化之度御触有之候へ共、右は全男子之儀に付、盲女検校之支配に不相成、芸業を以致渡世不苦筋に候得ども、多分座頭共之弟子に相成、音曲等習請候事故、其国所に寄、座頭共支配請来候場所も有之に付、芸業又は支配筋等及争論候儀に候はゞ、其所之仕来争論之次第等、委細に不被申聞候ては、取極難及挨拶候(53)

幕府は地方によって瞽女と当道との関係が一様でないことを知り、全国一律の政策を決めかねたようである。天保十一年（一八四〇）、幕府役人が無宿瞽女の取扱い方について惣録に問い合わせたところ、惣録も「都而瞽女支配ニ無之候」としており、御府内ならびに在地の瞽女は、検校・座頭などの弟子となり、琴・三味線を学び、師匠から芸能の免

状を受けているが、それは「座法に拘り候儀ニ無之」と主張している。つまり、身分に関わる支配は行っておらず、しかも「たとへ不埒有之候とも、差構不申候」とも説いており、芸能に関する支配はそれぞれの師匠（検校・座頭など）がしきたりに則って行っていても、「座法」には規定されていないことから、惣録は「無宿瞽女」との関わりや自らの責任をほぼ全面的に否定している。(54) この惣録の意見を、政治権力に対する遠慮から出た単なる建前と解釈するのでなければ、江戸後期には都会・地方を問わず瞽女は座頭などの弟子となってはいても、当道の「支配」はもっぱら芸能に関わる許可を交付し、配当金を分配する程度の関係であり、それはあくまで慣習のレベルで処理されていたと考えられる。江戸惣録のこの見解は、先に引用した松代座の実態とも整合している。

以上から結論するならば、近世前半の西日本あるいは中央から遠い九州と東北地方においては当道の瞽女に対するある程度の支配権が公認されていたとしても、江戸後期の東日本における支配は、主に芸能活動に関わるしきたりと慣習の尊重を意味し、人別帳などに関わる身分的支配には及ばなかったと考えられる。とはいえ近世社会においては、しきたりと慣習は現代社会の場合とは比較にならないほど重要な意味を帯びていたのであり、座頭座の瞽女支配をこの観点から検討することも有意義であろう。すなわち、こうした観点から見るならば、当道組織の瞽女支配は大きく分けて三本の柱からなり、三本の柱は複雑な相互関係にあり、重複するところも少なくない。それぞれの柱を簡単に類別するならば、(1)配当金の再配分権による経済的支配、(2)芸能に関わる諸権利（芸能の伝授、免許の交付、芸名の命名権など）による支配、(3)裁判権と刑罰権による支配となる。以下では、それらを個別に見てゆこう。

(1)　配当分配権による経済的支配

幕府・諸藩は吉凶に際し当道の地方組織に配当を支給したが、この習慣はやがて武家や庶民層にまで及び、瞽女にとっても重要な収入源のひとつとなった。吉凶の時以外にも定期的に当道組織に仕切銭などが納入された例もある。例えば長崎における遊女町以外で音曲指南を行う芸者は町の当道組織に毎月金一朱を支払い、信州の宮田村（高遠領）は「座頭毎春糸代として銭五百文相渡可申事」と決めている。(55)

慶弔の折、町人、農民は知り合いの瞽女に直接施物を渡したこともあったが、配当は普通各地方の当道組織にまず納められ、そこから瞽女・座頭に再配分された。近世初期から当道は幕府、藩主、町役人などに、配当授与の慣習を遵守・徹底するように働きかけるのが常であった。こうした働きかけに一定の成果をあげた地方当道組織に瞽女が接近することはいたって自然であったろう。享保十三年（一七二八）七月十三日付の敦賀城下の文書に「前々と違、座頭・瞽女共ニ配当仲間多成候」とあるように、そもそもが「配当仲間」として出発した瞽女仲間さえあったかもしれない。[56] 座頭座の行った配当再配分方式は地域によっては長期間継続し、現埼玉県新座市に本拠地を置いた瞽女仲間は天保二年（一八三一）九月三日の願書に「私共義は近在村々ニ祝儀有之方より金銭申受候節は中根宮内様御知行所同国高麗《(入間カ)》郡久米村座頭哥一方へ引請、瞽女并座頭共江夫々配当致候仕来」と、その実態を明記している。[57] 信州松代の座頭座も「一体御上様御吉凶之節御祝儀物并御施物等頂戴仕候節も座元ニ而一同ニ頂戴仕、瞽女共江配分仕候」（弘化四年［一八四七］十月）と説明している。[58]

ところが実際には、配当の収集と再分配を秩序立てて行うことは容易でなかった。近世初期以降目覚ましい経済発展を遂げた近畿地方において、座頭たちは個人として配当を支給してくれそうな家々の門戸を叩き狼藉事件を起こしたため、当道は寛文十二年（一六七二）七月十一日、こうした「配当之道」を禁じている。[59] 本書第5章に詳述するが、この規制が発令された後でも四国や中国地方で瞽女・座頭が広範囲にわたり配当の受け取りと芸能の披露をしつづけた結果、村々が支給する配当の額が嵩み、藩同士の軋轢に発展しかねない事態にまでいたった。以後いくつかの藩は瞽女・座頭の廻在を禁止し、その結果彼らが蒙る損失を補塡するために「居扶持」を導入した。その場合、瞽女に支給した「居扶持」の額は各藩まちまちであったが、その施行は各地方の当道組織を通して行われたため、座頭座の瞽女に対する支配権がさらに強化される効果をもたらしたものと思われる。

にもかかわらず、芸能市場が発展するにつれて各地の瞽女は、配当金への依存度を減じていくこととなった。特に「居扶持」が導入されなかった地域においては当道の瞽女支配力もその分減じる結果となった。元文二年（一七三七）、敦賀で町方奉行が出した覚に「当地瞽女共座頭之手を離レ素人ニ成候上ハ、向後吉凶ニ付別段ニ施物など遣候義堅ク致間敷事」という条が示唆するように、瞽女の中には当道組織と縁を切り、「素人」として活躍しつつ町方が出す配当金を受け取る者が現れた。[60] 越後高田においても、往古より座頭たちは町方・在方の配当を受けてきたが、「瞽女ハ前々より右配当之分ハ割渡不申候」とあるように、配当が再分配されてこなかった。[61] 当道に距離を置くことができたからこそ、この地において瞽女は強力な仲間組織を確立させることに成功したと考えられる。

(2)　芸能をめぐる諸権利による支配

近世初期以降、当道の検校・勾当たちは武家、寺社、裕福な町人の支持を得ながら箏曲と三味線音楽の発展に尽力した。一方、これらの芸能を習得し音曲演奏・指南の職業に就くことを目指した瞽女も、その道を歩むためにはこの当道組織にある程度依存せざるをえなかった。この場合、当道は瞽女にとって一種の家元となった。師匠は弟子に芸名を与え、免許を交付し、稼業の正当性を保証した。多くの地域において瞽女の弟子取りは、原則として座頭座の承諾を要し、瞽女たちは座頭たちに金品を納めることを強制された。

女性視障者が座頭に師事することには通常重い経済的負担がともなった。近世後期の信州では、失明した娘が座頭に入門した際に、金二分、赤飯・酒五升、また五節句には座元へ三十二文などが要求されたとの記録が残っている。箏曲の伝授にあたっては「組始」に金二分、「中組」に金一両二分、「末組」に金二両二分がかかり、上達していくとともに費用も嵩んでいった。それとは別に「三度振舞」に金二分、「出請」に金一両なども支払われ、くわえて瞽女たちは、土地の瞽女仲間にも様々な金品の納入が義務付けられていた。[62] 女性視障者の職業の選択が極めて狭く制限された時代であったことから、芸能の習得は個々の瞽女の人生の行く先を大きく変えることになったであろう。そこには近世特有の師弟関係につきものの、人格的な上下関係もともなっていたのであり、それは一種の支配関係と見るのが妥当であったと思われる。

瞽女が地方ごとに多種多様な仲間組織の設立に努力した要因のひとつには、こうした支配関係からの脱却願望があったであろう。仲間組織の結成により瞽女は当道組織に多額の稽古料などを払うことなく先輩から芸能を習い、零細農民層出身の娘であっても職能者の道を歩むことができるようになった。越後などでは瞽女に独自の芸能が開発され、仲間内に伝承され、他所でも瞽女が座頭・晴眼者から受け継いだ芸能を後輩に教え、新しい伝承形態を発展させた。

(3)　裁判権と刑罰権による支配

瞽女に何らかの落ち度があったと疑われて財産・弟子取りに関する紛議が起こった時、あるいは賤民身分の者の争論が生じたりした時には、地方の当道組織の介入が求められることがあった。瞽女仲間内の裁きについて、駿河の「瞽女縁起」に、「理立ずんば、其所のとふゞゝの侶を得おさむべし」と諭している件があるが、「とふゞゝ」を「当道」と読むならば、瞽女仲間は当道の裁判権を認めていたと解することができよう。(63)越後高田の場合、「座頭并瞽女共出入等御座候節ハ瞽女ハ頭江申出、相済不申節ハ座元へ申出、座元手分ニ不及申節并座頭仲間出入も同様ニ付御上様江御伺申上御指図奉請取斗申候」ことが慣習とされている。(64)ここにいう「座元」とは座頭座の座元を指していると思われる。つまり、瞽女仲間を司る「頭」の手に負えない争論が発生した場合、瞽女は座頭座の仲裁を乞い、さらに重大な事件と判断されれば、「御上様」の審判を仰ぐこととされている。各地の「瞽女式目」を見ていくと、「とふどふ」には「頭々」など様々な字が当てられていたことがわかるが、そのことから当道の裁きがある程度空文化していた実態が推定できる。しかし、岐阜県恵那郡の瞽女の間で、弘化～安政頃、妙音講のために購入された弁財天の掛軸の裏面に書かれる名前の順番に関する争論が起こった際には、瞽女仲間の本家・別家双方が相譲らず、結局座頭仲間が介入して落着したというケースもある。(65)また文久二年（一八六二）十月十五～十七日に伊勢松阪で起こった弟子取り事件も座頭座の斡旋で決着している。(66)このように当道の裁判権の行使により地方の座頭座の支配力が示された場合もあるが、瞽女の強い仲間組織が維持された場合には、仲間の親分、頭などが紛争の処理にあたり、座頭の干渉に歯止めをかけたと見られる。

以上の断片的な史料による解釈を総括するならば、近世前期・中期の関西諸地方で活躍した瞽女たちは脆弱な仲間組織しか持たなかったため全盛期にあった当道の支配力に対抗することが困難であり、また当道との関係は瞽女にとってもかならずしもマイナスばかりではなく、有利な側面もあったと思われる。ふだんは、当道が瞽女の人別帳まで扱うとはなく、吉凶の際に出された配当金と藩の支給した「居扶持」の再分配を司るのが当道の主たる役割であり、経済的支配が行われた。くわえて芸能の伝承にも座頭たちが大きく関与していた。

一方、関東甲信越と東海地方においては藩主が瞽女たちに屋敷地を拝領させ、種々の特権を与え、積極的に後押しすることもあったため、強力な瞽女仲間が各地に点々と設立された。江戸中期以降、経済発展の刺激によって芸能の需要が拡大するにつれ、配当金への依存度が減じ、各地の瞽女は仲間を媒介として独自の芸能を創作・伝承し、巡業の順路を定め、芸人としてきわめて活発な活動をくり広げた。瞽女の仲間組織が重要性を増す一方、瞽女は依然として座頭たちから箏曲などを習ったり、越後、三河などでは巡業中に座頭宅に泊まったりする慣行もあった[67]。さらには、自らの苦境をお上に訴え出る際や、あるいは紛争の処理が必要であった際、さらに関所を通過しなければならなかった際などにも、瞽女たちにとっては、公権力に認められた当道との関係を利用することが便利な場合が少なくなかった[68]。そのため多くの瞽女仲間組織の背後には座頭の組織が見え隠れしていたが、明治維新後に座頭の組織が廃されるまで当道の瞽女支配はなおはなはだ不完全であった。

四　近世の「差別社会」の中の瞽女

障害者を不吉な者として忌避する風習は、すでに古代の日本社会に見られた[69]。中世社会では、経済の発達によって障害者の生存を保証する物質的基盤が次第に確保されたにもかかわらず、自らの生存のための生産力を持たない障害者に対する支援は、なお主として個々の複合家族の負担に委ねられていた。この時代の障害者は、「健常者」に認められた諸権利あるいはその一部を剝奪され、一種の「障害者差別」が制度化していたと考えることもできる。しかし、そもそも「平等」や「人権」などという概念がいまだ未発達な当時の社会状態においては、彼らから剝奪されたものは、法体制に明文化された普遍的な人権などではなかった。むしろ、中世社会には身分別、職業別、性別、年齢別など種々の社会的なカテゴリーごとに細分化された限定的な諸権利が法律と慣習として成立し、社会全体は重複する無数の身分や立場に分断されていた。この体制下にあって、障害者は「盲」、「蹇」、「聾」などとして類別された上で、幾多の差別を蒙っていた。

江戸幕府の確立とともに中世以来の差別的カテゴリーの大半は、幕藩体制下に受け継がれ、それにくわえて新たにきめ細かな、かつ具体的な差別的規定が設けられた。そこに、それまでのある程度流動的・場当たり的であり、職業生活に密接な関係を保っていた中世的差別とは、いちじるしく異なった差別のシステムが生み出された。すなわち、近世的差別はよりシステマティックに司法・行政・イデオロギー機関（特に寺社）などに組み込まれ、近世社会そのものが全体として一個の「差別社会」そのものと化したのであった。幕府・諸藩の財政状況が悪化する江戸中期以降になっても、差別制度は大きく揺らぐことはなく、かえってそのさらなる強化が図られ、明治維新後にまで継続した。この「差別社会」では、形式的な身分以外に、性別、職業、年齢、障害、出身地、信仰などにしたがって、多面的複合的な差別が法体制に盛り込まれ日常生活の中に再生産されたのであった。しかし様々な社会的カテゴリー間の差別を網羅的に法文化することは事実上不可能であった。したがって、差別の実行と差別への抵抗は最後まである程度流動的たらざるを得なかった。その結果、近世を通して差別する者と差別される者との間には熾烈な闘争が繰り広げられ、そうした闘争が、差別社会を生き抜いた者たちの生活を隅々まで形づくり、彩っていたといってよい。

近世的差別を正しく理解するためには、それをいたずらに現代の道徳の立場から糾弾するのではなく、当時の状況の中で、差別から何が期待されたのか、差別が生み出した現実的効果はいかなるものであったのかといった問題を問い、差別を正当化しようとした者が本来目指した理想状態と近世社会の現実との間の矛盾を指摘することが重要である。近世社会では、差別という用語はしばしば、むしろ肯定的に使われ、性別、家柄、年齢、能力などを異にする者たちへの

「正しい差別」――現代語でいえばその「適切な区別」――こそが仁政の根元をなすものと考えられていた。士農工商などの身分差別とは別に、階級を問わず「男女之差別正敷可致申候事」が求められ、農民は家族内でさえ「相互に其筋目をちかえず」と諭され、芝居役者にまで「身分之差別も有之候」と想定され、さらには地方の百姓町人が賤民身分の者と「無差別」に付き合うことも「心得違」と考えられた(70)。「正しい差別」は各藩の民政に大きく影響し、音楽の分野においても男女、貴賤、僧俗、障害者・「健常者」などの差別の制度化が図られた。

種々の「正しい差別」は、むろん一面では階級搾取的な社会体制の維持に欠かせない役割を演じたことは当然であるが、それは単に権利や価値の剝奪を意味したというよりは、各個人の権利と義務の「正しい」配分を決定する理念でもあった。したがって社会的に不利な立場に立たされた者たちは、「正しい差別」を名目として、既得権の正当性、諸義務の免除などを主張することもできたのである。自らの主張を為政者の耳に届けるためには「仲間」「座」といった組織の設立が不可欠であり、中世に成立し近世に大きく成長した当道はその成功例のひとつと見られる。当道の発展により、男性視障者に対する差別が廃止されるようなことは起きなかったものの、座員には差別とそれにともなう経済的損失の見返りとして様々な特権が与えられたのである。座の執行部は明治四年（一八七一）の解体期にいたるまで、「正しい差別」を逆手に取り自らの社会的地位の向上に努めた。

さてそれでは、近世の瞽女は、どのような差別の対象となったのであろうか。瞽女が蒙った差別を論じる際には、近世社会の覇権的政治イデオロギーであった儒教思想が説く差別の目的を念頭におくことが重要である。すなわち「正しい差別」の目的は単に障害者を残酷に待遇することではなく、かえって調和の取れた理想的な社会の実現の一助として位置づけられた。特に近世初期の儒者は、為政者あるいは社会的に強い立場にある者が社会的弱者をかばい、手厚く扶養することが一種の義務であると主張した(71)。その影響もあったか、幕末まで上州と武州では巡業中の瞽女の宿泊費用が御用の餌差と同じ帳簿に記載され、それ以降にも越後瞽女が娯楽の乏しい村で歓迎され、戦後になっても秩父地方の古老は「瞽女が来た日は餅をつき、米のご飯を炊いて食べさせた。ところが、家族はいつもの割り飯で、この時は子供心に瞽女が恨めしかった」と回顧している。[72] このような例から、瞽女は差別とは無縁であったと安易に速断する向きもないではない。しかし無数の近世史料をさらに深く、広く読むならば、こうした見解の誤りは明らかであろう。

近世を通して施された諸々の差別の大半は社会的弱者であった瞽女のためになったわけではなく、「慈悲」と「憐愍」の現れでもなかった。家康・家光・家綱・綱吉ら歴代の将軍は平曲を聴いたといわれ、幕府は瞽女を抱えていたにも拘わらず、触書では「瞽女・座頭之類」は「物貰之者共」と同列に見なされていた。[73] 将軍などの「御成」の際にも、瞽女・座頭は「町屋江差出申間敷分」として分類され、やんごとなき者たちの目に彼らが直接触れることのないように注意が払われた。[74] 幕府は視障者同士の場合ですら彼らの結婚には消極的であり、明示的には禁止に踏み切らなかったものの、「承届之筋ニハ有之間敷哉」と考えていた。[75] また地方官の人別認め方の雛形にも「瞽女」、「盲人」などは、「遊民」として分類されることもあった。[76] さらに、例えば文政頃の宇和島藩には「天鵞絨黄緒」を使っていた「盲女」が「廃人之事」という理由で、その使用が禁ぜられた。[77]

諸藩の法令には、領民を「男女、乞食、非人、盲等に至迄」（享保年間の熊本藩）の順に言及した文言が見られ、村明細帳においても視障者は山伏、道心、出家、あるいは賤民身分の者と並列され、末尾に記載された例が多い。[78] 瞽女の来演が歓迎された十九世紀の越後の村々においてさえ「瞽女・狩人・穢多・非人・乞食之類無御座候」（魚沼郡谷内村、天保九年［一八三八］）、「職人・大工・紺屋・瞽女・狩人・穢多・穏亡・乞食等無御座候」（同村、明治元年［一八六八］）などと記載されたことに見られるように、瞽女が差別的に取り扱われていたことは明白である。[79] あるいはこれらを単なる常套句と考えることもできようが、その場合でも常套句であるからこそ当時の差別意識の定着と深さを反映していたと解釈できよう。

近世の人口統計も女性視障者が社会的にいかに弱い立場にあったかを窺わせている。江戸で享保八年（一七二三）に行われた人口調査によれば、「男盲人」六〇二三人に対し「盲女」は一〇〇七人しか数えられず、広島藩でも宝暦二年（一七五二）の統計に座頭九四〇人、盲女三九七人という不自然な男女比の数字が見られる。[80] そこでは、「座頭」を当道に加入した者と定義し、その一方で女性視障者については何らかの同様な組織に所属していなければ統計上「盲女」と認めていなかった可能性がある。そもそもこうした人口調査の目的も定かではないが、いずれにせよこれらが調査対象者を客観的かつ平等に扱う統計でなかったことはいうまでもない[81]。

近世の瞽女は、頻々と暴力の被害に遭い、これも一定の社会的差別を「正しい差別」として繰り込んだ支配原理と決して無関係ではなかった。近世社会においても、暴力の正当性は当然慣習と法律により制約されていたとはいえ、近世の法体制では加害者・被害者の間の身分差や父系中心の家への帰属性や、その他の社会的地位間の差が、暴力の可否の判断に大きく作用していた。目下の者に対しては、種々の懲戒権が認められ、相手を「目下」と決めつけることにより、懲戒を名目とする暴力が正当化され、社会的弱者を手荒く扱う風潮を助長させた。人間関係のあらゆる側面が「上下」の枠に嵌められ、「正しい差別」が秩序の根幹となっていた社会において、瞽女は、女性として、障害者として、また多くの場合は一年の大半を異境で旅する者としても、社会的ヒエラルヒーの底辺に置かれ、その結果、彼女たちは容易に暴力行為の対象とされたのであった。

女性視障者に対する性的虐待は、本書第8章に取り上げる川柳にも反映されているが、もっとも極端な事例として、文政二年（一八一九）六月に上州月夜野村で起こった「手込め」事件があげられる。加害者は「酒狂出来心」で行動し、「追落シ物取之存念ニ無之」と弁解しているが、「追落シ物取」の有無が弁解の中心にあることからも、瞽女に対する性犯罪そのものはいかに軽視されていたかが察せられる[82]。くわえて、文政九年（一八二六）三月、南九州での窃盗事件、慶応二年（一八六六）、「渡世先ニ而郡内ワミ村」での沼津瞽女「トセ」の殺害事件、あるいは本書第7章で紹介する文政八年（一八二五）前後の強盗殺人未遂事件（加賀藩大聖寺領、または武蔵国忍領）などは、藩・村役人が調査した例として辛うじて記録が残されているが、これらはおそらく地方における瞽女に対する暴力の氷山の一角でしかなかったであろう[83]。秩父地方にも、瞽女が門付けで得た金を旅人に奪われ殺害されたり、山賊に金品を奪われた上、滝頭から深い滝壺へ突き落とされたりした事例に関する伝説が数多く残されている。「瞽女塚」「瞽女滝」「瞽女オトシ」などの地名は、そうした伝説的諸事件に由来するものであるという。[84]

地方のみならず、将軍の膝元の江戸においても事態は同様であった。寛文十三年（一六七三）六月二十五日に失明した七歳の継娘を殺害した者が裁判を受け死罪となるといった極端な例も見られたが、元禄六年（一六九三）四月十二日に記録された一件は、瞽女を狙い打ちした当時の暴力の実態をまざまざと示すものであった。[85] 同年三月二十八日、十一歳の「ごせてる」なるものが南伝馬町一丁目六兵衛店玄益へ差し遣わされたところ、玄益は「娘てる儀二階え上ケ、はしこを引、無作法成義仕候由申之」と「てる」を玄益宅へ向かわせた常磐町の長兵衛が主張した。玄益はむろん自らの責任を否定したが、そもそも彼が「てる」を呼んだ理由は、「板倉周防守家来神谷與惣右衛門と申、則玄益伯父」とされる客に、南鍋町次左衛門店六太夫娘「たつ」の琴と合わせて、おそらく「てる」の三味線演奏を供するためであったとされる。事件の真相は最後まで究明されなかったが、玄益が二日後「礼銀」（慰謝料か）を持ってきたことから、良心の呵責を感じていたことが推測できよう。[86] 本件や上に触れた上州の「手込め」事件は表沙汰になった数少ない事例であり、実際にはそうした暴力沙汰のほとんどの場合は、女性の恥として隠されたのであろう。

性犯罪以外にも江戸の瞽女は様々な危険に晒されていた。文化十二年（一八一五）、ある瞽女が強盗にあったことが、『我衣』に記載されている。また天保十一年（一八四〇）七月、「およし」と称する二十一歳の瞽女にいたっては、自らの前夫とその妻に「殊之外非道ニ取扱」われ、餓死にいたったとされる。[87] 二十世紀になっても、西東京市下保谷の住民が覚えているところでは、昔「ゴゼッボウ」が来たら「石をぶつけたりした」という。[88] 鹿児島県の荒武タミは、「一番怖いのは何ですか」と聞かれた時、「人間だ。その次はマムシだ」と即答している。そこに若い頃の辛い経験が彼女の心に残した深い傷を窺うことができよう。[89]

暴力とは対照的に、目上の者が目下の者に「慈悲」と「憐愍」を示すことはたしかにあった。しかしそれらの徳目は、それを授ける者の優位性を前提としていた。したがって、「正しい差別」は「慈悲」と「憐愍」の配分という形をとっても執行されたといえよう。元禄頃の岩国藩に住んでいたある瞽女は、「初心」の座頭より高い扶持を給されていたというが、それはきわめて珍しい事例であり、たいていの場合、女性は男性よりいちじるしく少ない額の配当しか受けられず、幕府も瞽女に座頭の七分の一程度しか下付していなかった。(90) 諸藩も配当金の多寡を受領者の性別と身分により細かく設定し、敦賀では吉凶の際に、座頭座に届けられた「施物之内四ケ一ハ瞽女共へ遣候」とされ、広島藩においても瞽女の扶持は座頭の六割以下に設定され、信州の上田では、検校が一〆六〇〇文を藩主から貰っていたのに対し「盲女」は一〇〇文、すなわち「初心」の男性と同額しか貰っていない。(91) 庶民もそれに倣い、関東と甲信地方の村々で瞽女に施与された配当・祝儀は座頭の支給額の半分に満たなかった場合が少なくない。

このように近世的な「正しい差別」は、単に赤裸々で一方的な搾取、抑圧、権利の剝奪という形をとったわけではない。たしかに障害者は、通常は単なる「処遇の対象」と見なされていたかもしれないが、その場合でも彼らが蒙っていた差別には、より積極的な側面（慈悲・憐愍など）とより消極的な側面（経済的損失・暴力・冷遇など）とが共存していたと見るべきであり、ただ被差別者の社会的地位が低ければ低いほど後者の比重が増したにすぎない。暴力と慈悲、歓待と忌避、尊敬と軽蔑とは表裏一体であり、同じ人物がこれら両面を同時に経験することも珍しくはなかった。しかしこのように制度化された差別は決して歴史を超える日本社会の「本質」などではなく、主にその時代の為政者が行った搾取と支配を安定的に行うための補助機能を果たすことで存在し維持されてきたのである。したがって近世社会の権力関係が消滅することにより、近世的な差別的価値観と道徳観も一掃される機会と条件がようやくにして到来したのであった。

五　近世の瞽女が行った差別

近世的差別に日常的に苦しめられ、はなはだ不安定な社会的地位に置かれていたがゆえに、瞽女・座頭は、絶えず社会的立場のさらなる低下を恐れ、現状の地位を防衛する必要に迫られていた。彼ら芸能に携わる視障者にとっては、ことに弾左衛門など賤民身分の頭などの配下にあった雑芸人などと自らの間に一線を画すことが肝心であった。したがって近世の当道や各地の瞽女仲間組織は、中世までの座頭、遊女、雑芸能者などがしばしば始祖と見なしてきた「蟬丸」伝承にはむしろ強調を置かず、妙音弁財天や皇室との関係を主軸に据えた由緒書を作成し、また弾左衛門との対立・紛争やこれに勝訴した伝説を伝えつづけようと試みた。(92) 当道は様々な座法を制定し、瞽女は当道の「式目」や『当道略記』などの影響を強く感じさせる「縁起」と「式目」を作り、幕府や諸藩の公認を得ようとした。(93)

このように、自らよりも地位が低いと見なした他人に対する差別を強化することにより、自分の社会的地位のさらなる下落を防ぐことは、「差別社会」の中の弱者が現状を維持しようとする際に、有効な手段であった。これは瞽女だけが発案し、利用した方法ではなく、むしろ社会一般に広く見られた常套手段であり、かえってそうした手段をとらなかった芸能者・職人の方が珍しかったといっても過言ではない。例えば、すでに室町時代、世阿弥と能役者は声聞師を蔑視し、彼らの演能権を否定し、能役者の社会から彼らを排除することによって、自らの社会的地位の維持、向上に成功したのであった。当道の座頭も同じ原理を充分に理解し、同じ手法をとっていた。古い慣習が文書化された例として、寛永四年（一六二七）付の「座頭縁起」に「座頭者賤者家ニ行出入致サル者也」の一条が含まれていたことが挙げられる。また寛永十一年（一六三四）に成立した「古式目」にも、座頭が「舞まひ・猿楽などいやしき筋有もの」の家に出入りし、家屋敷を買ったり盃を交わしたりすることなどを禁じた条項もある。元禄五年（一六九二）の「新式目」にもほぼ同じ条目が認められる。このように、座法に明記された「正しい差別」は、事実上幕府によって保証され、一般社会の「河原者」などに対する賤視を反映し、それらと重なるところが多かったことがうかがい知れる。(94) 享保三年（一七一八）十二月十日、当道座は寺社奉行所に「出入不致筋目之者」の目録を提出している。それによると「猿楽」、「舞々」、「ゑひすおろし」、「あかたみ子」、「猿引」など、三十五種もの職人・芸人が忌避すべき対象とされている。(95) 実際の差別がどれほど徹底したものだったのかは別として、時代とともに被差別職種・被差別身分が数を増し、より緻密に規定されていったことが見受けられる。藩士であっても、出入りすべきではない筋目と判断した場合、当道関係者は配当の受け取りを拒んだようであるが、こうした座頭たちの態度はこのように拒否された者との間に、深刻な対外問題を引き起こしたのであった[96]。江戸後期、信州松代の座頭座は飴売りの娘に対し、仮親を立てる場合のみ瞽女仲間への加入を許し、しかし「かわはき之類ニも有之候ハヽ、勘弁ニも及ひ不申候」という方針を堅持した[97]。柳田国男が幕府時代の「最後の座頭」から聞いたところでは、座頭はいわゆる「卑職ノ家」から弟子を取らず、差別は座の廃止まで続いていたようである[98]。

各地の瞽女仲間が、自らより下位にあると判断した者に対して行った差別も、当道座法に由来していたと思われる。遅くとも十七世紀後半から越後、駿河その他の地方にまで普及した瞽女仲間の「式目」には、「瞽女官に入れば、賤き家に行ず」とあり、加賀藩の瞽女・座頭は舞々の三郎太夫宅には寄らず、甲斐国の瞽女は吉凶の際は町人・百姓からは配当を受けたが、ハカセ（占い師）、白カミ（口寄せ巫女）、轆轤師、紺屋、湯屋など、あるいはその子孫（商売を変えた者も含め）の門は叩かなかったようである[99]。武州松山座の瞽女も「穢多非人并髪結」をはじめ、陰陽家を忌避したため、文化五年（一八〇八）二月、この地方の陰陽家は瞽女・座頭を相手取ってこの習慣の中止を寺社奉行に訴え出ている。寺社奉行の尋問に対し、瞽女は「右職分賤め候儀毛頭無之候得共、古来より不参来候儀ニ御座候」という見解を示し、「師匠より申伝」えられたとして差別の正当性を主張している[100]。陰陽家は当然こうした慣行を「賤め」と感じていたであろうが、その彼らもまた「舞々」、「非人」など下位の者に対する賤視を忘れていなかった。武州ではその後もこうした出入りが続き、例えば瞽女が陰陽家出身とは知らなかったある女性から銭を貰い、返却しようとしたところ陰陽家の者から暴力を受け、その結果訴訟に踏み切ったという事件も記録されている[101]。

このように、視障者と晴眼者、視障者と「いやしき筋有もの」との間に幾重にも重なる「正しい差別」の網の目が存在し、それらをめぐる闘争は、近世社会に暗い影を落としていたのである。しかし瞽女の立場に立ってみるならば、彼女たち自らが「正しい差別」を行わなければ、せっかく為政者から保証された諸特権も消滅しかねず、与えられた「慈悲」、「憐愍」を正当化することも困難となることを恐れたのであろう。また「無宿」、「乞食」、「世間ニ而評判悪敷」旅人など、村での宿泊が禁ぜられた者と同視されてしまえば、止宿にも重大な支障となり、巡業の継続も事実上不可能となったであろう。(102)「差別社会」の中で生き残るために種々の不当な差別を受けた瞽女もまた否応なしに他人を差別せざるをえなかったのである。

六　近世における芸能市場の地方での展開

江戸初期以降、すでに中世より進行しはじめた芸能の商品化が急速に進む。それを最も鮮やかに示すのは、「興行制度」と「家元制度」の台頭であった。「興行制度」の成立をつぶさに検討してきた守屋毅は、近世を「芸能の商品化が完結した」時代と見ている。(103)芸能一般の商品化が「完結」したのはむしろ近現代の資本主義社会の到来とともに勃興した文化産業の産物と見なすべきであろうが、いずれにせよ近世に商品化が大きな進展をみせたことは間違いない。家元制度の発展により、かつて中世社会にはみられなかった現象として、大量の人々が様々な芸能を習得するために集い、そこで指導と知識が「売買」されたことが、芸能の商品化に大きく拍車をかけた。このような家元制度を通して促進された芸能の「売買」には近代的な側面があったことは、否定できない。しかしその一方で、家芸を排他的に伝承したり、芸能が宗教性を保ち宗教組織と強い関係を有したり、芸能の生産・普及・受容が座・仲間組織の存在などによって抑制されたりといったような諸事情は、芸能の商品化に歯止めをかける要因でもあった。換言すれば、近世的芸能のほとんど、芸人のレパートリーの大半は、一面でいちじるしく商品化され、他面でそれが抑制されるという複雑な重層的構造を持つ複合体にほかならなかった。一般に、時代の進行とともに、商品化の度合いは深まっていったが、商品化とその抑制との兼ね合いはジャンルや地域によりまた社会階級によっても大きな違いが認められる。

近世芸能の商品としての性格は、たとえ不完全にしか実現しなかったとはいえ、人間関係の「正しい差別」を脅かす側面を有していた。無数の日記、随筆、その他の史料が物語るように、武士が好んで町人の演奏を楽しむために財布の紐を弛め、女芸者が男性の唄に三味線伴奏を付け、障害者が晴眼者の音曲指南にあたるなど、それまで支配的であった差別イデオロギーに相反した行為が一般化していった。儒者、役人、僧侶などはそれを世の頽廃と見なし、すでに江戸中期には新井白石をして「三代の時は上に風化盛に候ゆへ、上の風下に移り申候、後世は上にて風化無之故、下の風段々上へ移り申候」と嘆かしめるごとき状況が生じていた。(104) また太宰春台も元文〜寛保頃に成立した『独語』の中に、「昔は士君子こそ、学問し歌よみ詩を作り連歌し、或は管弦を玩び、少し下れる品なれども、琵琶を弾じて平家物語し、筑紫箏、幸若の舞など習ひて楽しみあへりけれ。三線を鳴らし浄瑠璃を語ることは、唯市井の賤しきものゝみなりき」と述べており、旧体制のもとでの「正しい差別」を賞賛している。しかし最近では「工人商估の中にても、やゝ富めるものは、学問し詩歌管弦を玩び、少し下れる品なれども、猿楽などを習ひて楽しみとして、浄瑠璃、三線などをば近付けぬ類あり。士君子反りてよき楽しみをしらず、ひたすら浄瑠璃、三線を好」むことをやや誇張して主張し、「正しい差別」による社会秩序の崩壊への警鐘を鳴らそうとしている。(105) 江戸後期になると「正しい差別」の弱体化を不満とする記録者は、さらに増え、文化十三年（一八一六）頃に武陽隠士が「全体風俗は上を倣ふ下なるへきに、当世は下の風俗が上に移るなり」と非難し、ほぼ同時代に松浦静山も「近世は風雅の戯さへ世に少きやうになり、鄙俗のこと而已を以はやす風儀とはなりけり」と記している。(106)

ところで、芸能を披露・教授して報酬を受ける者は、すでに古代・中世から活躍を始めており、近世に入ってからも、楽人や能役者などは宮廷、寺院に従属し、幕府の禄を食んでいた。しかし、これらの事例、つまり芸人が芸能の提供によって報酬を受け暮らしを立てることが、それ自体で「芸能の商品化」を意味したわけではない。芸能が人々の性別、年齢、身分、家柄、出身地、身体障害といった種々の社会的な壁を越えて、商品として広まってゆき、芸能活動が大きな波として差別体制に対抗してゆくためには、芸能が広汎な芸能市場の成立を介して人々の手に届く必要があった。そのような意味での芸能の「売買」が、制度化された仕組みとしてほぼ全国に及んだのは近世社会においてであった。この制度化された仕組みによって、芸能の経済的側面が次第に政治的側面（伝承者・受容者の身分、各ジャンルの社会的意味など）から切り離されていったのである。これは近世の芸能の全貌を一変させる革新的な出来事であった。

僻地や離島など芸能市場の影響が充分に達しなかった地域もあったものの、芸人や音曲師匠という「売り手」と聴衆・観客・弟子などという「買い手」が芸能市場を通して互いに接し商品化された芸能を習得・伝承するシステムは、近世を通して次第に定着し、芸能の「拡大再生産」のプロセスが緒についたのであった。各地の百姓、町人、武士などの可処分所得が増えたことにより、芸能市場は活気を帯びていった。それは、楽器とその付随品の生産者、歌詞や楽譜の板元、演奏会場となった茶屋の経営者、舞台芸能に欠かせない衣装、道具類を作った職人などといった付随的経済活動を刺激し、さらには芝居小屋を建てた大工あるいはどさ廻りに明け暮れた演劇団の道具運び人足にまでその波及効果は及んでいった。かくして大々的に商品化された芸能が関西から関東へ、さらに都会から地方へ普及・受容されることにより、各地の住民の意識も変わり、種々の芸能の「品格」が議論され、「素人」と「玄人」の差異が注目され、宗教的芸能と世俗的芸能とがより明確に区別されるようになった。

近世の都会あるいは瀬戸内地方で展開した芸能市場の発展についてはすでに加藤康昭、神田由築らの分析があり、それらに委ねることにしよう[107]。中世以来、畿内では、瞽女・琵琶法師は寺社を廻り、あるいは貴族階級に仕えることで生活を立てていた。これに対し近世以後は、当道が開発した芸能を習得し、中上流町人や比較的裕福な農家に音曲指南と演奏を提供することによって収入を得、生活の糧とするようになった。ここでは当道中心の芸能市場が急速に発達したため、畿内の瞽女たちは、関東甲信越の瞽女たちのように村々を巡業しながら芸を披露する辛苦を免れることができたのである。

都市文化と地方文化の接点の役割を演じた瞽女を論じるためには、ここで芸能の地方への普及に関して若干の考察を加えておかなければならない。まず興行団の巡業活動以外のもので、地方における芸能市場の成長を物語る具体例をいくつか拾ってみよう。十七世紀の芸能の地方への普及は特に畿内で見られたが、その後には他の地方でもこの傾向が加速した。土佐城下の風俗の変遷を跡づけた箕浦専八によれば、十七世紀にはまだ「士たる人の妻たり娘たるもの〻、琴ひくことハあれとも、三味線をひく事ハなかりしなり。三味線は座頭にかきりたる様にありたるなり」という実情であった。しかしその後いつしか風俗が「衰え」、城下はもとより、「郷中山分にて三味線に達せさるものなきよし」と、箕浦を嘆かせる事態が生じたようである。[108] 伊勢松阪でも宝暦頃までは、浄瑠璃三味線を弾く庶民は、大和から来たとされ、饂飩屋を経営していた宇治太夫以外にはいなかった。しかし、それ以降は様々な芝居や音楽の演奏が催され、「町々所々琴を弾する者」が続出し、順一と称する座頭の三味線稽古場も大きく栄えていたらしい。[109] 寛政元年（一七八九）、尾張国一宮で出された触には「近来村々若キ者共、三味線浄瑠理等、慰ニ稽古いたし候者共も有之様相聞候」とある。水戸においても寛政二年（一七九〇）に高倉胤明が「府中にて若ひもの共長唄めりやすを能し、三味線を能弾くもの〻多くなりし近来の事也」と説明しており、宝暦頃までは十五歳以下の者が三味線を弾くことは「甚奇事」であったと付言している。[110] 相模国の東浦賀村では「三味線なとも天明・寛政の頃迄ハ新地町妓者より外ひかぬものと思ひしに、今ハ三味線・琴抔女子共に稽古いたさするやうに成」、文政の頃は「上下おしなべて文吾ぶし・長唄めりやす思ひ思ひに稽古す」と報告されている。[111] 文政十年（一八二七）、東濃地方にあった村々（現岐阜県瑞浪市）の役人に申し渡された「心得」にも「近来ハ村ニ寄小前之ものニも三味線ひき候者有之」との慨嘆がうかがえ、それも芸能とその関連知識が広範囲にわたり「売買」されていた証拠と見なすことができよう。[112] 文政十三年（一八三〇）、越後を訪れた江戸の富本繁太夫は、その地で聞いた「おけさ」について、歌詞は「いろ〳〵あれとも皆新しき也。当時はド、イツを皆唄ふ」と説明している。「都々逸」は江戸でも文政頃から流行しはじめたばかりであったことを考えると、当時の芸人がいかに素早くはやり唄を伝えたか、その結果越後の人々が都会の流行にそれほど疎くも遅れてもいなかったことが知られる。[113] 地方で「売買」されていたのは、はやり唄にとどまらなかった。「国々城下社地等ニおゐて江戸京大坂より旅稼ニ出候歌舞妓役者共」も大活躍し、それらが芸能市場の成長にさらなる拍車をかけたことは疑いない。[114]

芸能市場の成立が地方文化にどのような影響を及ぼしたのか、一例を通してもう少し具体的に検討してみよう。三河国刈谷新町の庄屋留帳に記載されている芸能活動のうち、宝暦頃以前に催されたもののほとんどは町の祭礼と関係し、宗教性の強いものが多く、いわば芸能の「自給自足」状況が窺われる。ところが十八世紀半ば以降になると、岡崎などから浄瑠璃語りが招かれたり、池鯉鮒町（現知立市）の三弥という座頭が三弦を担当したりなど、祭礼に仕込まれた芸能の世俗性が目立ちはじめる。(115) 他所からの訪問者も増加し、宝暦十年（一七六〇）には「諸勧進」と浪人などには合力を出すなという触の写しも見られ、その後も繰り返し同じ旨の禁止令が出されている。「諸勧進」の中には芸人が含まれた可能性が高く、彼らに費やされる「贅沢」の抑制を目的とする措置でもあったと思われる。その後も町で行われた芸能は急速に都会化していったらしく、宝暦十三年（一七六三）六月十二日に「子供仕方浄瑠璃ひらかな盛衰記全之段」、「わんきうすへの松山道行」を上演するために舞台が設けられたとあるが、「子供仕方」は実際には歌舞伎であったかもしれない。(116) 翌年の祭礼には名古屋から浄瑠璃語りが呼ばれ、その際に三味線を弾いたのは当所の「清の都」、緒川村の「三輪都」、知立町の「三弥」という三人の座頭であった。また歌舞伎、操芝居などの規模も次第に大きくなり、出費が嵩むにもかかわらず文政頃以降には寺社境内で「稽古浄瑠璃」が催され、「江戸万歳」の名目で江戸の尾上菊治郎、嵐岡蔵などを含む演劇団が来演し、これ以外にも種々の興行が間断なく行われた。(117) その結果、町の文化全体が豊かになり、祭礼は商品化された側面とそうならなかった側面とを含む複雑な混合体に化し、その中で視障者が活躍できる場も広がっていった。

江戸中期以降、畿内とその周辺地域以外の村々でも芸能の自給自足システムは次第に崩れていったが、近世経済の著しく不均等な発展によりその崩壊の程度と速度にはかなりのばらつきが見られた。また各藩の文化政策が芸能市場の展開を左右したばかりか、常芝居の有無、花柳界の存在、遊芸に対する制限などの諸因子も各地の芸能市場の発達に大きな影響を及ぼした。設備と人材が揃っていた地域は文化的発信地となり、そこからは都会的芸能が近郷に直接伝承されていった。逆に、設備と人材に乏しい地域では旅芸人に大きな期待が寄せられた。幕府は農村における「遊芸・歌舞妓・浄瑠璃之類、惣而芝居同様之人集」を喧嘩、騒動、風俗の紊乱、耕作の怠りなどをもたらす要因と位置づけ、農業生産性向上を妨げるとして芸能は頻りに禁ぜられた(118)。同じ理由から諸藩でも「百姓身分として、浄瑠璃をかたり、三味線を弾、或ハ尺八・小弓抔の稽古、堅く致間敷候」のような触が発せられた(119)。他方では、「正しい差別」の原理に基づき農民には農民らしい音楽があると考えられており、堀田氏の知行所（現群馬県太田市）の年代不詳の触には「田植等之節者農家相応之小唄うたひ候義者不苦候事」と諭され、内藤藩（現新潟県村上市）でも「農業ニ付働く者小唄うたひ候義並神事等」が許された(120)。改革の際、このような差別はさらに強化され、「遊民を導基ニ相成」る音曲は農業の妨げとなると考えられ、その結果「農民共男女に不限、音曲取扱候義一切差留候」と触れられることもあった(121)。

地方での旅芸人の活躍は、それ以外にも都市文化に対する不充分な理解、演奏会場の欠如、興行主の不在と資金の不足などといった要因によって阻まれた。それらを乗り越えるために、在方を浪々とする瞽女を含む種々の芸人は、都会的芸能と地方の芸能との折衷に努め、地方々々に特有の唄もレパートリーにとり入れ、演奏会場を寺社境内や宿泊先で間に合わせ、また興行という形態よりは、広く分散された聴衆を個別に訪れる形態の演奏活動を繰り広げたのであった。やがて、旅芸人の受け入れ態勢が整えられた地域が現れ（本書第9～11章参照）、芸人の宿泊費が村予算として処理され、村全体が提供した資金が地方の芸能市場を潤すという新しい便宜も生まれてきたのである。

むすびに代えて——明治以降の芸能市場と新たな差別体制

明治維新後、資本主義国家の設立にともない、視覚障害者差別と芸能市場の展開も新しい局面を迎えた。その最初期段階では、資本主義社会の発展に役立つ限り、従来の差別的体制の大部分が引き継がれ、家父長的諸制度の多くの要素も新しい社会に活かされ、女性の男性への従属を規定した法体制や「母性讃美主義」なども富国強兵政策の柱とみなされるようになった。こうした家父長的要素は単に封建制度の残存物ではなく、近現代的な資本主義社会を支える不可欠な要素でもあった。明治以降、瞽女仲間に加入した女性たちには、芸人として活躍しながら、同時に結婚の可能性も開かれた。それは一面でたしかに、従来良妻賢母という理想が人生の射程外にあった女たちにとって、解放を意味したといえなくはなかった。しかし為政者の間には、瞽女や門付け芸を本業とする芸人をひとしなみに「乞食」と見なす傾向が強まり、「生めや増やせや」という女性に与えられた役割が瞽女の芸能活動に反したこともあり、彼女らとその芸を文明開化にそぐわない存在として禁止の対象とする動きが生じた。はやくも明治三年（一八七〇）四月、土佐藩は瞽女・座頭の名目を廃止すると宣言し、瞽女たちを「向后父兄之者引取養育可致」とする強制措置をとっている。特に困窮した者には「窮民札」が渡され「無税之活計」が許され、病身の者と扶養者のない者は貧院に収容されるとされた。[122]明治四年（一八七一）には当道座が解体されたが、それに代わる視障者福祉対策は議論の段階にとどまり、とうとう実現には至らなかった。西国各地では瞽女・座頭に支給されてきた扶持が廃止され、甲州の瞽女も明治六年（一八七三）五月二日の県令により廃業に追い込まれ、足柄県（旧伊豆国）の三島でも明治八年（一八七五）、瞽女五十四名全員が出身村に帰還させられ原籍に編入させられた。[123]このように近世の「正しい差別」政策が否定されてゆく過程において、かつては支配体制の正当化に大きく貢献した「慈悲」、「憐愍」という差別にともなう積極面も捨てられ、それによって特に障害者はそのしわよせを大きく受けた。瞽女・座頭が通常末尾に記されていた近世の村明細帳と異なり、それに相当する明治期の人口記録には視障者の人口は明記されていない。そのこと自体、「正しい差別」が、その消極面も積極面も含めて一掃された過程を反映していると思われる。

時代が明治から大正・昭和に進むにつれて、封建的な「正しい差別」は次第に資本主義的市場に欠かせない抽象的な平等のイデオロギーに取って代わられていった。それとともに、「差別」という用語を肯定的に使う例はきわめてまれになり、ついには現日本国憲法第十四条においてそれは完全に否定的な意味を持つ言葉へと一面化されたのであった。それにより法的根拠を失った諸々の差別はむろん社会から消えたわけではないし、人間の社会的関係と文化の調整をすべて市場に任せる近代的傾向は瞽女にとっても、単純に歓迎すべき進歩を意味しなかった。新たに彼女たちの前に現れた強敵は、やがて市場に大量の新曲を放出するようになる大都会中心の文化産業の御用作詞家・作曲家であり、興行師たちが「スター」にすべく釣り上げた晴眼者の芸人たちであった。あらゆる芸能を、それらの交換価値だけに着目して無差別的に扱う市場が、各商品の芸能的質を軽視し、芸能の「売買」を行う人々の個性や能力や生活上の必要などを無視する結果となったことは当然であった。そのとき、「正しい差別」を否定したはずの近代的芸能市場に、皮肉にも新たな障害者差別が生み出された。そこにこそ現在も暴走を続ける市場経済万能主義によって育成される文化の限界が如実に示されているのである。

第2章　瞽女唄の研究をめぐって

一　瞽女唄研究小史

瞽女唄は、それ自体が本来的に音楽的・文学的価値を有することはいうまでもなく、瞽女の歴史とその社会的意義を知るためにも極めて重要な材料となり、また瞽女が生きてきた社会の力学の解明にも貴重なヒントを与えてくれる。しかし「芸術音楽」や「民謡」といった従来の音楽学的カテゴリーに簡単には収まらない瞽女唄の研究は長年蔑ろにされてきた。また近世歌謡研究では依然として「詞主曲従」という姿勢が主流となっているため、現在でも瞽女唄の音楽的要素が分析の俎上に載せられることは稀である。ところがこうした研究上の偏向とは逆に、多くの越後瞽女自身は、何よりも唄の節を重視し、「松坂節」や流行歌などはもちろん、「段物《だんもん》」すら「語る」ものではなく「歌う」ものと見なしている。このことが示すように、瞽女唄はやはり何よりもまず音楽なのである。

瞽女唄が音楽として研究対象に取り上げられたのは昭和三十年（一九五五）刊『日本民謡大観』（中部篇北陸地方）が、はじめであったようである。主に町田佳聲の努力の成果であるこの大著の中に刈羽瞽女の伊平タケが歌う「段物」（「祭文松坂」）の一部と「婚礼松坂」、「新保広大寺」が採譜されている。これらに、踏み込んだ検討を加えるまでにはいたらなかったものの、町田は貴重な解説を付け加えている。翌年には新潟大学高田分校助教授であった小山郁之進が三万四〇〇円の文部省研究助成金を得、高田瞽女の音楽的研究に取り組みはじめた。[1] 小山の瞽女唄研究成果は今日まで未発表のまま過ぎてはいるが、小山は研究費を申請する二年前（昭和二十九年［一九五四］）には杉本キクエの「葛の葉子別れ」（初段）の演奏を録音しており、瞽女唄研究史上重要な一歩を記している。ところが、昭和三十四年（一九五九）に刊行された、芸能史研究としては画期的な成果と評しうる高田市文化財調査委員会編『高田市文化財調査報告書』（「高田のごぜ」）に含まれた「音楽の考察」の項は誤解に満ちており、そこに掲載された「祭文松坂」の旋律の採譜はたったの一行で終わってしまい、しかも極めて不正確な譜例となっている。

越後瞽女唄の音楽学的研究が確たる軌道に乗りはじめるには一九七〇年代を待たなければならなかった。その時期に相次いで発表された大滝雅楽絵（杉野三枝子）と橋本節子の学術論文は瞽女唄の音楽的分析の必要性と可能性をはっきりと示した。[2] 昭和四十八年（一九七三）に上梓された大滝の論文は、高田瞽女（杉本キクエ、杉本［五十嵐］シズ、難波コトミ）の歌う「祭文松坂」の「葛の葉子別れ」、近世後期に流行した「口説」の「松前口説」、民謡の「松坂節」、さらに祝い唄の「春駒」を検討対象としている。大滝は越後瞽女唄・説経正本・薩摩若太夫正本の「小栗判官」の詞章の比較検討も行い、唄の起源に言及し、採集した唄の歌詞を翻字し、また群馬県・長野県・石川県の「春駒」の歌詞を高田瞽女のそれと比較している。必ずしも音楽的要素の徹底的な分析は行われていないが、旋律の形と七五調の詞章との関係を探っており、三味線前奏・間奏などの旋律に簡単な検討を加え、その法則性を析出する試みが見られる。

その二年後（昭和五十年［一九七五］）、橋本節子は長岡系の瞽女に主眼を置き、小林ハル、土田ミス、中村キクノ、坂田トキ、中静ミサオ、金子セキにくわえて、刈羽瞽女の伊平タケ、高田瞽女の杉本キクエの演奏する「祭文松坂」、そして小林ハル、土田ミス、渡辺キク、杉本キクエの歌う「口説」、さらに小林ハルの録音「松坂節」を採譜し、特に長岡越後瞽女唄の全体像を把握しようとしている。橋本は下越瞽女であった小林・土田・中村・坂田らの「祭文松坂」の旋律を比較しており、組と師匠が異なっていても長岡瞽女唄には強い音楽的関連性があることを指摘している。残念ながら橋本は四フレーズ構造の曲しか分析しておらず、採譜にあたっては旋律の輪郭を示すにとどまっている。また

「祭文松坂」と「口説」の各唄の独特な終わり方（「段切れ」のフレーズ）などは省略され、唄のリズムは主観的に二拍や三拍の小節に押し込まれている。「左手の指使いは、ほとんど親指と薬指である」など、三味線技法としてはありえないような主張も見られ、高田瞽女と長岡瞽女とでは「口説」の旋律の動きを「全く異にしている」としたり、杉本キクエの「三味線伴奏は二拍子で、語りの部分は、三拍子で歌っている」など、納得しかねる点が多く含まれている(3)。

大滝・橋本両者の研究が発表されて以後、瞽女唄の音楽学的研究は再び長い休眠の時期に入る。ようやく平成七年（一九九五）になって、佐藤峰雄が「高田瞽女唄の研究（一）」を、ついで平成十三年（二〇〇一）に「高田瞽女唄〈俊徳丸〉（段物）に見られる三味線の「合の手」について」を発表したことを契機として、瞽女唄の音楽学的分析が再開された。佐藤は高田瞽女杉本キクエの昭和五十四年（一九七九）の録音「俊徳丸」を採譜し、緻密な分析を行い、「祭文松坂」の音階の構造を解明しており、唄の全体構造、縦線の置き方についても言及している。また三味線の「合の手」に含まれている旋律的動機とその変奏を克明に分析し、瞽女の三味線音楽の構成方法を明らかにしている。

今日、瞽女唄に関する音楽学的研究を阻んでいる主な要因は、資料の不足であると思われる。なかんずく高田の瞽女唄に関して、現存する唯一の資料は杉本キクエとその弟子であった杉本シズの録音のみである。刈羽瞽女唄も、伊平タケの残した数少ない録音以外は何も存在していない。他県の瞽女唄の録音資料はさらに少なく、公開されていない個人所有の資料が存在している可能性もなくはないが、飯田瞽女の「源氏節」や鹿児島瞽女荒武タミの演奏した「口説」と民謡のみがその主な研究資料となっている。例外的に比較的豊富に残っている長岡系瞽女唄の録音も、演奏者は収録時に高齢であったため、ど忘れや不安定なピッチなどの箇所が少なくなく、これらの録音からは採譜・分析が困難である。しかし現役の瞽女不在の今日、瞽女唄の新しい収録は不可能となり、資料を増やすためには過去に行われた録音の発掘、あるいは瞽女の聴衆であった人々が覚えている唄を録音するしか道は残されていない。

二　瞽女のレパートリー

日本各地の瞽女が歌っていた唄の音楽的・文学的特質と社会的意味は時代により様々であり、各唄が持つ音楽的要素、口承文学的要素、呪術的要素、商品的要素などの要素間の比重や性質は時代・地域によって変化してきた。そこでまず史料などに現れる瞽女唄の種類を時代順に示しておこう（表2・1参照）。次に絵巻物、浮世絵、挿絵、絵画などに現れる瞽女の演奏楽器を整理しておく（表2・2参照）。ちなみに中世の絵画では瞽女であるかどうかを判断することが難しい場合も多く、杖を持っていることから瞽女である可能性が高いと考えられるものについても表2・2に掲載しておいた。

まず、表2・1と表2・2の中には琵琶という楽器が全く欠如していることが注目に値する。平安時代の絵巻や物語などに琵琶を弾く女性晴眼者が登場し、琵琶の構え方は『女用訓蒙図彙』（貞享四年［一六八七］、江戸版）に説明されている。また江戸後期の七福神の見立て絵などには瞽女らに祀られた妙音弁財天が、琵琶を所持する女性として描かれている。(4)このように近世の女性は決して琵琶と無縁ではなかったが、総じて座頭・盲僧などと較べ琵琶を弾く瞽女は時代を問わず日本社会には珍しかった。当道座関係者などが創作した平曲は女性に伝授されず、座の政治力・支配力が増すにつれて琵琶は次第に男性が独占し、中世には容易に携帯できる伴奏用の弦楽器が他になかったことから、瞽女は鼓、扇拍子を伴奏楽器として使用するか、あるいは無伴奏の唄を演奏せざるをえなかった。ただし、中世の上流社会における室内音楽などでは瞽女が他の楽器も用いたと想像される。

江戸初期には三弦が伝来し、それを契機に瞽女は寺社境内において鼓を捨て、室内で俗箏と三弦、屋外では三弦を主たる伴奏楽器として採用したことが絵画資料から判明している。特に十七世紀以降には器楽を奏でる瞽女の姿が頻繁に画題となり、三味線と鼓の合奏（貞享二年［一六八五］）、三味線と一節切との合奏（元禄三年［一六九〇］）、三味線と箏

表2.1　瞽女唄の年代・分布・種別

時代	場所	種別	典拠
明徳頃 (1391年) 以降	関西	小歌, はや節, 早歌,『明徳記』	「小林」333頁, 345頁
室町前期より	〃	『曽我物語』またはその内容を平易にしたもの	「望月」。「七十一番職人歌合」。『嬉遊笑覧』下巻, 35頁
応永25年 (1418) 8月17日	京都	「五六句申」(語物か)。歌	『看聞御記』上, 154頁
文明2年 (1470) 11月14日	住吉薬師堂	艶歌	『狂雲集』440頁
室町後期か	関西か	うた (つゞみをたゝいて)	「ごぜざとう」424頁
寛永21年 (1644) 7月21日	京都	踊り子の三味線伴奏	『隔蓂記』第1巻, 598頁
寛文4年 (1664)	高知の城下町	琴のつれ引	『桂井素庵日記』, 廣江清「近世瞽女座頭考」1頁
天和3年頃(1683)	江戸 (戸塚)	加賀節	「紫の一本」206頁
江戸中期以降か	越後	祭文松坂	年代推定 (本書第13章参照)
明和4年 (1767)	小浜	「君が代はちよにやちよに」	『稚狭考』684頁
天明2年 (1782)	大坂	「夢のうら」,「三ツのあらひ」	『歌系図』356頁
寛政3年 (1791)	広島藩堀川町	小歌, 三味線	『広島県史』近世資料編, 第3巻, 1073頁
文化10年 (1813) 閏11月13日	土佐藩, 西ノ坊	和歌師今村楽作「清水七浦」	『楠瀬大枝日記燧袋』第3巻, 83-84頁
文化10年～文政6年 (1813-23)	越後・江戸	越後節	『浮世床』358頁
文化14年 (1817) 以前	下野	「若宮の歌」	『擁書漫筆』372-373頁
文政元年 (1818)	大坂	「きりこ」(地歌)	『歌曲時習考』60頁, 124頁
文政11年～天保9年 (1828-38) 頃	薩摩藩	国ぶし, 六調子, しょんが節	『薩陽往返記事』673頁
天保13年 (1842)	柏崎近辺	くどきなど	『柏崎日記』669頁
安政6年 (1859) 以前	土佐藩	義太夫, 浄瑠璃	『憲章簿』第5巻, 532頁
近世後期か	江戸か	「端歌」	「評定所張紙」992-993頁
〃	越後	口説, 雑歌他	年代推定, 本書第14章参照
〃	鹿児島県	口説, 大津絵節, 三下り他	『ゴッタン』(年代推定)
明治6年 (1873) 以前	甲斐	心中節 (口説)	『山梨県史』第3巻, 103頁
明治29年 (1896) 前後	神戸か	口説	Lafcadio Hearn, *Kokoro*, p. 44
明治30年 (1897) 前後	栃木県	サノサ節	『栃木県の民謡』56頁など
明治以降まで	富山県	小原節, 祭文松坂, 口説他	宮成照子『瞽女の記憶』など
大正 (1914) 以前	埼玉県	可愛や男に植ゑられて……	『俚謡集』134頁
戦前まで	岐阜県恵那郡久須見村	浄瑠璃, サノサ節, ラッパ節他	三好一成「岐阜県東濃瞽女の生活誌」37-38頁
〃	東京都下保谷村	サノサ節	『下保谷の民俗』480頁
〃	長野県	源氏節, 口説, 名古屋甚句	年代推定, 本章第11章参照
昭和頃まで	東京都	葛西おしゃらく	『瞽女の記録』1頁

表 2.2　瞽女の演奏する楽器類

年　代	楽 器	典　拠
平安末期（11-12 世紀）	鼓・扇子	『住吉模本年中行事絵巻』[1]
鎌倉初期（12 世紀）	鼓	『年中行事絵巻』9 頁
鎌倉時代（13 世紀）	無し	『西行物語絵巻』23-24 頁
永仁 4 年（1296）	鼓	『天狗草紙』カラー図 4（東寺門前のあたり）[2]
元亨 3 年（1323）	〃	『一遍上人縁起絵巻』第 9 巻，36 頁（真光寺蔵）
永正12年（1515）	〃	『清涼寺縁起絵巻』104 頁
天正 2 年（1574）	〃	『上杉家本洛中洛外図屏風』[3]
寛永頃以前（16-17 世紀か）	〃	『七十一番歌合』514 頁
江戸初期以前か（17 世紀以前）	〃	『甘露寺職人歌合』，『嬉遊笑覧』下巻，35 頁
貞享 2 年（1685）	鼓・三味線	『和国諸職絵尽』80 頁
元禄 3 年（1690）	三味線	『人倫訓蒙図』85 頁
元禄 8 年（1695）	〃	『和国百女』19 頁
正徳 2 年（1712）	箏	『和漢三才図絵』第 2 巻，260 頁
享保 8 年（1723）	三味線・箏	『百人女郎品定』135 頁
寛政 8 年（1796）	箏	『職人尽発句合』586 頁
享和 2 年（1802）	〃	『絵《え》本《ほん》時世《いまよう》粧《すがた》』593 頁
文化 2 年（1805）	三味線	『東海道中膝栗毛』221 頁
〃	〃	『熙《き》代《だい》勝《しょう》覧《らん》』115 頁
文政12年（1829）	〃	『江戸名所図会』第 1 巻，446-449 頁
天保 4 年（1833）	〃	『東海道五十三次』，「二川」，「沼津」，「吉田」
文化10年～天保 5 年（1813-34）	〃	『金草鞋』（数カ所の挿絵）
天保 6 年頃（1835 年頃）	〃	『木曽街道六十九次』，「伏見」
弘化頃（1844-48）	〃	『東海道五十三次細見図絵』，「大磯」[4]
嘉永 5 年（1852）	〃	『東海道遊歴双六』（袋井）[5]
安政元年（1854）	〃	『難波職人歌合』658 頁
安政 2 年（1855）	〃	『双筆五十三次』，「舞阪」
江戸後期頃（19 世紀中葉）	〃	『四季耕作風俗図巻』[6]
〃	〃	『地口絵手本』

注 1）谷合侑『盲人の歴史』明石書店 1996 年，53 頁。
2）『天狗草紙』に描かれている鼓を演奏する者は瞽女かどうかは定かでないが，深い帽子を被り女性の服装を纏う者であり，鼓を膝に置いて演奏している。
3）米沢市上杉博物館蔵。市川信次「高田瞽女について」『貝塚』第 34 号，1984 年，4 頁。
4）初代歌川広重画，神奈川県立博物館蔵。
5）高橋順二『日本絵双六集成』17 頁。
6）『瞽女の記録』48 頁。

の二重奏（享保八年［一七二三］）などの例がある。天明二年（一七八二）の『歌系図』から大坂には「夢のうら」、「三つのあらひ」と題される唄を作曲する瞽女が記録されている。文化十年（一八一三）には土佐の瞽女も和歌師の今村楽が作った歌詞を三味線唄として歌ったとされる。[5] 表2・2からわかるように、近世初期以降、各地の瞽女は当道座所属の座頭たちから箏曲など様々なジャンルを伝授され、あるいは巷のはやり唄を精力的に自らのレパートリーに採り入れ、また地方によっては独自の唄の開発に取り組む者もいた。

図 2.1　「女めくら」（『和国諸職絵尽』貞享2年［1685］）

表2・2が示すように、江戸中期に入ると、箏曲を奏でる瞽女が画題となる絵の割合が徐々に減ってゆく。延享四年（一七四七）に没した太宰春台は、江戸の街を歩けば三味線が聞こえてくるばかりであり、「瞽女にも箏ひくもの、今は百人に一人なり」という嘆きを残している。[6] これは視障者に限られた傾向ではなく、晴眼者の女芸者も琴よりは三味線を好み、森山孝盛は天明頃の女芸者は「三味線とても少し計覚えたる計にて、琴引は稀なり」と書きとめている。[7] ただし太宰春台と森山孝盛の描写が、やや誇張を含んでいたことも指摘しておくべきであろう。例えば、嘉永元年（一八四八）八月二十八日、江戸市村座初演「絵入稗史《せうせつ》蕣《あさがお》物語」（西沢一鳳軒）にも琴を弾く「朝顔」という瞽女が登場していることからも窺えるように、箏曲は幕末まで中上流社会に仕える瞽女の表芸であった。

音楽文化が大幅に大衆化した十九世紀には三味線を弾きながら門付け唄の演奏に従事する瞽女の姿が、無数の錦絵、瓦版、滑稽本・草紙類の挿絵などに描かれている。三

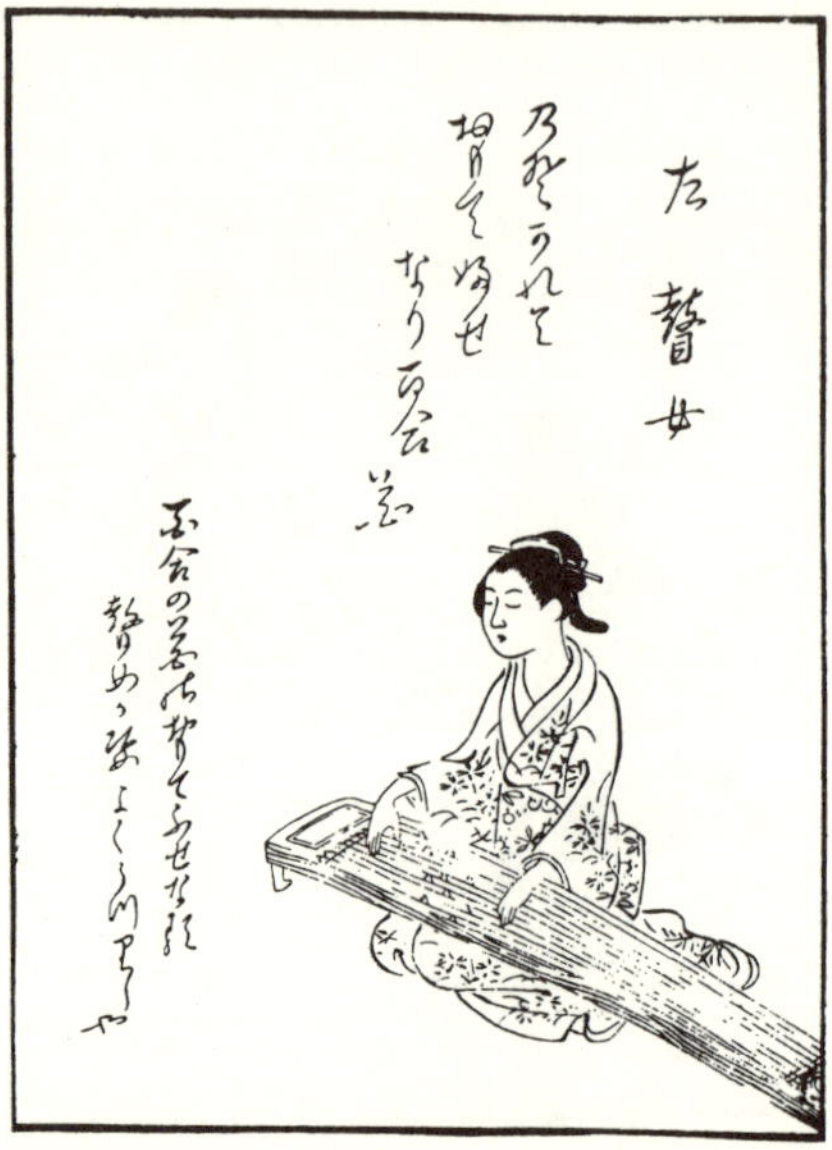

図 2.2　箏曲を演奏する瞽女（『職人尽発句合』寛政 8 年［1796］）

図 2.3　大磯近辺を巡業する瞽女（初代歌川広重『東海道五十三次細見図会』弘化頃［1844–48］。神奈川県立博物館蔵）

弦を弾く瞽女の割合が増したことも原因のひとつであろう。また近世中期に関西で板行された瞽女の箏曲演奏を描写する絵本類は主に中流以上の読者層向きであったのに対し、化政時代以降の滑稽本、錦絵類はより広範な庶民層のために作られた。いずれの場合も挿絵は社会的現状をそのまま忠実に反映したというよりは購入者の好みを見計らいながら瞽女も描かれたのであろうと思われる。

以上の表2・1と表2・2の情報を総合すれば、瞽女のレパートリーは、（主に語り物の場合のように）打楽器に伴奏される曲から箏曲へ、そして箏曲から三味線唄へという大まかな流れとなって発展していった。この流れは当然直線的なものではなかった。地方によってまた時代によって、「時代遅れ」とされた唄と演奏法が長く継承されたり、あるいは逆に時代を先取りするような新曲が作られる場合もあった。こうした多様性は戦後まで続き、例えば長岡系瞽女の小林ハルは、越後で工夫された「段物」以外にも常磐津、新内、清元、義太夫さわり、長唄、端唄、三河万歳、和讃、都々逸、鴨緑江節など様々なジャンルをも習得・演奏しており、高田瞽女の杉本キクエなども非常に幅広いレパートリーを持っていた。

三　瞽女唄の社会的位置づけ

時代を問わず瞽女やその弟子たちは自身が瞽女唄の聴衆となることがあった。また武家に仕える瞽女は、とりわけ奥方衆のために演奏し、彼女らに音曲を伝授した。町人に箏曲など室内音楽を提供する瞽女たちは、上中流社会の好みを重んじた。それぞれの場合に、瞽女たちは聴衆の嗜好に合わせてレパートリーを発展させていった。しかし、近世から戦前にいたるまで、瞽女の演奏のもっとも主要な聴衆は瞽女の巡業先の農民たちであり、瞽女唄は各地の村人にとって大きな楽しみであった。その一方で農民たちは瞽女に頼ることのない音楽世界をも有していた。すなわち彼らは、自分たちの唄（今でいう民謡）を伝承し、祭礼などには自ら囃子を担当し、日常生活に不可分な音楽文化を保持しつづけていたのである。こうした「自給自足」の音楽文化の広範な存在こそは、瞽女唄受容の強固な基をなしていた。近世初期以降、社会的分業と芸能の商品化が進むにつれ、この基盤の上に、村共同体の部外者が開発した音楽文化が受容され、普及してゆき、いわば芸能の生産者と消費者の役割分化が進んでいったのである。瞽女の演奏する唄の独自の社会的位置づけもこの歴史的過程に連動して生まれ、瞽女の多様性に満ちた豊富なレパートリーの内から「瞽女唄」と広く認識される種類の唄が生まれてきた。

瞽女は音楽文化の生産者として、地方に展開しつつあった芸能市場に参入するために巡業を行ったが、行く先々の村落共同体からみれば部外者であり、その社会的地位は非常に不安定であった。同じく地方を流浪する「乞食」と見なされた非職能者や、あるいは厳しい風俗取締の対象となりがちな女芸者や遊女らと自分たちとの差異を明確にするため、多くの地域の瞽女は尼僧に倣って一生独身を誓ったり、当道との連携を強め、妙音講などを催す様々な組織を確立したり、職人と同様に何らかの由緒書・式目を作成し、種々の戦略を練ったことは前章で見たとおりである。地方によっては将軍家、藩主、上流武家社会の保護・支援を受けていることをも強調した。弟子に強いられた厳しい修業（修行）は、たんに教育上の必要からだけ行われたわけではなく、瞽女の稼業が、忍耐の末にはじめて辿り着くことのできる境地を目指す、誇るべき「道」であることを周知させ、瞽女と素人との差異を際だたせる機能も含まれていた。また地方住民は瞽女には特別な霊力が備わっていると考えていたようである。瞽女の三味線袋と絃、集めた米などにも不思議な力が宿っていると広く信じられていた。瞽女自身もこうした信仰の有用性を充分に理解していたことであろう。

この差異化過程には、唄も一定の役割を果たしていた。専門家として独自の唄を編み出すことにより、瞽女は商売にならない唄しか持たない大半の農民との違いを示した。一方、瞽女の歌っていた長編の歌詞などは、芸者によって歌われ地方住民にやや「特別」とされた流行歌などとも異なっていた。こうした差異の認識が「瞽女唄」という独特のジャンルを確定していった。刈羽瞽女の伊平タケの言葉を借りれば「「瞽女唄」って特別でねエので。芸者も唄わねエ、歌手も唄わねエのがまア「瞽女唄」だから」というように、芸者とプロの歌手が演奏しなかった唄こそが「瞽女唄」とされたのであった。[8]

こうした「瞽女唄」は、瞽女たちにとって当道の男性にとっての平曲と同じ機能を果たしていたと思われる。限られた史料から推察するならば、すでに中世後期の瞽女は、とうてい素人には暗記しがたい『曽我物語』や『明徳記』を覚え、寺社の本地譚や霊験譚なども謡い、演奏を通じて瞽女と素人との差異をはっきりと示していたのである。これらの唄はおそらくまだ瞽女の独自の歌謡として確立したわけではなかったが、近世以降の越後瞽女は、素人はもちろん他の芸人も歌わなかった「段物」（「祭文松坂」）を作りあげていった。それは、座頭が素人に平曲を教えなかったのと同様に、に、通常門外者には伝承されなかった。「段物」を勝手に改作しようとする弟子は厳罰に処されたが、そのことは新作音楽・文学の価値に関わる問題というよりは、一つの社会集団の伝統保持の必要性をめぐる問題に起因していた。

「段物」以外にも民間信仰に携わった者たちの唄を特に関東甲信越の瞽女は習得し、それを通しても素人の農民や他の芸人との差異が現れた。春先に訪れた家を祝福するためには三河万歳（「柱立て」）に由来する「瞽女万歳」が提供されたり、養蚕に関する民間信仰に結びつく「春駒」の唄も披露され、仏教歌の「地蔵和讃」などが演奏されることも珍しくなかった。ただし、こうした宗教・民間信仰につながる活躍は身分の低い民間信仰の芸能者たちと同一視される危険性を含む両刃の剣であったため、瞽女たちは通常は教化あるいは口寄せなどには従事しなかった。

しかしながら、独自の組織を持ち、芸者や他の芸人が歌わない唄を演奏し、晴眼者とは異なる教育を受け、特別の霊力を身につけている者と見なされた瞽女は、そうした「特別な存在」として地方住民に認識される傾向が強く、それがゆえにかえって不当な差別を受けやすくもあった。瞽女が演奏レパートリーを選択・開発するに際しては、農村の多数住民との差異が不当な差別を助長しないように注意深い配慮がなされるのが普通であった。芝居の上演の折に困窮者が「貧福ニ差別ヲわすれ」たのと同様(9)、唄の演奏を楽しもうとする聴衆の場合も瞽女への差別的態度の保留が促された。こうした差別意識の緩和された雰囲気を維持、継続し、聴衆との血の通った交歓を成立させることが、瞽女にとって稼業の安定のためには必要であった。その場合、越後瞽女の例から判断する限り、差別を解消する作用が最も強かったのは上に述べた独自の長い「瞽女唄」や「万歳」、「春駒」などの宗教性の強い唄ではなく、地方々々でその土地の聴衆が共有する民謡、流行歌、あるいは滑稽な「口説」などであった。千変万化する相手の所望に応えるため、各地の瞽女は人気のある端唄、浄瑠璃のさわりなどを習得・演奏・教授し、地方の花街に流行した唄の多くも習った。演奏場においては、瞽女が聴き手と同じ唄を好み、同じ唄を歌い、同じ価値観を持つことが意図的に示され、彼女たちは障害者というよりはまず民衆に娯楽と感動を与えてくれる職人として認められた。音楽好きな人に唄と器楽を教授した際に買われたのは瞽女の家柄、性別、身分、障害、あるいは身につけた霊力などではなく、何よりも瞽女が精通していた芸能とその関連知識であった。こうして社会の視線は、瞽女の障害から彼女たちの才能へと向けられたのであった。

このように、一方で商品化がさほど進んでいなかった「祭文松坂」や宗教歌と、他方で芸能市場を介して瞽女の手に届いた流行歌とのそれぞれの演奏を通して、越後瞽女は独自性・非独自性との間の微妙なバランスを長く保ったレパートリーを開発した。そしてその点では、他所の瞽女も同様にそれぞれの独創的なレパートリーを展開していったであろうと思われる。地方を巡業する越後瞽女が庄屋宅などで唄を披露した際、由緒ある「瞽女唄」として強く認識されていた唄（「段物」など）を演奏した後、聴衆のリクエスト（主に流行歌）に快く応じるといった事態は、広く見られた現象であった。

四　瞽女唄の採譜・分析をめぐって

そこで、以上に素描した社会的・歴史的形成過程から実際にどのような唄が出現したのかを理解するためには、現存する録音資料を聴くことから始めなければならない。しかし理解をさらに深めるには唄の具体的かつ総合的な分析が求められ、分析を効果的かつ円滑に行うためには、対象となる音楽の採譜が不可欠である。しかし一見簡単に見える採譜作業は実に多くの問題をはらんでいるので、まずはそれに若干の検討を加えたい。

(1) シーガーの理論と「小泉方式」の採譜法

採譜の方法論についてはかねてから活発に議論されてきた。[10] 特にチャールズ・シーガー（Charles Seeger）は重要な問題提起を行ってきた。シーガーは楽譜を「記述的」と「規範的」なものとに大別し、演奏における実際の音をできるだけ詳しく記録する方法を「記述的楽譜」（「記述譜」、または記述的記譜法、descriptive music writing）とし、音楽的意味を成す要素のみを記録するのを「規範的楽譜」（「規範譜」、または規範的記譜法、prescriptive music writing）と名付けている。[11] こうしたシーガーの区別は、多くの批判の対象とはなってきたものの、民族音楽学の重要な概念のひとつとなり、日本ではとりわけ小泉文夫らの研究を通して知られるようになった。

小泉は、「規範的記譜法」では「採譜しようとする音楽の性格や背景や、またその採譜を必要とする人や研究の目的や焦点によって、何が意味のある部分で、何が無意味な部分であるかの、ふるい分けの基準が決まってくる」と指摘しており、「記述的採譜だけが、多目的の採譜として客観的資料たり得るもの」であると主張している。これをもっと端的にいうならば、記述譜のみが「客観的資料として、唯一の可能性」を持っているという判断を意味している。[12] 小泉によれば採譜の客観性を最大限に保証するためには、同じ演奏者が演奏する一曲を最低三回録音し、しかも各録音の環境は異なっていることが望ましい。採譜にあたっては、少なくとも三人の採譜者がなるべく個人の主観を避け、できるだけ客観的な態度で記述譜に取り組むことが理想であると提案している。このプロセスから発生する九例の採譜を基に、採譜者は細かな異同を検討し、偶然的と思われる要素を取り除き、充分な協議の結果、最終的には比較的簡略化されたひとつの採譜が出来上がる。この方式が複雑すぎる場合は、一人の採譜者につき二人の校閲者が監視し、互いに批判し合うことによって、採譜の客観性が得られると提案している。[13]

一九九〇年代以降、このいわゆる「小泉方式」に若干の修正を加えながら、『日本民謡大観（沖縄・奄美）』をはじめ、いくつかの信頼度の高い楽譜が作成・出版され、日本伝統音楽の研究は飛躍的な発展を遂げたといえよう。[14] また、近年になって「小泉方式」には演奏者あるいは曲の伝承者の意見が反映されていないことが指摘され、それを取り入れる努力もなされてきている。[15]

(2)「小泉方式」の採譜の問題点

ところが、現在も大きな影響力を持ち続けている小泉の採譜論が頼っている方法論には数多くの未解決の問題が含まれている。ここではその全般的な詳しい検討は控えるが、「小泉方式」の根底にある「客観性」という概念について少し考えてみたい。

まず昆虫や鉱物などとは異なり、フィールド・ワークなどから採集された唄は、単なる自然現象ではないので、それを自然界の標本と同様に、ひとつの典型に還元することは、かならずしも妥当とはいえないのではないだろうか。たしかに複数の録音をひとつの曲に還元することには利点もあろう。しかし、それによって録音された各演奏の個性的要素が抹消されてしまう心配も大きい。また複数の演奏をひとつの「客観的」な楽譜に還元するプロセスにおいて、意味のある要素と無意味とされる要素がふるい分けられ、楽譜の記述性も必然的に損なわれる。最悪の場合は誰も演奏したことのない空想の楽譜が作られ、演奏者の個性や口頭伝承の多形的性格がわからなくなってしまうおそれがある。

しかしさらに根本的な問題は、客観性を理想とする「記述的」な採譜が実際に行われる以前に、その前提となる方法論にはすでに多数の主観的要素が混入していることである。小泉が例にしている仏教音楽の場合、一回目はスタジオでの収録、二回目は曲が他人に教授されている場での収録、三回目は法会などでの実況録音という三つの場合に分けての収録が提案されており、録音の数と性格が、実に主観的かつ場当たり的に決められている。また作業中の協議では、複数の採譜者に「出来るだけ個人的な好みや偏見を捨て」、「客観的な態度」を取ることなどを要求している。その場合主観的努力によって客観的になることが可能かどうかはさておき、仮に主観的な態度と偏見を軽減することができたとしても、無意識的な先入観を払拭することは容易ではなかろう。演奏者が作業チームに加わっても、演奏者自信が演奏に際して意図した効果と実際に実現したこととは必ずしも一致せず、他の採譜者と同様、演奏者にも「好み」と「偏見」があることを考えるならば、「客観性」の実現に向けて真の解決が得られるわけではない。電子機器を駆使したとしても、その調整とプログラムなどにより「意味をもつ要素」と「意味を持たない要素」とのふるい分けが、意識的あるいは無意識的に行われるであろう。他者による校閲と相互批判は有意義なチェック機能を果たしうるし、また採譜が目的に対する手段として適切かどうかという点について採譜者が演奏者などのコンセンサスを得ることも望ましいのであるが、しかしながら、集団活動と多数決が客観性を保証することにはならない。採譜者が小泉のいう「統一した方法や集団討議の結果得られた記譜上の約束ごとを守」っていても、またいくら器用に「統一された方法」と「記譜上の約束ごと」を設けても、「方法」と「約束ごと」の適切さと客観性を得るためにはまた別の基準が必要となり、この基準の客観性を保証するさらなる基準が求められる。こうしてこのプロセスは「客観性」を産むことなく単なる無限遡及に陥り、研究の焦点が益々対象である音楽から乖離していってしまう。

(3) 採譜の目的

この無限遡及から脱出するには、まず自然科学から導入された幻の「客観性」の追求を中止し、採譜行為の意味を抜本的に再考しなければならない。その出発点としては、あらゆる採譜行為には採譜者の意識的・無意識的な目的が密接に関係しているということを再認識する必要がある。シーガーのいう「規範譜」という観点をとる場合には、演奏に役立つ要素、あるいは曲の骨格のみを提示すればよく、その目的も明白である。「客観性」を重視する「小泉方式」に基づく記述的採譜の場合でも、実はかならず何らかの（場合によっては隠された）目的を有している。そもそも目的が全くなければある音楽を採譜する意味自体が消滅してしまうであろう。目的の設定には主観的な要素がともない、目的がたとえ「実態を明らかにする」ことに限定されていても、「実態」という概念の定義はもちろん、実態を明らかにするための資料の収集方法、選択基準などに含まれている無数の主観要素を除去することはできない。

小泉は「記述譜」の目的を詳しく明記してはいないが、実際に行った採譜と分析から判断すれば、演奏（者）の個性を最小限に押さえながら、ある民族、社会、国、集団などが伝承する曲の平均的な音階とリズムの特徴を析出することに主な目的があることが推定できよう。採譜に当たっては、実はこの目的を否定する必要は毛頭なく、また実際、この目的に沿って作成された楽譜には有意義な側面がある。しかし、これらの楽譜のみでは、演奏の個別的特徴を把握するには甚だ不充分であることもまた事実である。この欠点は「小泉方式」による楽譜の客観性が不充分であることに起因するというよりは、採譜の適切さをその目的抜きには論じ得ないという根本的問題から発している。

採譜はその目的抜きには論じられないが、採譜方法はその目的から当然に自動的に発生するわけではない。採譜の目的が決まっており、明示されていたとしても現実には採譜者は常に多くの難しい判断に迫られている。まず、どの現象が「音楽」、「曲」、「唄」、「演奏」などに該当するのかを決めなければならない。「南無阿弥陀仏」あるいは御題目は「曲」であるのか、唄にともなう散発的な手拍子が「音楽」の一部であるのか、二つのヴァリアンテが「同じ」唄であるのか、ある「曲」の三味線の調弦、開放弦鳴らし、また前奏などはどこから始まっているのか等々の諸問題について判断を下すための一律の「客観的」な基準は存在しない。対象の選択の場合にも、それを社会的に認められている「名人」の演奏に定めるのか、それともある社会のなかに平均的に行われている平凡な演奏にするのかについても同様である。さらに、同一人物が数回録音した演奏のどれを選ぶのか、録音環境をどのように設定するのかという諸問題も必然的に研究の目的と複雑に組み合わさっており、ひとつの客観的な解決策を見いだすことはできない。「下手」とされる演奏者、あるいは「失敗」と見なされる演奏でさえ学問的価値が認められる場合もある。つまり「下手」な演奏（者）を取り上げることにより、かえって「上手」の基準の構築過程が明らかとなることもあるのである。

記譜法の選択についても同様である。譜面において、ある演奏の全ての要素を網羅的に表現することは不可能であり、採譜にあたり何を記譜するのか、何を省くのかに関する無数の意識的・無意識的な判断を避けて通ることはできない。どの記号を用いるのかという問題も研究の目的に不可分であり、大ざっぱな記譜法の採用は演奏者の意識を反映することもあり、逆になるべく細かく音を記すことにより装飾音の数と種類が明らかにされ、特殊な記譜法の採用により微音程と柔軟なリズムがより容易に示される。どの採譜法が最も「客観的」であるのかも簡単にはいえない。楽譜は必ず何らかの社会的コンテクストの中に作成されているので、楽譜やその一部が間違っていることが指摘できたとしても（誤記、表記漏れなど）、そのことから客観的に何が正しいかをただちに決定することはできない。それは口語の表記についても同様のことがいえよう。たとえば、本書史料篇に含まれている様々な例を見てみるならば、女性視障者の芸人を「ニセ」と表記することはたしかに客観的に間違っているとはいえよう。しかし、そのことは「ごぜ」、「ゴゼ」、「古世」、「瞽女」、「goze」などのどれが客観的に正しい表記であるかを決めるために役立つとはいえないであろう。

この問題に関連して、日本音楽を五線譜に記譜する営みはこれまでにも様々な批判に晒されてきた。例えば竹内道敬は、「五線譜では日本音楽の全ては表現できない」ので、それは「ヨーロッパ音楽には適しているけれども、日本音楽には不十分である」と主張しており、小泉文夫も時にはそれに類似した見解を示している。[16] しかし、「ヨーロッパ音楽」の「規範譜」——つまり演奏者のために作成された一般の楽譜——の場合でさえ、聴くに堪える演奏のために欠かせない多くの要素は記載されておらず、それゆえ「ヨーロッパの音楽」を習得しようとする者は必ず口頭伝承で、ある種のレッスンを受け、あるいは他人の演奏や録音を研究しなければならない。ましてや「ヨーロッパ音楽」の民謡などを「記述的」に採譜しようとする場合も、五線譜ではなお「不十分」である。「日本音楽」と「ヨーロッパ音楽」の単純な比較を試みる竹内はおそらく、日本音楽の場合は実際の演奏を完璧に反映すべく「記述譜」を理想としており、一方西洋音楽の場合は演奏者向けの「規範譜」で「十分」と考えており、そのため両者が異なる目的のために工夫されていることを看過してしまう。逆に、中世の雅楽譜、近世の琴譜と尺八譜などの多くの「規範譜」には五線譜よりはるかに少ない情報量しか含まれていないにもかかわらず、中近世における日本音楽の演奏という目的に対しては「十分」であった事実も忘れているようである。

したがって、記譜法として五線譜を採用するかどうかは「ヨーロッパ音楽」と「日本音楽」のそれぞれに想定されている「特質」によって決定されるものではない。幸か不幸か様々な記譜法の内では、五線譜は現在もっとも広く普及しており、特定の楽器のピッチとリズムを表現することには限定されていないという意味で、一種の抽象性（普遍性）を備えている。二十世紀以降、世界中の作曲家や学者が多くの新記号を発案し、五線譜を様々な研究目的に適応させようと努力してきた。五線譜の代わりに新しい記譜法を発案することはさほど難しくなく、研究の目的によりその手助けになることもあろうが、そうした斬新さが増してゆくにともない、それらの記号を使いこなして対象となる音楽を想像できる人口は減ってゆくという逆の弊害が生まれかねない。楽譜は基本的に音楽と読者とをつなぐ媒介手段であるので、その両側に渦巻く歴史的・社会的条件を総合的に勘案しなければ、記譜法を的確に工夫することは困難である。本書は、瞽女唄の歴史的形成過程と構造を現代人になるべく分かりやすく伝えることを一つの目的としていることからも、五線譜にも短所があることを充分承知しつつあえて独自の新記譜法は採用していない。ただし、瞽女唄をより正確に示すために、いくつかの特殊記号を用いている。

むすび——解釈学的循環としての採譜過程

シーガー、小泉はともに、二十世紀の自然科学の目覚ましい発展に影響されたためか、採譜に実証主義的な客観性を求め、「科学的な」民族音楽学の確立に腐心したとみることができる。こうした企てが確固とした方法論的基盤に立脚するものであったかについては大いに疑問の余地があるとはいえ、それが結果として多くの貴重な研究成果をもたらしたことは否定できない。そうした成果が生まれた主な理由は、彼らによって作成された楽譜が、それぞれが掲げた独自な研究の目的と合致していたからにほかならない。

たしかに彼らの研究の目的に照らせば、彼らの得た楽譜は適切であったかもしれない。しかしながら、そこでは自然科学をモデルとする実証的な採譜の過程とその結果得られる楽譜とが、はたしてなにゆえに、どこまで普遍的な「客観性」を主張しうるのかは問われていない。またどの現象を研究の対象とするのかという問題も括弧に入れてしまう結果に陥っているといわざるをえない。

この問題を考察する前提としては、まず自然科学と音楽学という研究分野の根本的な性格の違いを考えなければならない。自然科学の主要な目的は、外界の支配・統制・操作にある。しかし細菌や火山などの自然現象とは異なり、音楽は人間が人間のために意味を込めて作りあげてきたものである。そのような人間の営みを予測したり、あるいは操作したりすることに果たしてどれほどの意味があるであろうか。音楽学という分野での研究が、音楽の意味（その歴史的・社会的意味などを含めて）の理解を等閑視するならば、それは空虚なものとならざるをえない。

そうならないためには音楽の研究は、まさに音楽の経験から出発しなければならない。つとに瞽女唄の価値を否定した近世の論者の多くは、実は瞽女唄を充分に経験せず、単純に「下品」と判断する一方で、実際には彼女らの唄をほとんど知らなかった疑いが強い。近年でさえ瞽女に好意的な態度を示す研究者の中にすら、瞽女唄の旋律を「単調な一定の音階の繰り返し」などと決めつける論者もいる。[17] こうした偏見を克服し研究を充実させるためには、その第一歩としてまず聴き手は過去に経験した音楽の「常識」を批判的に反省しながら全神経を集中し、唄が現に響いていない時でさえその旋律、歌詞、三味線伴奏を自由に、具体的に、正確に想像できるまで唄を繰り返し聴くことが前提条件となる（場合によっては曲・唄を自ら習得・演奏することも効果的な手段となろう）。くわえて、同じジャンルに属する唄、同じ唄の複数の演奏者による演奏、関連のある他のジャンルなどをなるべく多く聴き、それらを比較することが効果的であろう。唄を集中して聴くという行為は、聴き手が実際にはありえない「客観的な態度」を取ることを意味するのではないし、また過去に経験した音楽の全てを忘れ意識を白紙に戻すことをも意味しない。そうではなく、自分の今までの経験と意識について反省しながら音楽の理解に取り組むことが重要であり、そうすれば聴き手と対象の音楽との間には一種の対話ともいえる関係が成立する。このプロセスから、唄の旋律の動き、リズムの特徴、曲の構造などの「論理性」がまず感覚として覚えられ、偶然的要素と意図的な逸脱とを区別することがはじめて可能となるであろう。

「感覚」の育成は唄を理解するために欠かせない過程の一つである。しかし同時に、唄を充分に理解するためにはその生産（作曲・演奏）、流通（伝承、普及）、消費（受容）という循環が行われた社会と唄との関係を把握することも必要である。演奏を経験する過程においては必然的に録音、曲、演奏者などの選択といった社会的要素がすでに含まれている。伝承者あるいは唄が属する伝統の中に育った聴き手との対話、唄の社会的機能と伝承・学習過程の観察と研究、唄の存立基盤となっている社会の様々な歴史の解明、音楽の精神的背景となる美学（非形式的なものを含め）を理解することにより、採譜者は単に音楽の「外」にあるとされる要素を理解するのではなく、自らの音楽経験の仕方自体も必ず変化するのである。その時点まで不可解であった要素の存在理由がわかり、旋律・音色・音量などが歌詞の意味などによって変わってくることに気づき、意識されなかった規則性が意識され、演奏者が音楽から期待していることが実現されているかどうかの判断がつくなど、採譜者の唄に対する理解が次第に深まる。この段階に達して初めて音楽の理解が「感覚」の次元を越え、「概念」の領域に入り、経験と分析、あるいは経験と学術研究との接点が見いだされる。

唄を採譜することもまた音楽を経験・理解する手段のひとつとなりうる。録音された旋律を楽譜に記すところで、それまで気がつかなかった音楽的要素が意識され、採譜困難な要素が認識の対象となることがある。そのプロセスを通して唄を経験する仕方も変化する。こうした過程を通して、対象となる音楽と採譜者とが深く相互に作用する「解釈学的循環」が形成されるのである。「解釈学的循環」の中にいる採譜者は、楽譜の詳細を決定する主体となるのではあるが、その前提となる条件は、「客観的」と誤解された一つの固定的基準ではなく、広い意味での経験から得られたいわば「分析的聴き方」と反省力に由来している。採譜を行いながら採譜者が何をどのように採譜すべきかについて分析を行い、採用されている諸前提について反省し、唄を再度聴き、他者（演奏者、他の採譜者、他の聴き手、楽譜の利用者となる人々など）と対話を繰り返し、かくして採譜者・演奏（または演奏者）・採譜の利用者の三者の間に複合的な対話過程が成立する。これによって採譜者は対象から乖離することなく、かえって漸次対象に引き込まれてゆく。

本来、採譜によってできあがった楽譜は、すべての利用者にひとつの聴き方（解釈）の暫定的なモデルを提供し、それぞれの研究目的により他のモデルも可能であることを示唆する開かれたものでなければならない。演奏者、聴き手、他の研究者などが、それぞれに提供するモデルにさらなる批判・改良を加えることが可能となり、また彼らの間により自由で開放的な議論を可能とするような社会的条件が実現されるならば、あらゆるモデルは相互批判により絶えず改良されてゆき、より客観的な（相互主観的な）性格を次第々々に獲得してゆくであろう。こうした「解釈学的循環」が保証する「客観性」こそが、実は音楽学に要求されている「客観性」にほかならない。後者は、楽譜と「ありのままの曲」との間に想定される一致により保証されるのではなく、採譜者の理解力、洞察力、批判力などの上に立脚しているのである。

第II部　日本各地の瞽女

第3章　北国の瞽女

はじめに

中世の女性視覚障害者が宗教施設と深く結びついていたことは様々な絵画資料などから察せられる。美濃の「大寺瞽女」、松本の宮村大明神の領地に住んでいた瞽女、宝台院の近くに住んでいた駿府の瞽女などの例が示すように、地域によっては近世にも女性視障者は寺社との関係を維持しつづけていた。視障者と宗教・民間信仰との関連性がもっとも明白に現れているのは東北の「イタコ」や「ワカ」、越後の「マンチ」、信州の「みこ」、「ノノー」などと呼ばれた巫女の場合である。視障者の巫女が行った「口寄せ」には多数の芸能的要素が含まれていたし、また主に芸人として活躍した瞽女の多くも民間信仰に関わっていた。

とはいえ、主に世俗的な芸能に携わっていた瞽女と宗教性の強い視障者の巫女とを単純に同一視することは危険である。中世以降の女性視障者の長い歴史を、あえて一言でまとめるならば、「宗教から芸能へ」の漸次的移行過程ということができよう。この移行を促したのは、近世から劇的に加速した芸能伝承と受容の商業化・制度化と都会的芸能の全国的普及であった。そうした全国的傾向は、宗教の芸能化と商業化をも促したのである。伊勢などの神社の御師の旺盛な活躍、民間宗教者による種々のお札の全国にわたる販売、広範囲にわたる巡礼の観光産業化、宗教的芸能者の人気の高まりなどといった例は、いずれも一面では宗教の商品化の現れとして解釈できよう。越後瞽女が巡業中に集めた「百人米」が特別の霊力を備えていたと信じられたため高く売買されていたという事例も、近世を通して芸能、宗教、商品の三者が複雑に結びつけられていたことをよく物語っている。

ところが、「宗教から芸能へ」という大まかな流れの中において、宗教にこだわりつづけていた女性視障者が近現代まで多くいた。徳川幕府が、諸宗教組織、宗教施設を支配と秩序維持の機関と位置づけたため、それらの組織、施設は、近世社会の発展に逆行する保守的な一面があったとはいえ、しかし、ある芸能が宗教的性格を容易に脱し得なかったことを単に「保守的」と解してすますわけにはいかない。というのも、時代が明治になっても、なお経済的後進地方においては芸能活動そのものによってのみ生計を立てることは困難であったからである。音曲師匠の不在、楽器にかかる費用の高騰、聴衆の経済力の低劣といった種々の悪条件のもと、自立を希望する女性視障者は、あえて民間信仰に従事し、寺社との関係をも維持せざるをえなかったのである。しかし、巫女たちなどが宗教的活動から期待できる収入は微々たるものであった(1)。

東北地方、あるいは（次章で論じる）九州地方においても、女性視障者が長く民間宗教者として活躍したもうひとつの理由は、中央から離れた地域において当道の組織力が不充分であったため、女性視障者は座頭よりその宗教的性格がはるかに強かった盲僧との協力関係が成立したからであろう。仙台藩における口寄せ巫女は地神盲僧とともに天台宗中尊寺に直接支配され、仙台藩支藩留守氏の城下町であった水沢の盲僧や口寄せ巫女も共通の始祖伝承を語り継いだと報告されている(2)。このように東北と九州など当道の支配力が比較的弱い地域においては、女性視障者は盲僧の組織に期待をよせ、他の宗教者との関係も重視したと考えられる。

以下においては東北地方における芸能・宗教の商品化過程の進行を背景とし、その渦中における女性視障者の立場に注目しながら、近世東北各地の瞽女に検討を加えてみよう。

一　蝦夷地

中央からもっとも離れていたにもかかわらず、蝦夷地には本土からの船舶が盛んに出入りし、その結果、江戸中期以降この地の城下町には芸能市場が目覚しい発達をみた。文化四年〜文政四年（一八〇七〜二一）に成立した『松前歳時記草稿』によれば、毎年一月三日より「盲男女」が城下の家々を廻り年始の布施を貰い、「娼家にて三味線大鼓を打しむるも、皆此盲男女也」と説明し、祝い事の際には瞽女・座頭はその家々に招かれ三味線を弾いたことがわかる。(3) 明治以降、越後からの「離れ瞽女」も鰊漁で賑わっていた北海道に足を運んだといわれている。(4) 瞽女の芸能活動は、蝦夷地・北海道の地方都市の経済成長に直結し、芸人に演奏の場を提供する娼家、施物を支給する経済力のある町人、唄好きの漁師などの存在を前提条件として展開された。

二　陸奥の瞽女

東北地方で活躍した「イタコ」、「イダッコ」、「イチコ」、「オカミン」、「オナカマ」、「ワカ」などと呼ばれる口寄せ巫女は、近世から現代まで住民の厚い支持を得つづけていた。イタコなどは普通は視障者であり、師匠につくことにより「オシラ祭文」、「地獄探し」、「岩木山一代記」など芸能的要素を多く含む巫歌を伝承され、神憑けの行《ぎょう》を行ったのち、巫女の資格を獲得した。遺族の要望に応え、死者に対する儀礼として出棺当夜、中陰、回忌、盆彼岸などの機会に口寄せをし、その見返りに米銭を受け取った。師匠から伝授された長編の歌詞を暗記し、あるいは特殊な修行を経験することによって、巫女たちは単なる「障害者」としてではなく、特別な能力と知識を体得した者として庶民に認識された。

とりわけ梓弓を伴奏楽器とする祭文の朗唱には芸能的な性格が強かったが、祭文を唱える代償として金品を受け取る行いにはすでに宗教の商品化の兆しが見られる。ただし、こうした唄は芸能市場を通さずに習得された点で、巫女とその芸能は、はやり廃りを繰り返す中央の世俗的芸能の世界とは一線を画していた。

陸奥国各地の瞽女に関する史料はきわめて限られている。具体的な情報が含まれている史料を地域別に見てみよう。

(1) 津軽藩

明和元年（一七六四）の津軽藩郡中封域人別などの調査では、郡方に三八〇人余の「瞽男女」が数えられる。[5] しかし、この数字だけからでは瞽女とイタコの区別は読み取れない。藩や武家は凶事の時、視障者に配当（施物）を宛がう慣行があったが、元禄十四年（一七〇二）二月十七日、津軽藩は「坐当・瞽女・乞食」への配当を吉事に際しても支給することを決定した。つまり同藩は、幕府とほぼ同様に、誕生、髪置、元服、袴着、祝言、家督、養子、新地・屋敷拝領などの際に、また寺社方には入院、官位、諸巾、移徙の際にも配当を施与した。[6] ただし、視障者へという名目で地元の当道組織に納められた配当が、瞽女に再分配されたかどうかは定かでない。

(2) 八戸藩・盛岡（南部）藩

八戸市立図書館蔵の『八戸藩日記』中の同藩人口記録には「ごぜ」と「座頭」の項目が設けられたこともある。その情報を以下表3・1にまとめた。表3・1の数字は三戸郡・九戸郡・志和郡の人口であるが、藩は調査対象をさらに広げたこともある。それら「志和、八戸廻、久慈、軽米、名久井、長苗代通御代官所」および「御家中幷寺社料百姓」が含まれている場合の数字は［　］の中に示した。また、瞽女・座頭人口に、彼らの「手廻り」（家族・手伝いなど）が含まれている場合の数字は（　）の中に示した。

八戸藩の「ごぜ」人口は座頭の約半分にとどまり、座頭と比較して「手廻り」の数が相対的に多い。ここでは、「ご

表 3.1　八戸藩の瞽女・座頭人口

年 月 日 条	瞽女人口	座頭人口	総人口
享保11年（1726）8月13日	74人	125人	57,843人
享保17年（1732）6月26日	73人	122人	56,401人
元文3年（1738）4月26日	75人	122人	56,851人
延享元年（1744）6月19日	80人 （133人）	130人 （161人）	56,651人 ［64,416人］
寛延3年（1750）7月28日	60人 （124人）	150人 （165人）	52,890人 ［65,399人］
宝暦2年（1752）2月1日	（111人）	（144人）	［62,684人］
宝暦4年（1754）2月26日	（129人）	（140人）	［65,613人］

出典）『久慈市史』第4巻，史料編1，435頁，456頁，503-504頁，553-554頁，594-595頁，603-604頁，619頁。『青森県史』第4巻，587頁も参照。

ぜ」が単なる視覚障害者（「盲女」）と同義であるのか、それとも実際には巫女・瞽女など視覚障害のある職能者を意味したのかは不明である。

藩政期前半の総人口おおよそ三十〜三十七万人で推移した南部藩（盛岡藩）には、一〇〇〇〜一二〇〇人の「座頭」として一括された男女視障者が数えられるが、その内の瞽女人口については『盛岡藩家老席日記』（別名『雑書』、『南部藩雑書』、『南部家雑書』など）から知ることができる。[7] 元文三年（一七三八）七月二十七日条の「領分中宗旨改郡分人数目録」には「瞽女」四十七人（総人口三十四万五八二五人）、延享元年（一七四四）八月二日条には「瞽女」八十四人（総人口三十六万六七三五人）が郡別に記載されている。[8] 僅々六年の間に不自然な「瞽女」人口増加が見られることについては、瞽女が短期間に急速に増えたというよりは、調査の対象者が変化したことに由来すると見るべきであろう。いずれの調査においても、「神子」は修験とともに別項目となっているが、「瞽女」は視覚者の巫女であった可能性もある。芸能（寿祝）と宗教（呪術）の分化が遅れていた地域では、その区別自体が曖昧であり、中央に比較的近い茨城県でさえ二十世紀まで老いた瞽女が口寄せをしたと報告されている。[9]

いずれにせよ、南部藩は元禄頃から瞽女の自由な芸能活動を妨げる閉鎖的な政策を執行するようになっていた。元禄三年（一六九〇）十月十九日、藩は領民の他領移動を禁止し、元禄十二〜十三年（一六九九〜一七〇〇）には、凶作が発端となって他領者の入国も禁ぜられ、寛保四年（一七四四）には日雇いなどの越境がさらに厳しく禁制された。[10] これらの法令は主に自国の百姓の逃散あるいは他国者にかかる支出の防止策として工夫されたのであろうが、元禄十五年（一七〇二）二月、藩は諸勧進、旅僧、願人坊主、行人、比丘尼などの活動の取締も行っている。[11] 引き続き享保十五年（一七三〇）二月には、虚無僧、浪人、「種々見せ物」などを含む芸人の止宿が禁制され、その後も芸人に対する制限が相次ぐ。明和八年（一七七一）七月十三日、他領者の浄瑠璃語りやその他の諸勧進などの寺院での逗留・止宿がご法度となり、明和九年（一七七二）二月には浄瑠璃語りなどの芸人は「祭礼等有之節」には四、五日に限り逗留が認められたが、それ以外の活動は許されなくなった。[12]

しかし、こうした制限令などは瞽女・座頭の活躍を完全に抑圧したわけではない。瞽女・座頭を含む様々な者たちを対象とする文化五年（一八〇八）九月二十二日の藩法に「御領分中は勿論、他所共ニ出入有之候得は、寺社御町奉行請持」と規定されているように、しかるべき手続きを取ればある程度の移動は可能であった。[13] 幕末の領内大迫《おおはさま》町に住み、花巻代官所役人の息子であった菅原五兵衛は、「覚書」に奥浄瑠璃の語る座頭について述べ、くわえて「瞽女ハ、ソモヤ〱ヤラメテタヤノ、トナヘ《（テか）》ヲ門ニ立ツタルモノナリ」と回顧している。五兵衛はさらに、大迫には座頭の小頭を勤めていた「助《マス》ノ一」が、「座頭宗門」という宗門帳を取り扱い、「座頭・瞽女及其子迄取扱タル哉」と書いている。[14] 事実であれば、幕末の南部藩にいた瞽女は当道組織の身分的支配を受けていたと解釈できよう。

(3) 仙台藩

座頭たちが盛んに奥浄瑠璃を伝承した仙台藩でも繰り返し人口調査が行われた。寛保二年（一七四二）には、領内に「盲女」二十八人に「ワカ」（梓巫女）四一三人が数えられた。天明六年（一七八六）には「盲女」十五人と「ワカ」一七一人、享和年間（一八〇一〜〇四）にはそれぞれ十七人と一八九人、文政八年（一八二五）には三十七人と一六六人、文政十一年（一八二八）には三十四人と一六七人となっている。[15] 天明の大飢饉中に際しては、「盲女」の人口が激減しており、社会の底辺に属していた「盲女」と「ワカ」の多くが餓死したのかもしれない。

仙台藩には「百姓一戸ニ付銀二分五厘ツ、取立検校へ御渡、検校自盲人へ総配」する「配当代」と称された扶助制度があった。いつ導入されたのか、また「盲人」に女性視障者が含まれていたかどうかは定かでない[16]。

隣藩と比較して仙台藩が魅力的な稼ぎ場となったためか、十八世紀以降、他領の瞽女は頻繁に仙台藩を訪れるようになった。元文四年（一七三九）八月三日の触に「女盲目ごせト申候テ他国より近来御領内江大勢相入居、座頭中ト猥之所行有之様相聞得、向後ごせ・座頭御領内江一切相入間敷候事」とあり、若干の訂正を施されたほぼ同じ法令が文化七年（一八一〇）八月に再度仰せ渡された[17]。領内における瞽女の活動の禁止ではなく、他国者に宿を貸す費用の抑制や治安維持に主眼を置く措置であった。「女盲目ごせト申候テ」という言い回しから判断すれば、当地には「瞽女」という語はいまだ馴染みが薄く、やはり地元の女性視障者の大半は三味線唄などを演奏する遊行芸人ではなく、口寄せ巫女であったと推察するに難くない。

しかし近世後期に東北を巡業した江戸の浄瑠璃語りの富本繁太夫が残した日記には、この地方の女性視障者の内に芸人がいたことが記されている。文政十二年（一八二九）二月九日、彼は八幡町《はちまんまち》（現仙台市青葉区）に「常盤津の稽古所有り」とし、「澤次といふ女の盲人にて、何卒稽古致度といろ〳〵進物を遣す。参り稽古致に、六日・七日両日の内に、嘉例壽、鞍馬獅子、浅間、通し覚る。誠に珍敷覚也」と驚嘆している[34]。澤次はおそらく町に定住した瞽女であったろう。芸能市場の拡大により町には、瞽女から浄瑠璃を伝授されたい者、あるいは瞽女の浄瑠璃語りを聞きたいと望む者たちが現れ、女性視障者の芸人としての職業への道が開けていたことが想像できる。

三　出羽の瞽女

現在秋田県となった地域においても近世の人口調査から、瞽女の存在が確認できる。延享四年（一七四七）九月の久

表 3.2　現山形県の瞽女人口

年　　代	場　　所	人　　数
正徳元年（1711）	猪野沢村（現東根市猪野沢）	「座頭眷族鼓盲女」1人
寛保2年（1742）8月	東根村（現東根市）	瞽女4人
延享3年（1746）	〃	瞽女4人
明和9年（1772）3月	志戸田村（現山形市志戸田）	瞽女1人
天明8年（1788）	東根村（現東根市）	瞽女2人
明治2年（1869）8月	荒谷村（現天童市荒谷）	瞽女1人

出典）烏兎沼宏之「「オナカマ」考」72–73頁。『山形県史』資料篇13，267頁，480頁，740頁，763頁。

保田藩の「御領内六郡」には、一九〇人の瞽女が数えられるが、彼女たちが巫女であったのか、それとも芸人であったのかは不明である。その後は断片的な数字しか管見に入っていない。天保五年（一八三四）五月、同藩では「秋田村々坐頭家内共」に瞽女四人、「仙北村々坐頭家内共」に瞽女一人が報告されている。[18] 時代がさらに下ると嘉永三年（一八五〇）五月の「久保田在々頭坐《（座頭）》家内共」には瞽女五人が数えられ、他に「梓」も五人いた。このことは瞽女が梓巫女とは別の稼業を営んだことを強く示唆しており、前者は芸人、後者は民間宗教者と認識されていたものと思われる。[19]

米沢藩は、早くも慶長八年（一六〇三）十月に定められた「御条目」で、武家の妻子は「自分之営を以て身を過し、軍役助成ニ成程カセキ可申付、茶・酒ニか丶り、神社・仏閣ニ参り、雑人・坊主・盲目ニ近付、隣之者と語ひ《（リカ）》見物をスカハ可去之事」と要求している。[20] これを、裏から読むなら「盲目」は近世初期から武家に遊芸を提供・教授していたということとなろう。十八世紀からは村々の差出明細帳にも瞽女が登場している（表3・2参照）。

米沢藩に拠点を置いていた瞽女は、巫女ではなく芸能者であったとみてよかろう。彼女たちは下越地方の瞽女と同様、個人としてあるいは小さな集団として廻在し、当時の住民の間に高まりつつあった芸能に対する関心に支えられていたと推量される。彼女たちの広範囲にわたる巡業の実態の一端は寛政四年（一七九二）一月の現群馬県高崎市井出町となった井出村に残された村入用帳から明らかとなる。それによれば、同年八月二十日の晩には「米沢ごぜ」六人が村に到着し、彼女たちを賄うために村費として四四八文が宛がわれたとされる。[21] 逆に庄内二郡の文政元年（一八一八）九月の五人組掟には、瞽女を含む旅人をよく吟味せよという条目が含まれ、自国・他国を問わず、数多くの瞽女が庄内地方を廻っていたことが推察できる。[22] 長岡系瞽女の小林ハルも若い頃毎年「米沢歩き」を行ったというが、隣国からの瞽女が近世以来長く米沢を旅回りしたことを窺わせる。

二十世紀の山形県にも地元の瞽女がいた。新潟県白根市出身の坂田トキの聞き書きによれば、戦前は「山形からの瞽女さんは小国の人が一人あったな。村山の人も一人」とある。[23] 県外からも瞽女が相変わらず訪問し、「田植え瞽女」という語が示すように、特に田植えの早苗饗（サナブリ）に合わせて越後瞽女が宇津峠を越えて、山形県を廻っていた。特に下越の瞽女にとって山形県は重要な稼ぎ場であった。彼女たちは、多くの場合米沢市簗沢の弁天様にお参りしてから越後に帰っていった。[24] 米沢市塩井地区には戦前までは、三、四軒の「瞽女宿」があり、大正末頃には胡弓を弾く瞽女が来たと住民は記憶している。[25]

四　岩代・磐城の瞽女

越後瞽女は現福島県となった地域にも足を延ばしていた。長岡瞽女は明治期まで相馬地方に旅稼ぎに出ており、下越の瞽女も頻繁に「会津歩き」を行ったと報告されている。[26] 昭和十年（一九三五）六月に採録された新潟県中蒲原郡横越村在住の大倉シマの話によれば、下越において「師匠達が最寄々々で相談をして自分の弟子の組の行く先を極めます。片つ方が福島県なら片つ方は上州といふ風に何でも同じ方へはやらないやうにする」という具合であった。[27] また鈴木棠三が昭和十三年（一九三八）に報告したように、瞽女は当時もまだ福島県中ノ川村を訪れていた。[28]

仙台藩と同様、会津地方にも失明した娘を瞽女ではなく「ワカ」にする慣習は古い。貞享二年（一六八五）成立の風俗帳（会津郡中荒井組）に、

一、子供目つぶれ候得ハ、相応の座頭、師匠に取遣し、置扶持方を送、座頭芸指図を請、以後に琵琶曳初と云事有、此時親の方より造作を以、座頭共を呼、酒飯振舞、師匠へ分限に応、出銭遣す、女子はわかの所へ遣、師匠に頼、是も右之ことく扶持を送、芸をならわせ、以後にゆミの打初と云、右同前に祝成成長して縁付候得は、祝金ハ師匠方へ取

とある。[29] 現福島県のあたりに定住した瞽女の歴史も古く、寛文五年（一六六五）四月十八日の筆録に白河藩白河町桜町（現白河市桜町）に一人の瞽女が住居を構えたとある。[30] 享保十四年（一七二九）四月の棚倉藩の「棚倉古町新町差出帳」（現棚倉町）にも一人の「盲女」が数えられたが、彼女は「新町座頭城初女房」であり、稼業は分明でない。[31] 延享三年（一七四六）四月の三春藩の調査にも「常葉町より松沢境迄」（現田村市常葉町〜白沢村松沢）の人口に座頭二十七人と「盲女」一人が含まれているが、「盲女」とは「瞽女」職であったかもしれない。[32] なお延享四年（一七四七）四月、磐城藩の下川内村（現川内村）にも総人口一〇四七人の内に四人の「盲女」がいた。[33]

図 3.1　白河（現福島県白河市）近辺の瞽女（十返舎一九『金草鞋』第5巻，「白川」，文化10年〜天保5年［1813-34］）

むすび

東北地方の「イタコ」、「ワカ」、「梓」、「盲女」、「瞽女」などの区別は史料からは読みとりにくく、瞽女が仲間組織を持っていたか否かを判断することも困難である。ただし、強い瞽女組織があった証拠

はなく、女性視障者にとっては男性との協力関係をつくることは比較的容易であったと思われる。津軽民謡「ホーハイ節」の歌詞にある「イダコのゴデ（亭主）ボサマ、ボサマのオガー（女房）イダコ」もそれを示唆している[35]。多くの瞽女は夫、隣人、友人などの座頭から芸能を伝授され、町人・百姓に音曲指南を行い、時には地元の唄を三味線に載せ男性とともに門付け芸を披露したと想像される。

しかし、政治・経済・文化の先進地であった江戸から遠く離れた東北の村々においては、民俗芸能の商品化過程の進展が遅く、藩主による搾取にくわえ、相次ぐ凶作や飢餓に見舞われた地方に住んでいた農民の多くにとっては、娯楽に費やす収入など皆無であった。少しでも金銭的余裕のある家では、むしろ日常生活に大きな影響を及ぼすと考えられていた祈願、死者の追善などに資金を廻したであろう。かくして、経済の悪条件と障害者に対する差別のなかで、女性視障者は、主に職業巫として活躍し、民衆の希望に応えていたものと思われる。一方、中央に近づけば近づくほど、とりわけ江戸で開発された種々の歌謡と器楽の普及も進み、女性視障者が芸能者になる道も次第に開かれていった。

第4章　九州の瞽女と瞽女唄

はじめに

東北地方と同様、九州でも瞽女の生活と芸能活動を支える経済基盤は著しく不均等に発達した。海上交通が古くから整備された瀬戸内地域や、熊本城下や、あるいは海外貿易の港町として栄えていた長崎などでは、近世中期以降、芸能の商品化が着々と進んでいった。一方、瀬戸内沿岸地方や地方都市から隔離された地域においては、瞽女の芸能活動を積極的に支えるための経済基盤は脆く、住民は芸能に費やせる金銭的余裕を欠いていた。その結果、僻地や離島では宗教と芸能との分化の速度が遅かった。例えば最近まで、壱岐では、芸能的要素を豊富に含む巫歌が、弓を打ちながら「百合若説教」（鬼退治の祭文）を語る「イチジョウ」によって、また対馬では、同様の巫歌が神社で神楽をあげる「命婦」などによって伝承されてきた。都会にそれほど遠くない福岡県の三潴《みずま》郡でさえ戦後まで三味線を弾きながら「稲荷とぎおん」という祝詞を唱える「こんかいさん」と称された女性視障者の祈禱師が活躍し、かつては五島列島と鹿児島のほうまで廻り、地歌や端唄も歌った(1)。杵築藩御郡所が郷中に触れた嘉永二年（一八四九）五月三日の法令に「郷中之男女諸病相煩候節、寺院或ハ山伏・座頭其外八卦江等致候者、祈禱相頼寄」とあるように、民間信仰に携わった座頭もいた(2)。

十七世紀以降、九州の幾多の地域においては、武家、町役人などが吉凶に際し視障者に配当（施物）を給与する形をとった対視障者の原初的福祉制度が成立した。その場合、座頭たちが瞽女にも施物を再配分していた可能性がある。しかしこうした配当は生活を支えるに充分というにはほど遠く、在所の当道の組織力も弱く、また多くの地域では瞽女を受け入れるための住民側の態勢も整っていなかったので、近世初期の瞽女が廻在しながら芸能をもって生活することは困難であった。十八世紀における芸能市場の発展の加速にともない、音曲の演奏・指南に従事する瞽女の人口は増加したが、瞽女は当道が伝えた芸能に大きく依存し、職務上の支配関係が成立しやすかった。また東北地方の瞽女と同様、九州の瞽女も座頭・盲僧と結婚し協力関係を育成してゆき、中世末期に成立した狂言に瞽女と座頭がめでたく結婚する風習が温存されていると見てよかろう。近年の民俗調査から明らかになってきたように、北九州では二十世紀まで瞽女は座頭・盲僧と共通の妙音講などの組織に属し、男性は主に琵琶、女性は主に三味線を奏した。[3]

一　薩摩・大隅の瞽女と瞽女唄

宝永三年（一七〇六）に行われた大隅、薩摩、日向の人口調査では、二十八人の瞽女が数えられている。[4] その後、延享二年（一七四五）一月の藩法には、「ごぜ職」にある者はたとえ武士の娘であっても絹衣類と帯類の着用が禁止されていることから推して、社会の上層出身の瞽女もいたことが明らかである。[5] 薩摩藩は視障者を取り締まる反面、瞽女・座頭が職業的に置かれた立場にも配慮していたようである。例えば、宝暦六年（一七五六）五月二十七日の布達には、目付の滞在期間中、辻唄など遊芸が禁止される一方で、瞽女と「座向」（座頭）の三味線稽古は苦しからずとして容認されていた。[6]

時代が大きく下り、文政九年（一八二六）三月、伊集院《いじゅういん》郷（現日置市伊集院町）出身の瞽女が上之原の並木の脇で酔い臥せていた間、所持品の風呂敷包が盗まれる事件が発生した。その際、彼女が賤民身分の「長左衛門」に同道していたことから判断すれば、当地の瞽女は社会の差別的視線に耐えながら廻在していたことがうかがい知れる。いずれにせよ近世後期に瞽女がこの地方を巡り歩いていたことを示す貴重な証拠である。[7]瞽女のレパートリーについては、文政十一年から天保九年（一八二八〜三八）に書かれた『薩陽往返記事』に、伊作温泉を訪ねた大坂の商人が旅宿に「近辺の瞽女・芸子」を招き、「国ぶし・六調子・しょんがぶし」の演奏を楽しんだ旨が記されている。[8]それらは、都会的な浄瑠璃、端唄などではなく、西日本を中心に十八世紀に広く普及した流行歌・踊り唄であった。

十九世紀の鹿児島城下では、「江戸の芝居より大」きいとまで謳われた芝居に、江戸と大坂の役者が出演し、町の貸座敷には芸子遊びが盛行したというように、芸能市場が本格的な活況を呈した。[9]毎年二月十三〜十七日の間に催された「磯茶屋の御花見」には様々な物売りや芸人が集まった。天保七年（一八三六）に編まれた『鹿児島ぶり』が伝えているところでは、その中に「江の嶋名物ごぜ」もいた。[10]「江の嶋」（現垂水市）は小さな無人島で、昔から弁財天が祀られており、瞽女が島に縁があったのはそのためであったかもしれない。

江戸出身の瞽女が薩摩を訪れたこともあった。『薩摩風土記』（成立年代不詳、文政頃か）によれば、江戸木挽町出身の「盲目」の娘（十一歳）が薩摩まで巡業したという。彼女は三味線を弾いたが、普通の構え方ではなく「よこにねかし」、しかも二つのバチを同時に使い、奇麗な音色を楽器から放った。須磨琴（一弦琴）も奏でていたので、風土記の筆者をいたく驚かせたようである。[11]

二十世紀の鹿児島県大川内村では「ザッツ」（座頭）と呼ばれた男性視障者が「天草琵琶」と「肥後琵琶」を演奏したのに対し、瞽女は三味線を弾いた。瞽女と座頭とは互いに協力しひとつの「組合」を作り、交互に村々を廻っていた。その模様を鈴木木棠が次のように報告している。

一時各村で之《(瞽女)》を養ひ、他村のそれを入れぬといふことで悶著が起こったこともあり、実現は出来なかった。各々トクイがあって、そこへ何日でも滞在する。宿の希望により一晩中弾くこともあり、それが宿銭の代わりとなる。民家の入り口の土間を臼庭といふが、そこの小縁でザッツコシカケと称し、是に腰かけ、語り且つ弾ずる。彼等は眼の見える者と見えぬ者、芸の巧みな者と下手な者といふ具合に二人づゝ組んでゐる。門附にはゴヒトツマス（二合五勺）に籾粟などをやるが、二人組故、二人分出すことになる。同県百引村では、ゴゼ、ザッツ隣村から来る。ゴゼは春三月の早馬祭、秋のホゼ（報賽か。祭のこと）の時に門弾きしてやって来た。(12)

「川辺ザッツに知覧《ちらん》ゴゼ」と言われた時代もあったが、戦後の知覧からはゴゼの姿は消え、鹿児島県の他所でも瞽女の人数は激減している。(13) 唄の録音を残した数少ない例としては明治四十四年（一九一一）、姶良《あいら》郡福山町（現霧島市福山町）に生まれた荒武タミがいた。(14) 彼女が昭和五十三年（一九七八）二月十七日に録音した唄では、「ゴッタン」という胴皮が杉板となっている素朴な三味線の一種が伴奏楽器として爪弾きで使われている。ゴッタンは鹿児島県とその周辺地域には戦前までどの家にもあり、雨の日や雪の日など仕事に行かない日には、お婆さんが囲炉裏の側で慰めに弾いたと荒武タミが回顧している。これをバチで演奏する場合に出る「ゴッタンゴッタン」という音が、この楽器の名前の由来となったとされる。この楽器は専門家でなくとも製造可能な楽器とされ、大工さんが米や草取りなどと引き替えに作ってくれたと荒武タミが述べている。

荒武タミの母親は三味線を弾いており、近隣の娘たちに教えたこともあった。タミ自身、幼少より母親から様々な唄を習ったが、三味線は習っていない。タミは五歳の時に麻疹で失明し、七歳で父親と死別し、母とともに国分《こくぶ》（現霧島市国分）にあった母親の実家に戻り、十三歳の時には国分にいた六十歳くらいで清水《きよみず》（現霧島市国分清水）に住むウチムラセイタロウという三味線師匠（視障者か）の稽古を受けたという。最初習った唄は「しょんが節」で、一週間ばかりで覚え、その後わずか二カ月間で多くの唄を習得したという。十六歳で母親が死去した後（あるいはその前からも）、五年ほど子守として働いた。十八歳になってからは三味線を抱え、若い娘を手引きにしてこっそりと国分、清水などで門付けを行った。十九歳の秋には三味線の師匠として独り立ちしたが、生活は苦しかった。

レパートリーは五〇〇曲もあるのではないかと荒武タミ本人が推定している。明治初年全国的に流行した「おちえぶし」（大津絵節）や「よさこい節」にくわえて、民謡の「はんや節」、「三下り」、「荷方ぶし」、「磯節」、「安来節」などを習得し、端唄の「青柳」、「春雨」、「奴さん」なども覚えた。その内の「荷節」に「ひとつ、西は西方の阿弥釈迦如来おがもとすれば雲がかり雲に邪心はなけれどもわが身の邪心でおがまれぬ」など仏教色の濃い歌詞も含まれ、これを門前で歌えば人々は手を合わせ聞いたという。

以下譜例4・1に採譜した「お夏くどき」は、荒武タミが歌った「口説《くどき》」と呼ばれた、やや長編の数え唄である。「よのえぶし」の旋律に載せて歌われている（第一節以降の歌詞は略。歌詞にある「新町」は国分の町名である）。

譜例4・1　「お夏くどき」（よのえぶし）

録音：昭和五十三年（一九七八）二月十七日

唄・ゴッタン：荒武タミ

音源：『ゴッタン』、CBSソニー25AG-247

音階：(D′)–G′；A′–B♭′D″；D″–E♭″–(F″)–G″；A″–B♭″

歌詞：

ソイジャ一つとのよのえ、一つはじまる新町に七つになる子が親孝行、珍しかいな

「お夏くどき」は有節的な唄であり、ゴッタンによる前奏・後奏はほとんどない。各節は四つのフレーズから構成され、その内の三つはD″で終了しているので、このピッチが格音である。四つのフレーズのそれぞれは歌詞の（3）＋7、5＋7、8＋6、7音節からなり、節によって音節の配分は多少異なっている。唄と二上りのゴッタン伴奏はもっぱら「都節テトラコルド」を使用し、都会的な雰囲気を感じさせる。ゴッタンと唄とのそれぞれの旋律線には強い類似性が

認められ、歌声と伴奏との間のリズムにも大きなズレはない。

都会の流行歌に影響されたと思われる「口説」とは別に、荒武タミは地元の鹿児島県（あるいは奄美諸島）の雰囲気を色濃く残している唄も覚えており、その一例としては譜例4・2に採譜した「島ぶし」がある。昔、山中でこの「島ぶし」を歌ったところ、山の神がこれを聞き姿を現したという言い伝えがある。かつては鹿児島県でよく歌われていたが、現在では絶滅の危機に瀕している唄の一つである。唄と伴奏との間には随所でリズムの微妙なズレが生じているので採譜には苦労した。ゴッタン独奏の部分は激しいテンポの変化が特徴的であるが、譜例ではおおよその変化を示すにとどめた（歌詞にある「いと」は恋人の意。「四十九の骨」は人体にある四十九の骨）。

譜例4・2　「島ぶし」
録音：昭和五十三年（一九七八）二月十七日
唄・ゴッタン：荒武タミ
音源：『ゴッタン』、CBSソニー25AG-247
音階：(A-B)-D′; E′-G′-A′; A′-B′(C″)-D″; E″-G″-A″
歌詞：

イヤアンアーナー、いとが島ぶしゅ、かすかにきけばほど、四十九の骨ぼね、しみじみわたるサアナア

この「島ぶし」を解説した竹内勉は、歌詞の「サアナア」が中国地方の「神楽せぎ唄」（または「神楽せり唄」。「せり」「せぎ」は「迫《せ》る」のこと、つまり催促の意）にある「サァノーエー」に似ていることから、この唄が越後の「新保広大寺」（本書第14章参照）から派生したのではないかと推定している。[15] 歌詞あるいは本唄はともかく、荒武タミの歌う「島ぶし」には本調子のゴッタン伴奏がつき、装飾音に富んだ技巧的で長い前奏と後奏もあり、この地方の独特な様式で作曲された唄である。旋律は「律」と「民謡」のテトラコルドからなる特徴的な音階が使われ、三つのはっきりしたフ

レーズから構成されている節ごとに複雑で繊細なゴッタン間奏が挿入されている。

やや都会的な「口説」と独特な旋律と伴奏を有する「島節」の両方が瞽女のレパートリーに入ったが、これは戦前の鹿児島の地方文化の重層的性格を如実に示している。荒武タミが特殊な「瞽女唄」よりはむしろ他の芸人も歌っていた民謡や流行歌を多く覚えていたという事実の背後には、明治以降の鹿児島県の瞽女が古い芸能と特異な演目を伝承し続けるための組織を持っていなかったという事情をみるべきであろう。あるいは薩摩・大隅の瞽女は、男性との協力関係を保っていたため、瞽女独自の仲間を設立する必要もなかったのかもしれない。

二　肥後の瞽女

明治二年（一八六九）十二月、熊本藩は支配地域の人口調査を行い、その結果、総人口七十一万六八〇七人の内、「盲人」（男）六八五人（五七三戸）、瞽女五二三人が数えられた。[16]「盲人」の定義と基準の適切さは別として、男女の比率がそれほど不自然でないことから比較的正確な調査が実施されたと考えられる。

肥後藩の瞽女がはじめて文書に登場するのは、寛永十年（一六三三）の合志《こうし》郡江良《えら》村（現合志市）の短い記録中である。それによれば「こせノ男」の源介は「こせ女房」と「同人てし《弟子》」と一緒に「六間四方」の「屋敷」に暮らしていた。源介も障害者であったせいか、瞽女が世帯主となり「こせノ男」を扶養していた可能性がある。[17]弟子の存在から、この「こせ女房」は芸能者であったことも考えられる。

寛文十年（一六七〇）七月の藩法には、比丘尼、柄杓叩き、座頭などと共に「ごぜ」も「在々え参之儀」が許されている。[18]同じ法令には以下の興味深い条目も見られる。

一、在々熊本町より役者を呼申間敷候、付り、踊子・春駒・しゝ舞・りうご引・目明之しやみせん引・こきう引・あやおり、さゝら摺、其外ほうかの類、右之分ハ在々御停止被仰付候、乍然、雨乞・風祭立願有之踊子をよひ申儀候ハヽ、先御郡奉行え相達、奉行所え申達、受差図を御郡奉行より御町奉行ニ申断、其上ニて在々ニ差出候事

裏を読むなら、当時の熊本城下には、役者、踊子、三味線弾きなど種々の芸人が活躍し、彼らは在地の住民に招聘され、祭りなどで芸を披露したことが推察できよう。肥後の芸能市場が城下から周辺地帯に拡大し、これにともない為政者は農村に住む人々に贅沢と風俗紊乱を戒めるために、こうした触を発令したのであろう。「正しい差別」の原則に基づき、町には武士・町人にふさわしい芸能があり、農民には雨乞い、風祭りなど適切な娯楽があり、それを程よく調整することは仁政の実現への道と考えられた。しかし、在方を巡業する瞽女・座頭などは「目明之しやみせん引」とは異なる職業上の特別の事情があったことから、あるいは彼らの芸能には宗教的な要素が含まれているので農民の奢侈にはつながらないと思われたのか、禁止から外されたようである。

この時代に、在方はともかく熊本城下に瞽女が実際にいたことは延宝六年（一六七八）十月序の『色道大鏡』から知られる。それによれば瞽女は「九州肥後国《きうしうひごのくに》ばかりにこそ、価《あたひ》をきハめ、遊女《ゆふぢよ》のごとくとす。是傾国《これけいこく》なく、外の遊《あそ》びものなき故《ゆへ》ならし」[19]。近世後期、肥後の瞽女の芸能活動は、さらに活発化していった。熊本藩は素人の稽古に従事する瞽女・座頭が、過分の報酬を取ることのないように繰り返し求めている[20]。『弘化日記』中の弘化三年（一八四六）七月十九日の条には、肥後の瞽女「照寿」が来て三味線を弾き、京歌「あらはれ草」、「松竹梅」、「ゆき」、「越後獅子」、「根引の松」と「江戸歌の由」であった「花車」（長唄か）都合六曲を演奏したとある[21]。レパートリーの性格と広さから、あるいは「寿名」の使用から察しても、近世後期の熊本城下にいた瞽女が当道組織を通して芸能を習得し、芸名を受領していたことが推測できよう。

幕末の熊本城下における芸能市場の発展により、「若者共之内、歌舞伎芸者等ニ弟子成いたし、雑芸又者浄瑠璃・三味線稽古いたし、座敷等相勤め候」者が現れ、また三味線稽古に励み、「さらへ講」を結成し、寺院などにおいて「持出興行」を催す女性も出現した[22]。華美な衣を纏う彼女たちの演奏を聴きながら豪華な弁当を食することが流行したが、それも禁ぜられた。「瞽女・座頭」も同様の興行に参加していたらしく、彼らも禁令の対象とされている。こうした取締のため、瞽女・座頭の狭い家宅における興行も質素になり、「持出興行」も行われなくなった[23]。

芸能を生業とする瞽女は熊本城下に集中したのであろう。寛政元年（一七八九）三月、八代城下にも総人口五一〇七人の内、瞽女五人が数えられている[24]。また他国から瞽女が肥後国に入ったことは元禄四年（一六九一）四月の現玉名市周辺の村々に作成された「支配之定式」から読みとれる。他国の瞽女を含む「諸勧進」が町中に止宿する時には、「宗門往来手形」を改め、往来手形を所持しない不審者に対しては、宿泊を断るべきであると定められた[25]。寛政八年（一七九六）四月、津奈木手永惣庄屋の文書に他の手永の瞽女・座頭の廻在禁止への言及が見られるが、村人が依然として彼らに「奉加」を与えた事実からみて、禁令の効果は薄かったと推定できよう[26]。

二十世紀になっても熊本県には瞽女が廻村しつづけ、唄と三味線の演奏をおこなっていた。神瀬《こうのせ》村（現球磨郡球磨村神瀬）では葦北郡田ノ浦（現芦北町田浦）からの瞽女が廻り、天草には妙音講を行う「盲人組織」があったと福島邦夫は指摘している[27]。同県の貴重な民族誌を発表したE・L・ウィズウェル (Ella Lury Wiswell) は、昭和十年（一九三

図 4.1　熊本県の瞽女（Robert Smith & Ella Lury Wiswell, *The Women of Suye Mura* より。「二人の老女，九州，1935 年頃，門付け芸人。後方の者は盲女」と解説されている。John F. Embree Archive, Cornell University 蔵）

五）、巡業中の門付け芸人二人を撮影しているが、その一人は瞽女である（図4・1）。

三　肥前の瞽女

鎖国時代唯一の外国貿易港として繁栄した長崎では、遊芸を育む環境が古くから整えられ、瞽女・座頭も活発に芸能活動に携わり、近世後期あるいはそれ以前からか、一種の組織を維持していたようである。『長崎歳時記』の寛政九年（一七九七）一月二十九日条によれば、長崎では夜になると「座頭《ざとう》・瞽女《こせ》のともから籠り講とて、諏方社の拝殿《はいてん》に取あつまり、通宵《つうせう》三味線をひき琴《こと》を弾《たん》して神前に手向《たむ》く、よつて市中の老若男女此道をたしなむものはおの〳〵酒肴を携《たつさ》へ来りて是を聞又逸興《いつきやう》ある事なり。但、年々正五九月にありといふ」(28)。これは妙音講に類似する集いのようで、ここでも瞽女・座頭は同じ組織に所属していたと思われる。

「庚子」（天保十一年［一八四〇］か）十二月の書上に、長崎の町方に住んでいた老齢の瞽女一人が「琴・三味線稽古」を行ったとあることから推して、町の瞽女が素人の音曲指南を担当し、芸能の商品化が進んでいたことが見て取れる。座頭たちが明治四年（一八七一）、政府に提出した願書によれば、「安字井検校存命中、市中芸者共より音曲指南仕候訳を以、頭立候芸者之取扱ニ而、芸者壱人前より毎月金壱朱宛示代として心付いたし呉来候を、仲ヶ間共夫々配分仕候義ニ御座候」という慣例が成立し、受け取った金の一部は瞽女にも配分されたものと思われる。座頭たちはこの慣例の撤廃を恐れ、「両遊女町は格別、市郷芸者之義は音曲業前之廉を以私共支配ニ被為仰付被成下候」よう願い出たが、却下されたようである(29)。

肥前国の在方にいた瞽女が史料に登場するのは多久家の『御屋形日記』元禄二年（一六八九）二月二十日条である。唐津領の瞽女二人が多久領小侍の番所から追放を命ぜられた記録である(30)。同日記の元禄二年（一六八九）十一月二日条からは、多久領の瞽女は触頭のもとに統率されていたことが明らかとなり、当地の瞽女が弟子を取り、芸を仕込んでいたことがわかる。元禄十四年（一七〇一）十一月十三日条からは、玄山公（多久家三代茂矩）と一族の女性たちに長年仕えた「お友ごぜ」の名が知られ、玄山公没後は尼となり「ちきやう」と名乗り、菩提を弔った褒章として一人扶持を賜り、課税免除の屋敷まで拝領している。

一方、同じ地方の多くの瞽女が過酷な生活環境のなかに生きていたことは同日記の享保十七年（一七三二）十月二十八日条から明らかとなる。日堺原町東町平之允の娘「なつ」（七歳）は、同年春、増田村の「盲女とわ」の弟子になったが、大飢饉のため追い出され、親元も養う力がなく、ひとり放浪して多久へ来た。凍死などすれば厄介なので、多久町別当から堺原町別当まで送り状を添えて送り返されたとある。(31)

近世中期、在方を旅回りする者たちの人数が増加したことが原因であったか、明和九年（一七七二）九月、佐賀藩は「板札」を所持しない「鉢ひらき、瞽女・座頭、其外乞食之類」の徘徊を禁じた。禁止令の結果、「其筋々」より鑑札が配られ、取締の強化が図られた。(32)

大隈三好が記憶しているところによると、明治の末期には「タケ」という瞽女が佐賀県の農村を秋と正月に廻ったという。彼女はいつも十二、三歳になる弟子（視障者）を同行していた。この弟子は「なかなかの美形で声も良かった」し、二人が村を訪れると、村の定宿には村の女性や子供が集まり、「石童丸」の演奏で皆の涙を誘った。その後は「ラッパ節」のような陽気な唄を歌い、村人たちを笑わせたりもした。村は豊かではなかったが、正月などには、各家でザル一杯の餅を「タケ」に支給しており、村を離れる時には重荷になったということで、宿の主人がその荷物を背負って彼女の家まで送り届けた。また結婚式にも「タケ」が招かれ、二日もかかる酒宴で三味線を弾き、宴を盛りあげた。村人は帰途彼女に祝儀を差し出すのだが、「タケ」の方は「これは日頃の恩返しだから」と言って、その祝儀は決して受け取らなかった。「タケ」はまた村の三味線師匠ともなったという。(33)

島原半島の民話に次のようなくだりがある。狸が川を流れてきた木に川海苔《のろ》をかけ、それらで三味線、杖、そして女の子を拵え、最後には自分の頭に海苔をかけた。すると「たちまち立派な瞽女どんになった。さうしてこの瞽女どんは三味線を背負つて杖をつきながら丸太の女の子に手を引かれて、谷川の方へ歩き出し」た。その後、瞽女は「谷川のあるお寺に入つて行つて三味線を弾始めた。寺の人達は、この瞽女どんを大いに取持つた。そのうちに近所の人達も、大勢集つて来て、面白さうに三味線を聞いてゐた」とある。この話が鮮やかに物語っているように、島原半島では、民家の門前あるいは寺院の境内で、瞽女が唄と器楽曲を演奏して住民を楽しませていたことが、民話の形で長く住民の心底にとどまったのである。(34)

四　日向の瞽女

前述した宝永三年（一七〇六）の人口調査中、特に日向国の部分だけを抽出することは困難であるが、延享四年（一七四七）八月と推定される「日向・豊後国竃人別牛馬目録」には、日向国臼杵郡の村々（総人口五万九五九六人）に「瞽女」二人と「盲女」二人、豊後国大分郡の村々（総人口一万四九二〇人）に「盲女」一人、豊後国国東郡の村々（総人口一万五八九四人）に「盲女」五人が数えられている。(35)その後、文政十一年から慶応二年（一八二八～六六）にかけて、数回にわたり延岡藩の人口が調べられ、『御領分宗門人別勘定帳』（内藤家文書）に瞽女の人数が示されている（表4・1）。

文政十一年（一八二八）に藩の総人口は十一万二六七二人となっているので、「盲女・ごぜ」として数えられた十三人は女性視障者人口のほんの一部に過ぎなかったと推定される。しかし延享四年（一七四七）と比べると、瞽女の人数は、やや多く、その存在が藩役人に認められていたと思われる。天保五年（一八三四）二月十二日、延岡藩に鳴物停止令が出された後、難渋する瞽女・座頭には銀十五匁ずつが支払われた。(36)その経緯を記録する文書からは、岡富村（現延岡市岡富町）と大貫村（現延岡市大貫町）、南方村（現宮崎市南方町）、門川村（現門川町）にも瞽女が住んでいたことが明らかとなり、表4・1からは洩れている瞽女がいたことの証拠となっている。

延岡藩の瞽女の多くは「御城附」（城下とその近郷六十六カ村）あるいは地方都市の近村に住居し、音曲指南にくわえて宴席などで芸を披露したと想像される。ほとんどの場合、各村につき瞽女一人が住んでいたので、相互扶助を支援する仲間組織の成員としてではなく、他の瞽女、座頭、盲僧などとの連携を維持しながら個人（下光永村は師弟か）として生活していたのであろう。藩の「勘定所」が発行した年代不詳（十一月十日）の「覚」には、家督相続に際し「座当・盲女」へは銀弐枚が施されたとあり、為政者も座頭と瞽女をひとつの社会的単位として認識していたと見られる。[37] 文政十一年（一八二八）五月には「御城附」に座頭五人、大分郡に座頭七人などがいたので、充分な経済力に恵まれ、三味線唄、箏曲などの習得を希望する女性視障者は、最寄りの座頭の稽古を受けること

表 4. 1　延岡藩の「盲女」・瞽女人口

地名（現地名）	文政 11 年（1828）5 月	弘化 4 年（1847）5 月	安政 6 年～慶応 2 年（1859–66）
御城附			
南町（延岡市南町）	ごぜ 1	こせ 1	ごぜ 1
柳沢町（延岡市柳沢町）	ごぜ 1	こせ 1	ごぜ 1
大武町《おおだけまち》（延岡市大武町）	盲女 1	こせ 1	ごぜ 1
市振《いちぶり》村（北浦市振町）	ごぜ 1		
伊福形《いがた》村（延岡市伊福形町）	ごぜ 1		
七折村（日之影町七折）	盲女 1		
宮崎郡			
太田村（宮崎市太田）	ごぜ 1		
中村町（宮崎市中村）	ごぜ 1	ごぜ 1	ごぜ 1
上野村（宮崎市上野町）	盲女 1		
大分郡			
高取村（大分市）	ごぜ 1	ごぜ 1	ごぜ 1
旦野原《だんのはる》村（大分市旦野原）	ごぜ 1		
中嶋村（大分市中島）	ごぜ 1		
下光永《みつなが》村（大分市）	ごぜ 1	こせ 1	ごぜ 2

出典）『御領分宗門人別勘定帳』内藤家文書。

が容易にできたと考えられる。

戦後行われた武井正弘の聞き書き調査によれば、旧高千穂荘に属していた東臼杵郡諸塚村では古くから瞽女が芸能に携わり、巡業した時には集落ごとに決まった宿に三泊した。三味線を弾くのは夕食後で、宿の主人が挨拶すると瞽女が三味線を「引き立てて返礼し」、主人が最初に歌い、その後村人が続き、それから瞽女が歌ったという。[38]

五　豊後・豊前の瞽女

(1) 豊後国

現杵築市となった村の話である。延享元年（一七四四）二月二十二日、小西屋羽右衛門組内、半六の妹「たつ」は、生地《いくじ》村丸山で江戸者御手廻りの甚兵衛と心中を図った。甚兵衛は「たつ」を刺し殺し付近の畑に埋め、失踪した。死体を掘り返すのに人夫一八〇人が動員され、麦畑は踏み荒らされた。麦の補償金として、生地村の庄屋伊右衛門を通じて、畑主の彦右衛門に大麦三斗六升六合が支払われた。この事件は浄瑠璃や口説として板行に起こされ、同年四月十八日には「向後町方之者ハ勿論ごぜ・座頭にても町内にて、うたわせ不申様」という禁止令が発せられる結果となった。[39]杵築城下では、それに先立つ享保十一年（一七二六）五月二十三日、「時花哥ニ作り歌など致」者の演奏はすでにご法度となっていたが、瞽女・座頭もニュース性の強い唄を豊後国の民衆に広めるのに一役買っていたのである。[40]

享保十二年（一七二七）、杵築城下の芥屋曽兵衛組には「阿さ音」という中津（豊前国）出身の瞽女がおり、同年三月二十二日に彼女の町役の義務が免除されている。[41]半世紀余のちの天明三年（一七八三）十月二十日、藩は諸勧進、旅僧、売薬の者、旅商人、旅人などをはじめ、瞽女・座頭の新たなる取締を断行し、その一環として「往還一通り」に歩き「継送り」の瞽女・座頭は別として、人々の「在中江入込相廻候儀」が御法度となった。これは瞽女・座頭の渡世の術を奪うことを意味していたことからか、願い出により村役人などが発行する「懸札」を習得することを条件に廻在が許された。この措置は領内の瞽女・座頭に限られており、他所の者は依然として「往還通路之外村々へ入」ることが一切禁止されていた。[42] 天保七年（一八三六）には「他領より御城下へ入込居候瞽女」を規制する法令も出されていることから、十八世紀後半以降、瞽女・座頭その他の芸人が在方を巡業しながら杵築領に入っていたことが間接的に察せられる。天保飢饉中には瞽女・座頭の「門弾」（門前に三味線・琵琶などを鳴らしながら唄を歌う門付け芸）の取締が強化された時期もあったが、天保十年（一八三九）八月二十六日には「通りかけ又ハ両三日止宿門弾致候儀」は苦しからずと触れられた。[43]

幕末まで杵築在住の瞽女・座頭には、権威ある公認された組織は存在しなかったようである。嘉永二年（一八四九）七月十七日、京都の当道から「才敷衆分」の官位を獲得した丹後屋嘉吉（嘉善）は、「御領分并他所より罷越候座頭・瞽女之分支配」を町に願い出、翌年の五月十二日にそれが叶えられている。低い身分であったこの「才敷衆分」（最下位の衆分）より高位の座頭が領内にいなかったことが、ここから察せられる。この時点で領内の瞽女・座頭ははじめて特定の人物に支配されることとなったようであるが、これがたちまち大きな組織にまで発展したとは考えにくい。[44] しかし嘉吉が瞽女・座頭双方の支配権を与えられたことも、藩がやはり男女別の支配を望まなかったことを裏書きしており、注目に値する。

杵築藩の隣の臼杵藩でも瞽女が活躍し、文久四年（一八六四）五月一日の御中陰中のため、彼女たちは「門弾」禁止の目に遭っている。その結果、難渋した瞽女・座頭が再び願い出、施物を集めることが許されてもいる。[45]

鈴木棠三が昭和九〜十二年（一九三四〜三七）に行った聞き取り調査によれば、大分県の山村に来た瞽女はよく寺社に一泊したという。僻地を巡り歩く瞽女が、近年まで宗教施設に依存していたことがうかがい知れる。[46]

(2) 豊前国

瀬戸内の海上交通において中国や近畿地方と強く結びついていた人口五一〇〇余の中津町（豊前国、現大分県中津市）には、享保五年（一七二〇）頃少なくとも座頭十三人が住み、彼らは仲間を結成し吉凶の際には中津藩から配当を給与された。[47] 藩の配当支給開始年は不明であるが、宝永四年（一七〇七）に「江戸大納言様若君様御出生」の際、中津の「座頭拾人、家来五人」がはじめて杵築城下まで足を運び、江戸の先例にならい、銀三枚の祝儀と賄い代を受け取った。[48] 宝永六年（一七〇九）六月十八日、徳川家宣御成の際、中津の座頭たちは再度杵築を訪れ、役人が尋ねたところによると地元の中津で祝儀を貰った後は、小倉、豊前四日市御代官所、杵築を順番に廻り祝儀を集めたと答えている。ここから、配当を支給する地域が次第に広がりをみせたことが察せられよう。[49] 中津座頭とその家来（手引きか）のこうした動向に対抗しようと試みた杵築の役人は、その後「当地殿様御初入」などに際して「先例無之」という理由で配当支給を拒んでいる。また、宝暦二年（一七五二）に地元の座頭であった衣都は、八十年前当道が定めた「十里四方」の配当取り制限令をもって、中津の座頭の締出しをはかるなど、配当の提供と受領とをめぐって、多々駆け引きが長年にわたり続いた。[50]

ほぼ同じ時代の中津には瞽女もいた。享保三年（一七一八）八月二十九日には、姫路町に住居を構えていた瞽女が、「披露書」（役人からの紹介状あるいは手形か）を不携帯のまま「銭受旅行」に出たことから問題が発生している。彼女は唄を歌い三味線を奏でながら近郷を巡業していたものと思われる。[51] また、寛延四年（一七五一）三月十三日の藩法には、「ごぜ・座頭、見世物等之宿、致遊興の義致ましく候」とあり、瞽女が宿泊した先々で演奏した時には聴衆が宿まで足を運んだことを窺わせている。[52]

町の人口調査では、宝暦六年（一七五六）四月に瞽女一人、文化元年（一八〇四）五月、文化七年（一八一〇）五月と同年七月には瞽女二人が数えられている。[53] そのひとりは姫路町の新魚町にいた「栄寿」であるが、寛政八年（一七九六）に何らかの理由で町から追放されている。しかし、享和元年（一八〇一）五月十九日には、江戸の飛脚が「御前様就御妊娠」の朗報を町に伝えたところ「栄寿」の追い払いが解除されたという。[54] その後も彼女は、なんらかの触法行為により、処分を受けたが、ふたたび文化七年（一八一〇）十月二十八日、「若殿様御出生御祝」に際して「御科被仰付在之候者共」が赦免されたことにより、「栄寿」も再び「徘徊御免」となったとある。[55] 適当な手形を所持せずに廻在したのか、いずれにせよこれらの事例は、瞽女稼業が不安定であったことを物語っている。また「寿名」を使用していることから、中津町の瞽女は当道組織に関係を持っていたことも推測できる。

江戸後期には「寿名」を受領し箏曲を習得した瞽女が武士にも音曲を指南していたことは、文化五年（一八〇八）十二月二十五〜二十九日に作成された浪人に関する書付から判明する。この年、鉄馬という筑前の浪人が来町し、箏曲の稽古を受けたい旨申し出た。「御当地ニ而久寿と申人」がいたので、彼は「久寿」の下に案内され、三日間箏曲の稽古に没頭した。この間の鉄馬の宿泊先が判然としなかったため調査が行われたが、「久寿」の息子であった友蔵は、鉄馬の馬を繋いだことは認めたものの、浪人が夜どこで過ごしたのかは知らないと言い張った。度重なる吟味の結果、鉄馬本人は「久寿」の家には泊まらなかったと強弁するのだが、「乍去右之内一夜稽古隙取候内夜明申候」と釈明していることから、やはり「久寿」宅に夜通し滞在していたことが知られる。[56]

小倉藩のいくつかの記録にも瞽女が登場する。延宝三年（一六七五）四月六日、遠賀《おんが》郡小嶺《こみね》村（福岡藩、現北九州市八幡西区小嶺）の「百姓佐右衛門名子善兵衛娘あき歳拾壱」が豊前規矩《（企救）》郡下曽根村（小倉藩、現北九州市小倉南区下曽根）の「よし」と名乗る瞽女に弟子入りすることが福岡藩に許可された。[57] 宝暦五年（一七五五）の小倉藩の宇佐郡麻生村（人口五六〇人、現大分県宇佐市麻生）の「銘細帳」には、「鼓毛目女、弐人御座候」とある。おそらく「鼓毛目女」とは「瞽女」の書き違いであろう。同郡高家《たけい》村（人口一九一二人、現宇佐市高家）にも四人の瞽女が天保八年（一八三七）七月の明細帳に記録されている。[58] また上毛《こうげ》郡（現福岡県）にも安政五年（一八五八）四月の人口調査で三人の瞽女が数えられた。[59] 小倉藩が文政八年（一八二五）十月、瞽女・座頭などへの「臨時之奉加」を禁じたものの、「定式」の奉加は依然として宛がわれた。[60] しかし時とともに豊前国の瞽女は、城下町・港町から農村にまでその活動の場を広げ、自ずから武家などが支給した配当への依存度も次第に低下していったであろう。安政二年（一八五五）頃、行事村（現福岡県行橋市行事）に足を運んだ瞽女は「浄留理《ママ》の会、三味線の会」を開き、村に逗留したといい、その活躍の一端が窺える[61]。ただし大庄屋中村平左衛門にそれが知らされたところ、瞽女に「早々追立候様」が命ぜられた。こうしたことから、幕末の小倉藩では、瞽女が自由な芸能活動を展開できなかった事情が察せられるが、同じ大庄屋は近くにあった延永《のぶなが》村（現行橋市延永）にいた多くの子供を育てながら貧困に苦しむ定吉の失明した娘に三味線を与え、彼女に「三味線を習せ、自分の生活なりとも為致候様」と命じてもいる。もっともこの楽器は「麁末の稽古三味」であったので、翌年には「能キ三味線」を提供するつもりであったという（実現したかどうかは不明である）[62]。つまり三味線を習い芸人として活躍することが、この地方に住んでいた女性視障者の「適職」とされたことがわかる。平左衛門のこうした善行為はその後も評判となり長く伝承された[63]。翌年の正月九日、三味線を貰った「盲女」は庄屋の元平の寄合席に招かれ「祝儀の謡を少々」歌わされた。そのように、瞽女が正月などの吉日に芸能を披露することは、すでに慣習となっていたのかもしれない[64]。

六　筑前・筑後の瞽女

(1) 筑前国

沿岸に多くの港町が栄える北九州地方においては、芸能の「売買」と「流通」を支える経済基盤が比較的早くから整えられた。宝暦四年（一七五四）九月十二日の秋津黒田藩主黒田長貞死去の際、領内の「座頭一日五合、盲女三合」が給付され、天明元年（一七八一）十二月二十一日、福岡藩は藩主の法事にあたり「国中の瞽者・瞽女」に救米二五〇俵が支給されるなどのような支援策が認められる[65]。しかし、本書第5章に紹介する中国・四国地方の多くの藩が導入したような瞽女・座頭の扶持制度導入にともなう芸能活動の停止措置は、筑前国には見られない。ここでは、むしろ芸能によって糊口を凌ぐ瞽女が十七世紀から増加を示していたのである。天明六年（一七八六）四月三十日、豊後国日田郡隈《くま》町（現大分県日田市隈）の「盲女」ミつとその母親は、しかるべき手続きを取らずに三味線稽古のため福岡城下に移住しようとして問題を引き起こしている。ここから、筑前の芸能市場はやはり福岡城下を中心に発展していたことが察せられる。(66)

すでに明暦四年（一六五八）六月四日の「条々」に「むめ」という瞽女が福岡の上流社会に出入りしたことがわかるが、十七世紀後半から地方で活躍した瞽女の記録もいくつかある。下座郡三奈木《みなぎ》村（現朝倉市三奈木）の事情を綴る『正房日記』天和三年（一六八三）三月七日条に「甘木よりごぜ呼申候」とあり、貞享二年（一六八五）六月十九〜二十一日再度呼ばれた時には彼女は「小歌」を歌い、同年十月十三日には一泊し「白銀一包壱匁四分」を貰い受けている。(67)享保頃以前に成立したと考えられる甘木の人口記録にも、「後世」の「おミつ」と「おりん」の名前が見られ、秋月藩には文化十三年（一八一六）五月の段階、夜須《やす》郡七人、嘉摩《かま》（嘉麻）郡三人の「盲女」が数えられた。(68)「おミつ」と「おりん」は職能者でなかったか、あるいは「寿名」を受領しなかった若い「盲女」であったことも考えられるが、当地の当道組織が瞽女の命名権を握っていなかった可能性もある。

筑前における瞽女の芸能活動の増加と広がりを示す手がかりは、安永から寛政頃にかけて現福津市（旧福間町）となった福間浦、神湊浦、勝浦、鐘崎浦、大嶋浦の庄屋が作成した「算用帳」、「雑用帳」にあり、「盲女」たちが村々を訪問した記載が多く含まれている（表4・2参照）。

五つの浦を訪れた瞽女の出身地は計二十カ村、多くの場合瞽女はひとりで廻村したと見られ、この地域に果たして瞽女を束ねる仲間組織が存立していたのか否かは確認できない。ただ、異なる村の瞽女たち二〜三人が小さな集団をなして道を共にすることがあり、各村が手引きを差し出し村送りに当たらせたこともあったかもしれない。夕方、村に着いた瞽女が翌朝まで庄屋宅または村の有力者宅に一泊し（雨天などの場合は二泊以上の逗留も許された）、「賄代」は庄屋が

表 4.2　現福間町近辺を訪れた瞽女

出身地	現地名	人数	年　月　日	宿泊先
宮司《みやじ》	福津市宮司	1	安永 4 年（1775）7 月 13 日	福間浦，利右衛門
鹿部《ししぶ》	古賀市鹿部	2	天明元年（1781）5 月 22 日	〃，源兵衛
嘉摩《(麻)》郡		1 2 2 1 1	安永 8 年（1779）11 月 7 日 安永 9 年（1780）11 月 天明元年（1781）5 月 13-15 日 〃　7 月 14 日 〃　8 月 14 日	神湊浦 福間浦，五市 神湊浦 福間浦，利吉 神湊浦
池田村	宗像市池田	1 1 2 2 1 1 1	安永 4 年（1775）4 月 〃　12 月 安永 5 年（1776）11 月 〃　11 月 2-4 日 安永 8 年（1779）5 月 30 日～6 月 2 日 安永 9 年（1780）10 月 5 日 寛政元年（1789）3 月	勝浦 〃 〃 神湊浦 〃 福間浦，五市 〃，利吉
宰府《さいふ》村	太宰府市	1 1	安永 4 年（1775）9 月 寛政元年（1789）4 月	勝浦 福間浦，利吉
裏粕屋（郡）		2	天明元年（1781）閏 5 月	勝浦
表粕屋郡		1	〃　9 月	〃
直方《のおがた》	直方市	1 1	安永 5 年（1776）4 月 27-28 日 〃　8 月	神湊浦 鐘崎浦
在自《あらじ》	福津市在自	1 か	安永 7 年（1778）3 月	大嶋浦
在自・鹿府《(部)》		2	安永 8 年（1779）2 月 16-18 日	神湊浦
鹿府《(部)》・池田		3	天明元年（1781）閏 5 月 3-4 日	神湊浦
福間	福津市福間	2 1 1	安永 5 年（1776）9 月 安永 8 年（1779）7 月 10 日 天明元年（1781）6 月 3 日	鐘崎浦 神湊浦 〃
博多	福岡市	1	安永 8 年（1779）7 月 12 日	〃
元木《もとぎ》・遠賀	福津市・遠賀町	2	〃　9 月 26 日	〃
底井野	中間市底井野	1	〃　11 月 24-27 日	〃
八尋《やひろ》	鞍手町八尋	1	天明元年（1781）5 月 15 日	〃
藤原	宗像市冨地原	1	安永 9 年（1780）9 月 26 日	福間浦，五市
穂浪《(波)》	飯塚市	1	〃　11 月 22 日	〃
曲り（曲村）	宗像市曲	1	寛政元年（1789）3 月	福間浦，孫兵衛
若杉	篠栗町《ささぐりまち》若杉	1	〃　閏 6 月	福間浦
畝町《あぜまち》	福津市畦町	1	〃　11 月	〃
（御役所御頼）		1	安永 8 年（1779）4 月 17 日	神湊浦

出典）『福間町史』資料編，第 3 巻。

供給し、後には村費として相殺されたようである。

瞽女の賄い・宿泊費用を村費として処理する方法は近世後期の関東甲信地方で一般化したが（本書第9～11章参照）、西日本・九州では珍しかった。しかし筑前の場合、特に盲僧が提供した雨乞い、耕作祈禱、五穀成就祈禱などは村全体の繁盛に欠かせないため、しだいに村入用として処理されるようになり、盲僧以外にも瞽女・座頭の来村が村費で賄われるようになった。現飯塚市赤坂となった赤坂村でも安政五年（一八五八）には、「盲僧賄」や祭りに関わる費用などと同様に、「こせ糸代」十二～六十文ずつが五回にわたり（計一六八文）支給されている。仮に一人につき十二文と計算すれば、少なくとも十四人の瞽女がこの年、村を訪れていたことになる。また「糸代」とは別に「二斗六升壱合」も「年中こセ・座頭泊り宿米」として村予算から捻出されている。[69] 明治六年（一八七三）、福間町の村役場日記に一〇〇文が「盲女への心付」として割かれたとあるように、明治初年まで瞽女の賄い代を公費で負担する慣習が続いていた。[70] しかし、門付け芸人が自由に活躍できる社会的環境は次第に失われ、明治二十年（一八八七）、津屋崎町に「押売・者及ヒ非人・乞食・其他諸勧進等」の徘徊の廃絶を徹底するために給料月一円五十銭が支給された取締人が任命され、「諸勧進等」の解釈によっては、瞽女を含む門付け芸人も容易に取締の対象とされたようである。[71]

維新前の瞽女の盛んな芸能活動が可能となった背景には、筑前の経済的発展があった。浦奉行の支配下にあった浦方には昔より対馬藩、五島藩、平戸藩などの諸大名が参勤交代の時に立ち寄り、漁業にくわえて栄える海運が地域の物流と商業を促進し、徴収された運上銀が経済を潤した。それにともない芸能の商品化・商業化が進み、階級を問わず人々が芸能に金を投じ、近辺の瞽女が聴衆の要求に応じて唄と三味線の演奏をもたらしたのであった。明和七年（一七七〇）十月、福岡藩が「御国中町在浦ニおいて哥舞妓・狂言ニ似寄り候儀を企、子共ニ習せ無用之費を不顧遊興ニ募候粧間ニ有之」と断定し禁止令を布いているが、[72] 座頭たちは依然として浄瑠璃語りの伴奏者として村々を訪れ、福間浦では座頭に瞽女と同額の賄い代が支給された。[73] 江戸後期の芸能市場の発展に福岡藩も注目し、倹約が求められた際には「瞽女・座頭其外香具師様之者」の巡業が禁止されることがあった。しかし、これは非人道的措置であったせいか、倹約令に「村居瞽女・座頭等難渋不致様取計遣可申候事」という但し書きが添えられた。また遊芸稽古やそれを職業とする者の村での宿泊が禁ぜられた際にも「盲人」の遊芸稽古が例外扱いとされた例もある。[74]

福岡藩は瞽女・座頭に定期的な扶持を割り当てなかったものの、臨時的な救済策を講じることはあった。寛保四年（一七四四）三月四日、老母や姪を養っていた「盲女せつ」は、暴風で家が倒壊したところ「芝居二七日御赦免」（十四日間の演奏権か）をくだされている。こうした措置には、視障者に対する配慮が窺われる。同様に、延享元年（一七四四）八月十日には五代藩主の死去にともない中陰の間鳴物停止となったが、そのため福岡・博多とその周辺地域に住んでいた「盲人」の収入が枯渇したため、願書により十月一～十六日、「盲人」男女十六人に対し一人一日五合の米が施された。[75] その後にも瞽女・座頭が様々な「御中陰」にともなう鳴物停止がもたらす難渋を町奉行に訴え、米が下付された。[76] 天明六年（一七八六）十二月十八日には、米価高騰と御中陰が重なり、町奉行は特に難儀を喫した瞽女・座頭「百五十三人半」に救米を支給した。[77] 寛政二年（一七九〇）三月、福岡藩の支藩であった秋月藩においても視障者の支援策がみられ、歌舞伎役者などが村に入り込むことが禁止される一方で、「座頭盲女為渡世徘徊之儀」は勝手次第とされた。[78]

(2) 筑後国

当道が伝承したもっとも重要な芸能のひとつに「筑紫箏」がある。その発祥地とされている久留米藩では、すでに延宝二年（一六七四）に「御祝儀近国座頭共罷越候ハヽ、いつも之通賄等取量候様申渡」とされていたが、瞽女の存在をほのめかす最初の記録は正徳四年（一七一四）六月十四日の「町中座頭・瞽女絹服之儀」に関する取締令に見られる。[79] また十八世紀前半、筑後国出身の瞽女が小さな集団で広く廻在した確かなる証拠は、大牟田三池藩の大庄屋を勤めた樺島家に残された享保六年（一七二一）の『万御用覚帳』にも見られる。[80] それによれば、当年十一月六日より、筑後国岩津ノ原村（現福岡県高田町岩津）出身の瞽女「くに」（当時六十四歳）、筑後国三池郡横須村（現大牟田市）出身「くに」

の弟子「さつ」、筑後国山門《やまと》郡棚《たの》町村（現福岡県柳川市三橋町棚町）出身の瞽女「ふく」、「ふく」の娘で瞽女の「まつ」、さらに手引きを勤めていたと思われる「さつ」の息子「小市」の計五人が肥後国で巡業を行っている。同月十四日「くに」が唐川村（現熊本県菊陽町）の近くにて「頓死」し、柳川藩と熊本藩の役人が死骸と所持品の引き渡しに関する手紙などを交わした。口上書から「くに」は表白鼠、裏浅黄の着物、風呂敷、銭一四四文以外、三味線も所持していたことが明らかになっている。

その他、筑後の瞽女に関する情報は、上妻・下妻郡の新庄組（現在の筑後市と八女市の各一部）の大庄屋を勤めていた矢賀家に残されている大庄屋会議録からも得られる。それによると、寛政六年（一七九四）三月には「新庄盲女」のために一組当たり十匁が徴収され、享和三年（一八〇三）七月には水田《みずた》村（現筑後市水田）の「盲女」困窮のため、冬まで一組当たり三十目ずつの「三味線代合力」を支給することが決定された。[81]「水田盲女」に関しては文政四年（一八二二）十二月の覚書に「水田社中盲女」とあるので、この瞽女は水田天満宮に所属し、あるいはその保護を受けたのであろう。[82]筑後の瞽女と宗教施設との関係が察せられる。また文政五年（一八二二）五月二十日の参会頭書に「柳瀬瞽女」に二十五匁、「福島町瞽女両人」に二十匁が施与されたとあり、現八女市ではそのほかにも何人かの瞽女が活動していたことが明らかである。[83]

法令を布くにあたり、久留米藩にも、福岡藩とほぼ同様に、瞽女・座頭に配慮するところが見られる。文政四年（一八二一）五月四日、手伝普請のため「刀指壱人ニ付銀弐匁」や「小者下女壱人ニ付銀壱匁五分」が課された時、仏説盲目・平家座頭・瞽女・鉢開坊主・比丘尼などは免除となり、別の時には「瞽女・座頭・浪人合力」として米と金銀が割かれた例もある。[84]取締と優遇措置を統治の両輪に位置づけた藩は、弘化二年（一八四五）十月十五日に御家中から在町男女まで三味線・躍りなどを禁じたが、他方では「尤盲目之者ハ格別候事」としている。「於在方瞽女・座頭之外、浄瑠璃・三味線仕方咄等を以、村々相廻り候者共、決而為込間敷候」と触れた折にも、瞽女は廻在禁止には遭わなかった。[85]

柳河（柳川）藩が作成した「御領中郡別人数高改帳」に「盲女」などの人口が郡別・組別に掲載されている。表4・3にその総数をまとめた。

「盲女」の人口が座頭のおおよそ三分の一にしか満たないことから、その正確さには疑問を挟む余地が充分にある。「盲女」の多くが芸人として活躍したとすれば、十九世紀の柳河藩には、数十人の瞽女が活躍していたとみることができる。幕末の柳河藩は瞽女・座頭の遊芸を禁止せず、瞽女は主に三味線・箏を弾き、祝儀の席に招かれ、「町家の婦女三味線の稽古」を担当したようである。[86]

表4.3　柳河藩の「盲女」・座頭人口

年　月	総人口	「盲女」	座頭
文化7年（1810）7月	87,786人	24人	103人
天保11年（1840）7月	103,491人	57人	137人
弘化3年（1846）7月	106,529人	48人	147人
嘉永5年（1852）7月	108,454人	47人	140人
安政5年（1858）7月	109,985人	42人	129人

出典）『福岡県史』第3巻中冊，387–392頁。

明治六年（一八七三）、三潴《みずま》県となった後は、瞽女の弟子は遊芸に精神を奪われ、教育の本旨を妨げると決めつけられ、瞽女の弟子取りは禁ぜられた。しかし、これが直ちに筑後とその周辺地域の瞽女の終焉を意味したわけではない。[87]福島邦夫の報告によれば現柳川市（両開《りょうびらき》）、八女市（蒲原）、筑後市（和泉）、久留米市三潴町（西牟田）、大牟田市では戦前まで少なくとも四カ所に妙音講が存立し、それぞれ十数人から二十人近い女性を含む視障者の芸能者が所属していた。妙音弁財天の行事は毎年三月と十月の亥の子の日に行われ、この寄合に傘下の芸人が参集し、芸名の襲名や巡業の株などの取決めがなされた。瞽女は依然として「寿名」を使い、大牟田には「筆寿」、「文寿」という師匠がおり、八女には「国寿」、「若寿」、「梅寿」、「秀寿」が出席し、三潴郡には「市寿」の師匠がいたという。[88]大川市では二人の瞽女が調査時（昭和五十九年〔一九八四〕）にも初午や稲荷の縁日など、毎月、屋敷神としての稲荷や稲荷社に神道の祝詞を唱え、諸稲荷の神名を称えたのち「神よせ」を奉上し、その後地歌の「黒髪」と「松づくし」、端唄の「紀伊の国」をそれぞれ三回奉上したという。[89]瞽女と神社との関係はもちろん、妙音講の維持、「寿名」の使用、レパートリーの特徴のいずれからも、この地域に住んでいた近世瞽女は筑後の宗教組織や当道組織と強い関係を保ちながら、農民・町人の需要に応じて音曲の演奏・教授を行ったことが推察できよう。

むすび

近世の九州に独自の瞽女仲間組織が存在した形跡はまだ見つかっておらず、九州諸国の瞽女が藩に土地・屋敷を拝領したことを証す史料も管見に入っていない。九州の瞽女は、仲間組織の確立に腐心するというより、盲僧、座頭、晴眼者の芸人などとの連携を模索し、個人あるいは小規模の集団として巡業を行いながら芸能に活路を見いだそうとしていたと想像される。瞽女の中で充分な技能が認められた場合、あるいは修行の年季を満たした場合、当道組織が承認したと思われる「寿名」を受領し、二十世紀において（あるいはそれより前から）瞽女が座頭と共に妙音講に所属したこともあった。

特に瀬戸内海に面した地域では近畿地方との経済・文化交流が盛んで、九州諸藩の城下町や港町は各藩の瞽女にとって魅力ある稼ぎ場となった。京坂の流行歌あるいは京都の検校たちが作曲した箏曲、上方端歌などが九州に伝わり、瞽女たちは三味線唄の演奏で花街の座敷を盛りあげ、武士や町人の音曲指南にあたった。農村での活躍も次第に拡大し、十八世紀以降には地方における瞽女の芸能活動が本格的な軌道に乗りはじめた。しかし、都市と在方との間の経済格差は依然として大きく、僻地と離島など、都会音楽文化の輸入が大幅に遅れた地域は二十世紀まで残っていた。

第5章　西日本の瞽女

はじめに

第3〜4章にも言及した通り、近世初期以降、東北地方から九州まで、武家・町人・農民などは吉凶に際し視障者に配当（施物）を給し、その受け取りは視障者の既得権のひとつとされた。凶事にともなう鳴物停止に視覚障害者が生活の糧を奪われ、いちじるしく仁政の理想に反するので、近世初期の配当支給はその代償として行われたかもしれない。そして十七世紀半ばから吉凶の配当が制度化され、とりわけ西日本に広く導入され、同時に近畿地方を中心に芸能も劇的な商品化を経験した。こうして扶持制度と芸能市場の成長の波及効果が畿内地方から四国、中国、九州地方まで及び、京都に本拠地を置く当道は、配当を受け取る権利を維持しながら商品化された芸能の持つ新しい可能性を模索した。一方、諸藩は領内において配当取りを行う他国者の行動を警戒し、農民も配当金の減額を願うなど、配当提供側と受け取り側の利害がかならずしも一致せず、この矛盾を克服するためにいくつもの対策が打ち出された。以下においてこの歴史の道筋を追いながら西日本の瞽女について検討を加えたい。

一　瞽女・座頭の配当（施物）をめぐって

中世の寺社権門は、すでに散発的に視障者への施物を支給していたが、吉凶の際における配当施与の本格化は近世を待たなければならなかった。為政者が配当の支給という慣習の成立をどのように理解したのかは明和三年（一七六六）四月の徳島藩法から読み取れる。(1)

配当之義は元来江戸御表恐悦毎ニ御祝儀頂戴仕、又御法事毎ニ御施物被下置候ニ付、諸国御大名方・御旗本方より御知行ニ相応ニ被下、並御家中よりも知行高ニ応シ出申、次百姓町人よりも身上相応ニ出事ニ御座候、尚又武家方ハ関東之御祝儀並御法事毎とも被下置、御家之御祝儀・御法事ニも被下置義ニ御座候

この文書が示すように、幕藩体制の確立と共に、慶弔に際する配当下付はまず江戸で制度化された。幕府は正保五年（一六四八）一月十六日、「盲女」に二〇〇貫文を施したことがあったが、江戸初期の公権力が視障者に給付した配当の大半は男性宛に限られていた。その後、幕府の例に倣い、諸大名も領国に同様の仕組みを導入した。知行高、禄高、身上などに相当する配当の支給は儒者が説く「慈悲」、「憐愍」の道と考えられ、瞽女・座頭に土地・屋敷を拝領させ、特権を保証する領主もいた。慶事・仏事にともなう配当施行主はやがて町人、農民などにまで及び全国的に広まったと思われる。

諸藩が「盲人」に配与した銀高・銭高は一様ではなかった。表5・1に、中国地方の主要な藩の例をまとめてみた。芸能市場が未成熟な時代、あるいはその発達が遅れた地域においても、配当は視障者にとって欠かせない収入源のひとつであった。瞽女・座頭が遠方にまで足を運び必死に配当取りを行った結果、様々な問題が生じたため、寛文十二年（一六七二）七月十一日、当道の十老検校は配当収集方法の取締に着手した。(2)制定された新法では遠国への旅が禁ぜら

表 5. 1　藩の当道組織への配当支給額（元禄 2 年［1689］）

藩名	一夜越の法事	二夜三日	七日	祝儀
広島	銀 8 匁	銀 12 匁	銀 25 匁（七日） 銀 20 匁（千部）*	銭 2 貫文
今張《(治)》	銀 8 匁	銀 10 匁，又は 12 匁	銀 16 匁	銭 1 貫文
松山	銀 8 匁	銀 15 匁	銀 18 匁	
津和野		銀 8 匁，米 2 升		
徳山	銀 8 匁，又は銀 4 匁と米 2 升	銀 12 匁，又は銀 8 匁と米 2 升	銀 16–17 匁	
岩国（元禄 11 年［1698］）	座頭へ銀 4 匁，後は 5 匁 寿瞽女へ銀 2 匁	座頭へ銀 8 匁 寿瞽女へ銀 3 匁 并《(並)》の瞽女へ銀 2 匁		銀 7 匁
萩	泰厳院（萩藩二代藩主毛利綱広，元禄 2 年［1689］没）御法事の時，御中陰の時，銀 16 匁。四十九日千部，銀 16 匁。百日，銀 8 匁。広国院（土佐，毛利氏，松平光長正室）御法事の時，銀 8 匁			銭 2 貫文

注）＊「千部」とは追善や祈願などのために同じ経を多数の僧侶が読誦する「千部会《せんぶえ》」という法会であろう。
出典）『証記抜萃類聚』，「四十九印，座頭・瞽女」資料 1，2。

れ、配当取りにあたる座頭の人数が制限され、配当の強要禁止、礼儀作法の厳守、平曲への専念などが命ぜられた。

ところが、こうした新法の効果ははなはだ限定的であったようである。配当収集に関する諸問題が容易に解決されなかったことは、取締を要求した為政者が視障者の置かれた境遇を充分に理解していなかったところに起因したと思われる。配当取りに力を尽くす視障者人口の増加は、単に社会的モラルの低下あるいは当道の取締不足が原因ではなかった。そこには、すでに加藤康昭が指摘した三つの根本的な理由があった。すなわち、(1)近世初期以降、血縁分家や名子分家が続出し、複合家族の分解が進み、単婚家族内の非生産的部分が放出され、視障者は諸国を流動し勧進・乞食する浮浪の徒と化したこと、(2)平曲は次第に衰退する傾向にあったが、芸能、鍼治、按摩などの「商売」を促進する市場はなお未熟であり、当道に吸収された視障者の配当収入への依存度が必然的に高くなったこと、(3)寛文から延宝頃の洪水、不作、飢饉などに起因する経済事情の悪化が、視障者の窮乏・浮浪化を一層深刻させたことである[3]。

この三つの社会的力が配当取りに専念する視障者の人口を増加させたことは、おそらく間違いないであろう。しかし、加藤が視障者を取り巻く近世初期の社会的情勢をもっぱら否定的、消極的に解釈しているところは誤解を招く恐れがある。そこで以上の三つの要因のそれぞれに関し若干付言しておきたい。

(1) 複合家族の「分解」は、同時に複合家族からの「解放」をも意味した。寺社の保護を求めて、裏街道を歩く瞽女や琵琶法師などを描く中世・近世初期の絵画資料が示すように、中世的な家族の包容力はそもそも限られていた。農業に従事することが困難なため、あるいは家の「恥」とも考えられたため、中世の視障者の多くは家の中でほぼ監禁状態に置かれていたものと想像される。近世初期の畿内などにおける複合家族の分解を契機に人口が増加し、多数の枝村（分村）が生じ、人口密度が上昇し、それにくわえて商業・軍事目的などによって整備された道路や宿泊施設も増加した。それゆえに瞽女・座頭など視障者の配当取りが促進され、彼らは配当を受け取りながら旅芸人として活躍できたのである。

(2) 加藤が論ずる近世初期以降の平曲衰退は事実であるが、中世・戦国時代に比して近世初期の芸能に対する需要全般が減じたわけではない。芸能界の最前線に立つ視障者は、筑紫箏を工夫し、三味線の導入に積極的となり、平和が訪れると矢継ぎ早に新しい歌謡・器楽ジャンルを開発していった。平曲に拘泥する個々の琵琶法師の運命は別として、社会全体としては瞽女・座頭が活躍できる場が近世初期以降には格段に広がり、視障者の音曲指南独占権を認めた藩も現れた。つまり、平曲の衰退はあったとしても、視障者が配当に依存しなければならない程度はむしろ低くなったといえる。

(3) 自然災害と不作は当然社会的弱者であった障害者に大きな打撃を与えた。しかし、寛永・享保・宝暦の飢饉にくわえて幾度となく繰り返された凶作にも拘わらず、この間、農業の効率化や換金作物の栽培、農間稼ぎの増加、流通網の整備などにより近世経済が大きく発展したことも事実である。庶民の所得が増すにつれて、吉凶時の配当施与も可能となり、社会の経済成長のもとで瞽女・座頭もより高額な配当を求めたであろう。また貨幣経済の拡大により、受領した配当などを米などの現物の形で持ち運ぶ手間も大幅に省かれた。

このように考えてみると、複合大家族制度からの脱却を果たした近世社会では、視障者への支援（消極的にいえばその負担分担）の責任を経済的には一家族や一村に限定せず、より安定的な財源を持つ地域社会全体に求める傾向が生じた点を評価すべきであろう。配当制度の導入により、大名・旗本・武士など裕福な者の負担分がより大きく、窮民は比較的少なく、「身上相応」という配当施行がなされ、それはいわば封建的な累進税という側面を帯びていた。しかし、そのようなシステムは、反面で視障者に不慣れな未知の土地への長旅を課すとともに、加藤が指摘しているように、配当を受ける側を乞食同然と見る卑賤視が一般化する原因ともなっていた。(4)

二　畿内の瞽女

上に引用した徳島藩法の別条を根拠に、加藤は京都を配当の風習が「まったくない地方」であったと考えている。(5)しかし、『俗耳鼓吹』は、天明頃の京都の座頭は「鞘町組」と「伝馬町組」の二組に分かれ、「慶弔の事ある毎に、盲人多く来て、施物をうくる也、朝四ツ時前に来りて、四ツ時にうけとるといふ」と伝えている。(6)畿内の農村においても多種の配当が座頭に給され、時代と共に制度の合理化が図られた。例えば弘化四年（一八四七）五月、現天理市にあった村々の例をみれば、村高に応じて視障者のための「祝銭」が不定期に起きる慶事・凶事と関わりなく、定期的に年二回支給されている。(7)

ところが、他の地方の視障者に先んじて畿内の瞽女・座頭は、配当支給への依存度を押さえることに成功している。それを可能にしたのは、京都の検校たちをはじめ、近畿地方の都市で活躍した瞽女・座頭たちが、多様の歌謡・器楽を作曲・演奏・教授するようになったからであると思われる。すでに中世末期から畿内の瞽女は、上流階級の酒宴において「小歌」、「はや節」、「早歌」、「艶歌」などを演奏していたが、十六世紀以降は、手頃で携帯しやすい三弦が輸入されることにより歌謡文化がさらなる発展を遂げ、瞽女の芸能の支持層を飛躍的に拡大させたのである。また中上流町人も、当道関係者が開発した箏曲などの演奏や指南を熱望し、検校・勾当・座頭たちに師事した瞽女は新しい需要に対応しながら生活の向上を企図した。

畿内の瞽女が武士や貴族に仕え、裕福な町人宅などにも出入りしたことは絵草紙の挿絵が示している（第2章、表2・2参照）。寛永二十一年（一六四四）七月二十一日、京都町人などの座敷に招かれた「盲婦」が「躍女」に三味線伴奏を付けたといわれるが、これも都会における芸能の商業化過程の一例である。(8)『色道大鏡』（延宝六年［一六七八］序）によれば、京都の瞽女に「歌書《かしよ》を談《だん》じ、或《あるい》ハ舞《まひ》」を舞う者は珍しかったが、「おほくハ琴三線《ことしやミせん》を引、哥《うた》うたふのミ。大むね、簾中《れんちう》のもてあそび物として、こゝかしこにわたる。男客《なんきやく》たりとても、めしにしたがつて出ずといふ事なし。又奥方《おくがた》より外に、出ぬもあり」(9)。また元禄三年（一六九〇）刊の『人倫訓蒙図彙』にも、瞽女が「れき〳〵のおくがたへも出入り、又はいとけなき娘子に琴三尾線をおしへ侍れば、みもちきやしやにありたきものなり」と説明されており、元禄文化の中の瞽女の活躍の一端を垣間見ることができる。(10)

近世中期に入ると瞽女の活躍は、さらに活発化したが、門付け活動を行わなかったためか明和三年（一七六六）春、上京した木室卯雲は京都に「瞽女を見かけず」と記録している。(11)しかしすでに元禄八年（一六九五）、堺には十二人の瞽女がおり、町人の音曲指南や三味線・箏曲の演奏などに当たったと考えられる。(12)主に大坂の事情を反映すると思われる『和漢三才図会』（正徳二年［一七一二］自序）には、瞽女が女子の師匠とされ、箏の「三曲」（箏曲の重要な三つの曲である四季曲、扇曲、雲井曲）などを伝授し、酒宴に呼ばれることもあったと綴られている。(13)京都にも同様に、音曲指南を希望する社会階層が広がり、天明五年（一七八五）京都刊の『三味線問答』には、「糸竹の諸好士、座鋪《ざしき》へよぶハかくべつ稽古《けいこ》は法師瞽女《ごぜ》にこしたるはなし」(14)と推薦され、地ばやしの「稽古《けいこ》の事ハ、多く裏屋の明たる所をかりおき、又ハ舞子の内、法師・瞽女《ごぜ》の方にてするも有」と述べられている。(15)富家の娘達が法師に弟子入りするのに対し、「瞽女ハ中品《ちうひん》人々より集《あつま》る故、是ハあながち、ごぜが品《ひん》のあしき者にハあらね共、女のことゆへ、心《こころ》やすく、少しハ花やかミ有て、しぜんと門人はでになり、弟子中あいさつ等も、ざつとして、ふろ敷抔かたげ来《く》る者《もの》がちなり」と評されている。[16]

酒宴などの座興を勤め、町人の音曲指南に従事する以外に、三味線・箏をよくした瞽女は、早くから畿内の花柳界にも出入りした。元禄頃のはやり唄である「悪所八景」に「かぶろ遣手に太鼓持、瞽女や座頭に按摩とり」とあるように、花街に瞽女がいることは遊客の間の常識であった。[17] 寛政六年（一七九四）成立の『虚実柳巷方言《きよじつさとなまり》』には、大坂の遊里が描かれ、ここにも「諸芸諸道名人」として五人の瞽女の名前が列記されている。[18] 瞽女が唄の節を作曲することもあり、天明二年（一七八二）の『歌系図』には瞽女の作品として「夢のうら」（瞽女須磨作曲・作詞）と「三ツのあらひ」（瞽女小巻作曲、近藤氏、流石庵作并ニ調補）があげられ、化政期に上梓された『歌曲時習考《かきよくさらへかう》』にも「瞽者かめ」が作曲した「きりこ」という地歌の歌詞が見られる。[19]

○　きりこ　　本てうし

はかなくも。何《なに》をとがとてうきくさが。〳〵つもるおもひハ冨士《ふじ》の根の。いとしもかハるこゝろの花が。〳〵ちりはじめけん柳《やなぎ》の一葉《ひとは》。合　にくや秋風《あきかぜ》なミだのいづミ。しよせん此世《このよ》のうらミハつきじ。おもひきらしやれ。今宵《こよひ》おもひのきりどころ

地歌などを作曲した瞽女たちは「寿名」ではなく、芸名を使用したことも注目に値する。

瞽女が芸人として畿内の地方都市に進出しはじめたのは江戸中期以降であり、農村に至るにはなお時間を要した。文化十二年（一八一五）七月六日、出石《いずし》藩の城下（現兵庫県豊岡市出石町）にいた難渋人への御救米の割当てに関する申渡に「出町」の「盲目、萩寿」（七十一歳）の名前が見られるが、「寿名」から推して、彼女は当道に認められた名前を受領した瞽女であったと思われる。[20] 女性の「徘徊」を禁じる町もあったが、近世後期の瞽女への配当に関する法令、あるいは瞽女が対象外となった音曲禁止令から判断すれば、諸藩は地方で活躍する瞽女のニーズに一定の配慮を示した。[21] ま

た芸能ではなく、按摩として仕事する女性視障者の存在も史料に確認できる。(22)

畿内に隣接する地域では瞽女の活躍を裏付ける史料がほとんどみつかっていない。紀伊藩（現和歌山県）は、享保七年（一七二二）の衣類に関する倹約令で瞽女に触れ、文化三年から慶応四年（一八〇六〜六八）まで数回触れられた法令にも素人の琴・三味線指南は「座頭・盲女共之障りニ相成」とされており、瞽女が音曲指南に従事したことは間接的に察せられる。(23)また紀伊藩の瞽女が実際に座頭と共に二重奏（琴・三味線）を弾いたことは『小梅日記』（天保八年［一八三七］九月十八日条）に記録されている。(24)紀伊国の村々を廻っていた座頭に出された合力や賄い代は村入用として扱われたこともあったが、瞽女への布施が「村入用帳」に記載された例は見つかっていない。(25)

断定はできないが、近世を通して畿内とその周辺地域では、瞽女は当道とは別の仲間組織を結成しなかったと思われる。弘化三年（一八四六）、信州松代の筆録に「大坂抔」の瞽女は「矢張座頭之差配受居候様成事」とあるように、畿内に住んでいた瞽女は当道の配下にある傾向が強く、座が一種の家元として機能していたと考えるのが自然であろう。(26)この地方の門付け芸人に対する根強い差別意識にくわえて、多数の小藩、幕府直轄領、公家領、寺社領、その他の支配地が複雑に入り組んだ近畿地方においては、公権力が瞽女に対して屋敷地を下賜した形跡は見られず、錯綜した支配のもとでは、扶持制度が容易に成立する筈もなかった。

三　四国の瞽女

芸能市場の発展が畿内と較べて遅れた四国と中国地方では、諸藩は瞽女・座頭に配当を提供する政策を執行していた。こうした配当支給という甚だ不充分で場当り的な福祉政策には多くの不合理な点が含まれ、この問題を少しでも解決するために四国・中国地方のいくつかの藩は視障者を対象とする扶持制度を導入した。それにより瞽女・座頭への支

表 5.2　宇和島藩の「盲女」・瞽女人口

年　　代	総人口	「盲女」・瞽女	備　　考
元禄 4 年（1691）10月 2 日	85,609 人	32 人	城下に 8 人，在郷に 25 人
享保 6 年（1721） 9 月書上	95,946 人	56 人	14 歳迄 7 人，15 歳以上 49 人
宝暦12年（1762） 4 月改	102,590 人	42 人	
安政 3 年（1774） 4 月改	103,693 人	46 人	
安政 9 年（1780） 4 月改	104,073 人	43 人	
天明 6 年（1786） 4 月改	104,277 人	34 人	
寛政 4 年（1792） 4 月改	104,351 人	29 人	

出典）『愛媛県史』資料編，近世下，433 頁，435 頁（元禄 4 年［1691］の数字）。安沢秀一「御城下町郷中無緑其外共人高改帳」120–121 頁。

援にかかる費用は、領民全員で負担することとされ、社会秩序を強化する封建的な福祉政策が実現したのである。各藩における扶持制度の特徴と導入期は一様でなく、それぞれを個別に検討する必要がある。以下においてはまず四国の各国の事情を簡単に紹介し、引き続き中国地方の事情を述べ、その上で本章のむすびとしてその総括を行いたい。

(1) 伊　予

宇和島藩　宝永六年（一七〇九）二月十三日に「盲女ことじゆ」が御隠居様に仕えるように命じられ、二人扶持を支給された。(27) 限られた史料から判断すれば宇和島藩が抱えた瞽女は武家の女性であり、「御休息女中」として雇われ、箏曲・三味線などを演奏・指南したようである。(28) 御梶取平左衛門盲娘「峯寿」が天明七年（一七八七）九月二十日前後、吉田から宇和島城下に帰る途中「懸過テ海へ入、果ル」という事故の記録などは、上流階級に仕えていたこのような瞽女も他藩まで旅に出ていることを示している。(29) おそらく、それは芸能を披露するための出張であったと想像される。

「お目見え」身分の検校・勾当や例外的に藩から米五俵を支給された「盲女」(30) などとは異なり、宇和島藩の大半の瞽女はそのように恵まれた境遇にはなかった。繰り返し行われた調査によれば、瞽女と「盲女」の人数は表5・2のとおりである。

表5・2の数字は、瞽女の人口が、享保年間をピークに、その後七十年間

ほど減少傾向にあったことを示している。享保から寛政頃の座頭人口はおおよそ一五〇人から一八〇人の範囲にあったことを考えるならば、瞽女と座頭の人数の間には不自然な開きがある。おそらく人口調査に反映されているのは、当道組織が認めていた瞽女のみなのであろう。

瞽女・座頭人口の生活を支えるには、藩が吉凶の時に支給した配当が欠かせなかった。配当支給がいつから開始されたのかは不明であるが、寛文九年（一六六九）五月二十七〜二十九日、「涼　山《（伊達秀宗三男宗時）》様御十七回忌」に際し、宇和島藩に三六〇人の瞽女・座頭が詰めかけ、東多田村（現西予市宇和町東多田）において配当を受け取ったという記録が残る。[31]東多田村は松山・大洲・宇和島街道の沿道にあり、宿場のような景観を呈し、藩の口留番所が置かれていた。その後にも、御祝言、御誕生、御任官などにつき、宇和島藩の瞽女・座頭はもちろん、松山、今治などからも大人数の視障者が東多田村に足を運び、米あるいは「草鞋銭」などと称された金品を給された。[32]

他藩からの瞽女・座頭が宇和島藩に入り込むのとは逆に、宇和島藩の者も他領において配当取りに出向いた。隣藩の大洲藩から苦情があったせいか、寛文九年（一六六九）、宇和島藩は自領の座頭が「大洲法事」に進入しないように触れている。[33]その直後（寛文十二年［一六七二］）、京都の十老検校が当道の綱紀粛正を断行し、遠方への旅を禁止したが、「近来天災打続」く延宝九年（一六八一）には、瞽女・座頭が遠出することも予想されたのであろう。宇和島藩は領内の瞽女・座頭に三十九俵扶持の閼所米を下付し、視障者が他藩の迷惑にならないように対策を講じた。[34]さらに天和三年（一六八三）一月には座頭・瞽女が村々を廻る時、「代官之切手」を受けることが義務づけられた。[35]それも効果が薄かったのか、貞享四年（一六八七）九月の御祝儀の際には依然として一七五人もの「他所座頭」が宇和島城下に姿を現し配当を給付されている。[36]

多数の瞽女・座頭が藩領の境界線を越え、広く廻在する傾向が一向に変わらなかったため、藩はさらに抜本的な対策を迫られた。瞽女・座頭の廻在活動を制止する代わりに、扶持を支給することが決定された。扶持の財源はいわゆる「三升米大豆」であった。これは寛文十一年（一六七一）に領内の検地が行われた時、「往古より百姓手前より庄屋江横成米」を出す慣習が廃止され、里分本百姓一人につき米三升、浦分本百姓一人につき大豆三升を毎年庄屋に納めることとなった。その後、元禄十一年（一六九八）、領内の宮田勾当は藩に「三升米大豆」を廻在する瞽女・座頭の賄いなどに当てるよう願い出た。勾当の願書によれば、「座当・盲女」が郷中を廻ることは、庄屋にはその賄い代の負担が重く、農民には仕事の妨げともなり、また視障者自身に危険な山道を歩かせることにもなるので、領内における巡業あるいは隣国の吉事・法事に施される配当銀を集め廻る活動を停止すべきこと、その引き替えに養米を下付することが願い出されている。その際、さらに、隣領より訪れる瞽女・座頭の締出しも要望されている。[37] 宮田勾当のこの願書は、配当金と芸能をもって細々と生活した瞽女や下級の座頭たちを代弁していたというよりは、藩単位の治安維持と当道の全国的な勧化に関する既得権との間の矛盾、あるいは瞽女・座頭の廻在活動の増加に不満を燻らせる村役人などの要求に悩む為政者の立場を反映していたものと思われる。

瞽女・座頭が廻在の制限・停止の代価として何らかの支援を受ける前例は、すでに土佐藩と岩国藩にもあったが（後述）、本格的な扶持制度をはじめて導入したのは宇和島藩であった。元禄十一年（一六九八）三月、百姓から徴収された「三升米大豆」は年貢と同様に藩庫に納入され、その一分は藩の当道組織に渡され、「残り代銀ニして郷中へ借付、逐て郷中救候為ニも可仕成由也」と定められた。以降瞽女・座頭は廻在と配当取りを停止するので、庄屋は「送り夫」を出さずにすみ、負担軽減が期待されたのである。扶持は座頭七十五人に対し一人につき米五俵、「盲女」三十七人に対し一人につき米三俵という割合で計算され、藩は官位により差をつけることはなかった（しかし実際に当道組織が均等に座頭・瞽女に再配分したか否かを示す証拠はない）。宝永六年（一七〇九）三月二十五日、波瀬勾当が「御慰方」を命ぜられた時、「座頭御扶持被下在候処、被召上」られたことからすれば、お抱えの瞽女・座頭が扶持の対象とはならなかったことが推察できよう。[38] また瞽女の人数が元禄から享保頃の間にはかなり増加した（表5・2参照）にも拘わらず、それに見合う扶持の追加は行われなかったようである。

扶持制度が成立した後、藩が行った吉凶の配当支給は大きく減じた。享保十三年（一七二八）十月二日の「御任官」

の際には、二〇〇人の「座当・盲女」に銀二〇〇目が施され、寛保二年（一七四二）五月十二日の「幾姫様御祝儀」にも鳥目八十目が施与されたなどの事例がある。[39] 宝暦三年（一七五三）一月二十七日の「御任官祝儀」としても「座当・盲女」二〇〇人に対し銀二〇〇目が支給され、藩が領内の「盲人」人口をおおよそ二〇〇人と見積もり、他所の瞽女・座頭には配当が給与されなかったことが窺える。いずれの場合も、配当が出されたのは吉事の時のみであり、特に「年重《がきね》」の祝いに行われた。これは厄年の男女が、二月一日に再び正月を祝い、年を一つ余分に取ったこととする風習であるが、明和三年（一七六六）は五代藩主村候《むらとき》が大厄とされた四十二歳を迎え、文化元年（一八〇四）では六代藩主村寿《むらなが》が同じく四十二歳となる年であったので、二度とも瞽女・座頭に銀一五〇目が給付された。[40]

養米制度は宝永六年（一七〇九）二月に、翌年の幕府巡検使の来藩に際しての庄屋への配慮が検討された結果、三升米大豆は「半分者庄屋江相納、半分者御蔵納」とされ、財源の減少に対応するために藩は大豆を売り、その代銀を村方へ貸し付けることを決めた。利銀で不足分の米を補ったので、座頭・瞽女が受け取った扶持は削られなかったようである。その五年後の正徳四年（一七一四）、前年の凶作による米価の急騰にともない、藩は座頭・盲女の扶持の半減を提案し、その代償として廻在の再許可も検討されたが結局は認められなかった。扶持半減の案に対し当道側が激しく反発し、交渉の結果、三升米大豆の半分にくわえて藩が座頭側に銀五貫目も支給すると約束した。藩は後々まで「介抱米」が「座頭五俵・ごぜ三俵宛」に相当すると考えつづけたようであるが、と同時に「近来相減」という事実も認めざるを得なかった。いずれにせよ、座頭・瞽女の実際の収入がこの時点で大きく減少したことは事実であろう。[41]

享保六年（一七二一）、座頭側から養扶持が不充分であるゆえ困窮している旨申し出があり、藩は領民に二割の利率で米一〇〇俵を強制的に貸付し、さらには米十俵を出させ、扶持の財源の増加を図った。享保飢饉の影響による享保十八年（一七三三）には、以前正徳四年（一七一四）に決められた五貫目の支給が廃止された。天保三年（一八三二）には十一月までは扶持を支給しないことが検討され（結局この方針は採用されなかった）、安政二年（一八五五）には強制貸付の利下げが行われるなど、少々の紆余曲折はあったものの、扶持制度は明治五年（一八七二）まで存続したようである。[42] 支藩の吉田藩も宇和島藩と申し合わせながらほぼ同じ政策を採用し、瞽女六人には一人につき三俵、座頭三十人には一人につき五俵が施された。給付額は、その後次第に低下していったが、扶持制度自体は明治五年（一八七二）四月まで存続した。[43]

宇和島藩の瞽女の芸能活動を具体的に示す史料は管見に入っていない。天保十一年（一八四〇）三月に「野川賀茂社、此度社地替致し物入有之処、兼て寄附盲人共申合、於一宮社日数五日音曲奉納之義社人（以下記録なし）」という甚だ断片的な記録から察すれば藩の当道組織と賀茂社との関係が幕末まで維持され、「音曲奉納」などを含む妙音講が催された可能性がある。[44] 享保～元文頃と推定される法令によって宇和島城下では素人の音曲指南が禁ぜられ、その理由のひとつとして「盲人・盲女渡世難渋の趣」があげられ、天保十四年（一八四三）三月一日に再触されたことからみて、瞽女がやはり近世後期まで城下において音曲指南を続けていたことが知られる。[45]

松山藩　伊予国には瞽女に纏わる伝説がある。いわく、温泉郡に師弟の形をした石があり、むかし瞽女が来て村人に案内を頼んだが断られ、道に迷ったあげく道端にあるこの石のところで飢死した。後に祟りがあり、鬼が出るというので、修験に頼んでその鬼を追い払ったという。[46] これがいつの話であるのかは定かでないが、延宝六年（一六七八）三月二十日、松山藩における太守公御在府に際し、郷中に「座頭・こせ一切入間敷事」の一条を含む倹約令が発せられていることからみて、当時すでに瞽女・座頭が地方を旅回りし、贅沢視された芸を住民に提供していたことが推察できよう。天和二年（一六八二）前後に出されたと思われる「当番之大年寄表判并裏判之覚」には「座頭瞽女出船ニ者、勾当証文」とあるので、城下の瞽女は当道の配下にあったと推量される。[47] 元禄二年（一六八九）十月十八日の記録に伊予国には「座頭・瞽女共数百人住居仕候」とあり、元禄四年（一六九一）の調査では、松山城下に二十人の「后世」が住んでおり、元禄十五年（一七〇二）五月二十一日の文書に松山藩の瞽女・座頭は「惣人高、只今弐百六拾弐人有之」とある。[48] 領内の瞽女の代表者と思われる「はなしゆ」（花寿か）と「いちしゆ」（市寿か）の名前も見られ、二人が何らかの当道に従属する仲間組織を率いていた可能性がある。他にも、天明四年（一七八四）二月の書上に瞽女「三軒、但借家」と記載されており、寛政元年（一七八九）三月には「座頭瞽女数、七拾五人」と記されている。[49]

他国者の締出しと自国の瞽女・座頭の他藩での配当収集を取り締まるため、元禄十五年（一七〇二）に松山藩は瞽女・座頭の扶持制度を導入し、諸郡からは年間米四四六俵、麦五二四俵を瞽女・座頭に割り当て、座頭一人につき米・麦それぞれ二俵、瞽女一人につき米一俵、麦二俵を与えた。堀江村（現松山市堀江町）の記録にあるように、村から瞽女は秋に米一俵を、夏には麦二俵を賜ったようである。また町方からは「札銭」が徴収され、瞽女・座頭に宛がわれた。扶持を受ける代わりに瞽女・座頭は、他領への巡業が禁ぜられ、逆に、他領の瞽女・座頭の藩への進入も禁止された。慶弔時の配当支給も制限され、提供者は瞽女・座頭に直接は配当を渡さず、仲間の「使之者」に出すこととなり、違反者が出れば扶持を取り上げるという厳しい罰則が盛り込まれた。藩の扶持制度は「盲人之増減ニ随て配当過不足有之、即今多人数ニ而配当不及之者多く」という慢性的な弊害を抱えていたので、明治四年（一八七一）四月二十日には、この制度がようやく改められ、毎年三月中には「盲人」の人口を調べ、これに応じて瞽女・座頭に支給する配当が定められるという形で、制度の合理化が図られた。[50] しかしこの新制度も長続きしなかった。

なお、そのほか救済策としては、天保二年（一八三一）に藩より瞽女・座頭の音曲指南に対する特権を保護することが認められ、この取決めが、天保十三年（一八四二）八月十八日と安政五年（一八五八）十一月、それぞれに再確認されている。[51]

(2) 土　佐

明和七年（一七七〇）の土佐藩法にある「座頭・瞽女、御廓之内共下駄御免之事」という条目から、瞽女・座頭が城に出入りしていたことが明らかであり、宇和島藩と同様、土佐藩も御用の瞽女・座頭を抱えていたことが推測できる。しかし、大半の瞽女はやはり村々を廻り、吉凶の配当を受け、芸能を披露することによって生活を立てていたと思われる。すでに明暦四年（一六五八）、佐川領の文書には、「代官・諸奉行・伊勢太夫・ごせ・座頭・旦那・商人など」の賄い代は村入用として処理されたとあり、天和元年（一六八一）の調査では土佐には座頭六十人、瞽女十二人（七人郷中、五人町中住）が数えられている。[52]

土佐藩は十七世紀に吉凶に際し座頭へ配当を施与しており、この慣習が広く普及していたようである。町人・農民などは瞽女・座頭双方に配当を給したであろうが、藩が瞽女に別枠の配当を定めたのは元禄十五年（一七〇二）十月のことであった。[53]寛文十二年（一六七二）、京都の当道が遠方における配当取りを禁じ、その直後土佐藩も他国の瞽女・座頭の入領を制する措置を検討しはじめた。全国に及ぶ当道の権利に対し、これを一国限りで締め出すことは困難であったので、藩は当地の検校たちを京都に派遣し、他国の座頭の入国拒否を当道に働きかけた。延宝六年（一六七八）、それが承認され、翌年には実施された結果、土佐藩領内の瞽女・座頭も他国へ足を運ぶことができなくなってしまった。その減収分の代価として「村々地下賄ニ仰付、衆分へハ伝馬壱疋送夫壱人、打掛・初心・瞽女ニ至迄、送夫被仰付之候」という制度が設けられ、財源は村入用のうち家数割の負担分をもって支出された。[54]妙音講が催された際には「当番ニ相当候者へは、伝馬被渡遣、其余大年行司・小年行司ニ相当候ものへは送夫壱人允」が許された。[55]

その後、藩が飢饉に襲われた享保十七年（一七三二）、土佐の瞽女・座頭の巡業は「山分へ入込往来之義、来春迄之内被差留」と規制され、[56]さらに明和六年（一七六九）一月二十四日には、御用役人が庄屋の家に泊まる時、瞽女・座頭が同宿していては困るという理由から、以降「盲人」の庄屋宅における止宿が禁止された。これに引き続き、またも大飢饉が猛威を振るった最中の天明七年（一七八七）二月九日、藩は「盲人」の廻村を差し止めた。[57]しかし、この方針はあまりにも非人道的であったことから、天明八年（一七八八）六月一日に宇和島藩、松山藩、長州藩、広島藩の政策に類似する扶持制度が導入された。詳細は次の史料の通りである。[58]

一、紫（衆）分壱人　米壱石八斗　銀六拾目

一、打懸壱人　銀四拾八匁

一、初心壱人　　　銀三拾目
一、瞽女壱人　　銀弐拾五匁
右は天明八申年六月朔日より右之通御作配被仰付候事
但米は本田新田給地寺社領ニ割付、銀ハ百姓諸職人家高ニ割付取立筈。尤銀分地　下役詮議を以文言ニ応し
甲乙致す筈之事
一、座頭・瞽女
　紫分　送夫壱人
　　　伝馬壱疋　打掛　送夫壱人
　初心
　瞽女　送夫壱人

支給額が座頭の官位により設定され、瞽女は初心の座頭よりも少額であったことがわかる。銀分は毎年七月と十二月に渡され、米は毎月支給された[59]。財源は土佐全郡の「本田新田給地寺社領ニ割付、銀ハ百姓諸職人家高ニ割付」けられ、廻村する瞽女・座頭の賄いは村人の負担となった。

新制度に伝馬と送夫の供給が含まれていることから推して、瞽女・座頭の領内における廻在が認められていたことが明らかである。実際に天明八年（一七八八）、久喜村の庄屋の報告によれば、村には年間三〇〇回の瞽女・座頭訪問があり、その内二〇〇回は同村で止宿したという。一泊しない場合には一人につき八文を与え、逗留の場合は一人分の賄いを付け、座頭には送夫一、二人も出された[60]。伝馬、送夫、扶持米は天保十三年（一八四二）三月六日に代銀納に改訂され、明治三年（一八七〇）三月まで継続した[61]。他国での活躍が禁止されることにより大きな経済的打撃を受けた瞽女・座頭もいたであろうが、逆に扶持制度の導入により生活が少し楽になった瞽女・座頭もおり、天保十年（一八三九）五月五日には座頭の「奈良都」はこの制度を「五十余年比類希なる御仁政」と賞賛した[62]。

安政六年（一八五九）四月九日の願書に土州には何らかの瞽女仲間が存在したことが示唆されている。「瞽女仲間」入りを希望する岩田村（現高知県四万十市岩田）の「たつ」（十四歳）は「久雄都」という座頭の弟子となり「小辰」と改名した。芸能の伝授は座頭により行われたことからみて、当所の瞽女仲間は当道組織に組み込まれた独立性の低い仲間であったようである。[63]「たつ」の年齢が十四歳であったことは偶然ではなく、「歳立候而ハ修行も出来不申訳」という理由で、藩は瞽女・座頭の「座入」を十四歳以下の者に限定し、成人になってから失明した者は座入資格を与えられないことになってしまった。[64]また嘉永元年（一八四八）六月二十八日から安政六年（一八五九）六月五日にかけては、全ての瞽女・座頭による浄瑠璃演奏が禁止され、その他にも様々な厄介な規定と制約が設けられ、瞽女は自由に稼業に従事することができなかった。[65]

明治三年（一八七〇）四月、高知藩の民政局は「詮議ノ上、座頭并瞽女名目廃之候」と決定し、「是迄相嗜芸能を以身過勝手次第」と申し付け、瞽女・座頭を父兄に引き取らせた。困窮のため養育が困難な者には「窮民札」が給付され、「無税之活計を以可致養育」が命じられた。それでも生活できなかった者、あるいは病症、鰥寡孤独の者は貧院に収容された。[66]しかし細々と芸能から活路を求める瞽女はその後も残り、竹内英省の記憶によれば、「国分（現高知県南国市国分）には瞽女一人あって明治中世（期カ）頃まで村で生活し、村民の希望者で弟子入りし、伝授されていたという」。[67]

(3) 阿　波

元禄元年（一六八八）四月十日、将軍綱吉厄明の祝儀施行の時、他国の瞽女・座頭が阿波国に入り込み、従来「衆分壱人に銀十匁、夫より以下は次第減被下旨」という割合で配当を出していた徳島藩に対し、市瀬検校が「丸亀ニてハ十匁宛被下候得とも、備前ニては十五匁宛外ニ米をも被下候」と指摘することがあった。さらに、近国の大名は将軍家の慶事はおろか「自分之御祝儀」にさえ十匁を支給したと指摘されたため、徳島藩も配当の増額を余儀なくされた。その際、定められた額は以下の通りである。[68]

一、三十六人衆分　　壱人ニ付十五匁
一、五人打懸　　壱人ニ付七匁五分
一、十七人初身　　壱人ニ付三匁七分五厘
一、壱人大瞽女　　六匁
一、壱人小瞽女　　三匁
備前ニては米をも被下由候得とも、此元ニてハ不及其義候

「大瞽女」と「小瞽女」の区別から察すれば、弟子の「小瞽女」は定められた年季を過ぎれば、あるいはある程度の技量が認められた段階で「大瞽女」に昇進したのであろう。「小瞽女」と「大瞽女」からなる何らかの仲間組織が元禄期の阿波にあったとも推定できよう。

その後、明和三年（一七六六）五月一日には瞽女・座頭に出すべき配当銀は「高壱万石ニ付、銀札弐百五拾目」と定められ、藩が配当金の施与の合理化に取り組む姿勢が見られる。(69) しかし阿波国における配当支給制度が扶持制度に発展したことを示す記録は、管見に入っていない。

(4) 讃　岐

丸亀藩　上述した通り、元禄頃の丸亀藩は吉凶時に瞽女・座頭に十匁ずつ宛がい、また瞽女・座頭には「近国廻り外々ニても被下物」もあった。(70) 藩の年代不詳の「古法」にも「座頭へ配当、其家〳〵の前格〳〵にて差遣し候事也」とあり、やはり吉凶の配当という慣習が広く普及していたことが知られる。(71) 他国の按摩なども職を求め領に入り込んだことは宝暦八年（一七五八）の法令から明らかであるが、遊芸人や浪人とは異なり村々での逗留も禁止はされなかった。(72)

高松藩　天保二年（一八三一）の時点で高松藩には二八一人の瞽女・座頭が数えられた。(73) 貞享年中の「究」に座頭

の配当は「銭五百文以下志シ次第配分申請可申候」とあり、配当施与の慣習が十七世紀には成立していたことがわかる(74)。延享四年（一七四七）五月の法度に「廻在之瞽女・座頭先年ハ秋廻り与申、八月より十月迄三カ月郷中相廻り候而、相応之志請候所、近年ハ不講(構)四季ニ令世渡之様ニ相廻り」と述べられ、十八世紀領内における瞽女・座頭の活躍の一端を垣間見ることができる。巡業の拡大にしたがい村々が難儀しはじめると、瞽女・座頭は吉凶の際の「身上相応」の配当取り以外には廻在を従来通り秋三カ月のみにするよう命ぜられた(75)。しかし藩の「諸達留」にある文書から判断すれば、「秋廻り」も禁制に遭い、その代わりに「壱人江銀五拾目つゝ、此銀拾四貫五拾目宛、毎年郷より取立座元共迄指遣」という政策が採用された。残りの九カ月間に瞽女・座頭が配当を受領することもあり、大人数で村方に対して「不快等申立数日止宿致候」者も中にはいたので、弘化二年（一八四五）には「郷中之分ハ壱人江壱人扶持つゝ指遣せ、町方之分江者辺(廻)在銀五拾目是迄之通指遣可申候」という制度が導入された。郷中に「不時配当」が給された時、座頭たちは「夫々方角ニより其日帰り」に限定してその収集が許されたが、阿州・予州・池御科・女木嶋・男木嶋での廻在は差し止められ、廻村する瞽女・座頭に宿を貸すことも原則として許されなかった。町方の座頭は「毎歳十月至(二脱カ)町方より人数相廻貫候上、十月之月番役所ニ而郡之役高へ割付」、十一月中には役所へ納められ、その後役所から座元へ渡された。郷中座頭の扶持米は「居村庄屋より月々相渡し置、毎年六月郡入目ニ可致候」と定められ、人数増減の場合は「入切之指引可致候」という柔軟な運用が求められた(76)。

扶持制度が制定される以前にも瞽女・座頭の音曲に関連する生業保護策が見られる。文化七年（一八一〇）四月三日、藩は「瞽女・座頭難渋」という理由をあげ、町の「小間者共之妻娘」による三味線演奏、踊り、弟子取りなどを禁じた。天保十三年（一八四二）にも「盲人之外」は「浄瑠理・三味せん弾之類、郷中住居一切停止」することが申し付けられ、瞽女・座頭の音楽演奏独占権が強化された(77)。

四　山陽の瞽女

(1) 備前・備中の瞽女

現岡山県久米郡には瞽女に関する民話が伝わっている。それによれば、天明年間に一人の瞽女がとある岸で休んでいたところ、上から落ちてきた岩の下敷きになって死んだという。[78] 実際に、それよりはるか以前の宝永四年（一七〇七）六月十五日付の備前藩城下の人口調査には、すでに「瞽女・盲目」二十一人が数えられ、同年月日の「備前国備中国之内御郡々村数家数并男女人数」にも瞽女三十人という数字が見られ、くわえて「盲目」の女性も六十二人数えられた。女性視障者の内、職能者の「瞽女」とそうでない「盲女」が区別されており、前者はおそらく何らかの芸能に携わったものと思われる。[79] 十七世紀の岡山藩は、弟子取りを希望する瞽女・座頭に「内窺御聞届」の上、「本願」の提出を要求したが、宝永六年（一七〇九）七月二十五日、二十九日にその簡略化が求められ、以降、弟子取りは「内窺」で済ませると定められた。[80] これは、為政者が瞽女・座頭らがある程度の自律性を有する組織を持っていると考えていたことを示唆している。寛延元年（一七四八）八月、岡山藩磐梨郡田原上村で與左衛門という者に髪を切られた瞽女の「ミや」は「瞽女仲間を外」され、座頭仲間に訴えられた犯人は家族とともに村払いとなったという。ここでも瞽女組織が、座頭仲間と一定の関係を維持していたことが窺える。[81]

前述したように、市瀬検校の主張によれば元禄元年（一六八八）四月十日、将軍綱吉厄明の祝儀施行の時、備前藩は座頭たち一人につき「十五匁宛外ニ米」を給したが、すでに寛文七年（一六六七）十一月一日とその翌年十月二十六日、藩は町人らが慶弔時に「座頭・こせ」に給与する配当額を以下のように定めた。[82] 争論の火種となりやすい曖昧な慣例を撤廃し、明確な法文に置き換えた。

一、座頭ニ遣し申御定
　祝言・世続之嫡子、葬三色
一、上々ノ町人　拾弐匁　座頭・こせ共
一、上　六匁　同
一、中　三匁　同
一、他国之座頭参候ハヽ、右上々ノ分半分遣し可申候、

元禄十四年（一七〇一）三月の文書から津山藩にも同様の措置が取られたと思われる。(83) しかし自国・他国の「正しい差別」をつけていても、問題の根本的な解決にはつながらなかった。十八世紀前半の村々には「凡一ヵ月五七十人程宛も参」り、農作業の支障ともなり、その多くは座頭仲間に属しない「帳外之座頭又は乞食類之紛敷盲人」であった。(84) その結果、配当の支給額のさらなる規定と領内での廻在の制限が求められた。打ち出された政策には村の規模（石高）や訪れる者の社会的地位により配当額が定められ、寛保二年（一七四二）には当地の当道組織を司る岡村検校が座員に鑑札を発行し、他国座頭はその地の検校・支配頭などと判鑑を取り交わし、その判鑑を持参の座頭のみ二人連れまでの廻在が許された。それでも延享元年（一七四四）の春には領民が瞽女・座頭の廻在の全面禁止を訴え出、延享二年（一七四五）十月、藩の役人との話し合いの上、勧化金の半減、賄いの簡素化、人数を六十人までとした上限を設け、村が出した手引きや荷物運びに関する不満を一切受け付けないという条件で決着した。(85)

以上の配当と廻在に関する文書は瞽女の活動や組織の詳細を明らかにするわけではないが、備前藩の瞽女が当道組織に組み込まれ、あるいは密接に連携していたことを窺わせる。明治三年（一八七〇）十月十九日には邑久郡上阿知村の「瞽女千代寿」とその母親（視障者）に救米が出されている。「千代寿」という「寿名」からも、瞽女を当道組織が承認し、あるいは当道より授けられた名前を瞽女が使用していたことが窺われる。(86)

(2) 安芸・備後の瞽女

岡山藩が近世を通して視障者の支援を配当支給に求めたのに対し、広島藩はこうした政策の限界を理解し、十八世紀には本格的な扶持制度の設置に乗りだした。

十七世紀の広島藩は岡山藩やその他の近藩と同様、まず瞽女・座頭の配当取りを厳しく制限しようと試みた。寛永二年（一六四九）三月四日、広島藩は他国から参る「こセ・座頭」を含む「用ニ不立者」の取締を断行し、同年四月五日には彼らに宿を貸すことも御法度となり、明暦三年（一六五七）四月十五日と寛文十年（一六七〇）七月一日には自国の瞽女・座頭の取締も強化された。[87] 特に他国者が迷惑視され、延宝四年（一六七六）七月二十九日には瞽女・座頭その他の勧進の類が「他国より船に乗せ参間敷候、若他国船に乗来におゐては則其船に乗せ可戻事」と定められ、取締の範囲が水上まで拡大されている。[88] 自国の瞽女・座頭を「あわれミ可申候」者としながらも、他領の者は本国に返すべきというのが基本方針であった。[89]

元禄十二年（一六九九）閏九月二十日、「町新開中盲女共」に「配当不取盲女」は「衣類・下着并帯、絹・紬勝手次第着用可仕事」と命ぜられ、ここから配当を取る「盲女」とそうでない「盲女」とがいたと理解できる。[90] 前者は当道組織に組み込まれ、配当を再分配された女性視障者であったと解釈するのが妥当であろう。その直後（元禄十二年［一六九九］十月十五日）に中川検校が「封内座頭・盲女」の支配を許され、彼の願いにより元禄十五年（一七〇二）には藩府が「封内座頭・盲女」への配当額を定めた（享保元年［一七一六］年には五割増しとなる）。こうした合理化により藩の視障者に対する経済的支配形態がひとまず整った。[91] 城下の人口調査によれば宝暦十年（一七六〇）三月には座頭四十四人、「盲女」十六人、明和五年（一七六八）三月二十九日には座頭四十九人、「盲女」八人が住んでいた。[92] 男女に不自然な開きがあることはいうまでもない。

十八世紀以降、芸能市場は中国地方の在地にまで発展し、自国・他国を問わず瞽女の活躍が一層活発となり、古い慣例や決まりの維持がさらに困難となった。世の趨勢に対抗するため、藩の役人あるいは当道関係者は改めて種々の制限や対策を工夫し、元文二年（一七三七）二月には瞽女・座頭の廻村が一年に二回までと限定され、夕方宿に着いた時にあり合わせの祝儀をもらったら翌朝には次の村に赴くように命ぜられた。村方の負担が嵩まないように、奉加は二分以下、草鞋銭は四銭ずつと定められ、瞽女・座頭の同道は原則として二～三人に限られた(93)。こうした法令はその後何度も繰り返し発せられた(94)。

瞽女・座頭への配当支給、祝儀、賄いなどは実際に村々に重い負担となっていたようである。各村には「夫割」が定められ、村方の普請筋と共に「御役人類其外出家・社人・瞽女・座頭類送迎」に宛がわれた(95)。延享二年（一七四五）、賀茂郡兼沢村の「諸出し米銀」の記録に米一・二八石と銀一一六・二七匁が「座頭瞽女賄米」として記載されているが、これは総出費の約一〇%を占めている(96)。瞽女・座頭の中には「猥ヶ敷筋も有之」とされた者も含まれ、「大勢連ニ而耕作繁多之節」に宿を乞い、村にとっては「面倒至極及迷惑」と考えられた(97)。

そこで宝暦五～六年（一七五五～五六）の凶作を契機に広島藩は方針を転回した。以後は座頭・「盲女」が任意で郡中を廻在し宿・賄いを受けることは差し止められたが、その代わり正月には「居扶持」と称された米銀が施された。「座頭壱人ニ付一日米五合、盲女壱人ニ付同三合」の割合で、位の上下に関係なく扶持が十六歳以上の男女に給付されるようになった(98)。「居扶持」は各郡で石割高に応じて賦課し、その地の米価により銀をもって徴収され、毎年夏・秋の二度に分けて上納された。地方の村では概ね持高割を原則としたが、一部役家割に準じた棟割にする村も少なくなかった(99)。年に二回、六月・十一月に扶持が検校に渡され、領内の視障者は検校の発行した月割の引換券をこれと交換した。在地の小規模の村では月一度あるいは二、三度扶持を配っても差し支えなかった。藩はこの制度によって「座頭・瞽女の問題」の抜本的な解決がなされることを期待していたが、実際には座頭たちの収入はこの新政策により減少し、そのせいか、毎年十一月には「官途奉加銀」五貫目と「失却入用」二〇〇匁が座頭たちに配られた(100)。

居扶持を算出するために宝暦二年（一七五二）、領内在住の視障者の人口調査が行われ、藩全体で座頭九四〇人、「盲女」三九七人が数えられ、それが視障者の定数と見なされた(101)。地方別の詳しい内訳は本書史料篇「年表」所収の原史料に委ねるが（「宝暦六年［一七五六］十二月四日」の項参照）、広島城下には座頭一〇八人、「盲女」三十一人が住むとされ、郡中の人数についても男女に大きな開きがある。実際には女性視障者の人数は、これよりははるかに多かったであろう。いずれにせよ、座頭九四〇人に計一六九二石、「盲女」三九七人に計四二八石七斗六升が与えられた。その後、晴眼者や弱視者もこれに加入し扶持を貰っていたことが判明し、寛政七年（一七九五）八月、天保十一年（一八四〇）十月、文久三年（一八六三）九月には、その取締が行われた。しかし広島藩の居扶持制度は藩政が崩壊するまで存続したのである。[102]

瞽女・座頭の人数に増減のある場合、検校は書付をもって年番御代官所へ申し出たが、増減はその郡の「徳」・「損」とみなされた。実際には「損」の方が多かったことは安政二年（一八五五）二月、佐伯郡で作成された願書から明らかとなる。すなわち「就中郡中盲人・盲女共往古よりハ追々人数増ニ相成候而、地方村々右入用難取凌難渋仕候」と割庄屋が嘆いており、くわえて米価の高騰が郡の財政を圧迫し、居扶持の割当ては計画通りには行かなかったのであろう。[103]凶年には扶持を減らすことも可能とされ、飢饉が発生した場合は「居扶持相止、一統之御救有之候得ハ其通ニ取計可申事」も許されたため、瞽女・座頭は必ずしも安定した収入を確保できなかった。[104]そのような時は村々の巡業も禁制となった。「此已後他国盲人御領分江不入、御国之盲人共他国へ遣し不申候様ニ可取計事」と定められたことからもわかるように、やはり扶持制度の眼目は主に瞽女・座頭の越境停止にあったのである。

しかし、それは完全な取締には至らなかったようである。藩は、文化十四年（一八一七）六月、他領の「盲人」への「継ぎ送り」を禁止し、安政二年（一八五五）四月二日には「上方筋」や「隣領」の座頭一両人または「三四人瞽女抔同道」して勧化帳を持参し、宿・手引などを乞う者を戒める触を出した。こうした法令が必要であったこと自体、隣国からの瞽女・座頭の流入を停止することが容易ではなかったことを物語っていよう。[105]また明治三年（一八七〇）一月、加茂郡に出された「差止箇条之部」に「盲人」が「村辻」より奉加を受け、「盲人手引送り夫賃抔村割入取計候村方」もあったことから、瞽女・座頭は明治まで細々と巡業を続けたものと思われる。[106]

表 5. 3　岩国藩の瞽女人口（享保 11 年［1726］）

村名	現地名	瞽女人数	村総人口
錦見《にしみ》村	岩国市錦見	1 人	4,537 人
釜ヶ原村	岩国市美和町	1 人	236 人
志不前《しぶくま》村	〃	1 人	935 人
祖生《そお》村	岩国市周東町	1 人	不詳
伊陸《いかち》村	柳井市伊陸	［ママ］□ 人	3,195 人
柳井村	柳井市	5 人	6,722 人
神代《こうじろ》村	柳井市神代	2 人	2,278 人
大畠《おおばたけ》村	柳井市大畠	1 人	987 人

出典）『享保増補村記』41–42 頁，236 頁，247 頁，610 頁，622 頁，662 頁，767 頁，778 頁。

在郷を廻る活動が原則として御法度となった後も、主に町における瞽女・座頭の音曲教授に関する特権は維持され、婚姻その他の「重キ祝」には瞽女・座頭を招き、「小歌・三味線」の演奏が許された。[107] 廻在が禁ぜられたからこそ、芸能をもって糊口を凌ごうとする視障者は僻遠地から城下町に移り住むことを余儀なくされた。しかし、明治二年（一八六九）九月十九日の当道文書には、この「郡中之者御城下住居」という問題が取り上げられ、こうした転居が禁止の対象とされている。明治七年（一八七四）五月三日にも県は、一般市民には遊芸が「文明ノ進歩を妨げる」ことと諭し、「今後芸妓并盲人ノ外琴三味線取扱」うことを禁じた。[108] 広島県中野村（現大崎上島町中野か）では「ヒサジ」（「久寿」か）という瞽女が唄を教えに来たことを戦前の住民が覚えていた。[109]

(3) 長門・周防の瞽女

長州の岩国藩・徳山藩・萩藩は広島藩よりも早く瞽女・座頭のための扶持制度を講じており、広島藩の取組に影響を与えたかもしれない。しかしそれぞれの藩の政策には時代的なズレと地域ごとに内容の異なる面があるので、個別に見る必要がある。

岩国藩　元禄二年（一六八九）の岩国藩には瞽女十六人が数えられ、享保二年（一七一七）七月五日、座頭座元の「都一」は「瞽女只今迄御扶持被遣候人数弐拾四人歟」としているが、[110] 享保十一年（一七二六）六月から七月改の『享保増補村記』によれば数カ村に計十二人余の瞽女が住んでいたとある（表5・3）。藩には座頭支配人が置かれ、藩の窓口を務めた。瞽女・座頭側には、元禄頃の場合、京都の惣検校の下に萩藩の玉井検校がおり、その下に岩国領の肝煎である座頭の「友都」が置かれ、領内の瞽女・座頭を支配していた。幕府あるいは藩の吉凶には、「御憐」（施物）が下賜され、それは当地の当道組織を通して領内の瞽女・座頭に再配分された。元禄十一年（一六九八）、二代藩主吉川広正三十三年忌の法事に当たって示されたものは、二夜三日御法事の時に銀八匁、一夜越御法事の時に銀四匁、軽き御上米の御法事の時に銀二匁、御祝儀の時に銀七匁であった。なお、元禄期の村尾検校の要請により瞽女の分が追加され、二夜三日の場合は寿瞽女に銀三匁、並の瞽女に銀二匁、一夜越の場合は寿瞽女に銀二匁が与えられた。(111)

配当が給付された時には他領の瞽女・座頭も岩国領に蝟集し、配分に関する紛争が多発した。元禄二年（一六八九）には、周長両国以外の瞽女・座頭を岩国領の施物の給付から排除し、領内の瞽女・座頭の他藩への進出を禁止する方針が打ち出された。これによる収入の減少を相殺するために年に二回の「御心付」が給付されることとなった。座頭の友都が萩の玉井検校のもとへ派遣され了承を得た。すでに二、三カ国にも前例があったので、あえて京都の惣検校への届け出は行われなかった。岩国領へ来る瞽女・座頭には広島、伊予（今治）、松山から来るものが多く、これらの地へ岩国藩の決定を伝えるためにそれぞれに座頭が派遣され、各地の当道組織は不満を述べながらもそれを了承せざるを得なかった。

こうしてまがりなりにも承諾された新法は、元禄二年（一六八九）十月二十八日、領内の瞽女・座頭へあてた友都の書付を列都座頭に持たせて差し廻され、庄屋宅に瞽女・座頭が集められて読み聞かせられた。他領での配当取りが禁ぜられ、他領の者も岩国領に住むことは許されなかったが、すでに数年岩国領に住み続けていた瞽女・座頭は領内の者と同様の扱いとなった。他領に住んでいた岩国領出身の瞽女・座頭が戻り、仲間に入り、十年間他領に進出しない場合は「御心付」の対象とされた。「御心付」の夏分は二月、冬分は九月に渡されるので、在方は庄屋へ申し出て代官より「御蔵元」へ回達し、その上で給付された。座頭の場合は、「御心付」の支給額は「紫分」（衆分）に米一石六斗、打掛に米八斗、初心に米四斗、瞽女の場合は米六斗であった。(112)紫分八人、打掛一人、初心五人、瞽女十六人が給付の対象となったので、「御心付」の総額は「納枡」で米二十五石余となった。享保二年（一七一七）、瞽女・座頭の行動範囲を岩国領内に限定し、吉凶を除いて周長両国内ですら入ることも出ることも禁止された。周長両国からは藩主の吉凶に限り出入りはあったが、藩は領内の座頭へ配当銀を出さなかった。

元禄の改革の一環として瞽女・座頭の弟子取り方法も改められた。弟子を取る時は御領の肝煎へ届け出なければならず、そうしない場合は瞽女・座頭と認めないものとされた。他領の弟子を取ることが禁ぜられ、瞽女の弟子は一人に限り、「御心付」の対象となるのは届け出られてから五年目からであった。

岩国藩の瞽女・座頭の取締は、これで終わらなかった。元禄十二年（一六九九）六月、廻在に関する規則が設けられ、村尾検校から廻達された。これにより、座頭の廻在は原則年間四度に限定され、一村で二人以上の賄いを付けて泊めてはならないが、別々に村にやってきた時は一宿一賄いしてもよい（病気や雨天の時も例外であった）。また瞽女と同道している座頭には一切宿を貸してはならないと定められた。廻村の送り夫や賄いは村が負担したが、享保二年（一七一七）には廃止され自己負担となった。この措置の見返りとして「御心付」の増額がなされ、瞽女は米六斗増となった。享保二年（一七一七）、座元の都一は領内の瞽女を二十四人とし、当年に届け出る者も一人いた。これ以後、瞽女は人数とは関係なく毎年二十五人分の「御心付」が給付されることとなったが、瞽女は吉凶を理由として周長両国へ出ることは御法度となり、領内の吉凶の時のみに配当を受け取った。

以上の規則が乱れてきたとされた正徳五年（一七一五）八月には、さらなる取締が執行された。座頭の廻村は、朝は五ツ時に宿を出、七ツ時には宿につくこととし、瞽女・座頭が村に泊まる時は別宿とした。吉凶の際、施物を貰いに出る者の往来の費用は自己負担とした。

徳山藩　徳山藩は領内在住の瞽女・座頭数をわずか二十人と判断、一年都合米三十六石をその扶持として歳出し享保九年（一七二四）閏四月一日からの供給開始を宣言した。二十人という数字の根拠は判然としないが、寛政四年（一七九二）二月の人口調査に郡方・町方共に座頭・盲僧・瞽女三十九人（内瞽女十九人）、天保五年（一八三四）二月には

郡方に座頭・盲僧・瞽女十六人（内瞽女五人）が数えられた。(113)

徳山藩の享保頃の政策にも多岐にわたる弟子取りに関する条目が盛り込まれた。それによると、領内の弟子を取る場合は寺社奉行の許可が条件であった。座頭の弟子は最初の五年間は扶持を受け取らず、瞽女の弟子は入門して一年経過ののち、はじめて扶持の割当ての対象となり、配分額は「寿名瞽女一人」につき米三俵、「小瞽女一人」につき米二俵程度であった。扶持米は藩から当道組織の座元に渡され、そこから瞽女・座頭に分配された。(114)徳山藩では、「寿名瞽女」と「小瞽女」とが区別されていたことから、充分な年季を重ねた一人前の瞽女が「寿名」を受領していたと推察できよう。

藩は、二十人の枠を越える「盲人」数の増加をある程度までは見込んでいたようである。しかし、瞽女・座頭の人数が増えるにともないその増加分に当てる計画であった「定候貫米」と「利米」を合わせても不足が生じ、寛保元年（一七四一）からの五年間には、扶持米が五十石に引き上げられた。延享二年（一七四五）十月の筆録には瞽女・座頭の人数は、三十人に定められた旨が見られ、実際に下付された扶持は五十五石余であり、その後も不足分をどうするかが問題となった。(115)加藤康昭が指摘した通り、長州の瞽女・座頭より、盲僧の人数は遙かに多かったにもかかわらず徳山藩そして後述する萩藩も扶持を瞽女・座頭に限定しているところを見ると、彼らは盲僧よりも生活が不安定であったのかもしれない。

萩藩　徳山藩・岩国藩の宗家であった萩藩の瞽女人口は『防長風土注進案』（天保十三年～嘉永四年［一八四二～五一］成立）に詳しく記録されている。この調査は藩制改革に資するため、天保十二年（一八四一）の領内全町村の事情を収録しており、周防・長門両国の総人口四十一万七九六八人（諸士・雑戸を除く）中、盲僧二五七人、座頭二十六人、瞽女三十数人が数えられた。(116)萩藩領に居住した瞽女を表5・4にまとめた。

すでに元和三年（一六一七）十二月二十三日の藩法に「ごぜ・座頭」への言及が見られ、「奉公人の所」での三味線・尺八演奏が禁ぜられていたことから見て、瞽女・座頭は武家社会などに芸能を提供していたことが察せられる。(117)江

表 5. 4 『防長風土注進案』に見られる瞽女人口（天保 13 年［1842］以降）

村　名	現地名	瞽女人数	総人口	典　拠
周防国				
大島郡久賀村浦方	周防大島町久賀	2 人	1,469 人	1 巻，37 頁
大島郡西方村	東島町西方	3 人	2,570 人	1 巻，132 頁，142 頁
大島郡屋代村（村上安房殿御知行所）	周防大島町八代	1 人	4,879 人	2 巻，219 頁，237 頁
大島郡小松村	周防大島町小松	1 人	3,150 人	2 巻，261 頁
玖珂《くが》郡下畑《しもばた》村	岩国市美和町下畑	座頭・瞽女 2 人	1,030 人か*	3 巻，182 頁
玖珂郡苻谷《ふのたに》村	岩国市錦町府谷	2 人	2,389 人	3 巻，360 頁
熊毛郡大野村	平生《ひらお》町大野	寺社山伏盲僧鼓《(瞽)》女 15 人	2,144 人	5 巻，397 頁
熊毛郡浅江村	光市《こういち》浅江	1 人	2,234 人	8 巻，418 頁
吉敷《よしき》郡阿知須《あじす》浦	山口市阿知須	4 人	2,364 人	14 巻，155 頁
吉敷郡岐波《きわ》村	宇部市岐波	4 人	6,553 人	14 巻，181 頁
長門国				
厚狭郡西須恵村	山陽小野田市須恵	3 人	3,511 人	15 巻，338 頁
厚狭郡際波《きわなみ》村	宇部市際波	1 人	879 人	15 巻，385 頁
美祢郡於福村	美祢市於福町	1 人	2,630 人	16 巻，321 頁
美祢郡長田《ながた》村	美祢郡美東町長田	1 人	905 人	17 巻，128 頁，480 頁
美祢郡嘉萬《かま》村	秋芳《しゅうほう》町嘉万	1 人	3,518 人	17 巻，306 頁，480 頁
大津郡河原村・新別名《しんべつみょう》村・久富《ひきどみ》村	長門市油谷	1 人	2,335 人	18 巻，85 頁
大津郡向津具《むかつく》村	長門市油谷	2 人	5,044 人	18 巻，252 頁
大津郡白潟浦	長門市	1 人	418 人	19 巻，178 頁

注）＊原文書に「1,412 人」とあるが，間違いであろう。

典拠の巻数，頁数は山口県立図書館編『防長風土注進案』1961–66 年版による。

戸後期まで萩藩の武士は、宴席に瞽女・座頭を呼び、「糸物」（琴・三味線の演奏）で席を賑わしたようである。[118]

しかし他領と同様に瞽女の大半は村々を巡業したが、「一村の内ニ一宿」の割合で止宿することとされ、余儀なく二泊以上になる場合は村の責任者に報告する義務があった。十八世紀前半まで瞽女・座頭が諸郡吉凶の施物を受け、一村に一泊の助成以外にも「馬送りを以自他国無差別致執行」された。[119] 為政者の見解として、むかしの瞽女・座頭は「上よりも御憐愍被成、下ニも相いたわり」、儒教精神が社会を貫いていたが、近年は瞽女・座頭の賄いが村人により「中々あらまし」くなり、あるいは給付されず、人馬の提供も滞り、争いが頻発したとされている。その真偽はともかく、享保九年（一七二四）三月に新たな対策が講じられた。それは、古法に戻すという名目で、藩は瞽女・座頭への対応が不充分な場合は、それを庄屋に報告し、「盲人」の賄いを記録させ、暮れに代官に提出するよう定めた。この時点では藩の視障者支援策は依然として「慈悲」と「憐愍」に基づく配当制度であった。[120]

享保十年（一七二五）九月には瞽女・座頭が新たな取締の対象とされた。大集団の巡業が村々の迷惑となるので、原則としては二、三人ずつで移動することが命ぜられたのである。いくつかのグループが不意にある村で出会い、宿を求めた場合、近村に分散し、一村につき二、三人で宿泊することが定められた。また瞽女は座頭と同道すること、相宿することも禁止された。[121]

改革はその後も繰り返された。享保十三年（一七二八）八月十九日には、瞽女・座頭は日の出と共に次の目的地へ赴き、悪天候でも長逗留しないよう触れられた。宿送りは馬を使い、馬のない村では荷物は人夫が運び、瞽女・座頭は徒歩にて往来し、賄いは庄屋などの心次第、あり合わせのもので充分、瞽女・座頭の好みは無視してもよいと定められた。また次の条は特に注目に値する。

一、芸能有之者え其芸所望仕候は、少々の施物等も可有之候、左様も無之瞽女・座頭えは一切遣物等無用ニ可被申付候事[122]

表 5.5　『防長風土注進案』に見られる萩藩の瞽女・座頭に支給された「助成米」（天保 13 年［1842］以降）

場　所	現地名	助成米（石）	種　別	村　高	典　拠
周防国玖珂郡	岩国市				
宇佐村	錦町	0.54156	座頭瞽女助情米	613 石余	3 巻，6 頁
宇佐郷大原村	〃	0.69649	〃	788 石余	3 巻，25 頁
本谷《ほんだに》村	本郷村	0.34909	〃	630 石余	3 巻，55 頁
秋掛村	美和町	0.4513*	瞽女座頭助情米	805 石余	3 巻，73 頁
阿賀村	〃	0.56582	〃	1,649 石余	3 巻，96 頁，98 頁
中山村	〃	0.6026	〃	1,076 石余	3 巻，124 頁
生見《いきみ》村	〃	1.07545	〃	1,920 石余	3 巻，146 頁
下畑村	〃	0.53852	〃	961 石余	3 巻，174 頁
南桑《なぐわ》村	美川町	0.31279**	座頭瞽女助情米	665 石余	3 巻，198 頁
波野《はの》村	本郷町	0.3907	座頭瞽女介情米	697 石余	3 巻，220 頁
本郷村	〃	0.90863	座頭瞽女助情米	1,622 石余	3 巻，244 頁
黒澤宇塚村	〃	0.34909	瞽女座頭助勢米	623 石余	3 巻，284 頁
須川村	錦町	0.4482	〃	800 石余	3 巻，308 頁
深川村	〃	0.42879	〃	765 石余	3 巻，329 頁，332 頁
苻（府）谷村	〃	0.6996	〃	1,249 石余	3 巻，351 頁
小川添谷《こがわそえだに》村	美川町	0.46931	〃	838 石余	3 巻，377 頁
長門国美祢郡					
長田村	美祢郡 美東町	3.24	座頭瞽女扶持方 (年々被立下分) 米ト〆 同断	1,770 石	17 巻，143 頁，488 頁

注）＊ 3 巻 75 頁に「瞽女座頭助情米，田畠御馳走米，郡頼母子懸米，右御蔵入年々不同候事」とある。
　　＊＊ 0.37279 の書き違いであろう。

つまり音楽を本業とする「芸能有之」瞽女・座頭が来演する場合、少々の心付けは施してもよいが、芸能のない瞽女・座頭には一切祝儀を与えないようにとされている。このことから瞽女・座頭が萩藩を舞台として旅回りしながら、村々の庄屋宅に泊まり、芸能を披露していた様子が窺えよう。瞽女・座頭のこうした活躍を可能にする芸能市場が、中国地方の在方にもようやく整いつつあったことがその背景にあった。

ところが、享保十四年（一七二九）から瞽女・座頭の活動に多大の影響を与える改革が断行された。まず当年正月からは「提札」が発行され、登録制度により現地と他領の瞽女の区別の強化が図られた。[123] 領内の瞽女・座頭は、他国進出も差し止められたばかりか支藩であった長府・徳山・清末・岩国の諸藩からも閉め出されたため、本領での廻在が一層盛んに行われた。しかし、村々の荒廃のため、あるいは新制度には村民の納得が得られなかったためか、従前の合力は給されず、「第一耕作の節」に村に入ることも拒まれた。そこで、藩は享保十九年（一七三四）以降、諸郡から一石に付き六勺一才の米を徴収し、瞽女・座頭の助成米に当てた。その後、小村からの徴収も石増となったので、宝暦十三年（一七六三）秋から諸郡への賦課は一石につき五勺六才に割替えされた。[124]

この制度は江戸後期まで維持された。その詳細は『防長風土注進案』からわかる（表5・5）。網羅的な調査ではなかったであろうが、多くの村が実際に一石につき五勺六才を徴収したことが証明される。

表5・5の数字から推して、一年で計十二石余が領内の瞽女・座頭に給されたこととなる。領内に座頭二十六人、瞽女三十数人がいたとすれば、一人あたり〇・二石となるので、いくら節約しても生活を維持できるほどの量ではなかった。

徳山藩・萩藩では広島藩と同様、配当取りのため廻村をつづける瞽女・座頭は「迷惑」、「百姓農業の妨げ」と見られ、対外問題にも発展しかねなかったので、何らかの対策が求められた。村人の不満、あるいは当道の願いにより藩は他国者の締出しを実行し、扶持の割当ての代償として瞽女・座頭の活動が大幅に制限された。また隣藩・近藩もこうした政策に影響を受け、類似の方針を打ち出す藩が相次ぎ、扶持制度は山陽・四国地方に広く採用されるにいたった。これにより藩単位の配当支給政策と当道の全国に通用した通行権・配当収集権との間の矛盾が次第に明らかとなっていった。

五　越前から山陰地方の瞽女

現福井県となった越前・若狭国は通常北陸地方と見なされているが、文化的には畿内や山陰地方に共通する点が多かったので、本章で取りあげることとする。

(1)　越前国

小浜藩領に所属していた敦賀町は「湊繁栄之場所ニ而入船旅人も数多く入込」む町として知られていた。江戸初期から遊女町が置かれ、天和二年（一六八二）頃には、「見つ屋丁」に集中した「あげ屋」が十五軒余を数え、「上女郎」と「下女郎」と合わせて七十八人が置かれるほどの繁盛振りをみせた。その後、青楼の数はさらに増加し、新町・六軒町・三ツ屋・森屋敷の四カ所からなる花街には二〇〇軒余が軒を並べたという。それにつれて、瞽女の三味線芸や唄の鑑賞を希望する人口も膨らんだものと思われる。[125] 町の発展とともに音曲や芝居文化も花開き、天和二年（一六八二）、新町にあった芝居には「役者四拾人余」が舞台を勤め、その後「常芝居二軒也」となり、常芝居は「聞江も名高きしばい」として敦賀の繁栄の一翼を担っていた。[126] 同じ天和二年（一六八二）の敦賀城下には、三人の座頭にくわえて「世々寿、貞寿、楽寿」の三人の瞽女が住んでいた。彼女たちは箏曲などを習得したのち、これらの「寿名」を受領したのであろう。[127]

商品化された芸能から得た収入にくわえて、敦賀の瞽女には吉凶の配当が配られ、この慣習がやがて庶民にまで及び、近世中期には「前々と違、座頭・瞽女共ニ配当仲間」が成立した。[128] 住民に配当施与を働きかけ、その分配を効率よく行うために「配当仲間」が結成されたものと思われる。しかし、それにともなって、受け取る側の視障者と支給する側の晴眼者との間に軋轢が生じるようになった。

十八世紀前半の敦賀では婚礼、初産、元服、家督、法事の際には、瞽女・座頭に配当が提供されていた。しかし、享保四年（一七一九）二月、「小児施行」に関する「違乱」（子供を亡くした家族が瞽女・座頭に配当を給付するかどうかを争点とした紛争か）が起こり、祝儀施行などを取り締まる法令が布かれた。ところが、支給額については座頭の納得が得られず、彼らは京都支配の検校に出願し、その後、配当をめぐる争いは長く続いた。藩法が規定したのは、吉凶の配当収集にあたり下級の座頭（打懸一人、初心一人）と瞽女一人が施行主の家に赴き家柄に相応する配当を受け取るというものであった。実際には多数の瞽女・座頭が詰めかけ、「産婦之気分ニ障」るほどの不埒を働いたことから、享保十二年（一七二七）十二月、初産の家には二十一日夜過ぎに、婚礼・元服などにも四、五日が過ぎたのちに配当を取りに行くようにと、越前・小浜両藩の瞽女・座頭を支配していた山崎検校が決定した。ただし翌年、座頭たちは、初産から二十一日も経てば配当を配る雰囲気は消え失せてしまうとして、古法の復活を訴え、要望の一部が取り入れられた。享保十五年（一七三〇）四月の文書からは、武家の婚礼の場合「鳥目五百文」を瞽女・座頭に渡すことが「先格」とされたことがわかる。しかし、舅側からも配当を供給するかどうかはこの時点においては未解決の問題であった。

主に施物を収集・分配するために確立した配当仲間は芸能伝承機関も兼ねていたようである。元文二年（一七三七）五月の「口上之覚」に瞽女の「敦賀組」の存在は確認でき、「座頭之手を離レ素人ニ成候」の瞽女は吉凶の配当を集めることが禁止された。(129) こうした厳しい制限の意図を考えると、当道から独立し、「素人」として生計を立てようとする瞽女が続出していたことが想像される。「素人」の女性視障者は配当金の獲得を断念し（そもそも瞽女は座頭の得た施物の四分の一しか貰えなかった）、この微々たる支援金に頼らず芸能活動あるいは按摩業・鍼治などを通して自活を図ったのであろう。

福井藩（越前藩）も十七世紀から配当施行に関する規制の成文化に取り組みはじめた。寛文二年（一六六二）四月五日、藩は、「瞽女・座頭・岡・橋の下」への配当支給額を設定し、祝儀の多寡を禄高に連動させ、五〇〇〇石から一万石の家は領内の瞽女に一俵半を、一〇〇石の家は二匁を払うなどと定めた。(130) 瞽女は座頭のおおよそ五、六割の給付額で、「岡」と「橋の下」と較べてはやや優遇されたものの、天保二年（一八三一）までは瞽女・座頭の配当は「岡・橋下」の布施と混同された形で渡された。(131)

ところが、寛文二年（一六六二）に制定されたこの新法は期待したような効果はあげなかった。『拾椎雑話』が伝えているところでは、元禄頃までは富家の場合には銭三貫文であった配当の定額は、宝永・正徳頃から次第に増加し、享保には二十~三十貫文にまで膨れあがった。慣例に従わない家には多数の座頭が押し寄せ騒いだり暴れたりし、お上に訴えても仰せ付けが出ず、ようやく元文二年（一七三七）に「福家第一十貫文」と定めたので、晴眼者と座頭たちとの関係が修復された。(132)

越前の在方における瞽女・座頭の宿泊費あるいは合力が村費から捻出された例はいくつかある。寛保三年（一七四三）三月、蕨生《わらびょ》村（現大野市蕨生）の村極には「座頭・ごぜ、壱泊り、銀壱匁ツヽ」という一条が盛り込まれ、文化十三年（一八一六）八月、大野郡平泉寺《へいせんじ》村（現勝山市平泉寺町）の場合は「本村岡《（むろこ）》、赤尾共壱ヶ年分米弐俵」が瞽女・座頭に宛がわれ、天保十三年（一八四二）二月、丹生郡左右《そう》浦（現越前町左右）の村入用帳には「諸浪人、瞽女、座頭、道心者など難渋者」への出費が記入されている。(133)こうした合力、支援金などが給される見返りに瞽女は村人に何らかの芸能を提供した可能性が高い。やはり越前各地の瞽女は時代と共に配当収集に専念することなく、芸能活動に活路を求めたのであろう。

(2)　若狭国

寛永十七年（一六四〇）の小浜藩の城下には瞽女・座頭の存在は確認できない。しかし天和三年（一六八三）には瞽女の人口が二十二人に達し、座頭も二十三人が数えられている。男女の割合が均等であり、ある程度の信憑性のある統計と評価できよう。(134)同じ記録によれば「京極様より免許」があり「古来より夫代銀」が免除され、瞽女・座頭七軒ずつ（但し座頭七軒に「内五軒断絶」とある）がその対象となった。(135)関ヶ原の戦いの後、小浜に八万石余を領した京極高次が

「慈悲」と「憐愍」を旨とする政策の一環として、視障者に対する「夫代銀」の免除を決めたのであろう。寛政元年（一七八九）閏六月、越前国大野藩の史料にも「座頭・瞽女、高半家半」と見られ、ここにも何らかの負担軽減策が取られた。ちなみに安政二年（一八五五）の「大野町惣人別寄帳」には惣人口六〇八五人の内、瞽女はたった二人、座頭は五人しか数えられていない。[136]

天和頃の瞽女二十二人はおそらく小浜領を廻在しながら施物を受け取り、芸能を城下から地方に普及させるのに一役買ったが、小浜城下の芸能市場の本格的な成長は延宝頃に三味線を弾き、浄瑠璃を語る八郎兵衛という「上方に芝居勤し者」が現れた頃から軌道に乗るようになった。八郎兵衛は「三つ松座」という芝居小屋を創立し、他国の芸人も手下にした。彼らは同時に大道芸人としても活躍し、「五六人もありて春は万歳に出、日待にやとはれ、秋は在々を廻り、折々は町中門々を三味線を引、小歌あやとり」などを披露した。元禄からは理右衛門という者も「居合刀を抜、かねの輪を切の類辻々にていたし」、彼の子孫は京都の芸能を彷彿させる「浄瑠璃仕かた芸」をも披露した。十八世紀半ばにはこうした芸能は「四十年前にくらふれは十倍に越たり」と『拾椎雑話』の著者が驚嘆しており、瞽女もこの成長に貢献していたとみるべきであろう。[137] 明和四年（一七六七）頃成立した『稚狭考』にも瞽女は「君が代はちよにやちよに」と歌っていたとあり、詳細は不明であるが、それは庶民の好んだ祝い唄であったのかもしれない。[138]

浄瑠璃と三味線唄が小浜藩の中流階級に遍く支持されるのは享保頃以降であった。それまで藩では能楽に属する「乱舞芸」が嗜まれ、浄瑠璃と三味線は「座頭・ごぜの芸」とされ、熟年層を対象としてきた。しかし享保頃には上方の浄瑠璃語りが小浜の芝居小屋の舞台を勤め、浄瑠璃の人気が急上昇、「座頭・ごぜの芸」への需要も増したに違いない。[139]

『拾椎雑話』の著者は、小浜の瞽女の箏曲演奏にも注目している。城下では瞽女の「かん」（老年には「幾世」と改名）が琴の名人として名声を博し、後に「けん」という有名な瞽女も現れた。[140]「かん」と「けん」が「寿名」を使用しなかったことは、小浜の瞽女が独自の芸名を使用し、その命名権が瞽女組織にあった可能性を示唆する。いずれにせよ、中流社会が好む芸能の演奏と教授が次第に商品化され、その需要に瞽女が応え、「名人」と認められた者も出現した。

一方、多数の無名の瞽女は地方住民あるいは城下の庶民が親しんだ門付け芸などを伝承し続けていたと思われる。

(3) 因幡・伯耆

貞享二年（一六八五）五月十二日に鳥取藩の宗門改に関する触などに瞽女への言及も見られる。[141] 幕末の領内で活躍した瞽女・座頭の実態を示唆する史料としては、嘉永六年（一八五三）五月二十四日の「免札」の配布に関する文書に「近年在中他所座頭盲女とも多く徘徊致し廻り候処、御両国座頭盲女とも自然難渋筋有之」とある。「在中え入込施物等受候儀」は取締が甘かったので一四〇七枚もの「免札」が配布されるようになったという。[142] しかし「盲女」が配分された札数はつまびらかとしない。

宝暦二年（一七五二）六月、藩は「座頭・盲女」に祝悔の時に支給する配当の制限に乗りだした。各郡内の座頭・「盲女」に施与される配当は志次第とされ、他郡の者には施物を出さず、「盲女」に提供された宿は「只今迄之通」一晩までと定められた。「志之供養」の折、滞在が長引く時は、それを庄屋に報告し、庄屋宅が宿となった場合は年寄に届けるように命ぜられた。[143] 天保四年（一八三三）十一月、因幡・伯耆の「座頭・盲女」の仲間が作成した文書には「上様より御祝儀等頂戴」しているとあり、「御家中様」などからもお祝いを受け取り、「町方仲間之分」は「稽古人等ニて渡世」した。当時倹約令などもあり、布施が減少し、その結果仲間の成員が大変難渋しているとある。町人の稽古をつけることにより生計を立てた「座頭・盲女」と比較して、「在中仲間」は諸人の合力を頼りにしたが、安定した家業などがなく、生活は苦しかった。配当の給付は「村々家蔵普請或は建替、并縁談・年賀・年忌等之節」などに行われ、瞽女の場合は不詳であるが、座頭が廻村する時には手引き・荷物運びが差し出された。[144] 時代がさらに下り元治元年（一八六四）十一月、邑美郡覚寺《かくじ》村（現鳥取市覚寺）の村人数人が「座頭・瞽女」に一〜五合の米を施し、これも「祝悔料」として「御年貢取立帳」に記録されている。[145] 鳥取藩が配当制度を扶持制度に置き換えた証拠は見つかっていない。

⑷ 隠岐国・石見国

貞享五年（一六八八）には隠岐の村々に八人の瞽女が数えられ、宝暦四年（一七五四）の出雲・隠岐両国には総人口十九万九三六五人の内、一三九人の瞽女がいた[146]。

出雲の松江藩が貞享三年（一六八六）七月に制定した藩法に「平生座頭、瞽女、比丘尼等相集之、不可催遊興事」とあり、白潟町の「宗門御改目録」では貞享元年（一六八四）五月の調べで、総人口六三〇八人中、座頭四十七人、瞽女十八人とあり、十七世紀に瞽女がこの地域において芸人として活躍していたことが窺われる[147]。石見国にあった幕府直轄領の村々では瞽女・座頭は支援策の対象とされ、宝暦三年（一七五三）十月には瞽女・座頭の人数が報告されている（表5・6）。

表5.6　石見国幕府領の瞽女・座頭人口

村（組名）	現地名	瞽女人数	座頭人数
佐摩村	大田市久利《くり》町佐摩《さま》	3人	2人
佐摩組	〃	9人	16人
久利組	大田市久利町	9人	13人
大田組	大田市	11人	13人
九日市組	邑智《おおち》郡邑美郷市九日市	14人	16人
大家組	大田市大代《おおしろ》町大家《おおえ》	12人	25人
波積組	江津《ごうつ》市波積《はづみ》町	2人	9人
合　計		60人	94人

出典）『温泉津町誌』別巻，資料編，116-118頁。

九日市組に属していた瞽女十四人を例にしてみれば、年齢は二十四歳から六十五歳まで、その多くは「寿名」を受領し、芸人などとして活躍したと思われる。瞽女・座頭に対する公的支援は一カ年米一石五斗程度であり（男女無差別か）、ただし波積組と大家組の内の「二千石村」とされた七カ村にいた瞽女・座頭は「廻在之積」と見なされ、一年に一石一斗五升九合しか受け取れなかった[148]。安濃郡吉永村（現大田市川合町吉永）の場合には以下の支給が行われた[149]。

一、同（銀）拾匁
　　此米弐斗
　是ハ大田南村、刺賀村、新こせ飯米如此相渡申候
一、銀三匁六分三厘

此米七升弐合七勺
是ハ大森銀山座当こせ扶持方米、郡中割高拾石ニ付

この頃の瞽女・座頭は村々を廻り、一人につき十二文が支給されたこともあった。[150] 総合してみれば、瞽女・座頭の巡業が制禁されておらず、吉凶の配当が配られ、しかも年に一石以上の米が割り当てられたことからみても、当時の視障者支援策としては模範的な例であろう。

津和野藩が元禄二年（一六八九）頃、「二夜三日」の法事に瞽女・座頭に銀八匁、米二升を支給したことは表5・1にも示したが、萩藩の年代不詳の書付に酷似している文化十二年（一八一五）八月の津和野藩の触には、瞽女が村に足を運ぶ時、一晩の宿を与えてもよく、よんどころなき場合は二晩も許されたとある。[151] 津和野藩は瞽女・座頭の芸能活動にも、ある程度配慮していたようであり、文久元年（一八六一）十二月「在中御法度筋御示書」に「浄瑠璃・歌、其余音曲三味線等弾候義不苦候得共、夜中之外一切不相成事」と定められたが、「盲人共稽古渡世ニ致候もの、於宅ニ穏ニ稽古致候義者、昼夜共不苦候事」となっている。[152] しかし扶持制度が導入されたことはなかったようである。

むすび

以上では畿内、四国、山陽、山陰の瞽女、あるいは諸藩の視障者支援政策に関する多数の具体例を個別に検討したが、最後にそれらを少し整理してみよう。各地の瞽女の境遇は配当・芸能から得られた収入に深く結びつき、収入もまた当道の方針、各藩の救済対策、領民が継承した習慣、芸能市場の発展の度合いなどにしたがって変化し、西日本の瞽女の生活条件は極めて多様であった。と同時に、一藩・一地域を越える共通点も多く認められる。

その最も重要な一例は、もともとは中世社会に由来すると思われる、武士、町人、農民などによる配当支給である。諸藩は、幕府の先例を見習いながら配当制度を本格化させ、「慈悲」と「憐愍」に基づく仁政の執行を自他に示し、武士階級の利害を優先しながらも支援と負担とのバランスを図り、それにより支配の正当性や当道組織の権威を確たるものにしようと努めた。視障者への配当支給が社会一般に普及するにつれ、そこに当道を媒体とする原初的な福祉制度が成立したといえよう。

しかし、瞽女・座頭の安定的な支援を慶弔にともなう配当に求めることは困難であり、時代が経過すると共にこの制度が抱えていた多くの支障と不合理が表面化した。とりわけ藩別の配当額と支給時期のばらつきは、十七世紀後半に入ってから瞽女・座頭の遠方への旅を促進させる一因となった。配当支給の習慣の普及や道路、海路、宿泊施設の整備がそれに拍車をかけ、視障者は特に経済発展の著しい地域であった瀬戸内地域において広範囲にわたり巡業するようになった。配当施与の慣習化により、ある藩・役所・家などが出した配当が先例に反し、あるいはその額が他所で支給された配当を下回った場合、瞽女・座頭は全国的な権力を持つ当道を後ろ盾に施行主に抗議し、配当の不充分な支給を発端とする紛争が多発した。

この傾向に歯止めをかけるために、いくつかの藩は施物の額と支給時期を法文化しはじめた。しかし藩が支出する配当額はそれで決定したが、在方の武士、町人、農民などが給する分は単に「身分相応」とのみ規定され、根本的な問題の解決にはいたらなかった。その結果、諸藩は当道の圧力、瞽女・座頭の配当収集活動の活発化、村役人や農民の嵩む費用に対する不満、藩の財政逼迫、そして儒教的・仏教的思想の求める「仁政」といった相矛盾する要求に直面しつづけ、その打開策を探りはじめた。

窮余の一策としていくつかの藩は発想を転換し、配当取りの中止・制限あるいは越境の禁止の見返りに視障者への扶持制度を導入した。導入期と内容は藩によって異なる。表5・7にそれを時代順に整理した。

配当取りの諸制限はちょうど当道の十老検校が遠国への旅と配当強要を禁止する時期と符合している。この類の改革

表 5.7　支援制度・扶持制度成立の時期

年　　代	藩	現所在地	種　　別
延宝 7 年（1679）	土佐藩	高知県	村々「地下賄」，村々に送夫仰付
元禄 2 年（1689）	岩国藩	山口県	他領進出禁止，「御心付」の支給
元禄11年（1698）	宇和島・吉田藩	愛媛県	扶持（「養米」）制度導入
元禄15年（1702）	松山藩	〃	扶持制度
享保 9 年（1724）	徳山藩	山口県	年に寿名瞽女米 3 俵，小瞽女米 2 俵
享保14年（1729）	萩藩	〃	扶持制度
宝暦 6 年（1756）	広島藩	広島県	〃
天明 8 年（1788）	土佐藩	高知県	〃
弘化 2 年（1845）	高松藩	香川県	〃

は、四国から中国地方に飛び火し、次第に本格的な扶持制度の様相を呈するにいたる。こうして十九世紀までには扶持制度を確立する藩が相次いでいた。ところが、同じ「扶持制度」とは称されていても、その内容は一様でなく、瞽女・座頭の活動への影響もまちまちであった。領内の巡業が禁止されなかった場合でも、様々な規制を設けることは視障者の社会進出傾向に逆行するのみならず、視障者を単なる「無寄所天下の窮民」と見なす差別的偏見をも助長させた。竹内英省によれば土佐の瞽女・座頭は「身分を恥じて、娯楽場の群衆の前では、人目に触れて《（でカ）》障子越しや、簾を隅《（隔カ）》てててその技芸を演じた」[153]という。一方的にニーズを決めつけられ、単に扶持の対象者と見なされた視障者は世間に対して面目が立たないと感じたのであろう。しかし、明治維新後に扶持制度そのものが瓦解することにより、彼らに対する公的支援策は振り出しに戻ったのである。

第6章　東海地方・美濃・飛驒の瞽女

はじめに

自活を希望する近世の女性視障者の多くは藩の扶持制度導入を待たず、自らの努力で芸能活動と相互扶助を支援する種々の組織を設立し、同友意識を育てながら独自の生活様式を確立した。こうした仲間組織の成立により、封建社会において非生産的部分と見なされていた障害者を抱える各単婚小家族の負担が軽減し、村々が視障者のために廻した貢租、小物成、送夫、伝馬などへの依存度も低下した。瞽女仲間は、その加入者にとって障害者差別に対抗するための有力な手段となった反面、為政者にとっては充分な福祉政策の欠如を穴埋めするシステムと見なされ、結果として差別的な社会秩序・治安の維持強化にもつながった。したがって、仲間組織は差別への対抗措置であると同時にその強化措置でもあるという相矛盾する両面を兼ね備えることとなった。ようするにそれは近世的差別自体の両義性を反映している。

近世初期からすでに東海地方と現岐阜県に位置する諸藩には多くの瞽女が芸能をもって生活し、仲間組織が結成された地域もあった。以下においては先行研究の成果を踏まえながら現在では三重県、愛知県、岐阜県、静岡県となった地方で活躍した瞽女について検討し、最後に瞽女組織の成立条件と諸形態の分類方法について述べたい。

一　伊勢の瞽女

現三重県にあたる地域の瞽女に関する史料は少ないが、幕末には当道に組み込まれたようである。文久二年（一八六二）十月十五日、伊勢松阪の文書に、「綾の一」という座頭が「清野、利世、しも」という三人の「盲女」を弟子にしたと記されており、この地方では瞽女は座頭から稽古を受けた場合があったことがわかる。もうひとりの瞽女は「儀住一へ随身仕」、彼の死後には「鶴声一」へ付き添い、内縁の妻となったようである。彼女は「綾の一」の弟子を自らの弟子として不法に引き取った理由で当道から制裁を受けている。[1]

また文久三年（一八六三）三月十四日、新宮領の瞽女・座頭以外は、町内で太鼓・三味線を演奏することが禁ぜられ、祝儀の際に限り瞽女・座頭を呼ぶことが許された。[2]

二　尾張・三河の瞽女

(1) 尾　張

尾張国今尾（現岐阜県海津市平田町今尾）に本拠地を構える尾張家の家老竹腰正信は三万石を拝領した大名であった。正保二年（一六四五）四月三十日、没する七日前にしたためたその遺書には座頭に五十貫文、「こじき」に二十貫文、瞽女に十貫文を遺すと記している。[3] 近世初期の大名の瞽女に対する「慈悲」の気持ちの現れとして評価できようが、瞽女を「こじき」に次ぐ身分と考えていたらしい差別意識もそこには窺われる。尾張国の宗門改関係史料に寛文七年（一六六七）三月三日（または十八日）の藩法に「盲女」「こせ」は「御領国中在々罷在一所不住之者」として含まれ、一泊させる場合は代官などに断るべきであると規定されている。[4]

近世中期の尾張瞽女の動向を証す史料は管見に入っていないが、後述するように近世後期には「野間村組」、「大野組」などが成立し、幕末には多数の瞽女がこの地域を盛んに廻在し、村人に歓迎されたことを物語る記録はいくつかある。文久四年（一八六四）一月、猪伏村（現大府市）で作成された「子之年飯米取替帳」によれば当年二月から五月にかけて十六人の瞽女が村を訪れ、その中の五人が止宿し、賄い代（一人につき二〇〇文）は村が負担した。[5]また慶応二年（一八六六）十二月に成立した沓掛村（現豊明市沓掛町）の「寅歳大割拾帳」にも、当年三月から十月にかけて計三十九人の瞽女が村を訪問し、その多くが村で夜を過ごした。[6]ただし尾張の瞽女に仲間組織が存在したかどうかは不明である。

(2) 三　河

慶安元年（一六四八）、三河国岡崎にある浄土宗大樹寺で戦国武将の松平広忠の百年回忌が催され、その際「三州壱ヶ国之ごぜ」一二〇人に十貫文が宛がわれ、岡崎藩は幕末まで瞽女・座頭に吉事の配当も施与した。[7]近世後期の三河瞽女の活躍を知るためには水野氏の城下町であった刈谷で作成された『刈谷町庄屋留帳』が貴重な史料である。[8]現存する留帳の記載は宝永七年（一七一〇）から始められているが、瞽女の初見は寛政四年（一七九二）頃にある。当年二月二日に松江村（現碧南市松江町か）から三人の瞽女が刈谷町を訪問し、夜には座頭とおぼしき「八弥」の家に泊まった。三年後の寛政七年（一七九五）二月五日に再び松江村から瞽女の「もと」と「きわ」が刈谷町を訪れ「右両人八弥方え宿申付、夕朝白米八合遣シ申候」と記されており、村費から瞽女の賄い代が捻出されたものと考えられる。続いて寛政九年（一七九七）四月十八日には岡崎の「ふき」と「そて」が来訪し、少しずつ瞽女の活動範囲が拡大していった様子が窺える。「宿坊」については、町の祭礼に上演された浄瑠璃の三味線伴奏を担当した座頭の「初弥」も動員された。その後も繰り返し同業者と考えられた「初弥」は、町にやって来た瞽女に宿を提供し、町からは瞽女一人につき米四合あるいは八合が給付された。廻在中の瞽女が巡業先の座頭宅に泊まったことは第12章に述べる越後柿崎にも見られ、他所でも行われている。

その後この地域を訪れる瞽女・座頭の人数が一層増加し、宿泊・賄い代の支出の合理化を進めようとした村が出現する。寛政十年（一七九八）三月に作成された中島村（現豊明市）の「簡略仕方ヶ条」には、村に泊まる瞽女・座頭に一人につき米一升、「昼支度」として一人につき米四合を給付することが定められた。享和元年（一八〇一）三月十一日、「知多郡こせ」二人が中島村に泊まった時、宿を提供した藤九郎は確かに瞽女に米二升を給し、同年八月にも計十七人の瞽女が同人宅に泊まり、費用は村が負担した。[9]

『刈谷町庄屋留帳』に戻ろう。文化三年（一八〇六）五月二十九日には計五人の瞽女が刈谷町に到着し、その内三人は「頭」の「たの」が率いた「中嶋組」に所属したと記されている。これから推察して、瞽女仲間の組織化が進んだこと、中嶋組が少なくとも安政六年（一八五九）まで存立していたことから、このような組織が世代を超えて継承されていったことが窺える。[10]『刈谷町庄屋留帳』には、「尾州野間村組」（文化七年［一八一〇］）、「西尾組」（文化八年［一八一一］）、「尾州大野組」（文化九年［一八一二］）などの名称が散見でき、それらの組名は祖師者名ではなく所在地を指している。しかし、互いに出身地を異にする瞽女も行動を共にすることがあり、例えば文化五年（一八〇八）七月晦日、「みと・みせ・かよ」からなる三人組は、それぞれ長尾村（現武豊町）、河和《こうわ》村（現美浜町河和）、成岩《ならわ》村（現半田市成和）の出身であった。それらの村々は隣接しており、したがって住居は別々であっても巡業に同道するには便利であったものと思われる。文化九年（一八一二）には瞽女二十六人が来町し、天保七年（一八三六）には遠く越後高田春日町出身の瞽女も一泊している。訪問者の増加により宿主と瞽女との個人的関係の成立・維持は、次第に困難となり、天保十年（一八三九）には「さし宿番付」が定められ、月ごとに三人の担当者が順番に瞽女の世話に当たるようになった。その後の記載には、宿泊先が明記されていないのでこの制度の運営と効果は確かめようがない。しかし瞽女が相変わらず町を訪れたことは確実であり、安政七年（一八六〇）には計二十六人の瞽女が刈谷町に足を運んだとされる。また安政四年（一八五七）四月には刈谷領を含む多くの村々に申し合わせがなされ、多数の座頭が宿を借り、配当を強要するので、昼飯・止宿などを願う場合は、一人なら「憐愍を以取計」ってもよいが、奉加は「壱（異本）「高」人ニ付村方ニ応六文より拾弐文迄取計可申事」と定められた。その翌年にも「女房子供等」を連れ五、六人組で廻る座頭の取締が図られた。[11]

現吉良町の明治四年（一八七一）三月の記録には、前年に訪れたと思われる瞽女・座頭に施された米銭が示されている。それによると、西之郡組六人、岡崎組四人、中嶋組五人、西尾組八人、刈谷組七人、知多郡組三人、計三十三人の瞽女の名前が見られる。一人当たり白米一升または銭八四八文が捻出され、賄い代などのほか十文の合力も施与された。[12]岡山村（現吉良町岡山）の明治五年（一八七二）の村入用帳にも、金六十二銭六厘四毛が「瞽女扶持米代」に割かれたとあり、明治初期まで瞽女の賄い代が村費として処理されていたことがわかる。[13]

三　飛騨・美濃の瞽女

尾張・三河と較べて、現岐阜県で暮らした瞽女――当地では「ゴジョ」とも呼ばれたが――には組織化が認められる。大正・昭和初期まで郡上八幡の瞽女が活躍を続け、美濃の山県《やまがた》郡出身の「山県ゴジョ」は三味線より唄を聞かせることが多く、飛騨高山から来る「高山ゴジョ」は歌うというよりはしんみり三味線を弾いて聞かせたという。[14]

(1) 高山の瞽女

明治十一年（一八七八）八月の吉城郡古川町他五カ村より差し出された「盲人」救済方の願書に、飛騨国の瞽女と座頭は「師匠結約入籍之上、音曲歌致シ、春秋両度全国相廻リ、毎戸ニ立寄、適志金穀之資助ヲ乞ヒ、休泊等不都合無之」と記されており、高山瞽女のおおよその活動が察せられる。[15]門付け芸から得た収入にくわえて、高山の町人に祝儀があった時、瞽女に喜捨が支給された。しかし同じ旅芸人であった「春駒」や「万歳」と比較してもその額は微々たるものであった(16)。

高山瞽女の芸能活動がいつ頃から開始されたのかは定かでないが、延享二年（一七四五）六月の飛騨国大野郡揖斐《いび》町の「間口帳」の中に「元こせわん分」という記載が見られる。「わん」は大乗寺から「間口壱間五尺、裏へ拾六間半」という狭く細長い住居を借り、「元こせ」とあるので、この地域において「瞽女」は単に女性視障者のことを意味していたのではなく、一つの職業を指していたことが明白である(17)。

高山瞽女の多くが集住していた壱之町村は、高山の東側に連なる丘陵地帯に立ち並んだ九山寺の最南端に位置する宗猷《そうゆう》寺の山門下の町であった。宝暦元年（一七五一）十二月二十五日にはこの町の瞽女が被害にあった盗難事件の記録が残り、瞽女がこの時代ここにいた証拠となる(18)。後述する美濃の「大寺瞽女」と同様、壱之町の瞽女が寺社の近くに住んでいたことは偶然ではなかろう。宗教施設と瞽女との古い関係を想定しなくとも、巡礼者、観光客、商人、茶屋などで賑わう門前町の良好な社会的・経済的条件は瞽女の芸能活動に適していた。

いずれにせよ、文政二年（一八一九）の宗門人別改帳には高山壱之町総人口三四一三人に瞽女八軒、師匠弟子共二十人の名前が見られ、文政十一年（一八二八）には村の総人口三八八七人の内、瞽女人口が二十一人、天保十四年（一八四三）には総人口三九五九人の内、瞽女三十六人、安政五年（一八五八）には総人口四九九五人の内、瞽女三十七人とあり、町の総人口と共に瞽女の人口も次第に増加していったことがわかる。瞽女の家族構成は通常師匠と弟子一、二名が中心で、「家持ごせ」であっても夫婦、親子関係は確認できない。しかし、天保十四年（一八四三）二月の人別帳には六十九歳の「くら」という瞽女と同居する養子の龍左衛門とその妻と娘が記載され、弟子以外の者と同居することもあったようである(19)。

推測に過ぎないが、高山壱之町の瞽女は中世あるいは近世初期に寺社の保護を受け、人数が増加するにしたがい住居地を門前町に拡大し、仲間組織を成立させたのではないかと考えられる。

(2) 郡上の瞽女

明治七年（一八七四）三月の史料が示すように、郡上の島馬場村（現郡上市大和町）にも瞽女が住み、その周辺地域を廻在しながら「色々穀物・茶・芋等場所ニより御助成」を受けている。[20] 郡上八幡町の瞽女は宝暦頃から、あるいはそれ以前からも、為政者より配当を支給されている。その場合、配当金は直接には座頭たちに渡されたので、座頭から瞽女に再分配されたであろう。また毎年一月六日には寺からも二文を受け取ったようである。[21] 長野県伊那谷にも大正まで郡上八幡町の瞽女が毎年五月に来て、源氏節の「小栗判官」、「俊徳丸」の一節、長唄、常磐津などを三味線に合わせて流したと報告されている。[22] 仲間組織の有無は不明であるが、人数はそれほど多くはなかったようである。

(3) 御嵩町・久須見村の瞽女

慶長十六年（一六一一）、旅中の戦国武将の加藤清正が、美濃国大井（現岐阜県大垣市大井か）にて「盲目の女乞食」に出会い、金銭を施したと伝えられている。それ自体は根拠の薄い美談に過ぎないが、武儀郡関郷（現関市）の享保十一年（一七二六）四月と同十七年（一七三二）四月の人別改書にそれぞれ「こせ、五人」という記載が見られ、近世初期から美濃には瞽女がいたことがわかる。[23] 享保十五年（一七三〇）八月十五日、遠山左京が美濃国恵那郡明智村を中心とする旗本領の家督を継いだ時に作成された「御役方申伝留書」に含まれている「先例被下候面々」に、領主の死去の際に「座頭・盲女配当被下候、但衆分弐百文米代、是ハ御斎被下候分ニて、代銭廿四文〆弐百二十四文、盲女初心四拾八文つゝ、外ニ米代廿四文つゝ被下候」とある。[24] しかし藩主などが定期的に美濃の瞽女・座頭に配当を渡したという証拠はいまだ見つかっていない。

大寺瞽女　美濃瞽女の由来に関する伝説を伝える記録はいくつかある。[25] 今でも長野県民に伝承されている説明によれば、田立村《ただち》（現南木曽町田立）では中山道を駕籠に乗って来た御姫様が美濃坂本（現揖斐川町《いびがわちょう》坂内坂本）のあたりで目を患って失明し、そこに住みついて芸を教えたのが始まりといわれている。[26] この伝説の真偽はさておき、宝暦六年

(一七五六)と万延元年(一八六〇)の史料に御嵩《みたけ》町の願興寺(天台宗、別名「大寺」、「蟹薬師」など)の領地内に「可児《かに》の瞽女」あるいは「大寺瞽女」と呼ばれた瞽女三家が立ち、「官禁」(御法度)が無かったので遠近の巡業ができたとある[27]。明治初年まで薬師門前に「春光」、中村市場南に「丹寿」、同村市場北に「五位」と名乗る瞽女が各々住んでいたといわれている[28]。上に触れた高山瞽女、あるいは後述する駿府の瞽女と同様、近世はもちろん、近現代まで寺社との関係は瞽女とその稼業の正当性を保証する一助となったと考えられる。瞽女は、尼僧に類似する社会的地位を確保することにより「乞食」あるいは「女芸人」と同視されないように努め、寺社の権威を借りながら社会の差別に対抗したのであろう。

久須見村の瞽女　宝暦九年(一七五九)十一月の文書によれば、恵那郡久須見村の瞽女の元祖は与次右衛門夫婦の長女の「かつ女ト申盲人」であった。彼女は蟹(可児)郡中村の瞽女「大寺派」の「ごい」(「五位」)方へ弟子入りし、師匠から「久須見」の「須見」をとり「すみ」の名をもらった。延宝二年(一六七四)、両親の願いにより「すみ」は久須見村に家を建て久須見瞽女の本家となした。二代目が同村に別家を建て「上下」となり、三代目は上村の枝村であった飯田洞村、四代目は富田村、六代目は千旦林村のそれぞれ隣村に別家を建てた。その結果、恵那郡に都合五家の「ゴジョ屋敷」が存立した。文久三年(一八六三)十二月と慶応三年(一八六七)十二月の筆録では依然として上下(本家・別家)の区別がなされた。「出世」とも呼ばれた「名開き」儀礼は「別家の瞽女一代ニ二度之改名」とされ、本家である「すみ」宅にて執り行われたが、他の史料に久須見から別家した当時三軒の屋敷の瞽女たちは、十年ごと、計三回久須見へ盃事に行ったとあり、詳細は定かでない[29]。現恵那市長島町久須見に昭和五十年(一九七五)まで「ゴジョ屋敷」と称する中二階建て二十五坪程度の農家風の家があり、戦後まで「つる能」と「みや乃」二人の瞽女が住んでいたという。しかし久須見瞽女の最後の巡業は昭和十五年(一九四〇)頃のことであったらしい[30]。

墓石と位牌を丹念に調査した三好一成は十八世紀初頭から二十世紀までの久須見瞽女(上下とも)計三十二名の戒名と没年を確認しており、おそらく総人数はそれを上回ったと推定される。安藤家の「除籍簿」によれば、師弟は母と子を模した擬制的親子関係を結び、屋敷で寝食を共にし、将来一人前になる見込みがあれば、その時点で法律上の養子縁組をした。(31)

久須見瞽女には延宝二年（一六七四）八月付（明治二十五年［一八九二］写）の縁起があり、それとは別に「御前略縁起」も伝えられた。前者の作成年月が正確であれば現存する同系統の瞽女縁起の最も古い文書のひとつとなる。成立年が、「すみ」が久須見に帰った年にあたることも偶然ではなかろう。彼女が瞽女の稼業の正当性を証明するため縁起を入手し、大切に保管していたのであろう。

弘化四〜五年（一八四七〜四八）頃、恵那郡の瞽女仲間五軒が集まり、弁財天の掛軸を買い求め、妙音講を催した。それが弁財天をめぐる争いの口火となった。安政元年（一八五四）と推定される文書によれば、購入された弁財天の掛物の裏面に五軒の瞽女の名前を書くことになっていたのに、別家の瞽女が一番はじめに名を書いたので、本家の瞽女は自分が先にくるべきだと主張し、双方があい譲らず争論となったらしい。別家は、こんな状態ならば、今後は毎年本家で行われる盃事には参加しないと言い出したが、本家は格式を打ち捨てることはできなかった。こうなると座頭仲間へ善処方を依頼する術しかなかった。座頭たちは、この件に関し別家へ規則通り盃事をするようにと再三申し入れた。しかし別家は一向に聞き入れようとせず、座頭仲間も途方に暮れた。そこで一件は可児郡徳野村の「操市」という座頭の元へ持ち込まれた。先に述べた通り、別家の瞽女は元来可児郡中村出身の弟子であったので、「操市」は別家の瞽女を中村の支配下に置くこととして、一件が落着した。(32) 事件の発端となった掛軸は現存しない。しかし久須見瞽女の屋敷には弁天の石像があり、昭和二十年代まで毎年四月十四日に妙音講の流れを汲む「弁天様の祭」が、その石像の前でとり行われ、赤飯が炊かれ、近所の人が招かれていた。(33)

天保九年（一八三八）閏四月二十五日の記録には、久須見瞽女の「旦那場」が明記されているが、そこには岩瀬藩領恵那郡西部、美濃尾張藩領、苗木藩領にまたがる計二十四カ村が含まれている。同じ文書の「煙草廻り」と「綿場之儀」という文言からは、「年内二度」行われた巡業中、村人が麦（春）と米（秋）以外にも煙草と綿を提供したことが推察できる。[34] 嘉永六年（一八五三）六月二十九日の正家村の村入用帳には、村費の中から十二文が瞽女に給されたという記載が見られる。[35] 慶応二年（一八六六）に美佐野《みざの》村（現御嵩町美佐野）の「相談治定帳」には「廻り宿ゴゼ壱人ニ付、四百文づつ」なども記されており、瞽女・座頭の賄い代などが村費として処理されたことがわかるが、その風習は関東甲信地方ほど一般化はされなかった。[36] 久須見村の瞽女が文久三年（一八六三）十二月と慶応三年（一八六七）十二月に「村入用」と「成物」を納めたという記録からは、彼女たちが幾分の田地をも所有していたことが窺える。[37]

戦後の聞き書き調査によれば、東野村（現恵那市東野）に久須見の瞽女が来村した場合、まず日中は中之嶋の各家々を廻り、夕方は宿につく。夕食後には正装した瞽女が中座敷に座し、村の三十～四十人が唄や三味線を聞きに来たという。その演題には、「三勝半七」や「忠臣蔵」の浄瑠璃、義太夫、流行歌などがあり、聞きに来るのは女性と子供が多かった。あるいは「沢一の浄瑠璃」（義太夫節の「壺坂霊験記」）や滑稽な唄なども演じ、さらには村の若い者に三味線の稽古もつけたという。「太閤記」の浄瑠璃にくわえ「サノサ」、「深川くずし」、「ラッパ節」なども歌ったようである。[38] 美濃瞽女は「飯田に行ったら、食べるものがよくて、白い米を呉れるし、気持ちよく泊めてくれるし、とても親切な人達であった」と記憶している。また彼女は、信州まで廻っていたと回顧している。[39] 明治四十年代ごろまでは、飯田瞽女にも美濃瞽女が歌ったはやり唄の「忠臣蔵ぽんぽこ節」が伝わっていたようで、以下の歌詞の一部（全十二段の内、大序から三段目）が残されている。[40]

あまたの大名が集まりて
義貞《よしさだ》兜《かぶと》をこれぞと
顔世《かおよ》がめききする、コラ
塩谷《えんや》は自慢な、ポンポコナ

桃井屋敷の、若狭之介《わかさのすけ》の

癇癪《かんしゃく》を、とどむる本蔵《ほんぞう》が
口上のとおりに、あそばせと
刀で松を、ポンポコナ
文《ふみ》の文句は、小夜《さよ》ごろも
恋の意趣で、鮒だ、ふなだと
はじしめる
師直《もろなお》とっつらまえて、ポンポコナ

(4) 高須領の瞽女

最後に、現岐阜県海津市にあった村々の瞽女について短く触れたい。寛政五年(一七九三)頃、そのおおよそ八年前には飯田瞽女を救済したことのある飯田古町村の庄屋知久仙右衛門(第11章参照)は、高須領の瞽女にも救援の手を差し伸べており、高須領竹佐の代官所へ金十五両に相当する田地を寄付している。仙右衛門は田地から得られるべき収入を瞽女の救済に宛てたいと願い出、竹佐役所からその申し出の趣が高須役所へ伝えられた。その結果、田地の収穫米を直接貰っていた飯田瞽女の場合と異なり、高須では旱魃・水害などの年もあるという理由から、田地の売り渡しから発生する金を貸し付け、その利息を年々与える方式がとられることとなった。高須役所は、瞽女に、仙右衛門の両親の法名を教え、恩返しの拝礼をするように命じた。寛政五年(一七九三)三月の史料には、瞽女六名の名が認められるが、彼女たちは一カ所の長屋などに集住したのではなく、現海津市にあった札野村、福岡村、駒ヶ江村などに分散して暮らしていたことがわかる。(41) ただし、それらの家同士の関係は不明である。

四　駿河・伊豆の瞽女

明治三十年（一八九七）の調査に、駿河国、伊豆国、遠江国には計一二五四人の「盲人」（内女性五四〇人）が数えられた。[42]近世には駿府、三島宿、沼津城下三枚橋に瞽女仲間が存立し、瞽女は地元の駿州、豆州以外にも相模国、武蔵国、甲斐国などで広く巡業した。また東海道の宿場町であった島田にも多くの弟子を抱える「おぎん」という瞽女が住居を構え、浄瑠璃を語ったと伝えられている。[43]江戸に近く、城下町駿府の経済力の恩恵も受けていたこの地域の瞽女は、情報と商品の大動脈であった東海道沿いにそれぞれの本拠地を置き、いくつかの大きな仲間組織を成立させた。

以下においては、駿府・三島・沼津の三つの瞽女仲間をそれぞれ順に取りあげ、そして外国人が下田で見たと思われる瞽女にも若干付言しておきたい。ちなみに伊豆の南ではゴゼ、北ではゴデノまたはゴゼノといったようであるが、本章では、これらを全て「瞽女」に統一する。[44]

(1) 駿府の瞽女

慶長年間、駿府は徳川家康の隠居地と定められ、そこでは城の修築、阿部川を藁科川と合流させる大規模な治水工事、町の区画整理などが行われた。駿府は、東海道の交通の要衝であったことにくわえ、大御所のいる町として政治・文化の中心地となった。江戸初期の人口は江戸に匹敵し、武士・町人などによる音楽への需要も絶大なものとなった。

駿府瞽女の最初の人口記録は元禄五年（一六九二）二月の「駿府町数并家数人数覚帳」であり、本通六丁目十八人、人宿町一・二丁目十六人、上魚町南頬三人、寺町四丁目一人、計三十八人の瞽女が確認できる。[45]つまり彼女たちは徳川家康の側室「お愛」（西郷の局、永禄五年～天正十七年［一五六二～八九］、徳川二代将軍秀忠の生母、法名は宝台院）の菩提寺であった下魚町の龍泉寺（後の宝台院、浄土宗）とそこから約七〇〇メートル離れた本通六丁目の間に集住していたとみられる。[46]『駿国雑志』の図には下魚町の宝台院の側に瞽女屋敷三棟が描かれている。[47]宝暦十三年（一七六三）前後に成立したと思われる『駿府広益』所収の駿府人口調査（年代不詳）には、総人口一万二六六三人の内、瞽女一二一人という数字が見られ、元禄以降瞽女の人口が急増したと思われる。[48]多くの参拝者を引き寄せる権威のある宝台院の廻りに住みながら駿府の瞽女は、武士、町人、旅人のために三味線歌と箏曲を演奏するかたわら、江戸などから伝わった最新の音楽文化を周辺地域に普及させることをとおして経済的地位の安定を図ったものと思われる。

強度の近眼であったといわれている「お愛」が駿府の瞽女に同情を寄せたことを直接に示す史料はないが、そうであったとしても不自然ではなかろう。安永八年（一七七九）の『松木新左衛門始末聞書』にも瞽女に特別な想いを注いでいた人物の話がある。それによると、新左衛門という人物の姉の娘は眼病で失明し、その後死去した。姉は「是を大に嘆て盲目を見れは大に労りて」自宅に来た瞽女・座頭を歓待した。この聞き書きには、さらに「正月瞽女とも暮れは座敷へ通して、唄をうたはせ、三味線弾せ、餅を焼醤油の溜りに砂糖を煎し込て、是を付て振舞、壱人にても二人にても或は三人五人にても百文宛あたふる。二月になれは来れともくれす茶漬斗振舞しよし。瞽女とも其頃両替町壱丁めへは正月の内にはやく廻て仕舞しよし」とある。[49]

「お愛」との関係とは別に、近世後期に成立した『名乎離曽《なをりそ》の記』、『駿国雑志』、『駿河国新風土記』や、三島瞽女の由緒記などにも、瞽女と徳川家との繋がりが強調されている。それらの史料は、関ヶ原の戦いを前に徳川家康が夢に三味線を鳴らし「勝鯨波《カチドキ》節」を歌う数人の瞽女を見て、目覚めたのち瞽女が実際に現れ家康に唄を聞かせ勝利を予言し、それが実現したので屋敷、扶持米などが下賜されたと伝えている。[50]ここにいう瞽女と家康との出会いはフィクションと思われるが、安永年間（一七七二〜八一）以降の『駿府風土記』によれば、毎年八月十五日「宝台院振廻」（施餓鬼会）が行われ、駿河の瞽女が一汁二菜を賜り、当月には瞽女五〇〇〜六〇〇人が台所に詰めかけたという。[51]『駿国雑志』にも毎年一月十六日、宝台院の座敷に瞽女が「法楽聴聞」を許され、同月二十五日と七月十五日、大小の間（勝手座敷の名）において一汁三菜の「非時飯」が出されたことが記されている。[52]そこには「凡此日瞽女群をなす事、百余人」とある。それはもとより正確な数字ではなかろうが、大勢が参集したことは事実であったと思われる。

駿府の瞽女は、実際に屋敷地を拝領されたようである。作成年不詳の三島瞽女の由緒記、あるいは『名乎離曽の記』にも二人の瞽女が駿府の下魚町に二畝二十七歩の屋敷を賜ったとある。さらに三島瞽女の由緒記は、駿府の瞽女が「守役ノ女中ヲ附ヲカレ扶持米迄タマワリ、尚勅免ノ旧例通籾ノ初穂許サレ」たと伝えている。[53]伝説によると屋敷は瞽女の「松、フウ、ミノハ」に与えられ、『駿河国新風土記』には「寛永三年中納言殿府の町に米賜ひし時の帳に瞽女松の家見えたり」とある。[54]瞽女の由緒記は「松」を「下野ノ国足利郡寺岡ノ生レ」としており、彼女は瞽女仲間の「頭」を勤めていた。[55]しかし安永頃（一七七二〜八一）に成立したと推定される『駿府風土記』や成立年不詳の『駿府名細記録』は「松」宅を下魚町ではなく人宿町にあったとしており、『名乎離曽の記』その他の近世後期の記録は寺町四丁目としている。[56]それらの食い違いは、あるいは「松」が数回転居したことを物語っているのかもしれない。いずれにせよ駿府の瞽女仲間が、寺社との連携、土地の拝領、頭分の世襲制などによって強化され、数百年にわたり存続したことは間違いない。

駿府の町人に娯楽を提供するかたわら、駿河の瞽女は地方を旅回りし三味線唄を普及させた。地方の経済力は、瞽女仲間の安定的な継続のためには不可欠であった。『駿国雑志』によれば、地方巡業の順路は「正月御城下の町家、二月下旬より四月まで、東は岩淵、西は藤枝、島田、或は遠州、榛原辺、五月三十日に至て、悉く府中に帰り暫時労を愈し、また近境に出、九月より遠三の両州及甲州郡内に至り、十二月下旬府に帰るを定めとす」と伝えられている。[57]甲州八代郡上野村（現山梨県市川《いちかわ》三郷《みさと》町上野）の延享三年（一七四六）九月十二日の村入用帳には、「駿州ごせ六人泊り賄」とあり、同年十月二十九日にも「駿州瞽女六人泊り賄」という記載が見られ、宝暦九年（一七五九）には「六匁、是は駿州瞽女泊、雨天ニ付逗留、拾六人分賄代」と「四匁六分、是は駿州瞽女拾人泊賄代」などと明記され、宝暦十四年（一七六四）の入用帳にも「四匁、是ハ駿州こせ五人泊り賄代」とある。これらは、『駿国雑志』の伝えている通り、駿州の瞽女が毎年九月から十二月の間、甲斐に足を運んだ傍証である。嘉永三年（一八五〇）十一月十一日にも同村に

「駿府元通り」の瞽女五人が訪れ、巨摩郡小林村（現増穂町小林）にも安政元年（一八五四）九月、「駿州こせ五人泊り」との記録があることからみて、この順路は幕末まで変わらなかったものと窺える。(58)

(2) 三島宿の瞽女

東海道の宿場町であった伊豆国三島宿には多くの旅籠屋が軒を連ね、また半島への物資の中継地と三島大社の参詣地として広く知られていた。その地にもひとつの瞽女仲間が成立した。明治初年に三島から伊東に来た瞽女は「鈴木主水」を歌い、「曽我物語の様な長い段物はやらなかった」と静岡県の住民が昭和十八年（一九四三）頃に語った記録が残されている。村人が金を出し合って庄屋の家などに招いて、御馳走して一泊させた後は、村の者が手を引いて次の村まで送り届けたという。(59)

三島瞽女が保有した長文の「由緒紀」と「縁起」（本書史料篇参照）には駿府やその他の地方の瞽女の縁起について、重複する箇所が多い。それは、三島瞽女の起こりについて「時ニ元和三年（一六一七年）ノ秋キ、三島宿ニ日町居住某ノ娘ニキノト云盲女アリ、此於ミノ派ノ高弟トナリ、専ラ秀芸ナルニヨリ於ミノ派ノ許シヲ受ケ本国三島エ立帰リテ開業致セシヨリ、追々弟子モ重リテ累年ノ三シマ住シヨリ、今ニ於テモ三島瞽女ト唱ルハ此於キノヨリ起候ナリ」と伝えている。(60)ここに三島瞽女の創始者であったとされる「おきの」については、これ以外は何も知られていない。彼女が属した「於ミノ派」は伝説的な瞽女五派の一派として様々な瞽女縁起に登場している（「近江国の城主、姫君をみの派と申なり」など）。しかし駿府には美濃の島本（現愛知県稲沢市祖父《そぶ》江《え》町島本か）生まれとされた「於ミノ」という瞽女がおり、「おきの」は近くの駿府の瞽女に弟子入りし、やがてその「高弟」の地位を得たのかもしれない。(61)

三島瞽女に関するより確かな記録は全て江戸後期以降のものである。幕末の人別取調書上には、文久三年（一八六三）に「観法寺門前、人別合拾八人、瞽女、家数合五軒」とあり、さらに慶応元年（一八六五）には十五人、同二年（一八六六）には十四人、同三年（一八六七）には十一人が住んでいたとされる。(62)これは門前町に限った記載のようであり、幕末期観法寺の過去帳からは門前町以外にも三島宿町内に散在居住していたことが明らかとなっている。[63]明治八年（一八七五）一月二十五日付の目録には、四十二人の瞽女の名前が見られ、三島宿の浦町に四家族（計十九人）、芝町に二家族（計八人）、伝馬町に一家族（計二人）、金谷町に一人、さらに社家村にも四家族（計十二人）の瞽女が住んでいた。居住地は全て互いに隣接しており、例外なく借地住まいであったが、文化十一年（一八一四）以降借地に家作した六家族が含まれている。各家族には師匠が置かれ、平均二・五人の弟子と同居していた。師匠には三十歳から七十七歳の者が含まれ（平均年齢五十一歳）、弟子は六歳から五十四歳（平均年齢二十三・五歳）、出身地は伊豆国三十一名、相模国八名、駿河国三名であった。[64]

『三島市誌』によれば、観法寺門前には文久頃三十歳を過ぎた瞽女「おきみ」がいた。彼女は桑名の松平侯をはじめ浜松の井上侯など約十五大名の御前に侍い三線を弾奏し、出稼ぎ中に伊豆東海岸下多賀村（現静岡県熱海市下多賀）で死去したという。当時、東海道往来の瞽女で、ひとりとして観法寺門前の「おきみ」へ挨拶に立ち寄らない者はなかったといわれていた。[65]しかし、「おきみ」は別として、大半の三島瞽女は在方を廻りながら庶民に唄を聞かせ、伊豆国はもちろん、相模国なども歴訪した記録が残っている。[66]伊豆国を巡業する瞽女の受け入れ態勢については、三島から十五キロ程離れた小山町生土《いきど》の享保十九年（一七三四）七月付の村定がひとつの手がかりとなろう。それによれば、「ごぜ、座頭一宿之時ハ前々之通、村百姓中江相応ニくばり、一宿致させ可申事」とあるように、庄屋に限らず「村百姓」も宿を提供したようであり、それが義務だったのか権利だったのかは容易に判断できない。[67]三島に近い六日市場村（現御殿場市六日市場）の文化七年（一八一〇）一月の村入用帳の記すところによれば、一年間に三十一人の瞽女が訪れ、彼女たちの巡業は四月や十月に集中している。一年間の賄い代としては一貫文二八八文が村予算から捻出され、計六人の村人が瞽女の世話に当たった。[68]

近世後期に村人が瞽女を順番に宿泊させた「廻り宿」制度が採用された地域が三島の近くにあった。それを示す文書としては、天保九年（一八三八）十二月付茶畑村（現裾野市茶畑、天保年間には七六四石余の村）の「瞽女泊り仕役覚帳」、また総人口が百数人を越えなかった沼田村（現御殿場市沼田）の文久三年から明治四年（一八六三〜七一）の「瞽女泊順番覚帳」、さらに明治三年（一八七〇）の六日市場村（文化十四年［一八一七］に戸数二十一、人口九十四）の「当午諸役覚帳」がある。(69) 宿を割り付け、賄い代の立て替えなどのために作成した文書であろう。天保九年（一八三八）の茶畑村では十六〜十八軒、明治二年（一八六九）の沼田村では十七〜十八軒、明治三年の六日市場村では十三軒が瞽女の世話をし、その軒数はいずれの村においても全戸のほぼ半数に当たっている。戸数二十一戸の六日市場村の場合、名主の源重郎（または源十郎）家には六度にわたり年間計二十二人の瞽女が止宿し、その他にも村人十二人が瞽女に宿を提供している。

沼田村、六日市場村ともに瞽女の訪れは三月頃と十〜十一月に集中していた。前者の記載は錯綜しているので正確な人数を把握することは困難であるが、大勢の瞽女が村を訪れたことには相異ない。明治七年（一八七四）十一月二十二日の足柄県（主に現静岡県伊豆半島）が行った調査報告に瞽女の「数回ノ休泊皆邑費ニ課ス尠シトセス」とは事実であった。(70) その対策として村々は瞽女・座頭への配当を抑えようとし、例えば米価が下落した文政二年（一八一九）十月と十一月には、現島田市金谷《かなや》にあった組合村が婚礼などに際して瞽女・座頭への支給額を半減した。(71) あるいは同じ地方の村々は辰年（文政三年［一八二〇］か）三月から申談の上、「此時節ニ付村々巡行致候社人、出家、盲人、其外至迄継送り」も禁止した。(72)

明治四年（一八七一）七月の廃藩置県にともない設立された足柄県は、明治九年（一八七六）四月まで存在していた。明治七年（一八七四）から足柄県伊豆連合大区会議が三島瞽女に対する今後の対応について議論している。その詳しい分析としては三好一成の研究を参照されたいが、同年十一月二十二日「瞽女隊ヲ成シ各戸ニ銭ヲ乞フ」ことが開化にそぐわない「旧染ノ陋習」とみなされ、「瞽女巡業ヲ廃シ原籍エ編入スル法」が第二十四号議案として採決に付され、賛成二十人、反対一人で可決されている。(73) 以後、三島瞽女の巡業は禁止となったが、その際瞽女の出身地の調査の必要性、帰村後の生計扶助の方法などについての意見も出された。翌明治八年（一八七五）一月には瞽女を出身村に帰還させるための資金の募集に関する提案が出され、伊豆の六万軒から一銭ずつ徴収すれば計六〇〇円となり、それを瞽女全五十四名の原籍編入に当て、その後の扶助は親類縁者に任せることとなった。[74] しかし、明治十五年（一八八二）に六日市場村では依然として七十五銭の公費が「ごぜ泊り費」として捻出されていたし、明治二十四年（一八九一）三月十六日から明治三十一年（一八九八）に至ってなお駿東郡麦塚村（現裾野市麦塚）では瞽女への祝儀を書き留める「村方瞽女泊り仕役控帳」に瞽女の来訪が明記されていた。こうした記録をみるならば、三島瞽女がいまだ細々と活躍したことがわかる。[75] そもそも親類縁者の扶助が困難であったからこそ瞽女仲間に入った者が少なくなかったという事情もうかがい知ることができる。

以上の断片的な記録からあえて総括すれば、三島瞽女組織の歴史は近世初期に三島宿二日町の「おきの」が駿府の瞽女から音曲指南を受けて三島に戻ってきたところから始まる。「おきの」は観法寺門前に住宅を構えた可能性が高く、弟子を受け入れ、寺の参拝者あるいは近郷の庶民に向かって唄を演奏したのであろう。「おきの」死去後にも瞽女の人数は増え続け、師匠と少数の弟子からなる家が町内数カ所に建てられた。しかし三島瞽女に「頭」がいたかどうかを証す文書はいまだ見つかっていない。

(3) 沼津三枚橋の瞽女

現静岡県のもうひとつの大きな瞽女仲間は沼津にあった。天保十四年（一八四三）の『東海道宿村大概帳』に、「宿内字三枚橋町より壱町程引込瞽女頭阿い津の屋敷有之、右地所前々より除地にて当時瞽女六拾人程罷在候由」[76] とあり、沼津の瞽女は三枚橋の近くに住んでいたことがわかる。旦那寺であった真楽寺の過去帳に「天正十一（一五八三年）癸未祺、一月廿日、顕正、沼津宿三枚橋町入瞽女頭基会津事也」という記載が見られ、沼津の瞽女はこの「会津」という女性を頭にしたと知られる。[77] この記録だけからでは、この「会津」が江戸時代以前にすでに仲間を率いていたのかは、読み取れないが、「会津」は古くからこの地に住んでいたのであろう。この初代とおぼしき「会津」が死去した後、真楽寺の過去帳に記されている次の「会津」は長い空白の後、明暦三年（一六五七）十二月十五日没とあることから推して、「会津」の率いる仲間が継続的に存在するようになったのは、おそらく十七世紀以降のことであったろう。

明治前期に編まれた『沼津史料』によれば、「会津」は「天正年間本城主松平周防守ノ侍婢」であり、眼病により失明した後は土地を与えられ、地租が免ぜられた。いつ頃からか「三枚橋ノ豪家鈴木氏曽テ金一百両ヲ水野藩ニ預ケ、年々其利子ヲ給与」しており、巡業などから得た米銭以外にも所得があった。[78] 文政十一年（一八二八）十二月八日の文書にも本町が瞽女仲間へ毎年援助の米を給していることが見られ、町が瞽女をある程度支援していたことがわかる。[79] 『駿河志料』は、三枚橋の裏にあった沼津の瞽女屋敷は一斗二升五合の除地（無税の地）であると説明しており、そこから免税権といくつかの収入源を獲得した瞽女の人数が次第に増加し、やがて十数軒の茅屋敷からなる「瞽女町」と称された集落が成り立っていったという歴史的過程が想定できよう。[80] 真楽寺の過去帳には沼津瞽女の多くの住居地が明記され、東海道の三枚橋の一画とはいいながら、その多くは北側の湿地に集まっており、何人かもまた木瀬川村、八幡前、出口町（全て現沼津市）など沼津の市街地、あるいは清水町長沢村（現駿東郡清水町長沢）などその周辺部に住んでいた。[81]

二代目の「会津」没後、真楽寺の過去帳の記載も増し、元禄期には十一人の瞽女の死亡が確認でき、明暦頃以降には大勢の瞽女が「下町」を中心に生活していたことが推察できよう。文政十一年（一八二八）八月付の名主の記録に上土町瞽女三十九人、三枚橋町分瞽女三十一人とあり、先に触れた天保十四年（一八四三）の『東海道宿村大概帳』は六十人としている。[82] 真楽寺の過去帳に記されている江戸後期の数字を統計学的に検討するとほぼ同じ結果が得られる。すなわち過去帳には寛政九年（一七九七）以降の瞽女の享年が明記されており、宝暦元年〜慶応三年（一七五一〜一八六七）の一一七年間には延べ一七八人の瞽女の死亡が確認でき、享年の平均年齢が約四十歳であるので、平均人数は六十一人となろう（40×178÷117）。文政十年（一八二七）を境に、若年死亡者が目立ちはじめ、明治までに十三人の幼児（十歳以下）が死亡した。近世後期には失明した女児をなるべく早く入門させる傾向があった結果であろうが、沼津の瞽女人口は幕末まで増え続けた。だが維新後、人数が急速に減少し、明治二年（一八六九）五月十六日より六月一日の人口調査では七十二人となっており、明治九年（一八七六）には四十九人（内師匠格十六人）、明治二十年（一八八七）六月には十七人にまで減じた。[83]

真楽寺の過去帳から沼津の瞽女の出身地は、駿河国（現沼津市と御殿場市）、伊豆国（現沼津市、伊豆市、加茂郡河津町など）、甲斐国（現河口湖町、富士吉田市）、相模国（現厚木市など）に集中している。死没地もおおむね同じ地域であるので、巡業範囲とほぼ重複しているのである。[84] 先にも触れた明治二年（一八六九）の人口調査には伊豆出身であった「会津」にくわえ、師匠格の二十人の内、伊豆出身九人、駿河出身七人、甲斐出身四人、弟子分五十一人の内、伊豆出身二十五人、駿河出身十五人、甲斐出身九人、相模・武蔵それぞれ一人が記録されている。[85] 近世を通して数百年にわたり、沼津の瞽女組織には、豆州と隣国の女性視障者が「会津」のもと三枚橋に集まり、組織を維持しながら自活生活を実現した。

安政元年（一八五四）、ドイツ人のウィルヘルム・ハイネ（Wilhelm Heine）がひとりの瞽女に出会い、瞽女唄を描写する珍しい記述を残している。場所は必ずしも明確でないが、下田周辺であった可能性がある。史料からも下田に近い笹原村（現河津《かわづ》町笹原）で天明五年（一七八五）から明治にいたるまで数多くの瞽女が廻在したことが裏付けられ、彼女たちの訪問が村入用帳に記録されている。現河津町浜となった浜村にも天明から慶応までの入用帳に瞽女の来村が記録され「沼津瞽女」と明記された場合もある。[86] ハイネが出会った瞽女も沼津の者であった可能性が高いが、文化七年（一八一〇）正月には田中村（笹原村の隣村、現河津町田中）出身の瞽女も笹原村を訪れており断言はできない。[87] ハイネは次のように語っている。

ある日、小道を散歩していると、盲目の若い女性がある種の三弦琴を弾いているのを見かけた。前の頁でその楽器の特徴を述べたが、それは異常に長い棹を備え、弦を指で弾くのではなく、小さな木製の、広く、かつ短い、塗装工が使う箆のような物で弾くのである。上の弦と下の弦は八度に調弦されており、真ん中の弦は低いのから五度に調弦されている。終始短調の曲の構成は、即興的な断片を織り交ぜ、突然甲高く反復的になったりする。この瞽女に気付かれるまでの間、私は長いことそこに立ち止まり、この驚くほど奇妙な曲に耳を傾けた。そこへある女性がやってきて、瞽女に私の存在を知らせた。すると瞽女は激しく涙を流し、どんな慰めの言葉をも受け入れようとしなかった。(88)

ハイネの言葉に信をおけば、この瞽女は二上りの三味線を弾き、「短調」といえば、おそらく半音を含む旋律（陰旋法または都節テトラコルド）であったと考えられる。演奏には唄と反復的な器楽間奏が交互に繰り広げられたようである。具体的にどの唄を聞かせたのかは判断しがたいが、越後瞽女が伝承した三下りの「祭文松坂」というより、二上りの伴奏の「口説」などであったかもしれない。

東海地方の視障者が近代的な教育を受ける機会を得たのは明治三十年（一八九七）以降であり、同年八月一日東海訓盲院予備科が開始され、生徒には男二名、女一名が入学した。(89)その後「技芸科」も設立され、音楽学科に所属した生徒は「風琴」や「唱歌」にくわえて一年生は琴・三味線の組歌表組などを学習し、二年生は裏組・中組、三年生は中組・奥組を習った。(90)組歌に対する需要が日増しに減っていた時代において、東海訓盲院で身につけたレパートリーは卒業後の安定的な収入源にはならなかったであろう。

むすびに代えて――瞽女仲間組織の成立過程

近世の瞽女は、東海地方あるいは現岐阜県となっている地域では多種多様の集団・組織を結成し、芸能活動をもって持続可能で安定的な暮らしを確立した。主に越後瞽女を研究してきた鈴木昭英は、瞽女の組織を住居地別に分類しており、ある地域に住んでいた瞽女がその地方の中心都市に居住地を移す場合を「都市（集住）型集団」と名付け、高田組と糸魚川組には経験年数の多い年功者が長に据えられ、「座元制度」となったとする。一方、長岡、刈羽、三条などに見られるように出身地に止まる場合は、これを「村里（在住）型集団」と呼び、頭が推挙されることにより「家元制度」が確立されたとする。さらに、鈴木は信州飯田の場合、頭分が毎年交代する輪番制が認められ、それを「頭屋制度」と名付けている。高山あるいは三島などは、この制度を採用した可能性がある。(91)

しかし、本章の主題となっている東海・美濃・飛驒などの瞽女、あるいは後述する関八州、甲州などの瞽女組織も様々な規模と特徴をもつグループに分かれていた。そこで、瞽女組織を上述したいくつかの異なった構造を有する不変の形態として捉えるのではなく、主に近世的な「差別社会」の中にあって瞽女の芸能活動を支える多様な組織として捉えなおしてみたい。すなわちそれを地域の経済発展と芸能市場の展開と共に発達した集団という観点から再考することが必要となる。ようするに瞽女の仲間組織を、ひとつの歴史的現象として解釈し、地理的、経済的、文化的条件により各組織の発展が、共通点を示しながらも独自の道をとったことに注目したい。

(1)　個人から師弟へ

加藤康昭がすでに指摘した通り、中世的複合大家族の分解により数多くの単婚小家族が生じ、そこでは視障者を抱えることが困難となり、本人の意志はともかく、家族からもある程度の自立が期待された。そこで吉凶の配当支給という慣習の拡大・定着、あるいは地域における芸能の商品化により、女性視障者の自活への道が少しずつ開かれていった。彼女たちが当道組織に納められた配当の再分配を受けるために、あるいは座頭たちから芸能を伝授されるためにも、地方の当道組織との関係を結ぶことが肝要であり、伊勢などの瞽女は幕末までそれを維持したようである。また女性視障者に向けられた世上の差別的視線を和らげるためには寺社との関係を維持することが必要であり、瞽女と寺との連携が明治まで継続された例も少なくない。

女性視障者が芸能の習得を希望した場合、その家柄と経済力の事情に応じ、あるいは住んでいた地域の事情に応じて座頭や先輩の瞽女に入門したり、また晴眼者の芸能者から稽古をつけられることもあった。ただし師匠が座頭か晴眼者であった場合は、師弟関係が擬制家族（家）に発展することはなく、瞽女は主に個人として芸能活動に従事することとなった。

(2) 師弟から組へ

弟子が先輩の瞽女に入門することが一般化していったとしても、そこで結ばれる師弟関係の態様は様々であった。師匠を自宅に呼び「出前稽古」を受ける者、師匠宅に通う「通い弟子」、師匠と同居する「内弟子」、また師匠の養女となる者もいた。「出前稽古」と「通い弟子」の場合は、師弟が強い絆で結ばれてはいても、その師弟関係が擬制家族に発展することは稀であった。他方、弟子が師匠宅に住み込み、または養女となった場合は、瞽女組織の最小単位が成立したといえよう。より安定的で持続可能な暮らしを実現するためにはひとりの師匠が複数の弟子を抱えることが望ましく、弟子や孫弟子などを含む「組」の成立によって成員の将来がある程度保証された。こうした「家」・「組」の成立は瞽女の芸能活動を促進する一方、女性芸人ばかりで構成された点で百姓などの家とは異なり、村人などからは「特殊」な存在として差別されやすかった。

師弟が共に芸能活動に従事する例はすでに中世に見られる。(92) 師弟を含む瞽女の「家」の維持には家計を支える経済基盤が絶対条件であり、中世には、この基盤は主に貴族階級あるいは寺社の援助によっていた。けだし、芸能市場の未成熟な地域や時代には、多くの弟子を取り、芸を伝授することが困難であり、瞽女の師弟関係が大きな仲間組織に発展することも容易でなかったからであろう。限られた史料から推察するならば、近世になっても、尾張、三河、郡上などの瞽女は広範囲に分布された村々に住居を構え、ごく小規模の組（師弟関係を中心にか）しか結成していなかったことがわかる。一地域の瞽女の総人数が比較的少なかった場合、各組に頭が立てられてはいても、複数の組を統括する役を創設する必要性は生じなかったと考えられる。

(3) 組からネットワークへ

ある地域に同じ師匠の弟子、孫弟子などが独立し、新しい家か組が設けられた場合、あるいは互いに関係のない複数の小さな組が広範囲に散在した場合にも、瞽女稼業を円滑に営むにはある種のネットワークの成立が必要になったと思われる。美濃国久須見村の瞽女の場合、弟子が一人前の瞽女として認められた後は分家を設立し、本家・分家関係を中枢とする上下関係で結ばれ、本家・分家の意見が対立した際、話し合いによる調整が行われた。封建的な倫理観にしたがい本家の意見が重視され、本家の戸主を一種の「頭」と認識することもあったであろう。埒のあかない場合は第三者の仲介が求められ、久須見村の場合、それは当道組織に所属した座頭が当たった。久須見村の瞽女は古い縁起の文書を保有し、妙音講を催し、本家・別家の組織を明治まで維持したが、僻地における芸能の商品化は不完全であったので、大きな瞽女組織を芸能活動で支えることは非現実的でネットワークの発展も本家・分家という段階にとどまった。長年にわたり徐々に築かれたネットワークを通して尾張・三河の瞽女も数人規模のグループを形成し、互いに協力し合いながら巡業に同道した。また第11章に述べるように、信州飯田の場合にも、元来は別々に暮らしていた瞽女が天保頃から二軒の長屋に集住するようになり、その後も世襲的な頭職を置かず、二十世紀まで輪番制を維持してきた。転居する前に成立したネットワークがヒエラルヒーのはっきりした「座元制」あるいは「家元制」ではなく、家同士の上下関係を曖昧にする輪番制に転化したのではないかと想像される。

(4) 瞽女仲間の成立

東海・関東甲信越地方における瞽女組織の成立史は十七世紀半ばにひとつの転換期を迎えた。この時期を境に、多くの地域でほぼ同時に瞽女の仲間組織を支える経済基盤が整えられ、特に城下町や地方都市で複数の「家」と「組」が共存するようになり、利害の調整や種々の特権の獲得・維持のためにより包括的な組織が求められた。

駿府の瞽女が徳川家康の側室の菩提寺の近くに集住した経緯には配当の施与が強く関わっていたであろうが、頭の「松」を頂点に下魚町〜本通六丁目に一〇〇人を越える瞽女を包摂する仲間組織ができあがった。沼津でも瞽女の創始者の「会津」は、天正十一年（一五八三）に没したと伝えられているが、沼津において瞽女仲間の機能が確かな軌道に乗ったのはむしろ仲間の成員の死去が継続的に真楽寺の過去帳に記録されるようになった明暦頃以降であったと推量される。三島瞽女の由緒書は、仲間の起こりを元和三年（一六一七）としており、創立年代はともかく、仲間が充分に機能するまでには数十年を要したはずである。東海地方以外にも同様の現象が見られる。例えば、甲府の瞽女頭（創立者か）の「かん」は寛永頃に台頭し、その後仲間が次第に成長していったこと、また越後長岡大工町の瞽女頭の「ゴイ」の墓が延宝九年（一六八一）に設けられたことなどから、瞽女の本格的な仲間組織が機能しはじめたのはおおよそ十七世紀後半からのことであると推定できよう。

仲間の成長・強化により瞽女は各地の当道組織が伝承する芸能への依存度を低め、配当の受け取り方、順路、巡業日程、縄張り、弟子取りを調整し、藩主、藩役人、村、町役人、瞽女宿などとの関係の維持発展を図った。藩主、当道組織、村役人などに願書や抗議文書などを提出する際にも仲間組織は大きく役立ち、仲間の総意を文書に反映することができた。逆に藩・村役人などは瞽女の仲間組織を通しての支配・取締強化を期待し、仲間の確立を積極的に奨励する藩もあった。瞽女仲間組織の多くは城下町、宿場町、門前町に位置し、ちょうど芸能で溢れていた都市部と芸能に乏しい寒村の中間地にあった。十八世紀に本格化する芸能市場の地方での展開により、農村に住む人々の都会への憧れと女性視障者芸人の希望が一致し、瞽女仲間組織はさらに繁盛し、明治頃に至るまで比較的安定的な運営が可能となったのである。

第7章　加賀藩の瞽女と瞽女唄

はじめに

ここまでは主に近世社会の不均等な経済発展と芸能の商品化との関係を探り、各地の瞽女仲間の組織確立と芸能活動がこうした条件にどのように左右されたのかを中心に論じてきた。しかし、経済的条件の直接的影響以外に、各藩の採用した文化政策もまた瞽女の生活、組織、芸能活動などに大きな影響を及ぼした。個々の藩、町、村などによる旅芸人の取締、障害者への支援、芝居や花街への規制などは、瞽女の活動に直接作用した。とくに藩が芸能市場の発展を歓迎した場合には、城下の花柳界が瞽女にとって格好の稼ぎ場となっていた。本章では加賀藩（金沢藩と支藩であった能登藩、大聖寺藩、富山藩を含む）の瞽女の実態を検討しながら藩の政策との関係を探りたい。そして最後には二十世紀まで富山県を中心に巡業した有名な瞽女であった佐藤千代の生涯を素描し、彼女の演奏した唄を簡単に分析したい。

一　加賀・能登の瞽女

(1) 近世前半の瞽女——門付け芸人の取締と差別

近世初期の金沢の中上流社会は積極的に芸人を受け入れた。出雲の阿国が登場してから十年後、金沢にも歌舞伎の流行が及び、元和初年頃、数十人の若い女性が京・大坂から下り、女歌舞伎を上演し、女性たちは「おやしきさまがたことのほか御ちやうあい」された。その後、金沢でも伊勢踊りが流行し、「ぢし町の子どもくみをたて、こと〳〵をどり」狂い、武家もその騒ぎに加わり、浄瑠璃操、薩摩節、投げ節の名手も金沢を訪れ、町人や武家の支持を得た。[1] 慶長十九年（一六一四）六月、三代藩主の前田利常が江戸から金沢城に戻った芳春院（前田利家室）に「御本丸より御慰の為にとて、音曲諸芸の検校・ごぜなど」を遣わしたことなどから推して、音曲諸芸に堪能した検校・瞽女が上流社会に仕えていたことが推察できる。[2] また寛永五年（一六二八）の上野組鹿島半郡人別帳に、同郡の下村御領所分の「壱間、こせ」と同村石黒甚右衛門分の「三間、座頭内壱人こせ」という記録があることから、地方でも瞽女の存在が確認できる。[3]

社会の底辺に活躍した芸人に目を転ずるならば、彼らに対する規制が厳しかったことがわかる。すでに慶長十年（一六〇五）六月十九日には「辻尺八の事・をどりの事・辻うたひ・ほそりの事」が御法度となり、[4] 寛永八年（一六三一）の金沢大火で操・歌舞伎座が灰燼に帰し、その後芝居小屋のあった犀川河原が城下の再編で屋敷地となり、芝居や音楽演奏に対する取締が強化された。大火後の寛永十九年（一六四二）七月一日に再度「辻立・門立并小うた・なと高声ニうたひありき候義」が禁止され、承応三年（一六五四）八月十六日には「上るり、又ハせつきやうかたり」、寛文四年（一六六四）には「人形廻し・おとり子等、并他国之座頭・舞々」に宿を貸すことすら禁ぜられた。[5] 法令により治安を維持し、芸能市場の拡大を阻止しようとした藩の政策は、門付け芸人の瞽女が大きく羽ばたく環境づくりに逆行したであろう。藩は特に他所から領内に入り込む芸人の排除に尽力し、享保九年（一七二四）には十兵衛他三人に、「かなわ切・あやつり・福の神・節季催[候カ]」を「他国より参り芸仕通リ申者」の取締に当たらせた。[6]

万治三年（一六六〇）には「他国座頭ニ宿かし申間敷事」という法令も出され、当道の全国的な特権までが否定された。[7]藩が視覚障害者をどのように位置づけたのかは、寛文七年（一六六七）三月八日の「御貸米指除につき覚」から窺われる。そこには「御貸米指除可申候」者として「舞々」、「非人」、「猿廻」身分の人々と同様、「座頭」と「こせ」が含まれている。[8]瞽女・座頭に対する藩あるいは町・村役人などの態度は、近世を通して大きな変化を見せていない。例えば、藩は文政七年（一八二四）七月には持高の有無に関係なく「役儀」にある者に米三升を下付したが、「穢多・藤内等之非人」と共に「座頭・瞽女」は支給の対象から除外されている。[9]逆に享和元年（一八〇一）九月、野々市の役人は「婺女・座頭・穢多・藤内等困窮之節ハ詮儀仕、御貸米願上申候」と定めたが、ここでは視障者は賤民身分の者と同一視されており、救済の名目で差別が強化されたのである。[10]

成立年代は定かでないが、金沢の石屋小路には金沢町奉行の配下にあった座頭座があり、武家町家における婚礼・養子・家督・目見・出産または不幸・年忌などの際、座頭たちが配当を取り立て、武家は禄高の多少により、町家は身代の豊乏により配当を払っていた。座は、毎年それを機に集まり「講を勤め、心経を同音に誦し、施財の願主の息災延命を祈念」した。[11]藩は瞽女にも吉凶の配当金を支給しており、享保九年（一七二四）八月二十一日には「御入国為御祝儀、座頭・盲女江青銅二十五貫文」が配られている。[12]この慣習は町人や農民にまで普及し、明和九年（一七七二）三月二十一日浄円信女一周忌の際、金沢の町人家であった亀田氏は金沢の瞽女・座頭「両座」に二貫文の布施を提供し、その後も祝事には二貫文、凶事には七五〇文を出すことを常とした。[13]しかし寛政二年（一七九〇）に亀田氏に「御かね才許役儀」が仰せつけられ、七月十日からは「たとひ元服婚礼等ニ而も、やはり七五〇文是迄之約束也」と改められた。[14]瞽女・座頭にとっては厳しい収入減をもたらす措置であった。他家も家柄に相応する祝儀を給し、今町の木村屋の場合、天明頃の吉凶に際し座頭には一五〇文、瞽女には七十五文の「布施祝」が施与され、寛政十年（一七九八）六月から「両座」に六〇〇文を支給することが定められた[15]。

(2) 近世後期金沢藩の文化政策と瞽女の活躍

十八世紀後半以降も富山、高岡などと比して金沢の芸能市場の発展は藩の諸政策によって大きく遅れたが、音楽・演劇文化の開発の兆候が見られなかったわけでもない。安永四年（一七七五）には、木遣り狂言の名目で浄瑠璃芝居の上演が許可され、天明四年（一七八四）二月には金沢観音町の愛染院において芝居興行が行われた[16]。他所の寺社もそれに倣い「天明四年之頃より此節迄（文政元年）、御城下に而芝居、軽業、曲馬等之賑ひ之品々相催候」こととなった[17]。十九世紀に入ると藩は慢性的な景気低迷を打開するために徐々に方針を改め、茶屋町が整備された。天保二年（一八三一）に廃止されるまで、五階層に分けられた遊女は階層によっては鳴物が許され、「地方遠近所とも町家の身元宜しき者の子弟、或は番頭・手代抔を引入、昼夜共酒宴三絃太鼓、誠に其陽気なる事、三都にも劣らぬ事共なり」という殷賑ぶりであった[18]。文政二年から天保九年（一八一九〜三八）の二十年間、町会所が実質的な運営を行った特異な興行施設であった川上芝居が興行を継続し、金沢の芝居文化はようやく軌道に乗りはじめた。芝居と茶屋町の開設により、領内外からの遊客が城下に大量の貨幣を注ぎ込み、沈滞する城下町の景況もそれを機に大いに振るったとされる[19]。

近世後期の金沢町人の音楽文化に対する需要は小さくなかった。文化八年（一八一一）の『金沢町名帳』に城下の町人に「三味線師」「三味線張かへ」「琴三味線・道具商売」「琴糸職」など多数の楽器職人が記載され、「琴三味線細工」を専門とする浪人もおり、能・狂言に関係する芸人も多く住んでいた。くわえて、按摩・鍼術、医業に携わらなかったと思われる二十四人余の座頭も町に住み、彼らは琴・三味線の演奏と指南により身を立てていた可能性が高い[20]。

文化八年（一八一一）の『金沢町絵図名帳』に柳町の「ごぜ、たを」の名前が確認できるが、それはあくまで瞽女本人の名義で店が登録された例であると考えるべきであろう[21]。文政七年（一八二四）一月の調査によれば、金沢城下には、検校九人、勾当十四人、衆分より無官まで一四〇人のほか、二十一人の瞽女が数えられていることからみて、やはり借家住まいあるいは親類の家で生活した瞽女が町に多数いたと知られる。[22] 同年十一月二十六日の風紀粛正令が「座頭・ごぜ、琴・三味線之業を以、御郡方より御城下江罷出候者不少」と伝えているように、他藩と同様ここでも、城下を中心に発達した芸能市場は多くの瞽女を吸引したのである。[23]

金沢瞽女の仲間組織に関する詳しい記録はまだ管見に入っていないが、先に触れた明和九年（一七七二）三月二十一日と寛政十年（一七九八）六月の文書に「両座」という語が示唆するように金沢の瞽女は別のひとつの座（座頭座とは別組織か）を形成したのかもしれない。安政四年（一八五七）から藩は「男女共盲目に相成候者座入仕、座頭・瞽女に相成候得ば、職分之儀者座頭座より申渡」すと触れ、座頭座の瞽女に対する支配は「職分」に及び、「両座」との間には芸能伝授などが行われたのであろう。[24] 文化元年（一八〇四）の倹約令に「瞽女・座頭之外浄瑠璃三味線無用」とあるように、藩は瞽女の音曲に関わる稼業をある程度公認・保護した。[25]

文政七年（一八二四）十二月晦日に加賀藩は以下の触を出している。ここにも領内の「座頭等」「盲人」（「座頭・瞽女」の意か）の活躍の一端を窺い知ることができる。

一、琴・三味線之儀近年増長いたし、座頭等昼夜稽古に寄置候体も有之、惣而風俗之害不少相聞候付、厳重被仰出儀に候。乍然押立候祝事等に者盲人相招、日之内琴為弾候儀者不苦候。尤芸之外者堅可為無用候。当時之体に而者、盲人ども渡世も成兼、及困窮候族に付、旁右之通被仰付候。[26]

遅ればせながら芽を吹き始めた金沢の芸能市場で晴眼者と視障者が相争った。その結果、文政十三年（一八三〇）閏三月十一日に藩は三味線を弾く「目明」の女性を宴席に招くことを禁じている。[27] 天保九年（一八三八）九月には、家中の風俗取締がさらに強化され、以下の法令により「目明」の女性の徘徊が禁ぜられたが、その背後には当道の圧力があったことが推量される。

琴・三味線之事

盲人之外目明女三味線為弾候儀、今以有之体甚心得違之事に候。右目明之女徘徊不致様穿鑿方之儀、町奉行江申渡候趣有之候。士中江も心得方尚又急度可被申談候。将又祝之節、盲人琴等日之内為弾候儀不苦旨、先年被仰渡置候。日之内而已と有之候而者、却而守り難き儀に可有之、少夜に入候而も苦間敷哉之事[28]

図 7.1　金沢周辺の瞽女（十返舎一九『金草鞋』第 19 巻，「野々市」，文化 10 年～天保 5 年［1813–34］刊）

天保頃になると、藩の政策がまたも一変し、茶屋町・芝居町の廃止にともない、芸人の三味線稼ぎが再度禁止された。ただし音楽文化が弾圧されても、芸人と聴衆はそれを厳重には守らなかったようである。安政五年（一八五八）十一月、前町奉行はようやく三味線の解禁を上申したが、これは現状の追認を図る提案であったと思われる[29]。大正六年（一九一六）刊『金沢市史』風俗編にあるように、町人は正月十五日以降行われた「口祝」酒宴を催し、座頭または遊芸師匠が琴・三味線を弾き余興を提供し、その他の場合でも座頭・瞽女が酒宴の座興を提供した。また「甲子待」（「庚申待」）と称する日には大黒天が祀られたが、夜半子の刻まで眠りが禁物であったので、金沢では座頭や瞽女を招聘し義太夫を語らせた。一方、藩士が昇進した際にも「吉事祝」と称し、親類・友人が集まり、瞽女・座頭も酒席を賑わせた[30]。こうした活動を通して、瞽女たちはなんとか芸能に活路を見いだすことに成功した。

しかしここでは、藩の政策の結果、芸能市場の発展が遅れ、吉凶の時に配られた配当も少なかったため瞽女の得た収入も微々たるものであった。文化十一年（一八一四）二月の願書に、羽咋《はくい》・鹿島両郡を廻った瞽女が「雑穀等纔之助成を貰、或者祝儀仏事等有之砌、少々充合力を請」ているという厳しい現実が綴られ、特に在地の瞽女は「町方居住之盲人とハ格別、芸能・按摩等之潤色も無御座」と説明されている。(31)「纔之助成」の具体的な金額について、天保六年（一八三五）上田作之丞が著した『老《おい》の路種《みちぐさ》』に、「今平人健剛なる手足を以ていかほど働くと云ふとも、一日三五匁に過ぎず。瞽女盲目となり、琴三味線を弾ずる時は、一夕の謝物十銭目・十五銭目を請く」とある。(32)文久頃以降、町方からの施行がさらに減り、物価の高騰の影響がそれに加わり、瞽女は「次第に難渋に陥」った。その対策として、「軒口壱間に付壱匁」などの割合で、町方からの施行が定められた。(33)これがいつまで続いていたかは不明であるが、おそらく明治維新の混乱の中こうした取決めも破棄されたであろう。ちなみに幕末の金沢周辺では、「女あんま」と称された者も唄を歌った。梅田甚三久の日記には、元治二年（一八六五）四月二日の項、小松村の宿での「女あんま」二人が「哥をうたい、或ハおどり、両人様々之芸をなし」たと記録されている。(34)

(3) 能登半島と大聖寺藩の瞽女

能登半島にあった鳳至町《ふげしまち》（現石川県輪島市鳳至町）の享保十九年（一七三四）四月十五日改の公用書類改帳に「ごぜちよじ并娘借宅人請合書付寺証文」と題される書類一袋が含まれている。その内容は定かでないが、察するにこの町に瞽女の「ちよじ」とその娘が享保十九年以前から住んでいたとみられる。そして「ちよじ」が「千代寿」であるとすれば、加賀藩の当道組織などが公認した芸名を受領した瞽女であったかもしれない。「ちよじ」以外にも瞽女がいたことはいくつかの人口調査から確認できる。天明六年（一七八六）、能登国羽咋・鹿島両郡内には四十五人の瞽女が数えられ、文化十一年（一八一四）、両郡内には瞽女九十四人、天保五年（一八三四）四月には瞽女八十五人となっている。(35)

加賀藩の支藩であった能登藩の住民が瞽女に給付した助成はわずかであり、瞽女・座頭は「乞食」とほぼ同一視されていたようである。天明五年（一七八五）八月の多根《たね》村（現七尾市多根町）の文書に、前年には米七斗が「ごぜ、座頭、乞食宿入用」に割り当てられ、同村の同年十二月の「村鑑帳」にも一貫文四十目の村入用の内、六十目が「こつぎき、こせ、座頭宿用荷」として捻出されたとある。(36) 連年の不作のため難渋した瞽女・座頭は文化五年（一八〇八）に救済を歎願するに及び、十村《とむら》（他藩の「大庄屋」に相当する役職）が役銀の内一貫文を貸し付けるという応急措置が採用された。しかしその後も不作が続き、瞽女・座頭への助成はさらに減少し、「座頭・瞽女之儀は、乞丐と違、年分両三度程ならで相廻不申、別而町方居住之盲人とは格別、芸能・按摩など之潤色も無御座」で、なお困窮したので、十村が藩に対しその救済方を願い出たが、文化十一年（一八一四）十月六日にこの要求は却下された。(37)

現福井県境に近い大聖寺藩（現加賀市を中心とする地域）の地元の瞽女に関する史料は手許にないが、加賀市とその周辺地域に住んでいる人々は戦後まで瞽女が廻在していたことを覚えている。また江戸後期の越後瞽女がこの地で追い剝ぎにあった話を引用しよう。

一、加賀国大聖寺といふ処の野原にて、瞽女弐人越後のものにて、国へかへる折から追剝に出合、用意の金子可渡由申ニ付、こせ申には、此金子相渡候時ハ宿所へも不被帰、国へも不行、明日より食事の手当もなし、その方に見込れてハ致方なし、存命之内ハ此金子渡事成難し、金子は参らすへく候まゝ、両人とも殺候上にて金子可渡旨申ニ付、心得候とて、すてに両人共ころし候ハんとする時、弐人之盲女申ニは、われらたは粉をこのミ候生(朱)「姓」分ニ候得とも、今朝より呑不申候、一生の別に一ふく呑せくれ候様ニ頼けれハ、其儀はゆるし可申とて、火打にて煙草吸付、いさ呑へしとて追剝くハへしまゝにて申けれハ、こせ心得候とて吸付候振にて力にまかせつき込けれハ、追剝ののとよりうしろの方へ吸口ぬけ候(朱)「程」程にて、そのまゝ倒伏、おとした(朱)「刃」ものハ側に置即死致候よし、両人のめくらハ村方まて逃のき、此よし告けれハ大勢にて行見候処、右の次第のよし

尤（追剝申にハ）金子可渡、もし渡不申候へハころし可申とて、白刃を盲女の頬首筋へあてなと致し、おところかし候由也[38]

内容の真偽はともかく、文政八年（一八二五）に成立した滝沢馬琴の『兎園小説』には吉次郎という者の逸話として、武州忍《おし》領を訪れた越後の瞽女が追い剝ぎに遭遇し、同じ手口で彼を殺害したエピソードが書かれている。「近比の事なり」とあるので、近世後期の出来事と推定できよう。加賀であれ、武州であれ、旅の危険性を熟知する百戦錬磨の瞽女が強盗の被害者とはならず、大胆に反撃する姿は民衆を驚嘆させた。

二　越中の瞽女

寛永十六年（一六三九）に前田利次が金沢藩主前田光高から十万石を分与され、加賀藩の支藩として富山藩を創立した。利次は婦負《ねい》郡の百塚（現富山市百塚）に城を築こうとしたが、費用が嵩み、万治三年（一六六〇）、金沢藩領と一部交換を行い富山を居城とした。この時代の富山藩に住んでいた瞽女の人数を示す記録はないが、元禄九年（一六九六）八月に射水《いみず》郡（現氷見市など）の郡奉行が出した飢え人改め方に関する触書に「こせ・座頭ニ而も及飢候者ハ、是又相改書出シ可申」という一条が見られ、間接的に瞽女の存在が裏付けられる。[39] 後述するように近世中期以降の富山城下には三十一人の瞽女が住み、十九世紀中葉には領内の瞽女人口がさらに増えている。射水郡からの天保四年（一八三三）六月の調査に男女十五歳以上総人口六万八四二二人の内、瞽女七十五人が含まれ（天保八年［一八三七］四月二十九日の記録に射水郡小杉村に瞽女九人とある）、天保十一年（一八四〇）四月十五日の婦負郡、新川《にいかわ》郡、野積谷《のづみだに》地方の調査には総人口数四万一四〇一人の内、六十三人の「盲女」が数えられた。[40] 調査対象となった「盲女」がすべて何らかの芸能に携わったとは限らないが、支配筋が百姓とやや異なっていたため別項として記載した可能性がある。

他領の瞽女も富山領を稼ぎ場としていた。安政年間の福岡町方面には越後の瞽女が歌い歩き、八尾町（現富山市八尾町）には信州瞽女が毎年やって来た。(41) 明治・大正の頃になると富山県を訪れた瞽女の内「越後ごぜ」は下新川郡入善《にゅうぜん》町や同郡朝日町泊地区、黒部市などを主に廻り、「信州ごぜ」は婦負郡八尾町一帯を巡業し、箏曲など音曲指南を行う瞽女もいた。(42) 能登、越中、加賀の三国との間の交流も盛んに行われたらしい。「能登ごぜ」は高岡方面（特に国吉方面）に来たのに対し、氷見市や小矢部《おやべ》市には「加賀ごぜ」がよく来ており、氷見市神代《こうじろ》・谷内《やち》地区、高岡市福岡町西明寺地区、同市頭川《ずかわ》地区などの各鉱泉へは、湯治客を目当てに瞽女や祭文語りがよく出入りしていた。(43) いずれも明治期を峠にその活動がにぶり、大正においては急激に衰退するようになった。

(1) 富山城下の瞽女

寛文元年（一六六一）、一万六七人の町であった富山町の人口はその後一〇〇年の間に二万人にまで膨れ上がった。その間、藩が積極的な産業・文化政策を打ち出したことに連動して、芸能に対する需要と遊芸人口も大幅に増加した。明和から天明にかけ、銀上役と引き替えに各種の営業特権を商人に下付し種々の問屋ができ、領内の農民はその産物を富山町で直売しはじめ、富山町の経済は一段と活況を呈した。こうして、この時点で越中の瞽女が城下町に集まる条件が整ったのである。

金沢藩で行われたような厳しい弾圧と取締をほとんど経験しなかった富山城下の芸能市場の本格的な発展は元禄から加速し、元禄十四年（一七〇一）、大坂から役者の出羽之丞が下桑原に舞台を建設し、操芝居の興行が行われたが、「他所より技芸申立罷越候もの」の人数があまりにも急増したため、享保二十年（一七三五）六月には彼らの止宿が禁ぜられた。(44) 近世中期以降「元来都も及ハさる程のにぎハしき城下と評判打も、第一芝居八年中興行して、千両役者より八百両・五百両のものハ折々来る事多し」といわれたように、富山藩の比較的寛容な民政により城下における芸能市場は、成長を続けた。(45) 常芝居二座のほかに、軽業、物真似を上演する芝居が西岩瀬、富山寺町本長寺の境内などで興行され、大芝居のない金沢などから見物客が大量に参集した。[46]「加賀謡に越中浄瑠璃」という俚諺が示すように、近世後期、城下の町人の間で、浄瑠璃が一大人気を博し、嘉永七年（一八五四）三月吉日付の「三味線見立角力番付」には、東西合わせて一〇七人の三味線太夫が名を連ねるにいたった。[47] 女性芸人も積極的に市場に参入していった。文政三年（一八二〇）一月十三日、清水村の芝居小屋では、女義太夫の興行が行われ、天保五年（一八三四）には城下の「旅籠町ニハ越後よりうつくしもの十人斗召かゝひて、琴・三味せん・笛・太鼓并すりかね・二丁鼓など打せて大騒き、遊女屋・宿屋の家の前のかゝりハ中々言語に絶し」と記録されている。[48]

富山領の瞽女については享保十八年（一七三三）十二月四日の触が、その実態を示唆してくれる。それによれば、「唯今盲女共目明之弟子在之候ハハ、其もの親類共方へ相返し、尤是以後目明キ之弟子取不申様可被申付候事」と申し渡されている。[49]「目明キ之弟子」の名目で若い晴眼者の女性が瞽女宅に住み込み、瞽女の世話をする傍ら客の接待を担当し、瞽女が三味線唄などをもって雰囲気を盛りあげたものと思われる。取締にもかかわらず、この状況は以後も長く続いたようである。天明二年（一七八二）八月二十九日にも、南新町散地に住居を構え（覚中町には「別屋敷」もあった）、そこに「弟子」あるいは「養子等」の名目で晴眼の女性たちを抱えていた「盲女」たちが、重ねて取締の対象とされている。それによって、「目明之分」は町から退去するように命じられ、例外的に五十歳以上の飯炊きの同居のみが許された。[50] 取締が行われた後、次の報告がなされた。[51]

口上之覚

一、三人　盲女　理助貸家　志ん古
一、四人　同断　ゆふ古
一、弐人　同断　せん古
一、弐人　同断　平四郎貸屋　まさ古

一、三人　同断　志げ古
一、弐人　内壱人盲女 壱人飯炊五十才　いさ古
一、三人　盲女　そよ古
一、壱人　同断　里ん古
一、弐人　内壱人盲女 壱人飯炊　せい古
一、壱人　盲女　古順
一、弐人　内盲女 壱人同店志つふじ　かふのふ
一、壱人　盲女　志ん古
一、弐人　内壱人盲女 壱人飯炊五十才　婦じ古
一、壱人　盲女　もり古
一、壱人　同断　里う古
一、壱人　同断　婦じのふ
一、弐人　内壱人盲女 壱人飯炊五十三才　婦じゑ
一、壱人　盲女　とよ古
一、弐人　内盲女 壱人同店八重ふじ　菊ふじ
一、弐人　内壱人盲女 壱人飯炊五十一才　みよふじ
〆弐拾軒
人数〆三拾八人
内三拾壱人　盲女
五人　食炊

右者町内盲女共之内五十才以下之目明キ弟子共不残夫々江立退壱人も町内寄舎り等茂指置不申候、相残り候盲女共人数相改書上申所相違無御座候、以上

寅八月

南新町散地丁頭　平　六
理左衛門
日行使　三郎兵衛

町肝煎
次郎三郎殿
甚左衛門殿

この「覚」によれば南新町散地には、狭い区域に総勢三十一人の瞽女が住んでおり、中には一人暮らしの者もいれば、二～四人が同居する者もいた。おそらく師匠と数人の弟子（視障者）が同居し、場合によってはそれに「飯炊」が加わっていた。「志つふじ」と「八重ふじ」の年齢は不明であるが、問題となった他の若い「目明キ弟子」は、正式な住所が瞽女宅ではなかったためかもしれないが、以上の名簿には載っていない。いずれにせよ、瞽女の多くは「古」で終わる芸名を取り、「菊ふじ」などといった芸妓名とおぼしき名も使われていた。ここには「寿名」が含まれていないことからみて、瞽女仲間が命名を独断で行っていた可能性が高い。

天明二年（一七八二）八月二十九日には、「盲女共宅へ者勿論、町内ニ而人寄無之様」という禁止令が布かれている。天明九年（一七八九）二月二十四日にも「近頃目明之女打交人寄之体ニ在之」とあり、取締をなお厳しくするように申し渡されている。(52) しかし、この取締令の効果も薄かったようで、文化十三年（一八一六）五月十一日の文書からも、南新町散地に晴眼者が依然として「盲女」と一緒に暮らしていたことがわかる。町役人は彼女たちの行動を「猥り」と考え、その結果、改めて五十歳以上の飯炊き以外は全て退去処分を命ぜられた。町の「縮方」（取締を担当する者）が法令の趣旨を「盲女」の「座元」に伝えるように指示していることから、瞽女たちは「座」と称された仲間組織に組み込まれていたことが窺える。(53) 一方、「盲女」たちは、町当局から若干は優遇されていたようで、彼女たちは普通の「町内懸

り銀」（町に対する負担銀）の「半棟」（半額）のみを徴収されていたのである。[54] 明和五年（一七六八）十一月十四日に米が急騰した際は、城下の難渋人救済のため三回の「富突」（富籤興行）が許され、その「余斗銀」は「座頭・盲女へも配分可申付候」とされた。[55]

音楽の演奏と教授から得た収入以外にも、富山城下の瞽女は吉凶の際に幾分かの配当・施物を受けた。享保十三年（一七二八）五月、「盲女」と座頭への祝儀物・施物の簡略化が町奉行に申し渡され、以後は各家から分限相応の喜捨のみが出されるべきであると定められた。「其上我侭申候は可及断事」とされたことからみて、町方には婚礼・法事などの際に、配当を支給する側と受け取る側との間に摩擦が生じやすかったことが窺える。そのためかその後、再度「過分之義申懸取受候之儀、無之様可相心得候」（宝暦八年［一七五八］六月四日）ことが命ぜられている。[56] 不景気あるいは凶作の時には、町人は配当の支払いをしぶり、逆に瞽女・座頭はこの配当を重要な収入源と位置づけていたに違いない。

(2) 高岡の瞽女と瞽女町

富山領の瞽女のもうひとつの拠点は高岡であった。高岡は北陸道の往還筋を基軸にし、街道沿いの町には商家が多く、商業の中心として賑わった。元禄十二年（一六九九）に一万三〇八五人であった人口は明和八年（一七七一）には一万五五八二人にまで増加し、明治元年（一八六八）には二万二二九八人に達していた。人口増加にともなって町が大きく成長し、やがて加賀藩の台所ともいうべき地歩を築いていった。高岡の芸能市場も十七世紀から急速に拡大し、瞽女文化の存立基盤となった。

高岡にはすでに近世初期にひとりの瞽女が住んでおり、当時は寺社とのつながりが強かったようである。高岡開正寺四代目の住職自然が天明二年（一七八二）に著した『高岡開正寺旧記』には次の説明がある。

横川原町《よこがわらまち》ごぜせいこ、右は松寺（永福寺の通称）浄業院様砺波郡才川より此高岡に移住の時、右せいこ同伴し来り、此地に住居す。昔松寺瞽女と称せり。高岡に於てごぜの元祖にて皆このせいこより出ぬはなし、是によりて今に開正寺境内に住居して数代相続す。[57]

浄業院は、永福寺の第四代目の住職で、慶長十四年（一六〇九）に前田利長より寺地を拝領し、才川から高岡に移転した。高岡の瞽女は当時永福寺の保護を受けながら町で活動したのではないであろうか。そしてその後、下川原町を中心に、「せいこ」の別家として多数の瞽女が居住するようになったと思われる。『高岡開正寺旧記』を引用する『高岡史料』には以下のように記されている。

開正寺旧記

下川原町ごぜさき　右はせいこより別家にて中比しゆんことい ふ是也、初めは開正寺門内に住居す今下川原町に移住せり

同町ごぜむら　右はせいこ別家にて数代相続するところ由縁ありて断絶す

同町ごぜりんこ　右せいこ別家にて二三代相続し今は断絶す

同町ごぜまつこ　右はりんこ別家にて今四代相続す

同町ごぜかふます　右せいこ別家にて今断絶すおやつといふ者今に存命す、是則かふますの筋目なり

天明年間に於ては、未だ瞽女町と称せざりしならん。而して瞽女町の名称は素より公称にはあらざりしなり。[58]

下川原町の瞽女たちの中には四代続く系譜を持つ者もおり、また本家・別家という区別から判断しても、高岡には一種のネットワークとなった瞽女組織が根を下ろしていたことが明らかである。下川原町・横川原町が花柳街と化しても藩がそれを容認し、より条件の厳しい地方巡業に代えて多くの瞽女が花街の客を相手に芸を披露した。こうして街では瞽女の存在が際立っていたので、俗に「瞽女町」と称されるようになった。[59]

高岡の瞽女町の賑いは化政から天保にいたる頃ピークを迎え、幕末には十数軒の楼が軒を連ねていたという。町奉行

の記録によれば、瞽女町には「盲女之名目にて、多分目明之者共罷在」、「目明之者」は「芸妓之体に仕成し」たので、料理屋などは時々瞽女町より「瞽女又ハ売女芸妓類をも呼寄、酒宴遊興抔」をしたようだが、これは富山城下に類似した事情であった(60)。安政二年（一八五五）、高岡町奉行は政策を転換し、瞽女のいる西院を残して、他所に活動の場をもった遊女を追放し、同六年（一八五九）まで瞽女町を閉鎖することとした(61)。その再開が検討されたのは、「当町之儀ハ家数も多有之に準じ、瞽女共も人多ニ罷在、町中之施物之已ニ而ハ渡世難致」とされた時期で、しかも近来の米価高騰や地震の被害がそれに追い打ちをかけたこともあり、その結果瞽女たちは再び「町弾」（高岡城下における門付け芸か）が許された。そして「手引の名目を立、ごぜニ属、遊興等之沙汰於有之ハ人別ニ相糺、急度可申付候」という但し書が触に添えられた(62)。

明治中期になると、高岡花柳界の起源といわれた旅籠町の遊郭は「上流の人々」が多く訪れた瞽女町のすぐ表通りへと移動させられ、両町は一つの組合の規則に従わなければならなくなった。しかし、この両町は、それぞれの性格を大きく異にしていたのでその実現は困難であった。瞽女町にあった店の女将の話によれば、町はその名の通り、妓芸のできる瞽女がいて、その手引きをする女性がそれぞれに付いていたというのが始まりであったが、いつしか名目だけの瞽女を一人ずつ置くようになった。そこでの「本当の玉」は手引きをする女であったという。町には「一軒に大抵二三人づゝの妓共」が置かれ、「客間といつても二階に二間、下にも一間か二間」といったこぢんまりした雰囲気であった。客も一日に精々二組もあれば上出来という具合で商売が進められた。明治三十三年（一九〇〇）、町が大火に見舞われて以降は、瞽女町では一軒のみが営業を続けていた(63)。

以上では、富山藩の政策とのかかわりで花柳界における瞽女の活躍に注目したが、富山城下と高岡の瞽女の活躍の場は両町のみに限られていたわけではない。すでに寛政六年（一七九四）八月の金沢の「覚」に「近年座頭等在々え相廻り、別て富山・高岡等之目明・瞽女在々え入込、所に寄数日逗留たし不埒之儀も有之体ニ候」とあるように、富山城下・高岡の瞽女が近世中期以降隣接の地方を旅回りすることもあった(64)。町の瞽女が地方を巡業する場合、主に花街で育成された都市文化が在所に普及し、瞽女が都市文化と地方文化の重要な橋渡し役となったのである。

(3) 氷見町、越中国その他の瞽女

氷見町とその周辺地域でも瞽女は音楽文化に潤いをもたらした。寛延四年（一七五一）五月、論田《ろんでん》村（現氷見市論田）に「宿立候所々、瞽女罷越候得ハ、日数多留置、若キ者共其奢申由、沙汰之限ニ候并他国者・勧進坊主・座頭等之類一夜泊り之外、留置申間敷候」と触れられ、廻村する瞽女が「若キ者共」などに芸を披露し、村に長く逗留したことが窺える。[65] 天保七年（一八三六）十月四日にも氷見町の町人二人と座頭二人が瞽女を「寄置」いていることが取り沙汰され、彼女たちは「追払」の身となった。[66] 氷見の瞽女が座頭・町人に下宿し、あるいは内縁の妻となり、芸能などにより生計を立てた姿が想起されよう。

元禄以降、富山藩の地方都市や農村に暮らしていた瞽女・座頭は住民から吉凶の配当を受け取った。「御郡并他領」の瞽女は町方の婚礼・法事の催し場にも赴き、宝暦八年（一七五八）六月四日には「当地座」（その地方の当道組織）の添人を同行させることが義務づけられている。[67] 氷見の在郷においての配当は「分限の者ハ乃至五匁、軽者ハ乃至壱匁祝儀指遣」という割合であったが、銀額に関する座頭たちと晴眼者の住民との間の争いは絶えなかった。[68] それ以外にも天保の飢饉が越中を襲った翌八年（一八三七）七月、町の肝煎であった中村屋徳八郎が、瞽女・座頭計三十六人に一カ月分の飯代を貸し付けた例もある。[69]

近世中期以降、氷見町の芸能市場も活気を見せはじめ、周辺の村々の住民も様々な芸能を鑑賞・習得する機会に恵まれた。町役人の田中権右衛門が残した日記には、文政から天保にいたる頃、彼が様々な浄瑠璃を聴き（大坂から太夫が来ることもあり）、三味線方には座頭か「盲人」が勤めていたとの記録がある。[70] また「ひそかニ女芝居江行」くこともあり、女性が舞台に出ることも度々あった。[71] しかし他方では、芸人に対する差別も根強く、特に改革の時あるいは倹約令の布かれた時には瞽女・座頭は大きな打撃を受けた。天保十三年（一八四二）九月の砺波市矢木村の定書には、次のよ

うな項目が含まれている。

近年茶之湯に似寄候参会を好、栄耀之道具抔取扱候者も有之体。且又里中村々之内瞽女等為使置、三味線に携、或は尺八を吹候族も有之体。右等は甚だ心得違、不埒之至り沙汰之限に候。以来急度相改、心得違無之様可申渡事。(72)

以上の法令は毎月二日のいわゆる「二日読み」の際に村の肝煎が村民を集めて読んで聞かせたものであり、瞽女の活動が百姓の怠慢を促進し、堕落させかねないと懸念された様子が窺えよう。江戸中期、富山の滑稽俳句に「門口の三味線叱る田植哉」（東恕『桃の首途』、夏）とあるように、(73)廻在する瞽女などは農繁期には歓迎されなかった。

(4) 明治以降、富山県の瞽女

瞽女の活躍に対して富山藩の文化政策は比較的寛容であったが、明治以降、藩が富山県となった後にも瞽女を禁止・弾圧する動きは見られず、瞽女は富山県域各地を中心に二十世紀までたゆまず廻村し、特に祭りや村芝居など人々の集まる場所を巡業した。富山湾に臨む新湊に、木流しに携わる職人が集まり、川辺に小屋をかけ、仮住居とした。瞽女はそこへ出向き、彼らを相手に唄を演奏したという。(74)また、後述する越中の最後の瞽女であった松倉の千代（佐藤千代）が、一時大山町上滝《かみだき》の赤倉屋という茶店の一室を借り、辻に立つ赤倉屋やその向かいの小俣屋・赤田屋に寄る馬喰や不動尊参りの客を相手に唄を歌っていたともいう。(75)

富山県には「瞽女宿」が整備された地域があった。恒例として瞽女を泊める普通の農家もあったが、瞽女が木賃宿などに泊まることもあった。夜になると近隣の人々が集まり、瞽女の唄を聞き楽しんだ。旧八尾町にあった「仁歩屋《にんぶ》」はそうした瞽女宿の一例であり、明治九年（一八七六）頃まで、多くの飯盛女がこの宿に置かれたが、遊廓の取締令が出たことをきっかけに、瞽女をはじめ、山伏、猿廻し、祭文語り、四竹、虚無僧、売薬人など、そして昭和になると、チンドン屋まで、あらゆる下層の人々がそこに宿泊するようになったという。瞽女は紙に包まれた五銭か十銭ほどの合力を村人から貰ったと、富山の古老が最近まで記憶している。[76] 収入を少しでも増やそうと、瞽女は唄を歌う傍ら、大津絵などを売り、密かに春画も販売していたという。

富山市呉羽町《くれはまち》・吉作《よしづくり》地区や旧新湊市（現射水市）を含む地域には瞽女の組があり、彼女たちは正月や祭礼の日に近郷近在を廻り人々を楽しませた。[77] 呉羽町と吉作の瞽女は五、六人で来ており、新湊の瞽女が呉羽、四方、小杉、伏木まで歩いたと報告されている。[78] また今日の五箇山民謡の三味線の技法は、明治維新前後に小谷（旧平村、現南砺市）の一集落にいた「倉野おの」という瞽女より伝えられたという。[79] 他にも東新田背戸町（現南砺市城端《じょうはな》東新田）の座頭の家に瞽女がおり、若者たちがその三味線を楽しみ、保内《やすうち》（現富山市八尾町）では「チンチヤクミズ」という女性が廻り、大長谷《おおながたに》（現富山市八尾町）・仁歩（同）では庵谷《いおりだに》（旧細入村、現富山市）のあたりから瞽女がよく来たと伝えられている。[80]

三　富山県の最後の瞽女、松倉の千代

(1) 佐藤千代の生涯

富山県の郷土史あるいは民謡に関する研究には、「立山町の松倉のツーマ」と「八尾町仁歩の千代」という二人の瞽女がいたと報告されている。[81] ところが、この「ツーマ」と「千代」という二人の瞽女とは、実は佐藤千代（通称チーマ、または松倉の千代）という一人の女性であり、彼女は大正・昭和初期の富山県に広く知られた存在であった。後述する操人形を伴奏した「松倉からの瞽女」も彼女のことを指していると思われる。

千代は明治十七年（一八八四）頃、富山県中新川郡立山町座主坊《ざっすんぼう》の杉本留次郎の四女として生まれた。留次郎は宿を経営していたが、四人の娘と五人の息子を育てるのに充分な経済力に欠けたため、千代は七歳の頃、隣村の松倉の佐藤弥三郎の養女となった。弥三郎は裕福な地主で、世話好きでもあったので、九男九女を育てたという。千代は、養女に

なって一年も経たない内に当時流行をみた天然痘にかかり、あばたは残らなかったものの失明した。千代は、小さい頃から唄が好きで、甲高い声で歌い、障子の桟に生糸をかけ、その張り具合を変えながら、馬の毛で擦って音を出していたという。唄は廻ってきた瞽女や祭文語りなどから覚え、ついには明治三十三年（一九〇〇）五月から翌年の秋まで越後高田の瞽女仲間に入り修業した。

高田から富山県に戻った後、千代は主に門付けをしたとされるが、最初の手引き役は五歳年下の義弟の銀蔵であった。その後は大山町の豆蔵（芸名）という友人、あるいは大山町の山口こと（明治二十七年［一八九四］生まれ）などが、さらに大正中頃からは娘花房（通称「はな」、明治四十五年［一九一二］生まれ）が手引きの役を勤めた。

佐藤千代は大正後半以降は、富山市堀川小泉の藁工品倉庫の一角を借りて生活し、大正十三年（一九二四）に上京し、初代小原万龍一座に加わり、常盤座や木馬館などで演奏した。[82] 昭和十八年（一九四三）には神戸から出港し、樺太・朝鮮に渡り慰問の巡業をした。昭和二十年（一九四五）八月二日の富山大空襲の後、東京の神田にいる娘の家へ戻り、昭和二十一年（一九四六）四月、六十二歳の生涯を閉じた。

図 7.2　佐藤千代（右）と娘の花房（左）（宮成照子蔵）

(2)　千代の旅路

『大沢野町誌』によれば、「千代の歩いた範囲は甚だ広く、八尾・富山・小杉・滑川《なめりかわ》に迄足を運び、（中略）猪谷でも春秋二回の祭礼には必ず来たものだという。しかし寺家・坂本・万願寺・合田・小黒から熊野方面は千代の活動範囲ではなかった」[83]。これは大ざっぱな巡業地を示すが、一時、手引き役として勤めた山口ことの娘である宮成照子によれば、佐藤千代の旅路はおおよそ次のようなものであった。

四月八日、佐藤千代は雄山神社（立山町）の「権現様《はん》の祭」に行く。瞽女たちはここに集まったという。それが終わって、小原と河内（旧大山町、現富山市）を廻り、四月十六日の夜から十七日にかけて上滝（旧大山町、現富山市上滝）に「春祭」があり（雨の日には「カッパ祭」といった）、そこに集まった人々を相手に唄を歌い胡弓を弾いている。それから立山町へ足を運び、そこに一番長く滞在した。五、六月になると、まず上市町を巡業し、その後は滑川市へ向かっている。そこには三軒の「女郎宿」があり、また十数軒の「瞽女宿」と数軒の漁師宿もあった。芸者の多忙な時、漁師がよく瞽女を呼んだが、漁師たちはケチだという理由で、佐藤千代は漁師をなるべく避けるようにしていた。八月二十七日（上滝の盆踊りの日）の夜、彼女は再び松倉の自宅に戻り、九月になると、売薬の町として知られる水橋町（富山市）へ行っている。そこには瞽女宿も数軒あったが、滑川ほどではなかった。そして十月十七日頃、上滝では毎年三日間の村芝居が催され、それが佐藤千代の重要な稼ぎ場ともなった。次に岩瀬町（現富山市岩瀬）へ赴き、そして新庄町（現富山市新庄）へ戻り、十一月には大久保（旧大沢野町、現富山市大久保）、十二月には大沢野村へ行く。約十日の後、再び大山町（小原・河内）へ帰り、翌年の春まで友人の家に泊まっている。

一連の旅の間、佐藤千代は緑がかった黒い木綿の盲縞（あるいは絣）の着物をよく着用し、「帽子は禿げる」という理由でかぶらなかった。着物を裾まくりして腰に巻き、モンペでそれを包み込み、お座敷に上がるときはモンペを脱ぐと着ながし姿にすぐ戻れる便利さがあった。足には二重三重の草鞋を履き、山に入るときは脚絆も付けた。雨が降ると着物の上に柿しぶを塗った袖無し合羽を着、檜笠を被ることもあった。楽器（胡弓または三味線）はいわゆるズダ袋に入れ、合羽でぐるぐるに巻いて持ち歩いた。ちなみに、富山の瞽女については、「眼が見えないのに、かすりの着物まで上手に縫うた」という事実が報告されている。(84)

(3) 富山の瞽女唄と佐藤千代のレパートリー

越後の瞽女唄とほぼ同様に、富山県の瞽女唄は「段物」、「口説」、「雑歌」の三種類に大別できる。「口説」（別称「やんれ口説節」など）は瞽女唄として広く知られており、盆踊り唄としてもよく歌われた。旋律は普通、新潟県の民謡「新保広大寺」の一種であるが、普及過程において富山瞽女唄の「口説」と盆踊り「口説」の旋律は大きく変化し、両方を覚えている古老は、それぞれを別の旋律と認識している。[85]

「口説」には「お吉清三《きちせいざ》」をはじめ、数多くの歌詞があり、とくに侍の鈴木主水と女郎の白糸との心中話がよく歌われた。この歌詞は、瞽女唄としてはもとより、『大沢野町誌』の記録が正確であれば、操人形の伴奏としても演奏された。それを覚えている者によれば、「松倉から来るのは盲目女であったので、男がこれを連れて来た。人形を操り胡弓に合せてすき《(鈴木主水)》問答などした。村人は一文か二文渡したが、これが又楽しみであった。これが来ると村人の顔色も違ってきた」。[86]

富山の瞽女唄のもうひとつの演目であった「段物」は越後瞽女のそれと同様、「祭文松坂」というジャンルに属したとみてよかろう。「口説」の反復的な七七調とは異なり、「祭文松坂」は七五調が支配的である。富山県で最も広く知られているのは「阿波の徳島」（別名「阿波の鳴門」）の唄であり、つい最近までそれを記憶している住民もいた。[87]

他所の瞽女と同様、富山県の瞽女も数多くの流行歌を覚え、時代とともにこの雑歌の種類と数が変化した。雑歌の例のひとつとして、立山町芦峅寺《あしくらじ》地区には次の文句の瞽女唄が伝承されている。[88]

〽お光、アレ見よ、立山下の、雪の下越えに、アリャアおらが里、チェレー、チェレロ、チェーローロ
　わたしゃ芦峅、山家の育ち、紺の脚絆で、アリャア、わらびとり、チェレー、チェレロ、チェレーローロ

〽富山はなれて東へ六里、山路たどればわしが里

〽立のお山に初雪ふれば、ふもとア、黄金の花かざり

〽とてもこの世でそわれぬならば、花や蓮華《れんげ》の上でそう
〽恋いし芦峅出てゆく時は、雨も降らぬに袖《そで》しぼる

以上の唄はふだん三味線伴奏が付けられたが、佐藤千代は胡弓を弾いた。彼女は胡弓の名人として評判であり、胡弓で「こんにちは」を言い、または猫の声を真似たことは今でも彼女の演奏を聞いた高齢者が覚えている。彼女が弾いた胡弓は四弦のもので、尺八と組んで歌ったことも報告されている。(89)

豊富なレパートリーの内、「口説」は佐藤千代の十八番であった。特に「鈴木主水」の演奏はいつも好評であった。「お吉清三」も歌い、越後の瞽女から習ったと思われる段物の「八百屋お七」、「石童丸」、「忠臣蔵」、「阿波の鳴門」、「佐倉宗五郎」、「いざり勝五郎」、「一の谷熊谷陣屋」、「葛の葉子別れ」、「山椒太夫」、「曽我兄弟」、「千代萩」、「唐人お吉」、「小栗判官」なども歌っていた。それにくわえて北陸地方のあらゆる「甚句」、「まだら」など無数の民謡や、都々逸、浪花節、当時の流行歌のほとんどを習得し、聴衆の要望に応じ演奏した。

さて、佐藤千代の唄は具体的にどのようなものであったのであろうか。残念ながら彼女の演奏する録音は存在していないようである。しかし、彼女の唄を実際に聞き、記憶している古老の演奏はひとつの貴重な手がかりとなろう。例えば、佐藤千代が旧大山町上滝の馬方宿蜷川家（赤田屋）に立ち寄り、馬方衆を相手に歌ったところを聴いていた旧大山町花崎の酒井政行（大正元年［一九一二］生まれ）は、それを覚えており、次のように再現している（譜例7・1）。(90)

譜例7・1　「瞽女節」（口説「鈴木主水」）
録音：昭和五十九年（一九八四）前後、富山県民謡緊急調査
唄：酒井政行（富山市花崎）
音階：A；B-D′-E′；E′-G′-A′；B′-D″-E″
歌詞：

花のお江戸のそのかたわらに
さても珍しい心中ばなし
キュラキューラキューラキュッキュラキューラキューラキューラキューキュラキュラキューキューラキューキューラキュー
ところ四谷の新宿まちヨ
紺の暖簾桔梗の紋は
おと聞こえし橋本屋とて
数多女郎
（中略）
さてもヤンレー［?］の［?］オヨ
キュラキューラキューラキュッキュラキューラキューラキューキュラキュラキューキューラキューキューラキュー

譜例7・1の唄の旋律は「民謡テトラコルド」から構成されており、三つのフレーズからなる前置きから開始される[a]。それに続く「キュラキュラ」などといった、佐藤千代が胡弓で弾いたと思われる間の手が「口三味線」として歌われる[b]。この「間の手」には定拍が感じられ、長い「口説」の中で、五〜一〇フレーズごとに挿入されている。[a]の旋律が再度反復され[a′]、その後唄の中心部[c]が何度も反復される。そして「口説」の各段は特殊な旋律で終わり[d]、最後にもう一度[b]が歌われている。

酒井政行の演唱する「口説」は、構造上は越後瞽女唄の「口説」と近似している。例えば杉本キクエが歌う「鈴木主水」も、三フレーズからなる旋律で始まり、唄の中心部は二つのフレーズから構成され、これが幾度も反復される（譜例14・35参照）。そして最後の「やんれ」を含む唄の締めくくりの旋律も、酒井政行の「鈴木主水」のそれとほぼ同じである。

旧大山町の勇勇《いさみゆう》（明治三十六年～平成十三年［一九〇三～二〇〇一］）も佐藤千代の演奏を馬喰の宿あるいは茶屋で聞き、彼女の歌った「鈴木主水」を伝えている（譜例7・2）。二十～三十人が集まっているところへ、瞽女が呼ばれ、演奏会が催された。唄を注文する客は、十銭ほどの施しを演奏者に与えた。佐藤千代は声がよく、また美人でもあったので、なかなかの人気者であったという。

譜例7・2　「瞽女唄」（口説「鈴木主水」）
録音：平成四年（一九九二）六月一日、筆者による（大山町）
唄：勇勇（旧大山町）
音階：E′–G′–A′；A′–C″–D″；E″
歌詞：

花のお江戸のそのかわたら
キューラキューラキュッキュラキューラキューラキュッキュッキューラキュッキュッキューラキュッキューラ
キューキューラキュー

酒井政行と勇勇の歌っている旋律にはかなりの差が認められる。酒井政行の歌う節はより複雑であり、旋律の構造もしっかりしているので、佐藤千代の歌っていたものにより近いかもしれない。両者がほとんど同じ「キューラキューラ」という「間の手」を歌っており、勇勇の旋律ももっぱら「民謡テトラコルド」からなっているが、酒井政行の歌う旋律の音階とは異なっている。

佐藤千代の演奏によると思われるもうひとつの唄にも胡弓の伴奏が付いており、「キューラキューラ」の「間の手」と類似する箇所が前奏にある。瞽女は立山登山の行き帰りの宿泊者たちに聞かせたという（譜例7・3参照[91]）。

譜例7・3　「瞽女節」
録音：昭和五十九年（一九八四）前後、富山県民謡緊急調査
唄・胡弓：福光子（大正十年［一九二一］生まれ）、立山町松倉
音階：E′–G′–A′; B′–D″–E″; E″–F#″/G″–A″; B″–D‴–E‴
歌詞：

あきつ（カケスという鳥）なくかよ、ないたとて、所詮この世じゃ添わりゃせぬ
とてもこの世で添えぬなら、花や蓮華の上に添う
わたしゃ松倉、山家の育ち、紺の脚絆でわらびとり

唄には胡弓の伴奏がともない、唄の節とほぼ同じ旋律を弾いている（録音では胡弓の旋律は非常に聞き取りにくいので、譜例7・3ではその採譜を省略した）。胡弓伴奏の音階の第三テトラコルドのF#/Gの曖昧な音高以外は酒井政行の歌う旋律の音階とほぼ一致している。

愛用した四弦の胡弓にくわえて佐藤千代は三味線も演奏したが、先にあげた譜例の「間の手」は他の人が主に三味線で演奏した。旧大山町の住民（女性、明治三十三年〜平成十七年［一九〇〇〜二〇〇五］）は、三味線の手とその「口三味線」を覚えている（譜例7・4）。

譜例7・4　松倉の千代の「口説節」（間の手）。**三味線で弾く場合と口三味線の場合**
録音：平成四年（一九九二）六月二日、筆者による（大山町）
唄：女性（旧大山町）
音階：E′–G′–A′; A′–C″–D″; E″
歌詞：

（口三味線）チンテンチンテンテンテンチリリツテンチンチンチンチンチンチリリツトントツテンテントツテン

譜例7・4の「チンテンテン」などからなっている「口三味線」の旋律は勇勇の歌う「キューラキューラ」（譜例7・2）とほぼ一致し、C′-D′-E′を含む音階も似ている。佐藤千代が胡弓で弾いた曲の原型を正確に復元することは困難であるが、彼女の演奏を聞き、伝承された旋律を再現した人々の演奏からその大枠が明らかとなる。

むすび

風俗取締の厳しい金沢と比較するならば、富山藩では花柳界を中心とする芸能市場が瞽女の自由で旺盛な芸能活動の土台を提供したということができよう。断片的な史料から彼女たちが各地においてどのような仲間組織を築いていたのかを推測すれば、金沢の場合、瞽女組織は当道組織に従属し、富山・高岡の場合、瞽女は花街に連携する同業者組合のような組織を確立していた可能性が高い。前者の組織は主に芸能の伝授と配当金の再分配のために成立し、後者は「商売」の調整、値崩れの防止、紛争の処理、あるいは流行歌の伝授を円滑に行うために存在したのであろう。

しかし十九世紀になると、金沢でもようやく芸能に関する取締が幾分緩められ、瞽女稼業の商業化も進んだ。富山や高岡には明治頃まで数多くの瞽女が盛んに活躍し、越後瞽女の影響を受けながら二十世紀まで地方を廻り住民に唄を聴かせた瞽女もいた。芸能市場の中心が東京に移るにつれて、最後の越中瞽女であった佐藤千代も上京し、芸人として名声を博したのである。

第8章　江戸東京の瞽女と瞽女唄

はじめに

天和三年（一六八三）三月、江戸の町屋敷所在地が調査された際、「ごぜ町屋」もその対象のひとつとなっていた。[1]この事実からすでにこの時代の江戸には、為政者の関心を引くほどの瞽女が住んでいたことが推測できよう。享保八年（一七二三）の江戸人口調査には「盲目六千弐拾三人、盲女千七人」という具体的な数字が示されている。[2]その数の正確さはともかく、十八世紀の江戸には大勢の瞽女が暮らしていたことは間違いない。「千七人」の瞽女の内には都会に生まれ育った者や地方から流入した者、裕福な者や貧困に苦しむ者、将軍家に仕える者や門付け芸人として生計を立てる者など様々な立場にあった人々が含まれていた。

諸国流浪の人々の吹き溜まりであった江戸には、瞽女の様々な生業や生活様式が展開され、瞽女ないしは瞽女集団が周辺社会と多様かつ重層的な関係を取り結んでいたであろうことが推定される。親・親戚元で扶養される者は別として、瞽女への社会的支援としては、たとえば十七世紀半ばから将軍家が吉凶の際に、武家・町人と同様の配当を瞽女にも施与した場合が挙げられよう。芸能の商品化・商業化により多くの瞽女は町人層に箏曲と三味線唄を聞かせ、音曲指南も盛んに行うようになった。近世後期にはとりわけ門付け芸を披露する瞽女が町の風物として頻々と記録されている。江戸が関東一円の音楽文化をはじめ、遠国にまで普及した流行歌や大衆芸能の発信地となり、瞽女に多くの可能性に満ちた広大な芸能市場を提供した。しかし、一方で市場に参入し主に個人として音楽の演奏・教授を行った瞽女たちが、大都会特有の差別的風習と偏見に苦しめられたことも忘れるわけにはいかない。

一　江戸の瞽女に給付された吉凶の配当金

第5章で述べたように、幕府はつとに十七世紀から視障者へ吉凶の配当（施物）を給する政策を施行し、諸藩もそれに倣い独自の政策を打ち出し、配当支給という慣習はやがて武家、町人、農民にまで普及した。

当道の記録によれば、配当を受け取る権利は四条天皇の時代（鎌倉初期）より保証され、吉事・凶事には士農工商いずれからも「分限相当之配当」が出され、その吉凶の種別は、婚礼、出産、元服、新宅、蔵建、寺地における供養、法事など多岐にわたり、武家の場合には、これらにさらに国譲、新地、家増、番人、役替、所替、任官、入部、入国などが加えられた。当道の主張によれば、慶長八年（一六〇三）からは、「御縁組、御結納、御誕生、御宮参、御祝儀」の時にも配当が下賜されたという。[3] 上州に残された差し出し人が「江戸本庄(所)壱ツ目」の「宗(惣)録」となっている文久元年（一八六一）八月の由緒書（「御免状之事」）には「後光孝天皇末葉陸賀大納言様より江戸町奉行大岡越前守様江申付、瞽女・座頭之扶持として日本六拾余州右田地壱歩ニ付竪三寸之縄延、依之座頭ニ一宿いたし、一飯・手引壱人相添、継村迄無相違可送」とあり、当道の考え方が窺える。[4]

当道の見解はさておき、管見の限りでは、幕府が「盲人」に給付した配当の初例は、慶安元年（一六四八）一月十六日、鶴松若君(徳川家光五男)七夜の御祝いに行われ、大納言殿が岩船検校城泉に銀十枚を給し、「府内瞽者」には三〇〇貫文、「盲女」へは二〇〇貫文が給された一件である。ついで同年三月五日徳川家綱中剃始の際にも、岩舟検校に銀十枚、「瞽者」に銭五〇〇貫文、「盲女」に三〇〇貫文が支給されている。[5]『徳川実紀』や『御触書集成』には、江戸後期に「盲人」が給わった配当が、網羅的とはいえないまでも、数多く記録されており（本書史料篇参照）、これによって、配当の種目には当道が主張した通り結納、婚礼、着帯、安産、元服、御弘、転任、御仰出、将軍宣下、若君様御髪置、若君御袴着などが含まれ、また様々な法事・法会の時にも配当が下されたことが判明する。

元禄五年（一六九二）以降、江戸には惣録が置かれ、関八州の「盲人」支配権は、京都の総検校から江戸惣録へ移ることとなった。以後、幕府からの配当も直接江戸の惣録に授与された。[6]明治四年（一八七一）三月、惣録多喜川検校が東京府に提出した「御尋ニ付以書付申上候」の文書には、将軍家では宣下の際には江戸の当道へ鳥目八〇〇貫文、他界・年回・法事の際は六〇〇貫文、また「其時々」には惣録へも白銀三枚を施すことがしきたりであったとある。『徳川実紀』や『御触書集成』の記録を見ても銀高・銭高は種目や関係者の地位に対応しながら百年の間ほとんど変化を見せていない。[7]給付された配当の取扱いは「惣録所役座頭と申拾八人程」が担当し、明治四年（一八七一）三月の段階では四人がその職に当たっていた。[8]

幕府からの配当が施行される際には「座頭・盲女」は通常一括されたが、別々に取り扱われることもあった。この場合、座頭へは例えば二〇〇貫文に対し、「盲女」へは三十貫文しか与えられなかった。また、明和二年（一七六五）六月と文化十二年（一八一五）五月の例が示すように、幕府の配当の対象は江戸の「座頭・盲女」に限定されていた。幕府はやはり江戸の支配者として、その地の「座頭・盲女」に対する「慈悲」と「憐愍」という義務を感じていたということであろうか。

幕府にくわえて、江戸に屋敷を構えた諸藩からも江戸の「盲人」に施物が出されたようである。文政九年（一八二六）の高崎藩が作成した配当の形式に関する達から、藩の配当の取扱いや、「盲人」と「非人」に対する異なる意識が窺える。[9]

御施物之事

一、御吉凶共ニ、座頭盲女并非人松右衛門え御施物被下候、座頭盲女えは和代都方え足軽目付使ニて差遣候、松右衛門事は、小石川御門え取ニ出候間、其節渡シ遣候、伺案文左之通、

此度何々之儀ニ付、座頭盲女並非人松右衛門え御施物被下置候様願出候間、先格之通り為取可申哉、則例書差添、此段申上、奉伺候以上、

月日

例書

一、銀弐枚　座頭 盲女

一、鐚壱貫文　非人　松右衛門

右之通、何年何之節被下置候以上、（後略）

つまり吉凶の際には、「座頭・盲女」とともに「非人」も配当を受けたが、「座頭・盲女」の場合には使いをもってそれが（当道座役員と思われる「和代都」へ）届けられたのに対し、「非人」の場合にはその頭の一人であった松右衛門が小石川御門に呼び出され、そこで金銭の授受があった。「座頭・盲女」と「非人」に給与された銀高・銭高の間にも大きな開きがあることも注目に値する。

さらに江戸の町人も吉凶の配当を施行し、元禄十四年（一七〇一）九月五日には次の覚が出されている。

一、配当座頭・瞽女、町方ニおいて祝儀愁事之節、金銀過分ニねたり取候由相聞不届ニ候、向後ねたりヶ間鋪仕形候ハヽ、支配之奉行所え召連可罷出事

（中略）

右之趣堅可相守候、令違背候ハヽ、可為曲事者也、

巳九月

右は九月五日御触、町中連判[10]

町方から施された配当はいわゆる固定相場ではなかったが、町人が慣例に従わない場合、あるいは「分限相応」でないと見なされた施物を提供すれば、瞽女・座頭が抗議し、町役人はそれを「ねだり」と見なした。視障者への充分な支援体制が整っていなかった江戸では、社会の下層に生きていた瞽女・座頭の一部が必死に既得権の行使を図るのに対し、提供者と受取人との間の紛争を未然に食い止めることをなによりも優先した為政者にしてみれば、以上の触を出さざるを得なかったものと思われる。

二　江戸の瞽女仲間

当道組織に届けられた配当を瞽女が受け取るためには当道との関係を維持する必要があった。江戸の町々に散居した瞽女はそれぞれの師匠（検校、勾当、座頭、先輩の瞽女など）から個別に配当を受けたとも考えられるが、効率的な配当の再配分には瞽女の仲間組織が一定の役割を果したであろうと推測される。

天保十四年（一八四三）の『駿国雑志』（巻之七）には、江戸惣録が「関東の座頭及瞽女悉く配下とし、公儀御施行惣録を給りて与る也」とあり、当道組織が幕府から得た施物はやはりまず惣録に納められたことがわかる。[11]同書によれば江戸の最初の瞽女は「神祖《徳川家康》駿府御在城の時、府中に二人の瞽女あり。一人は、駿州の産、一人は上総国の産也、其名を伝へず」とあり、二人は「或時於万の御方」（小督局、徳川家康側室）に因縁があったらしく、「後武州江戸、鉄炮洲に、居地を玉はり、移住して頭となる。然るに後瞽女、心不良にして、業をなさず、終に居地を売り出て、其行衛を知らず」とある。これに信をおくならば、近世初期の江戸の瞽女仲間の本拠地は鉄砲洲に置かれたこととなろう。しかし、『駿国雑志』の編まれた天保十四年（一八四三）までには、瞽女頭の所在地が変わり、「今江戸瞽女頭、多く松野、槇野の名を通称する」となっており、「武州江戸、神田豊島町、瞽女頭、槇野云」とも説明されている。[12]弘化四年（一八四七）十月、信州松代の座頭であった城稲も「江戸表之義ハ聢と相訳兼候得共、大場の義ニ付夫々届兼、瞽女頭としま町ニ御座候由」と同じ趣旨を述べている。そして配当の「配分は座頭より相渡候由ニ御座候」としている。[13]

江戸の瞽女仲間組織のしきたりについて、『駿国雑志』は「瞽女十五年より、廿年迄は、中老と称して絹布を着、廿年より已後を、年よりと号して、美服うち掛す、是を官と云。皆其頭より免す所也」と記述しており、各組は年功にしたがって組織化されたことを窺わせる。[14]記録中の「十五年」などは年齢ではなく、修行年数を指しているとみるべきであろう。

豊島町の松野とその配下にいた瞽女の間では、こうしたしきたりが長く継続されていたのかもしれない。しかし近世後期に、江戸のすべての瞽女が加入していた強力な仲間組織が存在していたとは思われない。芸能の商品化が大きく進んでいた大都会では、将軍、武士、町人らが給した施物の重要性は次第に減り、それを経済的支配の梃子として使っていた当道の影響力もその分減少していったであろう。瞽女仲間に加入せず、琴の指南、三味線演奏など、個人として活躍した女性視障者が増えるにつれ、瞽女仲間組織の弱体化が加速されたと推定できよう。また地方とは異なり、どんな町にでも音曲師匠が得られる大都会では、瞽女仲間の芸人養成、芸能伝承、巡業の調整などといったさまざまな役割が減少していった。芸能の商品化が進むにつれて仲間による独自の伝統芸能の伝承もさほど評価されなくなっていった。弘化三年（一八四六）九月二十一日、江戸の「惣録役座」を勤めていた飛騨之一が松代の座頭仲間に送った書簡中に「女子ニ候ハ、仲間と申儀ニも無之、官位を可致身分ニも無之」とあり、だとすると当道に認められた強力な瞽女仲間は近世後期の江戸に存在していなかったと思われる。[15]惣録は形式上の配当分配権を受け継いではいても、大都会に活躍する大勢の瞽女の不埒などに関する責任を負うことまでは嫌い、そのことが法的根拠のある瞽女仲間の存在を認めなかった原因のひとつであったと考えられる。その点に関しては、惣録の利害と配当への依存から脱却し芸能市場の参加によって生計を潤そうとした江戸の瞽女の利害とが一致していたといってよい。江戸においては、瞽女仲間を維持したとしても、そのことは加入者に大きな利益をもたらすことはなく、かえって加入者とその他の町人との差異がむやみに強調される結果となり、不当な差別を助長したかもしれない。ところが、逆に、仲間組織を欠いた無防備の個人が江戸で活躍することもまた大きな危険をはらんでいた。後述する江戸市民の瞽女に対する偏見と暴力も、大都会に見られる差別的風習と無関係ではない。

三　江戸瞽女と武士社会の音楽文化

幕府が数人の瞽女を召し抱えていたことは正徳三年（一七一三）と享保六年（一七二一）四月の法令から読みとれる。[16]「長局へ出入候ごぜは、二人きわめおき申へき事」とあるが、具体的な職務については不明である。この瞽女の身分に関しては正徳三年（一七一三）の「覚」に「御中臈御小性表使」よりは下、「御広座敷御三之間」よりは上、「御次呉服の間」の仏比丘尼などと同位という説明が見られる。享保十四年（一七二九）、八代将軍吉宗の養女竹姫の輿入れの際、「盲女壱人」も御供女中衆に加わり、支度料として六十両を与えられたという事実から察せられるように、少数の江戸瞽女は上流社会で厚遇されていた。[17]『甲子夜話』には十九世紀前半の江戸での状況が次のように説明されている。

大奥に立入りし婦の話を聞に、大奥にも三絃を弾《ひく》もの有るが、御次格にして御目見《おめみえ》以下の女なり。又これをお目無しと称して盲女なり。この者唯一人のみと云。然る故に、御中臈方は勿論、御役女に於て、一切此技を為《なす》ことあらず。[18]

図 8.1　江戸瞽女（『地口絵手本』下巻，須原屋伊八・須原屋源助刊，江戸後期か。東京都立中央図書館蔵）

上流武家社会で特に「下品」とされた三味線を専門とする瞽女でさえ幕府に仕えていたとすれば、より「上品」と考えられた箏を演奏・教授する相当数の瞽女も大奥などに配属されたに違いなかろう。

諸藩の江戸屋敷に仕える瞽女もいたようである。元禄十四年（一七〇一）七月六日、水戸藩の重臣であった肥田十蔵の邸宅において「座頭並ごぜ居て色々の歌上るりなど」を披露し、招客をもてなしたという記録がある。(19) 江戸の文化を詳しく描写している享保十三年（一七二八）成立の『落穂集』によれば、昔は「三味線と申物をは、盲目の女より外にはひき不申事の様に有之」とあり、「大名衆の奥方には、ごぜと名付たる盲女を弐人も三人も抱へ置れ、御歴々事なと有之節は、三味線をならし小歌やうの物をも謡ひ、座興《ざきょう》を催し」たという。しかし、「当時の義は件のごせなど申者の義は、沙汰にも不承」ともいい、諸藩に仕えた江戸の瞽女が次第に晴眼者の踊り子などに圧倒されていった経緯が窺われる。(20)

町を歩いていた門付け芸人の瞽女も武家社会とは無縁ではなかった。歌人・歌学者であった戸田茂睡は天和三年（一六八三）の『紫の一本』に宴席の余興として「加賀節」を歌う瞽女の姿を捉えており、大和郡山藩の二代藩主柳沢美濃守信鴻の日記である『宴遊日記』にも江戸の瞽女との奇遇が記録されている。(21) 安永二年（一七七三）一月二十二日の項に「瞽女もと来、干糕を進む」とあり、正月過ぎに瞽女が大名屋敷を訪れていることが知られる。そして信鴻が町を散歩した安永八年（一七七九）十一月十九日にも「織江と云四十計の瞽女」に出会っている。(22)

眼病を患う江戸の人々は新井薬師（現東京都中野区新井）に祈願し、あるいは弁財天に祈念することを薦められた。(23)しかしこうした祈りにもかかわらず、神仏が障害に無関心で視力の回復もままならぬ場合、失明者の最大の関心事は生計の維持に移らざるをえない。下層に属する女性視障者の多くも、ふだんから何らかの仕事につき、大道芸よりはむしろ按摩業に転職したようである。(24) 音曲を業とする場合、女性視障者は「道心」や「尼」と同様、自分名義で家を借りることが許されたようである。(25)

四　音曲師匠・演奏家としての江戸瞽女

元禄九年（一六九六）の『七種宝納記』に「今時は武士町人百姓に限らず、身だいよき者は我が家業をばそこ〳〵にしなし、琴・三味線をならふ事を専一に心かける者多し、是は座頭・瞽女のなす業なり」(26) とあるように、音曲稽古が江戸で流行をみた。江戸の瞽女ははやり唄など以外にも、義太夫節をはじめ、様々な浄瑠璃をも習得し、またそれを弟子にも伝授した。以下の元文四年（一七三九）十月十日に布かれた有名な「上方節」の禁止令も「盲女」に言及している。

奈良屋ニ而年番名主江被申渡
（前略）
一、上方ふし師匠、其外盲女・座頭・踊り子抔住所に不構、其所江上方ふし稽古ニ不参候様ニ、若キもの子供手代召仕等迄、急度可被申付候(27)

近世中期から江戸の瞽女の中心的なレパートリーは箏曲から三味線唄へ移行したが、天保十一年（一八四〇）六月の密通一件に、「尤瞽女、琴の師南（指）ニて相応ニ暮し居り候よし」とあるように、箏曲演奏や指南を行う瞽女が江戸から消えたわけではない。[28] それは、江戸の住民が幕末まで箏曲演奏を瞽女の代名詞と認識していたことは嘉永元年（一八四八）に市村座で上演された西沢一鳳作「絵入稗史《せうせつ》蕣《あさがお》物語」からも推測できる。この戯曲には瞽女の深雪が箏を弾く有名な場面が含まれ、それを聴く登場人物は「すべて女《をんな》の声《こゑ》は陰声《いんせい》と申《まを》せども、盲目《めくら》は分《わ》けて陰《いん》なれど、あの声《こゑ》は陰中《いんちう》に陽《やう》を含《ふく》み居《を》れば、女《をんな》は女《をんな》なれど、両眼《りやうがん》は明《あき》らかと存《ぞん》じられます」と評価されている。[29] 芝居中の瞽女が伝承したのは、「筑紫《つくし》の松浦検校《まつらけんぎやう》が手《て》を附《つ》けましたる、不知火《しらぬひ》と申《まを》す調《しら》べ」という「秘曲」であったため、武士の注目を引いたのであろうが、このように江戸において実際に箏曲を演奏し住民に伝授した瞽女は、明治以降にも存在し活躍した。

五　大道芸人としての江戸瞽女

江戸っ子から他国者までが雲集霧散する江戸の大道と路地において、瞽女は都の流行歌をはじめ地方から輸入された唄などを歌い、庶民文化の発展に大きな刺激を与えていた。寛政十一年（一七九九）二月二十六日、下山崎町の名主が「乞胸の事」を記録している中で、「往還道端ニ居り、往来人より物貰ひ致」す者の「中には俄盲瞽女都て難病相煩、営出来不申ものども、是又往還道端ニ居り、夫々病気を申立、致物貰候」と証言している。[30] 門付け芸を披露する瞽女を「物貰」と決めつけたようであるが、唄・三味線を習得していないままに突然失明した「俄盲」は物乞いをする以外にはなかったであろう。しかし、加藤曳尾庵が文政四年（一八二一）に記録しているように、音曲に堪能な者はそこまでは零落せず、「盲目の女の二人三人つれ立ていたこぶし、甚九ぶしなど唄ひ門々をまわるに、だんぼさンや〳〵といふはやし事はやる」と話題になっている。[31] 大道芸人として名声を博した瞽女もおり、滝沢馬琴の文政十二年（一八二九）の『廿三番狂歌合附録』には、以下のような記述がある。

もらはにや宿へはかへられぬ瞽女　寛政年間
橋本町より出たり、願人のやからなり、この瞽女狂女のごとくにして頭髷にふるき煙管をさしたり、実は狂女にあらず、もらはにや宿へは帰られぬといひつゝ、市中をあるきたり、後にいかなる術を得たりけん、その加持おこなはれて、復市中をあるかず、頗優になりしなり

この瞽女がやがて錦絵の対象となり、「一時衆人の口号となりし事是にてしるべし」と記されている。[32]

農村の階層分解により、土地と生産手段を奪われた者の都会への移住が進むにつれ、「鄙唄」の需要も増加し、地方芸人にとっても都会は魅力的な稼ぎ場となった。越後の農民が「近来彼地困窮なれば、都下に出て木戸銭に換へ、窮を救はん」とし、両国橋の広場の小屋で「あやこの舞」が上演され、越後者は町で「お助け踊り」を演じたという。[33] 江戸っ子は、こうして越後などから輸入された地方芸能に触れる機会を得ていた。越後瞽女も故郷の唄であった「新保広大寺」やそのヴァリアンテである「口説」を江戸の人々に聞かせ、上州、武州、総州、相州などからの瞽女も江戸近辺を廻った。沼津の真楽寺の過去帳に「寛政三辛亥年七月五日、妙開、入町盲女ミヲ於江戸品川ニ死ス」とあるように、[34] 伊豆の瞽女も江戸を巡業した。その結果、名所図絵や滑稽本などに瞽女と瞽女唄が盛んに取り上げられるよ

図 8.2　江戸の瞽女（斎藤月岑著・長谷川雪旦画『江戸名所図会』巻之二，「麦藁細工」，天保5〜7年［1834–1836］）

うになり読者を楽しませた。『江戸名所図会』（天保五～七年［一八三四～三六］刊）には大森の道を歩きながら三味線を背負う瞽女が描かれ、[35]その前の文化六～十年（一八〇九～一三）には江戸で上梓された『浮世風呂』に登場する都会人が「田舎節」を「下卑」と決めつけ、「長唄《ながうた》めりやすなどは音声《おんじやう》が清《すん》で、はなはだ清音《せいおん》だからいゝ。瞽女節《ごぜぶし》をはじめとして、すべての田舎唄《ゐなかうた》は、濁音《だくおん》で音声《おんせい》がだみてゐやす。夫《それ》をうれしがつてうたふは、チト心得違《こゝろえちがひ》たらう」とジャンルの品定めを行っている。[36]文化十一年（一八一四）一月、大坂で初演された奈河晴助作「傾城筑紫獥《けいせいつくしのつまごと》」の芝居に登場する人物も同様に、障子の向こうにいる女性の歌唱を評価する場面で「盲人《もうじん》などは、如何程《いかほど》美《うつく》しき声《こゑ》でも濁《にご》り有《あ》るもの、今聞《き》く声《こゑ》に濁《にご》り無《な》ければ、定《さだ》めて美人《びじん》でムりませう」などと主張している。[37]いずれの場合も、「濁」と「清」とは単に音声学な現象としてではなく、「地方」と「都会」の差異の象徴と解され、濁音＝品のない価値の低いもの、清音＝品のある価値の高いものという偏見を伝えている。それは一面で、都会における地方文化の隆盛に対する中上流社会の側からの必死の反撃に他ならなかった。

当時、かならずしも瞽女ではない地方出身者も江戸において瞽女唄の普及に貢献した。「瞽女《ごぜ》の唄《うた》などがはやっておそれるス」などとにがにがしく思いながらも、江戸っ子はまた江戸っ子で、瞽女が普及させた「越後節」を「所々切抜てうたつて」もおり、地方の文化を江戸文化に適応させることに一役かっていた。[38]越後瞽女の十八番であった「口説」の「鈴木主水」は嘉永五年（一八五二）に歌舞伎に取り入れられ、安政四年（一八五七）には「鈴木主水」の人気に匹敵する越後瞽女唄の「大工殺し口説」（別名「おそや口説」など）も市村座で上演される戯曲の基礎となった。[39]後者について狂訓亭栄二著『糸時雨越路一諷《いとのしぐれこしじのひとふし》』（安政五年［一八五八］刊）前編の序に「目覚《めざまし》欲《ほし》け強乞《ねだる》幼時《ころ》より瞽女《ごぜ》が三弦《さみせん》の鄙節《ひなぶし》に聞伝《きゝつたへ》たる越路謡大工殺《こしぢうただいくころし》といふなる物《もの》」とあり、江戸では子供までが越後の瞽女唄に馴染んでいた様子が窺える。

六　江戸の瞽女唄

さて、江戸の住民が好んで聴いた「口説」は具体的には、どのような唄であったのであろうか。それに重要なヒントを与えてくれるのは明治三十六年（一九〇三）にフレドリック・ガイズバーグ（Frederick Gaisberg）が東京で録音した立花家橋之助の「大津絵節――昔の雑唄瞽女節入」にある。録音の後半（一分十五秒の時点以降の演奏）に収録されている「昔の雑唄瞽女節」は他ならぬ「鈴木主水」である。タイトルを「昔の」瞽女唄と断っていることから、この時代の東京では、それはすでに珍しかった――つまり幕末の唄であったのであろう。

譜例8・1　「昔の雑唄瞽女節」
録音：明治三十六年（一九〇三）東京築地
唄・三味線：立花家橋之助
音源：『日本吹込み事始――全集』、EMI Angel TOCF-59066
音階：G; A–C′–D′; E′–G′–A′; A′–C″–D″; E″–(G″–A″; A″–B″[C‴]–D‴; E‴–G‴)
歌詞：
花のエーサお江戸のそのかたわらに、さても珍し心中ばンなし、ところは青山百人町《まち》の、鈴木主水という侍は、女房持ちにて子供は二人、ふたり子供のあるその中に、今日も明日もと女郎買いばかり、ある日わが夫《つま》主水にむかい（以降録音なし）

演奏は二上りの三味線前奏で開始し、その旋律は越後瞽女が最近まで演奏した節に近似している（譜例14・35〜39参照）。軽快なリズムで旋律が高い音域にまで上昇し、その後次第にA′–G′–A′とD′/A′（開放弦）を特徴とする終止形が演奏され、唄の開始を準備する。

演奏は「口説」の特徴的な囃子詞（通常は「サーエ」であるが、この演奏には「エーサ」となっている）を含む「歌い出し」のフレーズで開始し、旋律の後半はその後何度も歌われる[b]のフレーズに酷似している。唄の中心部は有節的であり、[a]と[b]のふたつのフレーズから構成されている。第一フレーズはD′で、第二フレーズはAで終了している点で、越後瞽女の「口説」と共通している。各節には約二十八音節（七七七七調）が載せられ、全体の構造も二十世紀後半に収録された越後瞽女の「口説」とほぼ同じである。越後瞽女の場合、各節終了後、長い間奏（最終回には後奏となることもある）が繰り広げられているが、譜例8・1にも間奏が「歌い出し」の後、あるいは第二節[2a′]〜[2b]と第三節[3a]〜[3b]の間にのみ挿入されている。越後瞽女の「口説」の多くにある「段切れ」のフレーズあるいは演奏を締めくくるやや長い三味線後奏は認められない（録音時間の制限のためか）。

第一節と第三節の場合、[a]のフレーズは「民謡テトラコルド」から成る音階が使用されているが、第二節[2a′]のフレーズだけには一時的に半音を含む「都節テトラコルド」（D'-$E^{\flat\prime}$-G'；A'-$B^{\flat\prime}$-D''）が認められる。「都節テトラコルド」が江戸の瞽女唄に使われたこともあろうが、ここでは「口説」が寄席唄など都会で流行していた唄の影響を受けた可能性が高い。

結論すれば、立花家橘之助の歌う「昔の雑唄瞽女節」と戦後録音された越後瞽女には多くの共通点がみられ、三味線前奏と中心となる[a]　[b]の二つのフレーズの構造は一世紀にわたりほとんど変化しなかった。後々まで新潟県に歌い継がれた越後瞽女の「口説」が天保以降の江戸においても歌われていたとみて差し支えなかろう。

七　江戸の人々と瞽女――川柳からのイメージ

中世の「座頭狂言」、三馬の滑稽本、江戸後期の古典落語などと共に、川柳にも瞽女が描写されている。当然そこには、瞽女の実態がそのままに綴られているわけではなく、江戸の民衆の意識を川柳から直接読み取ることはできない。しかし、にもかかわらず川柳に特有の風刺的ユーモアが江戸の文化的背景のもとで成立するためには、川柳作品の作者とその読者との間には、一定の意識の共有がなければならなかったこともまた事実であろう。その意味で、作者と読者とは一種の「共犯関係」にあるともいえ、川柳は特定の作者・点者の差別意識というより、近世都市社会における社会全般を反映している。その意味では、川柳は視障者がどのように見られたのかを知る貴重な手がかりとなろう[40]。

瞽女を扱う句は十八世紀後半にその数のピークを迎え、十九世紀以降は瞽女の姿が川柳から次第に薄れてゆく。川柳作者の大半は江戸中流町人であったので、彼らは十八世紀半ばより盛んに町人に箏曲・三味線の演奏を提供し、音曲師匠として勤めていた瞽女を興味深く観察し、彼女たちの所行と風俗を好んで句に読み込んでいた。十九世紀以降、江戸の豊かな芸能市場が大勢の地方出身の瞽女を引き寄せた結果、瞽女の大半は中流社会に仕えるよりは、旅芸人・門付け芸人として活躍し、川柳よりはむしろ大衆文芸であった安価な滑稽本などに頻繁に登場するようになった。

瞽女が具体的にどのように川柳に取り上げられていたのかを少し見てみよう。まず、江戸の瞽女には座頭たちと同様、鍼灸を稼業としていた者がいたことが察せられる。「ごぜの灸跡で一だんのぞむぞえ」（『柳多留』三篇、明和五年［一七六八］頃）の句はこうした営みを瞽女の演奏した箏曲の段物にかけている。三味線弾きの瞽女のイメージは「厄年のごぜ三弦をふみをられ」（『柳多留拾遺』八篇、安永二年［一七七三］刊）などから浮かび上がる。少なくとも十九世紀初頭にまで箏曲演奏が瞽女の代表的な生業であったことは「ごぜの供琴を出されて是もかへ」（『柳多留』七篇、明和九年［一七七二］刊）、「盲女に手をひかれ八つ橋わたる也」（『柳多留』三十二篇、文化二年［一八〇五］刊か）、「瞽女に手を引れて渡る生田川」(『柳多留』五十五篇、文化八年［一八一一］刊）など多くの句から明らかになる。文化頃以降、旅芸人としての瞽女を描く川柳が増え、「瞽女が猫袋で諸国あるいてる」(『柳多留』七十一篇)、「旅瞽盲《ごぜ》の道も二上り三下り」(『柳多留』一五〇篇）などの句もある。

瞽女が零細金融業に携わったことは「ごぜの金御局そつとかりはじめ」(『柳多留』四篇)、「鵜のまねをして烏金ごぜは貸し」(『柳多留』四十四篇)、「瞽女の金手を握つては言延し」(『柳多留』二十七篇）などから推測できる。座頭と同じく、瞽女も金を貸し、利子を得、「烏金」とは一夜を経て、烏の鳴く夜明けに返済すべき金銭であり、利子率は特に高かったようである。

ところが、江戸川柳の中のもっとも典型的な句は、瞽女を遊び相手または性的対象として扱うものであった。以上に引用した句にもそうした含みの例もある。男のばかげた希望的観測を嗤う「おれもよい男とごぜをくどく也」(『柳多留』四篇)、瞽女の行水、着替えなどを主題とする覗き趣味の句も多い。瞽女の執念深さがため、通じたら殴っておくという迷信が江戸の男性の間に流布していたらしく、「ごぜの尻をたたけばむりな目を開く」(『柳多留』二篇)、「くどかれてごぜは張るならいやといひ」(『柳多留』六篇、『末摘花』一篇)、「こうなんをさけんか為にごせをぶち」(『柳多留』十篇)、「ぶたれたか瞽女は泣き泣きふいてゐる」(『末摘花』一篇）などの句がそれを物語っている。ただし、この迷信にしたがって行動した者が果たしてどれくらいいたのかは確かめようがない。

この類の句や江戸後期の滑稽本にある瞽女に関わる下ねたなどが面白いと感じられたこと自体に、近世の大都会における瞽女に対する差別的意識の変化が写し出されている。中世後期の狂言では、視覚障害がそのまま笑いの種にされていた。この頃、瞽女の相手は晴眼者の男性ではなく、座頭が描かれているのが普通であった。確かに江戸川柳にも「花の山ごぜ松の木の方へむき」(『柳多留』九篇）など、直接視覚障害からユーモアを絞り出そうとしている句も含まれているが、はるかに多くの句では瞽女の女性性が中心的な関心事となっている。何らかの仲間組織に組み込まれることにより芸能活動が正当化され、毎年ほぼ同じ道を歩き特定の宿に泊まっていた地方の瞽女とは異なり、大都会において主に個人として活躍した瞽女は、様々な階層の者を相手に鍼治、按摩、筝曲、三味線唄など多種多様なサービスを提供した。そして、客であった晴眼者男性からみて、瞽女は晴眼者女性に比べてより無防備で制覇しやすい性的対象に思われたのであろう。ある程度の社会進出を果たした大都会の瞽女は、当時の常識に反して、中流階層出身の川柳作者の注目を引いたのであるが、彼女たちが異性関係に失敗したり、男性の甘言に騙されたり、行水中に覗かれたりするなどの被害を受けた場合でも、それは単純に視覚障害の当然の結果とみなされた。こうして男性読者の優位性が再確認され、それが近世的ユーモアの源泉のひとつとなっていった。地方の瞽女が男性に性的いやがらせを受ける場面を繰り返し描く十九世紀の滑稽本も川柳のユーモアを敷衍したものに過ぎなかった。

八　明治維新と東京の瞽女

当道の廃止が時間の問題となった明治四年（一八七一）四月、座の働きかけもあったのであろうが、民部省は「盲人」救済のための「三味線税」を考案した。

一、管弦音律ハ瞽者之本業ニ付、三味線音曲ヲ以業ト為ス芸人共へ左之通税納申付、盲人救育ノ扶ニ充候条、年々三月九月両度ニ上納可レ致事

三味線税

浄瑠璃・長唄・鼓笛太鼓、舞子芸妓役者其余、総て三味線ニ和囃対用スル稼業ノ芸人共より上納之事。

但、盲人共ハ上納ニ不レ及、其他税納無レ之分ハ一切禁止之事

右之通被二相定一、来九月より御施行相成候条、税金積高盲人員数等其管内限リ無二遺漏一取調、来ル六月晦日迄ニ

可二差出一事[41]

この案は最終的には実を結ばず、視障者は貧富・男女の差を問わず弱肉強食の資本主義市場に放り込まれた。明治八年（一八七五）一月八日、東京府が「音曲諸芸師」をはじめ、「軍談並義太夫、其他寄セ出稼ノ者」などの「賦金上納」を求め、同年五月三日には「音曲諸芸師賦金上納申付候旨、本年一月相達置候処、盲人ニテ自宅ニ子弟ヲ集メ音曲授業之分、賦金免除候間、此旨相達候事。但、諸寄席へ出稼之者ハ此限ニ非ズ」と命じ、「盲人」の活動の一部が特別扱いされることになった[42]。

男性視障者、殊に検校・勾当などの富裕な者にとって、明治四年（一八七一）十月の当道廃止は官金配当の停止、諸特権の剝奪を意味し、それによって彼らは大きな経済的・社会的打撃を蒙った。維新の混乱の中、将軍家・諸大名が抱えた瞽女も職を失ったと推量される。反面、町師匠や大道芸人の瞽女は芸能をもって生活を維持し、維新後も相変わらず活躍を続けた[43]。

維新後の東京の瞽女の姿はいくつかの記録に散見する。例えば明治五年（一八七二）に「三月初旬より、浅草御蔵前大円寺境内にて、腹の中にて物を云ふ盲女見せ物に出る」とある[44]。時代がさらに下ると、明治二十九年（一八九六）刊の『東京の貧民』には、当時の東京の瞽女をめぐる悲しい現実が、写実的な逸話によって露わにされる[45]。

年の頃七十余りの阿爺、瞽女の手を曳き曳き通りかゝりぬ。瞽女のいふ、「あゝ二十銭をあつたら一日安楽に休みたいな、田舎の方へ往けば以前の地辺も沢山あるが、此様に零落されて見装を落して仕舞つてからはよんどころなく袖乞ひとは実に情けなくて心細くてたまらない」。曳き手の阿爺は之に和していふ「左様さな、お前達は昔しは座頭派で瞽女の坊といつて三味線を袋に入れて在方へ行くと、昼は稼取りて日の入つてからは村役人が名主附きで泊り込んだものだ、其頃はめくらに工面の悪い者は一人も無かつたに、今日では芸人だか乞食だか訳けが分からなくなつて仕舞つたなあ」。

そして巡査がやってくると、

瞽女と阿爺とが其処に立尽せるを認めて近く寄り、「オイ鑑札を持つて居るか」、「へイあります」、「ウム仮令鑑札があつても人の門へ立つて物貰ひをすることはならんぞ」。

このように、江戸から東京への時代の推移が、女性視障者にとっては必ずしも安定や向上につながっているとは言い難かった。無名の巡査のみならず、柳田国男でさえ昭和九年（一九三四）に著した「遊行女婦のこと」では、東京の瞽女を軽蔑的に取り扱っている。柳田曰く、彼女たちは「今では其末流とも見られる者が、鑑札を受けて立派に東京で飯を食つて居る。自分等が目撃して居るのは、無論頽廃を極めた最後の姿であるが、以前は統制ある一つの組織を具へて居た」などと述べている。(46) 彼が、当時の女性視障者の実態を充分に把握していなかったことは明らかである。戦後まで東京の瞽女の生活は、立派だったとも安定していたとも言い難い。むしろ彼女らは日々貧困との闘いを強いられていた。ある古老は、貧民窟として有名な芝新網町などに住む「ごぜがいましたよ。増上寺へ出て茣蓙敷いてやっていました」と証言している。(47) また経済環境がさらに厳しい越後からの瞽女も戦前までは、東京を廻っていた。長岡瞽女の関根ヤスの話によれば大正四年（一九一五）頃上京した瞽女がいたという。「門付けがいいて、銭になるというて［中略］、東京は町の真ん中でしょう。なんだこんだやら、門付けすると銭になるというていたがんに。お前も行がんねぇけえ、なんというていたが、いやおら東京なんかなんも行ぐ気なんかねえというていたろも(48)」。疲弊した越後の村を廻りつづけるか、または一か八か不安定で変わりやすい大都会の芸能市場にかけるかを決断することは容易でなかったと想像される。

仲間に所属し、様々な掟に縛られて地方を巡業する近世の瞽女と、各々が個人として商品化された芸能を売る江戸東京をなわばりとする瞽女とは、その社会的性格は根本的に異なっていた。前者は主に仲間の一員として認識され、個人の才能やニーズが軽視されやすく、瞽女はひとつの集団あるいはひとつの身分としてまとめて差別されたことが多かった。一方、後者はある程度独立した個人として認識されており、明治十三年（一八八〇）、東京で出版された唄本の「近来瞽女目明多シ」という一くだりが反映するように、彼女たちは芸能市場における競争に苦戦し、狭い生業によりながら、個人として差別された。(49) 視障者をがんじがらめにした封建的な束縛の大半は、明治維新によりとくに大都会においては解体されたが、女性視障者が晴眼者と同じ生活上の諸権利と適切な教育を受ける権利を獲得するまでには、今日もなお続く長い道のりを歩まねばならなかったのである。(50)

第9章　関八州の瞽女と瞽女唄

一　関東一円を巡歴した者たち

江戸と関東甲信越地方との間における芸能の流通は近世社会の経済的発展によって大きく刺激された。江戸初期には参勤交代や年貢の大坂への移送、さらには商品経済の成長などの要因によって、水陸の交通路が整備され、全国の隈々にまでいたる歩行路が四通八達し、これによって芸能の円滑な伝播を可能とする交通手段がほぼ完成した。これを契機に都市的芸能とそれにともなう価値観が往還路付近の農村にまで浸透し、閉鎖的な共同体のなかで育った人々の芸能に対する欲望を駆り立てた。享保改革以来、幕府が育成してきた関東地廻り経済圏の発達が芸能に対する需要をさらに促進し、各地域間の分業関係の原型が整えられた近世後期には多数の在郷商人や豪農が芸能の重要な「買い手」となった。百姓の離農・離村を原因とする農村荒廃が甚だしかった北関東でさえ個々の百姓家の生活水準は必ずしも悪化せず、その消費欲は近世を通して旺盛なまま持続していった。(1)

関東地方では多くの旅芝居が「虫送り」などを名目とする歌舞伎興行を催し、浄瑠璃太夫は遠近に及ぶどさ回りを行い、座頭たちは官金を募りながら三味線唄や箏曲を伝授し、宗教芸能者は仏教歌謡を通して布教活動に従事し、読売や飴売りなどは唄本・一枚刷りなどを販売する傍らその「さわり」を演奏し、越後瞽女も三国峠を越え上州と武州で合力を集め唄を歌い、民衆のこころを浮き立たせた。旅芸人は浪人（浪士、正しくは牢人）、無宿、博徒、餌差、虚無僧、御師、勧化僧、香具師、船こぼれなどと共に関東一円と伊豆・甲信地方の一部を縄張りとし、幕領・旗本領・大名領・寺社領などに分散錯綜した支配領国構造の中では、これらの取締は困難を極めた。

関東の村々、とりわけ北関東の場合、外来の訪問者中、もっともその数が多かったのは芸人というよりむしろ浪人であったようである。安房国の漁村であった相浜村《あいのはま》（村高十五石余、家数一〇五軒、現千葉県館山市相浜）の例がそれを克明に示している。相浜村には明和元年（一七六四）、延べ四十二人の浪人が来村し、くわえて宗教者十三人、餌差八人、虚無僧五人、御師五人、座頭四人、瞽女三人、講釈二人も村の金銭的支援を得ており、浪人以外の者の数を合わせても浪人の数には及ばない。名主の嘉右衛門は明和六年（一七六九）二月十四日、「当年牢人衆数多被参合力等いたし候ニ付、鳥目立替甚及迷惑ニ候」と嘆き、「依之此後廻村被致候ハヽ、百姓代方より鳥目調呉レ候様ニ」と村人に申し渡しているが、それが村レベルにおけるやっとの対策であった。(2) 明和四年（一七六七）暮、同じ地域にある十一カ村は浪人・盗賊の対策に関する願書を江戸屋敷へ提出し、翌年却下されたものの、その直後、幕府は浪人の跳梁跋扈を憂慮しはじめ、明和五年（一七六八）十一月と明和六年（一七六九）六月には浪人の徘徊が禁ぜられた。しかしその効果はごく一時的であった。

安永三年（一七七四）十月、幕府令の再触が行われた際には「旅僧・修験・瞽女・座頭之類物貰之者共」への諭しの言葉が添えられた。浪人でなければ、「志次第之報謝を受、相対ニて宿を借」りることに差し支えはなかったが、強引に宿を求め、「ねたりヶ間敷儀申懸候」ものは即刻召し捕り、厳しく対処すべきであると規定された。(3) この法令も治安の回復には到らず、文化五年（一八〇八）、幕府が「関東取締出役」（「八州廻」）を新設し、文化九年（一八一二）六月と文政十年（一八二七）には徘徊する浪人の取締の強化が図られ、文政十年（一八二七）二月にいわゆる「文政改革」が断行された。(4) この改革の主要な対象者はすなわち浪人、船こぼれ、無宿、「無商売之もの」、旅芝居の者、勧化など、村々を巡業する者に他ならなかった。同時に北関東などでは村と特定の浪人との間で契約が交わされ、契約外の浪人を閉め出すという現象も見られた。[5]

にもかかわらず、幕末まで関東地方を徘徊する者の数は減少しなかった。いくつかの例を拾ってみれば、弘化四年（一八四七）、中里村（現神奈川県二宮町中里）には浪人二十二人（くわえて瞽女・座頭それぞれ六人、宗教者五人）が訪れている。また嘉永五年（一八五二）、大谷口《おおやぐち》村（現千葉県松戸市大谷口）には浪人四三四人が通過し（内十二人宿泊）、村はその年十三貫文余の合力代を捻出している。さらに、安政三年（一八五六）、徳丸本村（現東京都板橋区）では、浪人四十七人、瞽女十六人、座頭六人、宗教者二十四人などが村から合力などを受け取っている。[6]

近世中期以降の関東八州では、御用の餌差（または贋鑑札を持つ餌差）の宿泊・賄いも村々の大きな負担となった。例えば天保十三年（一八四二）には浪人二十一人、瞽女十七人、宗教者四人、座頭一人に対し、三十七人の餌差が上州の下飯塚村（現高崎市飯塚町）にやって来た。[7]上州あるいは他国でも餌差に出された銭が村入用帳とは別帳に掲載されることがあり、餌差と瞽女にかかる費用をひとつの帳にまとめるものもあった。[8]

訪問者の人数がいまだ少数であった近世初期には名主・旧家がその賄い代を捻出したが、来訪者を宿泊させることは家格と権威の象徴となっていたので、その負担はそれほど大きな問題とはならなかった。ところが、それらの来訪はしばしば不定期で、場合によっては大人数の集団として忽然と村に現れることもあった。やがて来訪者の急増により、彼らと名主との個人的関係は成立しにくくなり、宿泊費用と賄いを村人全員で肩代わりする必要性が生じた。この結果、訪問者の受け入れ態勢の合理化が推し進められた。早くも享保十五年（一七三〇）には現町田市の村で「座頭・ごぜ」への扶持代が公費から賄われ、十八世紀中葉以降、村を訪れる者の賄い代・合力代が村入用として処理された記録が関東甲信地方で飛躍的な増加をみた。[9]その地域的分布は明和六年（一七六九）六月の浪人徘徊禁止令の冒頭にある「関八州并伊豆国・甲斐国」とほぼ一致している。[10]

前述した相浜村の記録にもこうした合理化の過程が見受けられる。十八世紀半ばまでは、来村した瞽女は名主宅に泊まるのが通常であったが、宝暦十三年（一七六三）九月六日に諸入用割付が行われた際には、「旅人順番宿賃壱軒ニ代七拾弐」文が差し引かれていたことから、この時期にすでに来訪者の宿泊費を分かち合う制度が存在していたようである。[11]明和元年（一七六四）十一月六日には「旅人順番宿、鬮引」の相談が行われ、「順番宿鬮引いたし候所、松崎弐拾軒、弐藤田弐拾軒、都合四拾軒ニ相定り申候」という記載から、四十軒の固定枠があり、構成員や順番は抽選で決定していたことがわかる。四日後の十日には「順番宿帳、書面之通り印形取揃申候」とあり、その翌日の村公済勘定が行われた時「旅人順番宿賃壱軒ニ付、代七拾弐文宛差引申候」という割合で宿泊費の額が確定した。先年と同額であったことから、毎年ほぼ同じ負担が求められていたと考えられる。[12]明和五年（一七六八）三月十日には同様の抽選会が催され、他年にも類似の記載が見られる。[13]実際に明和九年（一七七二）七月晦日、下総国香取の御師二人が訪れた時には、「同夜順番宿下ノ亦兵衛ニ御泊り」になったという。[14]

関東の他の村、あるいは伊豆国と甲斐国においても瞽女にかかる出費は村費として処理され、瞽女の受け入れ態勢は十八世紀後半までにはほぼ整っていた。無数の村入用帳に見られる瞽女の記載例数は明治にいたるまで増えつづけた。瞽女が特別に歓待された地方もあったが、他の訪問者と同様に取り扱われる地域もあり、合力・賄い代の額と支給方法なども一様ではなく、詳しくは地域別の検討が不可欠である。以下において、関八州それぞれの地域に活躍した瞽女の実態の把握に努めながら、断片的な史料が許す限り村と瞽女との関係の解明を試みたい。

二　北関東の瞽女

近世後期、関東の芸能市場が花を咲かせた中、北関東に位置した常陸・下野における経済条件は必ずしも良好ではなかった。天明・天保の大飢饉、年貢負担と助郷制の重圧にくわえて、金肥の導入で借金が嵩む農民が多く、逃散する者が相次ぎ農村では著しく荒廃が進んだ。村の大高持ちなどの富裕層の消費力は必ずしもそれほど低下していなかったものの、北関東は多数の旅芸人を引き寄せるほどの魅力的な市場を形成していたとはいえない。悪質な浪人は大きな問題であったが、瞽女の宿泊の負担を分担し、賄い代を村費として処理する必要性は比較的薄かった。

(1) 常陸国

堀一郎がかつて指摘した通り茨城県下の瞽女の多くは潮来付近の出身であり、彼女たちは二十世紀まで多彩な芸能活動を展開した[15]。昭和二十年（一九四五）生まれで潮来出身の端唄演奏者の本条秀太郎は、三味線稽古に没頭した子供の頃、父親に「三味線はゴゼンボウの楽器」と叱られたと述懐するが、当時、葛飾、埼玉県などからの瞽女が潮来やその近辺を旅回りしていたことを覚えている茨城県民は現在も少なくない。

常陸で活躍した瞽女については、早くも宝永三年（一七〇六）四月の文書に記録されている。それによれば現坂東市にあった猿島郡下郷二十三カ村には「盲女」十人が数えられ、延享二年（一七四五）五月改の覚書には下総古河藩城下に座頭五人、瞽女三人が住むとされ、宝暦八年（一七五八）七月同町の「家数人別数覚」にも座頭十一人・瞽女三人にくわえ「三人、盲人」の記載が見られる[16]。幕府領であった生子《おいご》村（現坂東市生子）の村明細帳（明和三年［一七六六］十二月）には瞽女二人が記録されており、師弟であれば在郷でも小さな組が成立した可能性がある[17]。

水戸藩は時代によって藩士の音楽活動あるいは座頭の配当取りを厳しく制限したこともあったが、勘定所が作成した「御収納元払御入用指引目録」の天明七年（一七八七）と思われる記載には御祝儀の際、「座頭・盲女」には金九両一分が給され、文政十三年（一八三〇）三月にも「御相続」の際、「御領内盲女・座頭」に鐚二十七貫文が支給されたとある。これらから藩が視障者に吉凶の配当という支援を行ったことがわかる[18]。施物は当道組織に属したであろう「隋本一」に納められたため、「盲女」の分は不明である。

常陸国に「盲女」が廻在し、村人が施物を提供していたことは、享保十年（一七二五）四月、代官池田喜八郎が出した逗留禁止令から間接的に推量される[19]。また元文二年（一七三七）、現境町にあった箱島家の「婚礼座頭祝儀之定」に座頭には分限により五十～二〇〇文が支給され、瞽女は座頭の「四分壱割」と規定され、「聟娘遣候方は何連共右之半分也、ごぜ酒食出し不申候」と定められた。[20] 古河の瞽女・座頭も幕末まで村方の婚礼に際して祝儀を受け取り、しだいに「他方より入込」んだ「盲人」の人数が増加してきたため、座頭惣代と座元は檀那場となる友沼村（現栃木県野木町友沼）の役人にその締出しを願い出ている。[21]

このように、藩あるいは村人は瞽女に対する限定的な支援を行ったが、各村を訪れる瞽女の総数は上州、武州あるいは甲州と比較しても少数であり、来村が村入用帳に記録された例はいまだ管見に入っていない。また宿泊の提供も輪番制に発展することはなかったようである。明治二十年代になっても、瞽女の賄いなどは個人が支出し、大字倉持（現筑《ちく》西市《せい》倉持）の雲井宮神主倉持家の明治二十九年（一八九六）の記録に、「ごぜ」十四件の来訪が確認できる。[22]

明治期の茨城県で活躍した瞽女については『日本盲人史』の著者中山太郎が語っている。[23] 明治二十六年（一八九三）頃茨城県在住の通称「お定瞽女」は美声の持ち主で、三味線も巧みに弾いたという。お定は十年近く越後者の師匠に師事し、十四歳の養女お花を手引きとし、毎日「一挺の古三味線を大事さうに袋に入れて背負ひ、足取りを小刻みにして稼業に出かけた」。普通は夜には帰宅したが、時には出先において二～三日泊まったという。中山は彼女のレパートリーに「祝儀歌（松坂はその一種）、段物としては刈萱、熊谷の組討など、越後追分、潮来節、大津絵、都々逸、口説節、その他は騒ぎ唄、流行唄等」があったと記憶しており、やはり越後瞽女の唄が多かったという。中山によれば、「お定」の唄は昭和二年（一九二七）、JOAKで放送された刈羽瞽女の伊平タケの「松坂節」や「新保広大寺」と「寸分違はぬ」といい、お定の唄はやはり越後瞽女が得意にした旋律であったことがわかる。唄は宴席、あるいは門付け唄として演奏されたようであり、「正月三十日は一年間の書き入れどき、春祭りや秋の日待などには、客先の村村を廻って相当の収入」を得たと説明している。国生村《こっしょう》（現常総市国生）の戦前の事情を物語る聞き取り調査にもみられるように、瞽女は村から村へと「マチ」（祭り）を廻り、そこで三味線を弾き、唄を歌い、「通常の視力を持つ手引きが彼女らを連れて歩き、宿の交渉もする」のが普通であった。また東北の巫女などの影響であったたか、「村の店には老いた瞽女が巫女として座っており、そこに村人が集まってくる。口寄せ料は一件五銭で、生口と死口と」があった。[24]

(2) 下野の瞽女

元禄八年（一六九五）三月、宇都宮城下の宗旨改には、人口九七四四人の内、「盲女」七人の数字が見られ、明和八年（一七七一）にはそれが二人にまで減少している。[25] 寛延二年（一七四九）八月の覚帳から、藩が瞽女に吉凶の配当を配り、座頭へは五貫文、「盲女」へは二貫文が施され、座頭三貫文、「盲女」一貫文に減らされることもあったことが知られる。[26] 当道組織の管轄領は藩を越えることもあり、例えば磯部村（出羽秋田藩、現下野市磯部）は慶長年中から文政にいたるまで、そして安政三年（一八五六）二月からも、瞽女・座頭への祝儀を結城藩の城下にあった当道組織に納めている。[27] これは定期的に支給された祝儀であろうが、婚礼の際にも瞽女・座頭への配当が渡されることもあった。[28]

上石川村（現鹿沼市上石川）の「高割面割相定帳」（享保十三年［一七二八］十一月）には「後世《瞽女》、座頭諸奉加」が「面役」（各戸の面積に準じ計算された負担か）として計算されたむねが記され、つまり宿泊費と賄い代ではないが、視障者への支援に村全体で取り組んでいたことが窺える。[29] 寛保元年（一七四一）十二月二十日には、「こぜ」二人が東水沼村（現芳賀町東水沼）の名主家に泊まり、嘉永三年（一八五〇）、阿蘇郡田島村（佐野藩領、現佐野市田島町）の「金銭立替帳」に含まれている記載からも、名主が瞽女の宿泊として一〇〇文立て替えたことがわかる。[30] しかし、村が瞽女を泊める費用を村費として処理した記録は皆無であり、この名主宅の場合も一年を通して瞽女は一〜二人しか止宿していないようである。

下野国の瞽女は、二十世紀まで隣国を訪れ収入の増加を図ったようである。戦後に群馬県邑楽郡千代田町の住民は栃木の鹿沼在から来た瞽女を覚えていた。[31] 栃木県の瞽女が埼玉県草加市を訪れていたことは後述の通りである。

また逆に明治以降、他県の瞽女も栃木県を巡業した。中山太郎の故郷であった現足利市外の村落では、新潟県の瞽女が「老若三四人づゝ打連れて歩き、決して一人歩きはせぬものであつた[32]」。長岡系瞽女の加藤イサ（明治二十九年［一八九六〕生まれ）も二十六歳になってから宇都宮近辺を廻り、その後も八年間続けてこの地域を旅回りしたという。[33] 同じ長岡系瞽女の金子セキも昭和七年（一九三二）と昭和九年（一九三四）の二回、冬の間、宇都宮在、真岡在、高根沢あたりを廻ったという。その初回は、のちに最後の長岡瞽女頭となった中静マスその他二人の四人組で、二回目は三人組で巡業を行った。不慣れな地であったので、初回は特に苦労したという。「昼は弁当はないし、あてどのないところをひとり一軒ずつ願うているうちに、先に食べた子供が腹を空かせる。朝飯の麦飯も軽いもんだもの、楽々なんぞはしてられなかった。お昼をもらうのがもっともつらかった。二回目には顔馴染みもでき、たまには握り飯を持たしてくれる家もあった」と回想している。[34] やはり瞽女と住民との間の個人的関係はどこでも稼業を支える重要な要素であり、定期的に同じ瞽女が同じ地域を廻らない限りそれを維持することは困難であった。条件が揃っていた越後には瞽女宿制度が成立したのに対し、栃木県などでは瞽女の受け入れ態勢はそれほど整っておらず、瞽女が泊まった宿には充分な寝具さえ置いていなかったと金子セキが語っている。

(3) 下野の瞽女唄

宇都宮の「めくら御前《ごぜ》」によって古くから伝えられたという二つの「若宮の歌」の歌詞が文化十四年（一八一七）成立の『擁書漫筆』に所収されている。旋律の特徴あるいは伴奏楽器については説明がない。[35] 栃木県の瞽女が好んで歌ったはやり唄の「サノサ節」は明治三十年頃に流行したと『俚謡集拾遺』が解説している。「サノサ節」は明治末までは関東甲信越において高い人気を維持し、新潟県では刈羽瞽女の伊平タケや高田瞽女の杉本キクエなどが戦後まで歌っていた。[36] 栃木県の瞽女が歌った「サノサ」を聞いた住民の演奏を譜例9・1に採譜した。簡単な旋律は民謡テトラコルドから構成され、途中と最後に短い囃子詞が見られる。

譜例9・1　「ゴゼ節」（サノサ節）

録音：昭和五十七年（一九八二）前後

唄：小村デン（明治三十四年［一九〇一］生まれ、下都賀野木町渡）

音源：栃木県教育委員会（全国緊急民謡調査）の現地録音テープ。歌詞については『栃木県の民謡』五六頁も参照

音階：E′-G′-A′；A′-C″-D″；E″

歌詞：

　コモソさん、小山泊まりじゃ、
まだ陽が高い、ヨイショヨイショ、
間々田流して、古河泊まり
サノサッサー

下都賀藤岡町字本郷の住民であった保坂ワカ（明治三十七年［一九〇四］生まれ）もよく当地の瞽女唄を聞きに行ったと回想し、「うめぼしは、酒ものまねに、赤い顔、年もヨーとらめに、しわよせ、もとをただせばね、うめの花うぐいす、なかせたこともある、サノサッサー」などの唄を覚えていた。その他、同じ下都賀郡藤岡町出身の荒川ヨシ（明治三十一年［一八九八］生まれ）と大谷キチ（明治三十年［一八九七］生まれ）は「門にまつ竹でてあり竹を、話したけどきしめじ」、「さざんか、さくらか、すいせんかーヨイトサーサ、おもとにさくんがゆりの花」と聞き習い、瞽女がこの唄をひとつ歌えば一銭を貰ったということから、やはり門付け唄であったと思われる。譜例9・1に採した歌詞以外にも「〇〇泊まりじゃ、まだ陽が高い、三鴨流して、佐野どまり」という三味線伴奏の唄があり、当地の女性たちはこの唄を瞽女から覚えて無伴奏で機織りしながら歌ったという。[37] また前述した群馬県邑楽郡千代田町を訪れた栃木県の瞽女は「麻仕事」が終わると「バアサンと娘で組んで」、三味線を弾きながら「心なき人にみせなばや、いなばの里のおやだきの松」という唄を歌い、「心ある人にみせなばや……」とも歌ったという。[38]

越後瞽女が栃木県を巡業したことはこの地方に残る「葛の葉子別れ」の唄から推測できる。栃木県の飴売りは太鼓を打ちながら「ヨカヨカ飴屋の唄」として「葛の葉子別れ」の歌詞を歌った。それは、やはり当地を訪れた越後瞽女から習ったのであろう。しかし、幕末関東各地で流行した「口説」の影響も感じられる。明治三十六年（一九〇三）生まれの山田センは次の歌詞を覚えている。[39]

ハーイヨー、ハ昔な、ハ昔だよそのまた昔、
ハヨーイ世にもめずらし葛の葉文句エー
ハーイヨーあと先ハのこしてナー子別れの段を
ハヨーイわしがこれからネー読み上げる
ハーイヨー眠むりしナ童子を抱きおこし、
ハヨーイかわいい我子ナーゆりおこし
ハーイヨー、ハこれこれナーハよく聞けよ童子丸
ハヨーイかあちゃんは信田へナ帰るからエー
ハーイヨー、ハとうちゃんのナハいうことをよく聞いて
ハヨーイー蝶々とんぼ、ハにからかうなエー
ハーイヨー、ハ蝶々にゃ、ハとんぼにヨからかうと
ハヨーイー狐の子だとてな、言われるぞ
ハーイヨー、ハ世が世でナーあればヨこの世に
ハヨーイつらいばかりもナーせぬものと
ハーイヨー涙にナー、ハくれてヨー童子丸、

ハヨーイーそれがつうじて

（以下録音無し）

やはり北関東においても、越後瞽女唄が他の芸人に影響を与えながら、また受けながらも芸能活動を展開した。

三　安房・下総・上総の瞽女

北関東と較べて、現千葉県となった安房・下総・上総三国には多数の地元の瞽女が活躍し、時代を追ってその人数が増加した。そのため村々は彼女たちの訪問を特別の帳に記録し、先に触れた相浜村のように宿泊・賄いの費用の合理化を図る村も現れた。

限られた史料から判断すれば、利根川沿いの村々ではかなり早い時期から瞽女が活躍していた。飯沼村（現銚子市飯沼町）の享保五年（一七二〇）の人口調査では総人口六八五一人のうちに八人の座頭と四人の「鼓女」が含まれており、寛保元年（一七四一）六月、正連寺《しょうれんじ》村（総人口六十五人、現柏市正連寺）の差出帳には瞽女一人の記載が見られ、大室村（総人口五四五人、現柏市大室）にも瞽女一人が暮らし、そのすぐ近くにあった布施村（現我孫子市布施・柏市布施）の寛保元年（一七四一）十一月の差出帳にも総人口九四六人の内、瞽女二人の存在が確認できる。(40) 布施村にはその後も瞽女が生活し、文化十年（一八一三）三月には「可祢、六十歳」、天保十三年（一八四二）三月同村には「たき、五十四歳」の瞽女が記録されていることから推して、一世紀以上続いていた小さな組があったのかもしれない。(41) 現我孫子市布佐となった布佐村の戸籍にも明治十二年（一八七九）十一月三十日、「ゴゼ鈴木きん」が移住してきたとあり、維新後まで瞽女がこの地域に暮らしたことがわかる（ただし、昭和十三年［一九三八］の調査になると瞽女の存在は確認できな

表9.1　安房国相浜を訪れた「盲女」たち

来村年月日	人数	出身地	名前	備　考
宝暦13年（1763）8月5日	2人	乙浜村・白浜村		現南房総市白浜町乙浜
宝暦14年（1764）6月10日	1人	乙浜村	おしけ	
明和9年（1772）4月27日	1人	〃	〃	
〃　10月13日	1人	〃	〃	
宝暦14年（1764）7月28日	1人	白浜村	おくの	現南房総市白浜町
明和5年（1768）6月6日	1人	〃	おゑん	
〃　6月20日	1人	〃	〃	
明和6年（1769）7月25日	1人	〃	〃	
宝暦13年（1763）10月10日	1人	香取（相浜村）	菊	「三味線奉加ニ参り」
宝暦14年（1764）4月10日	1人	真浦村	およし	現南房総市和田町真浦
明和5年（1768）5月23日	1人	今津朝山村	おその	現市原市今津朝山
明和6年（1769）4月1日	2人	上総国		
〃　4月9日	2人	亀山郷屋名城村	おそよ	現君津市柳城
		笹村	おしか	現君津市笹
〃　8月16日	2人	天津		現鴨川市天津
明和7年（1770）5月14日	1人	上総国利根村	おもん	現君津市利根
明和8年（1771）4月16日	1人	当国市部村	おとわ	現南房総市市部

出典）『諸色覚日記』（児玉幸多・川村優・大石慎三郎編『近世農政史料集』三，旗本領名主日記）。

い[42]）。

(1) 安房の瞽女

安房国においても瞽女は宝暦以降から頻繁に村々を廻り名主らから合力を受け取っていた。それを具体的に示す史料は徘徊する浪人の問題の関係で前述した相浜村（現館山市相浜）の名主日記にある。瞽女関係の条を表9・1にまとめた。

表9・1に見られるように、安房国で宝暦以降巡業した瞽女は、一人であるいは二人組で通常廻村し、「三味線奉加ニ参り」とあるように、芸人であったことは疑いない。瞽女が相浜村を訪れた時期は四～八月に集中し、すぐにその足で次の村へ行くこともあったが、名主宅などで一泊することが多かったようである（二人組の場合は別宿することもあった）。「三味線奉加」に来た相浜村の瞽女であったと思われる「菊」には特に一〇〇文が施与されているが、他村の瞽女には十二文、二十四文などの施与が相場であった。

相浜に一泊し、あるいはその地を通過した瞽女は、その後布良村など隣村に赴き、継ぎ送りには村人であった「小歩行」一人が差し出された。相浜に足を運んだ瞽女の出身地をみると、同村の香取（相浜村の字名）、その近くの現南房総市白浜町、そして若干離れた現南房総市の富山町と和田町、天津小湊町、君津市、市原市などが確認でき、上総・安房二国以外から来た者は認められない。(43) この時代には僻地であった相浜村とその近辺には旅芝居と浄瑠璃語りなどが訪れることも時折あり、また江戸表からの「志道軒門弟正普軒と申僧壱人、并女中ヲ連立」する者もやってきた。(44) しかし遠方から間断なく多数の芸人を引きつけるような魅力的な芸能市場は、この地方においてはいまだ発展途上であり、来村したのは主に浪人、宗教者、餌差など芸能に関係の薄い者たちであった。

(2) 近世の上総・下総の瞽女

常陸、下野、安房国とは対照的に、江戸に比較的近い上総・下総の芸能市場は特に十九世紀から急速に発展し、数多くの瞽女の活躍の経済的土台となっていた。「てとてとてとて引連れて上総瞽女」という天保期の川柳には、三味線の音と何人も手と手をつなぎ合う瞽女の行列が詠まれており、上総の瞽女が広く知られたことを窺わせる。(45) また越後瞽女も戦前まで上総を巡り歩き、瞽女の来村を記憶している住民は現在もいる。(46)

幕末の瞽女が訪問した村として、現千葉市花見川区宇那谷《うなや》町となった宇那谷村（明治四年［一八七一］戸数七十八軒）は、その実態を知るためのひとつの好例を提供してくれる。そこでは上州、武州、信州などで見られる、庄屋・名主の自宅以外に宿泊させる「廻り宿」とほぼ同じ制度が採用されていた。村家二十数軒は順番で瞽女の世話にあたり、数十年にわたりほぼ同じ家が瞽女を泊めている。多くの場合瞽女一人あたり二賄（一賄二十五文という計算）が支給され、瞽女の夕飯と翌日の朝食あるいは旅のためのにぎり飯などが用意されたようである。

表9・2には、宇那谷村の嘉永三年（一八五〇）以降に作成された豊富な入用帳などから得られる情報を整理した。幕末から明治初期には毎年約五十人から七十数人の瞽女が村を訪れたことが推測できる。最も完成度の高いと思われる

表 9.2　下総国宇那谷村を訪れた瞽女の人数

年度，記載月	人数	典　拠
嘉永 3 年（1850）6-9 月	25 人	「当戌之佐倉通ひ并諸賄合力銭書出し帳」
嘉永 5 年（1852）2-10 月	45 人	「子之年村入用日記帳」
嘉永 7 年（1854）2-12 月	70 人	「寅年村方諸賄控帳」
安政 3 年（1856）1-12 月か	77 人	「村方賄并合力銭書出帳」
安政 4 年（1857）1-9 月	50 人	「御用通村方諸賄控帳」
〃　月日欠	56 人	「当巳村方賄払方覚帳」
安政 6 年（1859）2 月-月日欠	67 人	「合力銭諸賄其外書出し」
安政 7 年（1860）1-3 月	16 人	「申年村方諸賄覚」
万延 2 年（1861）1 月か 3 月	26 人	「当酉之年村方諸賄帳」
明治 4 年（1871）2-11 月	67 人	「当未御用通諸賄合力銭控」
年代不詳，1-9 月以降	47 人	「当丑ノ諸賄合力銭并ニ御用通控」

嘉永年間、安政三年（一八五六）、明治四年（一八七一）の村入用帳を見れば、田植えや秋の収穫が終わった頃などには、来訪する瞽女の数が増加し、越後瞽女の避寒地であった上州とは異なり、宇那谷村の場合、瞽女の訪問が冬季に集中することはなかった。村に一泊した瞽女の大半は総州やその近辺出身の者であったと考えられる。

近世の上総・下総を廻在した瞽女の出身（本拠地）を示す史料としては、芝崎村（現流山市芝崎）の享和から文久頃にかけて作成された吉野家の日記が貴重である。(47) そこから得られる瞽女に関する情報は以下表9・3に整理し、藤原新田（現船橋市藤原）を訪れた瞽女に関する情報（御用留より）をそれに加えた。

表9・3から、上総・下総で活躍した瞽女が多数の小さな組に組織化され、各村町に分散して生活したことが察せられる。船（舟）橋組は六十年間あるいはそれ以上も存続し、弟子と思われる「子供」を連れて巡業し、安政四年（一八五七）頃には少なくとも五人が仲間に所属していた。(48) その他には享和三年（一八〇三）八月に別所村（現印西市別所）の地蔵寺に奉納された手水石に「常州鹿島、瞽女ヒテ」、「布《ふ》鎌《かま》押《おし》付《つけ》、瞽女、キ井」（現千葉県栄町押付）、「当村、願主、瞽女キヨ、若者中」などが刻み込まれており、「キヨ」を頭として、弟子を含む常州の組もこの地で活躍した。手水石の奉納世話頭の與兵衛は栄町長門屋大久保喜成家の先祖で、当家は昔から定期的に瞽女に宿を提供したという。(49)

表 9.3　下総国で活躍した瞽女組

年　月　日	人　数	出身地・組名	典　拠
享和4年（1804）1月20日，21日	2人	利根川岸	流3，65頁
文化2年（1805）閏8月10日	4人	舟橋村	流3，140頁
文化12年（1815）8月5日	3人（内子供1）	船橋組	流3，515頁
文化14年（1817）4月20日	3人	〃	流3，618頁
文政元年（1818）7月1日	2人	〃	流3，677頁
天保6年（1835）閏7月29日	3人	〃	流4，462頁
安政4年（1857）5月10日	5人	船橋	流5，550頁
安政5年（1858）5月13日	2人	船橋組	流5，604-605頁
文久4年（1864）9月1日	3人	船橋	流5，936頁
文化8年（1811）5月2日	3人	八幡組	流3，358頁
〃　8月22-27日	2人	〃	流3，371-372頁
嘉永5年（1852）6月26日	3人	上総国八幡組	船，815頁
文化14年（1817）4月13日	2人	千葉	流3，617頁
嘉永6年（1853）9月4-6日	2人	千葉町組	船，890頁
文化14年（1817）6月6日	2人	柏井	流3，623頁
〃　6月13日	4人	行徳	流3，625頁
文政10年（1827）3月30日	4人	小□［虫損］村付近	流4，126頁
天保8年（1837）1月27日	2人	南村	流4，546頁
〃　9月10-12日	3人	武州川越在	流4，582-583頁
弘化4年（1847）10月24日	2人	葛西新川組	船，649頁
嘉永7年（1854）4月9日	3人	葛西組	船，958頁
嘉永3年（1850）9月9日	4人	取手組	流5，248頁
嘉永7年（1854）2月28日	4人	板橋組	船，942頁
〃　3月15日	3人	二郷半領組	船，948頁
安政7年（1860）3月11日	3人	不詳	流5，692頁

出典）流＝『流山市史』近世資料編（吉野家の日記）。船＝『船橋市史』史料編3（藤原新田，御用留）。

表9・3にある享和四年（一八〇四）に「利根川岸」の瞽女、嘉永三年（一八五〇）に取手組（現茨城県取手市）が芝崎村を訪れた例が示すように、下総を廻っていた瞽女の多くは利根川河岸に縁が深かった。すでに安永二年（一七七三）一月の滑川村（現成田市滑川）の龍正院本堂の灯籠勧化帳に「印西いや」の瞽女「おさよ」と「あらみ」（荒海村、現成田市荒海《あらうみ》）の瞽女（名前不詳）の寄付が明記され、小倉村（現印西市小倉）にも寛政七年（一七九五）四月の村明細帳によれば瞽女一人、近くの別所村にも瞽女一人が暮らしていた。(50) いずれの村も利根川の近くにあるが、昭和六年から七年（一九三一～三二）に行われた印旛郡富里村の聞き取り調査によれば、瞽女は昔「時をきらはずに」この地方を廻り、「木下《きおろし》瞽女」と称されたが、「殆ど利根川を渡つて来た茨城者であつた」とある。(51) 木下は現印西市北部、利根川南岸にあり、近世から明治までは利根川の河港として栄えていた町である。江戸時代に香取・鹿島・息栖の三社参りの遊覧船もここから発着し、町は旅客で賑わっていた。「木下瞽女」は木下の出身者というよりは木下を活動の本拠地にした瞽女だという。木下街道沿いの藤原新田（現船橋市藤原）にも瞽女がしばしば来たことは村役人を勤めた安川家の日記からもわかる。(52)

利根川沿い出身の瞽女や地元の瞽女にくわえて他国者も下総・上総を廻り、芝崎村には天保八年（一八三七）九月十～十二日、川越の瞽女三人が来訪し、その他にも武州川越（現埼玉県川越市）、板橋（現東京都板橋区）、二故半領（現埼玉県三郷《みさとし》市）などからの瞽女が下総国を巡業した。吉野家の日記の文化十三年（一八一六）七月十一日条に、「越後乞食女五人暮時より来せひ泊呉候様押而申聞五ツ頃迄居候得共不泊」とあるうちの「乞食女五人」は、越後瞽女であった可能性が高い。(53) 当時、大勢の自国・他国の瞽女、諸国の浪人、虚無僧、諸勧化、御師、旅芸人、座頭などの宿泊費・賄い代・合力を負担するための出費は、しだいに村予算から捻出するようになっていった。表9・2にあげた宇那谷村以外の村の具体例をいくつか拾ってみれば、印旛村の村入用帳には安永年間の瞽女を含む諸勧進にかかる費用が掲載され、弘化五年（一八四八）の入用帳からは十月から十二月にかけて瞽女が泊まったこと、その際一人につき一〇〇文が宿泊提供者に与えられたことが記されている。(54) 僻地であった北風原《ならいはら》村（現鴨川市北風原）でも文政七年（一八二四）四月十五日に訪れた瞽女のために二十四文が捻出されたと記録されている。[55] 現千葉市稲毛区長沼町となった長沼新田にも安政五年（一八五八）六月二十八日に二人の瞽女が泊まり、彼女らのために村が一〇〇文を割き、万延二年（一八六一）十二月、現君津市三直《みのう》となった三直村には「ごぜのぼふ」三人を止宿させた者に六〇〇文が給与された。[56] また宇那谷村の例が示すように、ひとつの村において毎年ほぼ同じ十〜二十人が順番に瞽女の宿泊を担当しており、瞽女への支援に多くの村人が取り組んでいた努力のあとが見られる。

(3) 明治以降の千葉県の瞽女

前述した戦前の富里村に来た瞽女は十人から二十人の組を結成していた。組には、親方があり、弟子たちは「目の悪い子、それから貧しい家のもの、孤児などであつた」という。瞽女集団が来村すると、まず三人から五人の集団に分かれ、門付けをして歩き、それが終了すれば親方の顔馴染みの家に行き泊めてもらった。弟子それぞれがひとりで村の家に行き、「自分たちは何々親方の弟子ですが、またこゝに来て何某さんに宿をしてゐます。どうか今晩とあしたのアサの食事をさせてくれ」と言って頼んで歩く。一軒に一人ずつの割合であり、大概「それを村の家々では快く承知してやつた」と報告されている。晩になると、村の若い男女が瞽女の泊まる宿に集まり、瞽女の唄の演奏を聞き、心づけを出した。朝になると瞽女は次の村落へ赴くという、基本的には越後瞽女と同じ行動をしたようである。[57]

戦前の野田市にも二、三人の子を連れた「ゴゼノボウ」が来ており、埼玉方面へ行く途中に寄っていたようである。冬場の農閑期には新潟県の方から四、五人の瞽女が、地蔵様を入れた箱を背負って訪れたという。木賃宿や顔なじみの商店などに四、五日ぐらい泊まり、宿で三味線に合わせて歌や踊りを披露した。また正月にも瞽女が各家を廻り、オビシャ（村寄り合い）や若い衆の集まりに招かれた。目吹地区では新潟出身の瞽女が熊野神社で行われていた「オヒマチ」（御日待、三月二十三〜二十四日）の時にも唄を歌い、三味線を弾いた。彼女たちにさらに興味を持った人は自分の家に泊めて、近所の人も集めて語りをしてもらった。横内では大正初期まで「サノサ」も歌っていたとも報告されている。[58]現四街道市内黒田となった内黒田村では瞽女が「一度きて二度ときまいや綾織なゝこ、又もきまいや裏返し」と歌ったことを古老が覚えている。[59]

四　上州の瞽女

(1) 上州で活躍した越後瞽女

寛保二年（一七四二）十二月の上州沼田の文書によれば、この地方には座頭が「多く往来す、大方越後より来住居之由、雑説に言、彼国ハ雪早く降久しく不消、人白を見る事久敷時ハ目あしく、其姓により盲人に成事多し」とある。[60]つい最近まで群馬県で信じられていたこの失明原因説はともかく、瞽女を含む数多くの越後出身の視障者が降雪量のはるかに少ない上州を来訪した。近世後期の上州では養蚕が盛んに行われ、江戸の需要に応じて多くの換金作物が栽培され、それらに連動して芸能市場も発達した。二十世紀になっても上州は越後瞽女にとって欠かせない稼ぎ場であった。

瞽女が「上州稼ぎ」に出る時は関所を通る必要があった。碓氷峠の改めの仕方を伝える享保十七年（一七三二）七月「於碓氷関所平日改様之次第」に「芸人ハ芸を致させ相通来候事」とあるように、瞽女も手形がなくとも芸を少し披露することにより関所を通ることが許されたようである。しかし、中山道の碓氷峠を避け、百姓が関守を勤めていた南の内山峠や和美峠を越え上州へ入った越後瞽女も多かったという。[61]

上州を巡業した瞽女に関する記録のうち、特によく知られているのは安永九年（一七八〇）成立の『閭里歳時記』である。それには高崎藩の城下において瞽女は「年始の賀とて家々にゆき、唄をうたひ三線をひく」とある。[62]「城下の瞽女」とは「城下に住む瞽女」か、それとも「城下で活躍した（他国からの）瞽女」のどちらを意味しているのかは判断に迷うところであるが、高崎城下に近い下飯塚村（現高崎市飯塚町）で作成された天保十四～十五年（一八四三～四四）

の村入用帳から、この地域を巡業した瞽女は主に越後瞽女であったことがわかる。[63]

越後瞽女にとって遠方での巡業は危険をともなうものであった。文政二年（一八一九）六月二十八日、瞽女三人が越後に帰国しようとしていたところを、月夜野村（現群馬県みなかみ町月夜野）付近で酒に酔った（と後になって主張する）者に襲われる事件が発生した。この「手込め」事件の文書に「右の内三拾才斗之瞽女を手込仕候処甚驚候体ニ而声ヲ立、道脇え逃去、杖をふり立、外両人も間近事故騒立、是又同様杖をふり罵り候」と三人の必死の抵抗がまざまざと語られている。犯人の親類とその村の関係者は連座責任を回避するためか、事件は決して強盗犯ではなく、単なる「酒狂出来心」の結果であったと主張し、「御吟味御下」を願い出ている。[64]

主に冬季に行われた「上州廻り」については、越後瞽女がその詳細を語っているのにくわえて、群馬県人の側でもつい最近まで記憶されていた。[65]昭和四十二年（一九六七）、勢多郡北橘《ほっきつ》村（現渋川市北橘町）の古老は「新潟県柏崎方面より二人組くらいで来た。金は払わず、泊めたり、食事をさせるだけであった」と話し、同村の別の住民は「越後からごぜさまが来た。それを宿に泊めておいて語りを聞いた」という。[66]吾妻郡六合《くに》村には「四、五組位」の越後瞽女が春先、雪解け頃に来るのが慣例であった。夜、宿泊先での「祭文松坂」の「八百屋お七」や「俊徳丸」の語りには「いいところまでくると、やめてしまった。そんなときは金をやってつづけてもらった」と村人が覚えている。[67]「祭文松坂」が越後瞽女唄の代名詞となっていたが、上州では「口説」が二十世紀まで主要な売物であった。幕末における江戸の「口説」の大流行の余燼を窺うことができる。また養蚕で栄えていた上州では蚕の成長を促進するとされる「春駒」などの演奏も人気を博したという。

(2) 上州地元の瞽女

上州には地元出身の瞽女もおり、巡業を行った。享保二年（一七一七）の「高崎藩根元記」には、瞽女一人が「寺院人数」に含まれており、当時瞽女が依然として仏教寺院と何らかの関係を維持していた可能性が窺われる。上州の瞽女はその後次第にいくつかの仲間組織を確立していった。寛政四年（一七九二）十月一日、同六日、高崎町奉行の記録には、高崎町にある「らかん町」で瞽女の「てう」が群馬郡中大類村の瞽女「しな」を養女にしたい旨の願い出が見られる。高崎在住の瞽女は師弟関係を軸に小さな組を結成したものと思われる。[68] しかし年代不詳（卯八月）の堀田氏領内（上州・野州領）の布達には、「盲目之者唄・三味線指南之儀一切無用ニ候、依而者針治・導引等専ら修行いたし渡世ニ可仕候」とあるように、芸人として活躍しようとした上州の瞽女は必ずしも良い社会的環境に恵まれていたわけではなかった。[69] 安永九年（一七八〇）、高崎町の由緒書上には、総人口の七六三〇人の内、瞽女はわずか三人しか認められない。[70]

ところが、幕末になると例えば大島村（現太田市大島町）には上州地元の瞽女が多く訪れた。その実態は安政七年（一八六〇）一月に作成された「餌差・瞽女人数扣」が明らかにしており、この記録には珍しく訪問者の組名までが記されている（表9・4参照）。組名から判断すれば、高崎、桐生、広沢、伊勢崎、館林、前橋、板倉など各地に瞽女数人からなる集団が存在し、また武州からとおぼしき「由見組」、「岩付組」、「川こゑ組」、「大宮組」、そして越後からは長岡や佐志出の瞽女も大島村に足を運んだことが知られる。

明治二年（一八六九）七月の「桐生新町寄場組合村人別家業改請印帳」には、山田郡中広沢村（現桐生市広沢町）の百姓弥吉後家の「ます」とその「家内、〆弐人」の名前が見られ、彼女は「瞽女渡世」と記載されている。さらに、千代田村（現千代田町）の住民が記憶によって語るところによれば、「この村にも（瞽女が）いた。家があって住みついた。三味をひいて唄をうたう。一銭と五厘とあった」という。ここから上州の村々に定住する瞽女が二十世紀まで地方々々で活躍していたことがわかる。[71]

(3) 瞽女の宿泊と合力

上州を巡業した瞽女の受け入れ態勢は一様ではなかった。瞽女と村人に個人的関係が成立した場合には毎年同じ家に泊まり、これには現渋川市、藤岡市、利根郡みなかみ町などの例がある。一方、師匠格の者が一人で泊まる家が村にあり、他の者は別の家に止宿（食事の時は一行が皆師匠の泊まっていた家に集まったが）した場合もあった。あるいは逆に数名の瞽女が一軒に泊まり、食事は村人が分担したこともあった。また瞽女を寺社の堂に泊まらせたこともあった（現藤岡市矢掛）[72]。さらに上小平（現藤岡市）では「五軒が組んで宿を決め、森谷戸（屋号）に留めた」と伝えられている[73]。

昭和十三年（一九三八）に出版された『山村生活の研究』には、「群馬県中里村（現多野郡神流《かんな》町）では越後のゴゼが冬場しのぎに大きな荷物と三味線を以て来る。師匠（親方）が弟子五六人をつれて来る。盲目だからと云って同情され、区長が番を定めて各戸に各人を割当てゝ泊まるやうにしてやる。是をサシヤドといふ。其お礼にはヤドバラヒといって、師匠の宿った家に全部集り、三味線を引いてきかせる。好きな人は、此外に金をやってきくこともある」とある[74]。「サシヤド」

表9.4　大島村（現太田市）を訪れた瞽女（安政7年・万延元年［1860］）

来訪月日	組　名	所在地（推定）	人数
2月11日 3月21日 7月12日	桐生組	現群馬県桐生市	2人 2人 1人
2月18日 8月16日 9月12日	たて林組	現群馬県館林市	8人 7人 2人
2月22日	広沢組	広沢村（現桐生市）	4人
3月21日	たかさき組	現群馬県高崎市	3人
閏3月21日	前はし組	現群馬県前橋市	1人
4月9日	大宮組	現埼玉県さいたま市	3人
6月1日	いせさき組	現群馬県伊勢崎市	4人
7月28日 9月12日	川こゑ組	現埼玉県川越市	2人 5人
8月6-7日 8月17日 9月2日 9月9日	由見組	現埼玉県吉見町か	3人 5人 4人 4人
9月8日	岩付組	現埼玉県さいたま市岩槻区	6人
11月9日	越後国長岡組	現新潟県長岡市	4人
11月12日	板倉組	現群馬県板倉町	6人
11月21日	越後国佐志出組	（指出村か）現新潟県見附市	3人

出典）『餌差・瞽女人数扣』。

といった習慣の由来はおそらく近世中期に遡り、第11章に述べる信州富士見町乙事の「瞽女宿屋順帳」（天明二年［一七八二］八月）と第6章に取り上げた駿河駿東郡沼田村の「瞽女泊順番覚帳」（文久三年［一八六三］）からも示されるように宿泊順番制度を指し、信州の「廻り宿」という輪番制度に共通する点も認められる。[75] 尾州刈谷新町（現愛知県刈谷市）の天保十年（一八三九）の記録にも「さし宿月番」として三名があげられ、やはりここでも毎月瞽女の宿を提供する世話役が変わったものと推量される。[76]

近世後期、幕府の認可を得て上州の村々を訪れた餌差の場合と同様、瞽女の来村は村入用帳とは別帳に書き留められることがあった。[77] 花香塚《はなかづか》村（現太田市新田《にった》花香塚町、幕末に戸数四十四）には文化三年（一八〇六）の「餌指こせ泊り覚帳」と弘化五年（一八四八）の「餌刺瞽女泊覚帳」、大島村（現太田市大島町）には安政七年（一八六〇）の「餌差瞽女人数扣」などが現存しており、現埼玉県岩槻市岩槻区にあった上野村にも「村役人出勤并餌差衆盲女座頭止宿覚帳」がある。[78] 文化三年（一八〇六）の花香塚村の「覚帳」には宿泊を担当する者六十二人――つまり村の名主・旧家などにくわえ、おそらくその周辺地域の住民まで――の名前が均等な間隔で書き記され、餌差・瞽女が来村する度に宿がほぼ順番通り振り分けられ、宿泊先や賄い代などが書き留められている。文化三年（一八〇六）には六十二人全員が宿を提供する必要はなかったからか空欄もある。公認された餌差と瞽女が同じ覚帳において同等に扱われたことから、この地域では瞽女が他の門付け芸人とは区別され、よりよい待遇を得たものと推察できる。

また多くの村では瞽女に出された賄い代、宿代、合力などが村費から捻出され、特別の「覚帳」などではなく、一般的に使われた村入用帳に掲載されている。[79] 享保十六年（一七三一）二月二十三日の木嶋村（現伊勢崎市境木島）の書上はその早い例のひとつである。数年後、元文五年（一七四〇）三月の群馬郡東明屋村の村入用帳にも「こせ・座頭」に「鐚四百文」が施与されたとあり、彼らは「武州・相州より村々名主附ニ而相廻申候」者であったことも明記されており、この地方が瞽女・座頭の入会地となりつつあったことは明らかである。[80] 延享二年（一七四五）三月の山田郡桐原村（現みどり市大間々町桐原）からの村入用帳に瞽女・座頭一人につき十六文の奉加が与えられ、村は一年に三〇〇文を瞽

表 9.5　高崎藩下小鳥村に泊まった瞽女の賄い代（安政 7 年［1860］3 月記録）

1 月	1 人　48 文	1 人　48 文	1 人　48 文	1 人　48 文	1 人　48 文	1 人　48 文	2 人 100 文
2 月	3 人 148 文	2 人 100 文					
3 月	2 人 100 文	3 人 148 文	1 人　48 文	2人（内1人子供）72文	1 人 48 文		
閏3月	3 人 148 文	3 人 148 文	2人（内1人子供）72文	2 人 100 文			
4 月	3 人 148 文	3 人 148 文					
5 月	2 人 100 文	2 人 100 文	2 人 100 文				
6 月	2 人 100 文						
7 月	3 人 148 文	2 人 100 文					
8 月	3 人 148 文	2 人 100 文	2 人 100 文	2 人 100 文			
9 月	2 人 100 文	3 人 148 文	2 人 100 文				
10 月	3 人 148 文	2 人 100 文	2 人 100 文	2 人 100 文			
11 月	4 人 200 文	4 人 200 文	3 人 148 文				
12 月	2 人 100 文	1 人　48 文	2 人 100 文	2 人 100 文	2 人 100 文	3 人 148 文	

出典）『高崎市史』資料編 7，高崎市，1999 年，256–257 頁（梅山大作家文書）。

女・座頭に給したことになる。記録が正確であれば約十八人が来村した計算となる。[81]

明和八年（一七七一）三月の山田郡只上《ただかり》村（現太田市只上町）の村入用帳にはより詳しい記載が見られる。先年には瞽女三十九人が村を訪れ、「壱人ニ付一泊り五拾文ツヽ」が支払われ、一年に計一貫八四八文が「盲女泊り賄」に宛がわれたので、村にとっては少なからぬ出費であった。[82] 割り当てられた五十文はおそらく直接瞽女には渡されず、宿を提供する者に支給されたのであろう。安永九年（一七八〇）、現伊勢崎市境（旧佐波郡境町）にあった村（村名不詳）を通ったと思われる瞽女四人には計八文が施与され、寛政四年（一七九二）、井出村（現高崎市井出）にも宿泊しなかった場合は「十六文、ごぜ八人」という銭高が記され、瞽女に直接支給された銭は一人あたりわずか二文ほどであったことが知られる。[83]

高崎藩下小鳥村（現高崎市下小鳥町）の安政七年（一八六〇）三月作成の「万雑入用帳」には瞽女が先年村を訪れた時期と宿主の提供者に給付された銭高が詳細に明記されている（表9・5参照）。

下小鳥村では瞽女一人当たりの賄い代は四十八〜五十文

が相場であり、子供は半額であった。通常一～四人で一組をなしていて、おそらく春と秋には主に地元の瞽女組（高崎組、伊勢崎組、前橋組など）が廻在し、冬には積雪の多い地方（越後など）の瞽女がそれに加わったのであろう。この結果、下小島村には一年中瞽女が巡業したが、そのピークは十二～閏三月であった。四～七月における来村者の減少はちょうど越後瞽女が地元を廻る時期と重なっている。それでも年に九十九人の瞽女が村に泊まり、宿泊のため村費四八五二文が廻されている。一年の入用の筆頭であった。

村にとって軽からぬ負担であった瞽女の経費を抑えるために、上州の藩法や村々の議定書などに瞽女の活動を規制する文言が盛り込まれた。天明三年（一七八三）の浅間山大噴火後、周辺地域が経済的打撃を受けたため「勧化・ものもらい・こせ・座頭之類」は「麦作出来候迄」その受け入れを見合わせることと申し付けている。[84] 文化四年（一八〇七）四月の尾島《おじま》村（現太田市尾島町）やその周辺の村々の「議定証文」にも「盲女・座頭」に「継人足」を出すことが禁止され、祝儀の際にあっては隣村の座頭に配当金を給与することが禁ぜられた。[85] 江戸後期を通して賄い代は上昇傾向をみせ、文化十三年（一八一六）十月には向領三十三カ村（現前橋市）において、村を訪れる者への施し物が天明の凶年以来十倍までに急騰し、以降村高一〇〇石につき銭三文の割合で差し出すことが定められ、引き続き文化十四年（一八一七）二月には現渋川市にあった村々にも同じ方針が採用された。[86] 天保七年（一八三六）十二月には多胡郡吉井町の組合二十カ村の議定書にも瞽女・座頭を泊める時は「弐人之外相断申事」と定められた。[87] 頻繁に三人以上のグループで廻っていた瞽女組には面倒な制限であったに違いない。天保十三年（一八四二）九月の渋川宿、板鼻宿、高崎宿、倉ヶ野宿などで、改革の一貫として行われた取締には「相対」――つまり瞽女と宿の提供者との間の個人的な合意の上――は別として、村の「役元」に泊まる時は木銭や米代のみを供給することが定められた。[88] さらに、安政五年（一八五八）二月、伊勢崎藩は、祝儀に際し「盲人」や賤民身分の者に「有福之者たり共鳥目三百文之余者差出申間敷候」と定めた。[89]

このように上州を舞台として旅回りした近世の瞽女は煩瑣で場当たり的な取締令との苦戦を強いられたが、明治頃からは新しく設けられた規制によって瞽女の活動は妨げられ、さらに困難をきたした。明治五年（一八七二）七月、群馬県は「人家之軒ニ立チ以テ無縁無故ノ恤ミヲ乞」うことを禁じ、翌六年（一八七三）五月九日には村役人により「乞食非人」「梓巫市子」「瞽女」「辻浄瑠璃・祭文読之類」を「管外へ放逐」することが求められた。[90]その一週間前（五月二日）、山梨県も全面的な瞽女禁止令を布き、関東の多くの地方での瞽女稼業の条件が急に悪化した。厳しい取締を免れた越後瞽女は依然として「上州廻り」を継続したが、上州の村規定に「諸勧化・物貰等ヲ憫ミ間敷事」（明治三十八年［一九〇五］三月、小屋原村、現前橋市小屋原町）などとあるように、新しい時代にあって「慈悲」や「憐愍」を柱とする封建的精神が強く否定され、視障者芸能者は無差別的に資本主義的市場の動向に晒されるようになった。[91]

五　武州の瞽女

現在の埼玉県、東京都の一部、神奈川県の一部からなっていた武蔵国は、北は上州、南は駿河に接し、近世中期以降には関東の瞽女文化圏の中心地であった。本節では主に現埼玉県の地域で活躍した瞽女を考察する。

元禄十五年（一七〇二）には川越領の総人口六万一一〇六人の内、「盲女」は三人しか数えられず、宝永二年（一七〇五）の同領の調査でも総人口四万四〇二四人の内、「ごせ」は四人のみであった。[92]調査の正確さはともかく、瞽女がまだ目立った組織あるいは芸能活動を展開していなかったと考えられる。現尾上市の村々に申し渡された享保六年（一七二一）の書付に「三味線引・盲女・座頭」を含む諸勧進には一宿が許された一方、他所より呼び寄せ逗留させることは禁止された。[93]江戸の地回り経済圏が拡大し、それにともない関八州の芸能市場も活気をみせはじめたこの時代において「三味線引・盲女・座頭」が地域を廻り、市場に参入しつつあったのであろう。染谷村（現さいたま市見沼区染谷）の日記にも宝暦八年（一七五八）二月八日や九月二十二～二十三日の条に「晩こせ泊ル」などの短い記載が認められ、瞽女がこの地方を巡業した確証をなす。[94]

(1) 武州の瞽女仲間

十八世紀半ば以降には武州に本拠地を置くいくつかの瞽女仲間組織が成立し、そのひとつは川越にあった。八王子やその他の地方に伝わる「瞽女式目」に「延享三丙寅年二月中旬書写之、武州忍領ヨリ川越播磨派エ伝之者也」とあり、越後の新飯田瞽女の式目にも「武《ぶ》州忍領より、河越播磨派《かハごえはりまハ》江、伝《つたふる》レ之者也、寛延《かハんえん》四辛未年《かのとのひつじのとし》孟夏吉日《もうかきちにち》、日待当番《ひまちとうばん》」とあることから、延享頃以前、川越に「播磨派」に属する瞽女仲間が確立したことが推測できよう。(95) 越後瞽女が実際に忍《おし》領を廻在したことは滝沢馬琴の『兎園小説』も証言し、それによれば「近比」(文政八年［一八二五］前後)のこととして「武州忍領の辺へ、冬時に至れば、越後より来る瞽婦の三絃を弾じて、村々を巡りつゝ米銭を乞ふありけり」とある。(96) 越後瞽女と競争しながら川越在住の瞽女はその後も活躍を続け、現千葉県流山市にあった芝崎村には天保八年(一八三七)九月十~十二日に「武州川越在」の「盲女」三人が泊まり、「川こゑ組」の瞽女七人が安政七年(一八六〇)前後にも上州を廻っていた記録が残されている(前掲表9・4参照)。一九八〇年代に行われた伊草村(現八潮市伊草)での聞き取り調査には「五十年位前まで二人の瞽女がやってきた。川越方面からきていたらしい」とあり、川越の瞽女が昭和初期まで活躍し続けていたと思われる。(97)

武州のもうひとつの瞽女仲間は現新座市にあり、拠点が片山村にあったせいか「片山座」と呼ばれていた。文化元年(一八〇四)七月には座法に関する申上書が作成され、それによれば「盲女能一同」は年始を祝うため「村方小前方」隅々まで門付けしたらしい(この地方では「門付け」を「家別」あるいは「軒別」と称した)。片山座の瞽女は座法にしたがい、廻るのは三月まで、遠村には行かなかったが、近頃は仲間に加入していない「盲女」が増え、座法に構わず「ころび芸之者真似」などをしていたとされる。これは不埒の至りであるので村々がこうした者に宿を提供しないよう触れてほしいと座が御役人衆に願い出ている。(98) 仲間を敬遠し、個人の芸人として活躍する女性視障者が急増したのであろう。

松山村(現東松山市)にも「松山座」と称された瞽女仲間があった。文化五年(一八〇八)二月の文書には、武州比企郡赤沼村（現鳩山町赤沼）の「瞽女帳本」であった「もよ」の名が見られる。彼女の率いる松山座には「仲間数百人」の座員がおり、「三味線を持、歌を謡」ったとある。松山座はこの年、武州入間郡入間川村の陰陽家に訴えられた。その原因は瞽女側の差別的態度にあった。関東触頭藪兵庫の支配を受けた土御門末派であった陰陽家は檀家を廻り公認された稼業を営んだにもかかわらず、年に一両度「諸所村々軒別」をした瞽女・座頭は陰陽家を「下職」と見なし、陰陽家には寄らなかったという。これは「穢多非人并髪結体之類」同様の扱いであったため、このままでは「職業差障」しかねないと陰陽家が危惧したのである。(99) 事件の委細はここでは措くが、武州の瞽女の陰陽家に対する差別的行為はその後も繰り返され、紛争の火種となった。天保二年（一八三一）二月十九日、大和田村（現埼玉県新座市大和田）出身の瞽女四人が秋津村（現東京都東村山市秋津町）を廻ったところ、近隣の人たちが演奏を聞きに宿に参集した。その聴衆の中には陰陽家出身の女性が含まれていたが、瞽女らはそれを知らずに彼女からも銭を貰い受けた。後になって陰陽家の者であることが判明し、瞽女は銭を返すつもりで陰陽家を訪れた。ところが陰陽家はこうした行為に立腹し、瞽女の三味線を打ち砕き、暴力を振るい、この地域の巡業を停止しろと瞽女を脅迫したので、瞽女が訴訟に踏み切った。(100) これらの事件からは、近世の差別構造を浮き彫りにしてくれる。差別とは、かならずしも差別を受けた者を直接的に搾取したり弾圧することが目的ではなく（もちろんそのような場合が多かったが）、むしろ差別する側が自らの社会的地位の正当性を強調し、世間に向かって顕示する手段として用いたというべきであろう。差別を「正しく」行っていたつもりの瞽女は、金銭的な損を蒙ってまでも自分の地位を維持しようと努めたのである。

松山座、片山座など以外にも瞽女の小集団が現埼玉県各地には成立した。手許にある史料からその組名、人数などを表9・6に出典の年代順に整理した。各組と組織の大きさは異なり、そこには師弟を中心とする「家」や「組」、一種のネットワーク、あるいは本格的な仲間組織も含まれていたと見られる。

表9・6の瞽女組織の内情を証す史料は皆無であり、先に触れた延享三年（一七四六）の川越の瞽女に伝わった「瞽女式目」から判断すれば、後々まで高田瞽女が遵守した様々な規則が武州にも通用し、明治十二年（一八七九）の越谷

表 9.6　現埼玉県にあった瞽女組

年 月 日	組名・人数など	所 在 地	典 拠	備 考
延享 3 年（1746）以前より。万延元年（1860）にはまだ存在している	「播磨派」または「川こゑ組」。万延元年には少なくとも 7 人が活躍	武州川越（現川越市）	「瞽女式目」『餌差・瞽女人数扣』	
文化元年（1804）7 月以前より	片山座	片山村か（現所沢市）	「片山座座法の儀につき申上書」	
文化 5 年（1808）2 月以前より	松山座。「数百人之由」	比企郡松山（現東松山市）	「土御門家神職座頭渡世出入一件」	
文化 6 年（1809）6 月。万延元年（1860）の記録にもある	大宮組か，「盲女」3 人（文化 6 年）。「大宮組」，3 人（万延元年）	現さいたま市大宮区か	「武蔵国足立郡大宮宿七組明細帳」1)『餌差・瞽女人数扣』	万延元年に大島村（現太田市）を訪れた
天保 2 年（1831）9 月 3 日	片山座か。または 4 人の瞽女が巡業のため組を成したか	武州新座郡大和田町等（現新座市大和田）	「乍恐以書付御訴訟奉申上候」	
天保 14 年（1843）3 月作成	瞽女 7 人	武州比企郡小川村（現小川町）	「去寅村入用夫銭帳」（秩父郡薄村中郷）2)	天保 13 年 3 月 11 日泊まる
〃	瞽女 7 人	武州比企郡黒谷《くろや》村（現秩父市）	〃	天保 13 年 6 月 29 日泊まる
弘化 4 年（1847）3 月	瞽女「くみ」56 歳と弟子 11 人	武州足立郡横曽根村（現川口市）	『川口市史』近世資料編，第 1 巻，644 頁	弟子は 9–45 歳
嘉永 7 年（1854）	二郷半領組，こせ 3 人	二郷半領（現三郷市）	嘉永七年，藤原新田（現船橋市）「御用留」3)	嘉永 7 年 3 月 15 日泊まる
万延元年（1860）	岩付組，瞽女 6 人	現さいたま市岩槻区か	『餌差・瞽女人数扣』	大島村（現太田市）に来訪
〃	由見組，瞽女 16 人	現吉見町か	〃	〃
文久 3 年（1863）2 月	坂戸ごぜ，5 人	現坂戸市か	「武州秩父郡椚平村去戌諸役入目帳」4)	椚平村に来訪した
明治初期か	頭栄女	上高柳村（現騎西《きさい》町か）	「上高柳村瞽女書簡」	明治 2 年（1869）設立の「民部省」への言及あり
明治 12 年（1879）10 月 1 日付	瞽女 3 人	武蔵国埼玉郡越ヶ谷宿（現越谷市）	瞽女式目	「ふし，ちか，いと」の 3 人
「昔」（戦後の聞き取り調査による）	「瞽女の家」	加茂宮（現さいたま市大宮区）	『大宮市史』第 5 巻，民俗・文化財編，32 頁	人数など不詳

注 1）『中山道浦和大宮宿文書』144 頁。『大宮市史』第 5 巻，32–33 頁も参照。
2）『両神村史』史料編，第 2 巻，300 頁。
3）『船橋市史』史料編 3，948 頁。
4）『都幾川村史資料』第 4 巻（3），249 頁。

瞽女の「式目」にも「平生身特大切に相守、芸能情（精）出し、仲間附合を以相勤、必疑心不発」ことが要求され、やはり武州の瞽女も縁起・式目を制定し、礼儀正しい生活を求める大小多様な組織が維持運営されていたものと推定される。[101] また現在いくつかの県に跨る武州にはある種の瞽女ネットワークが整備されていた。例えば明治末期の話と思われるが、埼玉県高坂出身の女性が八王子の瞽女の養女となったことが報告されている。[102]

(2) 武州瞽女の受け入れ態勢

宝暦十三年（一七六三）二月、高倉村（現鶴ヶ島市高倉）を訪れた「亡女」（「盲女」）たちは名主・旧家などに泊まり、宿、扶持方、旅銭などは「村入用ニハ古来より不仕候」とされた。[103] しかし十八世紀後半からこの地域は次第に自国・他国の瞽女の入会地と化し、瞽女の宿代、賄い代を村費から捻出する例が続々と現れる。秩父地方にあった薄《すすき》村中郷や小森村（現小鹿野町両神《りょうかみ》薄、同町両神小森）の村入用帳には天明七年から明治三年（一七八七〜一八七〇）まで無数の瞽女関連の記載が見られ、上州、甲州などと同様、費用は上昇傾向にあった。現さいたま市岩槻区横根にあった横根村にも多くの瞽女が到来し、数人の「大人」と「小児」からなる集団が特に三月から五月、そして八月から十一月に来村し、万延二年（一八六一）には瞽女一人につき一五〇文ほどが割り当てられ、明治三年（一八七〇）には一人につき五〇〇文にまで膨れあがっている。[104] 輪番制度が採用された村もあり、別所村（現ときがわ町別所）の「村内納方定帳」（文化十年［一八一三］三月二十三日）には「瞽女壱人ニ付壱夜泊り七拾弐文宛、右泊り御座候節は役人小前へ順番とめ」ることが定められており、瞽女は村の役人と百姓家に順番に泊まったことが知られる。[105]

一方、宿泊費・賄い代などは二十世紀まで村の有力者が負担し、瞽女に配当が施与された例もある。あるいは文化十二年（一八一五）十一月十四日の現さいたま市浦和区にあった村では、若谷八百八という者が「紐直シ祝義」（幼児がそれまでの付帯をやめ、初めて帯を用いる祝いの儀式）として瞽女五人に七十二文を給した。[106] また村が定期的に地方の当道組織に「仕切金」を納める地域もあり、その一部が瞽女に再配分されたとも考えられる。[107]

武州の瞽女の活動の活発化と相俟って、それを規制する法令も出された。寛政十一年（一七九九）五月、現行田市では三味線を弾きに来る瞽女の止宿が禁ぜられ、文政十二年（一八二九）の上尾宿近在の村々でも同様の取締方による議定書が作成された。これにより、病人、臨時勧化、「盲人」などには「宿村継」を提供することが御法度となった。天保七年（一八三六）十二月二十九日には、幡羅郡中の前年の大凶作により「極窮」状態に陥った奈良村でも瞽女の「軒別」を禁ずる取極が制定された。(108)

(3) 明治以降の武州瞽女

明治初期に書かれたと推定される書簡には、混乱期における関東の瞽女社会の動揺が反映されている。(109) 現埼玉県騎西町にあったと思われる上高柳村の瞽女頭「栄女」が「昨年長岡大工町御改役」（長岡の瞽女組織頭山本ゴイ）を訪ね、一通の依頼書を高田など越後の瞽女頭へ触れ回ってほしいと願い出た。書簡から判断するならば、この依頼書の内容は、今まで「瞽人」は「申合頓ニ名主参リ」（互いに相談した上で、直接名主の宅を廻り）、「瞽女之止宿致仕切、高百石ニ付金三分之割合ニ而、村数八拾八ヶ村仕切ニいたし、金高合金八拾弐両三分と銭六貫六百文、米弐石九斗五升」を受け取ってきた。しかし今後は「日限其頃末々少延」ることとなるので、規制は関東へ稼ぎに来る越後の瞽女にも及ぶ。「栄女」はそれを不服とし、長岡や高田の瞽女集団を含む瞽女一同が新政府の「民部省御役所様」に抗議してほしいと嘆願したのである。政府に建白書などを提出するにあたっては、いろいろと費用がかかるので、それは瞽女集団全体で負担しなければならない。長岡や高田に残り、関東を廻村しない瞽女もいたので、彼女らに負担を及ぼすのは気の毒であるが、しかしそれは仕方がないとしていた。その翌年に長岡から二、三人の瞽女が「栄女」を直接訪れてきて、触れ回しはできないと告げる。これに驚いた「栄女」は、そこで個別の頭へそれぞれ願いの文面を送ることにした。「栄女」が、いったい政府のどの政策に不満を感じたのかは判然としないが、明治八年（一八七五）七月以降、埼玉県の音曲師匠、軍書読、祭文読など、「遊芸」を生業とする者には鑑札が渡され、賦金が徴収されることとなった。瞽女の働きかけがあったせいかどうかはわからないが、彼女たちはこうした賦金を免除されている。[110]

急変する社会の中、埼玉県にいた瞽女は大正、昭和初期を通して芸能を演じ続けていた。八潮市の聞き取り調査（話者は明治後期生まれの十二名）によれば、現市域にあった村々には総勢十名の瞽女が住んでおり、戦前まではなかんずく正月、お日待、盆、あるいは八月十三日に始まる八幡祭に合わせて家々を廻ったという。三人一組が多く、「ゴゼノボ」あるいは「ゴゼさん」は商人の家などを定宿（瞽女宿）とし、稼業に従事した。上大瀬村（現八潮市大瀬）にある法積院には大正の初めまで「おひで、おふよ、おつる」という瞽女とおぼしき女性が住んでおり、着物姿に銀杏返し、下駄を履いて三味線を背中の荷物の上に乗せて商売に出かけていた。一度出かけると二、三カ月は帰らなかったという。「おひで」はやがて瞽女稼業をやめ、足立区に家を建てて住んでいた。また同村鶴二にも「おきん」という瞽女とその弟子二人が住んでいたが、地元はあまり廻らなかったそうである。下大瀬村にも「おこと」という瞽女がいて、弟子の「おつる」と晴眼者の弟子を手引きに村々を巡業した（おつるはその後農家の嫁となった）。[111]隣の草加市にも「赤いタスキをして三味線を引きながら踊りをした」瞽女がいて、冬になると栃木方面から吉町《よしちょう》あたりに瞽女がよく廻った。また大相模村（現越谷市）から来た瞽女もいたという。[112]

北川辺町から石戸宿（現北本市石戸）にやって来た瞽女は通例二軒の瞽女宿に泊まったが、「結核を患った家ではゴゼを留めるといい」といわれ、それらの家に宿泊したこともあったという。[113]現坂戸市では三味線に合わせて唄を歌ってもらうと稲の成長がよくなると信じられ、田植えの時期に田の畔に筵を敷いて瞽女を招いた。あるいは三味線の音が蚕の生育に大変よいといって、瞽女に立ち寄ってもらい蚕に瞽女の三味線と唄を聞かせることもあった。[114]越後と同様に、埼玉県においても瞽女が民間信仰の対象となり、それを信じる者たちは当然、瞽女を好んで宿泊させたのであろう。

秩父の小鹿野町には昭和二十〜三十年代まで毎年農閑期の晩秋、「おしげごぜ」と呼ばれた瞽女一人と弱視の手引きとが廻ったという。三味線は上手であったが、端唄、俗曲、相撲甚句のような唄はあまりうまくなかったと地域の古老が覚えている。昼間は門付けをして廻り、夜は六時頃から近所の大人が十人余集まり、瞽女唄を聞き、お茶を飲みながら雑談をし、十時近くまで瞽女と一緒に過ごした。秩父では大きな養蚕農家の瞽女宿が多く、蚕に瞽女の三味線を聞かせると蚕があたり、瞽女の使った箸で蚕をつまむと蚕が病気にならないともいわれていた。瞽女を泊めれば家が繁盛し、運や縁起が良くなるとも信じられていた。[115]

(4) 埼玉県の瞽女唄

大正三年（一九一四）刊の『俚謡集』に埼玉県（北葛飾郡）で採集された「ごぜ歌」で「可愛や男に植ゑられて、こやしくれくれそだてられ云々」と始まるやや長い唄が所収されている。残念ながらいったいいかなる旋律に載せられたのかは書かれていない。[116] 上大瀬村で八月十三日から催された八幡様の祭礼に狙いを定めて、瞽女が村を訪れ、「サノサ節」や「相撲甚句」を歌い、とりわけ後者は若い衆の人気を集めた。この地方を旅回りした瞽女は「万作歌」も歌い、飴屋と一緒に歌ったりすることもあった。[117] 北本市を訪れた瞽女は「新内」や「小諸の馬子唄」などを歌い、地元の唄は歌わなかったという。[118]

農閑期に現越谷市域の村々を訪問した瞽女も「サノサ節」、「よかよか」（栃木節）などを演奏した。昭和三十五年（一九六〇）に九十歳であった越谷出身の元瞽女、榎本ふじによれば、レパートリーに「千住節」、「越後甚句」、「くどき節」（瞽女の「口説」、読売の「口説」）、「一口松坂」、「くどき松坂」、「お七松坂」、「飴売り唄」、「高砂ソーダヨ」、「上総甚句」、「七色広大寺」（近在にある万作芝居と密接な関係がある）、「蚕くどき」などがあった。[119]「蚕くどき」を蚕棚の前で歌うと「繭がよくあがる」と信じられた。「お七松坂」はおそらく越後瞽女が得意とした「祭文松坂」というジャンルの「八百屋お七」を指しているのであろう。昭和三十三年（一九五八）頃、年に二回、日野沢村（現皆野町）に来た「比企か入間生まれのよう」であった瞽女も「段物」の「佐渡情話」や「巡礼おつる」などの語り物と「草津節」「おけさ」や端唄を歌っていた。[120]

六　江戸周辺の村々の瞽女

江戸で活躍した瞽女についてはすでに前章で詳しく検討したが、ここでは江戸近郷、大都会から若干離れた地域で芸道に励んだ瞽女について述べたい。

十八世紀以降、江戸を中心とする芸能市場の成長にともない瞽女の活躍が一層活発となり、早くも宝永三年（一七〇六）五月には馬橋村（現杉並区）の「座頭・ごぜ抔一宿仕候節扶持共ニ名主方ニ而仕候」という規定が村の「指出帳」に見られる。享保十五年（一七三〇）には鶴間村（現町田市鶴間）の村入用費に「永一五五文」が「座頭・ごぜ扶持代」に宛がわれたと記録されている。(121) さらに、福生《ふっさ》村（現福生市）でも、享保十九年（一七三四）に「ごぜ・ざとう入用年中ニ金子壱両壱分百姓方より出申候」と村明細帳に明記されている（同村に「くに」という瞽女が住んでいたが、座頭はいなかった）。上小金井村（現小金井市）では延享元年（一七四四）八月の入用帳には、前年度「妄座頭」（「亡女《盲女》・座頭」か）五十八人が訪れ、宿代として一人当たり三十二文が計上されたと記されている。(122) こうした記録から、宝永頃以降、江戸近辺を廻在する瞽女の賄い代・宿泊費は、次第に村費から捻出されるようになった経緯が明らかとなる。その実態と瞽女の活躍ぶりを地域別にもう少し詳しく検討しよう。

(1) 現江戸川区域

東京都の文化財に指定されている江戸川区（特に葛西地区）の郷土芸能「おしゃらく」の唄が瞽女によって伝えられたことは、つい最近まで住民の記憶にあった。「毎年一定の時期になると、ごぜのぼうがやってきた。村から村へまわっていくので、私はそのあとをどこまでもついていっておぼえたのだ」と区民の一人が回顧している。(123) 東葛西領一之江新田の田島家と同領笹ヶ崎村の須原家（共に旧名主家）に伝わる古文書には、瞽女に関する文書が数多く含まれており、瞽女がこの地区を訪れていた事実は、寛政十二年（一八〇〇）に遡って確認できる。関東近辺の他の地域と同様、瞽女には村方からの扶持が施され、米・銭を合わせると、弘化〜安政頃には一年間で九石から十二石程の扶助費が村入用帳に掲載されている。[124] 一之江新田の場合、文政の頃は十人程であった瞽女の来訪が、年ごとに増え、天保六年（一八三五）には二十五人、やがて三十人、四十人へと増加し、文久元年（一八六一）には最も多く一二〇〜一三〇人もの瞽女の来村が記録されている。時期としては田植えの前の二月から四月と、田植え終了の六月から八月に集中し、場合によっては毎日一人、二人の瞽女が村を訪れ庄屋の家に止宿した。[125] 瞽女は通常田植えの時期を避けている。農繁期にはその多くが江戸市内を廻ったのであろう。

一之江新田の場合、明治三年（一八七〇）を境に、名主の記録（田島家文書）から瞽女の姿が消えている。同年十二月十二日に「金壱分三朱、是ハ当午三月より十二月迄諸浪人諸勧化合力ノ分」とある。瞽女の分もその中に含まれている可能性はあるが、仮にそうであったとしても、瞽女の扶持がこの時期に激減したことは明らかである。[126] その後も村の神事、虫送り、役人の弁当にかかる諸費用は村予算から賄われており、明治十二年（一八七九）には三十四円が「祭典費」に計上されていることなどを見るに、村の財政が急に危機的状況に陥ったとは考えにくい。[127] しかし瞽女の待遇にかかる費用は村費といういわば公的資金から、村人個人々々に肩代わりさせるものに変化したのであろう。一方隣村の笹ヶ崎村の須原家文書には、明治七年（一八七四）までは「盲人止宿雑用」の予算が確認できることから、一之江新田よりはやや長く瞽女の扶持を村全体が負担していたことが知られる。

(2) 現大田区・目黒区・世田谷区・杉並区域

宝暦十二年（一七六二）十二月の文書によれば衾《ふすま》村（現目黒区）には「名主預り」の「下田畑合三反壱畝廿弐歩」があり、それは「此作徳者座頭・ごぜ扶持致候」と説明されている。[128] この村に瞽女一人が暮らしており、「ごぜ扶持」は彼女に宛がわれたか、さもなくば巡業してきた瞽女・座頭の合力に廻されたのであろう。この地域では十八世紀以降瞽女の受け入れ態勢が整い、村々には宿の取扱いを規定し、費用を村予算から賄う動きが見られる。[129]なお、慶弔の際に瞽女に配当金が渡されたこともあり、現狛江市にあった村で天保十四年（一八四三）八月十二日に行われた谷田部源吉家の「娵取」の際、家は「こせ・さとう」に四〇〇文を、嘉永四年（一八五一）四月の「しゅぎ」にも瞽女に二〇〇文を支給している。[130]

この地域の瞽女の仲間組織として、文久四年（一八六四）九月十七日、小野路村（現町田市小野路町）の「沢之助」宅に泊まっていた「瞽女五人」は「頭よの外四人」で構成されていた。「頭」がいればそこには当然何らかの上下関係を軸とする組織が存在したであろう。[131]明治四年（一八七一）二月の「浪士瞽女座頭止宿帳」には、七人の瞽女が「世田ヶ谷組」として記載されており、また「世田ヶ谷組座頭」の表記も見られる。[132]「世田谷座（頭脱カ）惣仲ヶ間」はすでに天保頃に確認され、座元の住都が上に述べた衾村に住んでいたが、「世田谷組」の瞽女との関係は明らかでない。[133]

現大田区にあった下沼部村（明治五年［一八七二］に戸数一六四戸、人口八八二人）の村入用帳（寛政四年～文化十四年［一七九二～一八一七］）から毎年四〇〇文～三貫文弱の「泊り入用」が視障者のために捻出されたことが知られ、また「昼通り之節少々宛遣し候分」という記載から、一泊しなかった者にも数文の合力が出されていたことがわかる。[134]同村で安政五年（一八五八）十一月に作成された「諸御用出勤并立替記帳」の八月二十九日条には「百文、こせ三人江」、また五月二十日条には「四十八文、こせ三人」とあり、一人当たり十六～三十三文が割かれたことが窺われる。座頭の村送りのためにも人足が出されたようであるが、瞽女がひとりで来村した場合も、手引きなど「村送り人足」が村から提供されたのかもしれない。[135]

近くの下丸子村（明治五年［一八七二］に戸数七十一戸、人口三九七人、現大田区下丸子）には瞽女に関する比較的豊富な経済史料が残されている。早くも寛延三年（一七五〇）には「座頭・ごぜ并山伏諸勧化物」に村費が費やされ、宝暦四年（一七五四）一月には十～十八文の合力が、来村する瞽女あるいは瞽女を賄った村民に給与されている。明治四～五年（一八七一～七二）の入用帳とは別種の記録である「瞽女・座頭家別泊リ控帳」には村に来た瞽女の人数と彼女たちを順に宿泊させた者の名前が明記されている。明治四年（一八七一）の控帳や同年の「当未瞽女座頭并捨子諸入用割合帳」には「瞽女」九十余名の内七十三名の来訪月日が示されており、そのピークは五月と九月であった（表9・7参照）。一月分の記載はないが（月が空白となっている控帳の筆頭者五人が瞽女か）、また十二月の記載も曖昧であるが、現調布市となった地域には正月直後にも瞽女が来たことが報告されているので、下丸子村も同様であったであろう。[136]

表9.7　下丸子村を訪れた瞽女（明治4年［1871］）

月	人数	月	人数
1月	5人か	7月	7人
2月	4人か	8月	5人
3月	9人	9月	11人
4月	3人	10月	8人
5月	12人	11月	6人
6月	8人	12月	不詳

出典）「当未瞽女座頭家別泊リ控帳」。『大田区史』資料編，平川家文書，第2巻，577–578頁。

甚だしいインフレが続く明治四年（一八七一）には計四十貫文が「瞽女・座頭泊料」に当てられ（瞽女一人につき四〇〇文）、村人三十一人が彼女たちの世話にあたった。新政府が布いた無数の取締令や当道の廃止から生じる混乱が原因してか、翌年には村を訪問した瞽女は五十八人に減じ、各村人から持高一石当たり九十五文が徴収され、二つの寺院を含めて計八十四人から二十五貫文余が得られた。その中の二十三・二貫文が瞽女を泊めた二十六人に配分された。[137] 村の全戸数七十一戸が瞽女のために資金を提供し、裕福な家がより多くの資金を出し、持高一石未満の三左衛門などからは八十三文のみが徴収された。

(3) 現武蔵野市・東久留米市・調布市・西東京市域

現武蔵野市にあった境村に寛政九年（一七九七）の村入用帳が現存し、近くの吉祥寺村には弘化二年（一八四五）と明治四年（一八七一）の文書が残っており、瞽女への布施・宿泊費などの記載が見られる。吉祥寺村の「浪士瞽女・座頭止宿帳」（明治四年［一八七一］作成）には瞽女を宿泊させた数多くの村人の名前があげられ、やはり輪番制が採用されたようである。[138]

古老の話によれば、大正頃までは瞽女が手拭いをかぶり三味線を弾き、都々逸や流行歌を歌ったという。また泊まっ

表9.8　柳窪新田を訪れた瞽女

年	月日	宿泊人数	宿泊先・宿泊費
天保12年（1841）	2月27日	1人	幸吉50文
	3月 4日	3人	佐兵衛48文，幸吉50文，彦八48文
	3月14日	1人	藤吉50文
	5月12日	4人	佐兵衛50文，作兵衛50文，藤吉50文，彦八48文
	5月23日	3人	佐兵衛50文，儀平50文，惣七48文
	5月26日	1人	浅右衛門50文
	7月 9日	1人	惣七50文
天保13年（1842）	3月 9日	4人	惣次郎48文，浅右衛門48文，文右衛門48文，惣七48文
	3月14日	3人	吉右衛門48文，幸吉48文，惣七48文
	3月か	1人	佐兵衛48文
嘉永6年（1853）	2月	1人	惣七50文
	3月	3人	市五郎50文，久蔵100文（2人）
	5月 1日	3人（2泊）	惣兵衛100文（とふりふ），惣七200文（2人，とふりふ）

出典）秋田惣左衛門家文書。『東久留米市史』本編，454頁，457頁。同書，史料，192-198頁。本書史料篇「村入用帳・夫銭帳・宿帳などに見られる瞽女」の「東京都東久留米市（柳窪新田）天保13年（1842）11月」も参照。

た家では「釜が空になるくらいえらく飯を食べた」と記憶している。越後の習慣と同様、瞽女を泊めた家の者が「今夜、瞽女が唄を歌うから聞きにこい」などと村人に知らせた。瞽女が各戸を廻って歌う時は簡単な唄を少し演奏し、人を集めて歌う時は「なかなかちゃんとした歌をうたった。親方から仕込まれているので上手であった。聞きに行った者は小銭を置いて来た。瞽女の泊った所は若い衆がよく遊びに押しかけた」という。[139]

現東久留米市柳窪となった柳窪新田の入用帳四冊に、文政六年（一八二三）には一四六文（三人分か）、天保五年（一八三四）には三四〇文（七人分か）、弘化三年（一八四六）には五三二文（十一人分か）、嘉永三年（一八五〇）には四八〇文（十人分か）が「瞽女下宿代入用」として掲載されている。天保〜安政年間の同村の「御用廻状人足継立帳」には、瞽女の止宿に関する情報が含まれている。それを表9・8にまとめた。

表9・8にあるように、多くの瞽女は三人から四人連れだって春先、柳窪新田に到着し、夜は村

人のために唄と三味線を演奏したのであろう。宿は幸吉、佐兵衛など村の有力者が瞽女に提供し、翌朝送り出し、宿となった家には四十八～五十文の「下宿代」が村費から捻出された。現武蔵村山市にあった三ツ木村では、一泊する瞽女一人につきわずか三～四文ほどの合力が給され、宿泊費（次の日の昼飯も含み）として宿主に瞽女一人当たり一〇〇文が捻出されている。隣村の中藤村では吉事に際し「赤堀こせ」に金一朱の配当も施された。(140)

金子村（現調布市）は家数八十余軒程度の村であったが、天保十四年（一八四三）には「金子村出生」の瞽女五人がその近辺を巡り歩いていた。(141)規模がさらに小さい村落であった下保谷《しもほうや》村（現西東京市下保谷）では「昔」三～四人の瞽女が活躍したことも聞き書き調査から明らかとなっている。瞽女には手引きがおり、弟子を連れて一軒々々廻り歩き、三味線を弾きながら歌っていた。くわえて越後瞽女もこの地方を廻在したようである。松の木（現西東京市）の八十三歳の男性が昭和六十一年（一九八六）に語ったところによると、おおよそ六十年前ぐらいには、三月に三人で唄を歌いにやってきたという。彼は、「三味線と瞽女の引っ越しの荷物をヤド（宿）に置いて歩き廻っていた。瞽女の泊まるヤド（宿）は決まっていた」ことを記憶している。また他の住民が覚えているところでは、瞽女は春に村を廻り、切り餅などをもらい泊まった宿の子供に「サノサ節」などを教えたという。(142)

(4) 現多摩市・八王子市域

現多摩市和田にあったごく小さな村の中和田村（化政期に家数九軒）を訪れた瞽女の人数などは宝暦十年～明治五年（一七六〇～一八七二）の村入用帳（石坂家文書、計九十二冊）に見られる。瞽女が村に泊まった場合、宿の提供者には一人につき四十八～七十五文が給与された。ただし、物価が急騰する時期であった慶応三年（一八六七）、それが一気に二〇〇文に増加し、明治元年（一八六八）には四〇〇文にまで跳ね上がった。「ひる通り」の瞽女には通常一人につき二文から十二文の合力が施された。来村した瞽女の出身地は明記されていないが、例外的に天保十一年（一八四〇）十月七日条に「日野新田」の瞽女が確認できる。

「ひる通り」あるいは村に泊まった瞽女の人数は年により大きく変動し、たとえば明和三年（一七六六）の十二人に比して、安永七年（一七七八）にはたった二人が村で夜を過ごしたに過ぎない。「ひる通り」の瞽女に一律一人につき二文が支給されたと仮定すれば、天明二年（一七八二）には十七人、天明六年（一七八六）には三十七人、寛政八年（一七九六）には十二人、寛政九年（一七九七）には二十四人など大きなばらつきが認められ、やはり様々な地域からの瞽女が無秩序にこの地域を巡業した跡が推測される。十八世紀半ば以降、関東の芸能市場の発展にともない、この地域も瞽女の入会地となり、そこでは庄屋や村の権力者との個人的関係が成立しにくかった。そのため瞽女の合力や賄い代は浪人、旅僧などと同様に、村費として処理されたものと思われる。

図 9.1　八王子付近の瞽女（十返舎一九『金草鞋』第 12 巻，「犬目」，文化 10 年～天保 5 年［1813–34］）

近村の乞田村に残された日記（有山昭夫家）には、瞽女の出身地と巡業先が明記されている例が見られる。明和八年（一七七一）二月十四日の晩、瞽女四人が来村し「谷保《やほ》本宿・中和田ごぜの由」（現国立市谷保、多摩市和田）と記され、村人四人がそれぞれ瞽女一人ずつに宿を提供した。同年三月十六日にも「別所村ごぜ」（現八王子市別所）が来ており、七月二十六日にも四人が村を通り、八文が与えられた後、落合（現多摩市落合）へ行ったとある。そして八月九日にも「小川新田ごぜ」（現小平市小川）四人が村に泊まっている。これらの記録から、多摩市とその周辺には多数の小さな瞽女組が点在していた様子が窺える。[143] 各組が一緒に行動することもあり、一人で巡業することもあった。一人の場合村人が手引きを勤めたであろう。現八王子市となった地域にも瞽女の組が成立していた。八王子市川口町の円福寺には、延享三年（一七四六）二月写の瞽女縁起・式目が保管され（本書史料篇参照）、昭和十五年（一九四〇）まで活躍した四人の「川口の瞽女さん」も縁起・式目を持っていたようである。[144] このように、現あきる野市秋川などを含む一帯には、無数の小さな組々からなるひとつの緩やかなネットワークが結ばれ、このネットワークを通して瞽女稼業と仲間組織の正当性を裏付ける文書が普及したのであろう。[145]

七　相模の瞽女

武蔵国の一部と相模国から成った神奈川県では武州・駿州のそれぞれが混合した瞽女文化が成立したが、その歴史は古い。慶安三年（一六五〇）、現相模原市にあった村落で野地が村民に分けられ、その一分は「ごぜ山」と称され、そこから発した収入は「盲人宿料」に廻されたようである。[146] 現南足柄市にあった矢倉沢関所に関する元禄六年（一六九三）二月十九日付の書上からも、十七世紀に瞽女がこの地域を廻在したことがわかる。従来瞽女は関所で素性を確認されたのち通行できたが、元禄三年（一六九〇）以降、御厨《みくりや》郷（現横浜市保土ヶ谷区）や郡内（現山梨県東部桂川流域、南・北都留郡）地方へ行く瞽女の通行は一切禁ぜられた。[147] また、延宝年間（一六七三〜八一）に現藤沢市西俣野にあった渕で巡遊する瞽女が溺死したという伝説が伝えられ、明治になって「瞽女渕之碑」が建立された。越後瞽女唄の十八番であった小栗判官の話に縁の深い地域でもあり、近くの閻魔堂跡内には小栗墓塔や瞽女の墓などがあると伝えられている。[148]

安永二年（一七七三）三月の桜山村（現逗子市桜山）の指出書上帳には、二人の瞽女についての記載が見られ、十八世紀後半、村は瞽女のための賄い代、宿泊費、合力を捻出し、手引人足を出すこともあった。[149] 現秦野市横野にあった横野村の村入用帳によれば、明和八年（一七七一）四月には瞽女三人に九文が施与され、安永二年（一七七三）六月十二日にも「金目《かなめ》村こせ」（現平塚市南・北金目）三人に二十四文が施与された。同村には幕末まで瞽女が訪れ、昼飯などが提供された。[150] また愛甲《あいこう》郡半原村（現愛川町半原）に文政十年（一八二七）十一月三十日に来村した「こせんのふ」二人の宿泊のため一三二文が捻出され、嘉永三年（一八五〇）夏、甲府の「ごせんのふ」と三島の「御世」二名ずつも泊まり、それぞれに同額が村費から支出された。[151]

図 9.2　宮ノ下（現神奈川県足柄下郡箱根町）付近の瞽女（十返舎一九『金草鞋』第23巻，「宮ノ下」，文化10年～天保5年［1813–34］刊）

明治直前には、とりわけ現横浜市域にあった村々の村入用帳に瞽女に関する記載が含まれ、瞽女が好んでこの地域を廻ったことが知られる。万延二年（一八六一）四月から六月、今宿《いまじゅく》村（現横浜市旭区今宿）に八人余の瞽女が泊まり、宿泊費のほかに多少の合力が給付された。[152] 公田《くでん》村（現横浜市栄区公田町）には明治初期までの文書が残り、明治四年（一八七一）には二十三人の瞽女が季節を問わず村を訪れ、一人当たりおおよそ五〇〇文の宿泊費などが割り当てられた。瞽女は数人の村人宅に止宿したようであるが、森公田《もりくでん》村（現横浜市磯子区）を訪問した瞽女は「地蔵堂」に泊まることもあった。[153] 他国と同様、明治初期の物価急騰に連動して瞽女の賄い代なども急増し、相州三浦郡須軽谷《すがるや》村（現横須賀市須軽谷）は明治二年（一八六九）には瞽女十四人に七貫二〇〇文、明治三年（一八七〇）には十一人に四貫四〇〇文、明治四年（一八七一）には八人に三貫二〇〇文の村費を給し、一人当たり四〇〇〜五〇〇文の出費となった。[154]明治以降には倹約の傾向が加速し、それによって瞽女の稼業に大きな支障をきたした。[155]

相模国やその周辺地域を遊歴した瞽女は、門付け唄の演奏にくわえ、宴席の余興として唄を披露したようである。寛政三年（一七九一）三月の「御改革御趣意教諭」には日待祝などに「座頭・こせ其外遊芸ヶ間敷儀一切無用ニ候事」という規制が布かれ、これを裏から読むならばそれまでは宴会に瞽女・座頭を呼ぶことが日常茶飯事であったことが窺われる。幕末の炭焼所村（現南足柄市）には「縁附」の際、瞽女に一〇〇文が給されたが、唄の演奏に対する「ハナ」であったのか、それとも単なる配当であったのかは文面からは判断できない。[156]

さらに現綾瀬市にある深谷神社において催された「かぜ祭り」（疫病を防止するための祭り）の節に、「ごぜのボウ」が大正十年（一九二一）頃までは招かれていたと報告されている。[157]地元の瞽女であった可能性が高いが、隣の大和市には昭和初期まで越後の瞽女も巡業を行い、「祭文松坂」、「口説」、流行歌を演奏し、藤沢市にも二人連れの瞽女が一年中廻り三味線や唄を聞かせ、夜は決まった宿に泊まり、そこには村人が集まり唄を聞き、いくらかの心付けをしたことが聞き取り調査の結果から窺われる。[158]

むすび

江戸の地回り経済圏の成長とともに、浪人、虚無僧、御師、万歳、餌差、旅僧、瞽女・座頭などの巡業を支える経済基盤が整い、十八世紀以降は数人から数十人によって構成された瞽女の組々が関八州各地に成立した。地元の瞽女にくわえて、遠路はるばるやって来た瞽女も関東地方を稼ぎ場とし、冬にはとりわけ豪雪地帯の瞽女が関東の村々を廻っていた。その結果、江戸と越後などとの間に位置する上州と武州は都会と地方を結ぶ中継地となり、瞽女が都会で作成された歌詞を僻地にまで普及させ、また地方の民謡の旋律を江戸に紹介した。

毎年定期的に来村した瞽女を宿泊させた者（庄屋、名主、旧家など）と瞽女との間には個人的関係が成立しやすく、それが瞽女と同道した弟子などに引き継がれ、越後にも見られる特定の「瞽女宿」が存在する村は関東一円にも少なくなかった。一方、不規則的に村々を廻る出身地の異なる瞽女の人数は時代とともに増し、他の芸人、座頭、旅僧、浪人などもそれに加わり、その宿を提供した庄屋・名主などにとって大きな負担となった。瞽女を宿泊させる行為が家柄や権威の象徴などとみなされた地方では、後々まで同じ家が瞽女の世話をしたが、その負担が庄屋・名主などの経済的余裕あるいは宿泊能力を超える場合は、それを村人に振り分けることが必要となった。座頭、浪人、餌差、勧進僧、御師などと同様、瞽女の宿泊にも「サシヤド」「廻り宿」などという輪番制が採用され、また瞽女の宿代、賄い代などを村費から捻出する慣習も成立した。瞽女にかかった費用は通例庄屋がそれを立て替え、村入用帳に記入され、年末に精算された。

こうした処理方法は、瞽女が民間信仰に関わった者であったからというわけではなく、また瞽女が特別に歓迎された証拠となるわけでもない。宿泊施設の提供は、ある種の名誉であるのと同時に一種の義務でもあり、それによって提供者が「損失」を蒙ったと認識されたからこそ、その「合理化」が図られたのである。ただし個人のみならず村全体が視障者への支援に取り組んだこと自体は評価すべきであろうが、瞽女のために捻出された銭高の多寡は個々の村の事情に大きく左右され、振り分け方も様々であったので、この制度を仮に一種の公的障害者支援政策としてみるならば、それは多くの問題を抱えていたというべきであろう。

第10章　甲斐国の瞽女

はじめに

武州、信州、伊豆などには、それぞれにいくつかの瞽女仲間組織が成立したが、この地域のちょうど中央に位置していたのが甲州である。明治六年（一八七三）五月二日付の「盲人保護に付達」に信を置くならば、当時「管下」（現山梨県）の瞽女の総人数は二五〇人であった[1]。甲斐国の瞽女は甲府を中心とした大きな仲間組織を維持し、多彩な芸能活動を繰り広げ、甲州の庶民文化の重要な一翼を担っていた。本章においては、甲州の瞽女の人数と居住地、仲間組織と支配頭、しきたりと芸能活動、巡業先の村々の受け入れ態勢、他国の瞽女との争論、そして明治六年（一八七三）の瞽女禁止令を順次考察しながら甲斐国の経済・文化発展の中で活躍した瞽女の素描を試みたい。

一　甲州の芸能市場の発展

人数の詳細は後述するが、甲州瞽女の大半の本拠地は甲府にあった。その最大の理由は、甲府がこの地域の経済、物流、交通の拠点であり、文化的な江戸と強いつながりを有していたことにあった。幕府領であった甲府の繁盛は近郷の芸能市場を潤し、甲府に住んでいた瞽女を含む多数の芸人が江戸などから輸入された唄と器楽を地方へ伝えた。甲府はまさに都会と地方との文化的架け橋に他ならなかった。

甲府における芸能の商品化・商業化は十七世紀後半から加速し、その後は城下の寺社境内において、説経、人形浄瑠璃、歌舞伎などが演じられるようになった。元禄頃には、江戸歌舞伎の道化方であった「坊主小兵衛」が来甲し、上一条町で踊りを披露している。明和元年（一七六四）、教安寺境内に亀屋与兵衛が請元となる常芝居小屋が許され、その後江戸市村座で上演された演目がただちに亀屋座で再現されるなど、甲府の芝居文化は一層の繁栄を見た。[2] 江戸の文化との連携が最もはっきりと示されたのは寛政二年（一七九〇）三月、五世市川団十郎が亀屋座で「影清牢破り」、四月に「助六」、五月に「鳴神」に出演した時であり、次いで瀬川菊之丞も来甲し、八月まで「道成寺」の舞台を勤めた。[3] この事実は十八世紀終わり以降の甲斐国には、江戸の有名役者を呼びよせ、五カ月間の連続公演を可能とするだけの観客人口がいたことを証明している。

芝居の活気と平行して甲州の遊芸人口も増加し、瞽女が音曲を指南する人口もその分増えた。宝暦二年（一七五二）の『裏見寒話』の附録によれば甲府の「町人の家共に、歌舞音曲、俳諧槃上を翫」ぶ者が多く、神仏開帳などに際しては小屋が建てられ、稽古浄瑠璃を「互に好む者共法楽に語」ったという。[4] また、他国からも芸人が頻繁に城下とその周辺地域を訪れ、地方住民の芸能に対する需要を掻き立てた。十九世紀には多くの女性が音曲指南に従事したことが天保十三年（一八四二）四月に成立した『遊芸渡世名前帳』から窺い知ることができる。名前帳に常磐津三味線指南四人、長唄三味線指南四人、琴指南二人、義太夫三味線指南三人、清元三味線指南二人、踊り指南一人の女性が挙げられている。[5] その内には、「常盤津三味線指南、（魚町）同町太兵衛娘盲人、とめ」と「義太夫三味線指南、（西青沼町）同町盲目、かつ」という瞽女の名も見られる。[6]

明治十九年（一八八六）末から四、五年の間、山梨県に在住した民俗学者にしてメソジスト教の牧師、山中共古の著した随筆によれば、「甲府ハ人口ノ割に盲人ノ多ク居ルトコロニテ、戸数町トイフベキ部ハ三千五六百戸ナルニ、按摩業ヲ為スモノ弐百人余モ居レリ」。(7) 近世の甲府には東郡座、府中座、中郡座という三つの当道組織があり、座員には医業が芸能と比して害の少ない職業であるとして薦められていた。しかし按摩・鍼治以外にも彼らは「常ニ弄歌謡糸曲、又州中婚姻ノ家ニ往キテ祝言ノ索施ヲ習ト」し、つまり唄・器楽を演奏・教授し、遠近の村々を廻り、吉凶の際、村人から施物を受け取り、城下などで三味線・箏の指南も行った。(8) また武州、信州、相州、三州、越後、河内などの座頭も甲州を頻繁に巡業し、盛んな文化交流を行ったと思われる。(9)

二　甲斐国の瞽女人口

甲州の経済発展に支えられた芸能市場の成長は、瞽女の芸能活動を刺激し、甲府を中心にいくつかの仲間が成立した。先に引用した『裏見寒話』にも「盲女住居、横近習町、飯田新町にあり、是も座頭と同じく吉凶の配当を取る」と記されている。文化十一年（一八一四）に編まれた『甲斐国志』にも「瞽女、府中ニ居ルヲ座元ト云近習町ニ一組、飯田新町ト云処ニ一組アリ、毎夏秋猿貫シテ州中ノ村里ヲ廻り以絃歌米銭ヲ乞フ者也」との説明が見られる。(10) 約言すれば、甲州の瞽女の大半が横近習町《よこきんじゅまち》（現甲府市中央一～五丁目）と飯田新町《しんまち》（現甲府市飯田）に住んでいた。さらに、明治六年（一八七三）の県令には、甲府の穴山町《あなやまちょう》（現甲府市中央一～五丁目の内）と横沢町《よこざわまち》（現甲府市朝日町一～五丁目、宝一～二丁目の内）にも数人の瞽女が住居を構えていたことが記されている。(11) 史料に散見できる甲府の瞽女人口を表10・1に整理した。

甲府の瞽女居住地は横近習町に集中したが、十九世紀に入って飯田新町の瞽女の人数が急増したことは上野村（現市川三郷《みさと》町上野）の村入用帳（太田家文書）が示唆している。天明五年（一七八五）には飯田新町の瞽女は五人しか来村し

表 10.1　甲府城下の瞽女人口

年　　代	場　所	人　数	典　　拠
延享 2 年（1745）か，2 月	横近習町	60 人程	「他国瞽女入込差止方願書」
天保13年（1842）4 月	〃	師匠分 26 人程	「瞽女作法取調申書上」
慶応 4 年（1868）	〃	157 人	『甲府雑記』
〃	上飯田新町	55 人	〃
明治 3 年（1870）6 月	下府中(横近習町)	160 人	『甲府市史』史料編，第 2 巻，682 頁，684 頁
明治 6 年（1873）3 月 3 日	横近習町	126人（15戸）	「戸籍改入費銭瞽女納分差戻請取」

ていないが、文化十三年（一八一六）にはその数字が四十六人に跳ね上がり、天保四年（一八三三）には九十一人、嘉永三年（一八五〇）には九十二人が村を訪れている。新町の全ての瞽女が上野村を訪れたのか、あるいは同じ瞽女が一年に二度以上訪れた可能性もあるので、正確な人数を推定することは難しい。

また甲府以外にも比較的小さな瞽女集団がいくつかあった（表10・2参照）。表10・1、10・2に見られる数字は町方・在方を問わず、甲斐の瞽女人口が次第に増加したことを窺わせる。その原因を消極的に解釈すれば、農民層の分解により障害者を扶養する力を消失した農家の内、失明した娘を甲府に送り瞽女仲間に加入させる方法を選択する家族が増加した可能性が指摘できよう。しかし、より積極的に考えてみるならば、以上述べた芸能市場の成長にともない、仲間組織の確立、村々における瞽女の受け入れ態勢の整備なども進められ、女性視障者の自活意欲が向上したとも考えられる。さらに明治六年（一八七三）の瞽女稼業廃止令に説かれているように「管下の旧習として盲女ハ瞽女に与へざれハ其家に重て盲目の児ありとて必ず瞽女に与ふるよし」という俗信も民衆の間に深く根付いており、視覚障害者の娘を抱える家は、彼女らを横近習町・飯田新町あるいは在地の瞽女仲間に弟子入りさせることを当然視していたようである。

表 10.2　甲州在方の瞽女人口

場　所	史料成立年	人　数	典　拠
石橋村（現笛吹市境川町石橋）	享保 9 年（1724）7 月	1 人	『境川村誌』資料編，1990 年，286 頁
	天明 5 年（1785）	「橋村《(ママ)》并国分村瞽女七人泊り」	「巳年中夫銭帳」太田家文書（太 093.4/166）
	文政 13 年（1830）8 月	6 人	「村諸入用扣」篠原家文書（古 1-2585）
乙黒村（現中央市乙黒）	安永 6 年（1777）9 月	1 軒	『村明細帳　巨摩郡編 2』85 頁
国分村（現笛吹市一宮町国《こく》分《ぶ》か）	天明 5 年（1785）	「橋村并国分村瞽女七人泊り」	「巳年中夫銭帳」太田家文書（太 093.4/166）
大塚村（現市川三郷町大塚）	天明 5 年（1785）	6 人以上	「巳年中夫銭帳」太田家文書（太 093.4/166）
	享和元年（1801）12 月	17 人	「戌春村小入用夫銭帳」太田家文書（太 093.4/212）
	文化 13 年（1816）12 月	16 人	「丑春村小入用夫銭帳」太田家文書（太 093.4/278）
	文政 10 年（1827）12 月	23 人	「子春村小入用夫銭帳」太田家文書（太 093.4/361）
道村（現南巨摩郡身延町道）	享和元年（1801）12 月	10 人	「戌春村小入用夫銭帳」太田家文書（太 093.4/212）
	享和 2 年（1802）1 月 8 日	10 人	「村入用夫銭控帳」太田家文書（太 093.4/218）
上《かみ》村（現甲府市上町）	文化 13 年（1816）12 月	1 人	「丑春村小入用夫銭帳」太田家文書（太 093.4/278）

三　甲府横近習町の人口と瞽女頭の「かん」をめぐって

甲斐国での最大の瞽女仲間であった横近習町の組織について、天保十三年（一八四二）四月、当町名主であった忠右衛門が「町内逐一相糺」した上で、「瞽女儀寛永年中と当町内ニ住居仕り」と報告している。[12] この寛永頃の甲府にいたとされる瞽女の詳細は一切不明であるが、終戦直前の甲府空襲を奇跡的に免れた横近習町の人別帳（『甲州府中横近習町宗旨改帳』）から多くの瞽女が住んでいたこの町の人口構成をある程度把握できる。宝永二年（一七〇五）に四九五人であった横近習町の人口は宝暦十二年（一七六二）には五九三人に膨れあがった。[13] 町に瞽女が含まれていた可能性を探るために男女の比率を検討してみると、宝暦八年（一七五八）には女性が男性より七十九人も多かったことが明らかとなる。その後、安永頃までは女性の比重と絶対数も次第に減少傾向にあり（安永五年［一七七六］には男女の差はわずか二十三人にまで縮まる）、安永から天明にかけては女性人口の比率がまた上昇し、天明四年（一七八四）には女性が男性より七十七人も多くなっている。しかし、これをピークとして、幕末まではまた女性の比率が下落の一途を辿り、嘉永頃からは男性と逆転さえする。[14] これらの統計的事実から推測するならば、宝暦・天明頃には瞽女の一部が人別帳に記録されていた可能性は残るが、天保十三年（一八四二）の「師匠分二十六人程」（師匠分があれば弟子はその数倍もいたはずである）と慶応四年の「一五七人」のような数字は江戸後期の人別帳には反映されていなかったと考えられる。しかも人別帳に「某妻」、「某後家」、「某母」などと記され、瞽女の可能性の少ない女性以外、つまり世帯主か一人暮らしあるいは他の女性と同居した者として記録されている女性の数だけをみれば、寛延〜天明頃にはその数はおよそ十六〜十七人しかなく、天保七年（一八三六）には十人となり、安政三年（一八五六）には三人以下となってしまう。これらの数字からも横近習町の瞽女の大半は人別帳から脱落していたことが察せられる。残念ながら現存している横近習町の人別帳は安政頃で終わるので、一〇〇人以上の瞽女がこの町に住んでいたとされる維新前後の事情は調べようがない。

明治六年（一八七三）三月の横近習町では十五戸に総勢一二六人の瞽女がいたとすれば、それは一戸に平均八人以上が暮らしていたことを意味している。(15) 一戸には後述するように一組か二組が住んでいたと推定されるが（表10・4参照）、享和三年（一八〇三）十月の「横近習町軒別間数書上帳」（山梨県立博物館蔵）に見られるように、横近習町にあった店は狭く、明治三年（一八七〇）六月には人口七二〇人（内瞽女一六〇名）が「屋敷数五拾七軒、竈数百九拾八」に暮らし、人口対屋敷率は下府中二十三町の内、最も高い比率であった。(16) 甲斐国をはじめ、駿河、信濃などを廻っていた瞽女たちが横近習町を単なる一時的な宿泊施設として利用していたか、それとも町役人にそのような流動的人口と意識された可能性がある。つまり甲斐国で作成された様々な村明細帳にある「当村ニ瞽女一人も無御座」という記載条項は、「当村出身の女性視障者はいない」という意味ではなく、「芸人として生活を立てている何らかの視覚障害者組織に所属している女性——つまり瞽女——はこの村に現在定住していない」の意義が込められていると推定される。一方、横近習町の町役人は、彼女たちを各村に籍を置く者として扱っており（無籍の者もいたかもしれない）、横近習町の人別帳に記録する必要を感じなかったとも考えられる。あるいは瞽女は当道の配下とみなされ、町人とは支配系統が異なるという理由で、『甲州府中横近習町宗旨改帳』に記載されなかった可能性も排除できない。

いずれにせよ、瞽女のほとんどは、人別帳にその名前をとどめていない。唯一、「かん」という名前の記載は横近習町の人別帳に頻繁に見られる。延享二年（一七四五）三月八日の文書に「かん」の大家となっている市右衛門が「私借家ニ数代差置申候御国中瞽女座本頭かん」と説明している通り、「かん」は遅くとも十八世紀初頭から横近習町にいたようである。(17) 天保十三年（一八四二）四月には名主の忠右衛門も「座元かんと申者同所業之者取締り仕罷在」と記しており、また「座元かん死去仕り候節は右之内年来相立候者かんと改名仕り座元ニ相成」と「かん」の名前と地位が世襲的であったことに言及している。(18) 先に引用した山中共古も「維新前甲府ノ盲女《ゴセ》奉行其他ノ役場へ年始ニ参ルニ盲女ノ頭大門ヨリ玄関ニ到リ、ベニカワ　ヲカン年頭申上マスト言ヒ置キ帰ルコト、ス、此盲女ノ頭ノ名紅川オカントイフ名ニハアラズ、唯此名ヲ申テ年始ニ来ルナリシト今ハ此事絶タリ」（明治十九年前後か）と彼女について詳述している。(19) 明治六年（一八七三）の

印鑑①　印鑑②　印鑑③　印鑑④　印鑑⑤

図10.1　「かん」の印鑑5種

瞽女廃止令には、「かん」は「紅革（のち紅川）加武」とされ、次の由緒書が添えられている。すなわち「口碑ニ伝フ天正中徳川家康入甲ノ時旅館（古府中尊躰寺）ニ在リ、或人瞽女絃歌ヲ善クスル者ヲ進ム、家康其技ニ長スルヲ感シ与フルニ紅革染ノ浴衣ヲ以テス、是より人呼テ紅革ノ阿加武ト云フト」。そして、彼女が「此党ノ事ヲ管理」していたことが明言されている。[20]

『甲州府中横近習町宗旨改帳』には、「かん」の名前が寛延元年から安政三年（一七四八〜一八五六）の間、計二十六回確認できる。いずれも「浄土宗府中誓願寺旦那」であったことも注目に値する。柳田国男は京都の有名な誓願寺（浄土宗）の「寺中又は院内ともいふべき者は、主として比丘尼ではなかったか」と推測しているが、甲斐国以外でも女性芸人と誓願寺に何らかの関係が維持されていたのかもしれない。[21]『勢国見聞集』には、元禄三年（一六九〇）、伊勢国出身視覚障害のある女子が京都の誓願寺の石地蔵尊に参り祈願し、両眼の視力が快復したという霊験談が記録されている。[22]「誓願」を「晴眼」にかけた結果、この話やあるいは誓願寺と瞽女とのなんらかの関係が生まれたのであろうか。残念ながら甲府の誓願寺は甲府大空襲で本堂・庫裏が灰燼に帰し、寺宝をはじめ過去帳も焼失したため、寺と「かん」との関係を調査することはもはや困難である。また、墓石の破損が著しく、墓石から瞽女の名を読み取ることもできない。

横近習町の人別帳に掲載されている「かん」の印鑑（「加武」の「武」の字）は五種が使われている。便宜上それを①から⑤に分け、図10・1に掲載した。

同じ人別帳にはさらに「かん」の年齢、店主、請人、また「〇〇年以前より店ニ而差置申候」（世代を問わず「かん」という女性がいつからその店に住んでいたかという年数）の情報がある。それを以下表10・3にまとめた。

表10・3の元となっている人別帳には多数の誤記と思われる箇所が含まれているので、世代交代の有無が判然としない場合がある。また差置年数には年数の数え方が世代交代を無視している形で行われていることもある。しかし、寛延元年（一七四八）に記録されている年数が正しいとすれば、「かん」はすでに延宝年間（一六七六年前後）に横近習町に住んでいたことになる。宝暦六〜十年（一七五六〜六〇）には年齢、差置年数の両方が錯綜しているので、世代交代が何回も行われた可能性もあろう。宝暦八年（一七五八）と十年（一七六〇）の「かん」には同じ請人がおり、同人とみたい。また宝暦十年の「かん」の差置年数がなぜか突然五十二年にまで下がっているが、その後はかなり正確に計算されているように思われる。宝暦十二年（一七六二）の「かん」は新しい印鑑③を使用し、年齢的に見ても宝暦十年（一七六〇）の「かん」とは別人であろう。しかし明和五年（一七六八）の「かん」は印鑑・年齢ともに宝暦十年（一七六〇）の「かん」とほぼ一致しているので、宝暦十二年（一七六二）の「かん」は一時的に瞽女頭に就任、その数年後、前任が再任した可能性がある。

安永五年（一七七六）には明らかに世代交代が行われ、この時点での「かん」は四十五歳であった。天保十三年（一八四二）四月の名主忠右衛門の書上には、師匠分の内の「年来相立候者」が「かん」を襲名するとあり、この「年来相立候者」は最年長者というよりは組中の瞽女歴の最も長い者であったのではなかろうか。あるいは最も信頼された者が「かん」の襲名を許されたとも考えられる。

天明二年（一七八二）の人別帳から察すれば、安永三年（一七七四）前後には「かん」が転居したようである。幕末までは「かん」が再度転居しても、差置年数は安永三年から数えられている。また文化五年（一八〇八）には「かん」が人別帳に記載されておらず、前の「かん」が死去した直後で後任が決まっていなかったと推定される。そして文政九年（一八二六）の「かん」はおおよそ十五年間、頭を勤めたとおもわれる。天保十三年（一八四二）と十五年（一八四四）に、同じ年齢が記載されていることは、単純なミスかもしれない。弘化三年（一八四六）の「かん」も二十九歳と

表10.3　『甲州府中横近習町宗旨改帳』に記載される「かん」

年　代	年齢	印	店	請　　人	年数
寛延元年（1748）	62	①	半兵衛店借	中郡筋乙黒村与惣左衛門・府中穴山町勘右衛門	72
＊宝暦 6 年（1756）	60	②	喜兵衛店借	中郡筋乙黒村与右衛門・府中穴山町勘右衛門	80
宝暦 8 年（1758）	63	②	〃	府中工町太郎右衛門・中郡筋下河東村儀右衛門	86
宝暦10年（1760）	66	②	〃	〃　・　〃	52
＊宝暦12年（1762）	61	③	〃	府中工町壱右衛門・中郡筋乙黒《（ママ）》村儀右衛門	54
＊明和 5 年（1768）	73	②	〃	〃　・　〃	60
＊安永 5 年（1776）	45	②	忠七店借	府中穴山町沖右衛門・中郡筋乙黒村勘左衛門	66
安永 7 年（1778）	47	②	文右衛門店借	〃　・　〃	68
安永 9 年（1780）	49	②	〃	〃　・　〃	70
天明 2 年（1782）	50	②	〃	〃　・　〃	8
天明 4 年（1784）	52	②	〃	〃　・　〃	10
天明 6 年（1786）	54	②	〃	〃　・　〃	15
天明 8 年（1788）	56	②	〃	〃　・　〃	14
寛政 4 年（1792）	60	②	〃	〃　・　〃	18
文化 5 年（1808）			記載無し		
＊文政 9 年（1826）	60	④	吉兵衛店	当町喜助《（ママ）》・穴山宇兵衛	52
文政13年（1830）	64	④	〃	当町喜兵衛・穴山宇兵衛	56
天保 5 年（1834）	66	④	〃	〃　・　〃	58
天保 7 年（1836）	68	④	〃	〃　・　〃	60
天保11年（1840）	72	④	〃	〃　・　〃	64
天保13年（1842）	74	④	〃	〃　・　〃	66
天保15年（1844）	74	⑤	〃	当町喜兵衛・同町《（ママ）》卯兵衛	68
＊弘化 3 年（1846）	29《（ママ）》	④	乙助店	当町喜兵衛・穴山町卯兵衛	71
嘉永 3 年（1850）	43	④	〃	〃　・　〃	74
嘉永 5 年（1852）	45	④	〃	〃　・　〃	76
嘉永 7 年（1854）	47	④	〃	〃　・　〃	78
安政 3 年（1856）	49	④	〃	〃　・　〃	80

注）＊は世代交代か。
出典）『甲州府中横近習町宗旨改帳』大木家文書，山梨県立博物館蔵。

あり、これも三十九歳の誤記だと考えられるが、いずれにせよ彼女が座の中の最年長者であったとは考えにくい。

印鑑から推して、新任者が印鑑を譲り受けるのは就任後数年経過してからが通例であったようである。「かん」にはかならず二人の請人がつき、文政九年（一八二六）まではその一人が甲府市内に在住し、もう一人が在所に居宅を構えていたようである。したがって、文政九年まで「かん」は在方の出身者であった疑いが強い。安永五年（一七七六）以降、文政九年（一八二六）までの「かん」の請人となる「中郡筋乙黒村勘左衛門」はおそらく安永六年（一七七七）九月、乙黒村（現中央市乙黒）の明細帳に記録されている名主の「勘左衛門」[23]（天明四年［一七八四］には「長百姓」とあり、文政九年［一八二六］や嘉永三年［一八五〇］にはまた「名主」とある）と同一人であったであろう。[24]この安永六年（一七七七）の村明細には「家数六拾軒」の内「瞽女壱軒」とあり、[25]「かん」が乙黒村の出身であったこともありうる。文化三年（一八〇六）の乙黒村の明細帳には瞽女が記載されていないので乙黒村から甲府に人別を移したのかもしれない。[26]また宝暦八年から十年（一七五八〜六〇）の「かん」の請人は乙黒村のすぐ隣の下河東村（現中央市下河東）の住民であり、文化三年（一八〇六）の明細帳には彼女の請人と同名の「儀右衛門」なる者がその村の「長百姓」の一人として登場し、文化十年（一八一三）には同名の人物が村の名主として確認できる。[27]あるいは宝暦十二年から明和五年（一七六二〜六八）の「かん」の請人は乙黒村の者ではなく下河東の者であったかもしれない。

さて、「かん」の率いていた瞽女たちは、どのように組織化されたのであろうか。粟生野《あおの》村（現甲州市塩山上・下粟生野）の明治五年（一八七二）二月「村賄夫銭帳」と同年八月「申之夫銭帳」はその重要な手がかりを与えてくれる。[28]結論からいえば、甲府の瞽女は数多くの少人数の組に分かれていた（表10・4参照）。

粟生野村を訪れていない甲府の瞽女もいたであろうが、横近習町には少なくとも二十二組、飯田新町にも八組が存在し、所在不詳の組をそれに加えれば、両町に計四十組が成立したこととなろう。同じ組の成員が原則として順路にあった村々を春に一回訪れたと想定すれば、十八人からなる横近習町「浜よ組」（所在不詳の十八人の「浜千代組」と同じか）がもっとも大きく、その他はすべて五人から十人程度であった。瞽女稼業が禁止される前夜のこの時期における甲府の

表 10.4　粟生野村を訪れた甲府横近習町・新町の組名・人数

本拠地	組名	月日	人数
横近習町	藤世組	4月7日	7人
	浜よ組	4月10日	7人
	〃	4月18日	11人
	〃*	5月5日	7人
	君千代組	4月12日	6人
	礒千代組	4月15日	8人
	岩菊組	〃	5人
	〃	4月24日	5人
	礒春組	4月16日	8人
	浪春組	4月17日	6人
	枡春組	4月18日	7人
	大方梅春組	4月19日	5人
	吉千代組	4月21日	5人
	木曽菊組	〃	5人
	喜佐千代組	〃	5人
	吉清組	4月22日	6人
	文千代組*	4月19日	5人
	紋千代組	4月22日	10人
	村菊組	4月23日	8人
	浜の井組	〃	5人
	房の井組	4月24日	6人
	先千代組	〃	5人
	枡千代組	4月25日	5人
	升千代*	4月26日	9人
	村千代組	〃	7人
	町三よ組	〃	6人
	藤さよ組	5月1日	6人
新町	秋よ組	4月7日	6人
	舛重組	4月13日	6人
	浜菊組	4月14日	5人
	作千代組*	4月19日	5人
	〃	4月21日	5人
	浜清組	4月22日	5人
	浪の重組	〃	5人
	春さよ組	4月25日	5人
	房菊組*	4月26日	7人
	〃	4月27日	5人
不詳	行金組	4月3日	6人
	元菊組*	4月6日	7人
	浜千代組*	4月16日	11人
	〃*	4月18日	7人
	房千代組*	4月17日	6人
	佐喜代組*	4月22日	9人
	増左代組*	4月24日	9人
	朝千代組*	4月25日	6人
	藤野組*	5月2日	7人
	こら菊組*	5月8日	6人
	繁菊組*	5月17日	6人
	〃*	〃	2人

注）＊＝明治5年（1872）8月「申之夫銭帳」三枝家文書，山梨県立博物館蔵。
出典）明治5年（1872）2月「村賄夫銭帳」三枝家文書，山梨県立博物館蔵。

瞽女総人口は横近習町一四六〜一五八人、新町三十四〜四十四人、所在不詳およそ七十三〜八十二人であったと推定することができる。つまり当時は少なくとも二五四〜二八五人の瞽女が活発に甲斐国を巡業していたとみられ、その数は前掲表10・1に掲載した役人などが把握した数をさらに大きく上回っている。

粟生野村には四月を中心に連日数多くの瞽女が訪れた。横近習町の組々が計画を練り、村に一日に十五人以上行かないように配慮を示しているようである。しかし、新町の瞽女もおそらく仲間内で独自の計画を立て、表10・4の四月二十一日の例が示すように、その日には横近習町・新町両仲間の瞽女が粟生野村を訪れ、村では計二十人を止宿させる必要が生じた。

四　瞽女のしきたりと稼業

天保十三年（一八四二）の「瞽女作法取調申上書」に「在町ニ而瞽目之者有之候得は貰請弟子ニ仕り、其者十弐年相立候へは髷を直し鉄漿を付、眉毛を払師匠ニ相成、右之者尚又弟子貰請」[29]とあるように、在方・町方を問わず甲斐国の女性視障者が瞽女に弟子入りすると、十二年で年季が明け、弟子はその時一人前の師匠と見なされた。越後瞽女と同様、この節目で結婚式に相当する儀式が行われ、彼女たちは既婚女性の髷を結ったりお歯黒を付けたりして、自ら弟子を取ることを許された。幕末の上飯田新町の座員については二つ折り厚紙で出来た駒形の鑑札（実物）が残されているが（図10・2参照）、横近習町の瞽女も同様の鑑札を所持していたものと思われる。

慶弔に際し施与された配当、あるいは師匠が弟子から得た稽古代も、瞽女の収入源ではあったが、収入の大半は在方・町方の巡業から生じたと思われる。その額がごくわずかであり、甲斐の瞽女が厳しい生活を強いられたことは天保時代の記録から判明する。天保七年（一八三六）の大飢饉時、郡内に端を発した大騒動は八月二十三日には甲府町方へ

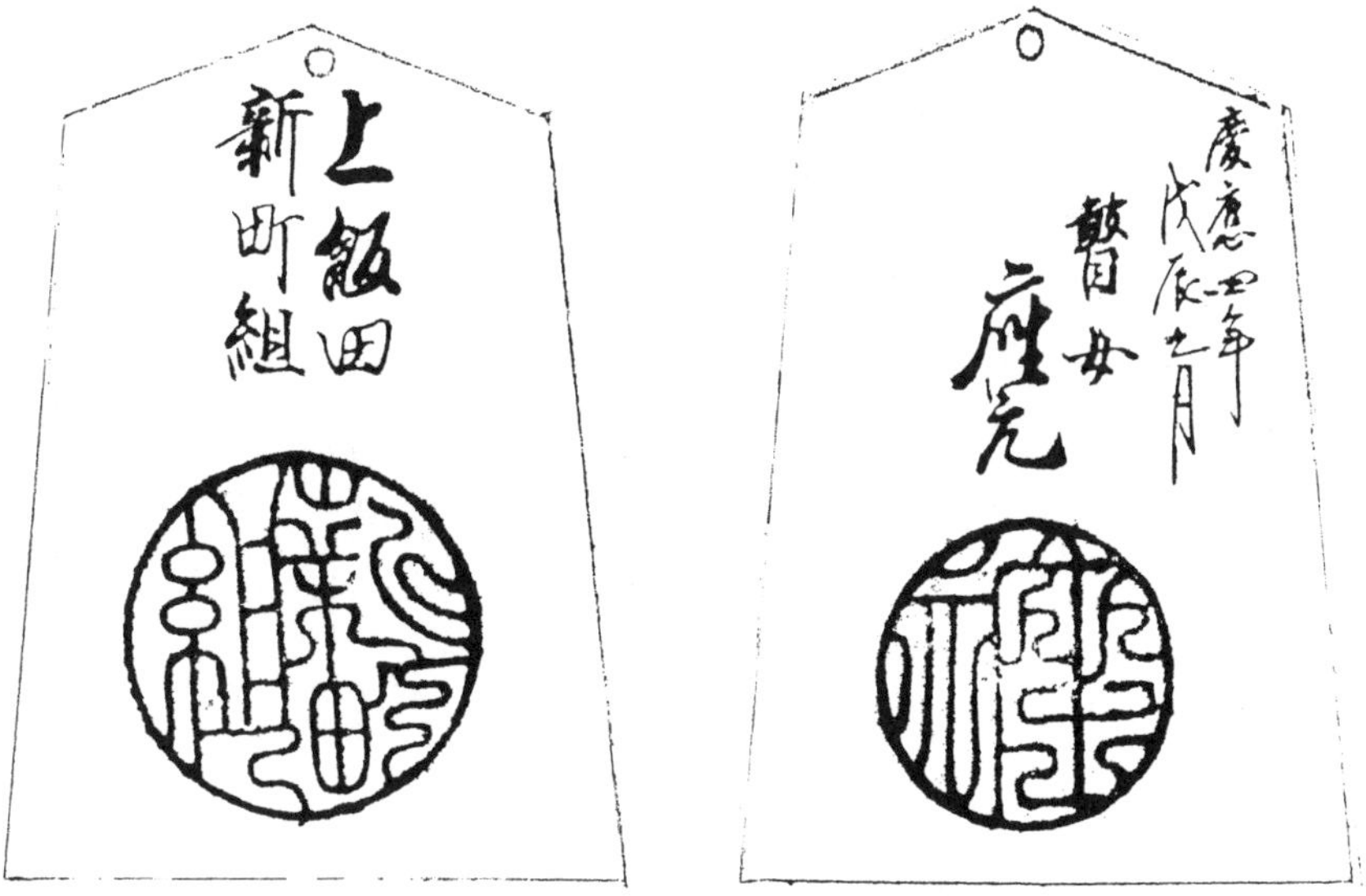

図 10.2　瞽女鑑札（甲州文庫，山梨県立博物館蔵）。縦 12.5cm×横（上）6.8cm，（下）9cm。

も波及し、多くの商家・札差などが打ちこわされた。この時、飢渇にあえぐ細民を救う目的で一〇〇石以上の蔵米が放出された。困窮者の名簿に「横近習町、瞽女かん、仲間」という記載が見られることから、当町の瞽女が町の貧困層に属したことが見てとれる[30]。ちなみに、同じ名簿に按摩職として、横近習町の滝都と登勢都をはじめ、十七人の按摩も確認でき、男性視障者もこの時期において同様の辛酸を舐めていたことが推察できる[31]。その後、維新の混乱にともない、瞽女の経済的立場はさらに悪化し、『甲府雑記』の慶応四年（一八六八）には彼女たちが「一宿もかなはす、合力もなく困難」とその実態が報告されている。明治六年（一八七三）の廃止令にも瞽女たちは「一日二食ノミ、午飧ハ毎ニ之ヲ欠ク」とある[32]。しかし、こうした事実は、瞽女の救済をではなく、むしろその廃止を正当化する理由のひとつとされてしまった。

　延享二年（一七四五）の史料には、甲斐の瞽女が「御町之儀ハ五節句之度々相廻り勧進仕候、在方之儀ハ夏冬両度相廻り勧進仕[33]」とあり、現甲州市塩山近辺では瞽女の来村が四月中旬から下旬に集中し、十二月にも来たことがわかる[34]。綿塚村（現甲州市勝沼町）の明和二年（一七六五）、同四年（一七

表 10. 5　山梨郡綿塚村を訪れた瞽女

	明和 2 年（1765）		明和 4 年（1767）		明和 6 年（1769）		
月	人数	出費（匁・分・厘）	人数	出費（匁・分・厘）	日	人数	出費（匁・分）
1							
2			2	1.2			
3							
4	5	9	8	4.8	14 日	14 か	1.2（7 回）
	26	3.25	8	4.8	26 日	6 か	1.2（3 回）
	18	2.25				7 か	.6（7 回）
	23	13.8				3 か	1.8
					27 日	3 か	1.8
						3 か	.6（3 回）
						4 か	1.2（2 回）
5							
6							
7					7 月か	3	1.4
8	2	1.2	1 か	.6			
9	5	3	5	3			
10	3	1.8	3	1.8			
			?	1.55			
11							
12			2	1.2			
計	82 人	34 匁 3 分	29 人余	18 匁 9 分 5 厘		43 人か	25 匁 4 分

出典）『勝沼町史料集成』596–608 頁に翻刻されている夫銭帳。

六七）、同六年（一七六九）の村入用帳には瞽女への賄いが月別にまとめてあるので、ここからも瞽女の来訪が主に四月と秋頃だったことが明らかとなる（表10・5参照）。瞽女は田植え前と稲刈りの済んだ頃、村を訪れたと考えられ、特に米の収穫が終わった後は、彼女らにとって重要な稼ぎ時であった。寛政五年（一七九三）十二月と思われる文書に「前条之通取極候ニ付、御年貢皆済無之内ハ御免勧化・御添触勧化并盲女・座頭之類迄も廻村不致候様ニ其向之社僧触頭・座頭う《（ママ）》等迄被仰聞被下置候様奉願上候御用済御座候以上、丑極月」(35)とあるように、年貢未進を防ぐために巡業の時期がある程度制限された。遠方を旅回りした甲府の瞽女の足跡を辿るのは極めて困難であるが、相模国愛甲郡半原村（現神奈川県愛川町半原）の嘉永三年（一八五〇）十二月の村入用帳には、五月二十日に「甲府ごせんのふ」が泊まり、村費から一三二文が割かれたという記載が見られる。[36]

時代が大分下るが、明治六年（一八七三）の記録には山梨県内の瞽女の活動が次のように記述されている。

其遠ク外ニ出ルヤ履ヲ穿チ笠ヲ戴キ三絃ヲ携ヘ臥具ヲ負ヒ、或ハ嬰孩ヲ懐ニシ、三々五々群ヲ為シ人家在アル所ニ到レハ東西ニ分離シ、而テ毎戸ニ跡シ絃歌ヲ弄シ、一瞽ニシテ幾人伍ト称シ、之ニ充タルノ米銭ヲ乞フ、是一日数村ヲ乞過シ了スルノ策ナリ、夜ハ里正ノ家ニ投宿ス、而て其食料ヲ償ハス（各村之ヲ瞽女扶持ト唱ヘ、之ヲ石高ニ賦課スト云フ）午夜ニ至ルマテ絃歌ヲ唱和シテ以テ謝ヲ鳴ス、而シテ一日二食ノミ、午飱ハ毎ニ之ヲ欠ク[37]

「嬰孩ヲ懐」が事実であれば、この頃の甲斐の瞽女がかならずしもすべて独身ではなかったとも考えられる。東北郡中惣代・新附郡中惣代が甲府御役所に差し出した年代不詳（申六月）の「座頭申ねたり取締願書」にも座頭の「中ニは盲女等召連候類も有之」とあるように、瞽女と座頭が夫婦となり一緒に巡業しながら門付け芸を披露したこともあったのであろう。[38]越後、豆州、岐阜県東濃地方などの瞽女は厳しい掟により男性との交際が禁ぜられていたことから、甲斐国でもそうであったかもしれない。甲斐の「瞽女式目」はいまだ発見されていないので、断言はできないが、いくつかの組に分かれて集団生活を送った瞽女は普通は結婚しなかったであろうと推量される。

甲斐の瞽女が「絃歌ヲ唱和」したことを多くの観察者が記述しているわりには、具体的に彼女たちがどのような唄と三味線伴奏を演奏したかに関する記録は非常に少ない。江戸後期の甲府には「義太夫・長唄・常盤津とも流行、市中ヨセと名つくる所多くあり、折々江戸より芸人来る」と嘉永三年（一八五〇）序『甲斐の手振』が伝えており、瞽女もこうした流行に影響されたに違いない。[39]明治六年（一八七三）の瞽女廃止令に付け加えられた説明に甲斐の瞽女の唄は「俗ニ心中節シト称ヘ、多ク情死ノ事ヲ作ル、甚タ淫鄙ナリ」とある。「心中節」は別名「口説」、「やんれ口説節」、「心中くどき」で、嘉永頃以降特に関東において大きく流行した歌謡ジャンルである。[40]七七調で書かれた長編の「鈴木主水」などの「心中節」は越後の瞽女の重要なレパートリーのひとつでもあり、やはり甲斐の瞽女も三味線伴奏を付けて演奏したであろう。「心中節」の歌詞本は江戸で大量に上梓され、それらが甲斐を含め全国の出版市場に出回っていた。[41]甲斐の瞽女が歌詞をどの旋律に載せて歌ったのかは史料が残されていない。しかし、越後瞽女が近年まで演奏した「口説」と同様、「新保広大寺」から派生し、関東甲信越に広く伝播された旋律であった可能性が高い。

五　甲斐の村々と瞽女の賄い代をめぐって

安政五年（一八五八）十一月写、巨摩郡武川筋青木村、「貞一座頭之頭」の「定書覚」によれば、座頭への配当は慶長八年（一六〇三）に「東照神君様天下御統一治させ給ひ、其節伊豆惣検校ヲ被召出、先格之道惣座頭以下之者共江、諸之運上可下置之御朱印則伊豆検校江被下置、其上天下泰平之御祝儀として弐千貫文頂戴被仰付、猶亦御家門方、諸大名、諸御旗本御家人、寺社百姓町人ニ至迄、向後右之運上無相違可差出旨、天下一統ニ被為仰付畢」とある。[42]伝説の範囲を越えないが、甲斐国の座頭たちの共通理解を示しているとみてよいであろう。同じ文書によれば宝暦十三年（一七六三）には寺社奉行松平和泉守が当道の惣録に「婚礼ニ水鉄料、婦人出産産着料、袴着料、元服ニ烏帽子料、家督ニ冥加金、新宅ニ竈之料、寺地ニ堂供養之料、法事惣供養料、宮地ニ遷宮之料、不幸ニ茶ニ牌料、蔵立ニ新造之料」を許した。

甲府の瞽女は「座頭と同じく吉凶の配当を取る」と『裏見寒話』にはあるものの、瞽女がこうした配当を実際に受けとったという確かな証拠は少ない。享保六年（一七二一）、上黒駒村（現笛吹市御坂町上黒駒）の記録に「座頭・瞽女扶持米（略）入用国中村々並合ニ賄可被申候事」といった一条がみられ、上黒駒村では幕末までこれを慣行としていたようである。[43]享保十三年（一七二八）二月十八日、下井尻村（現山梨市下井尻）の依田家で祝言が催されたところ、「ごせ共」に「銭五拾文」が与えられたという。しかしこれは、仲間ではなく個人に施与された配当であった。その後、下井尻村を含め、周辺の村々は配当金の倹約を決定、元文二年（一七三七）十一月以降「主長百姓は銀一匁、平百姓は五分づゝ」を毎年納め、正月十五日に名主はそれを瞽女・座頭に渡した(44)。先にも引用した明治六年（一八七三）の文書に「各村之ヲ瞽女扶持ト唱へ、之ヲ石高ニ賦課スト云フ」と説明されているように、石高に応じた金額を座頭座・瞽女仲間に納付した村があったようである。

しかし、大半の場合、瞽女に対する支援はその場限りの賄い代と合力代の負担という形がとられていた。近世中期以降、関東一円と同様、甲斐にも瞽女のために割かれた銭高は各地に残る「村入用帳」、「夫銭帳」、「村掟」などに記載されている。巡業する瞽女の多くは名主、長百姓代、旧家などの宅に泊まり、「瞽女泊り代」などと記された費用は名主が立て替え、その後「村入用」として処理された(45)。多数の瞽女が同時に村を訪れた時、瞽女はいくつかのグループに分かれて別宿した(46)。また山梨郡菱山村（現甲州市勝沼町菱山）の安永二年（一七七三）の入用帳に「六匁七分、ごぜ椀代拾人分」とあるように、名主は瞽女を受け入れるための特別な出費を村入用として記載することもあった。

瞽女・座頭に支給する米銭は村における協議によって決定されたようである。宝暦十年（一七六〇）七月の上小田原村（人口二四四人、現甲州市塩山上小田原）の明細帳には「一、米拾四表（俵）、内四表（俵）、御師・ごぜ・座頭夫米」とあり、「右御師・ごぜ・座頭夫米、村中相談ヲ以出」の但し書きが添えられている(47)。一方、嘉永二年（一八四九）八月の小倉村（現北杜《ほくと》市須玉町小倉）では「弐匁五分」は「この額までは大年番附に、余分は両組役人相談の上取計う事」と規定されていた(48)。

米銭の多寡は村ごとにまちまちであった。安永六年（一七七七）十二月、大久保村（現増穂町大久保）の「相定申付法之事」に「瞽女座頭一宿之者五分宛ニ継合可申事」とあり、他村には六分あるいは八分の例も認められる(49)。文化七年（一八一〇）の下於曽《しもおぞ》村（文化初年の人口四一一人、天保年間の村高九九八石、現甲州市塩山下於曽）の場合には「甲銀三拾九匁六分、是ハ瞽女八拾壱人泊り賄代、但シ壱人ニ付三分ツヽ、外座頭奉加宿賄代共次出ス」とあるように、彼女たちのためには一人につき三分しか捻出されなかった。[50] 寺尾村（現笛吹市境川町寺尾）の安政四年（一八五七）十二月二十二日の「夫方相立候ニ付議定書」には「こせ扶持の義ハ、是迄通甲銀四拾匁弐分ニて相賄可申候」とあるように、瞽女の賄い代は固定相場であり、他村の多くも同様であった。[51] 一方、入用帳・夫銭帳に記録されている銭高がおそらくある程度実費を反映する村もあった。上野村（現市川三郷町上野）には瞽女一人が泊まった場合、一泊につき「延二人分」の「賄代」が施されるのが通例であり、「延二人分」とは夕飯と次の日の朝食を意味していたと考えられる。[52]

賄い代が瞽女を止宿した者に支払われたのに対し、「合力」「糸代」などは直接瞽女に渡された。慶応二年（一八六六）十二月十四日の韮崎市（村名不詳）の入用帳に「二十文、是ハ新町瞽女糸代ニ遣す」[53] とあるように、それは微々たる額であった。あるいは寛延四年（一七五一）の上野村に「弐匁九分五厘、是ハ瞽女四人泊り賄代、奉加共ニ」とあるように、「泊り賄代」と「奉加」が合算された形で村入用として記載されることもあった。[54]

廻在する視障者の道案内を勤める晴眼者・弱視者が同道しなかった場合には、村から村送人足が提供されることもあった。上黒駒村の「一足次合帳」には、文政十一年（一八二八）十一月四日、「目亡送り上組まで」のため元兵衛に一匁が払われ、同月二十日に「目亡送り下黒駒迄」のため六右衛門にも一匁が支給され、翌年の三月二十五日にも倉吉にまた「座頭送り」のため二分が捻出されたといった記録がある。[55] ただしこれは、「添触勧化」などの晴眼者も他村に送られたことから察すると、かならずしも視障者の特権ではなかった。逆に見送りを禁止する動きもみられ、延享三年（一七四六）六月、有野村（現南アルプス市有野）など二十カ村の「村々法度之事」に「座頭こせ他国ハ不及申、当国之諸勧化ニ相廻候もの類送り一足一切不可付候事」とある。[56] 文政八年（一八二五）の「寺尾村村内諸法度取極帳」（現笛吹市境川町）も「瞽女・座頭其外隣村より継送り者の類決て請取不申、万一彼是否申族有之候ハヽ、御役所へ其段御注進可申上候事」と決め、村送りを取り締まろうとしている。[57] このような規定が必要であったことは、逆にそれがすでに慣習となっていたことを示している。ただし、瞽女の多くは手引きと共に巡業した可能性が高い。

甲斐の村入用帳・夫銭帳に現れる瞽女の人数と彼女たちに出された配当金の額の具体例をみてみよう。表10・6は、上今井村（人口三三五人、村高一六二石余、現韮崎市穂坂町上今井）が瞽女・座頭のために割いた銀高を年別にまとめたものである。

人数と支給額の比率に端数がほとんどないことから、上今井村を訪れていた瞽女・座頭には同額の米銭が宛がわれていたのであろう。寛政九年（一七九七）まで、来訪者一人当たり平均五分が割り当てられ、来村する瞽女・座頭の人数は著しい上昇傾向にあった。寛政十三年（一八〇一）の金額についての理由は不明であるが、文化元〜十五年（一八〇

表 10.6　上今井村の瞽女「入用」，「泊雑費」，「賄代」

年　度	銀　高	人数	備　考
享保18年（1733）	24匁		ごぜ・座頭入用
元文6年（1741）	14匁		〃
宝暦6年（1756）	17匁5分		〃
明和6年（1769）	42匁	84人	〃
安永5年（1776）	36匁5分	73人	〃
寛政9年（1797）	41匁5分	84人	〃
寛政13年（1801）	41匁2分	46人	〃
文化元年（1804）	13匁8分	46人	〃
文化6年（1809）	10匁5分	35人	〃
文化9年（1812）	10匁5分	35人	〃
文化14年（1817）	11匁1分	37人	〃
文化15年（1818）	36匁2分	73人	ごぜ泊雑費
文政5年（1822）	31匁	62人	〃
文政9年（1826）	13匁5分	45人	〃
文政13年（1830）	5匁4分		ごぜ宿賄代
天保4年（1833）	9匁9歩［ママ］		ごぜ泊雑費
天保8年（1837）	11匁7分		〃
弘化2年（1845）	11匁1分		ごぜ宿賄代
嘉永元年（1848）	10匁2分		〃
嘉永6年（1853）	18匁3分		ごぜ泊雑代
万延元年（1860）	15匁3分		〃
元治元年（1864）	9匁5分		〃
慶応2年（1866）	17匁4分		〃
慶応3年（1867）	24匁4分		〃

注）櫛形町旧村区有文書（現南アルプス市）にも上今井村の入用帳などが含まれており，文政10年〜安政6年（1827-59）の「御師，こせ，座頭」に給された金額が数多く記載されている。山梨県立博物館にマイクロフィルムがある（古M5-1，古M 5-2）。なお「年度」は支給年度を指し，作成・提出年の前年である。

出典）『韮崎市誌』資料編，390-391頁。

表 10. 7　西保中村の入用帳・夫銭帳による瞽女・座頭への配当

年　　度	銀　高	人　数	備　　考
天明 5 年（1785）	20 匁		ごせ・座頭
天保 7 年（1836）	78 匁	130 人か	瞽女，1 人ニ付銀 6 分
天保12年（1841）	93 匁	150 人	ごぜ，1 人ニ付 6 分
天保14年（1843）	75 匁	125 人	瞽女，1 人ニ付 6 分
弘化 3 年（1846）	78 匁	130 人	瞽女泊り，1 人ニ付 6 分
嘉永 5 年（1852）	128 匁 4 分	214 人	瞽女・座頭泊り
文久元年（1861）	150 匁	250 人	〃
元治元年（1864）	145 匁	205 人	瞽目《(ママ)》・座頭
慶応 2 年（1866）か	180 匁	190 人	瞽《(女脱カ)》　・座頭
明治 3 年（1870）	348 匁	160 人	ごぜ・座頭

出典）出典は次の奥山家文書（山梨県立博物館蔵）である。「甲州山梨郡西保中村巳（天明 5 年）小入用帳」（奥 093・4，21）。「西保中村申（天保 7 年）村入用夫銭帳」（奥 093・4，68）。「西保中村丑（天保 12 年）村入用夫銭帳」（奥 093・4，73）。「西保中村卯（天保 14 年）村入用夫銭帳」（奥 093・4，74）。「西保中村午（弘化 3 年）村入用夫銭帳」（奥 093・4，76）。「西保中村子（嘉永 5 年）村入用夫銭帳」（奥 093・4，82）。「山梨郡西保中村酉（文久元年）村入用夫銭帳」（奥 093・4，92）。「西保中村子（元治元年）村入用帳」（奥 093・4，97）。「西保中村寅年村入用夫銭帳」（奥 093・4，102）。「西保中村午（明治 3 年）村入用夫銭帳」（奥 093・4，105）。

四～一八）の間は、倹約のため一人当たり支給額は三分に減らされ、村を訪れた瞽女・座頭も大幅に減少した。しかし、文化十五年（一八一八）には、記載が「入用」から「泊雑費」に変わり、一人当たりに宛がわれた銀高もまた五分に復帰した[58]。その後、文政改革、天保の大飢饉、天保の改革、幕末の政治・経済混乱などを経て、瞽女・座頭のために捻出された費用は低い水準で低迷し続けていた。

そもそも入用帳に正確な額が記録されたという保証もない。三ツ沢村（人口およそ三七八人、村高三八五石、現韮崎市穂坂町三ツ沢）の場合、寛政九年（一七九七）には総額十匁が「ごぜ・座頭賄代」として掲載されており、寛政十年（一七九八）、寛政十一年（一七九九）、享和元年（一八〇一）、文化二年（一八〇五）のいずれもちょうど十五匁の額が夫銭帳に記入されている。村を訪れた「ごぜ・座頭」の人数は年によってばらつきがあったはずであるので、十五匁が瞽女・座頭の仲間組織に定期的に供給された扶持でなければ、毎年ちょうど十五匁の出費がかかったとは思えない。同村の文化十一年（一八一四）の記録では、額が突然六十三匁二分に跳ね上がっているが、この年は実費が反映されたのではなかろうか（文化十四年［一八一七］にはまた例年通りの十五匁にもどる）[59]。この関係で、文政五年（一八二二）三月、領家村（現埼玉県川口市）の年貢割合不正に関する出入りも参考となろう。前年の「勘定合不致候」ことに村民が気づき、抗議したところ名主は別に書き留めはしなかったものの「瞽女・座頭、浪人者止宿合力手当ニ差向候筈」と主張した。[60] 詳細はここでは措くが、名主その他村役人にとって、瞽女・座頭への合力の名目の金銭は一種の使途不明金となることもあり、経理操作には役に立っていたようである。

幕末の凄まじいインフレにともない、瞽女を宿泊させる賄い代も上昇し、また訪れる瞽女の人数も増加傾向にあったので、瞽女の来訪が大きな経済的負担となった村もあった。西保中村（現山梨市牧丘町、近世後期人口五六八人、村高三一一石）の場合、八十五年間で村の負担額はおおよそ十七倍に増し、来村する瞽女・座頭の数は天保から文久頃の間でほぼ倍増した（表10・7参照）。

六　他国の瞽女との競争

在郷の住民の芸能に対する需要の向上により甲斐の村々は瞽女にとって格好の稼ぎ場となり、小さな村においても時により突然十数人の瞽女が同時に訪問したこともあった。[61] 甲府の瞽女のほかにも周辺地域からの瞽女が好んで巡業し、甲斐の大半が瞽女の入会地となった。元禄六年（一六九三）の現静岡県南足柄市にあった矢倉沢の関所が瞽女の通行を禁止したが、閉鎖される以前には瞽女が郡内（現山梨県都留郡）を通ったことが明記されている。[62] 上野村（現市川三郷町上野）の村入用帳・夫銭帳などに延享三年（一七四六）、「駿州」の瞽女十七人が訪れたとあり、宝暦九年（一七五九）には「駿州こセ」二十六人、天明五年（一七八五）には「駿河瞽女」八人や「駿河吉原瞽女」四人、享和元年（一八〇一）には「駿州瞽女」十二人、天保四年（一八三三）十月二十五日には「豆州瞽女弐人」、嘉永三年（一八五〇）十一月十一日には「駿府元通り町瞽女五人泊り」などの記載が見られる。[63] 駿河国沼津の瞽女組も甲斐を廻在したことは沼津真楽寺の過去帳から明らかとなっている。それによれば、享和三年（一八〇三）には郡内船津村（現富士河口湖町船津）、文化十年（一八一三）には「郡内十日市場」（現都留市十日市場）、天保九年（一八三八）には「郡内亥目在大野村」（現上野原市大野）、慶応二年（一八六六）には「郡内ワミ村」（現上野原市和見）で沼津瞽女が死亡している。これらは皆巡業中の客死とみられる。[64] 天保十四年（一八四三）成立の『駿国雑誌』にも駿府の瞽女は「九月より、遠三の両州、及甲州郡内に至り、十二月下旬、府（駿府）に帰るを定めとす」と説明しており、駿河の瞽女が頻繁に甲斐の瞽女の縄張りに進入したことを物語っている。[65] なお、大正期までは長岡系の瞽女が夏に山梨県の富士山周辺を巡り歩いていたことが報告されている。[66]

一方、甲斐の女性失明者が駿府の瞽女に弟子入りし、伊豆地方などで活躍することもあった。真楽寺の過去帳には、享和三年（一八〇三）に「盲女クニ十八歳郡内船津村親元ニテ病死」とあり、同じ記録に天保九年（一八三八）にも瞽女の「都留事生国郡内下吉田村」（現富士吉田市）の記載が見られる。これらから沼津の瞽女組には数人の甲斐国出身者がいたことがわかる。[67] 明治二年（一八六九）六月の沼津人口調査にも沼津瞽女仲間計七十二人の瞽女の内、師匠分四人と弟子分九人が甲斐の出身者であったことが明記されている。[68] さらに具体的に、明治十四年（一八八一）八月三日の『沼津新聞』の記事によれば、山梨県南都留郡初狩村（現大月市初狩）の菊野という娘が失明し、三、四歳の時に静岡県三枚橋町字横宿の初狩村出身「ミセ」という瞽女を訪ね弟子入りしたとある。そして弟子入りが認められた後は瞽女芸を習得し、甲斐の故郷をも含めて在方を巡業した。[69]

江戸中期、瞽女の入会地と化した甲斐の実情は、延享二年（一七四五）の横近習町の瞽女の訴えからも明らかとなる。延享二年と思われる「丑二月」の最初の文案に、六十人の甲府の瞽女人口に対し一五〇人余の他国の瞽女が甲斐国を廻り、過剰な競争により甲府の瞽女は宿さえ確保できず、他国の瞽女を閉め出してほしいとあり、当局に嘆願したのである。[70] ところが、端裏書きに「此文言悪しき所有之候ニ而外之文言ニ而申上候由」と書かれており、結局この書類は提出されなかったようである。その代わりに、おそらくは一カ月後、「御町御支配様、御役人中様」宛の他国の瞽女の入国差止めを願い出るもうひとつの文書が作成されている。(71) この文書がどのように処理されたのかは詳らかでないが、瞽女が他国者に対するいわば「正しい差別」の強化を熱望したことは明らかである。「瞽女ニ而も女之儀ニ御座候得は御関所を越へ参候儀は御座有間敷様奉存し候」といった順法精神の建前を掲げるこの願書は、その建前をおして他国の瞽女が関所を通っている現状と、そのために甲府の瞽女が置かれるにいたった苦境を示している。(72)

七　明治の瞽女廃止令と甲斐国の瞽女の終焉

甲斐国の瞽女は娯楽の乏しい山村をはじめ、幕末にいたるまで巡業先の村々で歓迎されたようである。ただし飢饉などが村を襲ったり倹約令が布かれたりすると、彼女たちは他の門付け芸人と同様、村から閉め出されることもあった。延享三年（一七四六）六月に現南アルプス市の二十カ村は「近年困窮」のため「惣而諸勧化之類並乞食非人等其外門立候もの之類、手之内なり共、一切無用之事」を決めており、この禁制には瞽女も含まれていたと思われる。(73) この類の条目は他の村掟にも認められるものの、瞽女への本格的な弾圧は明治期を待つことになる。

ほぼ全国に押し寄せた旅芸人取締の波は、やがて山梨県にも到達し、明治五年（一八七二）、横近習町に「戸籍御改入費銭」が課せられた後、「廃疾之者ニ付格別之以御賢案」が出され、その翌年三月三日には徴収された金二円五十二銭が一二六人の瞽女に払い戻された。(74) これを別の視点からみると、明治初年の瞽女が他の市民と同様に税金を上納していたことを示している。

山梨県の瞽女に決定的な打撃を与えたのは明治六年（一八七三）五月二日の禁止令である。それによれば、「因果輪廻の愚説」に迷った親たちは、自らの「身の不行状」と「養育保護の疎そか」により失明した娘たちを「廃疾の瞽女に与へ目前乞食の業を為」させているので、このような行動は文明の今日にそぐわず、以後一切禁止されることとなった。自分の娘を瞽女組織に加入させることは「廃疾の者にして廃疾の者を使役し、以て糊口を営む」と非難され、親の道徳観のみでなく、瞽女自身のそれも問われた。すでに瞽女となった女性は「生家へ帰籍」すべきで、生家退転のものは親類が引き受けるべきだと決められた。生家も親類も無い者だけは取りあえず瞽女の仕事を続けることが許された。[75]

この厳しい取締に追い打ちをかけたのは門付け芸人一般に対する弾圧である。明治六年（一八七三）五月九日になると、県は文書をもって「無謂勧化勧物及ヒ乞食に物ヲ与フル事」を「禁スヘキ条件」としてとりあげ、その背後には「廃疾無告ノ窮民ハ素ヨリ人ノ助力ヲ仰カサルヲ得サレトモ其他ノ者ニ報謝布施抔姑息ノ意ヲ以物ヲ与フルハ徒ニ人ヲシテ勉強力食ノ念ヲ怠タラシメ仁心ニ似テ却テ仁心ナラス方今遊手徒食ノ徒ナカラシメントノ御主意ニモ反シ旁以廃セサルヲ得さるなり」というような発想が潜んでいたと考えられる。[76] 県政府はモラルの向上を法律によって促進しようとしていたのである。明治六年（一八七三）十一月九日には、「乞丐ニ食物ヲ与ふる」事を禁ずる県令がようやく施行され、その第六条として「説教祭文芝居等其他賤敷業ヲ行ヒ金銭ヲ乞フテ町村ヲ徘徊スル者モ前条ノ如ク処置スヘシ」がみられ、門付け芸人の全ての活動が禁ぜられたようである。[77] 瞽女の活動もその例外ではなかったであろう。

明治六年（一八七三）十二月、下荻原村（現山梨市三富下荻原）が作成した「下荻原村課出金勘定仕上帳」には、当年は瞽女九十六人の「扶持入費」として金一円二十四銭五厘三毛が捻出されたと記されている。「御規則以前之分」という但し書きが添えられていることから、やはり村役人も瞽女に合力を施与することを不法な行いと認識していたと知られる。[78] この年を境に瞽女の宿泊費が村入用帳から消えている。故郷に帰った瞽女は芸人として活躍することがほぼ不可能となり、瞽女の経済基盤は完全に瓦解した。しかも帰る故郷のないいわゆる「無告」の瞽女も多数いたと思われる。父の亡くなった瞽女もおり、[79] 甲府の「生家退転」のため遠孫などに頼らざるをえない瞽女もいた。[80] あるいは山梨から東京へ足を運び、細々と稼業を続けていた者もいたようである。明治期のこととして、古老の話によれば「府中へは山梨の瞽女が来た。瞽女はきれい好きで泊まった家の座敷などきれいに掃除して立ち去った」という。[81]

明治十二年（一八七九）の山梨全県人の職業などの調査では西山梨だけには瞽女稼が二人いたとあり、全県には鍼医としては女性一人、按摩としては九十一人の女性が数えられ、その内の二十六人は甲府在住であった。[82] やはり多くの瞽女は門付け芸から按摩業に転業したのであろう。その結果彼女たちの収入はさらに減った可能性が高い。山中共古も「娘アンマ」の貰う賃金はただの三銭であったことを証言している。[83] 山梨県の「盲女」人口は当時五三三人であったことを考え合わせると、「盲女」の就職率は非常に低い（約一七％、男性視障者の鍼医・按摩業就職率も約三七％に過ぎなかった）。視覚障害者の就職率は大正・昭和・平成になっても低迷し続けていた。[84]

結局、甲斐の瞽女の多くは唄を通して人々に娯楽を与えるよりは、按摩業を選ばざるをえなくなった。この方向転換から、おそらく為政者は、社会から「乞食芸」を追放することで、社会的モラルを向上させる効果を期待したのであろうことが推察される。また女性視障者に「平等」を与えたとも自負したことであろう。しかしこうした措置が、形のみで中身の無い「平等」をもたらしてしまったことはいうまでもない。熾烈な市場社会に放り出された甲斐の瞽女は、そのもっとも重要な稼業を奪われ、その結果、県民の貴重な文化遺産であった唄と三味線音楽の多くも絶滅してしまったのである。

第11章　信州の瞽女と瞽女唄

はじめに

一九七〇年代に実施された聞き書き調査から、長野県各地では戦前まで春駒、万歳、獅子舞などの様々な芸人が正月を中心に家々を廻り、その他にも瞽女、猿廻し、越後獅子、祭文語り、浪曲師などが年間を通じて信州を遊歴していたことが明らかとなっている。とりわけ越後瞽女の芸能活動は戦争の直前まで続き、佐久市、北安曇地方など信州各地では高田、長岡、柏崎の瞽女が「瞽女歌」「佐渡おけさ」「十日町小唄」「草津節」あるいは「阿波の鳴門」「俊徳丸」の段物、「鈴木主水」の口説、義太夫、常磐津、説経節、小唄など、様々なジャンルの楽曲を演奏し、村人に娯楽を提供した。(1) 杉本キクエも昭和二十年（一九四五）前後に長野県川上村を訪れたことを回顧している。(2)

ところが、信州を廻っていた瞽女は越後瞽女だけではなかった。江戸初期の具体的な人数と稼業を確認することは困難であるが、江戸中期以降については、信州の瞽女人口に関する史料が、近年では次第に増えてきている。享保四年（一七一九）には高遠領内に「座頭・瞽女百拾人」がおり、(3) 松本領にも享保七年（一七二二）以降、数十人の瞽女が数えられ、享保二十年（一七三五）七月と推定される上田藩の房山《ぼうやま》村（現上田市）の村明細帳にも「こせ壱人、一野」とあることなどから推して、(4) 享保頃には信州のいたる所に瞽女が住んでいたと思われる。天保年間に入ると、飯田の瞽女仲間では二十人余が活躍し、松代城下でも十一人の瞽女の名前が史料に現れている。(5) 諏訪地方にも瞽女が住み、彼女たちが戦前まで巡業を行ったことは大正五年（一九一六）の平瀬麦雨の報告から察せられる。(6)

一九五〇年代以降、飯田の瞽女がようやく研究者の注目を引きはじめ、いくつかの調査もなされるようになった。(7) 近年では拙稿「松代の瞽女」（二〇〇五年二月）と山田耕太「松代藩領の盲人」（二〇〇五年七月）といった研究成果も上梓され、飯田以外の実態も調査の対象となってきた。(8) そこで、本章においては地域別に、より広い観点から信州の瞽女を論じてみたい。

一　松代の瞽女

(1) 松代領での女性視障者の生活環境

現在は長野市に編入されている松代町は、近世にあっては真田家の城下町であった。ここでは、二十世紀まで高田の瞽女たちが十人程で一組をなして頻繁に廻っていたことが報告されている。(9) また北信地方では地元の瞽女も活躍していた。

北信地方の女性視障者がどのような境遇にあったのかを知るうえで、文政七年（一八二四）八月に真田藩が作成した『鰥寡孤独并格段之病体ニ而困窮之者取調申上』がひとつの手がかりとなる。(10) この文書の序文にあるように、藩より「御領分村々鰥寡孤独并格別之病患ニ而及困窮候之者共取調方」が要求され、それが「四月中村役人共江申渡」され、役人は「手遠之枝村小村迄不相残様篤と穿鑿」することを命じられた。これに応じて計二八三カ村で調査が行われた結果、多くの家が「盲目」、「眼病」の女性を抱えていたことが判明した。その中の真田藩領にいた三家族の事例を見てみよう。

史料A：水内村

同村峯組

重蔵　年七十

盲目　女房　年六十五

眼病　聟善四郎　後家　年四十一

盲目　子　さき　年三十一

孫　とせ　年二十

同　徳蔵　年十五

盲目　同　つる　年十三

同　重五郎　年十歳

同　たま　年三歳

一、屋敷高四斗五分所持
一、重蔵老衰仕近所ニ而落枝等拾薪ニ相用候程之稼仕候旨
一、女房十五年以来盲目相成候旨
一、善四郎後家眼病にて農業出来兼候得共、手仕事仕罷在候
一、さき二十ヶ年以来盲目罷成候由之処、隣村ニ而承知役人江相尋候得は、神子職相勤罷在候得共、修行ニは罷出兼候由御座候
一、つる五ヶ年以来是又盲目ニ罷成候得共、幼少之たま養育ニ付背肩(負)せ近所児供之助ニ而子守仕罷在候
一、とせ、徳蔵、重五郎右三人之者共一季奉公仕身過仕候旨
一、組合拾人御座候処何れも難渋者ニ而、右之内四人は一季奉公ニ罷出、残六人之内孫左衛門、弥惣治、戍助は親類其外三人申談雑穀抔取集折々差遣為相凌候旨

上組山村
文右衛門判下

史料Aは視覚障害のある女性四人を含む九人の大家族である。重蔵の「女房」（六十五歳）は、五十歳前後で失明した当時多く見受けられた高齢の失明者である。四十一歳ですでに夫を亡くした善四郎の「後家」は、眼病を患いながら手仕事で家庭を支えていた。三十一歳の「さき」は十一歳で失明し、それを聞いた村役人は彼女を瞽女ではなく、神子の職に従事させようと考えた。しかし修行する場所が遠かったのか、それとも修行に耐えかねたのか、神子にはならなかった。十三歳の「つる」は八歳の頃に失明し、子守として糊口を凌いだ。

史料B：上組山村

盲目　とよ　年四十六
子　はつ　年二十

一、無高者
一、先年戸隠領楠川村江縁付候処、夫与左衛門病死仕、難家立居、女子引連母方江立戻之上、十ヶ年来眼病之上盲目罷成、手稼等一切出来不仕候故巫女体ニ罷成、杖ニ而村方合力を乞、村情ニ而漸相凌候旨至而困窮之体ニ御座候
一、住所判頭文右衛門地所之内借受、村方持寄ニ而小屋懸同様普請ニ而住居為在候
一、はつ眼病相煩候得共難渋ニ付無拠扶持斗ニ而子守奉公仕候旨
一、梅木村新沢組伯父甚右衛門御座候得共、難渋者ニ而合力仕兼候旨

史料Bの家族は母子世帯である。「とよ」は夫と死別した後に三十六歳で失明し、それゆえ十歳の娘を連れて里に帰る。親が亡くなったためか、独立した家庭を持つが、十年間眼病を患ったため視覚障害者となった「とよ」は、他の仕事はできず、巫女として近辺を廻り、娘も眼病を患いながら子守をした。村人はふたりに土地を貸し、小屋を建て、境遇の改善に貢献しようとしたのである。

以上二つの例から判断する限り、松代領の女性が失明した場合、瞽女になるよりはむしろ子守として稼ぎ、その後巫女職に従事するのが一般的であったように推測される。しかし失明した娘を瞽女にした例もある（史料C）。

史料C：赤田村

赤田村

勘五郎帳下
尼　明有　年五十一
子　りい　年二十三
盲目

一、無高者ニ而甚四郎屋鋪之内借地仕、組合持寄家作仕差置申候
一、明有十ヶ年来眼病相煩、四五年以来別而不宜、手稼出来不申尼罷成、村方持并隣村托鉢仕一日暮罷在候旨
一、りい幼少より盲目ニ付、同村座頭瀧一弟子瞽女相成、近村合力と歩行渇之渡世仕候得共、親子共一体不調法之
者之由ニ而、至而難渋之体御座候
一、親類一切無御座候旨

史料Cの家族も母子世帯であり、母は四十一歳前後で眼病を患い、視力が回復しなかったため尼の道を選んだ。娘の「りい」は幼年にて失明し、村の座頭に弟子入りし、瞽女となった。「近村合力と歩行」していることから、座頭から三味線を習ったと推定できる。後述するように村あるいは近隣地域に瞽女が住んでいた場合、失明した娘を瞽女に師事させることもあったが、松代領の当道組織は、芸能の伝授により瞽女に対し強い影響力を保っていたものと考えられる。

(2) 松代領の当道組織と瞽女仲間

女性視障者が芸能者ではなくあえて巫女の進路を選んだ理由の一つには、音曲稽古にともなう経済的負担の大きさがあったと思われる。松代の当道組織に所属する瞽女・座頭に師事するということは、高額の資金が必要であることを意味した。そのため、娘を瞽女にしようとした資金力の弱い村人と、稽古代などをなるべく高く設定しようとした瞽女との間に軋轢が生じることもあった。

松代領の当道組織はすでに十七世紀に成立していたようである。寛文十一年（一六七一）の『寛文間帳』に城下の伊勢町役（月初めより九日まで務め、各屋敷間口の間数で負担を割った）が殿様の江戸への「御立」にあたり「御ざとう衆、さうじ坊主へ伝馬出し申候事」とあることから見て、「御ざとう衆」（藩主に仕えた当道関係者か）が殿様に同道し伝馬が出されたことが窺える。[11]江戸後期までの座の実態を明らかにする史料は手許にないが、弘化三年（一八四六）二月の書上から、座頭仲間が「巳待《みまち》」と称する寄り合いをひと月置きに輪番で行っていたことがわかる。これは己巳《つちのとみ》の日に行う弁財天の祭であるが、それ以外にも毎年四月初己の日、十月亥子の日に寄り合い、八月八日の加茂大明神祭日にも酒宴を開催したことが知られる。[12]弘化四年（一八四七）九月十一日の文書にも、城下の座頭仲間の「座頭・瞽女とも順番ニ而めうおん講相勤之処、瞽女は慈悲を以相除」とあるのは、瞽女が別の妙音講を催したのであろうか。[13]座頭たちがどこの弁財天を信仰の対象としたのかは定かでないが、近くには越後高田の瞽女も祀っていた有名な野尻琵琶島の弁財天があったことは注目に値する。

松代城下の当道組織は、天保八年（一八三七）八月の時点では座元の「岩一」を頭に座頭三十五名と瞽女十一名で構成されていた。天真院（真田幸弘、松代藩第六代藩主）様御法事の際には瞽女・座頭が施物・扶持米の支給を願い出、願書に六人の「寿名」瞽女に続き、「寿名」のない瞽女四人が名を連ねている。末尾に「むめ寿」という名前も見られるが、彼女が一度仲間を離れ、その後再加入したのか、掟に反し降格処分となったのかは定かではない。[14]四カ月後作成されたもうひとつの願書には新規加入者とおぼしき「さき」の名前もあり、「むめ寿」は末尾から二番目に順位をあげている。[15]したがって、松代の瞽女は男性の下位にではあるが、年季順で当道組織の中に組み込まれていたと考えられる。安政七年（一八六〇）三月と明治二年（一八六九）十二月のそれぞれの調査では、松代城下には瞽女はたったの二人しか数えられなかったことから、松代座の瞽女の大半は農村に籍を置いていたものと推量される。[16]また以上の願書に列記されている瞽女の中には、按摩として働いていた者もいた可能性がある。弘化三年（一八四六）二月、松代城下の書付に「梅寿」を師匠とした「瞽女按摩仕候かつ」に関する記述があり、按摩を弟子にもつ「寿名」瞽女がいたことがわかる。[17]

松代藩の瞽女仲間は座頭座から独立しておらず、自治性に乏しく、以下に詳しく紹介する『東寺尾村飴屋兵助女子一件』中に含まれている文書には、弘化三年（一八四六）、座元を勤めていた「城稲」が「此段瞽女共座頭之内江入門致し針治・導引等、琴・三味線を以渡世致し候者ハ先年より（朱書）座頭之支配仕候」という一節が見られる。[18] 同じ文書集の中に「盲目惣仲間」「惣仲間」などの用語が使われているのは、松代の当道組織全体（瞽女・座頭の両方）を指していると推定されるが、別の文書に「城稲」が「瞽女仲間」という言葉を用いていることもある。[19] 城下の瞽女仲間の「惣代」を勤めていたのは「歌寿」「房寿」という瞽女で、座に納められた配当金なども彼女たちを通して周辺の村々に住んでいた瞽女に渡されていたと考えられる。[20]

先に触れた天保八年（一八三七）八月の願書などから、藩は吉凶に際し瞽女・座頭に配当金を下付したことが読み取れる。この慣習はすでに元文三年（一七三八）に確認できるが、江戸後期の配当額は、瞽女には鳥目一〇〇文と下白米一升、「他座頭」（松代座ではない藩領内の別の座に属する座頭か）十一人と「他所座頭」（他領の座に属する座頭か）六人には一人につき鳥目一四八文の計算となっていた。[21] 座元の「岩一」に届けられたと思われるこの銭が実際に座員全員に官位、年季などの別なく平等に再分配されたとの確証はないが、配当の分配は仲間のひとつの重要な役割であったに違いない。領主から得られた配当のほかにも、松代の瞽女には弟子が納めた「膝つき」や種々の「祝儀」などの収入もあった。くわえて、松代に近い中之条村（現坂城《さかき》町中之条）には享保十一年（一七二六）作成の入用帳に「座頭・ごぜ」の入用が記載され、寛政二年（一七九〇）の同村の入用帳にも前年の「瞽女・座頭」宿泊費として六〇〇文が村費より捻出されている。[22] 瞽女がこの地方を巡業し、芸を披露して収入を得ていたことが想像される。

(3) 飴屋の娘の瞽女弟子入り一件

松代の瞽女の実態をさらに詳しく知るための最も重要な史料のひとつは、国文学研究資料館蔵（真田家文書）『東寺尾村飴屋兵助女子一件』である。埴科郡にあった東寺尾村（松代藩領、現長野市松代町東寺尾）は文化六年（一八〇九）

には人口六七〇人の村で、松代城下に隣接していた。[23]「松代座」と呼ばれた城下の当道組織は「更科郡は牧之島村」を除き、「領分中埴科郡一円」の瞽女・座頭を支配していた。[24]音曲指南を希望する松代の女性視障者は普通この仲間の瞽女・座頭に師事したが、入門した者は「先輩之瞽女共、後輩之瞽女共江琴・三味線等之指南いたし候」こともあった。[25]他所と同様、仲間には様々な差別的なしきたりがあり、例えば「賤民」の家と判断された場合などは、その家からの失明者の入門が拒否されたらしい。

弘化三年（一八四六）、東寺尾村の飴売りであった兵助の娘もこの理由で入門を断られたので、兵助は、松代城下の当道組織を相手取り、訴訟をもって娘の入門を実現させようとした。後になって、松代藩の役人は一件の経緯を伝える関連記録六十数点を『東寺尾村飴屋兵助女子一件』と題して一冊の本にまとめた。含まれている文書は種々雑多であるので、まずその内容を表11・1に示した（左欄の史料番号は原本にはない。史料の大半は本書史料篇の「年表」に翻刻されているので参照されたい）。

(4) 飴屋一件の概要

事件の顚末の詳しい分析は山田耕太の研究に委ねたいが、一件のあらましはおおよそ次の通りである。東寺尾村、兄重三郎の別家であった「兵助」は農業を営むかたわら、飴売りを渡世とした。[26]兵助の娘「いそ」は五歳で疱瘡にかかり失明した。将来は独身であっても「身過渡世」のできるように、親は彼女の箏曲修行を熱望し、瞽女への入門を促した。「去寅年」（天保十三年［一八四二］）からすでに唄・三味線を習っていたが、「当春」（弘化三年［一八四六］）からは琴稽古の目的で瞽女の「房寿」（現長野市にあった会村《あいむら》出身）に依頼し、弟子入りを果たそうとした。しかし、入門の夢がようやく叶いそうになったところ、「房寿」の所属していた松代座の座元であった中町の「城稲」は、飴売りを「下り職」と見なし、そのような下賤な渡世の者からは「祝儀・布施」などは決して受けられないとして、兵助の娘の弟子入りを許可しなかった。[27]

表 11.1　『東寺尾村飴屋兵助女子一件』の内容

番号	作成年月日	史料名，種別等	差出人（作成者）	宛先・受取先	備　考
	弘化3年（1846）	表紙	山寺源太夫 磯田音門		
1	〃	内表紙か		河原舎人	破損多し
2	〃 6月	「御尋ニ付乍恐以書付[《[破損]》　]」	城稲	御奉行所	破損多し，欠丁あり
3	〃 8月	「盲目女子之儀ニ付内伺」	山寺源太夫 磯田音門		破損多し
4	〃 8月12日	「御下御書類，廻箋」	河原舎人	鎌原石見 恩田頼母	
5	〃 10月8日	「廻書」	〃	〃	
6	〃 9月晦日	「御書添之伺書」	〃	御用番様	
7	〃 8月13日	「盲女之義付」	河原舎人 恩田頼母 鎌原石見	壱岐 主水	上申書
8	〃 9月	瞽女入門に関する問合	津田転		
9	〃 11月	「座頭飴屋一条豊前様江御問合申上候儀申上」	〃	豊前様（寺社御留豊《[ママ]》藤五十助）	江戸寺社御留役の見解と弾左衛門の被差別職種の記録（偽文）
10	〃 9月21日	「一筆申入候」	（江戸京橋）飛驒之一	寺尾村商人何某殿	惣録所より兵助への書簡
11	〃 9月21日	江戸惣録所の書簡	（江戸）飛驒之一	城稲 民一	松代の座頭座への書簡
12	〃 11月	「乍恐以書付御願申上候」	兵助，その他	町奉行所 郡奉行所 寺円多亮	兵助の「御糺」の願い（町奉行），「御添翰」の願い（郡奉行）
13	年代不詳	飴屋の由緒書			兵助提出の資料。本書史料篇では略
	寛文6年（1666）2月25日	松本の菓子職・座頭出入りの裁許状の写し			兵助提出の資料，偽文書か。本書史料篇では略
14	弘化3年（1846）12月	「乍恐以書付奉申上候」	城稲 民一	御奉行所	松代座頭座の説明文と願書

15		「瞽女一件目録」			以下 17 点の書類（資料 16-36）の目録
16	弘化 4 年（1847）9 月 11 日	「㊀，盲人座頭仲間江入門之節師匠江祝物之事扱人中より差出候書付」	城稲による松代座のしきたりの説明。扱人が提出	郡御奉行所 町御奉行所	
17	年代不詳	「㊁，土口村慶弥（源左衛門親）娘いす歌寿江入門之節祝物等覚書」	土口村慶弥		瞽女「いす」が歌寿に払った入門金等の記録
18	弘化 4 年（1847）9 月 11 日	「㊂，飴兵一件扱人共手切書付」	寺尾村治右衛門・惣助，松代中町伊兵衛，紺屋町定右衛門		
19	〃 10 月	「㊃，瞽女共支配之義ニ付座元城稲答書，一」	城稲	町御奉行所	
20	〃 10 月	「㊄，瞽女共支配之義ニ付座元城稲答書，二」	〃	〃	
21	〃 10 月	「㊅，瞽女共支配之義ニ付城稲答書，三」	〃	〃	
22	〃 10 月	「㊆，瞽女共支配之義ニ付牧座級一答書，一」	田野口村，級一	郡御奉行所	
23	〃 10 月	「㊇，瞽女共支配之義ニ付牧座級一答書，二」	〃	同上か	文末に「牧座之村数」あり
24	天保 14 年（1843）8 月	「㊈，盲人之儀ニ付公義御触写」			幕府の取締令，本書史料篇では略
25	弘化 4 年（1847）10 月 7 日直前か	「㊉，瞽女之儀ニ付中之条元分武井正三郎江問合御札共并回状」	山寺源太夫	武井正三郎	
	同年 10 月 7 日	（「廻状」）	〃	松代藩諸奉行方 5 人	
26	〃 10 月	「[十一]，上田座之心得，一」		山寺源太夫か	
27	〃 10 月か	「[十二]，善光寺座之心得，一」		〃	
28	〃 10 月	「[十三]，上田座之心得，二」	山極亦兵衛		
	〃 10 月 11 日	添文	孫太夫	亦兵衛	牧野島村・房山配当屋に関する取り調べについて

29	〃 10 月 25 日	「十四,善光寺座之心得,二」	山極亦兵衛	山寺源太夫	
30	〃 11 月 1 日	「十五, 上田座之心得」	山極定国	山賢君（山寺源太夫か）	
31	〃 10–11 月前後か	「十六,瞽女之儀ニ付中野陣屋元分加判荻野廣介江問合御札共并公義御触書」	荻野広助	山寺源太夫	付札に「申六月」の江戸惣録の説明文あり
32	安永 5 年（1776）11 月 8 日	「盲人之儀ニ付御書付」			幕府の取締令,本書史料篇では略
33	文化 10 年（1813）3 月 19 日	「盲人之事」			〃
34	天明 5 年（1785）8 月 5 日	「天明乙巳八月御書付左ニ出」			〃
35	文化 11 年（1814）1 月	上州有髪の「盲人」一件の説明文			
36	天保 3 年（1832）7 月 29 日	「十七,上田様衆ニ而御奉行所江御問合ニ相成候御附札」	小林源右衛門	江戸寺社奉行か	
	同年 10 月	以上の問合に対する返答書	江戸寺社奉行か	小林源右衛門か	
37	弘化 5 年（1848）2 月 6 日	「一筆致啓上候」	山路清兵衛 香西市太郎	山寺源太夫	高田藩役人の書簡,以下資料38–42 の添文か
38	同年 2 月	越後国高田座の心得			資料 64 と同文
39	弘化 4 年（1847）10 月	「御尋ニ付奉申上候」	高田座元仮役満ツ都	（高田）町惣年寄御衆中	高田座の心得の説明文
40	天明 2 年（1782）9 月	「口上覚」	高田座元幸之都		金子勾当の説明を報告
41	寛政 5 年（1793）2 月晦日	座頭不埒の仕置に関する書簡	遠山作市左衛門 牧野新之丞	新島奥左衛門	
42	享和 2 年（1802）8 月 16 日	座元申付に関する文書	山川弥助		寺社奉行堀田豊前守の伺書に対する返答書
43	弘化 4 年（1847）10 月	「乍恐以書付御答奉申上候」	田野口村，座頭級一	郡御奉行所	山寺源太夫の伺に対する返答書か

44	同年か，12月16日	「一簡呈上仕候」	荻野広介	山寺源太夫	
45	弘化4年10-12月前後か	調査書と飯山長沼座の心得に関する附札			
46	〃 11月	「乍恐以書付奉申上候」	佐野村長蔵	郡御奉行所	資料47の書写作業の経緯について
47	〃 10-12月前後か	武右衛門娘「かそ」入門金に関する書写	佐野村長蔵 新野村名主五郎右衛門	飯山町御奉行所様	
48	〃 11月	「御尋ニ付乍恐以書付御答奉申上候」	東条村南組（瞽女）増寿・他村役人	郡御奉行所	
49	〃 11月	「瞽女仲革弊之儀ニ付伺稿」	「懸り両名」		源太夫の改革案
50	〃 10-11月前後か	「瞽女共之儀ニ付問合大意」			資料31の抜粋。本書史料篇では略
51	〃 11月9日	「㊃，回章」	山寺源太夫	荘蔵様他4人	
52	〃 11月9日その直後か	「㊄」回章に対する多宮の意見	寺内多宮		
53	〃 11月10日	「㊅，再回章」	山寺源太夫	荘蔵様他4人	
54	〃 11月10日	「㊆，愚意」	金児丈助		資料53に対する意見書
55	〃 11月18日	「㊇，回簡」	河原舎人	鎌原石見 恩田頼母	
56	〃 11月19日	「㊈」兵庫の意見	前島兵庫		
57	〃 11月19日	「㊉」左門の意見	玉川左門		
58	〃 11月19日	「十一，回章」	河原舎人	鎌原石見 恩田頼母	
59	〃 11月19日	座頭飴屋一件の経緯と改革案の説明	〃	御用番様	
	〃 11月28日	御用番人の答	池田要 望月主水		
60	〃 12月5日	石見・頼母の意見書	鎌原石見 恩田頼母	河原舎人	
61	〃 12月	「一印，乍恐以書付御請奉申上候」	（松代座）城稲・（瞽女）歌寿・房寿その他	郡御奉行所 町御奉行所	

62	〃 12 月	「二印，乍恐以書付御吟味下奉願候」	東寺尾村兵助その他	郡御奉行所 町御奉行所	
63	弘化 5 年 (1848) 1 月	「飴屋座頭一件□之儀申上」	山寺源太夫 寺内多宮		
64	〃 2 月	越後国高田座の心得			資料 37 と同文。本書史料篇では略
65	弘化 4 年 (1847) 10 月	「御尋ニ付奉申上候」			資料 39 と同文。本書史料篇では略
66 67 68	天明 2 年 (1782) 9 月, 寛政 5 年 (1793) 2 月, 享和 2 年 (1802) 8 月	座頭座関係文書			資料 40–42 と同文。本書史料篇では略
69	嘉永元年 (1848) 5 月 3 日	「以剪紙致啓上候」	山路清兵衛 香西市太良	山寺源太夫	高田座の調査の経緯に関する書簡

そこで兵助はこの判断を不服とし、娘の将来はともかく、一家が「職下り」とみなされたならば、「自然と商売之差障りニ罷成」という理由からも、弘化三年（一八四六）夏（六月か）、松代座の慣習に対する「糺方願」に踏み切り、奉行所に（おそらくは偽文書である）飴売りの由緒書と、松本で起こった飴職人と座頭との出入りに関する寛文六年（一六六六）の裁許状の写しを提出したようである。[28] そこで松代の奉行所の役人は、当道のしきたりに疎いこともあり、提出された資料の真偽も判断できないままに、まず江戸の留守居を通して当道を支配していた寺社奉行に問い合わせることにした。一方、松代座は江戸の惣緑にも問い合わせ、惣録役座の役員であったと思われる「飛騨之一」が同年九月二十一日東寺尾村商人「何某殿」（兵助）に宛てて書簡を送った。その書簡は、兵助に娘を入座させるためには彼女が「盲人仲間江詫を致し」、「仮親」を立てる必要があり、「表向願立ニ相成候ハヽ、座入門は相成間敷候」と告げたのであった。[29]

当然、兵助はこうした屈辱的な解決策を受け入れようとはしなかった。同年十一月、彼は郡奉行の「御添翰」を願いながら後町奉行に「表向」の訴願を提出し、救済を求めた。練った飴が「穢不浄之品ニ御座候は、仮令御内献上仕候迚も御用被仰付候義は有之間敷」という主張をもって松代座に反駁し、「座頭・瞽女等身元能々相糺候は、格別由緒正敷者共訴ニは有之間敷と奉存候」と逆に松代座を見下し、嘲笑をもって奉行の判断を仰いだのである。(30) 一方、座頭たちは兵助の要求に応じる姿勢をみせなかった。

藩の役人が江戸の寺社奉行所に問い合わせたところ、当道が行った瞽女の支配は地方によってまちまちであり、弾左衛門も「勿論支配も不仕」、後者が伝承していた十七の賤民職を列記する書付の中には「飴売り」という職業は含まれていなかった。(31) 総合すれば、松代座が主張した飴売りを「職下り」と見なすことは単に松代座の慣習に過ぎず、法的根拠に薄いことが次第に明らかになっていった。とはいえ、長い間地域の社会秩序の維持に貢献してきたこのような慣習は封建支配体制の欠かせない柱であったので、役人はそれを直ちに無視することはできなかった。こうした訴訟が進行していた間、ちょうどこの地域を震源とする善光寺大地震が発生し、それが訴訟の進行具合に少なからぬ影響を及ぼしたと推定される。

その後、兵助の娘「いそ」の弟子入りに関するさらなる問題が発生した。『東寺尾村飴屋兵助女子一件』に含まれている文書の大半はこれに関連する史料である。問題は、入門にあたり弟子が支払うべき入門金の多寡であった。すなわち問題の焦点は、松代座の瞽女に対する「身分的支配」から「経済的支配」に移ったのである。和解への道を探るために、寺尾村の名主であった治右衛門、松代城下中町（城稲の住んでいた町）の名主であった伊兵衛が交渉にあたり、問題が複雑であったため紺屋町（城下の瞽女惣代が住んでいた町）の名主であった定右衛門と東寺尾村長百姓であった惣助も交渉団に加わり問題解決の糸口を探った。

弘化四年（一八四七）七月、弟子入りするためには「入門金五両も相掛候」とされ、師匠の瞽女への直接の支払い以外にも、座員全員に五十文ずつを施与することがしきたりであったことが判明したので、経済力の弱い兵助にとって、またも娘の瞽女入門の道が阻まれることとなった。兵助は、三分か一両ほどであればその負担が可能であると主張し、入門金の減額を座に歎願した。この要求に対し、座頭たちは特別措置として「先例五十疋ツヽ」を納めなくてもよいと返答したが、「いそ」の弟子入り許可を余儀なくされそうであった「房寿」は、自分が受け取るべき「ひさ付金減少」に難色を示した。「いそ」の弟子入りがここで破綻しかねないのをみて、この問題解決にかかわっていた名主ら四人がねばり強く交渉した結果、座頭たちは祝儀を免除し、瞽女に給する「ひさ付」三両の内、兵助は二両を差し出し、四人の仲介者が残りの一両を負担するという和解案が示された。

しかしこの案はただちに暗礁に乗り上げた。兵助は当初は三分か一両は何とか捻出できるが、交渉が長引いていた間、商売ができず、現在は三分も調達できる立場にないと主張した。あきれ返った仲介者たちは、いったいどのように娘を入門させようと考えているのかを尋ねたところ、前年の経験に自信を得ていた兵助は、ここを乾坤一擲の勝負のしどころと思料し、今回も御奉行様に直訴すると答えた。そこで、仲介者たちは「兵助之存意、私共愚案ニてハ相弁兼候」と和解を断念し、同年九月十一日に「手切書付」を役人に提出した。[32]

事件を担当していた山寺源太夫（「山源」）と寺内多宮（「寺多」）ら藩の役人たちは、兵助を「流石偏気もの」、「中々片意地もの」、「強情不埒」などと非難しながらも、その要求には一理ありと認めざるをえなかった。[33] 兵助個人の問題というより、彼らは「いそ」の入門をむしろ視覚障害者福祉政策全般に関わる問題として対処したようである。しかし、この時点で、藩は松代座の現状を充分に把握しておらず、また領内他座と近藩の座の事情にも疎く、まず関連資料の収集と調査に着手した。

(5) 山寺源太夫の調査と改革

弘化四年（一八四七）九月十一日、兵助と座との争いを仲介した四人が、手切れの書付を町・郡奉行に差し出した際、「城稲」と座頭仲間の「仲間江入門之節師匠江祝儀」に関する文書も添えたようである。[34] この文書によれば、瞽女仲間に加入する節には、三味線、琴、鍼治、導引（按摩）のいずれかの場合、入門に際しては三両の「膝付」を師匠に支払い、赤飯・酒肴のため「惣仲間」一人あたり五十文を納付する義務があった。弟子が一定期間稽古を重ね、年季を満たした後、「名改」が行われ、その時にも師匠には一両、座元には金三分が支払われた。その際、くわえて師匠・座元に「樽肴重詰」も提供した。「房寿」が座頭の「岩都」から箏曲の指導を受けた時、十五両以上の稽古料などを支払ったという具体例も書き記されている。

これは座頭たちの主張であったが、附札などに「国寿」が「哥寿」に弟子入りした際、「ひさ付」が免除されたともあり、これは逆に兵助の見解を裏付ける先例とも見なされうるのであった。そして過去にも松代座のしきたりが厳守されなかったという、もうひとつの証拠もあった。手切れの書付と以上の座頭の記録と同時に提出されたとおぼしき土口村の「いす」が、師匠の「歌寿」に払った祝儀などの覚書（作成年月日不詳）である。それによれば、「いす」が入門した時、彼女が「歌寿」に差し出したのはたった金二分、赤飯五升、酒五升であったとされる。[35] しかし、さらにこれを調べたところ、実際には「金三百疋」しか払われず極めて安い弟子入りであったことが判明した。[36] 入門後、御節句、寒土用などに際し「いす」は師匠に種々の祝儀を出し、いくつかの段階に分かれていた音曲稽古の上達にしたがい稽古料も上昇していったようである。「七年ニ〆八拾四表」の籾を提供したとあることからは、瞽女の年季が七年であったことが推定できよう。[37]

和解交渉の決裂と相反する文書に関する報告を受け、弘化四年（一八四七）九月三十日、座元の「城稲」が役所に召し出され、翌十月中に、座の支配体制、官位、配当、「盲女」と「瞽女」との違いなどを説明する三種の「答書」が町奉行宛に提出された。[38] それまでの経緯から幾分自信を失っていた座元は、「先ニ差上候書面私共心得方行違候場も御座候ニ付、筆取間違哉、恐入候得共何卒御流被成下」と願い出、今度は金銭のことには一切ふれず、座のしきたりからの説明を図っている。いわく、瞽女・座頭に入門した瞽女は座頭の支配下にあり、名替（名改）の際、師匠は弟子のための「名附状」を認め、座元はそれに奥印を押し、弟子に渡すのである。[39]

郡奉行公事方と寺社奉行助の職を兼ねていた山寺源太夫は城下の座元以外にも、近辺にあった当道組織の調査に乗り出した。弘化四年（一八四七）十月中、近くにあった牧座、上田座、善光寺座、越後高田座、あるいは飯山座の事情を把握した者に問い状を送り、次の点に答えを求めている。

(1) 座の支配している村（持場）の地理的範囲
(2) 座の由緒書の有無
(3) 座元交代の際の扶助金の有無
(4) 弟子が入門する際の祝儀に関する座の取決め
(5) 他座との関係
(6) 瞽女は座頭の支配下か、医師、芸者らに弟子入りする場合の取扱い

高田からの返事は弘化五年（一八四八）二月に送られ、一件が落着した後に源太夫の手に届いたため、これが事件の経緯に影響することはなかった。他の座は前年の十〜十一月に返事を送付し、再度の情報提供を求める文書とそれに対する回答が数回交わされたこともあった。いくつかの報告には、座に加入しない「盲女」の支配はなく、座元交代の際には特別な扶助は行われなかったことが共通していた。しかし、それぞれの座のしきたりの細部は一様でなかった。善光寺座は、芸者から音曲を習う場合は一旦座頭の弟子になってから稽古を受け、上田座の場合、瞽女が芸者などに師事する際には、座頭の「仮師匠」を立てたとされる。[40] 善光寺座の持ち場に他座の瞽女・座頭が稼ぎに訪れる時、彼らは「其宿を以扇子代弐拾四文ツ、差出」し、「長逗留之節は座元江百文差出申候」という習慣があり、[41] 上田座の場合、「配当屋江相届、其節扇子料廿四銅持参致候事、月々三日之礼相勤候」というしきたりが認められるが、長逗留についてはふれていない。また管轄地域が広かったためか、上田座は城下にあった配当屋のほかにも腰越《こしごえ》村と房山《ぼうやま》村（共に現上田市）に「出張」の配当屋があり、その数と所在地は座でさえ充分に把握してはいなかった。[42] 中野と須坂にも座があり、中野陣屋の瞽女は「有髪之尼」と呼ばれ、「嫁女ニは不相成、若右法合を犯候得は、其所之座元ニ而取調」を受けたと報告され、やはり何らかの「式目」を制定した仲間組織があったと察せられるが、詳細は不明である。[43]

以上のアンケート以外にも、源太夫は他の役人の助言を求め、幕府の触書その他の関係資料を集め、瞽女の「旧弊」

と「貪り」を改革する権限が自分にあることを確認しようとしていた。彼の考えていた改革の目的は「以来盲目之女子を持候もの共之肩を休め遣し候」ところにあり、それを「是亦御仁政之御一端」と位置づけている。(44)

かくして様々な資料を入手し、他の役人と協議した源太夫は、ようやくいくつかの結論に達した。支配権について、彼は瞽女には公認された頭がないと考え、座頭の弟子となった瞽女は「自然と座頭之進退を受候」と判断した。瞽女に「不正之所為」があった場合、「領主役場ニおゐて其もの父兄一同召出し正路之筋ニ申渡、何も座頭共可差綺筋無之」と見ており、座頭の裁判権を否定した。瞽女が「一味いたし彼是差綺」をした場合にも、彼女たちは「総而領主役場之申渡ニ徒可」身分にあると主張した。ここには、奉行が座頭たちの支配権を狭く限定することにより自らの介入を正当化しようとした努力のあとをみることができる。

肝心な入門料についても、源太夫は改革の必要性を裏付けるいくつかの文書を入手した。そのひとつは、牧座からの報告にあり、座に加入した瞽女は弟子入りの際、祝儀を一切払っておらず、「添状」（許し）が交付された時に限っては一〇〇文程度を差し出したのみとある。(45) もうひとつは、弘化四年（一八四七）十一月頃提出されたと推定される「かそ」が座頭の「梅之市」に弟子入りした際の文書である。「かそ」を引き受けた「梅之市」は金三分しか受け取っておらず、仲間にも同額しか払われていなかった。その後、「梅之市」が死亡し、「かそ」は越後高田の「菊の」と称する瞽女に弟子入りした。その際「菊の」にも金三分の祝儀が払われた。その後、「かそ」は信州に戻り、「房寿」の弟子となり、入門祝が行われた本町柏屋に餅米、酒などの代金として四両以上が支払われた。仲間には金「三歩」が提供され、三両以上もかかった盛大な酒宴が催されたが、その際「房寿」は三分しかもらっていない。(46)

松代座が要求した入門金が過剰であることを示すもうひとつの証拠は、東条村に住んでいた「増寿」が、弟子入りの実態について郡奉行宛に記した文書である（弘化四年［一八四七］十一月）。それによれば、「増寿」は七歳の頃「次摩一」の通い弟子となっている。入門の際にいくら払ったのかは覚えていないが、毎年歳暮には師匠に五十文を払ったという。その「増寿」が「拾ヶ年前」（天保九年［一八三八］前後か）に弟子を取った時は一〇〇文を受け取り、翌年歳暮には二〇〇文をもらっていたという。そこで、座元の「岩市」に問い合わせたところ、弟子を取る際は「三両位」を受け取ることがしきたりといわれ、証拠は他にないと正直に認めている。しかも、「極難渋者」の子供を弟子にもらった時、「いヶ程成共心掛次第」の祝儀しか要求しなかったと証言している。[47]約言すれば、北信地方の瞽女のうち、弟子入り祝儀の額をかなり柔軟に調整していた者もいたことが次第に明らかとなってきたのである。

源太夫が推進しようとした改革は、入門金の三両を廃止し、「世間並方手軽之祝物ニ而」弟子を受け、若い女性視障者が自由に瞽女、座頭、素人（芸者など）に弟子入りできるようになることを目指していた。つまり入門の際には二〇〇文程度で済ませ、惣仲間には何も配らないという案であった。[48]ただ、瞽女が座頭の「取扱」となっており、座頭が江戸の惣録に支配されていることも配慮せざるをえないので、ことは慎重に進めなければならなかった。

この案に対し、瞽女仲間は「以之外権高ニ構へ可悪程之大言を申罵」、簡単には承服せず、源太夫の同役や上司などの意見を伺うことも必要であり、「回章」が作成された。改革の趣旨が何度も説明され、その過程において、改革を「いそ」の弟子入り前あるいはその後に実施するのかという問題も出された。[49]源太夫は、「城稲」、「房寿」ら関係者を呼び出し申し諭しても、「多分治り不申候得共、一件も長引候義」と見込まれるなど、好事魔多しと悟りつつも疲れてきたのであろう、一件に終止符を打ちたかったようである。結局「申諭之大意」は、松代座の主張する入門金に関する確かなる証拠がなく、近領に類例もないので、入門の際は「身分相応」の手軽な祝物以上は要求すべきでなく、「盲人ハ世間並方之営もいたし兼候ものゆへ」領主と在方・町方から配当を貰い、「深切を尽し合」、仲良く暮らすべきであるとされたのであった。[50]

弘化四年（一八四七）十二月、兵助がようやく「御吟味下」の願書を提出し、一年半の時日を費やして事件は終わった。吟味下げの願書では事件の前半（身分の問題）しか触れられておらず、瞽女・座頭組織の改革がかならずしも兵助のためだけではなかったことが示唆されている。その後、兵助の娘「いそ」が「房寿」に入門しえたようであるが、入門料については不明である。[51]また兵助の訴訟をきっかけとして、瞽女組織全体が奉行に改革を命ぜられた事実は残された。「いそ」は心の内で父親の行動を誇りと思っていたかもしれないが、他方で仲間に対しては面目が立たないと感じていただろうことは想像に難くない。

「いそ」は弟子入りした後、中町の「なを」という瞽女に水銀を混入した砂糖を食べさせた咎で、琴・三味線を弾くことを禁ぜられ、「親兵助江預押込」の身となった[52]。やはり「いそ」と松代の瞽女仲間との関係はそれほど円満でなかったことが推測できよう。

この事件を通して浮き彫りになったことは、兵助と松代の当道組織との間に潜む、芸能に関する新旧の意識の違いであった。兵助の立場から見るならば、失明した娘を入門させることは、主として経済行為にほかならず、師弟関係の成立にあたっては市場を介した場合の「適切」な値段が想定されている。そこには、零細とはいえ、商人の進歩的な発想をうかがうことができる。ところが、当道の視点から見れば、入門は主として政治の次元における行為であった。すなわち、そこには市場における客観的な交換価値とは無縁の諸要素、例えば当事者の家柄、身分、年齢、性別など様々な要素が関わっており、経済関係は二次的な意義しかない。入門の認否は、座が長い歴史の中で獲得した独占権であり、たとえ入門が結果として座の経済的利益につながったとしても、「適切」な値段などはそもそもはじめから存在していなかった。そこに近世の芸能市場の発展に逆行する当道の保守的な発想をみとめることができよう。とはいえそれはまた、差別社会の中で長く苦戦を強いられてきた男性視障者の集団が、自己防衛を図ろうとした際に生みだした当然の発想でもあったのである。

兵助と当道との間に立っていたのは、藩の役人たちと瞽女仲間であった。役人たちは「正しい差別」の原理を全く否定はしなかったものの、女性視障者あるいはその親と保護者の訴えを無視することは仁政に相反すると考えていた。したがって、適切な改革により兵助と座との妥協をはかり、その場を凌ごうとした。一方、松代の瞽女仲間が要求した高額の「膝付」などの正当性は当道組織との関係により保証されていた。というのは、瞽女はこの関係によってはじめて、座頭たちが伝承してきた交換価値の高い箏曲などの芸を習得することができたからである。その場合でも、入門金を負担する経済力のない女性たちは、最寄りの瞽女との個人的な関係を通して音曲指南を受けたようである。そのようにして、彼女たちは、時に瞽女仲間あるいは当道組織に対して法外な入門金を納付する義務を回避し、搾取的な制度に対抗した。他の地方において、瞽女があえて当道から距離を置く自らの仲間を設立した理由も、このような事情とは無関係ではなかったのであろう。

(6) 松代座と八橋流の箏曲

最後に、松代座の伝承した音楽とその学習過程について見てみよう。入門にあたり弟子がたとえ三両・赤飯酒肴などの支払い義務を免除されたとしても、その後に続く重い経済的負担に変わりはなかった。「岩都」の弟子となった「房寿」の例を見るならば、毎年「年玉百疋、盆中弐百疋、歳暮金壱両、五節句弐十疋ツヽ、暑寒は品物ニ而相勤」めなければならなかった。[53]「歌寿」の弟子となった「いす」も入門後、「御節句」には「百文ツヽ、外三拾弐文ツ、母江」を払い、「寒土用」にも「時物五升ツヽ」などを納めていた。[54]これらの出費に加え、稽古には当然楽器が必需品であり、「かそ」が「房寿」に入門した節、「古琴壱ツ」の購入に二両二分が回され、爪を買うためには飛脚が江戸に派遣され、銀十匁の代金を要している。また「かそ」は住込み弟子であったせいか、「来七月迄六ヶ月扶持米」として一両二分を負担している。[55]

こうした軽くない諸経費の上に最も大きな費用は、稽古料および曲が習得済みであることを証明する「許し」にかかる料金であった。三味線の場合、更科村の「梅之市」に三味線稽古をつけてもらった「かそ」は、一カ月に一分の稽古料を払ったというのだから、「〆四両壱分」から判断すれば、稽古は一年五カ月続いたこととなろう。[56]以下に示すように、箏曲の場合はさらに高額の代金が要求されるのが普通であった（表11・2）。

表11・2に示されている通り、料金は師匠の格あるいは性別により大きく異なっているが、上達するにつれ料金が上昇する点は共通している。「裏組」「三曲」などは、その音楽的価値はともかく、箏曲家の権威を確定する象徴であり、

表 11.2　箏曲伝授にかかる費用

師匠名・所在地	組初・表組	中組・中免	末組・裏組	ロウサイ	三曲
増寿（資料 48） 東条村南組	琴表七組 100 文， 小枚一丸				
歌寿（資料 17） 松代城下紺屋町	組始 金 2 分	中組 金 1 両 2 分	末組 金 2 両 2 分		
岩都（資料 16） 松代城下か	組初 金 2 分 ----- 表組 金 1 両 2 分	中免リンセツ 金 3 分	裏組 金 2 両 1 分，樽代 2 分	ロウサイ 金 3 両	三曲 金 7 両 2 分

それらの全曲を教授できる者は弟子から高い稽古料を要求する資格を有していたのであろう。座頭（岩都）から箏曲を皆伝するには計十五両二分を要したが、「歌寿」の場合、「三度振舞」に金二分、「出精」に師匠・座元へ金一両ずつ、「暖冷振舞」に金五両なども求められた。[57]「名改」の際に支払う料金（師匠に金一両、座元に金三分）[58]もそれに加算され、一人前の箏曲家になるためには、つごう少なくとも二十〜三十両の資金が必要であったと思われる。

さて、上の表11・2に示した「表組」「中組」「裏組」などは具体的にどのような曲を指していたのであろうか。「かそ」の「房寿」への入門記録からは、伝授の対象が「八ツ橋流」の箏曲にほかならなかったことが明らかである。真田藩では特に武家（なかんずくその妻子）の娯楽として八橋流の箏曲の稽古が盛んであり、松代の瞽女は「近年御家中稽古多故」「膝付」「祝儀」が上昇したのではないかと竹村金吾など藩の奉行たちは考えていたようである。[59] 武家社会の八橋流箏曲伝承について、「みを」（美尾、後に上級の藩士であった木村則茂の妻となる）の稽古帳はその詳細を伝えている。安永二年（一七七三）八月、七歳の「みを」は「有一」と称する座頭（江戸出身か）に師事し、二年四カ月の間、順番に八橋流の箏曲を習い、（「八橋流三曲」、および松代に伝わった「九段」と「明石」は除き）八橋流組歌のほぼ全曲を習得している。[60]

入門曲として「みを」は琴用に編曲された三味線曲を学んだようである（表11・3参照）。

表 11.3　「みを」の習得した入門曲

原調	曲　　名
	「おかざき」,「すかかき」,「あさかを」,「しし」,「しやうでんかぐら」
三下り	「川さきおんど」,「たきをとし」,「かぐら」,「すかすか」,「あづまだけ」,「なごやしし」
二上り	「かこちぐさ」
三下り	「こころいき」,「こいはなし」
	「てう」

出典）真田淑子『箏の家——八橋流箏曲の系譜』風景社，1980 年，174-177 頁。

表11・3の入門曲（「房寿」の場合には「組初」に相当する曲か）[61]は稽古初めから四カ月の間に教えられ、その後は八橋流の組歌の稽古が始まり、順に1「ふきくみ《菜蕗組》」、2「梅がえ《枝》」、3「こころつくし《心尽》」、4「天下《てんが》太平」、5「うすゆき《薄雪》」、6「ゆきのあした《雪朝》」、7「りんぜつ」、8「くものうえ《雲上》」、9「薄衣」、10「桐壺」、11「すま《須磨》組」を習い覚えている。近世刊本の多くに八橋流の箏曲組歌は表（1-6）、裏（8-10）、中（11）、奥という四つの組に分かれているが、「みを」もほぼその順番で習っている。[62]段物である「りんぜつ」は「乱輪舌」の略称であり、『箏曲大意抄』（安永八年［一七七九］序）などには八橋検校作とされている。

「房寿」の場合、「りんぜつ」までは表組、「りんぜつ」（7）は「中免」とされ、「くものうえ」、「薄衣」、「桐壺」、「須磨組」（8-11）が「裏組」とみなされたようである。[63]「房寿」も「ロウサイ」と称する曲を伝授されているが、安永頃の「みを」はそれを習っていない。[64]また「房寿」の文書に記されている「三曲」は「四季の曲」、「扇の曲」、「雲井の曲」という「奥組」を指していると思われ、「八橋の三曲」、「八橋奥三曲」などとも称せられ、「みを」はこれらも習得していない。「三曲」の許しを得た場合は「八橋流三曲伝免」として巻物が与えられた。[65]その巻末には「法度」として、次の文書が書かれている。[66]

一、浄瑠璃小哥弾くべからず
一、其業よろしく候共人品行ひ能々相察し伝授可有事
一、其業少し不行届候共その人の行ひ三曲に叶ひ執心厚く候はば伝授不苦事

一、遊女役者踊子芸者遊び者の類指南すべからず
一、金銀に拘り其業にあらざる人に伝授致間敷候事
一、但伝授相済候後其者の分限に応じ謝礼の祝儀受納可致事

ここからは、やはり松代座の弟子に対しても厳しい社会的、文化的規律が課せられたことが知られる。箏曲と比して、「浄瑠璃・小哥」を下品なものとみなし、弟子の「人品」を重視し、遊女、芸者などに指南しないことを徹底することで、瞽女・座頭に向けられがちな様々な差別に抗した様子が窺える。つまり、自分たちより下賤とみなされる他者を差別することにより、視障者や芸人に向けられた卑賤視を跳ね返し、仲間組織の規律を重視することによって、八橋流箏曲の伝承者たちが自らの社会的立場の維持・向上に努めていたことがわかるのである。

二　松本藩領の瞽女

松本城下の当道組織は「座本始りハ上横田町応都《ヲ、イチ》、下横田町城言《ジヤウゴン》両人ニ而勤候由申伝候」、座頭には配当（施物）が支給され、彼らもまた「自身番、風番、夜番免し置候」とされた。[67] 近世初期の瞽女組織の有無については不明であるが、十七世紀末頃、高須領と松本領で瞽女を含む身元の不明確な者に対する取締と宿泊禁止令が発せられており、それから推してすでに江戸初期の松本周辺では瞽女が活躍していたものと思われる。[68] 二十世紀に入っても松本市に近い波田町域には、瞽女が村々を訪れ、各家のアガリハナに腰をかけ、三味線を弾きながら、門付け唄と段物の一部を歌ったという。[69]

享保以降、松本領あるいは松本城下の人口調査には、瞽女が頻繁に姿を見せている（表11・4）。

表 11.4　松本領・松本城下の瞽女人口

年　月　日	地　域	総人口	瞽女人数	典　　拠
享保 7 年（1722）	松本領	106,609 人	53 人	『新編信濃史料叢書』第 6 巻，503-504 頁
享保 8 年（1723） 9 月	〃	105,406 人	57 人	同上，505-506 頁
享保10年（1725） 9 月	松本城下	8,206 人	24 人	「松本町帳面」
〃 月不詳	松本領在方	67,834 人	40 人	『長野県史』近世史料編，第 5 巻(1)，383 頁
享保11年（1726） 3 月 21 日	松本城下	9,877 人	24 人	『代々諸事書留覚』
〃 9 月	松本城下宮村町	473 人	24 人	〃
文化 7 年（1810） 5 月	庄内組拾ヶ四村	3,472 人	23 人	『長野県史』近世史料編，第 5 巻(1)，423 頁
年代不詳	成相組	5,303 人	4 人	同上，第 5 巻（2），268 頁

『代々諸事書留覚』に掲載されている享保十一年（一七二六）九月の「宮村町指出し帳」に「寺社七ヶ所」の記載が見られ、その内二カ所は真言宗、三カ所は禅宗であった。残り二カ所は「神主」と明記され、男十七人、女十四人と共に「ごぜ」二十四人が含まれている。「神主」二カ所とは、宮村両社と呼ばれた宮村大明神と天満宮（天保十二年［一八四二］以降「深志《ふかし》神社」となった）であろう。つまり享保頃の松本城下において、瞽女がこの神社の保護を受けていた可能性がある。戦後の聞き取り調査から、松本城下の瞽女屋敷は「元町と天神」の二カ所にあったと報告されており、「天神」はこの深志神社のことと考えたほうが妥当であろう。瞽女屋敷は相当な構えのものであったと伝えられているが、明治以降には跡形もなくなったようである。(70)

有賀喜左衛門が昭和十年（一九三五）に報告した「瞽女の話」によれば、明治維新まで松本の村方へ廻る組には二十人ぐらいがいた。しかしそれは越後瞽女の行った門付けとは異なる性質を持つ巡業であったようである。

この人々は勿論藩内の村々を廻る丈けで、他藩に出ない。而も人の家の門に立つて米銭を乞ふといふこともなかつた。それはどこの村でも庄屋が宰領して、春秋に扶持として定つた丈の麦や米を瞽女屋敷に届けてやるから、その礼廻りといふ事で大勢揃つてやつて来るのだつた。麦や米の外に蕎麦粉を届けたり、時分の家から瞽女の出てゐる家などでは余分の附け届けをしたりしたものであつた。それで春なら麦を刈り終り、次で田植の済んだ頃に出掛けて来るし、秋ならば稲の取入れが済んで、百姓の暇になつた時であつた。(71)

瞽女の泊まる家は必ず庄屋の家と決まっており、庄屋から見てもそれが家の誇りであったが、瞽女から見ても自分たちの泊まるところは庄屋以外にないとしていたらしく、彼女たちが高い格式をもって迎えられたことを有賀は語っている。

その後、現松本市域を旅回りした瞽女は三味線を弾き、説経節、常磐津、小唄などを演奏し、塩尻市境のほうでは「源氏節」（後述）を歌った。春秋の村祭りの余興として興行されていたもので、空き地に小屋掛けをして「千代萩」や「矢口の渡」といったものを演じた。(72)

三　飯田の瞽女と瞽女長屋建設をめぐって

現飯田市には昔から多数の瞽女が住み、戦後には数人の研究者らがその実態を綿密に調査してきた。以下において、こうした研究と郷土史料などから明らかになった要点のみを紹介しておきたい。

享保元年（一七一六）三月一日、瞽女・座頭が飯田藩に家督祝いの際の配当を願い出、前例は無かったが、同月二十二日にはじめてそれが下賜された。配当制度はその後長く存続し、例えば天保五年（一八三四）十一月八日に催された法会の際にも、藩が瞽女・座頭に二貫文の配当を施している。(73)町人や百姓も吉凶の配当を支給し、飯田瞽女の伊藤フサエ（明治二十三年［一八九〇］十二月二十八日頃生まれ）は明治後期の事情を次のように回顧している。

そのころは、祝儀、不祝儀、法事などのあるお家からは、座頭のところへ付け届けがあったそうで、ワシ（妾）が子供のころはゴゼにもわずかに廻って来たことがありましたニ、この付け届けを配当と言って六―四に分けるきまりだったといいますが、男の衆が勝手にたくさん取ってしまいましたんナ。(74)

天明五年（一七八五）と天保年間に作成された多くの記録から、飯田にはひとつの瞽女仲間が存在したことが明らかである。天保二年（一八三一）二月の時点で、この飯田瞽女仲間には二十人余が属していた。(75)飯田藩士岡庭政興著『晩年叢書』（成立年不詳）に彼女たちは「諸所に借宅して、弟子一両人持ちたるもありて、細々と暮せし」とある。(76)瞽女を支援するため、天明五年（一七八五）、飯田本町在住の文次郎の田地を名目として質流しとし（実際には下伊那郡大島古町の知久仙右衛門に買い取られ）、この土地が彼女たちの扶持方助成地とされた。さらに天保二年（一八三一）の春に発生した飯田の大火によって大きな打撃を蒙り「大勢難渋」した飯田瞽女を助けようと考えた数人の奇特者が勧化を開始し、同年秋、「梅南籾倉と後ろあわせの所」（上飯田村土井）に幅十二間半奥行三間半の長屋二棟が完成した（土地は天明期の仲間に供された扶持方助成地の替え地であった）。(77)明治二十三年（一八九〇）の地図を見ると、一軒は十三間四十五坪、もう一軒は十四間四十九坪を占め、二軒の間には九尺四方の弁天堂が置かれていた。(78)毎年十月一日（明治末からは太陽暦十一月一日）にこの御堂の前で仲間一同が寄り集まり「弁天様の祭り」を行った。(79)

明治六年（一八七三）の地租改正以後、瞽女長屋の敷地の名義と相続に関する取決めが行われた。天保二年（一八三一）当時、仲間が八組であったものが明治二十三年（一八九〇）には六組になり、明治三十九年（一九〇六）には五組に減少し、大正八～十年（一九一九～二一）には長屋が土井から飯田羽根垣外の地に移転され、昭和四十七年（一九七二）まで存続していた。(80)

表 11.5　下海瀬村（現佐久穂町海瀬）を訪れた瞽女の人数

	文政 5 年 (1822)	文政 8 年 (1825)	文政12年 (1829)	天保 2 年 (1831)	安政 6 年 (1859)	安政 7 年 (1860)	万延 2 年 (1861)	文久 2 年 (1862)	文久 3 年 (1863)
5月		8					10		9
6月	52	21	5	33		8	5	17	8
7月	5				7	4	15	4	9
8月							3	3	

出典）土屋家文書（785-792 号）。本書史料篇「村入用帳・夫銭帳・宿帳などに見られる瞽女」の「長野県佐久穂町（下海瀬村）」参照。

四　信州を廻在した瞽女の受け入れ態勢

積雪の多い北信地方では、瞽女の巡業は夏・秋に集中した。本書第12章（表12・1）に紹介する万延元年（一八六〇）の文書から岩村田村（現佐久市岩村田）を訪れた高田、長岡、荒井出身の瞽女が四～七月にかけて来村したことがわかるが、現佐久《さく》穂《ほ》町海瀬にあった下海瀬《したかいぜ》村の村入用帳にある瞽女の訪問も五～七月に集中したことが窺える（表11・5、他の月に瞽女の記載はない）。

一方、飯田瞽女の場合、瞽女の巡業は「在廻り」と「町廻り」の二つに分けられ、下条村、田村などへの巡業は在廻りとされ、町廻りとは、飯田市内の商家などを対象にした門付けを指した。[81] 二十世紀初頭から瞽女稼業に携わった伊藤フサエによれば、在廻りは年四度行われた。在廻りは季節により名称が付けられ、太陽暦の五月中旬～六月中旬に行われた「春廻り」、主に麦を貰う「夏廻り」（八月頃）、九月下旬～十月下旬に行われた「秋廻り」、そして主に米を貰った「冬廻り」（十二月初め～十二月二十～二十六日頃）があった。それ以外にも一月、四月、六月、十一月にやや短い旅も行われ、農作物ではなくお金を貰うこともあった。[82] 活躍の中心地は南信地方であり、かなり狭い範囲で巡業した。しかし、天保十年（一八三九）二月一日、まだ雪解け前と思われる下伊那郡下條村を廻り三十二文を貰った瞽女もやはり飯田瞽女であったものと思われる。[83] また記録では慶応元年（一八六五）十一月まで下伊那郡田村に現れていた瞽女組も飯田瞽女であったかもしれない。[84] ここもやはり巡業のピークは春先

表 11.6　村定に明記されている瞽女・座頭への配当・合力など

年　月　日	場　　所	支給額・種別	典　　拠
元禄13年（1700）5月	赤須伝馬町（幕府領，現長野県飯島町）	合力支給禁止，止宿の際は木銭・米代を取るべきとする	代官申渡，『長野県史』近世史料編，第4巻（1），1164頁
年代不詳，近世中後期か	上田藩，上塩尻村（現上田市上塩尻）	「泊り候ハヽ壱人ニ付拾六文つゝ定夫世話料」。1人当たり2合5勺の「米挽わり半まぜ」（粗挽きの大麦と白米を五分ずつ）支給	村定，同上，第1巻（1），578頁
天明2年（1782）8月	高島領，乙事村（現富士見町乙事《おつこと》）	輪番制度の導入	同上，第3巻，509-510頁
寛政4年（1792）	高島領，瀬沢村（現富士見町）	輪番制度の導入。弁当は宿主が支給。昼飯は名主が提供するが，24文を村から徴収	「村定［（破損）］」，瀬沢区有文書，天保10年（1839）
寛政6年（1794）11月	千村御預所，下伊那郡小川村（現喬木村小川）	瞽女・座頭に「壱人ニ付一飯四分宛」，「泊り之節ハ壱人ニ付一匁宛」	村定，『長野県史』近世史料編，第4巻（2），781頁
文政10年（1827）　7月	幕府領，下伊那郡福与村中山分村（現松川町）	「村中割」として瞽女・座頭が「無拠泊候節之泊り飯料，壱夜ハ八分，壱飯者三分三厘」。「草履銭抔呉候ハヽ是又村夫銭江入可申候事」	役等定，同上，第4巻（2），1034頁
天保14年（1843）　9月	高遠領，古見村（現塩尻市）	「瞽女・座頭・浪人体之者一夜泊り，銭百文」	村定，同上，第5巻（2），720頁
弘化3年（1846）12月	幕府領，七久保村（現飯島町七久保《ななくぼ》）	瞽女・座頭止宿飯代・合力銭を別々に取り扱い，別割りにする	村議定書，『飯島町誌』中巻，437頁

と秋の末であったらしく、下伊那郡清内路村にも瞽女は二、三人で梨野峠を越え、春と秋に来たと報告されている(85)。

村人あるいは村役人などは瞽女をどのように受け入れたのであろうか。元禄頃以降は、瞽女の訪問に種々の制限を設ける地域が相次いだ。十八世紀後半以降、信州各地を廻る松本、飯田、越後、美濃、甲斐などの瞽女の人数は急速に増加し、彼女たちの宿泊代、飯代、合力代などに関する様々な村極などが次々と制定された（表11・6参照）。

北の現坂城《さかき》町と上田市から、南の天龍村、下條村まで、瞽女の賄いは、しだいに個人として瞽女に面識のある村人が対応する方式から、村全体が責任をもつ方式へと移行し、関八州・甲斐国と同様、負担の合理化が図られていった。瞽女に施与された合力、賄い代、配当などの多くは、村入用帳に掲載されるようになっていった。しかしその場合でも、各組の名主・庄屋がそれぞれ必要に応じて入用の立て替えを行うことが多かった。つまり瞽女の受け入れには、名主、庄屋などが依然として重要な役割を果たしながら、しかし費用は村全体の負担となっていき、宿泊施設の提供の合理化が進められたのである。

信州の瞽女に対する村入用の捻出の早い例として、現山梨県境に近い梓山村（現川上村梓山）の記載がある。それによればすでに享保頃に「所々より参候」瞽女・座頭の宿泊が村費として処理されている（年間四〇〇文程度）[86]。北信地方の中之条村（現坂城町）でも享保十一年（一七二六）に「座頭・ごぜ」関連の入用が村費から捻出された記録が残る[87]。十八世紀後半以降、こうした入用帳の記載が急速に増え、北信地方の例は少ないものの、信州のほぼ全域にわたる。例えば、五郎兵衛新田村（現佐久市）には、宝暦八年（一七五八）から嘉永二年（一八四九）の村入用帳が残り、そこから瞽女・座頭の宿泊費は次第に二貫文から三貫文に上昇したこと、瞽女の訪問に備え、「薆盲寝床」用として「御莚四枚」が三二四文で購入されたことなどが明らかになる。瞽女は、村に泊まらずにただ通ったこともあり、その際には十六文が出されている[88]。上に述べた下海瀬の場合、文政五年（一八二二）に村を訪れた瞽女は、一人に対し村費より銭三十文が名主の与左衛門から提供された（与左衛門宅に泊まったかどうかは定かでない）。また文政八年（一八二五）、庄右衛門宅に泊まった瞽女には、一人あたり二十五文の木銭が支給され、くわえて扶持米として宿主から八十四文が与えられている。その後、「木銭」は文久頃まで約二十五文に据え置かれ、扶持米に宛がわれた金銭はインフレの進行を反映して、安政七年（一八六〇）の一人につき約六十七文、万延二年（一八六一）の七十八文、文久三年（一八六三）の八十九文へと上昇していった。

地元信州の瞽女をはじめ、越後、甲州、武州からの瞽女が信州各地を廻ることになると、村に多くの見知らぬ瞽女が突然現れ宿を求めることもあったであろう。同じ夜に不意に二、三組が来村し、名主・庄屋の宿泊能力を越えたこともあり、早くも享保十五年（一七三〇）の平出《ひらいで》村（現辰野町平出）からの「御停止御書付写」には「座頭・瞽女村廻り致候節、村により名主役ニ而賄候由相聞候、自今村賄いたし名主壱人之難義不及様ニいたすへき事」とあり、名主たちの苦しい立場が反映されている。(89) こうした事態に対応するために新しい対策を打ち出す地方も現れた。たとえば、諏訪郡富士見町乙事（高島領）に残された天明二年（一七八二）の「瞽女宿屋順帳」によれば、その時点までは来村する瞽女が名主宅に一泊（雨天の場合二泊）するのが規則であったが、同年八月二十八日の相談により、以降村全員で順に瞽女を自宅に止宿させることが決まった。原則として一軒につき瞽女二人という方式で、三人以上の瞽女が同時にやってくる場合は名主が適当な指示を出すこととなった。「瞽女宿屋順帳」には計三二四人の名前が列挙されており、「極々之者」のみは「用捨札」を張り免除となり、毎年役人がそれを調査した。(90) すぐ近くの瀬沢村（現富士見町）にも、寛政四年（一七九二）に輪番制が導入され、瞽女への弁当は宿泊先で用意し、昼飯は名主が提供することと決められた。(91) 天保十五年（一八四四）に作成された村定帳には、昼飯を出した名主には二十四文が割り当てられたとある。(92) また幕末と推定される瀬沢村の「村定書并日記帳」に、「瞽女宿割順」という項目が含まれ、輪番制度が長く維持されたことが推定できる。(93) 近隣する地域も同様で、例えば高遠領の宮田村、下山田村の天保六年（一八三五）十二月の「諸高掛定法書」には「瞽女・座頭・諸浪人体之者止宿、是迄之通家別廻り宿」とあり、やはり「廻り宿」制度が採用されていたことがわかる。(94)

かくして名主と村の有力者は、瞽女の止宿から発する経済的負担を村人全員に肩代わりさせようと努めた。この運動に抵抗があまり見られない理由のひとつは、瞽女・座頭に関わりを持つことが家柄の象徴でもあったからである。実際に、従来は瞽女・座頭の「出入不仕」はずの者が「出入」を希望した例もある。一例として、寛政三年（一七九一）三月、宮所村（現辰野町）の村人四人が、瞽女・座頭に「出入」がなければ「縁組等之差障りも相成」と嘆き、村役人に願書を提出している。文化十年（一八一三）四月、近くにあった樋口村（現辰野町樋口）の「家柄軽き者」も瞽女・座頭の「出入」を申請している。(95)

明治以降、信州の「廻り宿」制度は、次第に崩れていった。それでも多くの瞽女は村の有力者・旧家に泊まりつづけていた。戦前まで飯田瞽女は裕福な家へ来て泊まり、同じ家に数日間滞在するのが常であった。[96]戦後の聞き取り調査の報告によれば、追分や塩沢（現軽井沢町）では瞽女の宿泊先がほぼ定まっていたことがわかる。また大正頃〜昭和初期の事情を記録していると思われる佐久地方で行われた一九八〇年代の聞き取り調査からも、毎年泊まる家が定まっている地区の例が見て取れる。その例では、彼女たちは部屋だけを借り、煮炊きは自分たちでしたとある。越後瞽女と同様、彼女たちも昼間は各戸を廻り「口説」や端唄などを三味線にのせて聴かせ、夜は宿に集まった村人に種々の唄を披露したのである。[97]

五　飯田瞽女の唄

飯田瞽女長屋の最後の主であった伊藤フサエは幸いにもいくつかの唄を昭和三十三年（一九五八）と昭和四十九年（一九七四）に録音しており、そのテープは飯田市立中央図書館に所蔵されている。貴重な資料のため、以下では、伊藤フサエの演奏による「源氏節」（「石童丸」）、「名古屋甚句」や「口説」の「鈴木主水」の簡単な分析を行いたい。[98]

伊藤フサエの残した録音の内、最も長いものは「源氏節」の演奏であり、「石童丸」のほか、「小栗判官」、「厨子王丸」、「八百屋お七」、「白井権八」、「佐倉宗五郎」、「ほうどう丸」、「一の谷」、「阿古屋」、「阿漕ヶ浦」を師匠から習ったと語っており、越後瞽女唄の「祭文松坂」と重複するプロットが多い。[99]このジャンルのルーツは江戸出身で大坂に住み、名古屋にも出稽古をした新内語り岡本美根夫（寛政十二年〜明治十五年［一八〇〇〜八二］）が天保七年（一八三六）頃に語りだした「祭文江戸説教」にあるとされている。[100]それは、新内節に江戸の薩摩若太夫の説経祭文の節を加えたものであったという。後に略して「源氏節」と称されるようになったものが、美根夫没後、彼の名古屋の門弟美根尾太夫

（名古屋広小路の宿屋松忽の息子）が「平曲」に対しこれを「説教源氏節」と改めたものであるのか、あるいはもう一人の門弟岡本美佐松が明治初め頃に「説教源氏節」と称したものであるのかは定かではない。さらに同門の岡本美根津太夫（天保七年～明治三十一年［一八三六～九八］）は、大阪から名古屋へ移住して「説教源氏節」を広め、岐阜生まれの豊松藤助を呼び寄せ人形を回させ、「操り源氏節」を創始した。美根津太夫の妻美家吉は、多くの女弟子を育て、その結果人形の代りに女役者を用いる源氏節が芝居で演じられるようになり、これが明治二十年代には一世を風靡した。

このように女性が堂々と舞台に立つことが可能となった明治中期には、女浄瑠璃が流行をみたばかりでなく、源氏節も女性たちによって支えられた。しかし聴衆に大いに贔屓されたにもかかわらず、明治三十四年（一九〇一）頃には風俗取締が強化され、寄席において「妄ニ時事ヲ風刺シ、又ハ政談ニ紛ハシキモノ」、「猥褻ニ渉ルモノ」などの上演が禁止された。「風俗ヲ害スルノ虞アリト認ムルトキ」は警察に上演を中止する権限が与えられ、翌三十五年（一九〇二）九月六日に岡本美根吉一座の「大和田日記」と題する演目は「淫猥の演芸」と見なされ上演禁止となった。[101]日露戦争以降、源氏節は衰退の一途を辿り、都会から姿をほぼ消していった。

しかし地方の瞽女は源氏節を昭和初期まで歌い続けていたようである。美濃郡上八幡において瞽女は「時代歌」とされた源氏節の「小栗判官」、「俊徳丸」などを門付け唄として採用し、前述した通り現松本市域には源氏節が祭りの余興として演じられ、飯田瞽女も源氏節を披露した。[102]瞽女たちは、おそらく地方興行が盛んな明治二十年代に源氏節に接したと考えられ、伊藤フサエによると、飯田瞽女は名古屋から来た岡本美佐太夫のところに習いに行ったという。[103]飯田で発行された『伊那公報』に、明治二十六年（一八九三）頃、当地でも源氏節が流行し、同年八月二十五日末広亭で上演され、大入り満員のため高座が落ちて負傷者が出るほどであったとある。同年九月と十月には同所で源氏節が再度演奏された（十月の演奏者は岡本美佐松であった）。[104]飯田瞽女はこうした興行団の巡業先で女性団員から指南を受けたと想像される。近世に連綿と伝承しつづけられてきた瞽女唄が次第に「古い」と見なされてきた明治中期には、瞽女はより人気の高い新しいジャンルを積極的にレパートリーに取り入れ、聴衆の絶えず変動する嗜好に応えようとしていたのである。

はやり出した当時の源氏節の具体的な様子を窺い知ることは困難である。明治二十七年（一八九四）八月十八日の『東京朝日新聞』によれば、源氏節の元祖と名乗る名古屋の一座を率いる岡本美狭松《みさまつ》（美佐松か）の源氏節は「浪花節を湯煮にして薩摩琵琶の露を食ふやうな調子」であり、「上品な唄浄瑠璃ではないが、音調に妙な曲節ありて耳新しいだけ、見物大喝采なり」と評価している。[105] その後、中信地方の聞き取り調査によれば、「義太夫が源氏節調で語り演じた」、「先代萩」や「忠臣蔵」を女芝居で演じ、「壮士芝居と同様に気質濡をつけて、見台の前で娘が語った」、「源氏節の芝居風の技で木更津音頭をやった」という。[106] 名古屋での源氏節演奏には義太夫三味線とそのバチが用いられたのに対し、飯田瞽女はいつもの中棹を使用した。[107] 源氏節一曲（「佐倉宗五郎」、「岡本政談」、「石童丸」など）の演奏が終わった後は、かならず「名古屋甚句」を聞かせるのが決まりとなっていた。伊藤フサエが昭和三十三年（一九五八）に録音した源氏節（「石童丸」）を譜例11・1に採譜しておこう。

譜例11・1　源氏節（「石童丸」）

録音：昭和三十三年（一九五八）、水野都沚生による
唄・三味線：伊藤フサエ
音源：飯田市立中央図書館蔵の録音テープ
音階：本文参照
歌詞：

西も東もエイ、オ千二百までとうかとす［る?］、松浦公の旗頭ハ、鎌足公のはずよにて、加藤左衛《せい》門繁《しげ》氏のハ、忘れがたみの石童丸、生まれのせきに出《いで》られしハ、父を訪ねてはるばると、筑紫の果てから紀伊の国の、高野を指して［て］はるばると、母は虚無僧《こもそ》に預けて、石童丸はただ一人、鳥のざんりゅの山道［?］ゆらりゆらり

［?］と、訪ねませどなかなかに、彼方《あなた》のお寺をさし除き、ふたこなさいわいさし除き、小さな声をハエへエへ
張り上げて、いまと［?］（以下録音無し）

この源氏節は二上りの曲であり、基本的旋律の音階は「都節」、「民謡」、「律」の諸テトラコルドから複雑にかつ柔軟に構成されている。曲の冒頭の部分（a〜b）の音域のやや低い場合には、唄は「都節テトラコルド」（D′–E♭′–G）から成り、三味線伴奏にも「都節テトラコルド」（G–A♭–C′）が顕著である。テンポの影響もあり、曲はbまでは民謡の雰囲気に乏しく、新内、端唄など都会で流行したジャンルに共通する点が多い。三味線伴奏の最初の一段目に弾かれる二つの隣接音の反復は新内節の名曲である「蘭蝶」の三味線前奏に類似しており、二世若松若太夫が復活した「説経」にもあり、これは偶然ではなかろう。

b〜b″には唄の旋律はC′–D′; E′–G′–A′; A′–C″–D″; E″–G″–A‴ 三味線の旋律はG; A–C′–D′; E′–G′–A′ ; A′–C″–D″; E″–G″となり、もっぱら「民謡テトラコルド」に転じている。そしてc以降にはFとEのピッチが交錯しており、音階の構造が曖昧となり、しかし三味線伴奏には最後までD′–F′–G′というテトラコルドが聞こえる。cでは伴奏が躍動感に満ちており、テンポも早くなり、aとbとは大きく異なっている。音階、テンポ、リズムなどのいずれを見ても、伊藤フサエの歌う源氏節の旋律はいくつかの異質の素材が混ざり合っていることが窺える。より格調の高い浄瑠璃とより分かりやすい民謡の要素を融合させることにより、明治文化にふさわしい様式が形成されたといえよう。

次に曲全体の音楽的構造を見てみよう。三味線前奏の後、曲は導入部aから始まり、b〜b″の部分からなる長い前半が続く。引き続き移動部cの後、やや拍感の強いdとそのヴァリアンテが繰り広げられる。最後に新しい存在からなっているe（移動部か）と思われるフレーズが続くが、録音はそこで途切れており、それ以上の断言は避けたい。しかし、a〜b′の各部分が高いピッチで歌われる「ハ」で終了するのと同様、d″も同様であるので、やはりeからは曲の新展開が始まる可能性が高い。b b′ b″にはそれぞれ強い共通性が認められ、d d′ d″の曲線も互いに似ており、曲は部

分的にある程度有節的な性格を持っているといえよう。全体構造と様式から、伊藤フサエの歌う源氏節には通作的な浄瑠璃と有節的な近世歌謡・民謡などの要素の両方が取り入れられ、折衷的な性格を持っていると分析できよう。

前述した通り、源氏節が流行した当時、演奏の終了後には「名古屋甚句」が歌われた。この唄の元は名古屋地方に歌われる酒盛り唄であり、明治十年代に名古屋から出た「源氏節芝居」の幕間に演じ広められたものだという。昭和四十九年（一九七四）、伊藤フサエが源氏節を収録した十六年後、彼女は「名古屋甚句」も録音している。残念ながら八十三歳と高齢のためか、旋律のピッチが非常に不安定であり、また数カ所で歌詞を失念しているので、正確に採譜することはむずかしい。しかし飯田瞽女の歌っていた「名古屋甚句」の唯一の例として、また歴史資料としての価値が認められるので、あえて譜例11・2において採譜してみた（失念による反復などの箇所は［　］で括った）。

譜例11・2　**「名古屋甚句」**

録音：昭和四十九年（一九七四）、水野都沚生による

唄：伊藤フサエ

音源：飯田市立中央図書館蔵の録音テープ

音階：D′；E′–F♯′/G′–A′；A′–B′–D″；E″–F♯″/G″

歌詞：

（口三味線）ちゃんちゃんちゃんちちちんつるてんちとつてんてんと

（唄）エー今度このたびめ［でた?］について［て］よ

（口三味線）ちゃちゃんちゃんちゃちちちんつてんつとんつてんてん

（唄）エー［えーと、簞笥えー］簞笥長持ちはさみ箱

これほどまでにするからは

かならず戻ってこぬがよい
そこで娘のいうことにゃ、
西が曇れば風となる
東が曇れば［ああ間違っている、こまった、西が曇れば風となる、東が曇れば］風となる
千石積んだ［風で］船でさえ
風波悪けりゃ出て戻る
おっかさん私もその通り
縁が無ければホホ、エー出て戻るよ

譜例11・2の演奏は無伴奏となっているので、彼女が普段三味線で弾いていた旋律を口三味線として歌っていると思われる。曲全体は三味線前奏の後、短い「歌い出し」の部分があり、三味線間奏に続き長い旋律が歌われている。この部分は恐らく反復されたと考えられるが（つまり有節的な唄である）、反復の録音が無いので不明である。

楽譜の最初の二段には不鮮明なピッチが多く、音階の分析は極めて困難である。二つの律テトラコルドから構成されているようであり、いずれにせよ音階の構造は源氏節とは全く異なっている。また楽譜の三段目からは歌詞の各音節には一つのピッチが与えられているので、これも民謡的節付けであるといえよう。

最後に、伊藤フサエが残した「口説」の録音を譜例11・3に採譜しておく。

譜例11・3　「口説」（「鈴木主水」）
録音：昭和三十三年（一九五八）、水野都沚生による
唄・三味線：伊藤フサエ
音源：飯田市立中央図書館蔵の録音テープ

音階：（唄）D′–F′–G′；A′–C″–D″；D″–F″–G″
　　（三味線）G–C′–D′；D′–F′–G′；A′–C″–D″；D″–E″/F″–G″；G″–A″

歌詞：
花のサエお江戸の山の手辺、ところは青山百人町《まち》の、鈴木主水《もんど》という侍が、女房持ちにて子供［が］二人、二人子供のあるその中に、今日も明日《あす》もと女郎買いばかり、見るに見かねて女房のおやす、ある日我が夫《つま》主水に向かい、こりゃまあ我が夫《つま》主水さんよ、わしは女房でやくのでないが、人に意見もいう年《とし》頃で、止めてくだんせ女郎買いばかり、どうせ切れない六段目には、連れて逃げるか心中するか、ふたつ［？］（以下録音無し）

すでに第8章に述べた通り、幕末・明治の越後瞽女の定番であった「口説」は江戸と関東近辺で絶大な人気を誇り、上州稼ぎに赴く瞽女は必ず歌っていたという。江戸東京では無数の「口説」の歌詞本が上梓され広く普及し、明治からは金沢をはじめ、愛知、大阪、埼玉、静岡、茨城、千葉、長野などでも大量の安価な歌詞本が出された。[108]清内路《せいないじ》村の老婆の記憶によれば、飯田瞽女が「口説」を歌ったといい、「〈馬次お春〉の悲恋の数え歌」も「口説」であった可能性が高い。また同じ村に和讃の「越後くどき」などが伝承され、それも瞽女による伝承であったのかもしれない。[109]いずれにせよ、伊藤フサエの歌う「鈴木主水」は「口説」の最も有名なもので、関東甲信越の瞽女が幕末から歌い続けていた。そして明治中期以降には流行歌というよりはむしろ「瞽女唄」と認識され、長編の歌詞を正確に再現させることは素人にとって困難であったので、瞽女の芸の「差異化」に一定の役割を果たしていた。

曲の全体構造は三味線前奏に続き導入部となるやや長い旋律が歌われ、その後[a]と[b]の二フレーズから構成されている曲の心臓部ともいえる部分が繰り広げられ、録音はそこで途切れているので、以下は想像になるが、演奏の最後には終結部となるフレーズが歌われたのであろう。七七調の長編の歌詞をもつ「口説」は[a]と[b]からなる各節の間に短い間奏が挿入されており、三味線伴奏は唄の曲線をなぞっている。唄の音階はもっぱら民謡テトラコルドが使われ、中間音のFが不安定であり、場合によってはEに近い。また三味線伴奏におけるG′-F′-D′の下行パターンにおいて、F′が規則的にE′となっていることもある。

伊藤フサエの歌う「口説」の全体構造は越後瞽女の歌う「口説」とはほぼ一致している（譜例14・35から14・39参照）。旋律の曲線には越後瞽女の「口説」とは異なる箇所もあるが、飯田瞽女が「口説」を直接的か間接的にか越後瞽女から習った可能性は否定できない。しかし、そもそも「口説」の旋律は、越後の「新保広大寺」という唄から派生し、江戸後期以降には多種の芸人により極めて広い地理的範囲にわたり伝播されたので、飯田瞽女への伝承経路を正確に特定することは困難である。

むすび

以上見てきたように、信州瞽女の仲間組織、活躍、芸能、受け入れ態勢などは多様であり、時代とともに大きく変化した。北信地方には失明した娘を瞽女というよりは神子にする習慣が近世後期まで続いており、江戸中期あるいはそれ以前から、松代城下には八橋流の箏曲が伝わり、松代の当道が上流階級にそれを伝承したものと思われる。裕福な家庭に生まれた女性視障者も当道に「瞽女」として編入され、箏曲と三味線を学んだようである。この座は保守的性格が強く、「職下り」とされた者の入座を断り、こうした行動により自らの地位を強化しようとした傾向が見られる。当道組織のこのような態度は後ろ向きであり、近世後期の庶民は、むしろ「瞽女」の唄・三味線の演奏と教授を一種の「商売」と見なし、当道と瞽女仲間の排他的な態度に抗議したといえよう。藩の行政も他領の例に見習い、飴屋のような零細商人に対する差別の緩和を求め、弟子から多額の「祝儀」と法外な稽古料などを要求する慣行の中止も勧告した。瞽女仲間とそれを擁立する当道組織の古い慣習の改革により、視障者の「商売」を可能とする教育機関への変身が促されたとも解釈できよう。

近世中期からは、信州各地の瞽女に対する受け入れ側の変革も緒についたことが窺われる。自国・他国を問わず、多くの瞽女は信州を巡業し住民に唄と三味線を披露したが、人数が増加するにしたがい、瞽女の賄い代と合力は村の名主などのみでなく、村全員で負担するようになっていった。個人の瞽女と個人の名主との間の伝統的な関係というよりは、「唄」というしだいに商品化された芸能とそれに対する代金（賄い代、合力など）との間の調整が村レベルで行われるようになっていったといえよう。その対応策は一様ではなかったが、唄の「代金」を村費として処理する場合、宿泊先を輪番制度にする場合などが認められる。

飯田以外の信州の瞽女唄の詳細は不明である。明治以降も、飯田瞽女は越後瞽女も伝承した「口説」を歌い続けてはいたが、彼女たちは東京ではそれがすでに流行のピークの過ぎ去った時代遅れの唄であったことを察知したものと思われる。そこで飯田瞽女は、江戸中期と推定される「祭文松坂」の歌詞あるいはその粗筋（越後瞽女から習ったか）を当時流行していた「源氏節」の旋律に載せ、商品価値のより高い新と古とが重層的に混在するジャンルの開発に挑んだのであった。

第12章　越後の瞽女

はじめに

元和年間（一六一五〜二四）に成立したと推定されている『曾呂利物語』には以下のような逸話が見られる。すなわち、京より北陸道をさして来る商人がある宿に泊まり、夜になってそこで「如何なる者とは知らず、如何にも気高き音声にて小唄を唄ひ」けるのを聞き、「かかる田舎にては不思議のものかなと、いとどねさめ」、歌い手と堅い契りを結んでしまうというのである。そして次の朝、当の歌姫が実は「其姿浅ましく眉目《みめ》の悪しき瞽女」とわかり、唖然とするというのがこの話の落ちである。[1] そもそもフィクションの世界ではあるが、近世初期以降、北陸の瞽女の唄がいかに強く民衆を魅了する力をもっていたかをここから窺うことができよう。

宝暦四年（一七五四）の記録に「別而北国辺者盲人多、就中越後ニ数多御座候」という一節が見られるが、越後の視障者人口の多さは近世の人々にとっても驚くべき事実であったものと思われる。[2] 視障者人口の約半数を占めた女性たちは近世前期以降様々な仲間組織を創立・維持し、糸魚川、高田、中頸城の北部浜地帯や東頸城の山地帯、長岡、刈羽郡（柏崎）、三条、新飯田、新津などでは戦前まで瞽女仲間の存在が確認できる。その詳細はかねてから市川信次、斎藤真一、佐久間惇一、鈴木昭英などにより学界に紹介されてきた。瞽女は農村、山村、漁村、あるいは城下町と地方都市などの別なく活躍し、昭和三十年頃までは電灯が点かなかった山奥の集落でも、帰途は馬で荷を運んでもらうという便宜を受けるほど歓迎された。(3) こうした越後特有の「後進性」ゆえに、かえってこの地には瞽女唄の比較的豊富な録音資料が残される結果となった。これらは疑いなく将来の瞽女研究に欠かせない素材となろう。

これまで越後瞽女の活躍や仲間組織の研究の多くは、主に民俗学の観点からなされ、その主たる研究テーマは、近現代の事情の解明に集中している。以下においては、とりわけこれまで等閑視されてきた近世における越後瞽女の仲間組織と稼業に焦点を合わせながらその多様な活動に注目したい。

一　越後各地の瞽女仲間

本書第6章に紹介した鈴木昭英の提案による居住地を基準とした瞽女の分類方法にしたがえば、越後の高田組と糸魚川組は「都市（集住）型集団」となり、長岡組、刈羽組、三条組などは「村里（在住）型集団」となろう。(4) 各組では師匠格の瞽女が配下の瞽女の取締に当たり、地域・時代によって複数の師匠を総括する瞽女頭も立てられ、本格的な瞽女仲間が成立した。組内・仲間内には年功序列に基づく強い上下関係が認められ、それが日常生活の隅々まで徹底され、瞽女同士の人間関係まで規定していた。「忠」、「孝」、「恩」などを基調とする近世的儒教・仏教思想に由来する価値観が二十世紀まで脈々と継承され、師弟を結ぶ堅い絆となり、同友意識を高める効果も発揮した。各組の連帯感を育むには殊に仏教が重要な役割を果したといえよう。越後瞽女のほとんどの組・仲間には妙音弁財天が守護神として祀られ、その化身を表す掛け軸が居宅に安置され、毎年各地で催された妙音講には組ごとに瞽女全員が参集し、仲間の「縁起」と「式目」が朗読された。「式目」の諸条目は瞽女個人の行動の基準とされ、「縁起」は瞽女に認められた特権の重要な根拠のひとつであった。

以下において近世文書に確認できる越後各地の瞽女仲間を簡潔に検討したい。鈴木昭英が調査した三条、新津などの瞽女仲間に関する近代以前の史料は管見に入っていないが、にもかかわらず仲間が近代以前から存在していたことはいうまでもない。

図 12.1　現新発田市付近の瞽女（十返舎一九『金草鞋』第 8 巻，「山内・米倉」，文化 10 年〜天保 5 年［1813–34］刊）

(1)　下越の瞽女

元禄三年（一六九〇）二月、村松藩の「郷村法度」に「盲目」には一晩の宿を貸しても構わないとある。[5] こうした条目の必要性を考えるならば、十七世紀以降には瞽女・座頭がこの地方を廻在したであろうと推測される。新発田でも宝永四年（一七〇七）五月二十九日に「武士医者出家沙門《（マヽ）》女座頭」が通行手形を「御老中様御月番」から求めるべきであると命ぜられている。ここにいう「女座頭」は「瞽女・座頭」の記し違いであると思われる。[6] とすれば、この地方でも近世前期から瞽女が活躍したことが推察できよう。離島の粟島出身の瞽女・座頭は「本国」に渡り、唄・三味線を習い覚え、「島にかへりてハ家業を務めかぬる故、本国に稼きて居る」と『粟島図説』が伝えている。[7]

村明細帳などからも瞽女の存在は確認できるものの、仲間組織の有無については不明である。東北地方と同様、芸能市場の発達が遅れていた下越地方で生活した失明した女性は瞽女というよりは巫女となった可能性が高い。

佐久間惇一や鈴木昭英の行った聞き取り調査によれば、新発田とその周辺地域にはいくつかの組に分かれた瞽女組織が成立し[8]、現白根市の近くでは、幕末から大正にかけて六系に分かれた総勢三十九人ほどの瞽女が「新飯田組」を結成し、新津を中心に活躍した瞽女の師匠の系譜も確認できる[9]。さらに南蒲原郡から三条市・加茂市の農村出身の瞽女を中心に結成されていた三条組もあり、明治頃には四種の師匠系譜がそこに確認できるが、仲間は大正以降にはほぼ絶滅してしまった。しかし、大正期まで「三条組」に属する瞽女たちは、夏には主に米沢など山形県を中心に巡業し、冬は群馬、栃木、宮城などにまで足を伸ばしていたという[10]。

(2) 長岡瞽女

長岡町、上組、北組、西組ではそれぞれ当道の地方仲間組織（座）が結成され、瞽女仲間も古くから成立していた。長岡瞽女山本家菩提寺唯敬寺の墓石に、天和元年（一六八一）九月十一日として「大工町、山本五位」の名が見られる。初代長岡瞽女の座元の没年命日を示しているのであろう[11]。元禄四年（一六九一）頃、長岡には「町屋」として五軒の「瞽女屋敷」が数えられた。また享保十四年（一七二九）五月の長岡の地図には町外れに茅葺きの「古せ屋敷」が描かれている。これはおそらく頭分の屋敷であったであろう[12]。

近世の長岡町の瞽女人口に関しては、元禄七年（一六九四）六月に瞽女一人、元禄十三年（一七〇〇）にはたった三人の長岡瞽女しか記録されておらず、上のような「瞽女屋敷」などの存在を考え合わせるならば、その数字の正確さは疑わしい。いずれにせよ、時代と共に瞽女の人数は次第に増加し、弘化三年（一八四六）そして嘉永元年（一八四八）二月二十九日の現長岡市の南部にあった上組だけでも六人の瞽女が数えられている[13]。弘化三年（一八四六）四月、長岡の上組の座頭が割元に提出した願書には「瞽女三拾壱人」と記され、安政五年（一八五八）二月十九日には西組に二十三人の瞽女が確認できる[14]。近世の長岡系の瞽女の多くは在方に住んでいたと思われるが、維新以後にも広く分住していた長岡系の瞽女人口はさらに増し、明治二十年代には推定四〇〇人が活動し、その内おおよそ五十人は親方の身分であった。[15]しかし、二十世紀に入るとその人数は次第に減少し、戦後には激減した。

伝えによれば長岡の瞽女頭山本ゴイの元祖は長岡城主牧野氏に縁故があり、享保十年（一七二五）より古志・三島・刈羽・魚沼・頸城五郡内の牧野家本領や預かり所の村々の瞽女頭として勤めていたという。[16]山本ゴイがこの広範な地域を実際に統括していたことを示す史料は多くないが、おそらく彼女は十七世紀には藩から何らかの特権を与えられ、「家元制度」にも似通った瞽女仲間組織を結成したのであろう。

上記した弘化三年（一八四六）四月に出された願書からは、長岡の瞽女を含む当道組織が吉凶の配当を受け取ったことが明らかである。配当は毎年座頭たちが催した妙音講の際、座員に分配されたが、瞽女の分がいつどのような機会に配られたのかは不明である。すでに天明七年（一七八七）の倹約令に「町老は銭壱貫文位、町代并重立候者銭七百文位」という銭高が設定され、「軽き者」は身分相応の配当を出すように命ぜられている。[17]文化十二年（一八一五）には、直接の受け取りが禁ぜられ、町役人らが適切とされた額の配当を座頭たちに送り届けるようにと命ぜられた。[18]しかし、江戸後期には晴眼者が配当金の提供をしぶり、瞽女・座頭が難渋し、長岡の当道組織が慣習の厳守を求めて役人に歎願している。[19]

(3) 刈羽瞽女

刈羽瞽女の動向を示す近世史料は甚だ少なく、元禄八年（一六九五）には瞽女一人が柏崎に住んでおり、天保九年（一八三八）には二人が確認できる程度である。[20]刈羽瞽女の大半は柏崎の町方というよりは在方に住んでいたようである。近年の聞き取り調査によって、幕末から明治にかけて彼女たちは八組に分かれ、総勢八十人に近い人数が活動していたことが明らかになった。[21]やはり長岡瞽女と同様、刈羽瞽女の人数も時代とともに増えていったと推定される。

(4) 柿崎の瞽女

天保七年（一八三六）五月に発生した二人の瞽女の溺死事件を書き留めた文書から、柏崎と高田の間に位置する柿崎にもひとつの瞽女組が存在したことが推察できる。組の親方は柿崎諏訪新田の「たか」（当時五十二歳）、弟子には溺死した柿崎村九兵衛の娘「こと」（十八歳）、水野村甚左ェ門の娘「ちう」（十七歳）の他、「せん」（四十四歳）、「たみ」（三十二歳）、「つま」（十八歳）もいた。同年四月二十三日、以上の者を含む十人の瞽女がまず「こと」の実家であった柿崎村九兵衛宅に集まり、二十六日には水野村の「ちう」が一団に加わり、都合十一人の瞽女がその翌日より在方・町方共における「勧進」活動のため柿崎をあとにした。五月四日には今町（直江津、現上越市）に着き、当所に住んでいた座頭の与利都（五十七歳）宅に泊まっていた。与利都宅は間口二間、奥行七間の家で女房の屋乃（五十二歳）と息子の幸助（二十九歳）が同居し、与利都は「治療」（按摩か鍼治か）を生業にしていた。彼は例年「五七日」間ほど柿崎の瞽女たちに自宅を提供した。

今町の近くの新川端町には船乗りの善吉が住んでいた。瞽女唄を聞くことを希望した「近所守子供拾人余」が五月九日善吉宅に集まり、ここに柿崎の瞽女の「こと」と「ちう」が招かれ「四つ前」（夜十時頃）まで演奏を行った。聴衆は「五十文を払うからもう少し歌ってくれ」などと頼んだが、明日の勤めがあるのでと断り、「座敷代」三〇〇文をもらい帰路に向かった。雨天で三味線が濡れると困るので、三味線は翌日まで預かってもらった。二人の瞽女を与利都宅まで見送ると「守子供」が申し出たが、瞽女は年々来ているのでよく馴れた道であると謝絶した。二人はこれを最後に、与利都宅には戻らなかった。心配した与利都は善吉宅に様子を窺いに行ったが、失踪した二人は見つからなかった。ところが、夜明けとともに海で溺死した二人が発見された。死体には外傷もなく、金銭も盗まれていなかったので「何欺取のぼせ自身海中へ飛入自滅仕候」と判断された。

柿崎の瞽女は、この事件の後史料に現れていないが、杉本キクエによれば、浜組といってね、柿崎の在の方から出た人に、ほんの柿崎の海岸続きの土底《どそこ》とかね、それから、どごだったいなあー、柿崎の在に入った六万部《ろくまんぶ》とか、そんな人はみんな浜組ってそう言っていました。やっぱり、組作ってあるんでしょう。私らといっしょになって歩いたことはねえ。浜組は浜組、山の人は山の人だけで寄って。(22)

柿崎の瞽女は、やはりこの「浜組」に所属したものであろう。(23)

(5) 高田瞽女

「座元制度型」の組織を結成した高田瞽女に関する歴史は少なくとも近世前期に遡る。斎藤真一によれば、寛永元年(一六二四)、高田領内には二十三人の瞽女がいた。(24)この数字は、瞽女研究にしばしば引用されているが、出典は明記されていない。しかし、それはおそらく延宝九年(一六八一)の筆録に見られる高田周辺地域(頸城・苅羽・魚沼・三島)にいた瞽女の数であろう。高田瞽女の人口は、延宝九年(一六八一)には城下を除く領内に二十三人(または二十六人)、正徳期(一七一一〜一六)の城下には十二人程度であった。(25)人口二万人を超える町としてはそれほど大きな瞽女人口ではない。領内(在方)に城下の倍の瞽女人口があったことから推しても、高田の瞽女の弟子入りに際しては原則として町に転居するという習慣は、この時代にはいまだ成立していなかったと考えられる。十八世紀後半からは、瞽女の人数が次第に増加傾向をみせ、寛保二年(一七四二)にはまだ「名替瞽女拾六人、小瞽女四人」しかいなかったが、十九世紀になると城下の瞽女仲間は五十数人の成員を誇るまでになった。(26)その数は、明治三十四年(一九〇一)の八十九人をピークに、やがて激減してゆき、戦後にはわずか三人となってしまった。(27)高田瞽女の旦那寺は天林寺(曹洞宗、「瞽女寺」とも呼ばれた)であり、そこで毎年妙音講が行われ、昭和初期にも毎年五月十三日に催されていたという。天林寺には、妙音講の際に使用された野尻琵琶島の弁才天(長野県野尻湖弁天島にある宇賀神社の弁才天)の掛軸が現在でも大切に保管されている。しかし妙音講は絶えて、催されていない。(28)

高田瞽女の初見は市川信次の論文に紹介されている元和九年（一六二三）の「高田瞽女仲間に関する古文書」にあるとされてきた。しかし、その出典は所在不明であり、焼失したようである。市川論文では、「川口御坊様」と称する者が「仲ヶ間之御仕置被成候」とあるだけで、「川口御坊様」と「仲間」の詳細を、この記録から読み取ることはできない。[29] これに関連して、幕末信州松代の瞽女関係文書中、高田城下の役人が当地におけるしきたりに触れ、次のように説明している。[30]

座頭共官位披露之節は往古松平越後守様当所御領国之節御家中内ニ川口検校と申物有之、其節より之取極仕来ニ而、同官は勿論無官之者共迄一統相招、本膳ニ而引もの等差出し、酒并肴五種も指出シ披露仕来候得共、当時御趣意被仰出御節倹之御触渡も御座候ニ付、酒并麁肴之重詰三重ニ而披露いたし候趣、師匠も其席江相招候間別段師匠元江金子等差出不申候旨□（ニカ）御座候

当時十歳の少年であった松平越後守光長は、寛永元年（一六二四）、越前北の庄から高田に移封しており、その「家中」に「川口検校」が含まれていたことを、この文書は明らかにしている。当道座員を「御坊」と呼ぶ例は他にもあるので、ここにいう「川口検校」は、市川信次が引用している文書の「川口御坊様」と同人物であったとみてよかろう。[31] 江戸初期から中期にかけて多くの検校にまつわる情報を記載している『三代関』によれば、寛永元年（一六二四）十二月十三日、「河口城ゐひ」が検校に昇進したという。[32] 光長が高田に入封するのと軌を一にして、河口が検校に任官し、越後の座頭の支配者となったのであろう。そして倹約令が出された後に、官披露のしきたりが改革されたと思われる。したがって「川口御坊」が支配した「仲ヶ間」は高田の瞽女仲間というより、むしろ高田の当道組織であったと考えるのが妥当であろう。当時すでに高田の瞽女仲間が存在したとすれば、彼女たちも実質的にその支配下におさめられたのかもしれない。ただし、この時代の高田に瞽女仲間が存在したとの確証はない。以上見た通り、一世紀近く経つ正徳頃になっても城下には十二人の瞽女しか住んでおらず、寛永頃に瞽女がいたとしてもその数はごく少数であったはずであ

る。

以上に言及した寛保二年（一七四二）の記録では、「名替瞽女」と「小瞽女」とが区別されており、近世前期には経験年数を規準とする組織が高田に成立したことを窺わせる。当時高田の当道組織全体（瞽女を含む）の内二人が「座元」を勤めたようである。弘化四年（一八四七）十月の時点では、高田上職人町に住む座頭座仮役の満ツ都が「瞽女ハ検校之支配ニ付、座元ニ而差配仕来候間、瞽女共之内頭壱人立置諸事申渡仕候」と説明しているように、瞽女仲間は名目上は高田の当道組織の配下に置かれていた(33)。満ツ都によれば、名替瞽女を「壱人瞽女頭と相唱、取締ニ立置申候」と言い、それは「前々より座元限り之仕来ニ有之候由」であった(34)。瞽女頭の下には名替瞽女がおり、さらに下には弟子分の小瞽女がいたと考えられる。紛争の処理には、男性組織が重大な権限を有していたと思われ、満ツ都が報告しているように「瞽女共出入等御座候節ハ瞽女ハ頭江申出、相済不申節ハ座元へ申出、座元手分ニ不及申節并座頭仲間出入も同様ニ付、御上様江御伺申上御指図奉請取斗申候」であった(35)。

高田藩が行った最も直接的な視障者支援は配当金の支給であった。城下には「御上様より御定式之御配当被下置分ハ御町中座頭共并瞽女共ハ不及申、其節在方より御町方江出掛り候座頭・瞽女共江も割渡申候」という措置が講じられた(36)。宝暦十一年（一七六一）八月一日、天明元年（一七八一）二月十一日、三十日のそれぞれの記録から、高田藩が吉凶の際「座頭・盲女」に配当金を実際に給付したことがわかる(37)。高田の当道組織は「前々より」年に金七両を受領したようであり、天明元年（一七八一）、それは五両二分にまで減額された。それを伝える文書に「惣代座元」として「瞽女済弥一、瞽女――（ママ）」の記載が見られ、「惣代座元」を持つ瞽女組織が機能していたことが推測される(38)。「瞽女済弥一」は座頭名（市名）であり、明治二年（一八六九）以降高田瞽女宛の埼玉県の書簡にも「高田町五之辻、盲女豊重」とあり、これも男性名であろう(39)。だとすると瞽女宛の公式文書などは、座頭経由で高田城下の瞽女に届けられたかもしれない。つまり高田の瞽女仲間の背後には座頭座が潜んでいたこととなろう。しかし十九世紀には高田の当道組織が吉凶の際などに在方・町方から受け取った施物あるいは為政者が定期的に支給した配当金も瞽女には分配されておらず、そこ

表 12. 1　岩村田村（現長野県佐久市）に泊まった瞽女（万延元年［1860］）

月　日	出身地（越後国）	組　名	人　名	人数
4月11日	高田	須賀町組	繁ふじ他	5
5月13日	〃	中屋敷組	おきよ他	5
5月19日	高田五の辻		おきふじ他	5
5月22日	荒井	弥井政組		3
5月23日	高田五の辻	よし政組		4
6月 4日	長岡	お五位組		2
6月17日	高田五の辻	竹政組		7
7月 5日	高田庄			4
7月11日	荒井	国政組		4
7月18日	〃	才政組		4
7月20日	高田			4
7月21日	荒井	ひなよし組		2

出典)「定夫後セ宿扣帳」依田忠司蔵,『佐久市志』歴史編 (3), 486 頁。

からは、高田の座頭座の瞽女に対する直接的経済的支配力は限定的であったとも推測できよう。(40)

近世後期の高田の瞽女仲間はいくつかの「組」に分かれ、文化十一年（一八一四）の願書には高田城下十の町名が記載されており、二十ほどの家があった。内、本杉鍛冶町には最も多くの瞽女（十六人）が、上紺屋町には十一人、刃物町には八人ほどが居住していた。以後、瞽女の人数は、ほぼ同じ水準で推移し、杉本キクエが明治三十七年（一九〇四）、杉本家に入家した時には十七家であったという。信州の岩村田《いわむらだ》村（現長野県佐久市岩村田）からの文書には、万延元年（一八六〇）、「夏廻り」に訪れた高田瞽女の組名がいくつか記されている。組名には親方の住んでいた町、あるいは「政」でおわる名前が用いられたようである（表12・1）。

これによって、四～七月には三十四人の高田瞽女が来村し、場合によっては七人という大きな集団で巡業したことが知られる。また高田のすぐ南に位置する現新井市に拠点を置いていたと推定される荒井の瞽女も、少なくとも四組に分かれていたようである。

長岡の瞽女は師匠が同行しない場合でも師匠に収入の三分の一を納めたが、高田の瞽女は得た収入をすべて組内で年齢や経験年数に別なく平等に分配していたという。(41) これは自己申告制に基づく制度であったので、ごまかしも行われやすかったが、まがりなりにもこの習慣が存続していた間は、組に属した家々の相互扶助が促進され、組の結束を強める効果もあったと思われる。

(6) 糸魚川瞽女

天保七年（一八三六）の願書によれば、糸魚川には当時十四～十五人が「新屋町瞽女中間屋敷三ヶ所」に住んでいた。座元が立てられ、各家は次世代に相続された。(42) 糸魚川瞽女の巡業地は高田瞽女のそれと重なる場合があった。文政頃に高田瞽女が糸魚川の瞽女の旦那場であった西頸城地方に入り込み、後者はそれを不服とし「私共甚以難渋至極歎敷義ニ存候」と役人に訴え、新たな取締を嘆願している。(43) 糸魚川瞽女の師弟関係などの詳細は鈴木昭英の調査報告に委ねるが、近代には、目黒姓を名乗る瞽女の家が二軒あり、総勢七人のみが確認されている。(44)

二　瞽女仲間の様々な役割と限界

中世・江戸初期に「親かかり」となり、あるいは寺社に隷属するほかなかった「盲女」たちにとって、仲間の成立は社会参加に向けての大きな第一歩を意味した。失明した少女は、瞽女組織を通じて仲間のしきたり、巡業の順路、瞽女宿の所在地、仲間が伝承した芸能など様々な知識を習い覚え、プロの芸人としての条件を習い覚えていった。彼女らは、組織の存在をまってはじめて、やがて親方となり、多数の弟子を育て、ある程度の老後の保証を得ることも可能となった。吉凶の配当に依存した他国の瞽女と比較して、あるいは個人として江戸などの芸能市場に参入した瞽女と較べても、強い仲間組織を保有する越後瞽女は比較的安定的な生活基盤を確保することに成功したといえよう。

一方、仲間組織は、封建社会の支配の一端を担う道具でもあり、障害者の「正しい差別」に基づく封建的社会秩序の再生産にも貢献した。その点、大局的にみれば仲間組織は必ずしも女性視障者の相互扶助という目的につねに合致していたわけではない。幼女が家族から引き離され、不承々々年功序列の組織に放り込まれ、仲間内の虐めや嫌がらせが原因で修行を止め、自殺に追い込まれた例もあった。修行の試練を通過した者は、自尊心を高めたとはいえようが、その過程で必要とされた精神的犠牲も決して小さくはなかったであろう。

瞽女の結婚が厳禁されていたことも、個人のニーズよりは組織、団体の維持が優先された結果であった。視野を全国にまで広げれば、結婚の禁止はたいていの場合、瞽女の仲間組織の成長と共に制度化されているのである。寛永四年（一六二七）十二月五日付の「座頭縁起」に「盲女」を「妻シ、コレヲゴゼト号ス」とあるように、強い瞽女仲間がまだ存在しなかったと思われる時期には、瞽女が座頭の妻であったケースはさほど珍しくはなかったと思われる。[45]例えば寛永十年（一六三三）の肥後国合志《ごうし》郡江良村（現熊本県菊池郡合志市）にも瞽女夫婦と弟子ひとりが同居していたことが確認できる。[46]古風が長く存続した九州の他の地域、あるいは東北地域においても瞽女と「盲僧」、瞽女と「ぼさま」との結婚は二十世紀まで当然視されていた。ところが、享保十一年（一七二六）の「座頭式目」には、「座頭妻に瞽女持つ事、堅法度たり、当分不及政道に夫婦の内壱人ハ芸を止メ可申候、且又旅行之節夫婦一方へ同道不可致事」という条目が見られ、岩国藩でも元禄十二年（一六九九）に瞽女を同道する座頭には一切宿を貸してはならないと定められるなど、元禄以降には瞽女と座頭との結婚または交際が制限される例が目立つようになる。[47]幕府も瞽女と座頭との間の結婚を禁止まではしなかったものの、かなり否定的であったといわざるをえない。[48]そこには、風俗取締や当道の支配体制を維持する必要からも、視障者男女間の個人的協力関係を容認することが次第に困難となっていく過程が見られる。

瞽女に仲間組織が成立した場合、男性との接触は、ことさらに厳しく制限された。男性優位社会の中で、ある瞽女が結婚し子供を生む場合（特にそれが男子である場合）、夫・子の権利、瞽女の家族に対する人情、仲間への忠誠心などが複雑にからみあって相矛盾することは当然に予測され、そうした事情が仲間の結束力を弱体し、封建社会のあるべき「正しい差別」を損なう危険性も少なくなかったであろう。瞽女の中には、瞽女仲間制度が孕むこのような抑圧を避けるために、仲間ではなく座頭あるいは晴眼者から芸能の指導を乞う者も少なくなかった。寛保二年（一七四二）十一月二十六日の史料には、長岡の「桶屋町座頭大都弟子御足軽庄六妹いよ与申瞽女」に関する記載が見られ、下級武士の家の女性視障者が座頭から音曲を学んだことがわかる。[49] また寛政五年（一七九三）十二月五日、猿橋村（現新発田市）に住んでいた瞽女と思われる「ふみ」は「数年熟望之秘曲」を座頭の琵琶野都から伝授され、彼女はついで、寛政十二年（一八〇〇）五月十二日には自らの弟子とおぼしき「紺屋町のみと」にこれを伝えたという記録が残る。[50] 鈴木昭英がすでに紹介している糸魚川の猪又勝次郎『家の歴史』所収「長女キシ一代記」から明らかになっているように、女性視障者の音曲学習への熱望は並々ならぬものであった。例えば「将来芸ヲ以テ身ヲ立ツル方心止マ」なかった「キシ」（天保七年［一八三六］生まれ）は、必死に師匠を求め、密かに家出までした。その企ては失敗に終わったが、後に父兄とともに常磐津の師匠の「おきゆ」の門を叩きその門弟となったという。彼女は、さらに引き続き松本在住の「もくら太夫」にも師事し、他の芸人からも清元節を習得し、ようやく自立を実現したのであった。[51]

高田瞽女が文化十一年（一八一四）に作成した「仲間儀定証文之事」には「不法之儀」を働いた「くら」、「ちと」、「つる」という「仲間入不仕」三人の名前が記されていることから、城下において仲間に加入していなかった女性視障者（芸人か）が存在していたと推測できる。[52] 文化十五年（一八一八）四月作成の願書にも、弟子の確保に苦労する高田瞽女仲間の実情が端的に示されており、その中では仲間に加入した瞽女が、そうでない瞽女に対する「正しい差別」を強化するよう役人に嘆願している。第9章に取り上げた武州の片山座の瞽女が座を敬遠し個人として芸能活動を展開したのと同様に、高田にも視覚障害のある女児は「琴・三味線稽古場」を営む「女俗盲人」から音曲を習ったが、瞽女仲間はこれを禁ずる願いを町惣年寄御衆中に申し出ている。[53] 江戸の富本繁太夫が文政十三年（一八三〇）十二月一日、高田を訪れ横町の宿に泊まった際、「芸者といふは、女盲三四人有斗也」と書いているが、その女たちこそは、仲間組織に属さない「女俗盲人」であったことが推定できる。[54] 訴えの経緯についての判断材料は残っていないが、地方都市における音曲文化の商品化により、封建的体質を維持しようとする高田の瞽女仲間を疎んじて独立した個人として芸能市場に参入する女性視障者が続出した経緯がみてとれる。仲間内の瞽女が、こうした女性たちをあえて「女俗盲人」と呼ぶことのうちに、自らの俗性――つまり一般民衆と同じ社会的地位――を否定しようとする意識が読みとれる。高田の当道組織も「仲ヶ間入不瞽女ハ俗盲女」としており、彼女たちに対しては「勧進一切相成不申」と考えていた(55)。当道に加わっていない男性視障者もまた、当道や為政者などからは「俗盲人」と呼ばれていたことから推して、瞽女のこの呼称もそれに倣ったものと思われる。瞽女は剃髪こそはしていなかったものの、式目を守り、妙音講を行うことなどにより、仲間組織をあたかも宗教組織のようなものとして、社会に印象づけていたのである。

幼女が越後の瞽女仲間に入門するにあたっては、師弟関係は通常口契約で成立したが、幕末以降になるとそれが文書化される例もあった。安政四年（一八五七）十月、古志郡種苧原《たねすはら》村（現長岡市古志種苧原）名左衛門の娘「ひさ」は、長岡領半蔵金村（現長岡市半蔵金）の「おます様」に弟子入りした折、彼女は「早速御聞済之上、何と名改被成下、種々難有仕合奉存候、然上ハ御公儀様御法度不及申、瞽女掟急度為相守可申候」と確約し、正式に弟子の資格を得ている(56)。長岡瞽女が明治三十一年（一八九八）二月に「中越瞽女矯風会」を結成した際、その規約の中には「入門願差入証」と称する書類の雛形が含まれており、師弟関係の定式化が進められたことがわかる(57)。

幕末の高田瞽女が弟子入りする折には「師匠元江入門金等差出不申」、五節句には「座頭同様」のしきたり、つまり「銀壱匁或は銭百文」の支払いが行われたようである(58)。弟子入りから一定の期間が過ぎれば名替の儀式が行われた。かかる費用や慣習の詳細は地方または時代により変化したが、幕末の高田では「名替出精仕候節物入等ハ自分貫集貯置候金銭ニ而名替仕候、仲間共斗肴三種ニ而酒振舞仕、引物ハ仕不申儀」は通例であった(59)。師匠や座元もこの席に招待されながら、彼女らは「別段金子等」は受け取らなかった(60)。弟子は名替を経てはじめて一人前の座員として認められ、式目に則って芸人としての活躍が認められたのである。

三　越後瞽女の稼業の類型

史料を慎重に繙くならば、近世の越後において視障者の活躍は一般に考えられている以上に多彩であったことが窺い知れる。自力で生計を立てようとした女性視障者には「マンチ」と称された口寄せ巫女も含まれ、明治六年（一八七三）四月十七日に禁止となってもなおこの稼業は長々と続けられていた。[61] 近世社会はとくに按摩・鍼灸業を女性視障者の適職とみなし、慶応二年（一八六六）六月の小須戸（現新潟市新津小須戸）近郊、農家の副業の実態を調査した文書では、瞽女は「医療の類」に分類されている。[62] しかし、按摩業から期待できる収入はごくわずかであり、瞽女がこの職に就くことは地方によっては当道の反発を招きかねなかった。弘化五年（一八四八）に高田城下の当道組織が作成した報告書に「瞽女ハ音曲斗之業ハ不苦候得共、針治・導引・按摩之義ハ稽古不相成、惣録所仕来ニ有之趣」とある。[63] そこには、瞽女稼業にこのような制限を設けていなかった江戸の惣録に対し、鍼治・按摩業などを男性の特権と考えていた高田の当道組織の差別的意識が反映されているようである。当道が廃止された後、多くの越後瞽女が辛い長旅を必要としない按摩に転業したことは様々な民俗学調査からも明らかとなっているが、明治五年（一八七二）十一月二十日に新潟県は「盲人按摩渡世」の者に「医術」や「売薬」の営みを禁じ、「医術専業者之外、都て診察売薬不相成候」と命じ、瞽女の行った鍼治・按摩業を他の医業から切り離そうと企図したのである。[64]

近年の越後瞽女に関する研究は瞽女稼業を巡業稼ぎとほぼ同視してきたが、近世の越後瞽女の芸能活動を大ざっぱに分類すれば、おおよそ次の三種類となろう。

(1) 音曲指南。武士、町人、農民（特に女性たち）に箏曲、浄瑠璃、端唄などを伝授し、また室内音楽演奏も行った。

(2) 出張稼ぎ。騒ぎ唄、酒盛り唄などが欠かせない地方都市の花柳界をはじめ、武士・町人・農民の婚礼などの際にも瞽女が呼ばれ唄と器楽演奏を披露した。音楽を好む風流人などが箏曲・三味線唄の演奏を希望した場合も瞽女が招かれた。また各地方の祭りの開催日に合わせて寺社境内などで演奏することもあった。

(3) 巡業稼ぎ。主に在方を廻り、「祭文松坂」、「口説」、流行歌などを演奏する。正月過ぎあるいは農繁期などには町を廻ることもあった。

以上の三種の稼ぎ方には重複するところも少なくなく、同じ瞽女が日によって、あるいは季節によっていくつかの稼業を並行して営む場合もあったが、以下においては、あえてこの三種の稼業を分けて検討を加えたい。

(1) 越後瞽女の音曲指南

失明した娘の将来を案ずる多くの親は子に箏曲、三味線、唄などの習得を勧めた。近世初期以来、江戸・上方文化から大量の唄と器楽が越後に輸入され、とりわけ城下町や地方都市では遊芸の指南を望む人口が増え、芸能の需要の増加にともない瞽女が音曲師匠として生計を立てることが可能となった。ただし独立して音曲師匠として市場に参入した瞽女は仲間の相互扶助と支援を受けられず、幕府などが乱発した遊芸禁止令もその生業を直撃した。その反面、個人として活躍する瞽女は仲間の厳しい掟・束縛や危険な長旅から解放された。

すでに見た「秘曲」を伝授された新発田の「ふみ」は音曲師匠であり、安政年間（一八五四～五九）の柏崎では「千歳」という瞽女も三味線を教え、弟子から一人につき三〇〇文の月謝を受け取ったという記録が残っている。[65]糸魚川にも前述した常磐津・清元をよくした「キシ」が商家に下宿しながら「常盤津ノ師」として活躍し、やはり文化十五年（一八一八）四月に作成された高田瞽女の願書に見られる「琴・三味線稽古場」を営む「女俗盲人」も、城下の芸能市場の重要な担い手であったことが知られている。[66]

弘化四年（一八四七）十一月、信州会村《あいむら》（現長野市）の瞽女「房女」が更科村（現長野県中野市更科）在住の座頭「梅之市」に弟子入りし、「梅之市」が死去した後は「越後高田城下茶町菊のと申者ヲ相願」、琴を購入してもらい、瞽女で

表12.2　高田瞽女の箏曲稽古料

「菊の」の場合 越後高田城下茶町		高田城下の座頭座の主張	
表組	金1両2分	表組	300文，身元に応じ
中組	金2両2分，銀14匁	中免	銀3枚
終奥組	金7両，320文	奥免	銀10枚
その他	金3分「高田菊のへ祝義ニ遣ス」		

あったと思われる「菊の」に弟子入りしている。払った稽古料は表12・2の通りであり、座頭座の稽古料についての公式的主張と並記されている。(67)藩の役人の反発や介入を恐れたのか、座頭が報告したいわば「定価」は安く、「菊の」が実際に得た収入はそれをはるかに上回っていた。音曲指南の商業化が進むにつれ「表組」「中組」を習得するための費用が需要と供給、師匠の力量などに応じて変動し、他の商品と変わらない性格を帯びるようになったのである。「菊の」は、芸能市場を通して自らの才能を商品にすることによりまずまずの生活が維持できたはずである。三味線稽古について、座頭座は「金百疋より弐百疋位」を要すると述べており、琴が上・中流社会の楽器であり、三味線は庶民の楽器であったことを示唆している。(68)

唄や器楽の教授が安定的な暮らしの下支えとなるためには充分な弟子の確保が必要条件であり、したがって音曲指南に従事する瞽女の大半は、城下町や地方都市に拠点を置いていた。農村の瞽女も行く先々で農民に三味線を教えたこともあろうが、その大多数はやはり「三味線ひきて、めでたき唄をうたひ、家々の門にたち銭をもらふ」日々を送るのが普通であったろう。(69)

(2) 越後瞽女の出張稼ぎ

越後には嫁入り・聟取りの際、当道組織に配当金が給与される習慣があった。長岡では提供された米銭が少なかったため、「五七拾人」の「盲人」が抗議したケースもあったようである。(70)誇張はあったかもしれないが、このような紛糾を避けるために、婚儀を隠れて祝う家もあったという。文化十二年（一八一五）からは婚姻に際して視障者に施与されるべき配当の銭高が定められ、分配された銭の一部はおそらく瞽女にも渡されたものと思われる。しかし、瞽女にとって宴席に赴くことは、配当金をうけるためというよりは、自らの音曲演奏に拠って収入を得る機会であった。地元の唄や都会のはやり唄などの演奏を希望する庶民が増加するにともない、それは瞽女にとって重要な稼ぎ場となっていった。音曲指南の商品化と較べて、酒宴における演奏の商品化はやや遅れ、多くの場合は慣習に従い、また聞き手の家柄に相応する「お捻り」などが出され、演奏者の宿泊・賄いなどが無料で提供されることも少なからずあった。

越後の地方都市の例をあげてみるならば、前述した糸魚川の「キシ」は「各宴会幷ニ御座敷へ呼、客ニ応シ居リ」、浄瑠璃などを演奏したという。[71] 天保十四年（一八四三）十二月の「市中風俗書」が伝えているところによれば、諸国の船が出入りする港町の新潟においても、「女芸者」の台頭以前は、座敷には通常座頭と瞽女が招かれた。[72] 前述した天保七年（一八三六）五月、溺死した瞽女二人もこうした出張先からの帰宿途中であった。

越後の在所も同様であった。長岡の郡奉行は天保十三年（一八四二）五月に「秋中ニ以たり若者共瞽女座（頭欠カ）相招過当之宴会致し候儀堅無用」と命じている。しかし、幕末・明治まで若者は「かく節《ぜつ》」と称する騒々しい宴会を頻繁に催し、そこには唄を披露する瞽女を招いたといわれる。[73] 他にも休日、節句、盆中などには「若衆仲間」が大勢集い、村の娘たちを「連寄、酌ヲ為取」、瞽女・座頭も呼び集められ、乱痴気騒ぎを繰り広げたが、これを役人たちは、贅沢と風俗の退廃と考えその制禁に努めたのであった。[74]

瞽女にとって寺社境内で行われた祭りも出張稼ぎの場であった。柏崎近辺には毎年三月六日に「中浜の諏訪様祭」（別名「御ぜ祭」）が催され、村の若者はもちろん、所々の瞽女・座頭も参集した。瞽女は、祭り会場に集合した者たちに唄を聞かせるとともに、この機会をとらえて「軒別にくどきなどひいて居り候」——つまり門付け活動もした。[75]

明治以降も、こうした祭りが依然として越後瞽女の格好の稼ぎ場であったことは、長岡系瞽女の榎本トラ（明治三十二年［一八九九］生まれ）が証言している。[76] また高田瞽女の杉本キクエの祭りでの活躍について弟子の杉本シズも次のように回顧している。[77]

おらのお母さん（杉本キクエ）なんかはね、まあ十二、三の頃から、だいぶ、それこそ三十五、六、四十ぐらいまでかいねぇ、浜へ出たの。あの、浜辺に。三月の終わり頃から四月いっぱい、浜へ行けばさ、今日はあそこのお祭り、今日はここのお祭りって、あるんだよね。そこへあの、まあ上の親方衆に出されてさ。おまえ、今日はここへ行ってくれよ、明日はここへ行ってくれって、まあ上等な目を見るみやげを付けてさ。まあ、出されるわけさ。それじゃまぁ、毎日一日、昼間は、お母さん方、祭りだから遊んでるでしょ、ねぇ。お祭りになれば、ほら、洗濯をしちゃいけないっていうんだから。だから、浜の人は厳しかったんだよ。昔はほら、今みたいにこんなテレビもないし、ラジオもないでしょ。だから瞽女さんの唄でも聴くよりなんも楽しみないでしょ。だから一日中は語り物《もん》に、歌って、歌ったの。聴く人はそりゃいいかもしれない。歌ってる人は、それこそたいそで、声なんてもう、つぶれたよ。私ら子供（弟子）だったから、浜になんていないで、在に廻ってさ、いたんだよ。たまぁに、名立《なだち》の在とか能生《のう》の在が終わると浜へ出てきてさ、たまにお母さんたちに会うのさ。会うとほら、お母さん声なんかもう堅くなってね。

浜へ行けば、九時か、ねぇ、九時から泊まってるうちへお母さん方来る事もあるし。また、他のうちへ引っ張り出されて、今日はどこそこのうちへ行って段物を歌ってくれないなんてってさ。そして、お祭りだから、小遣い、貰った小遣いがあるからなんてってさ、夕飯近い間まで歌ってるんでしょ。お昼まぁ、そこのうちで呼ばれても。おらぁ、ほら、お祭りでいろんなおみおつけもあるし、あるから、泊まった宿へ帰らんでもいいから、おらんうちでお昼食べて、そして……

長岡の瞽女も巡業先の到着日が、わざわざ祭りと重なるように予定を組んだとも報告されている。(78)

(3) 越後瞽女の旅稼ぎと瞽女宿制度

近世の越後を弛まず廻村した瞽女は村人から米銭を受け取り、また土地々々の特産品をも分けてもらうのが通例であった。文化六年（一八〇九）の小千谷の事情を記録する『やせかまど』にあるように、隣村には木綿の栽培に従事する農家が多く、秋になるとこのような「木綿所《ワタトコ》」に瞽女・座頭や虚無僧、道心者などが賑わしく廻ってきた。[79]

本書第9～11章に見た通り、江戸中期以降の関東甲信地方において、多くの村は瞽女の訪問にかかる費用を村費から捻出したが、越後にはそれに相当する制度は一般的に行われなかった。わずかな例はあるものの、合力も村費から捻出されることもふつうはなく、庄屋・名主・旧家などが個人的関係を中心に、巡業する瞽女の世話にあたった。毎年通る順路において瞽女の演奏会場をも兼ねる無数のいわゆる「瞽女宿」を勤める家が点在し、こうした瞽女宿制度があったからこそ、越後瞽女は広汎な地域に分布した聴衆を相手に芸を披露することができたのであった。瞽女を宿泊させることは提供者にとって地位・権力の象徴でもあったので、瞽女の芸能活動の商品化の傾向には、さらなる歯止めがかかった。ことに高田藩には多くの瞽女宿が存立し、すでに天明二年（一七八二）九月二十五日にその取締が行われ、領内の瞽女・座頭が宿に泊まる時は提供者の町名主への報告が義務付けられ、名主自らが宿となった場合には年に二度ほどそれを書き上げ、惣名主に渡すことが定められていた。[80]

瞽女宿制度は越後瞽女の芸能活動に欠かせない存在であったが、この制度と村人の個人的支援が全ての瞽女に安定的な収入をもたらしたわけでもない。たとえば、寛政五年（一七九三）一月の文書に、「至而貧窮之物」であると書かれた高田上紺屋町の瞽女「留雪」（当時六十九歳）を救ったのは領内の瞽女宿主ではなく、仲間でも、いわんや藩主でもなく、在所よりもらった養女であった。幸いにしてこの養女は忠孝の鑑であったらしく、養母を介抱し、毎朝寺参りにも付き添った。「留雪」を連れて毎年秋「在方江三味線渡世」に出かけたが、その時はいつも姉を呼び寄せ留守番をさせたという。[81]

瞽女宿制度の不安定さはまた、村が天候不順により収穫の乏しい時には「諸勧進停止」の札を立て、村外の者を締め出すことなどによってさらに増すことも少なくなかった。[82] こうして凶作の時は越後の巡業が困難となり、天保七年（一八三六）二月七日の現愛知県刈谷市の留帳によれば、はるか彼方の「越後高田春日町」から十七歳と二十六歳の瞽女二人が来村したとあり、越後での廻在活動の困難がいかばかりであったかが推察できる。[83] また特に冬季には多数の越後瞽女は、芸能の商品化が進んでいた上州や関東各地を巡り歩き、あるいは信州、出羽などにまで足を延ばした。

瞽女宿制度の開発が遅れていた下越地方あるいは中越地方の僻遠地において、毎晩の宿の確保は巡業する瞽女にとって大きな悩み事であった。たとえば、紫竹山《しちくやま》（現新潟市紫竹山）に「盲女」の「みわ」（初名とし、嘉永七年［一八五四］五月四日生まれ）がはじめて廻村することになった時期に、村人へ世話を依頼する回状が廻された理由もそこにあった。回状には、「みわ」がこれまで「三味線稽古」に励み、「何分親元難渋より執行も不任心未熟の志ニ御座候得共」と説明され、本年より村々を廻りたいと願い出ている。この巡業が許可されたので、「御厄介」であっても「休泊手引等」を提供下さるようにと隣村の人々に申し入れたのである。[84] 瞽女に対して、宿を断れば不気味で怖い事が起こると信じられていた地域もあるが、そのような俗信が広められたことは逆に、実際には瞽女の止宿願いが頻繁に拒否された事情を物語っていたのであろう。新潟県の旧山古志村虫亀《むしがめ》地区（現長岡市古志虫亀）には「三味線石」と呼ばれる石があり、雪の夜、宿を断られた瞽女が一晩中この石にもたれたまま眠ったため凍死し、以来、雪が降るとこの石から三味線の音が聞こえてきたと伝えられている。[85] もっともこの類の話は、じつは瞽女自らが工夫し、あるいは好んで広めたとも考えられるのである。

四　明治維新後の動向

幕末の急激なインフレがもたらした混迷の中、越後の村人は経費削減を余儀なくされ、慶応二年（一八六六）九月、杉之森村（現長岡市杉之森）には瞽女・座頭への合力が停止されるほどであった。[86] 明治四年（一八七一）十一月三日に当道は廃止され、封建的な特権の消滅による芸能市場の「自由化」が一挙に進められた。新潟県では群馬県や山梨県などに見られる瞽女禁止令が発せられず、風俗取締にうるさい警察署から鑑札さえ受ければ、ある程度の芸能活動が可能となった。幕末から明治二十年代にかけては、それまで芸能に関わらなかった女性視障者が瞽女に弟子入りし芸人として巡業を行った結果、瞽女の人数が急増し、長岡には約四〇〇人が活躍し、高田にも九十人前後の瞽女人口があったという。[87] 伝統的な「瞽女宿」制度もにわかには崩れず、瞽女の民間信仰者としての役割も依然として存続した。明治期に結成された浪曲、雑芸、芝居などを得意とする無数の芸能団も越後の僻遠地にまでは廻らず、それに代わってそれら僻遠地では瞽女だけが芸能の供給主体として活躍したのである。明治から戦前まで絶大な人気を博した様々な女性芸能団に倣って、唄と踊りを興行する「四郎丸瞽女」が型破りな演奏形態を開発したのも、そうした事情に拠っている。[88]

越後瞽女が維新直後急速に衰微しなかったもうひとつの理由は、瞽女仲間の近代的な同業者組合への変身であった。明治十年代から、曖昧で不合理な点の多い伝統的なしきたりや式目を合理的な「規約書」に改める動きが顕著となった。明治十七年（一八八四）二月十五日に「高田瞽女仲間規約書」が作成され、新しい組織が船出した。明治二十四年（一八九一）九月十五日の『温故之栞』には長岡瞽女の「組合《くみあひ》の頭々《かしらく》」が取り上げられている。明治三十一年（一八九八）二月の「中越瞽女矯風会規約」にも言及されている「大工町瞽女組合」も、この時期にすでに結成されていたと思われる。[89] 明治三十一年（一八九八）にこの組合は「中越瞽女矯風会」と改名され、本会・支会が設定され、規約には会の目的、風俗上の掟、弟子入門などに関する細かい条目が設けられ、他の職種の同業者組合が採用した形式をなぞっていた。[90] しかし、組織の内実はそれほど斬新とはいえず、数百年維持された瞽女仲間の面影を強く残していた。結局高田においても長岡においても、市場原理が芸能を支配してゆくにしたがい、瞽女仲間組織を継続することは困難となっていった。瞽女仲間組織が近代的な女性視覚障害者支援組織に発展することはついになかったといわざるをえない。

第Ⅲ部　越後瞽女唄の研究

第13章　越後瞽女の「口語り」再考
——「祭文松坂」の詞章の形成過程と伝承をめぐって——

はじめに

近世から戦前にいたるまで越後瞽女唄の代表的なジャンルであった「祭文松坂」は、各地方の瞽女組によって旧高田領・長岡領・刈羽郡などに広く伝えられ多くの人々に親しまれた。「祭文松坂」は、唄の名前が示す通り祭文という口承文芸の詩形やテーマに由来する詞章が越後に流布した「松坂節」の旋律に載せられたものであり、越後瞽女のレパートリーの重要な位置を占めていた。「祭文松坂」の歌詞の成立についてはすでに国文学の観点からいくつかの研究がなされているが、その基本的な特徴はかならずしも正しく把握されてきたとはいえない。(1) 本章においては瞽女唄の「祭文松坂」が台頭した時代背景を再検討し、次いで「段物」と称されたこの唄の歌詞の演奏形態を簡単に分析し、そして最後に「祭文松坂」の特徴と瞽女社会との関係を探りたい。なお「松坂節」の音楽的特徴、あるいは「松坂節」と「祭文松坂」との音楽的関係の分析は次章に委ねる。

一　越後瞽女の「祭文松坂」の諸源流

(1) 山伏の祭文・説経祭文

瞽女唄の「祭文松坂」が誕生する以前から多種の「祭文」はすでに広く普及していた。その主な担い手は修験の徒であり、とりわけ門付け芸に携わった零落した山伏であったとされている。下級の山伏は、通常錫杖（あるいはより短い金杖）を鳴らしたり法螺貝を吹いたりし、奉ずる神仏の本地と縁起を説く祭文を唱えることを業としていた。また「賽の河原」、「胎内さぐり」など宗教色の濃い唱導祭文も演唱し、ほぼ全国を巡業した。元禄三年（一六九〇）刊の『人倫訓蒙図彙』に「山伏の所作《しょさ》、祭文とていふを聞ば、神道かと思へば仏道、とかく其本拠《ほんこ》さだかならず」とあるように、祭文の由来は、近世の民衆には必ずしもよく知られていたとは限らない。(2) 宗教的な意味はともかく、門付け芸人の山伏は世のはやり廃りに素早く反応し、演ずる祭文の姿を随時変えながら、都鄙を問わず民間伝承文学に大きな影響を及ぼした。

近世においては越後でも山伏が目覚ましく活躍したようである。天和元年（一六八一）の「頸城・苅羽・魚沼・三島」の人口調査に「九拾弐人、山伏」とあり、城下町の高田だけでも寛保元年（一七四一）には修験十二人、天保十四年（一八四三）には修験十四人の存在が確認できる。(3) 長岡では昭和初期まで一月六日と十四日に「夕方修験者が各戸に就いて祓をする」慣習があり、これを「御ほうらい」といった。(4) 明治維新直後の「越後当山派番付表」によれば、越後には九十九の当山派寺院が散在していた。(5) 越後の山岳修験の詳細は近年とりわけ鈴木昭英の研究により明らかにされてきたが、越後の山伏が民間芸能にどのように関わっていたのかはいまだ充分に解明されたとはいえない。(6)

十七世紀頃からは、山伏は世を風靡する痛烈な哀調を帯びた説経節も自らの祭文に取り入れていった。(7) 説経には様々な演奏形態があり、天和二年（一六八二）刊の『このころ草』には、大きな傘の下でささら・三味線を用いて伊勢会山《あいのやま》から出た門説経を演ずる大道芸人（視覚障害者）の姿が描かれている。また『人倫訓蒙図彙』にも小弓（胡弓）、三味線、ささらを持つ世俗的な芸人が描写されている。(8) 山伏と説経者との交流は盛んであったので、十九世紀には説経の「苅萱」には、「今これらの事を門戸に立てかたるもの来る、是を祭文と呼ふ」とあり、説経と祭文との区別は曖昧となっている。(9) 天保頃の成立とされている『続飛鳥川』にも「山伏祭文」として、説経の「石堂丸、小栗判官など」があげられており、やがてはこれらの説経の粗筋が山伏祭文の代表作となったほどである。(10) この折衷的な「祭文説経」は山伏に限らず、様々な芸人により寺社境内などの小屋においても催された。天保六年（一八三五）に名古屋で「閏月十五日より、大須山門外講釈跡小屋にて、祭門説経」が催され、江戸の「秀元・きく」という二人は「小栗判官一代記」、「由良湊三座太夫」、「かるかや石とう丸」、「あしやとうまん」、「八百屋於七一代記」、「法道尼」、「一の谷八しま」、「二人尼」、「かけ清ろう屋」、「神徳丸」を演じている。(11) ここに越後瞽女が語る「祭文松坂」と重複する題名が六つも含まれていることは注目に値する。

祭文語りの越後での活動は、天保十三年（一八四二）八月六日の新発田藩の「心得書」からも読みとれる。それによれば「近来さいもん語り、軍談師等入込夜分人寄等いたし候村方も有之由、不締且ハ費之基ニ付、以来右体之もの決而不入込様可致候、若不相用者有之候ハヽ、早々訴上可申事」とある。(12) 明治初期には祭文語りが関東甲信越で広く活動し、(13) 明治末から大正にかけての新発田においても、清水谷に住む桜井竜山通称天狗祭文、その女弟子または妻ともいわれる桜井春女通称女天狗、及び同じく弟子の山本新教らが、市内では祭文語りとして有名であった。お盆の頃、諏訪神社境内で祭文を語り、冬には近郊を巡り歩いていた。これら以外に他の祭文語りも活躍し、人情物、恋愛物、軍記、武勇伝など種々の物語に節をつけ錫杖を振るいながら語った。中休みが終わる時には法螺貝を吹き鳴らしていたようである。(14)

(2) 越後における芸能市場の発展

越後瞽女が、説経と祭文などの文学的・音楽的要素を受容したことは間違いないが、その年代と経路を具体的に立証し、あるいは中世の瞽女がすでに説経と祭文を伝承したかどうかを判断することは困難である。また、「祭文松坂」のすべての歌詞が同時代に作られたとも考えにくい。説経系の「信徳丸」（俊徳丸）、「山椒大夫」などの「祭文松坂」がすでに十七世紀に存在していた可能性は否定できないが、「巡礼おつる」は明和五年（一七六八）に大坂の竹本座で初演された近松半二らの合作による浄瑠璃の『傾城阿波の鳴門』八段目（巡礼歌の段）に由来していることから、やはりそれより後の作と考えるべきであろう。「小栗判官」の大元は説経節であるが、歌詞には「お江戸ではやる今はやり長船髷がよかろうか、灯籠鬢に勝山か、片外しがよかろうか」という箇所がある。[15] 長船は江戸後期に、灯籠鬢は宝暦以降に流行したので、この歌詞も十八世紀後半~十九世紀前半の風俗を反映しているものと推量される。[16] 他の歌詞も風俗史の立場からの詳しい検討が必要であるが、「祭文松坂」の詞章の大半はおそらく近世中期から後期の産物ではないかと推定される。

ところで、説経と歌祭文の瞽女唄への影響という点については、寛政頃江戸の下町においてもほぼ同じ動きが見られる。『嬉遊笑覧』には次の記述が見られる。やや長文ではあるがあえて全文を引用しておきたい。

説経世にすたれて久しくなりしも山伏の祭文かたりこれを伝てありしが、寛政中小松大けう・みのわ大けうとて二人の山伏同名にてよくこれをかたれり故にその出処住所を冠らせ呼で分てり、それらに次て俗人にて語るもの江戸の端々にひとりふたりすべて五六輩にすぎず、もとよりなぐさみにして職業にあらず、それ故師弟と云こともなく、只兄弟ぶんなど云がことし、なりものハ錫杖とさゝやかなるほら介《(法螺貝)》にて合するなり、これを弄ぶもの無頼の風俗にて大広袖・ほそ帯・新しき手拭をみえとなす、只江戸のはしゝゝに行はれし故近在田舎に庚申十夜などにハまねがるれば江戸中五六人のものども伴ひ合せて行てかたることにてありし、其頃本所四ツ目に米屋にて何と云ひしか米千と呼ぶものこれをこのみかたりしが、隣家盲人のあんまとりこれが語るをきゝて、三絃に合すへしと工夫して、これを合てかたる、そのころいまだ人集する家後《ノチ》によせと呼処なかりし故、茶屋の二階などかりてかたりける、初めハ他の者ども此ごろ米千が三線に合せてかたると云をろがましきことなり、逢なばなぶりてくれんなどそしり合へりしが、それらも中にハめづらしく思ひて其ふし学ぶ者もやうゝゝ出来たり、錫杖にて語りしハゆくり数多く定まらざりしを三線にてハ定まりきまりよくなれり、盲人京屋五鶴と名のり米千ハ若太夫となりぬ、又久米といへる座頭京屋が弟子となりよくひきたり、太夫門人あまた出来ぬ、島太夫・千賀太夫・音羽太夫・栄喜他湯・染太夫等なり、島太夫ハ松島町に住で、堺町芝居へ立入者なりしかば、若太夫をすゝめ薩摩座の名題を以て説経芝居を興行せしハ享和のころのことなりき、若太夫ハ文化八年没す、今の若太夫ハ千賀太夫なり、是に依て今にさつま某太夫といふもをかし(17)

小松大享・箕輪大享などの山伏が語る詞章を素人が覚え、それを聞いた「盲人」の京屋五鶴が三味線伴奏を付け、いろいろと工夫し人気を博した。それと同様に、「常陸祭文」も「歌祭文より起る」。これは米千が新しく編み出した「説経祭文」でもなく、古い説経の流れでもなく、「三絃も本調子にて、只何となく鳴し時々文句に合する」ほどのものであった(18)。天明の頃、江戸の結城重太夫が歌う「常陸祭文」の詞章が江戸本柴三丁目の清水屋治兵衛という「草子屋」に「正本」として彫られ、「初めて多くこれを版行す説経上るり其外ハ八百屋お七が如き歌祭文大かた刻せさるハなし、此重太夫と云へる者江戸に出て弘めたることハなく、其正本などハ田舎へ売れしなり」と『嬉遊笑覧』が伝えている(19)。薩摩若太夫の「正本」は江戸馬喰町三丁目吉田屋小吉が上梓したもので、その中の「小栗判官」、「石童丸」、「八百屋お七」、「新徳丸」を越後瞽女唄と比較すれば、これらが瞽女唄の原典ではないことは明らかとなるが、ある程度の類似性は認められ、両方の詞章はほぼ同じ過程を経て成立したのではないかと考えられる(20)。

越後瞽女もこれに類似する過程を経て「祭文松坂」を編んだのであろう。それを可能にしたのは越後の芸能市場の成長に他ならなかった。越後における芸能市場の拡大により多数の座頭、講談師、軍談講釈師、浄瑠璃語り、読売、その他の芸人が僻村にまで足を運び、地元の芸能を普及し、都会の流行歌や最新の器楽曲を伝え、住民の芸能に対する欲求を駆り立てた。例えば寛政～天保頃（一七八九～一八四四）、村上城下に逗留した人々の記録の内に、様々な出身や多彩な職業を持つ芸人の顔が窺える（表13・1）。

村上より少し南に位置し、港町として栄えていた新潟にも様々な都市文化が輸入され、天保十四年（一八四三）十二月の「新潟市中風俗書」には以下の記載がある。[21]

一、諸方より参候軍談師、物まね、浄瑠理語等、都而旅籠町ニ宿を取、座敷寄セ興行願出候得者、糺之上逗留日数七日位迄被聞済候、尤番付様之物を宿之軒、又者町々夜番小屋等ニ張出候義其侭被差置候、願無之者ハ逗留不為致候、且外町ニ而者不為致仕来ニ御座候

　但、山伏、万善寺義、盆寺故右体之宿願出、前々被聞済候義ニ御座候

［略］

一、旅人夏中小船ニ乗、売女等を乗セ、三味線等を鳴らし、町堀々より大川筋江出涼致候義間々ニ者有之候、其侭被差置候仕来ニ御座候

一、物もらひの物まね、辻談義等之類、一宿屋ニ泊り町方門付、或者大道寄セ等、町廻り役之者を以内語仕候得者、猶取調町役人限日数三日程迄者聞置候仕来ニ御座候

さらに南にあった長岡の事情も取締令から推察できる。文政十三年（一八三〇）十月、長岡藩が「近来俳諧師・講釈師・碁将棋・浄瑠理等、都て致芸候者并旅商人之類、出所も不知者、郷中にて二、三夜或は暫止宿いたし、別て近来在町之内宿等致候儀有之旨、甚タ不埒之事候、以来決て不相成候間、厳鋪可申付候、尤留置外より相知候ハヽ、可為越度候」と郷中に達し、倹約・風俗取締の強化を図っている。それが必要と感じられた原因は、多数の芸人が領内を忙しく

表 13. 1　越後村上城下を訪れた芸人

年月日（逗留開始日）	名　前	出 身 地	職　種
寛政 5 年（1793）10月16日	久蔵	江戸神田柳原	こわ色浮世物真似座敷
〃 11月14日	竹本伊久太夫	（越後国）水原町	浄瑠理語
寛政 6 年（1794） 4 月16日	佐野太夫	伊勢松坂	〃
〃 5 月 4 日	一光・女房鶴	大坂豆葉町	軍書講釈
〃 5 月12日	遊真・母	江戸本町弐丁目	八人芸
文政11年（1828） 8 月27日	竹本久太夫・門人馬一	江戸糀町・越後国水原町	浄瑠璃
〃 9 月21日	音吉	京都木屋町	浄瑠璃三味線
〃 10月25日	伊吉女房・竹本総吉	大坂新地	浄瑠璃
〃 11月11日	甚蔵・勢秀	（越後国）新発田肴町	〃
文政12年（1829） 7 月11日	留五郎・花五郎	江戸北八丁堀	居合抜歯薬商売
〃 7 月29日	竹本要太夫・同広太夫・竹沢兵之助	大坂安土町五丁目	浄瑠璃
文政13年（1830） 4 月25日	滑稽家三友	江戸浅草聖天町	座敷咄し
〃 6 月17日	竹本津賀太夫	大坂福井町	浄瑠璃
〃 6 月20日	新三郎・女房やす	江戸京橋五郎兵衛町	長歌
天保 3 年（1832） 4 月24日	喜楽	江戸浅草田原町	軍談講釈
〃 6 月18日	佐々木徳斎・女房ひで・正兵衛・女房しげ	羽州秋田横手	八人芸
〃 6 月26日	鬼丸・丸好	江戸両国広小路	浮世咄
〃 8 月25日	円寿・円馬	江戸京橋銀座弐丁目	〃
天保 4 年（1833） 3 月10日	文字太夫	御領分燕町	浄瑠り
天保12年（1841） 8 月 2 日	小芝居役者〆20人	（越後国）水原牧ノ目村	（小芝居）

出典）『村上市史』資料編 3，近世 2，676-702 頁の史料，村上市史編さん室蔵（新潟県立文書館にコピーあり）。天保 3 年（1832）6 月，瀬波町天王堂にて人形興行の願書，同年月雨天のため中止となった興行の大町十輪寺にて興行再開の願書，慶応元年（1865）5 月 19 日，江戸の咄家 2 人の逗留願なども参照。

巡業したところにあった。[22]

同じ旅芸人であった瞽女も、こうした多種多様な芸人に接触し、互いに影響しあったのであろう。瞽女の親族が芸人であった例も珍しくなかった。天保九年（一八三八）生まれの長岡系瞽女の荒木シゲの場合、兄も視障者であり、若い時は「ちょんがれ」を語り、「八人芸」の名手でもあった。[23]明治になってから「ちょんがれ語り」の娘として生まれた瞽女、あるいは晴眼者の「ちょんがれ語り」と結婚した瞽女、あるいは視障者の「浪花節語り」と結婚した瞽女などの例もある。[24]

二　「祭文松坂」の成立と口頭構成法理論をめぐって

かくして、説経節、祭文、浄瑠璃の詞章、あるいは様々な旋律は芸能市場を通して越後瞽女の手許に届いたが、それらの材料が瞽女唄の「祭文松坂」になるには瞽女の独自の想像力と努力が不可欠であった。越後瞽女は単に市場の動向を探りながら「祭文松坂」を創作したのではなく、芸者、下級の宗教者、あるいは「乞食」とみなされた遊芸人の唄とは別の「瞽女唄」として認識されるような唄の作詞・作曲に腐心した。こうした唄の社会的意味は、すなわち座頭座の平曲のそれに類似していたのである。

(1) 「口語り」と「祭文松坂」の誕生

「祭文松坂」を論じるに当たっては、山本吉左右が提起している瞽女唄と「口語り」に関する諸問題を再検討することが不可欠である。[25]山本は高田瞽女杉本キクエの演ずる「祭文松坂」（「山椒太夫」）を主たる材料として、アルベルト・ロード（Albert Lord）が確立した「口語り論」のいわば日本版を模索したことで、学界で大きな反響を呼んだ。[26]山本は「山椒太夫」を緻密に解析し、越後瞽女唄の「祭文松坂」はロードが分析したユーゴスラヴィアの叙事詩と相似した構成法に基づいて成り立っていると結論している。山本によれば、ロードの取りあげている吟遊詩人の演奏形態と同様、越後瞽女の「祭文松坂」は単に暗記されたセリフの繰り返しではなく、聴衆を前にして数多く既存のフォーミュラ（決まり文句、常套句、一単位を構成している語句で、同一演奏時に二度以上用いられている語句）から適当な語句を即興的に選び取り、それをもって物語を構成している。[27] つまり、越後瞽女は「語るその場その場で物語を急速に、新しく再編成しながら、物語をつむぎ出すものだ」と主張している。[28]

この主張の妥当性を検証する前に、まず分析の単位を簡単に紹介しよう。山本が指摘している通り、高田瞽女の「祭文松坂」の歌詞には、「フシ」の部分と「コトバ」の部分が含まれていることがある。前者は旋律がはっきりしており、後者はより話し口調に近い形をとっている。ただし、次章でさらに詳しく分析するように、「コトバ」の部分の演奏が終わりに近づくと、その語句が載っている旋律は次第に鮮明となり、「フシ」への移行をなめらかにする役割を果たしている。この「祭文松坂」の「フシ」と「コトバ」の区別は高田瞽女のみの特徴であり、長岡瞽女と刈羽瞽女の「祭文松坂」には「コトバ」の部分は認められない。

例外も多く見られるが、「フシ」と「コトバ」の両方とも七五調を基本としており、「フシ」の七五調の一句を、越後瞽女は「ヒトコト」と呼んでいる。[29] 山本が論じているように、この「コト」という単位は物理的にも、音数的にもその時間は長短さまざまであるが、同じ「コト」として文節されている。[30] 多くの場合「コト」という単位は音楽（旋律）の一つのフレーズをなし、フレーズとフレーズとの間には呼吸あるいは三味線の数拍の間奏が挿入されている。ただし、長岡瞽女の演奏には旋律のフレーズが次の「コト」の最初の三、四音節まで続くこともあり、詞章の単位と音楽の単位とは別個に扱う必要がある。

越後瞽女が「祭文松坂」を演奏するとき、いくつかの「コト」がより大きな単位を成している。山本によれば、普段は約三「コト」から八「コト」によってなるこの単位には「特に名前がない」ので、彼はそれを「ヒトクダリ」と名付けているが、高田瞽女の杉本キクエは五コトの単位を「ヒトクサリ」と称していたようである。[31] また、長岡系瞽女はこうした一区切りを「ヒトナガシ」と称しているので、以下ではそれを採用することで名称を統一したい。[32] 長岡系瞽女の小林ハルは師から、「ヒトナガシ」は「門付けには三コト、夜の座では客が物語の先を聞きたがるから四コトごとに間奏を入れるのがよいのだが、そうすると時間が長くなるので、五コトごとに入れる場合が多くなっている」と教わったという。[33] なるほど山本が強調しているように各「ナガシ」の境界線は柔軟であり、「ナガシ」の中での語句の結合性は明らかに各「コト」の中での語句の結合性よりはるかに弱いものである。[34] その主因は、各「コト」内には強い文法的・意味的制限が働き、またそれにくわえて「一《ヒト》コト」は多くの場合一つのフレーズとして歌唱されているからであると考えられる。

一方、各「ナガシ」の三つ、四つあるいはそれ以上の異なる旋律のフレーズの内、一つか二つを反復することによって、あるいは逆にいくつかのフレーズを省略することによって、各「ナガシ」に含まれている「コト」の数は簡単に調整できる（その詳細については次章で分析することとする）。言い換えれば、「ナガシ」は言語の水準というよりは音楽あるいは演奏の水準における概念である。山本は、この点を見落としているため、高田瞽女唄の旋律が一フレーズの反復から構成されていると誤解しているように思われる。

「祭文松坂」が構成されているさらに長い単位としては「段」がある。最初の段は普通「さればによりてはこれにまた」など、数「コト」の常套句から始まり、終わりは「まずはこれにて次の段」、「まずはこれにて段のすえ」などの常套句によって締めくくられている。しかし、それらを省略する演奏者もおり、特に二段目以下の各段の冒頭ではそのまま物語を継続する瞽女も多く、あるいは単に「ただ今読んだる段続き」（渡辺キク）、「ただ今読み上げ段の次」（杉本キクエ）などの「一コト」を歌う瞽女もいた。段という単位は物語のプロットを区切る単位として機能していることもあるが、ある段の終了点と次の段の開始点は演奏あるいは演奏者によって異なることがしばしばある。したがって、「段」という単位も「ナガシ」と同様、文学的構造の水準の単位というよりは演奏の水準の単位として機能している。また、わずかな例外もあるが、演奏者の高田系・長岡系・刈羽系瞽女の区別を問わず、「祭文松坂」のほとんどの演奏においては、各「段」の歌い出しと段切れには、その時点までは歌われなかった特殊な旋律が採用されている。長岡系・刈羽系の「祭文松坂」の場合、段の最後の「一コト」は「松坂節」の旋律で収めることもあり、そうした場合三味線の調子も三下りから本調子に直された。[35]この事実から、「段」は文学的な区切りを指すこともあったが、特に音楽的な意味が強かったことがわかる。

ロードは、物語の分析に際して重視する単位の一つを「テーマ」と呼んでおり、それを伝統的な語り物のフォーミュラを用いた様式で語る際に決まって用いられる概念のグループと定義している。[36]山本は瞽女唄の「テーマ」をそれほど詳しく分析していないが、「祭文松坂」の各場面もひとつの「テーマ」とみることができ、さらに「テーマ」は「祭文松坂」の「段」という区切りに関連することもある。

さて、瞽女唄の「祭文松坂」は実際に口頭構成法により成立する唄であろうか。ある録音またはある翻字されたテキストに「フォーミュラ」が確認できても、それはまだ口頭構成法の使用の証拠とはならない。「フォーミュラ」を含む歌詞が単に暗記され、忠実に再現された可能性もあるからである。口頭的構成法は「フォーミュラ」の単なる再現による演奏法ではなく、「フォーミュラ」が即興的に駆使されていない限り口頭的構成法は存立しない。

そして「祭文松坂」の性質に関わるもうひとつの重大な問題は、同じ「祭文松坂」であっても、その構成法が時代によって変化した可能性もある点である。歴史を無視する構造主義的な分析方法はその可能性を蔑ろにしているので、「祭文松坂」の構成法を摑むためには不充分である。したがって、以下においては、時間的次元を考慮にいれながら「祭文松坂」の成立と構成法について考えてみたい。

十七世紀以降、越後瞽女は在方を旅回りする説経者、祭文語り、浄瑠璃語り、読売、その他の芸人に接し、彼らから説経の詞章を覚えたこともあったであろうが、女性の視障者が説経者などに弟子入りし、長編の物語を忠実に暗記することは稀であった。説経者の語りは、ある程度口頭構成法を使用した可能性があり、瞽女は説経者の演唱あるいは説経者に影響された他の芸人のそれを聴き、「フシ」と「コトバ」の違いに気づき、多くの「テーマ」を覚え習っていったと考えるのが自然であろう。特に頻出し暗記された常套句について説経正本と越後瞽女唄を比較すれば、次のような「フォーミュラ」などが共通し、あるいは類似していることがわかる。(37)

越後瞽女唄

哀れなるかや○○○○○
これのいかに○○○○○

それはさておき○○○○○
○○○○○それを聞くよりも

○○○○○それを見るよりも

説経節

哀れなるかな○○○○○
○○のういかに○○○○○
または　○○やあいかに○○○○○
これはさておき○○○○○
○○○○○聞くよりも
または　○○○このよし聞こしめし
○○○このよし見るよりも
または　○○○このよし御覧じて

このように、「テーマ」と「フォーミュラ」のレベルにおいて、越後瞽女の「祭文松坂」は説経節に影響されたが、すべての「祭文松坂」が同じ時代において説経節から派生したとは考えられない。あるいは説経節やその部分が、直接瞽女のレパートリーに導入されたというよりは、別のジャンルを経由して瞽女唄となった場合もあった。例えば「葛の葉子別れ」は「五説経」に属した「信太妻」に由来するであろうが（説経正本は見つかっていないが）、越後瞽女の「葛の葉子別れ」の詞章を古浄瑠璃の正本（延宝二年〔一六七四〕刊）あるいは竹田出雲の「芦屋《あしや》道満《どうまん》大内《おおうち》鑑《かがみ》」（享保十九年〔一七三四〕十月大坂竹本座で初演）の四段目「葛の葉子別れ」と較べてみると共通点が見いだされる。瞽女唄の「春乱菊の花を迷わせる、先年近き狐ぞえ」や長岡瞽女唄の「再び花咲く乱菊の、花の色にも迷わせば、千年近き狐ぞえ」のいずれもが、竹田浄瑠璃の「再び花咲く蘭菊の先年近き狐ぞや」の語句に酷似している。高田・長岡両方の瞽女唄にある「あの石川の悪右衛門、常平殿に駆り出され、命危うき場所なり、その時この家の保名さん、われに情けをかけ給う」も、竹田浄瑠璃の「悪右衛門に狩り出され、死ぬる命を保名とのにたすけられ」に似ている。それ以外にもいくつか類似する箇所が認められる。(38) 越後瞽女の歌う「祭文松坂」の「巡礼おつる」の典拠となった近松半二らの合作浄瑠璃「傾城阿波の鳴門」の八段目（「巡礼歌の段」、明和五年［一七六八］大坂で初演）にも瞽女唄に直接取り入れられたと推定される語句が含まれている。(39) また「景清」は、近松門左衛門作「出世景清」の四段目に由来すると岩瀬博が指摘している。(40)「葛の葉子別れ」と「阿波の徳島十郎兵衛」にも「これのいかに葛の葉よ」「それ見るより巡礼は」など説経節から直接的あるいは間接的に影響されたと考えられる「フォーミュラ」が使われ、瞽女は新しいテーマに接した際、それを口頭伝承の古い様式に置き換える試みをしていることが見うけられる。また、瞽女はある「祭文松坂」のテーマとは無関係で、必ずしも説経の影響を受けたとはいえないようなフォーミュラも駆使しており、異なるテーマに基づく「祭文松坂」に共通する「コト」あるいは類型的表現の数も少なくない。(41)

「祭文松坂」の創作がどのように行われたのかに関連して、長岡系瞽女の小林ハルの経験が参考となる。彼女は二十一、二歳の頃、坂井キイ師匠と米沢地方を巡業した際、その地方では祭文語りの通称「首振り祭文」を、津川・中津川地方においては祭文語りの「信徳丸」を聞き覚え、あとで記憶をたどってそれらを新しい段物に作りかえていったと報告している。(42) また昭和四十六年（一九七一）にも出湯温泉に湯治に来ていた新潟市女池の渡辺某という素人の老女が、それまで小林ハルは習っていなかった「石童丸」の二段の段物を歌っており、その時小林ハルはその文句を習得し、それに「石童丸」の琵琶歌の文句を加え、三段物に直したという。(43) いずれの場合も、彼女は新しい筋立ての特訓を伝承者に入門して受けたわけではなく、短期間でいくつかの新しいテーマを大ざっぱに覚え、それを「祭文松坂」の様式に編集していったのである。

それ以外にも、小林ハルは、祖父が読み聞かせてくれた本などを新しい詞章の材料として使用していたようである。

以下は彼女の回想である。

昔は読売というのが流行っていて、子どもの帳面みたいな大きさの本を時々売りにきた。私は目が見えないから、孫じさまがその本をさわらせてくれたりした。読売の本には唄だとかまじないだとかいろいろ書かれていて、孫じさまは本の好きな人だったから、私が九つの年の正月に、ごぜ節にちょうどいい本があるといって私にかってくれた。

この読売を孫じさまは毎晩、縄あみや俵あみの夜なべ仕事をしながら私に読んで聞かせてくれた。口説の文句につづき、つづきとある。葛の葉だとか、お七の火あぶり、巡礼などが書かれていた。孫じさまは九十八歳まで長生きした人だったから、私に唄を教えてくれた時はたしか、六十二、三歳だったと思う。(44)

その後、小林ハルは祖父から聞いた詞章を「祭文松坂」に再編成し、人前で演奏した。ところが、師匠にはひどく怒られ、山の中に置いていかれるという辛い経験を味わった。師匠の立場からすれば、新文句の工夫は伝統の破壊を意味し、その演奏は師に対する反逆行為や瞽女の道の否定に他ならなかった。しかし、翻って考えてみるに、小林ハルのこのような営みこそが、元来「祭文松坂」が作られた過程を豊かに偲ばせるともいえよう。

(2)　越後瞽女の演奏における「口語り」の条件と実態

「祭文松坂」の成立には、説経者、祭文語り、浄瑠璃語り師、講釈師などが越後の芸能市場を通して瞽女に種々のいわば原材料を提供し、瞽女はその詞章とテーマを再編成し、詞章を「松坂節」の旋律に載せ、三味線伴奏を付け歌っていた。新しい歌詞の創作過程は当然口頭的であり、説経、祭文、浄瑠璃に由来した様々な常套句が採用されたが、はたして近世中期の瞽女が演奏時に「フォーミュラ」を「即興的に選び取り、それをもって物語を構成して」いたかどうかまでは即決できない。創作された新詞章が演奏の前に工夫され、演奏の時にはすでにほぼ固まっていた場合もあったとも考えられるからである。

それでは二十世紀に録音された越後瞽女唄の場合はどうであったであろうか。山本左右吉の主張する「口語り」となるかどうかを検証するためには、ある曲の詞章が演奏ごとにどれくらい異なるのかを再検討しなければならない。ただし、同演奏者により行われる複数の演奏の間にいくつかの相違点が認められたからといっても、それをただちに「口語り」と断定することもできない。なぜならば、個々の演奏と演奏の間の相違は、その他にも「口語り」的構成法とは無関係な原因が多く存在していたと思われるからである。たとえば、以下のような可能性を考慮しなければならない。

(1) ど忘れ、記憶違い、集中の途切れ、発声の間違いなど。録音されたほとんどの越後瞽女唄は高齢者によって歌われたことからも、こうした要素を特に配慮する必要がある。

(2) 標準語と方言との混同（特に発音、助詞の使い分けなど）。録音資料の全ては二十世紀の演奏であり、僻地に活躍した瞽女でさえマスメディアの普及による影響を免れられなかった。特に録音された杉本キクエあるいは伊平タケのインタビューには標準語の影響が強く感じられる。

(3) 古い作品の文語的表現・語法と瞽女のより新しい日常的言葉使いとの混同（特に動詞の活用、敬語の使い方など）。

(4) 類似する二つの「フォーミュラ」の意図的でない混同、あるいは別の唄の語句との混同。

そこでかりに以上の諸要素を越後瞽女の演奏から排除したとすれば、その結果はどうなるのであろうか。山本が「口語り」の好例として取りあげている杉本キクエの「山椒太夫」の一段目の場合、計約一四九「コト」の内、六「コト」が別の「コト」と取り替えられ、二つの「コト」が前後しており、五カ所では一つの「コト」が抜けており、二つ目の演奏の終わりは少し短縮されている程度である。[45] この相違を無視はできないものの、また計算の仕方により結果は少し異なるが、結局演奏の九割以上は変わらない。つまり、杉本キクエの「山椒太夫」の演奏には、その即興性よりはその固定性の方がはるかに顕著であるといわざるをえない。

そこでもう少し具体的に、杉本キクエがより頻繁に演奏した「葛の葉子別れ」の場合をみてみよう。ここでは昭和二十九年（一九五四）に収録された演奏（杉本キクエのみ）と昭和四十九年（一九七四）の演奏（杉本キクエ・杉本シズ・難波コトミ）の一段目とを並べて比較してみる。以下では、昭和二十九年の演奏を上段に、昭和四十九年の演奏を下段に置くが、そのうちで杉本キクエの弟子である杉本シズ・難波コトミの歌う詞章を、一字下げて表し、その上で昭和二十九年と昭和四十九年とで詞章の違う箇所に傍線を引いた。なお、高田方言と標準語による「ゆ」と「よ」または「い」と「え」の微妙な発音の混同はあえて明記しないことにした。

「葛の葉子別れ」

	昭和二十九年（一九五四）の演奏	昭和四十九年（一九七四）の演奏
1	さればによりてはこれにまた	さればによりてはこれにまた
2	いずれにおろかはあらねども	いずれにおろかはあらねども
3	よき新作もなきゆえに	よき新作もなきゆえに
4		葛の葉姫の哀れさを
5	ものの哀れをたずぬるに	
6	蘆屋《あしや》道満《どうまん》白狐《しろぎつね》	
7	変化葛の葉子別れを	
8	ことはこまかに読めねども	ことはこまかに読めねども
9	あらあら読みあげたてまつる	あらあら読みあげたてまつる
10	夫に別れ子に別れ	夫に別れ子に別れ
11	もとの信太《しのだ》へ帰らんと	もとの信太《しのだ》へ帰らんと
12	心の内に思えども	心の内に思えども

13 いや待てしばし我が心
14 今生の名残りにいま一度
15 童子に乳房《ちぶさ》を含ませて
16 これより信太へ帰らんと
17 保名《やすな》の寝つきをうかごうて
18 さし足抜き足忍び足
19 我が子の寝間へ急がる
20
21 眠りし我が子を抱きあげ
22 目を覚ましゃいの童子丸
23 なんぼ頑是がなきとても
24 母の言うのをよくも聞け
25 そちを産みなすこの母が
26 人間かえと思うかえ
27 まことは信太にすみかなす
28 春乱菊の花を迷わする
29 千年近き狐ぞえ
30 さはさりながら童子丸
31 あの石川の悪右衛門
32 常平《つねひら》殿に狩り出され

いや待てしばし我が心
今生の名残りにいま一度
童子に乳房《ちぶさ》を含ませて
これより信太へ帰らんと
保名《やすな》の寝つきをうかごうて
さし足抜き足忍び足
我が子の部屋へと急がる
我が子の寝間にもなりぬれば
眠りし童子を抱きあげ
目を覚ましゃいの童子丸
なんぼ頑是がなきとても
母の言うのをよくも聞け
そちを産みなすこの母が
人間かえと思うかえ
まことは信太にすみかなす
春乱菊の花を迷わする
千年近き狐ぞえ
さはさりながら童子丸
あの石川の悪右衛門
常平《つねひら》殿に狩り出され

命危うき場所なり
その時この家《や》の保名さん
われに情けをかけたもう
大勢な人を相手にし
ややしとしこと戦えば
自ら命が助かりて
そのまま御恩を送らんと
葛の葉姫の仮姿
これで添うた六年余《よ》
月日を送るそのうちに
にせの契りを結びしぞえ
つい懐胎の身となりて
月日を満ちて臨月に
産んだるそなたもはや五つ

今日《きょう》は信太へ帰ろうか
明日《あす》はこの家《や》を出《いで》よかと
思いしことは度々《どど》あれど
もっといたならこの童子
笑うか這うか歩むかと

命危うき場所なり
その時この家《や》の保名さん
われに情けをかけたもう
大勢な人を相手にいたし
ややしとしこと戦えば
自ら命が助かりて
そのまま御恩を送らんと
葛の葉姫の仮姿
これで添うたは六年余《よ》
月日を送るそのうちに
にせの契りを結びしぞえ
つい懐胎の身となりて
月日を満ちて臨月に
産んだるそなたもはや五つ
われは畜生の身なるぞえ
今日《きょう》は信太へ帰ろうか
明日《あす》はこの家《や》を出《いで》よかと
思いしことは度々《どど》あれど
もっといたならこの童子
笑うか這うか歩むかと

53 そちに心をひかされて
54 思わず五年くらしける
55 葛の葉姫はこの時に
56 なれど思えばあさましや
57 年月《としつき》つつみしかいもなく
58 今日《きょう》はいかなる悪日か
59 我が身の化けが現れて
60 母は信太へ帰るぞえ
61 母は信太へ帰りても
62 今にまことの葛の葉姫はおいでぞえ
63 葛の葉姫はおいでても
64 必ず継母《けいぼ》と思うなよ
65 でんでん太鼓もねだるなよ
66 蝶々とんぼも殺すなよ
67 露地の植木もちぎるなよ
68 近所の子供も泣かすなよ
69 行燈障子もなめ切るな
70 なにを言うても解りゃせん
71 道理ぞ狐の子じゃものと
72 人に笑われそしられて

　そちに心をひかされて
　思わず五年くらしける
葛の葉姫はこの時に
なれど思えばあさましや
年月《としつき》つつみしかいもなく
今日《きょう》はいかなる悪日ぞえ
我が身の化けが現れて
　母は信太へ帰るぞえ
　母は信太へ帰りても
今にまことの葛の葉姫はおいでぞえ
　葛の葉姫はおいでても
　必ず継母《けいぼ》と思うなよ
でんでん太鼓もねだるなよ
蝶々とんぼも殺すなよ
露地の植木もちぎるなよ
近所の子供も泣かすなよ
行燈障子もなめ切るな
　なにを言うても解りゃせん
　道理ぞ狐の子じゃものと
　人に笑われそしられて

母が名前を呼び出すな
こののち成人したならば
論語大学四書五経
連歌俳諧詩をつくり
一字や二字とうかべつつ
世間の人に見られても
ほんによい子じゃ発明じゃと
狐の腹から出《いで》たとて
たねは保名のたねじゃもの
あとのしつけは母さんと
皆人々にほめられな
母は陰にて喜ぶぞえ
母がそなたに別れても
母がそなたの影に添い
行く末長う守るぞえ
とはいうもののふりすてて
これになんと帰らりょうか
離れがたないこち寄れと
膝に抱きあげ抱きしめ

母の名前を呼び出すな
こののち成人したならば
論語大学四書五経
連歌俳諧詩をつくり
一字や二字とうかべつつ
世間の人に見られても
ほんによい子じゃ発明じゃと
なんぼ狐の腹から出《いで》たとて
たねは保名のたねじゃもの
あとのしつけは母さんと
皆人々にほめられな
母は陰にて喜ぶぞえ
母はそなたに別れても
母はそなたの影に添い
行く末長う守るぞえ
とはいうもののふりすてて
なんとこれに帰らりょう
離れがたないこち寄れと
膝に抱きあげ抱きしめ
顔つくづくとうち眺め

93 これのういかに童子丸
94 そちも乳房《ちぶさ》の飲みおさめ
95 たんと飲みゃいのう童子丸
96 母は信太へ帰るぞえ
97 母は信太へ帰りても
98 悲しい事が三つある
99 保名さまともそなたとも
100 左手《ゆんで》と右手《めて》の夫《つま》と子を
101 だいて寝るよな睦言も
102 夕べの添寝はこれ限り
103 母は信太へ帰りても
104 残る一つの案じには
105 お乳は無くてこの童子
106 なにとて母を忘りょうぞ
107 忘れがたなき憂き思い
108 母は信太へ帰りても
109 今一つの案じには
110 人間と契りをこめしものなれば
111 狐仲間へ交じられず
112 母は信太のくれ狐

これのういかに童子丸
そちも乳房《ちぶさ》の飲みおさめ
たんと飲みゃいのう童子丸
母は信太へ帰るぞえ
母は信太へ帰りても
悲しい事が三つある
保名さまともそなたとも
左手《ゆんで》と右手《めて》の夫《つま》と子を
だいて寝るよな睦言も
夕べの添寝はこれ限り
母は信太へ帰りても
残る一つの案じには
お乳が無くてこの童子
なにとて母を忘りょうぞ
忘れがたなき憂き思い
今一つの案じには
人間と契りをこめしものなれば
狐仲間へ交じられず
母は信太のくれ狐

113	身のやりどこもないわいな	身のやりどこもないわいな
114	なんとしようぞえ童子やと	なんとしょうぞえ童子やと
115	哀れなりける次第なり	哀れなりける次第なり
116	さて皆さんにもどなたにも	さて皆様にもどなたにも
117		下手で長いは座の障り
118	次の段にて別れます	
119		これをこの座の段の切れ

まず「葛の葉子別れ」の物語プロパー、つまり「祭文松坂」の全てに共通する前置き（1〜9）と段切れの部分（116〜119行目）以外の詞章について考えてみたい。二十年を経ても、約一〇六「コト」に及ぶ物語に杉本キクエあるいはその弟子が新しく挿入している「コト」あるいは省略している「コト」は、たった四カ所（20、47、92、108）しか認められない。それ以外、新旧の演奏の間の相異は「それより」が「これより」、「寝間」が「部屋」、「我が子」が「童子」、「いたす」が「する」、「狐」が「なんぼ狐」、「これになんと」が「なんとこれに」などとなっており、「フォーミュラ」のレベルよりは単語あるいは発音などのレベルに所属する微妙な変化にとどまる。結論すれば、この演奏の即興性も甚だ乏しく、逆に歌詞の固定性が目立つといえよう。

物語プロパーが忠実な暗記による演奏であることは、歌われた語の意味不明な箇所からも察せられる。杉本キクエの歌う「葛の葉子別れ」（三段目）の場合には魔力を持つ道具の「白面わくじゃはくじゃくききん」、あるいは高田瞽女の万歳（柱立て）にも「ふうてんどうかく」（宮殿楼閣か）など、歌い手にも意味が不明な語句がそのままに歌われていたという。これも言葉を自由に操る演奏というよりは師匠の伝えた語句が、ほとんどその意味を意識されないまま記憶された過程を示唆している。杉本シズによれば、幼少より父親から様々な本を朗読してもらった杉本キクエは歌詞の意味を大体理解していたが、「他の瞽女さんはね——私もそうだけど——唄の意味なんかわからぬ」と告白し、あるいは「昔、高田に大勢瞽女さんあったけど、唄の意味も知っている人いないよ」と説明している。[46] この場合「唄の意味」は当然「テーマ」あるいはプロットの流れではなく、言葉ひとつひとつの意味を指しているのである。しかし意味不明な言葉を自由に即興的に組み合わせることは困難であり、口頭構成法とは相容れない。また、以上取りあげた昭和四十九年の演奏において、杉本シズと難波コトミが共に「祭文松坂」の歌詞をほぼ正確に斉唱しており、これが可能であること自体が、逆に歌詞の即興性の欠如を端的に物語っている。[47]

それとは対照的に、以上引用した「葛の葉子別れ」の詞章の前置きと段切れの計十三「コト」の内、六「コト」は昭和二十九年と昭和四十九年の演奏に共通しているのに対し、七「コト」はどちらかの演奏において欠けている。物語プロパーとは異なり、前置きと段切れこそに「口語り」的要素が強く、まさに演奏者が準備している語句のストックからいくつかのものを自由に選び出し演奏しているからであろう。「山椒太夫」と「葛の葉子別れ」以外の高田瞽女が歌う「祭文松坂」を検討する必要もあるが、以上の二例から判断すれば、高田瞽女の演奏する「祭文松坂」は全体を通して等質的なものではなく、詞章はいくつかの異なる層から成っているといえよう。完全に世俗的な話を繰り広げる江戸中期の歌祭文に、依然として「祓ひきよめ奉るノホホ」で開始し「うやまつて申す」で終了するところが残存していると いう特色とも相通ずる点である。[48]

次に、長岡系の瞽女の演奏はどうであろう。同じ演奏者により再度録音された曲の数は少ないので比較は困難であるが、小林ハルは昭和四十八〜四十九年（一九七三〜七四）に収録した「阿波の徳島十郎兵衛」と「葛の葉子別れ」のそれぞれの一段目を平成八年（一九九六）にもう一度録音している。[49] 二回目の録音の際、小林ハルは九十六歳を越えているので、この演奏がどこまで研究材料として適切かについてはいささか疑問が残るが、それでも新旧の演奏の間に相違点は意外に少ない。昭和四十八〜四十九年に収録された「阿波の徳島」の演奏の約一三四「コト」の内、平成八年の演奏には十一「コト」が抜けており、二「コト」（一カ所）が相前後しているだけである。他には「さて」が挿入され、

「草鞋甲掛け」が「甲掛け草鞋」となり、さらに一「コト」が反復されている箇所以外はほぼ同一とみてよい。もっとも大きな違いは「フォーミュラ」のレベルではなく、段の終わり方に見られる。すなわち昭和四十八〜四十九年に行われた演奏の二段目の冒頭となる部分（最初の二十四「コト」）が、平成八年の演奏では一段目の最後に取り入れられている。杉本キクエの「山椒太夫」の二つの演奏も段の終わり方が異なっていたのと同じく、「段」という単位の流動性のもう一つの証拠と認められよう。

小林ハルが平成八年に演奏した「葛の葉子別れ」の場合には、昭和四十八〜四十九年の演奏と比べて、抜けている「コト」はやや多く、しかも昭和四十八〜四十九年に無かった六「コト」が挿入されている。総じていえば、「フォーミュラ」のストックから選び取られた「コト」が少し増え、高田瞽女の杉本キクエの演奏よりは「口語り」の要素が多い。しかし、演奏の大部分は依然として忠実な暗記に依存すると思われる。しかも高田瞽女と同様、小林ハルも意味不明な言葉をそのまま歌っており、「葛の葉子別れ」にある魔力を持つ道具の「はくじゃ」（白蛇か）と「ききん」をそのまま伝えており、「祭文松坂」権八山入りの段（山中段九郎）には「抜け道」とおぼしき語を「くけ道」と発音している。演奏者に聞いてみると「くけ道」と習ったと言っており、こういう言い方もあったかもしれないが、伝承過程による変化の可能性が高い[50]。

最後に明治十九年（一八八六）生まれの刈羽瞽女の伊平タケが歌う「祭文松坂」（「佐倉宗五郎、舟止めの段」）をみてみよう。伊平タケはこの唄を少なくとも二回録音している。一つ目の録音は昭和四十七年（一九七二）八月二日の演奏であり（以下Aとする）[51]、もう一つは昭和四十八年（一九七三）刊の『しかたなしの極楽』に収録された演奏である（以下Bとする）。少しだけ引用しておこう。ここにも二つの演奏の間で不一致の語句に傍線を引き、くわえて語句が入れ替えられた場合はそれを他の箇所のそれに相当する「コト」の番号によって示した。

「佐倉宗五郎一代記」

	(A)	(B)
1		それはさておきここにまた
2		これは何よと尋ねれば
3		農道の鏡、武士の戒め
4	東鏡の義士伝記	佐倉曙義民伝
5	佐倉宗五郎一代記	俗に宗五郎一代記
6	あまた段かずある中に	
7	舟止めの段と申するは	
8	これより読み上げ奉る	これより読み上げ奉る
9	佐倉の城下に隠れなき	佐倉の城下に隠れなき
10		下総の国つが郡
11	堀田上野様と申するは	堀田上野様と申するは
12	知行高が十一万と五千石	知行高が十一万と五千石
13	上野様の時代より	上野様の時代より
14	取箇の強いということが	取箇の強いということが
15	窓が何尺何寸と	窓が何尺何寸と
16	蓑役鍬やく万《まん》の役	蓑役鍬やく万《まん》の役
17	よ《(い)》ろりに立てたる火箸まで	いろりに立てたる火箸まで
18		子供の玩具の果てまでも

みな役取らるる悲しさに	みな役取らるる悲しさに
	二百六十四か村は　↓A27
あまた百姓はこの時に	
ここでも二軒、また二軒	
所けっしゅう《（しょ）》（闕所）国わ《（は）》らい（払い）	
親は子を連れ、子は親を	親は子を連れ、子は親を
連れて袋を首に掛け	連れて袋を首に掛け
いでる非人が多ければ	いでる非人が多ければ
二百六十四か村の　↓B20	
人種尽きる如くなり	人種尽きる如くなり
途方にくれて百姓が	
なんとしたならよかろうと	
	あまたの人がうち寄りて
	これはこうしていらんれぬと
	二百六十四か村に隠れなき
上岩村の宗五郎様と	上岩村の宗五郎様と
滝沢村の六郎右衛門殿と	滝沢村の六郎右衛門殿と
あまた百姓に頼まれて	あまた百姓の総代に頼んで
花の東《あずま》へ願いにのぼり	花の東《あずま》へ願いにのぼり
願いかなわぬ悲しさに	願いかなわぬ悲しさに

39	御老中へ駕籠訴《そう》いたせしが	御老中へ駕籠訴《そう》いたせしが
40	駕籠訴いたせしその罪で	駕籠訴いたせしその罪で
41	今は佐倉へ奪《ば》いとられ	今は佐倉へ奪《ば》いとられ
42	きびしき獄屋の置き住まい	きびしき獄屋の置き住まい
43	三尺足たらずの詰め牢へ	
44	五尺余たけの両人を	
45	ふたい《(え)》（二重）になして押し入りて	
46	後ろ手錠に戒めて	
47	足枷絆《がしほだ》を打たせられ	
48	首に首たが手に手鉄《がね》	
49	髪の毛天井へくくしつけ	
50	動くものとて脈ばかり	
51	通じるものとて息ばかり	
52	そのこと大久保彦左衛門様は聞くよりも	このこと大久保彦左衛門様は聞くよりも
53		これはこうして置かれぬと
54	堀田上野さまへ願い出て	堀田上野さまへ願い出て
55	大久保様のおん情けで	
56	げにも二《に》人《にん》の罪人を	げにも二人の罪人を
57	めでたく獄屋をもらいさげ	めでたく獄屋をもらいさげ
	（以下略）	（以下略）

いずれの演奏時にも伊平タケは高齢に達しており、Aを録音した鈴木昭英によれば、演奏者は「佐倉宗五郎船止めの段」を「三十数年このかた口にしてみなかった」と述懐していたという。鈴木の求めにより、「一晩寝て思い出し、歌って」いたのである。したがって忘却や思い違いによる相違の可能性は否定できないものの、それでもAとBの最初の計五十七「コト」の内、Aに歌われた「コト」の内その十八はBには認められず、逆にBに歌われた「コト」の内十「コト」はAに欠けている。なお、一カ所（20と27）では一「コト」が前後している。その後も、二つの演奏の間には語句の相異が非常に大きく、伊平タケの演奏の自由さを物語っている。実際、伊平タケが「祭文松坂」を演奏する時にはまずどれほど長く歌ってほしいのかを聴き手に尋ね、要求に応じて演奏する歌詞を調整したという[52]。その点を考慮しても、高田瞽女の杉本キクエの演奏はもちろん、長岡系瞽女の小林ハルの演奏と比しても、伊平タケの場合は「口語り」の好例であると考えられる。

三　越後瞽女唄伝承の社会的環境

上記したいくつかの例からわかるように、越後瞽女の「祭文松坂」の演奏は、演奏者によってその即興性と固定性に大きなばらつきがある。三人の演奏者には詞章の固定している箇所は認められるが、ある演奏では使用されなかった「フォーミュラ」が別の演奏の際には歌われたり、逆に歌詞が省略され、語句にも多少の変化が加えられたり、さらに場合によっては新しい詞章も挿入されたものと思われる。次に、その変化の範囲と度合いについて少し考えてみたい。それを説明するためにはまず高田系・長岡系・刈羽系の瞽女がそれぞれ置かれていた社会的・歴史的環境、とりもなおさず芸能の伝授や再生が行われたコンテクストを検討することが必要である。

近世社会において、師匠は弟子に様々な制裁を加える権利を持ち、師匠のいわば所有物であった歌詞・旋律・構成法などからなる芸は、弟子にとっても貴重な潜在的な財産であり、それを一部なりとも自分のものにすることが修行の目的のひとつであった。そして歌詞・旋律の伝授・再生は、一定の文学的・音楽的意味を含むと同時に、師匠と弟子との関係を集約する象徴的な行為でもあった。師匠の芸を忠実に習い覚え再生しようと弟子が努めることは、師に対する尊敬や謙遜の証であり、また師匠の権威の証でもあったので、そこには即興性と「フォーミュラ」の自由な操作の余地はほとんどなかった。こうした上下関係を維持するために瞽女社会にあっても、目上とされた者に対する「忠誠」の概念、または「恩」の概念が重要な役割を果たした。唄を分けてくれる師匠に対する忠誠と恩の気持ちに基づく行動は瞽女社会の経済的・社会的基盤の安定化に直結していた。また素人が容易に習得できなかった唄を伝承することは瞽女の「職人」としての身分の保証につながっており、瞽女が受けた差別に対抗する有力な手段のひとつでもあった。こうした価値観が働いている限り、弟子分の創作意欲は極力抑制され、歌詞に勝手な変化を加えることもむしろ悪行と見なされたのである。越後各地の瞽女組織が力を増すにつれて、新しい「祭文松坂」の歌詞の創作が許された者の数は次第に減少したと推定できよう。「祭文松坂」の歌詞の原型が一度ある瞽女組に伝わった段階からは、あるいは組の「頭」などにより工夫された後は、たとえ出藍の誉れの高い弟子であってもそれに改竄を加えることは困難であったに違いない。

一方、越後瞽女の公式な学習過程は弟子入りからおおよそ十年から二十一年後の「年季明け」の段階で終了したわけであるが、一人前の瞽女はその後も学習が別の形で続いていたに相違なかろう。ある組の瞽女が巡業中、他の組の瞽女と接した際には、お互いに影響しあったであろうし、またある時は長唄・浄瑠璃の師匠につき稽古を受けたり、祭文語り、万歳などの門付け芸人に出会ったり、さらには聴衆からも流行歌を学んだりすることもあったのである。こうした幅広い学習の結果、やがて越後瞽女のレパートリーに「万歳」、「春駒」、「端唄」など数多くの唄が含まれるようになっていった。こうして瞽女社会に生きた女性たちは、師匠への忠誠心と他者から得られる芸という財産の獲得欲との狭間に、絶えず立たされていたといってよい。

この点を、上に取りあげてきた瞽女を参照しながら、もう少し具体的に検討してみよう。現存する資料から判断するならば、高田・長岡・刈羽、三系列の瞽女による「祭文松坂」の歌詞は、それぞれの組にあった師弟関係の違いによって左右されたものと思われる。高田瞽女の場合、彼女たちは高田の町に集住しており、地方の若い娘の視覚障害者が町の師匠の家に入家し、やがては家督を相続する。こうした瞽女組織は強固な「都市型集団」を形成し、通常師匠と弟子が終生寝食を共にする。実際に杉本キクエの師匠であった赤倉カツが自らの師匠マセが死去するまで師匠と同居し、杉本キクエも赤倉カツが逝去するまで赤倉カツと同居し、また弟子分の杉本シズも杉本キクエが亡くなるまで師匠と同居したのであった。巡業の時は、一家が揃って出かけ、弟子が破門されない限り師匠から離れることはめったになかった。このような組織のもと、師匠は毎日弟子の演ずる唄を聞いていたため、弟子による勝手な変化や創作活動は、かならず師匠の耳に止まったのである。忠誠心や恩などの儒教や仏教に基づく封建的概念を常識とした高田瞽女にとって、弟子の自由な創作は師匠をはじめ、瞽女組織全体に対する不遜の印と見なされたのも当然であった。

長岡系の瞽女であった小林ハルの場合、事情はこれと少し異なっていた。そもそも小林ハルは長岡瞽女のいわゆる「村里型集団」の一員であり、しかも所属する組を相次いで変えていた。長岡瞽女の組は地方に散在し、親方は自分の生家で弟子を養成していた。師匠の家に住み込む「内弟子」もいれば、生家に居ながら師匠の家に通う「通い弟子」もいた。弟子入りをした当初小林ハルは師匠の内弟子となり、「実家へ里帰りするのは、一年に三回、正月、田植えどき、十一月で、一週間か十日くらいであった(53)」と回想しており、こうした環境で多くの唄を習得していった。他の長岡瞽女の中には、逆に師匠を生家に招いて教わることもあった。いずれの場合も、高田系の瞽女とは異なり、師匠が家督を弟子に継がせることはきわめて珍しかった。弟子は師匠から親方になる資格さえ許されれば、どこにいても弟子が取れたが、多くの場合彼女らは、生家で弟子を養成した(54)。そのため高田瞽女と比較するならば、長岡瞽女の師弟関係はやや密度が薄く、高田瞽女の杉本キクエ・杉本シズの言葉を借りれば、長岡の瞽女は親子――つまり師弟――の「情《じょう》というもの」は薄く、ときとして長岡瞽女に「情はない」とまで言われたのであった(55)。

それでも長岡系の瞽女の場合にも、弟子に対しては、詞章と旋律の正確な暗記が期待された。それは単なる語句のストックにとどまらず、ある曲の詞章の正確な伝承を目的としていた。小林ハルが昭和四十六年（一九七一）に話したように、子供の頃は「ゴゼの段物を、師匠の唄うのを一コトずつ、口移しに憶えます。大きくなると五十コトも六十コトも憶えます」と、稽古の様子を語っている。また、実は刈羽瞽女の伊平タケも節を付けないで数コトずつを覚えていったと証言している[56]。また長岡系瞽女の榎本トラも次の通りに説明している。「糸の道を覚えると〈葛の葉〉とか〈八百屋お七〉とかの〈段物〉にかかります。まず一節を親方が、押さえ所や押さえる指を教えてくれながら三回ずつ語ってきかせ、これをまねします。まず段物の文句は、七五で一言《ひとこと》で、普通一時に二十言《こと》覚えるのがきまりです。朝、目が覚めたときや、夜、床に入ってから、習った言葉を口ずさんで、だんだん覚えときます[57]」。この発言からわかるように、弟子入りした若い女性視障者は単に師匠の演奏全体を聴くことで、それを次第に身につけたのではなく、意識的かつ反復的に歌詞を少しずつ暗記していったのである。ちなみに、ロードがユーゴスラヴィアで出会った歌い手はこのような修行を経験せず、多数の芸人から様々なフォーミュラ、詞章、「テーマ」、プロットを聞き、刊本をも参考にしながら自分の芸を磨き上げた[58]。そしてこうした環境であったからこそ、自由で即興性に富む演奏が生まれてきたのである。

小林ハルは杉本キクエと同様、師伝を重視し、「祭文松坂」を人前で語るときは、親方から教えられたものをそのままにしか語れないと述べていた[59]。長岡系の瞽女の弟子も、二十歳前後までは師匠の厳しい監視の目に晒され、習った詞章からの逸脱は、厳に戒められていた。すでに述べたように、小林ハルは子供の頃、祖父が朗読してくれた「口説」の歌詞を勝手に「祭文松坂」に作り替え、聴衆の前でそれを演じた際、聴衆が喜んでいたにもかかわらず師匠は激怒し、彼女は山中で見捨てられるという経験をしている。師匠の激昂の原因は、小林ハルが作った歌詞の稚拙さとは無関係であり、むしろ彼女の創作意欲自体が瞽女組織の秩序を乱すと考えたところにあり、そのための制裁であったものと思われる。

ところが、長岡瞽女の弟子の場合は、やがて師匠から離れ自らが親方となると、師匠に対する忠誠心が内実のない単なる観念と化してしまうという経路をとるものが少なくなく、特に瞽女組織が弱体化した二十世紀にはこの傾向が続いていた。そうなると実際には、師匠から学んだ歌詞をかなり自由に変化・改編・訂正することが可能となるのであった。実際に歌詞にそうした手を加えるか否かは、主に個人の創作意欲、聴衆の所望などといった師弟関係以外の要因によって決まるのが通例であった。長岡系瞽女の芸が過剰に多様化することを防遏するために、長岡瞽女の総本部であった山本ゴイの屋敷には年中見習い稽古人が差し出されていたが、親方となった瞽女にはこうした指導は行われなかった。それが、個人にしても団体にしても、長岡系瞽女の「祭文松坂」が高田系瞽女のそれより自由に演奏・変奏されたことの重要な原因の一つであったと考えられる。

刈羽瞽女の場合には、なおさらこの傾向が強かったようである。伊平タケの時代において、またおそらくそれ以前にも、刈羽瞽女の組織は高田・長岡瞽女の組織より統制が弱く、刈羽瞽女の組々を統括する支配者も存在せず、長岡瞽女の独特な家元制あるいは高田瞽女の特徴であった座元制度もなかった[60]。伊平タケは自身の学習過程について、「わたしが家（師匠の家）へ行って習ろたこともあれば、家《うち》へ来て教えてもろたこともあれば、旅の出先で、みんなして寄り集まって、弟子たちが覚えたこともあれば、その年その年によっていろいろです[61]」と回想している。高田系の杉本キクエ・長岡系の小林ハルのいずれもが経験した師匠の絶対的権威への服従ではなく、ここでは多数の弟子がむしろ師匠を半ば雇い人として扱っていたようである。「お稽古はみんなで、一と月いくらで、お師匠さんから教えてもらう[62]」という形式で、封建的な師弟関係というよりは芸能市場を媒介とする関係であったともいえよう。師匠の伝授する芸は弟子にとって貴重な財産であったことに変わりはないものの、他の芸人あるいは素人から歌詞と旋律を「盗んで」も、その分「財産」が増えることを意味し、それによってなるべく多くの唄を覚えた者は聴衆の要望に答えることもでき、収入も増したわけである。

以上、便宜的に三人の瞽女をそれぞれの瞽女集団の代表者として扱ってはみたが、それ以外に各演奏者個人の個性と独特の経歴も考慮する必要がある。例えば小林ハルは何回も師匠と死別し、他の師匠のところに弟子入りしては「葛の葉子別れ」の歌詞と旋律を、何人もの師匠から習っている。したがって、数人から習った曲と一人から習った曲もあり、「口語り」の要素の顕著な演目とそうでない演目もある。また伊平タケは座敷唄も数多く習得し、芸者を教えた経験もあり、演奏する際は聴衆の所望を第一にしたという。卓越した才能を持つ芸人として、彼女は歌詞と旋律を自由に扱うことを楽しみにしてもいたのであろう。

四　瞽女の「口語り」と瞽女仲間の歴史的変化

越後瞽女の歌う「祭文松坂」も、越後瞽女をとり囲んでいた組織も様々な変化を経験した歴史の産物である。次にその両方の変化の相互関係について少し考えてみよう。残念ながら、越後瞽女の組織に関する史料、あるいは江戸中期・後期の「祭文松坂」の歌詞は甚だ不足しているのであるが、ここであえて私見を述べてみたい。

段階論的に辿ってみれば、高田系・長岡系・刈羽系瞽女のいずれの組織も、十八世紀においては次第にその構成人員が増え、十八世紀から十九世紀には全盛期を迎え、二十世紀に入ると急速に衰え、その後は消滅してしまうという歴史を経験している。越後の瞽女の人口については本書第12章において若干の考察を行ったが、正確な人口の統計はともかく、現在の新潟県に属する各地においては、十八世紀後半から十九世紀にかけて、明らかに瞽女の人口が増加したとみられる。それはもちろんこの時期にとくに女性視覚障害者の絶対数が増加したからというわけではなく、それまでは「親かかり」などとなっていた女性たちが仲間組織を創立・強化し、「瞽女」として認識されることによって、その存在が社会に浮上してきたからである。

瞽女組織の発展には為政者の圧力もあずかっていたと推定されるが、瞽女自らの努力によっても各地域の組織は強化され、同時に師弟関係をはじめ、多くの組織内の人間関係も着々とヒエラルヒー化していったと考えられる。ある程度成員が増加すれば、組織も成り立ちやすく、遅くとも十八世紀半ばからは「縁起」と「式目」が書写・作成され、各地の瞽女組織は広く認められた「仲間」となっていった。組織が強力になるにつれて、芸能の伝授過程は師匠と弟子の個人的関係を越え、組織全体を支える重要な位置を占めるようになった。そのため、各組の所有する伝統がさらに強く意識され、堅持されるようになっていった。この意識は聴衆にも芽生え、「瞽女唄」の演奏と瞽女に与えられた公認された特権との結びつきが強化され、芸能と長年の努力により獲得された社会的地位とは切っても切れない関係で結ばれた。「都市型集団」「村里型集団」を問わず、弟子が組外の瞽女やその他の芸人が伝承した芸を自分のものにし「瞽女唄」の改作（改竄）などを行うことは、すでに見た師匠に対する不遜の印と解されたのみならず、組あるいは組織全体への裏切り行為とみなされるようになる。また各組の中で伝承された昔の流行歌の旋律は由緒ある芸能となり、瞽女と素人芸人との差異の象徴となった。瞽女が専有の「伝統芸能」を保持し、それにより瞽女の独自性――そして瞽女に与えられた諸特権の正当性――が強調され、彼女たちは社会の差別的視線をある程度跳ね返すことができた。その結果、各組の中に伝わった本来多様であった詞章は、次第に固定化せざるをえなかった。「祭文松坂」の各曲から「口語り」が消え、その代わりに組の全員が長い修行と暗記過程を経て記憶し、やがて共有の「テキスト」が成立していった。それによって歌詞の変化が失われその柔軟性が薄れてしまう反面、長大な段物を若い弟子に容易に教え伝えることが可能となり、その時点まで稼業のなかった地方の女性視覚障害者たちは仲間に加入することによって生計を立てることができ、組の人数はさらに増加していったのである。

十八世紀から十九世紀のこの動きは無論越後瞽女特有のものではなかった。ほぼ同時代には家元制度・座元制度が各芸能分野にわたって整備され、越後瞽女唄の歌詞に見られる変化に類似する傾向は他の芸能でもみられるようになった。例えば舞踊・演劇・武芸などの場合は、数多くの「型」ができ、説経・浄瑠璃などには「正本」が作成、上梓され、自流の正当性が強調されながら各流派がその家芸の固定化に努めた。そして家元制度が近世の自由な創作活動を厳しく制限した分、諸流の芸能の普及が急激に加速され、都会の下級町人や地方の農民にまで謡、浄瑠璃、長唄など様々なジャンルが伝播されるようになった。

越後瞽女唄の「口語り」は各仲間の中では次第に委縮していってしまうが、新しい筋立が祭文語り、説経者、講談師、読売などによって紹介されると、組・組織の権力者となった瞽女（あるいは「はずれ」の瞽女）はそれを新しい「祭文松坂」に作り替えることもあったと思われる。作詞・編集にあたっては、既存の「祭文松坂」の「決まり文句」がモデルとなり、これによって「口語り」の構成法がもう一度一時的に復活した。長尺な「段物」が一気に完全に固定化された形を取らなかった場合もあったかもしれないので、最初に工夫された詞章が本人あるいは弟子の演奏によって少しずつ変化していき、さらに他組に伝わった時には再度の編集を加えられたとも推定される。しかし、ある組のメンバーが新曲を繰り返し演奏すると、その効果的な詞章とそうでない詞章、記憶しやすい語句とすぐ忘れられる語句、歌いやすい言葉とそうでない言葉などが自然淘汰され、やがてかなり固定した新しい「テキスト」が誕生した。とはいうものの、各新作の「祭文松坂」の「テキスト」の歌い出しと段切れの部分には相変わらず全ての詞章に共通する「されば」によりてはこれにまた」などといった古いフォーミュラのいくつかが採用され、その部分だけは「口語り」として残っており、演奏によっては大幅に変わることもあった。

二十世紀になると、高田・長岡・刈羽その他の瞽女の組織力が低下し、師匠の弟子に対する統制力、制裁力、あるいは姉弟子の妹弟子に対する影響力も弱くなった。各組・組織のヒエラルヒー的構造とその中の師弟関係は芸能市場に蚕食され、越後瞽女の芸能を縛っていた絆が少しずつ弱くなっていった。こうして日増しに「自由」となっていったからこそ、越後瞽女の多くは長年培ってきた伝統を逆に強く認識するようになり、と同時に創作活動の可能性をも意識しはじめたのではなかったろうか。すでに述べた通り、小林ハルの「俊徳丸」と「石童丸」の改作もその現れであり、伊平タケの「佐倉宗五郎」の演奏の自由さの秘密もそこにあると思われる。

結論を述べるならば、「口語り」の構成法は主に、越後瞽女に堅牢な組織ができあがる以前の演奏方法であったと思われる。越後の瞽女組織の力がいまだ弱かった時期、瞽女の一部は地方都市・在方に散在していた座頭などから芸を学び、説経者、山伏、祭文語りやその他の旅芸人が語った詞章を記憶し、在方住民になじみ深い「松坂節」などの流行歌を歌い、この段階では越後瞽女の演奏と創作はロードが分析したユーゴスラヴィアの吟遊詩人のそれと同様、「口語り」的要素が多く含まれていた可能性が高い。ところが、十八世紀以降、越後瞽女の諸組織が強化されるにしたがい、「口語り」の構成法はかえって衰微した。二十世紀においてその余燼はもう一度小さな炎をあげ、短命ではあったが、録音された越後瞽女唄の中にその姿を微かにとどめている。昭和初期頃には他の瞽女も段物をかなり自由に操るようになり、特に「佐倉宗五郎」など、少し遅れて越後瞽女のレパートリーに入った詞章が口語りの対象となりやすかった。寺泊などで活躍し、長岡瞽女組織を離れた榎本トラが次のように語っている。

同じ段物を語っても、人によって、こまこう唄ったり、荒っぽかったり、手もひとりひとりがちがい、文句も、ちがうものがあります。「佐倉宗五郎」などに、親があるように語る人もいるし、ないように語る人もいます。また、機転の働く人は、自分勝手に文句を入れて、おもしろく語ります。語り方は、長うも短かくも語れるもので、短く語るときは、たたみこむと申します。[63]

このように考えてみるならば、特に当初から組織力が弱く、二十世紀には組織がほぼ完全に瓦解した刈羽組の一員であった伊平タケが「口語り」を堂々と甦らせたことも不思議ではない。

むすび

おおよそ二〇〇年の歴史を持つ越後瞽女の「祭文松坂」は、演奏者によりまた時代によりその構成法が異なり、採録された歌詞を時代や地域を越える等質的な作品として解釈することは賢明ではないと思われる。越後瞽女唄を正しく理解するためには、単なる各曲の語句の構造的分析にとどまらず、即興性と固定性、「口語り」と暗記、創作と伝承などといった要因を、具体的な歴史的条件や社会的環境の文脈にたちかえって分析する必要がある。それによりはじめて瞽女唄というジャンルの特徴を歴史に即して明らかにすることができよう。その際、特に教授と学習の過程とそれに関わる師弟関係、あるいは学習の延長線上にあった巡業などにおいて行われた演奏が、曲の構成法を大きく左右したことは間違いなく、その点に着目する必要がある。

ここではロードの「口語り論」の有効性を否定するつもりはないものの、ロード・山本両者の口語り論が、実際に伝承と演奏の行われていた社会的・歴史的環境をほとんど無視した構造論の一種であることは否めない。越後瞽女唄のみならず、どんな口承文芸においても、採録されたテキストの構造的分析には限界があり、いずれは突破しえない壁に衝突してしまう。ある口頭伝承を充分に理解するためには、口語りがどの時代においてどの程度行われたのか、芸能者の暗記過程はどのような役割を果たしているのか、場所と時代によってそれらはどのように変化したのかなどを検討し、つまり作品をその歴史的・社会的環境に置き直しながらテキストの分析を行う営みが不可欠である。

第14章　越後の瞽女唄
――その音楽形式的要素を中心に――

はじめに

諸々の芸能の構造的要素は社会の歴史的変化によって大きく左右されることは否定できない事実であるが、同時に、それらはある程度の自立性を保持しつづけてきたことも事実である。社会の経済的・政治的条件が一変しても、それが芸能に直ちに反映されるとは限らない。越後瞽女の中心的レパートリーもその例外ではなく、近世以降「瞽女唄」と認識された唄の音階やリズム、歌詞や曲の形式、楽器の奏法などは比較的安定し、これを時事性の強い流行歌と同一視することはできない。一方、長い歌詞や複雑な三味線伴奏を特徴とし、越後の庶民が簡単に習得できなかった越後瞽女唄を不変な「民俗」の産物、あるいは単なる「民謡」と見なすことも賢明ではない。「瞽女唄」の成立と展開を知るためには、都会で育成された芸術音楽に手が届かなかった無数の瞽女がどのような創作活動を行い、「民謡」あるいは他の旅芸人が伝承した原材料をどのように編曲・改作し、またどのように聴き手に「瞽女唄」と認識された唄を編み出したのかを検討することが必要である。瞽女唄が出現したのは原材料が自然の進化過程を遂げた結果ではなく、ひとりの天才瞽女の努力によるものでもない。瞽女唄ができあがるまでには無数の有名・無名の瞽女の日頃の創作活動の積み重ねがなによりも欠かせない条件であった。彼女たち自身が、ある時は意識的な編曲・創作を行い、またある時は長い年月を経て芸を継承してゆくなかで少しずつ唄に変化を加えてきたのであった。

本章においては複数の演奏者の録音による譜例を駆使しながら、このプロセスを可能な限り追ってみたい。瞽女唄の音楽的側面に焦点を絞り、各演奏の音楽的特徴と構造を検討することにより、長い歴史を経て越後瞽女が「商売」となる唄をどのように創作、改作、伝承したのかが、ある程度までは明らかになると思われる。残念ながら越後瞽女唄の録音は例外なく戦後のものであるので、こうした試みには大きな資料的制約がともなう。したがって、以下の推論や結論も必然的に暫定的な性格を帯びざるをえない。

一　越後瞽女の三味線について

「雨降り唄」と「しょんがいな」（譜例14・4、14・9）以外の越後瞽女唄には三味線伴奏は欠かせない。二十世紀に活躍した越後瞽女が普通使用した楽器は中棹か細棹であり、三つ折りが多く、杉本シズは「二つ折りは持ちづらくてだめだね」とその理由を説明している。[1] 猫皮は破れやすいので犬皮を好み、皮が破けた時の応急措置として内山紙を貼って直すこともあった。小林ハルは二十三歳になるまで紙張りの三味線を使用したという。[2] 三味線は旅回りで持ち歩くとすぐ痛むので、何度も修理し、買い替え、指擦りは使わなかったと杉本シズは語る。彼女によれば、昔の三味線は現在のものより駒が高く、弦が若干持ち上がるのでツボを押すには力を要した。調子は本調子、二上り、三下りに限り、調弦のピッチは声に合わせ、「声の楽な時は調子を上げても良いし、声が疲れている時はあまり調子を上げない」という。天保七年（一八三六）の記録に溺死した瞽女の遺品「三味線雨覆桐油袋」が記されており、二十世紀に入ってもよい防水紙がなかったので、雨の日には三味線を守るのに苦労したという。[3]

バチには象牙製、鼈甲製、ツゲ製のものの三種類があり、ツゲ製のものは糸を切らず使いやすかったという。小さい頃は「木のバチのさ、鉛の入った重いバチで、弾かせられた」と杉本シズが述べており、「重ったいバチで速く弾く三味線あるんだよね。あの誰も手習いが弾くのがねえ、『金比羅船々』。それねえ、なるべく速く弾いて」、それでもって三味線の技法を身につけた。

越後瞽女は三味線に紐を付け腰または肩などから下げたのではなく、巡業中、門前に立ち演奏する時は右足を少し前に出し、楽器を膝の上に載せ支えていた。「夜の座」、つまり宿における演奏では正座して演奏した。

三味線伴奏にはバチの使い方・左手の指の動きなどによる音色の変化の工夫が随所に聞かれる。サワリをつけるためのサワリ紙を昔から使用していたが、楽器に指でつけた跡も見られる。歌う時は三味線で静かに伴奏し、声に負担をかけないように努め、しかも詞章を聞き取りやすくする効果もあった。長岡濁沢の古老が説明しているように、瞽女の「三味線の糸がずっと緩んでいるから、ザンコザンコザンコザンコと渋紙太鼓たたくような音だんがの。門鳴って歩くの、調子をピンコピンコピンコピンコと上げていれば声が尽きてしもうから、だから渋紙太鼓たたくような音を出す[4]」。また杉本シズの言葉を借りれば、特に「祭文松坂」の場合、「歌っている時はあんまりその三味線がんがんがんと弾いたんじゃない。文句わからぬでしょう……だから小さい音に弾くんだよね」。通常「ヒトナガシ」(高田瞽女の場合は普通五コト)ごとに三味線独奏の「間《あい》の手」が演奏され、「その間の手を、こんどは息を切っている時に、間の手を力入れて弾いてもいいけど、唄を歌っている時にはあんまり力を入れて弾けばね、唄の文句を人に分からぬ。だからね、小さい音で弾くんだ」と強調している。

三味線の稽古にあたり「口三味線」が採用されることがあった。杉本シズはそれを次のように回顧している。

> 三味線を覚えるってったって、三味線の道へ入っていれば、「てん」とか「つん」とか、「てん」というのは三の糸を放すんだし、「つん」というのは二の糸をさくんだし、「とん」ていうのは二の糸を放すだし。そりゃわかってる

けども、始まりは三味線の道へ入らないうちは「つん」だの「とん」だのなんてったってわからんよ。子供の時はね。調子も大体わかったりさ、そして二の糸をさけば「つん」っていうとか、放せば「とん」、三の糸をさけば「ちん」、放せば「てん」て、それだけわかってくればね、「つん」とか「てん」て言われりゃわかってくる。(5)

刈羽瞽女の伊平タケも三味線の学習過程について「譜なしでね、なんにも。ただチイントンだの。シャンだの。ジャンだのと言うて教えるのだから、面倒なものでございます」と説明している。(6)

越後瞽女唄の演奏に見られるバチの上下の動きに従い、あるいは伴奏の旋律的動機の形によっても二拍子が感じられる箇所は少なくない。ただし、二拍子に当てはまらない箇所も多く認められるので、一定の拍子（meter）を特定することが困難である。以下の譜例にはあえて拍子を明記せず、一拍を基本単位にした。(7) 以上述べたフレーズの途中で三味線伴奏が弱くなったり休止したりすることにより、拍感も弱くなることがしばしばあるが、採譜にあたっては音のおよその長さを示すにとどめた。

二　越後瞽女の入門歌・三味線曲

越後瞽女の弟子はまず簡単な唄の旋律と歌詞を暗記し、次に三味線の手ほどきを受けた。入門歌は通常外部の者に向けて演奏されることはなく、後述する「春の日足」と同様、聴衆の好みに配慮する必要はなかった。

白根市出身の瞽女坂田トキ（明治四十二年か～昭和五十一年［一九〇九～七六］）の説明に「三味線の手ほどきはゴゼも芸者も同じことで〈一本目には池の松、二本目には庭の松〉、〈岡崎女郎衆はええ女郎衆〉なていう人もあるし、おれは〈一本目には池の松〉だったね。それは〈松づくし〉だったね。〈宵は待〉〈黒髪〉〈ひが坂〉〈種蒔さま〉とおしえらっだ」とある。[8] 長岡系瞽女の榎本トラ、賀茂市の近くで初稽古を受けた小林ハル、高田の杉本キクエも皆、最初の稽古で「岡崎女郎衆」を習い、小林ハルによれば「これが三味線の手はじめで、まずは三日かかった」[9]。杉本キクエはそれを覚えるのに普通二十日かかるといわれたが、十日ほどで覚えた[10]。刈羽瞽女の伊平タケも「一番初め「一ツトヤー一夜明ければ賑やかで……」なんて三味線でねエ。そして今度は『岡崎女郎衆』を覚え」たと回想しており、東京都足立区に住んでいた榎本ふじも同じ順で学んだという[11]。

山東京伝の『近世奇跡考』に「をか崎女郎衆といふ小唄《こうた》は、寛文より元禄の頃へかけて、一節切《ひとよぎり》にも三絃《しゃみせん》にも合せて、もつぱらうたひたる小唄なり」としており、「寛永廿一年印本『あふむ新つれ〴〵』(蜀山翁蔵本)と云ふ草紙に、をかざきをどりと云ふ小唄を、つくし琴《こと》に合せて、ひきたるよしをしるす。これによれば、寛永の頃よりはやりし小唄歟《か》」と推測している。京伝はこの唄が長く歌い続けられていたことに注目し「あまたありける小唄のうちに、これのみ一百六十余年の今に残りてうたふはめづらし」と驚いている[12]。

天和二年(一六八二)刊『好色一代男』にも、筑前柳町の遊女の技芸のおぼつかないことを井原西鶴が「やう〳〵此ほど岡崎を覚たる手つきして、兄やかましき撥をと」と述べ、当時九州においても「岡崎」が初心者の三味線稽古に使われたことを窺わせる[13]。十返舎一九の『東海道中膝栗毛』にも、岡崎の宿において「此しゆくのこうきぶし、うたふこへにぎやかきこゆる」とあり、「こうき」とは「岡崎」の音読みであるとすれば、文化二年(一八〇五)頃には現愛知県でもこの唄が酒盛り唄として歌われたことになろう[14]。

「岡崎女郎衆はよい女郎衆」という歌詞について、三田村鳶魚は東海道の岡崎宿に実際には遊女はいなかったと論じており、万治三年(一六六〇)には道中宿々の遊女が禁ぜられたことも指摘し、「ついに解説を得ないことになる」と結論づけている。しかし、万治三年(一六六〇)の禁止令が必要であったことはその対象であった遊女が存在していたことを示唆している。すでに寛永頃に一世を風靡した「岡崎踊り」は別として、江戸を中心に流行した唄を集めた寛文四年(一六六四)刊『糸竹初心集』にも「おかざき」が所収され、この唄が禁止令以前に成立していたことが推測できる。徳川家康の生地であった岡崎は水運の要所として発展した城下町であり、「女郎衆」が全くいなかったとは考えにくい。さらに、近世前期の言葉使いに「女郎」は必ずしも「遊女」あるいは「飯盛り女」を指す語とは限らず、若い女性一般を示す用語としても使われたことを勘案することも必要である。

『糸竹初心集』以外にも「岡崎女郎衆」の琴譜、三味線譜、一節切譜は江戸前期に刊行された初心者向きの音楽書に含まれ、その復原はある程度可能である。以下においては、古譜の音を単純に五線譜に書き換えた。正確なピッチには議論の余地はあるが、大まかな旋律線は復元可能である（譜例14・1）[15]。高田瞽女の奏でる「岡崎女郎衆」と比較するために杉本キクエの演奏も採譜した（譜例14・2）。杉本キクエは六歳のころ杉本マセ（弘化四年～昭和七年［一八四七～一九三二］）の養女となり、後に上越市東本町四丁目において自らの弟子の杉本シズと手引きの難波コトミ（大正四年～平成九年［一九一五～九七］）と同居していた。高田瞽女が残した「岡崎女郎衆」の唯一の録音として貴重な資料である。

「岡崎女郎衆」

譜例14・1　「岡崎女郎衆」（比較譜）

『糸竹初心集』寛文四年（一六六四）京都版、寛文十二年（一六七二）改版。『日本歌謡集成』第六巻、一九七頁（琴譜）による。

『紙鳶《いかのぼり》』貞享四年（一六八七）初版（所在不詳）、元禄十二年（一六九九）の永田調兵衛版が知られる。『日本歌謡集成』第六巻、二二八頁（一節切譜）による。

『大幣《おおぬさ》』初刊年不詳、元禄十一年（一六九八）の永田調兵衛版が知られる。『日本歌謡集成』第六巻、二五八頁（三味線譜）による。

『高田瞽女』、『越後瞽女のうた』、Columbia FZ-7011-14

譜例14・2　「岡崎女郎衆」

録音：昭和四十九年（一九七四）五月か
唄：杉本キクエ、杉本シズ、難波コトミ。三味線：杉本キクエか⒃
音源：『越後瞽女のうた』、Columbia FZ-7011-14
音階：G′；A′-C″-D″；E″（前半）
　　C′；D′-E♭′-G′；A′-B♭′（後半）
歌詞：
　岡崎女郎衆《じょろしょ》、岡崎女郎衆
　岡崎女郎衆はよい女郎衆

譜例14・1と14・2に採譜した「岡崎女郎衆」はいずれも単純明快な曲であり、旋律を近世初期板行された楽譜と比較すれば、リズム、旋律の構造・輪郭などはほぼ完全に一致していることがわかる。古譜に記されたピッチが正確であるとすれば、旋律は一貫して「民謡テトラコルド」（B-D′-E′；E′-G′-A′；B′-D″）から成っている。それに対し、高田瞽女唄の最初のフレーズの中心はA′-C′-D′という民謡テトラコルドから構成され、反復記号に続くフレーズにC′がB♭′に変わるなど、このフレーズはD′-E♭′-G′；A′-B♭′の「都節テトラコルド」に転調する。時代が経つとともに、音階構造が次第に「民謡テトラコルド」から「都節テトラコルド」に移動したと推察できよう。それでも二十世紀の瞽女の演奏の全体構造が古譜をかなり忠実に再現していることは注目に値する。

高田瞽女がいつから「岡崎女郎衆」を入門曲として採用しはじめたのかは確かめようがないが、少なくとも数世代にわたりこの曲は大きく変わることなく師匠から弟子へと受け継がれた。この事実は、唄の正確な口頭伝承が可能であったことを明らかにしている。だとするならば、時代とともに大きくその姿を変えていった他の瞽女唄の場合は、変化がかならずしも「自然」なあるいは「無意識的」な過程の産物でなかったことを物語っていよう。それらの変化の背後には何らかの意図的な「作曲」あるいは「編曲」の営みが潜んでいると考えられるのである。つまり越後瞽女は自分のレパートリーを単に他人から受動的に受容し、そしてしかたなくそのまま弟子に伝えたのではなく、むしろそれを能動的に整備・改作したと考えるのが妥当であろう。

譜例14・3　「金比羅船々」
録音：昭和五十二年（一九七七）前後か
三味線：杉本キクエ
音源：『瞽女——伝統高田瞽女の記録』、テイチク BH 1528–29
音階：**A–B$^{\flat}$–D′; E′–F′–A′; A′–B′/B$^{\flat}$′–D″; E″–F″**

越後瞽女のもうひとつの入門曲であった「金比羅船々」は瞽女が三味線独奏曲として伝承し、その元は香川県仲多度郡琴平町を中心に歌われた酒盛り唄であるとされている。象頭《ぞうず》山の中腹にある金比羅大権現は古来、海上守護の神として漁師・船頭衆の崇敬が篤く、無数の参詣者のために門前町琴平は殷賑をきわめ、酒席で参詣者相手に「金比羅船々」が歌われた[17]。幕末から明治にかけてこの唄は全国に広く普及し、『俚謡集拾遺』には明治二十七年（一八九四）の流行歌として「金比羅ふね〳〵追風に帆あげてシュラシュシュツシュ、シュツシュ、まはれば讃州那珂の郡、象頭山金比羅大権現、一度廻りて金比羅船々シュラシュシュツシュ」の歌詞が所収されている[18]。日本俗謡には珍しい早口の唄である。

高田瞽女は「金比羅船々」の旋律を三味線に載せ、前述したように弾く早さを競争した。杉本シズは、「二人でその競争でね、してたんだよ、それね、誰が速く弾かれるっていうんで、その重いんで、木のバチの、鉛のは入ったバチでね、誰が速く弾く、誰が負ける勝つするって競争したんだよ」と振り返っている[19]。信州飯田の瞽女もこの曲を手ほどき用として採用していた[20]。

「金比羅船々」は二上りの三十二拍の旋律で、音階は半音を含む「都節テトラコルド」を主な素材としている。旋律が反復される過程でテンポが急に加速し（♩.=約一五五〜一六〇まで）、そして終わりにはまた元の早さに戻っている。数回反復されることもあり、加速の程度は演奏により異なっている。遊び心豊かで奏者が楽しんで弾く曲である。後述する「門付け唄」の多くと同様、越後瞽女は「金比羅船々」という唄の持つ社会的機能を転換させた。このように瞽女は自らのニーズに合わせて、すでに広く流布していたはやり唄を作りかえ、レパートリーを広げていった。

三　門付け唄

越後瞽女は「門付け」活動を「騒いで廻る」あるいは「門廻り」と称し、一日に六十〜百軒は廻れたという[21]。門付け活動には主に二つの目的があった。その一つは、瞽女が村に来たことを村人に知らせること、もう一つは村人が提供する布施などを収集することにあった。地元において「瞽女唄」と認識された唄、つまり他の芸人が演奏せず流行とは一線を画していた「雨降り唄」、「こうといな」、「かわいがらんせ」、「祭文松坂」、「瞽女万歳」などを演奏することによって、瞽女はその来村を知らせたのである。一方、少しでも高額な合力を得るためには、村人の好む唄も門前で演奏することが得策であり、様々な流行歌、あるいは巡業地に根付いていた唄も門付け唄として使われた。長岡系の瞽女は刈羽を廻る時には刈羽郡で人気を博した「門付け松坂」を歌い、上州を廻る際は住民の好みに合わせて人気の高い「口説」を門付け唄に、高田瞽女は信州では「庄内節」などを歌うことが多かった。

瞽女や他の門付け芸人は一日中歌いながら巡業したので、声への過剰な負担が死活問題となった。不在者宅の前で歌うことは無駄な努力であったため、芸人の多くはまず三味線を鳴らし住民の有無を確認した。家の者が現れた場合でも、演奏をなるべく短時間で済ませ、早く合力などを受け取り次の軒に赴くことが原則であったが、唄好きの住民がさらに演奏を依頼し余分の布施を提供してくれる場合にのみ芸人は三味線の調子を上げ本格的な演奏を披露した。

高田瞽女独自の門付け唄三曲を見てみよう。

譜例14・4　「雨降り唄」

録音：昭和四十八年（一九七三）七〜九月
唄：杉本キクエ、杉本シズ、難波コトミ
音源：『越後の瞽女唄』、CBS Sony SODZ 1–3
音階：F′–G′；A′–C″–D″
歌詞：

（梅か）桜か蓮華の花か、そこでござるやみやとのさ

雨の中の門付けでは三味線の皮が痛む。したがって雨天の際、高田瞽女は無伴奏の「雨降り唄」を歌いながら軒々を廻っていた。歌詞は短く、冒頭の「梅か」は省略可能であった。譜例14・4に採譜した演奏に三人の瞽女が斉唱しているが、(1)、(2)、(3)で示したように、「歌い出し」（または「歌いはじめ」、以下「歌い出し」に統一）は若干ずれており、それは演奏の不正確さによるものではなく、この唄の独特の演奏様式に他ならない。また終わりからの八、九つ目の音から三人の旋律は少し異なり、ヘテロフォニックなテクスチュアとなっている。旋律の音域は狭く、六度を越えておらず、装飾音は少なく、テンポも早くなく、三味線を鳴らさず朝から晩まで断続的に続く演奏から生じる疲れを最小限に食い止めるように工夫されている。

譜例14・5　「かわいがらんせ」

録音：昭和五十四年（一九七九）六月二十七日
唄・三味線：杉本キクエ。唄：杉本シズ
音源：『瞽女唄』（上越市発足二十周年記念）、新潟県上越市、平成三年（一九九一）
音階：（A–D´）；E´–G´–A´；A´–C˝–D˝；E˝–G˝
歌詞：

せよ通《かよ》ても逢われぬ時は
お門とびらにそりゃ文《ふみ》を書く
お門とびらにそりゃ文《ふみ》を書く

高田瞽女は「かわいがらんせ」（譜例14・5）という門付け唄をとりわけ春廻りに歌ったという。歌詞の三つの句の最後の二つが同じであり、旋律の b c も互いに近似しているので、唄全体を a b b´ の構造を持つ曲と解釈できよう。使用した録音では二人の演者が斉唱しており、師と弟子であるにも関わらず二人の歌う旋律の間のズレが目立つ。杉本シズは「同じ調子だけれども、節回しの出し方で、声を上にあげる人もあるし、下げて歌っている人もあるよ」、「それは自分の思い思いだから」とこの唄の歌唱法を説明している。[22] 譜例14・6に採譜した「こうといな」も同様である。音階は半音が含まれておらず、もっぱら「民謡テトラコルド」から構成されている。

譜例14・6　「こうといな」
録音：昭和五十四年（一九七九）六月二十七日
唄・三味線：杉本キクエ。唄：杉本シズ
音源：『瞽女唄』（上越市発足二十周年記念）、新潟県上越市、平成三年（一九九一）
音階：（D–G–A）；A–C´–D´；E´–G´–A˝：A˝–C˝–D˝

歌詞：
いろはエいろは紫、目もとは浅黄
忍ぶ心はエくやよ染めエ
忍ぶ心はエくやよ染めエ

「こうといな」（譜例14・6）も高田系瞽女特有の門付け唄であり、主として夏廻りに演奏された。「こうといな」の意味は定かでないが、福井県などの方言に「地味な様」を意味する「こうとい」という語がある。採譜した演奏は二人の瞽女（師匠と弟子）が斉唱しており、ここでもそれぞれの旋律が少し異なっており、自由に歌唱された。「かわいがらんせ」と同様、旋律は三つのフレーズから成っている。最後の二フレーズは互いに酷似しており、歌詞も繰り返されるので、全体の構造は a b b′ と見てよかろう。

竹内勉は「こうといな」の詩形や歴史的成立過程を分析し、この唄を「新保広大寺《しんぼこうだいじ》」（譜例14・12と14・13参照）の本歌と判断している。旋律上は類似する点が認められるが、詳しい分析は後の「新保広大寺」の項で行う。[23]

以上譜例14・4から14・6に採譜した三曲は高田瞽女を代表する門付け唄であり、瞽女以外はほとんど歌わなかった。一方、次の三曲（譜例14・7から14・9）は瞽女のほか、巡業先々の庶民も歌い、人気の高い民謡あるいは流行歌であった。

譜例14・7　「庄内節」
録音：昭和五十四年（一九七九）か
唄・三味線：杉本キクエ。唄：杉本シズ
音源：『瞽女唄』（上越市発足二十周年記念）、新潟県上越市、平成三年（一九九一）
音階：C′–D′；E′–G′–A′；A′–B′/ C″–D″；（E″–G″–A″；B″）

歌詞：
遠くはなれて、会いたい時は、
月は鏡に、なればよい

高田系瞽女は「庄内節」を主に秋の門付け活動に使用し、特に信州を巡業した際によく歌っていたという。「信州の人はね、唄ね、好きでさ、ああ瞽女さんは来た、お蚕さんに聞かせてもらう。お蚕さんはとても三味線の音が好きなんだって……桑を食べる音にバサバサバサバサという音していてもさ、私らそっといって三味線を弾くとね、何の音もさせないでね、頭をあげて聞いているんだって」と杉本シズが回想している。[24] 越後瞽女は「庄内節」を酒盛り唄としても演奏したと杉本キクエが証言している。

「庄内節」は山形県北西部地方の酒盛り唄に由来し、種々の芸人が好んで歌った。庄内地方の酒田には北前船が寄港し、九州の騒ぎ唄の「アイヤ節」がこれらの船で運ばれ、これが「庄内ハエヤ節」となり東北各地に普及し、津軽方面などでは「庄内節」と称されたようである。庄内では「拳《けん》唄」として流行し、二人一組の踊り手がこれに合わせて踊った。また新潟県東蒲原郡の津川民謡の「めでた」の原調も「庄内節」であると考えられている。[25] 長岡系瞽女の小林ハルは「庄内けん節」を八歳の時、親方の樋口フジ（明治十年～大正十一年［一八七七～一九二二］）の手ほどきで習ったという。[26]

譜例14・7に採譜した唄は短い三味線前奏で開始される。歌っている二人の瞽女のそれぞれの旋律はかなり異なり、「かわいがらんせ」などと同様、ある程度ヘテロフォニックな歌唱法が採用されている。唄は基本的には三フレーズ構造を持ち、唄全体が幾度も反復されている。音階は基本的には「民謡テトラコルド」から構成されており（しかしB′のピッチは曖昧で、C″と解釈することも可能であろう）、三味線伴奏は主に開放弦が鳴り響き、明快にリズムを刻み込んでいる。

譜例14・8　「岩室」
録音：昭和四十二年（一九六七）二月二十三日
唄・三味線：加藤イサ、金子セキ、中静ミサオ
音源：『瞽女うた――長岡瞽女篇』、オフノートON 38
音階：(A)–C′; D′–E′–G′; A′–C″–D″; E″–G″
歌詞：

咲いた花より咲く花より
咲かぬ主《ぬし》のイヨそばがいい

「岩室」（譜例14・8）は主に長岡瞽女が門付け唄として使用した。演奏者の加藤イサ（明治二十九年［一八九六］生まれ）は六歳で失明、長岡市深沢町の村松キヌ（芸名キサ、元治元年～昭和十五年［一八六四～一九四〇］）に入門した。その後は他の瞽女にも師事し、昭和三十五年（一九六〇）、依然として現役であった長岡瞽女の中静ミサオ（大正元年～昭和五十五年［一九一二～八〇］）や三島郡越路町大字岩田（現長岡市岩田）の金子セキ（大正二年［一九一三］生まれ）が所属した岩田組に入った。手引きの関谷ハナにくわえて、四人で五年ほど旅回りした。金子セキは同村の堀フサ（芸名リテ、慶応元年～昭和十三年［一八六五～一九三八］）に弟子入りして芸を覚えており、中静ミサオも堀フサについて稽古し、中静マス（長岡組の瞽女頭最後の六代目山本ゴイ）に師事した経験もあった。[27]

小泉蒼軒（寛政九年～明治六年［一七九七～一八七三］）が編んだ『越志風俗部、歌曲』（天保九年［一八三八］写）には「岩室盆踊甚句郎ふし」として「石瀬かよひが病ひとなりて、今は岩室の温泉もきかぬ」など五首があげられている。[28]しかし長岡瞽女が歌った七七七五調の「岩室」または「岩室くずし」が特徴とする三句目の終わりの「イヨ」という囃子詞は「岩室盆踊甚句郎ふし」には認められない。[29]また現行の「岩室甚句」という有名な民謡の旋律は温泉宿の芸者な

どが大きく改作したと思われ、長岡瞽女唄の「岩室」とは共通点に乏しい[30]。

リズムと雰囲気から判断すれば「岩室」はテンポの早い甚句であり、「岩室甚句」の原型から派生したものかもしれない。譜例14・8に採譜した録音では三味線の弦をやや緩め、疲れないように低い声で歌われた。また繰り返し開放弦を響かせるところは伴奏の音量が大きく、瞽女の来訪を告げる役割をも果たしたと推量される。

旋律は明確に二つのフレーズに分かれており、両方はG′から一オクターブ高い音域に上昇し、すぐに方向を変え緩やかに元のピッチより少し低い音域にまで下がる。音階はもっぱら「民謡テトラコルド」から構成されており、三味線の三の弦（最も高い弦）は旋律の輪郭をなぞっている。採譜した録音では瞽女三人が旋律を斉唱している結果、装飾音は聞き取りにくく、正確に採譜することは困難である。

譜例14・9 「しょんがいな」

録音：昭和四十八〜四十九年（一九七三〜七四）

唄：小林ハル

音源：新発田市教育委員会蔵の録音テープ

音階：C′；D′–E′–G′；A′–C″

歌詞：

かずの宝をかきとめる、
おらもあとからかきとめる
しょんがいな、しょんがいな

譜例14・9に採譜した「しょんがいな」を演奏する三条市三貫地《さんがんじ》出身の小林ハル（芸名チヨノ）は複雑な経歴を持っている。五歳のころ賀茂市後須田の樋口フジに弟子入りしたが、十六歳の頃には師匠に「お前の声は死んだ馬より悪い」と叱られたのがもとで、師匠に暇を貰い、長岡中条《ちゅうじょう》組の傘下にあった五千石（現燕市五千石）の「地蔵堂のハツジサワ」親方（大正十年［一九二一］没）に移籍した。小林ハルがこの組に入った時期には総勢四十五人ほどの瞽女がここに所属していたという。ハツジサワ親方の死去後、小林ハルは一時実家に帰り、その後間もなく白根市大郷組に属した坂井キイ（明治十四年～昭和三十五年［一八八一～一九六〇］）に出会い、一緒に巡業してくれないかと頼まれた。坂井キイはまだ自らの弟子を持っていなかったが、小林ハルは承知し、三十二歳まで坂井キイと在方を廻り、芸能活動を共にした。[31]

長岡瞽女は元旦から一月十一日までは巡業をひかえ、十一日は「瞽女の年始」といい、早朝のまだ暗い内に「しょんがいな」を歌いながら長岡の表町・裏町を廻った。[32]文化十四年（一八一七）成立の『越後国長岡領風俗問状答』によれば、この日は「蔵開き」でもあり、商家は主人から召使いまで裃を着、様々な物を具え、「めでたきことなどいゝつゞけ」、「小謡」を歌った。[33]商人の町であった長岡では、瞽女の「しょんがいな」が縁起物として歓迎され、朝早いほど喜ばれ、瞽女は午前八～九時頃にはもう宿へ帰ったという。真冬の寒さの中で三味線を演奏することは困難であったためか、小林ハルは無伴奏で歌っていたようである。[34]「しょんがいな」は一月十一日以外にはあまり歌われなかったようである。

瞽女唄の「しょんがいな」の名称から察するところ広く分布していた「しょんがえ節」と関係があるものと考えられる。明治初期から最も広く人口に膾炙した座敷唄の歌詞は「梅はさいたが、桜はまだかいな」で始まるものであり、昭和初期まで人気を維持していた。[35]上方、江戸・東京などにおいて端唄・俗曲として歌われた「しょんがえ節」の旋律は長岡瞽女の「しょんがいな」に近似している。[36]後者は特に単純明快な旋律を持つ曲であり、四拍（小節）目と十一拍（小節）目の微妙なシンコペーションに特徴がある。装飾音はほとんど認められず、音階は「律テトラコルド」と「民謡テトラコルド」から成り立っている。音域も一オクターブ以内に収まり、厳寒の中で行われる演奏で声帯になるべく負担をかけないように工夫されている。

譜例14・10と14・11に採譜した唄も越後瞽女が演奏した重要なジャンルでありながら、その一部を略式で門付け唄として歌うことも可能であった。

譜例14・10　「春語り万歳」

録音：昭和四十八～四十九年（一九七三～七四）
唄・三味線：小林ハル
音源：新発田市教育委員会蔵の録音テープ
音階：**A–B–D′; D′–E′–G′; A′–B′–D″**
歌詞：

めでたいどころはご万歳
鶴よ亀よ［イ］知行重ねておんとく若には
ご万歳とはきみに栄えておわします、
愛嬌ありけるあらたま［の］
年取るその日のあしたには、
水もわかゆる木の芽も咲く
ちそう公は玉の冠こうべにめす、
がくや打ったる剣はり
ゆずりはをば口に含ませ、
五葉の松をばおん手に持つ
真におめでと候いける

「しょんがいな」の一月十一日の門付けが終わると、長岡瞽女は「春廻り」、「春語り」といい、市内近郊を廻った。長袖を着て、襦袢をさげ、脚絆をはき、頭にお高祖《こそ》頭巾で、マントを着て、足は藁靴か雪下駄であった。一月から二月に行われたこの巡業には「春語り万歳」の一節が歌われ、普通の門付けとは異なり、必ず「おめでとうございます」と挨拶をして上り、座って歌う風であった。したがって、多くは廻れなかったという。[37] 嘉永二年（一八四九）の『北越月令』の「此月万歳の類」の項に、「瞽女も又三味線ひきて、めでたき唄をうたひ、家々の門にたち銭をもらふ」とあり、瞽女万歳の歴史がかなり古いことを示している。[38]

譜例14・10の「春語り万歳」は長岡瞽女が通常歌っていた万歳が簡略化された唄であり、才蔵のセリフも省略されている。譜例14・42（小林ハル・土田ミスの演奏による「万歳」）と比較してみれば、瞽女万歳の特徴である即興性に富むメリスマの少ない太夫の旋律は認められるが、三味線伴奏が簡素化され主に開放弦と（E′）-D′-B-A の短いモチーフの変形が奏でられている。

瞽女万歳の詳細については後の第八節第一項を参照されたい。

譜例14・11　「門付け葛の葉子別れ」
録音：昭和四十八〜四十九年（一九七三〜七四）
唄・三味線：小林ハル
音源：新発田市教育委員会蔵の録音テープ
音階：（A-D′）; E′-G′-A′; A′-C″-D″; E″-G″-A″; A″-C‴
歌詞：

　ものの哀れや尋ねれば、
芦屋道満白狐変化に、

葛の葉子別れを
あらあら読み
(以下略)

高田・長岡・三条方面において、瞽女が「段物」を門付け唄として歌うことは稀であった。しかし戦後長岡瞽女が「門付け葛の葉子別れ」(譜例14・11)を編みだし門付けの際に演奏した。小林ハルによれば、一人で巡業する場合、一軒につき「ヒトナガシ」が歌われ、その隣ではその続きを歌う。「ヒトナガシ」の長さは、以上採譜した三《み》コトの時もあり、四〜六コトからなることもあった。二人以上で廻る場合は、「ヒトナガシ」ずつ交互に歌っていた[39]。

長岡瞽女の関根ヤス(旧姓早川、瞽女名セイ、明治二十六年〜昭和四十八年[一八九三〜一九七三])が説明している通り、「越後で正月さわぐどき(門付けを行う時)は、祭文松坂歌うているどきもあるし。門付けらこての。正月は家に入っての、膝突いて歌うがらしさ。そんどき、祭文松坂、あれもいうし、万歳もいい[40]」。昭和初期の村上市周辺の瞽女も「葛の葉子別れ」を門付け唄として演奏し、「上がる金高によって長短があった。そして次の家行くと、その続きを語っていった」と説明している。家によっては「さあ上がれ、上がれ」と招き入れて、長く語らせる家もあったようである[41]。

「夜の座」で瞽女が披露した「祭文松坂」と較べ、小林ハルの録音した「門付け葛の葉子別れ」(譜例14・11)は非常にコンパクトである。十三拍の短い前奏の後、三つのフレーズがほぼ連続して歌われ、フレーズとフレーズの間には間奏が挿入されていない[42]。小林ハルが門付け以外の際に歌唱した「祭文松坂」(坂井キイ師匠の節、譜例14・28参照)と比較すれば、「門付け葛の葉子別れ」では「歌い出し」のフレーズが省略され、通常の「祭文松坂」にある[a][c][d]の三つのフレーズに相当する旋律のみが確認できる。後奏も短縮され、最後の歌い収めの部分は見られない。

「門付け葛の葉子別れ」などに見られる唄の短縮によって効率的な門付け活動が可能となった。前奏・後奏を延長することにより声帯への負担も軽減された。逆に「夜の座」の演奏において、普通の長さの前奏・間奏・後奏を含む三フレーズ型の曲はかえって話の進展を長引かせ、小林ハルは普段は四フレーズから構成されている旋律を演唱した。

四　「新保広大寺」

元禄頃に越後国南魚沼郡新保村（現十日町市下組《しもぐみ》）の広大寺門前の豆腐屋の娘に和尚が迷ったことが発端で、瞽女と座頭が唄を工夫し広く普及させたのが「新保広大寺《しんぼこうだいじ》」（越後瞽女は「新保」を「しんぽ」と発音することが多い）であるという説がある。その真偽はともかく、この唄の人気は高く、文化四年（一八〇七）に成立し、大坂で上梓された『弦曲粋弁当、四編』には二種の二上りの「しんぼかうだい寺」が所収されており、文政五年（一八二二）、上方で成立した『浮れ草』（国々田舎の唄部）にも二種の歌詞にくわえて「崩し」七種も含まれ、天保九年（一八三八）成立の『越志風俗部、歌曲』に「妻有《つまり》庄、新保村曹洞宗高泰《広大》寺なりときけり」とあり、「高《広》大寺はなで来ぬきやらぬ、御堂が建つとて来ぬきやらぬ」など九種の歌詞が見られる。(43) 瞽女をはじめ、飴売りなどその他の大道芸人が「新保広大寺」のヴァリアンテを歌い、その一種がやがて後述する「口説」の原調ともなっていた。(44)

無数のきわどい替え唄が存在する「新保広大寺」は明治以降、主に酒宴を盛り上げるために歌唱された。越後瞽女の場合、長岡系瞽女の榎本トラによれば、門付けには「草津節」、「小原節」などの流行歌を歌い、夜の座では「宿うた」あるいは「宿払い」として「新保広大寺」を演唱したという。榎本トラが歌っていたのは旋律の細かい「細か広大寺」であった。それが終わると、やはり二、三の流行歌を披露したという。(45) 刈羽瞽女と高田瞽女もそれぞれ「新保広大寺」を録音しており（譜例14・12、14・13）、次にこの二曲を簡単に分析したい。

譜例14・12「新保広大寺」
録音：昭和四十八年（一九七三）
唄・三味線：伊平タケ
音源：『しかたなしの極楽』、Nadja PA-6034-35（Trio Records）
音階：（唄）G-A；A-C′-D′；E′-G′-A′；A′-C″-D″；E″（本文参照）
歌詞：

新保ナエー広大寺が
めくりこいてヤーレー、負けたナー、
（アイートモイートモ）
袈裟も衣も
ヤレサ質屋におくてばナエー
（アイートモイートモ
一時こうなりゃ、手間でも取るかい、
後でもへるかい、いいこと知らずの
損とりづらめが、イートモソリャコイ）

譜例14・13「新保広大寺」
録音：昭和四十八年（一九七三）七～九月
唄・三味線：杉本キクエ。掛け声・囃子詞：杉本シズ、難波コトミ
音源：『越後の瞽女唄』、CBS Sony SODZ 1-3

音階：D–F–G；A–C′–D′；D′–F′–G′；A′–C″–D″
歌詞(46)：

新保サエ広大寺はどこから出たヤレ和尚だな
（アいいともまだこい）
新保新田からサ出たヤレ和尚だサエ
（ほらなんきんちゃぼだか骨つくようだよ
戸板に豆だかごろつくようだよ
へエんてばなっちょなこんだよ）

譜例14・12に採譜した唄を演奏する伊平タケは新潟県刈羽郡刈羽村油田《あぶらでん》に生まれ、五歳の時に麻疹で失明、当年秋に刈羽郡藤井村（現柏崎市）武田ヨシに弟子入りした。明治二十六年（一八九三）一月十八日には師匠が死去したため、その春、武田ヨシの兄弟弟子の小林ワカに師匠を替え、二十二歳で年季明けを迎えた(47)。伊平タケは「新保広大寺」をすでに昭和十八年（一九四三）八月三十一日にも録音している。旋律は譜例14・12に採譜したものと大同小異であるが、前者は三味線伴奏がかなり細かくて早い(48)。昭和十八年（一九四三）に録音された三節（い・ろ・は）は『日本民謡大観』に採譜されており、第二節と第三節が囃子詞で締めくくられている。囃子詞の挿入はかなり自由に行われたようである。譜例14・12の基となっている昭和四十八年（一九七三）の録音では、それは欠落しており、長岡系瞽女の小林ハルの「新保広大寺」も囃子詞を使っていないようである(49)。しかし譜例14・13に採譜した杉本キクエの演奏には含まれているので、地域により、演奏者により、また演奏により、唄の構造が変化することもあったことが察せられる。

伊平タケの歌う「新保広大寺」の旋律（譜例14・12）は音域が一オクターブと六度に及び、音階は基本的に「民謡テトラコルド」から構成されているが、E–G–A のテトラコルドは、演奏が進むにつれ次第に D–F–G に変容する傾向が見られ、曲の前半と後半とは微妙に異なるピッチ素材から構成されている。譜例14・13に採譜した杉本キクエの「新保広大寺」は音域がさらに広く二オクターブにまで及び、音階は曲を通して変化しない。

刈羽瞽女と高田瞽女の歌う「新保広大寺」の旋律にはそれぞれ特徴があるが、全体構造には共通するところが目立つ。大きく分けると、三味線前奏の終了後、「歌い出し」[a]と第一フレーズ[b]が演奏され、両フレーズは言葉上（言語の水準）ではつながりが強く、特に杉本キクエの演奏の場合には一つのフレーズと考えることができる。短い間奏の後第二フレーズ[c]が歌われている。引き続き、さらに短い間奏が奏でられ、場合により拍感の強い囃子詞の演奏が繰り広げられ、後奏で締めくくる。旋律の形を見れば、二人の演奏の「歌い出し」のフレーズ[a]の旋律線は異なっているものの、いずれもがA′で終止している。[b]と[c]にはさらに類似性が認められ、いずれの場合も[b]はAで、[c]はD′で終止している。唄の各部分の開始よりは、その終了に共通点が多く、『日本民謡大観』に採譜されている越後各地の「新保広大寺」の場合も同様である。つまり「歌い出し」は最も激しく変形しているといえよう。

「新保広大寺」が高田瞽女の門付け唄である「こうといな」から派生したとする竹内勉が提唱した説は、両曲の音楽的要素からも裏付けられる。まず「こうといな」と「新保広大寺」の音階構造とそれにともなう二上りの三味線伴奏とが共通点として注目に値する。「新保広大寺」の発展過程において「こうといな」の[a]というフレーズ（譜例14・6参照）が「新保広大寺」の歌い出し[a]と第二フレーズ[b]に分化され、「こうといな」の[b]、あるいは[b′]というフレーズは「新保広大寺」の第三フレーズである[c]に進化したのかもしれない。とりわけ杉本キクエの歌う「こうといな」と「新保広大寺」のいずれも完全四度の跳躍で開始し、歌い出しに次いで両曲の旋律はテトラコルドの核音であるA′から少し上昇した後、ちょうど一オクターブ下がり、終止している。旋律の後半（「こうといな」の[b]と[b′]、「新保広大寺」の[c]）はAの音高から開始し、A′にまで上昇し、その後一時的に低く下がるが、最後にはD′で終止しているので、共通性が強い。

いずれにせよ、越後の地方々々に伝わる唄の旋律が瞽女の手によって改作され、瞽女独自の三味線伴奏も工夫された。より単純な「原材料」であった「こうといな」に越後瞽女が一種の「付加価値」を付け加え、より複雑な唄を編みだし、それがやがて越後の「瞽女唄」と認識されるようになった。こうした過程を経て、長い旋律や三味線伴奏を持つ「新保広大寺」が刈羽・高田を問わず越後瞽女のひとつの財産となり、その演奏によって瞽女と素人との差異が明確に示された。後述するように、「松坂節」が「祭文松坂」となる過程や、あるいは、「新保広大寺」が「口説」となる過程と軌を一にしている。

五　「松坂節」

「松坂節」（または単に「松坂」）は伊勢踊りの「松坂越えて」という歌詞ではじまる「伊勢踊」に由来するとする説が有力である。[50]伊勢踊りは江戸初期からほぼ全国的に人気を誇り、数度の再流行が確認できる。[51]流行が越後に及んだことは現津南町に残されている文書から窺える。[52]

一、天和三亥年二月、伊勢踊と申して上方より参候、是は御村々にて色々内芸仕請取渡し致候、大井平村より赤澤村江谷内・赤澤両村にて請取、両村寄合やたいを拵、其上にて花踊・獅子踊、狂言はやし舞色々芸尽し仕、芦ヶ崎村和泉守附添相渡し申候、其時の歌に云く
　千盤振神の御鍬小手をかけて作る
　田畑者穂もに穂かさきて御目出たや

かくして伊勢踊りは関西から輸入されたが、越後の「松坂節」の本拠地は上越ではなく新発田地方と考えられている。寛政十一年（一七九九）の原松洲著「越後だより」に「まつざか新発田のもの也、いづれの地にてもうたへども、

しばたの如く出来ぬ也」とある。(53) 文政五年（一八二二）の『浮れ草』に「柴田《しばた》松坂習《なら》いたかござれ、畑休（ん）でも教《おし》へましよ。うんと扱《こ》け醤油《せうゆ》樽、天井板めくるよふだ」など四種の「松坂節」が含まれ、天保九年（一八三八）の『越志風俗部、歌曲』にも「しばた五万石およびはないが、せめてなりたやとのさまに」など、計六十三種の「まつさかふし」があげられ、「松坂節」と新発田との関係が歌詞にまで織り込まれている。(54)

「松坂節」は江戸者にも越後の代表的な唄として認識されていた。文化二〜三年（一八〇五〜〇六）に上梓された滑稽本の『旧観帖』に越後者が「わしらが国のおけさ、松坂、甚句などはよくどこの国でも人がやるとも、越後もの〻やうには出来ぬこと〱」と自慢しており、(55) 文化四年（一八〇七）発行の『東海道中膝栗毛』にも越後者の詞として「わしも国風のおけさ、松坂でもかたるべい」が見られる。(56) 文政十一年（一八二八）九月に江戸中村座で長唄・常磐津の掛合で演じられた「後《のち》の月酒宴島台《つきしゅえんしまだい》」（角兵衛）にも「柴田（新発田）五万石あるそとま〻よ、新潟通ひがやめらりよか」の歌詞が「松坂節」の旋律に載せられて歌われており、やはり新発田と「松坂節」との密接な関係は、江戸でも強く意識されていたことがわかる。(57) 文政十三年（一八三〇）、越後を巡業した江戸出身の富本繁太夫も日記に「江戸にて新潟節、越後節抔いへるが、松坂節本来也」と記している。(58)

越後の人々にとって「松坂節」は何よりもなじみ深い祝い唄であり、瞽女唄としても数種類が存在していた。次の譜例14・14に採譜した「松坂節」は特に長岡・三条の瞽女によって門付け唄として使われた唄である。(59)

譜例14・14　「門付け松坂」
録音：昭和四十八〜四十九年（一九七三〜七四）
唄・三味線：土田ミス
音源：新発田市教育委員会蔵の録音テープ
音階：（唄）C′–D′；E′–G′–A′；C″

(三味線) A–C′–D′; E′–G′–A′; A′–C″–D″; E″

歌詞：

うらやましゃんすな、ありゃ稲の花、

末にほの字がままとなる

譜例14・14に採譜した唄の演奏者である新潟市山木戸出身の土田ミス（明治四十一年～昭和五十三年［一九〇八～七八］）は八歳の時、長岡の四郎丸組の親方であった小林ミト（元治元年～昭和二十年［一八六四～一九四五］）に弟子入りした。(60) しかし、わずか三カ月で実家に帰り、やがて翌年四月に道金《どうきん》（現燕市）の袖山トウ（中条組大川津組師匠三浦キシの弟子分）に再度弟子入りさせられた。その三年後、土田ミスが袖山トウのもとにいることが発見され、大正九年（一九二〇）、小林ミトは袖山トウに金を払い、土田ミスを取り返した。それから十三年間、土田ミスは四郎丸組瞽女として芸を習った。(61)

土田ミスの歌う「門付け松坂」は特に刈羽郡で好まれ、刈羽瞽女の伊平タケによれば、自分はこれを刈羽郡だけで歌ったという。刈羽郡の門付けは「ごめんなさい」といって行い、三味線を弾きはじめてからすぐに「切れていたとて、便りはしやんせ、いやで別れた仲じゃなし」などと歌った。(62)

門付けに使われた際、簡素で短い「松坂節」が歌われ、声に負担をかけないように音域もやはり低く押さえられている。土田ミスの演奏は基本的に二つのフレーズ[a][b]に分けられ、後者はやや長く、その前半と後半との間に短い休止がある。それぞれのフレーズに歌詞二句（七音・五音）が載せられ、[a][b]からなる全体が幾度も反復されている。しかし[b]の前半は七音ではなく、五音のみが載せられ、残りの二音は最後の句の五音とともに[b]の後半に載せられている。後述するように、この歌詞・旋律のズレは長岡瞽女の「祭文松坂」にも確認でき、「祭文松坂」の旋律的材料は「松坂節」であることを示唆している。

次に小林ハルが録音した単に「瞽女松坂」と題された唄を見てみよう。この唄は門付けというよりは瞽女宿などにおいて歌われた曲であったという（譜例14・15）。

譜例14・15　「瞽女松坂」
録音：昭和四十八～四十九年（一九七三～七四）
唄・三味線：小林ハル
音源：新発田市教育委員会蔵の録音テープ
音階：（唄）G′; A′-B′/ C″-D″; E″-G″-A″; B″
（三味線）A-B-D′; E′-G′-A′; A′-B′/ C″-D″; E″
歌詞：
あら玉の年のはじめに筆とりそめて、
よろずの宝を書きとめる

小林ハルの歌う「瞽女松坂」の音階は「門付け松坂」より複雑であり、音階のB′とC″の違いは曖昧である。歌詞は五七七音の前半と八五音の後半に分かれており、前半・後半それぞれがa b の旋律に載せられている。したがって、唄全体はa b 2a 2bという構造になり、歌詞を変えながらこの全体が幾度も反復される。また土田ミスの歌う「門付け松坂」（譜例14・14）と同様、2a 2bには旋律と歌詞との間にズレが認められ、2aでは八音の内の最初の六音のみが歌われ、2bには残りの二音と最後の句の五音が載せられている。

譜例14・16　「婚礼松坂」
録音：昭和四十八年（一九七三）

唄・三味線：伊平タケ
音源：『しかたなしの極楽』、Nadja PA-6034-35（Trio Records）
音階：（唄）C-D；E-G-A；A-B／C′-D′；E′-G′-A′
歌詞：

あらためて、一つさします、この盃を、
五升（後生）はともあれ心ざし、
酒の肴にわしゃ頼まれた、
謡《うたい》しらずの唄しらず、
何も肴がなきゆえに、
銚子の口に松をさし、
松の小枝に鷹をとめ、
鷹に小鳥をつかませて、
これを肴で御酒《ごしゅ》あがれ

明治中期頃まで越後各地では嫁取婿取に際し多くの種類が存在する「松坂節」が必ず歌われた。瞽女が宴席に招かれた場合、演奏されたのは刈羽系瞽女の伊平タケが録音した「婚礼松坂」であった（譜例14・16）。彼女は昭和十八年（一九四三）八月三十一日にも同じ唄を録音しており、『日本民謡大観』にその一部が採譜されている。[63]伊平タケの歌う「婚礼松坂」の旋律は上に採譜した「門付け松坂」よりはもちろん、「瞽女松坂」よりも長く、構造的にもさらに複雑である。前奏の規模も大きく、メリスマ的な歌唱法が印象的である。唄の第一節のピッチはかなり不安定であり、その他にも音高の判断が困難な箇所は少なくなく、テトラコルド分析の限界が感じられる。

またフレーズの数や境目も曖昧であり、採譜にあたっては歌唱される旋律が反復される「節」の指定にとどまった。この唄（あるいは演奏）の大きな特徴は歌詞と旋律との関係の節ごとの変化である。各節に歌われている旋律は大同小異であるものの、第一節には歌詞三十一音節が歌われ、第二節には七十四音節が詰め込まれ、第三節には逆にたった十二音節が載せられており、音節の少ないほどメリスマが増加している。この不均等な節付けの原因は、おそらく純粋な音楽的な理由というよりは、旋律と歌詞のそれぞれの歴史的形成過程から生じていると思われる。門付け、盆踊り、宴席などにおける演奏の際、互いに関係の薄い短い歌詞が組み合わされ、同じ旋律に載せられ、歌詞と旋律との間にほぼ固定された関係が成立した。しかし婚礼にふさわしいより長い歌詞、あるいは新作の歌詞などを「松坂節」の旋律に載せることにはある程度の不一致が生じやすい。

長い歌詞と短い旋律との間の不一致を解消するために、越後瞽女は様々な対処法を工夫した。そのひとつは譜例14・16に採譜した「婚礼松坂」に見られる歌詞の節付けの調整であるが、もうひとつは旋律の中から一フレーズあるいは連続する複数のフレーズを選び、それを反復しながら字余りの歌詞を載せ、最後には旋律の残りを歌うという方法である。小林ハルや土田ミスが歌っていたといわれる「長松坂」は、この方法を採用したであろうが、他の芸人と庶民が歌った「松坂節」にもこの構造が確認できる。(64)

長い歌詞を短い旋律で歌う場合のもうひとつの方法は、旋律を中断し、語り口のセリフを挿入し、その後旋律を再開する歌唱法である。こうした「談文入り松坂」（語り松坂）の例は柏崎に採集され、湯沢町、七日町市などにも類例の「祭文松坂」がある。(65) 山形県にも同様の「祭文松坂」が歌われ、冒頭には「松坂節」の旋律が歌われ、その後語り口の「祭文」が続き、最後には再び「松坂節」で締めくくられる。歌詞は以下の通りであり、「松坂節」にふさわしいめでたい意味を含む言葉が満載されている。(66)

ハア、こちのだんな様のお坪を見れば

ハア、あらにぎやか、ハア、ハア、おめでたい
いつも変わらぬ松と竹、松の小枝に鶴がおる、鶴はこの家繁昌と、黄金の巣を組んで、こちらの方を見てやれば、こうぼうすえのおん池よ、池の中には亀がおる、亀は亀甲はわてる亀甲かめ、こちらの方を見てやれば、大山木の梅がある、梅の根元に福寿草、福寿草という花は、悪魔を払うて福を呼ぶ、はるかむこからうぐいすが、頃は三月中半頃、梅の小枝に飛んできて
ホホウ、ホケキョと福を呼ぶ

越後瞽女も「松坂節」の中に語り口のセリフを挿入した。佐久間惇一によれば、越後では、笑い話である「話し松坂」は音曲の座頭の管理下にあるものと思われたが、瞽女も演奏したという。長岡系の瞽女も歌い、杉本キクエはそれを中村カツ（通称赤倉瞽女または赤倉カツ）から習っており、以前は正月など、村人がゆっくり楽しむ暇のあるときに語ったし、短いものは宿の立ち唄のかわりに語ったこともあったという。[67] 録音された演奏（譜例14・17）は瞽女唄のなかでもとくに複雑な構造を持っている。

譜例14・17　「話し松坂」[68]
録音：昭和四十八年（一九七三）七〜九月
唄・三味線：杉本キクエ。掛け声・囃子詞：杉本シズ、難波コトミ
音源：『越後の瞽女唄』、CBS Sony SODZ 1-3
音階：(A)–D′; E–G′–A′; A′–C″–D″; E″–G″–A″; A″–C‴
歌詞：
（唄）
ハ春風エにほこり立つほど（アコイコイ）

わしゃ思えども（アイヤコイコイト）
そばアで水まアきゃ是非がなアい
（コウシタコイコイおらうち嫁に来い
朝寝はさせるし、うまいもんはくれるし、
秋なりゃ馬おいて使うぞ
オサコイコイト）
アこれエもみなさん（アーコイト）
お笑いぐさよ
（話）
お笑い草と申しまして
越後中頸城郡《ごおり》におきまして
関川《せきがわ》に住んだる泥鰌・鯉・鮒、オーイ泥鰌・鯉・鮒
こんな山川にいてもつまらないじゃないか
これより今町《まち》のみなと先でも出《いで》ようじゃあるまいか
あいさよかろうと両三人で出かけてまいりました
鮒のやっこがいさみのやっこで
当世はやりの岩室甚句でやってまいりました
（唄）
さらしや手拭いちょいと頬かぶり
港通いはアリャ粋なもの

表 14.1 「話し松坂」の構造

第一節 1. 三味線前奏 2. [a] [b] [c] [d] [e] 3. 長い囃子詞
第二節 1. 三味線前奏（後半のみ），[a] [b] [c] 2. 話 3. 話の中に言及されている「甚句」のさわり 4. 話の続き 5. [d] [e] 6. 長い囃子詞
第三節→第一節に同じ
第四節→第二節に同じ。短い三味線独奏の終結部で終わる

注）掛け声は省略。

（話）
まあずんずんとやってまいりましたが
（略）
しょうがマー
（唄）
恋いイの道ゆ［ゆ］ききゃ止められぬ
（下略）

譜例14・17に採譜した「話し松坂」の構造は基本的に後述する越後瞽女たちの歌う「祭文松坂」と同様、一節が五つのフレーズからなっている。表14・1にそれをわかりやすくまとめた。

表14・1から明らかとなるように、第一と第三節において、唄の中心部である[a]〜[e]の五つのフレーズが連続的に演奏されているのに対し、第二と第四節には[c]と[d]の間にかなり長い滑稽な詞章が挿入されている。さらに、この話の中にある「当世はやりの岩室甚句でやってまいりました」というセリフに続き、「甚句」の軽快なリズム（以上3／♪として採譜した）を持つ三味線伴奏が演奏され、歌詞の「さらしや手拭い」などがこの伴奏に載せられている。実際に「岩室甚句」の旋律であるかどうかは判断しかねるが、甚句の雰囲気が強く感じられる。

「松坂節」の旋律と発声法の部分、強い韻律による物語の部分、そして話の途中で歌われる「甚句」の部分からなる「話し松坂」は異質の素材を見事に組み合わせ、「松坂節」の持つ無限の可能性を鮮やかに示している。この唄は一見特殊なものに見えるが、しかしながら越後瞽女唄の代名詞であった「祭文松坂」や「口説」も、短くてシンプルな「民謡」の旋律から出発し、越後瞽女の努力により延長・変奏された。この改作過程により長編の歌詞の演唱が可能となり、庶民の歌う「民謡」が「瞽女唄」へと変化を遂げた。瞽女が旋律を大胆に改作しても、聴衆がその元であったより短い唄をよく知っていたので、瞽女の作った新しい曲もすぐに理解し受容できたのである。

六　「祭文松坂」

越後瞽女唄の代名詞であった「祭文松坂」は他の瞽女唄より歌詞がはるかに長く、当道が独占した音曲の諸ジャンル、あるいは高額の稽古料を要する「芸術音楽」に手の届かなかった瞽女にとって稼業を支える最も貴重なレパートリーであった。『平家物語』の伝承が当道の役割のひとつとされていたのと同様に、「祭文松坂」を弟子に伝えることは越後瞽女仲間組織の重要な柱であった。流行を追う日々を送った雑芸人と花柳界の芸者、あるいは長尺の唄を容易に記憶できなかった素人は「祭文松坂」を演奏できなかったから、この唄の演奏を通して瞽女は彼ら素人との差異を歴然と示すことができたのであった。瞽女の巡業により「祭文松坂」は広く親しまれ、北陸地方の住民もその断片を覚え、関東甲信越地方では飴売りなども「祭文松坂」の「さわり」を歌っていた。

「祭文松坂」の名称が示す通り、この歌は元来異質な「松坂節」と「祭文」という材料の融合体であった。「語り物」である説経・祭文系の詞章を祝い唄の「松坂節」に載せて歌うためには一定の工夫が必要であり、その結果、時代によって、地域によって、瞽女組によって、あるいは個人の演奏者によっても唄の形式が異なっている。また個々の演奏の社会的機能も唄の構造に大きな影響を与えていた。したがって「祭文松坂」を充分に把握するためには、なるべく多くの演奏の個別の検討が不可欠である。以下においては、現存する録音資料を高田瞽女、長岡瞽女、刈羽瞽女の唄に大別し、歌詞について簡単な解説を加えながら唄の形式を簡潔に分析し、個人、組、地域による異同を明らかにしたい。

(1) 高田瞽女の「祭文松坂」

A 「コトバ」を含まない「祭文松坂」――「葛の葉子別れ」を例に

高田・長岡系瞽女を問わず、越後瞽女唄の「祭文松坂」の最も有名な詞章は「葛の葉子別れ」であり、語り口の「コトバ」は含まれておらずすべて「フシ」である。高田瞽女の杉本キクエがそれを三段に分けて演奏し、長岡瞽女の小林ハルは四段まで覚えており、内容は高田瞽女の三段とほぼ一致している。粗筋は説経節の系譜を引くが、おなじ筋立ては延宝二年（一六七四）鶴屋喜右衛門板の『しのだづまつりぎつねつけあべ晴明出生』や延宝六年（一六七八）山本九兵衛板の山本角太夫正本「しのだづま」の古浄瑠璃にもある。その後、例えば義太夫の紀海音著「信田森女占《しのだのもりおんなうらかた》」（正徳三年［一七一三］豊竹座初演）にも採用されている。(69) 享保五年（一七二〇）に起筆された『塵塚談』によれば、江戸の大道芸人の「傀儡師」が三味線を使わず「芦屋道満の葛の葉の段」を語りながら人形を回したという。(70)

本書第13章に指摘した通り、越後瞽女の「葛の葉子別れ」がもっとも強く影響されたのは竹田出雲作「芦屋道満大内《あしやどうまんおおうち》鑑《かがみ》」（享保十九年［一七三四］十月大坂竹本座初演）の四段目「葛の葉子別れ」であり、竹田出雲の浄瑠璃のいくつかの句は実際に越後瞽女唄に再現されている。しかし、竹田出雲のこの名作の初演後、様々ないわゆる「信田妻物」が矢継ぎ早に発表され、一中節の「信田妻」が享保二十年（一七三五）に江戸の中村座で初演され、元文二年（一七三七）には「芦屋道満大内鑑」が歌舞伎化され、引き続き常磐津節の「信田妻容景中富《しのだづまますがたのなかとみ》」（寛政六年［一七九四］初演）、富本節、長唄などが同じ題材を汲んでいる。

越後瞽女のほとんどは「葛の葉子別れ」を習得したが、中でも高田瞽女の杉本キクエの演奏（一段目）が最も早く録音されていた。以下では、昭和二十九年（一九五四）と昭和四十九年（一九七四）の演奏の両方を採譜した。残念ながら昭和二十九年に収録された演奏にあったはずの三味線前奏と後奏は録音されていない。

譜例14・18　**「葛の葉子別れ」**
録音：昭和二十九年（一九五四）
唄・三味線：杉本キクエ
音源：『瞽女うた2——高田瞽女篇』、オフノートON 39
音階：（A–D′）；E′–G′–A′；A′–C″–D″；E″–G″–A″；A″–C‴
歌詞：

されればによりてはこれ［に］また
いずれにおろかはあらねども
よき新作もなきゆえに
ものの哀れを尋ねるに
芦屋《あしゃ》道満《どうまん》白 狐《しろきつね》
変化葛の葉子別れを

（略）

次の段にて別れます

譜例14・19　**「葛の葉子別れ」**
録音：昭和四十九年（一九七四）五月か
唄・三味線：杉本キクエ
音源：『越後瞽女の唄』、Columbia FZ 7011–14
音階：（A–D′）；E′–G′–A′；A′–C″–D″；E″–G″–A″；A″–C‴

歌詞：
されぱによりてはこれにまた
いずれおろかはあらねども
よき新作もなきゆえ
葛の葉姫の哀れさを
ことは細かに読めねども
あら［あ］ら読みあげたてまつる
（略）
これをこの座の段の切れ

杉本キクエの演奏する「葛の葉子別れ」（譜例14・18、14・19）は、各段が三味線前奏から開始されており、もっとも低い弦は各段の最後の音以外は使用頻度が非常に少ないが、主に共鳴弦として機能している。演奏は調弦から始まり、次第に高いC'''まで上昇する前奏に移行し、その後すぐに下降する。アクセントが強く数回反復されるC'/D''あるいはC'/E''の二重音（四部音符）が一種の終止形となっており、唄の最初のフレーズの開始を予告している。高田瞽女の演奏する段物における三味線の前奏と間奏（「間の手」）については、すでに佐藤峰雄の詳しい分析結果があるので参照されたい。[71] ただし、杉本キクエが「祭文松坂」の前奏を演奏するに際して、各段ほぼ同じ旋律が使われていることを指摘しておきたい（譜例14・20参照）。

譜例14・20　「葛の葉子別れ」（比較譜）、第一、二、三段の前奏
録音：昭和五十年（一九七五）五月十五日
三味線：杉本キクエ

音源：上越市役所蔵の録音テープ

さて譜例14・18と14・19に採譜した二つの異なる演奏は共に「されば・に・よりてはこれ［に］また」という一コトの「歌い出し」から開始し、中点で区切った三つのフレーズから構成されている。言語の水準でみる場合、この歌詞（一コト）に続く次のコトとの結合性が強い。しかし音楽の水準として、この一コトは曲の導入部をなしており、各段の冒頭以外では歌われていない。言語の水準と音楽の水準が必ずしも一致していないことは「祭文松坂」のひとつの特徴といえよう。

表 14.2　高田瞽女の「祭文松坂」の構造

フレーズ	音楽の水準	言語の水準
「歌い出し」	三つの短いフレーズ	一コト（七五調）
[a]	第一フレーズ	一コト（七五調）
[b]	第二フレーズ	一コト（七五調）
[c]	第三フレーズ	一コト（七五調）
[d]	第四フレーズ	一コト（七五調）
[e]	第五フレーズ	一コト（七五調）
「段切れ」	いくつかの短いフレーズ	一コト（七五調）

続く五つのフレーズ（[a]〜[e]）から構成されている幾度も反復される曲の中心部は一つの「ナガシ」（高田瞽女はそれを「ヒトクサリ」と呼んだようであるが、以下「ヒトナガシ」に統一）を形成している。ただし、[a]〜[e]の間のいずれかのフレーズが反復・省略される場合もあり、各「ナガシ」の長さをある程度調整することも可能である。特に[b] [c] [d]のどれかが反復・省略されることが多い。各段の終わりにおいて[a]が演奏された後、特殊な「段切れ」のフレーズ（一コト）が見られ、段を締めくくる役割を果たしている。高田瞽女の「祭文松坂」の形式を簡単に図式化すれば、上の通りとなる（表14・2）。

昭和二十九年（一九五四）と昭和四十九年（一九七四）の演奏のそれぞれの一段目から、第一の「ナガシ」に見られる各フレーズの開始音・最高音・終止音を表14・3に整理した。

昭和二十九年の演奏の場合、フレーズ間の異同が明確なのに対し、昭和四十九年の演奏では各フレーズの開始音はほぼ統一されており、最高音も全く同じであ

表 14.3　杉本キクエの「祭文松坂　葛の葉子別れ」

	昭和 29 年（1954）の演奏			昭和 49 年（1974）の演奏		
フレーズ	開始音	最高音	終止音	開始音	最高音	終止音
[a]	E″-G″	A″	C′	G″-E″	A″	C″
[b]	D″	A″	A′	G′-E″	A″	A′
[c]	C″-D″	A″-C‴	G′-E′	G″-E″	A″	E′
[d]	E″-G″	G″	G′-E′	G″-E″	A″	G′-E′-G′
[e]	E″	A″-C‴	A′	E″	A″	A′

る。同じ演奏の他の「ナガシ」においても、あるいは杉本キクエが一九七〇年代以降録音した他の「祭文松坂」においても、ほとんどのフレーズの開始音がE″かG″-E″であり、最高音がA″に統一されており、各演奏の第二「ナガシ」以下はその傾向がさらに強い。高齢のため、音域が狭くなったことが要因であろうが、各フレーズの終止音だけは演奏の新旧を問わず変化をほとんど見せていない。時間が経っても、演奏の歌唱技術が衰えても、各フレーズの終止音は「祭文松坂」の旋律の重要な構造的要素であることを示唆しているのである。

五つのフレーズの内、[c]と[d]の輪郭や終止音はほぼ一致しており、各演奏が進むにつれて[c]と[d]の類似性はさらに鮮明になっている。したがって杉本キクエの歌う「祭文松坂」の各「ナガシ」は基本的に[a][b][c][c′][d]の構造を有していると解釈できよう[72]。

旋律は基本的に「民謡テトラコルド」から構成されている。表14・3に示したように、[b]と[e]のフレーズは安定しているA′で終了し、[a][c][d]の各フレーズの終止音はより不安定なC′、G′-E′で終止する。換言すれば、各「ナガシ」は二つの部分に分かれる。すなわち次のフレーズとの結合性の強い[a]と終止感の強い[b]からなる前半と、次のフレーズとの結合性の強い[c][d]と終止感の強い[e]の後半である。

B　「コトバ」を含む「祭文松坂」――「山椒太夫」を例に

次に杉本キクエが演奏する特徴的な「コトバ」の部分を含む「祭文松坂」の一例として、「山椒太夫」の演奏の抜粋を検討しよう。「コトバ」の演奏により、物語に登場する人物の語りあるいは会話が直接表現され、プロットが早く進展し、演奏にもコントラストが与えられ、演奏効果が大きい。杉本キクエの歌う「山椒太夫」は二段が録音されている。同じ題材は説経節をはじめ、元禄〜享保頃関西地方に流行した踊り口説（「今道念節」）、山伏の「羽黒祭文」、東北のイタコの「岩木山一代記」などにも取り入れられて広く流布したテーマであり、刈羽瞽女や長岡瞽女その他の瞽女のレパートリーにも含まれていたようである（録音は残されていない）[73]。

譜例14・21　「山椒太夫」（「コトバ」の部分）
録音：昭和四十九年（一九七四）五月か
唄・三味線：杉本キクエ
音源：『越後瞽女のうた』、Columbia FZ-7011-14

（略）
いざ佐渡の二郎はこの時に、
「おおい宮崎、いつまで漕いでもはてしがない、
もういいかげんにして、引き分けようじゃあるまいか」、
「成るほど、二郎どんの言わるる通り、
いつまで漕いでもはてしがない、
もういいかげんにして引き分けよう」と
（略）
佐渡の二郎はきくよりも、
「なんとやな老いぼれ、うぬれら何も知りおらんな
（略）

どうして一つに漕がりょう」と
（以下略）

「コトバ」を含む高田瞽女の「祭文松坂」は基本的には「フシ」のみからなる「葛の葉子別れ」などと同じ構造である。各段が特殊な「歌い出し」のフレーズ群から開始し、それに続く「ナガシ」の大半は五フレーズから構成されている。また各段の最後に「段切れ」のフレーズが演奏されている。物語が進むにつれて、登場人物の話が引用される際、フレーズ間に「コトバ」の部分が挿入される。以上の譜例14・21の場合、第二フレーズ[b]あるいは第四フレーズ[d]などが演奏された後、三味線伴奏にA′が数回反復され、そして「おおい宮崎……」など、抑揚の強いセリフが歯切れよく繰り広げられている。「話し松坂」と同様、三味線の開放弦が二回から五回ほど鳴らされることによりセリフが区切られ、講談師が釈台を張り扇で叩くのと同じ効果を発揮する。祭文語りの面影を残している演奏法であるかもしれない。「コトバ」の部分が終わりに近づくと、ちょうど話し口調と唄声の中間的な発声法が採用され、次第に「コトバ」が「フシ」に戻り、三味線伴奏も定拍に移行する。こうした推移部は「話し松坂」には認められない。

(2) 長岡瞽女の「祭文松坂」

「祭文松坂」を録音した高田瞽女は杉本キクエ・杉本シズに限られる。それとは対照的に、長岡瞽女（より正しくは「長岡系瞽女」）には少なくとも九人の「祭文松坂」の録音が現存し、同一の演奏者がいくつかの異なる旋律を録音したこともあり、計十一種の曲を分析することが可能である。[74] 橋本節子の研究により、長岡瞽女の歌う「祭文松坂」の旋律は互いに近似していることが証明されているが、以下においては各演奏者の特徴をより明確にしたい。

演奏場により、あるいは演奏の果たす機能によっても、長岡瞽女は「祭文松坂」の構造を変えたのである。長岡瞽女の歌う「祭文松坂」に「コトバ」の部分はなく、全て「フシ」として歌唱されているのは共通しているが、小林ハルは

「ヒトナガシ」を、門付けの際には三つの「コト」とし、「夜の座」においては四つの「コト」ないし五つの「コト」にすると師匠に教わったという。(75) 門付け唄として歌われた「祭文松坂」の場合、各家の住民は詞章を途中から途中までしか聞いておらず、その結果、各段の冒頭の「歌い出し」と締めくくりの「段切れ」のフレーズを歌う必要性は消滅した。「祭文松坂」を録音した長岡瞽女は概ね「夜の座」に演奏された曲を録音したと思われるが、そうでない場合もあり、また地域の違い、組の違い、個人の違いなど色々な相違点が重なり、これらを単純に比較することは困難である。以下においては、採譜した十曲を構造上「五フレーズ型」、「四フレーズ型」、「三フレーズ型」という三型の旋律に分類し、分析を進めてゆきたい。なお、この分類は単に「ヒトナガシ」に含まれるフレーズの総数ではなく、旋律的に異なるフレーズの数が基準である。

A　五フレーズ型の「祭文松坂」

譜例14・22　「佐倉宗五郎」（舟止めの段）
録音：昭和三十三年（一九五八）四月十三日
唄・三味線：六代目山本ゴイ（中静マス）
音源：『瞽女うた――長岡瞽女篇』、オフノートON 38
音階：（A–D′）；E′–G′–A′；A′–C″–D″；E″–G″–A″；A″–C‴
歌詞：

あづまの鏡義士伝記、佐倉宗五郎一代記、
ことイや細かに読めないど、あらあら読み上げ奉る、
国は下総印旛の郡《こおり》、佐倉の城下堀田上野《こうづけ》介様のご本領、

げに上野様と申するは、知行おん高が十一万五千石、
取固《とりか》の強いということは、窓が何尺何寸と、
窓役まではよけれども
（略）
［り］まずはここらアでとめおきイる

佐倉宗五郎の義民伝は『地蔵堂通夜物語』、『佐倉騒動記』など、江戸後期以降の多くの文芸作品の素材となり、同時に講談、「ちょんがれ」、「口説」など多彩な演奏用の台本も著された。嘉永四年（一八五一）八月四日、三世瀬川如皐作「東山桜荘子《ひがしやまさくらそうし》」が江戸の中村座で上演され、大当たりを取り、このプロットがさらに多くの旅芸人のレパートリーに入った。[76] 越後瞽女もこの人気の高い話に接し、「祭文松坂」に改作し歌い続けていた。

譜例14・22に採譜した唄を演奏する中静マスは三島郡越路町飯塚中島（現長岡市越路中島）の出身で、明治三十三年（一九〇〇）に同郡同町大字岩田（現長岡市岩田）の西脇テイ（安政四年～明治四十四年［一八五七～一九一一］）に入門し、西脇テイが死亡した後、その妹弟子に当たる岩田の堀フサに師事した。昭和十二年（一九三七）前後、長岡瞽女の頭の六代目山本ゴイに就任し、昭和三十九年（一九六四）十月二十九日、六十八歳で病没した。[77] 長岡瞽女が録音した多種の「祭文松坂」の内、中静マスの「祭文松坂」は高田瞽女のそれに最も近似している。譜例14・23では中静マスと高田瞽女の杉本キクエの歌う旋律を比較してみた。

譜例14・23　比較譜

(A)　中静マス、「佐倉宗五郎」の旋律

(B)　杉本キクエ、「葛の葉子別れ」（昭和二十九年［一九五四］の演奏）の旋律

譜例14・23に見られる中静マス(A)と杉本キクエ(B)の「祭文松坂」は、両方とももっぱら「民謡テトラコルド」から構成されており、構造もほぼ同一である。両曲は長い「歌い出し」で開始するが、(A)の「歌い出し」は二つの短いフレーズに分解されているのに対し、(B)にはもうひとつのフレーズがそれに付け加えられている。しかし、両者の演奏する「歌い出し」の最初の二フレーズの輪郭はほぼ一致し、いずれの場合も終止音はA′である。

「祭文松坂」の中心部、すなわち演奏中では何度も反復される「ヒトナガシ」の旋律は、(A)も(B)も五フレーズ型である。中静マスの歌う旋律を、前掲表14・3に示した杉本キクエの「祭文松坂」の構造と比較すると、両曲は近似していることが明らかになる。とりわけ[a]と[b]の二つのフレーズの終止音は一致している。それに続く[c]と[d]のフレーズは、中静マスの場合A′で終始するが、その曲線は杉本キクエの演奏に近い。両旋律の[e]のフレーズも同じピッチで終了しており、各段の最後のフレーズである「段切れ」にも大きな違いは認められない。ただし、中静マスの演奏する「ヒトナガシ」の最後の四フレーズは、いずれもが安定した格音のA′で終始している。そのため杉本キクエの演奏にある前半と後半の明確な構造的違いがなく、各「ナガシ」がどこで終わっているのか聴衆は予測しにくい。そのせいか、中静マスは各ナガシの最後のA′を非常に長く引き延ばし、「ナガシ」の終結を示している。

高田瞽女の杉本キクエと長岡瞽女の中静マスの「祭文松坂」の最も大きな相違点はその音楽的構造にあるというよりは、各フレーズと詞章の韻律との関係にある。前掲表14・2に示したように、高田瞽女は各旋律のフレーズに一コト(原則として七五調であるが、八五調などの例外もある)を載せている。一方、中静マスはそれより複雑な配分を行っている(表14・4参照)。

特に[d]のフレーズの取扱い方は注目に値する。[d]の演奏に際し、それに続く一コトに属する音節のいくつかが[d]の後半に移され、[e]のフレーズに属する音節はその分減少する。各「ナガシ」の最後の二フレーズにおけるこうした歌詞の不均等な配分は小林ハルの「門付け葛の葉子別れ」(譜例14・11参照)をはじめ、他の多くの長岡系瞽女の「祭文松坂」にも認められ、高田あるいは刈羽の瞽女唄には見られない独特な節付け方である。

表 14.4　中静マスの「祭文松坂」の韻律と終始音

フレーズ	第一節の韻律	第二節の韻律	終始音
a	8–5	9–4	C′
b	7–5	8–9	A
c	8–5	7–5	A/C′（曖昧）
d	7–7–7	7–5–4	A
e	9–5	3–5	A

この節付け方の由来はおそらく各フレーズの終始音に関係するのであろう。C′という中間音で終わるaは次のフレーズbに強い結合性を持っており、「ヒトナガシ」の前半がそこで終了している。しかしc d eからなる後半の場合、各フレーズは安定性の最も強いAという格音で終了し、それを単に三つの個別の断片にとどめず、ひとつの単位としてまとめあげるためには何らかの工夫が必要である。詳しく見ればcは下行する継続性の弱い音で終わりすぐにdに続くので、終止感がより弱い。次のdの旋律の終了音はより安定したAであるが、歌詞は途切れるので旋律的に終止しても強い緊張感が保たれる。歌詞の単位がeで完了し、最後の音が長く引き延ばされることによって、ここでようやく「ヒトナガシ」がはっきりと終止していることが感じられる。このように、音楽の水準と言語の水準の相互作用によって各「ナガシ」の前半・後半のそれぞれがひとつの単位として成立し、各「ナガシ」全体も分かりやすい構造を有するようになる。

長岡瞽女の歌う五フレーズ型の「祭文松坂」の録音は多くないが、中静マスの演奏以外に小林ハルの演奏二種が存在している。録音された時点で、演奏者はすでに七十歳を超え、しかも演奏する機会が多くなかった旋律であったようなので、記憶の正しさには少々の疑問を抱かざるをえない。それでも貴重な録音資料であるので、譜例14・24と14・25に採譜した。

譜例14・24　「葛の葉子別れ」（「長岡の瞽女屋の節」）
録音：昭和四十八年（一九七三）か
唄・三味線：小林ハル
音源：新潟県新発田市教育委員会蔵の録音テープ

音階：（A–B–D′）；E′–G′–A′；A′–C″–D″；E″–G″–A″；A″–B″
歌詞：
　さればにアよりてエはこれにまた
　いずれにおろかはなけれども
　なに新作の無きままに
　ものの哀れをたずぬればア
　芦屋道満白狐変化に葛の葉子別れを
　あら［あ］ら読み上げ奉る
　ただ情けや葛の葉は夫に別れ子に別れ
（略）
　まずはこれにて段の切れ

「長岡の瞽女屋」とは長岡大工町にあった長岡瞽女頭山本ゴイ宅で、長岡瞽女の総本部を兼ねていた。長岡組のような大きな集団では、伝統を継承せしめるという目的で、あるいは同じ組内の唄の統一を図るために、頭宅には年中見習い稽古人が同居していた。「長岡の瞽女屋の節」（譜例14・24）はある種の「正調」として長岡瞽女の間に認識されていたようである。小林ハルは、前述した地蔵堂のハツジサワ師匠についた年から七年間、毎年十二月から翌年の一月までの二カ月「長岡の瞽女屋」で稽古した。長岡組に入ってからは、その重鎮である山本ゴイの芸を忠実に伝えるよう終始いわれたという。[78] 小林ハルが瞽女屋に出入りしたのはおそらく一九一〇年代であったと推定されるので、依然として五代目山本ゴイ（井口イツ、元治元年～昭和二年［一八六四～一九二七］）の時代であった。譜例14・22に採譜した中静マス（六代目山本ゴイ）の節と共通するところが多く、音階もほぼ同一である（中静マスのもっとも高い音のC‴は、小林の場合にはB″となっているが、構造的な相違点ではない）。

譜例14・24に採譜した「長岡の瞽女屋の節」の各段の冒頭に歌われる「歌い出し」のフレーズは短く、歌詞の第一コトから最初の四音節が含まれている。最初の「ナガシ」は[a][b][c][d]の四つのフレーズから構成されているが、間奏に続く第二の「ナガシ」では[a][b][c][d][e]が演奏され、これは五フレーズ型の旋律である。[d]と[e]のおおよその輪郭は似ているので、[e]を[d]の変形（短縮）と解釈することも可能であろうが、歌詞との関係をみると、譜例14・22に採譜した中静マスの演奏とほぼ同様、[d]では次の一コトに属する最初の四つの音節が歌われ、そのため最後の[e]には三五調の短い詞章が載せられている。つまり、[d]と[e]とは異なる役割を果たしており、後半も旋律的に大きく異なっているので、やはりこの「ナガシ」は五フレーズ型と見るのが妥当であろう。また[d]がA′で終わっているので、韻律の調整によって[e]との結合性が高められている。

「長岡の瞽女屋の節」の最も興味深い点のひとつは、「段切れ」である。「まずはこれに段の切れ」の語句が歌われる直前、三味線の調子が突然三下りから本調子に直されている（第三弦のG′が全音高められ、A′となっている）。引き続き「松坂節」の最初のフレーズ（以上譜例14・15の[a]に相当する旋律）に最後の一コトが載せられている。ただ譜例14・15などに採譜した「松坂節」の[a]のフレーズがD″で終了しているのに対し、譜例14・24の「祭文松坂」の「段切れ」では旋律が若干延長され、四度低いA′で終了している。「祭文松坂」が誕生した時代に、「祭文」の詞章が「松坂節」の旋律に載せられた（あるいは挿入された）痕跡であろう。原曲であったと思われる陽気な「松坂節」の本調子で涙を誘う詞章を演唱するために三下りに改められた過程が推定できる。[79] しかし、三味線の演奏途中での再調弦は面倒であったので、こうした曲の終わり方は二十世紀に入ってから急速に衰退した。

譜例14・25　「葛の葉子別れ」（「地蔵堂のハツジサワ師匠の節」）

録音：昭和四十八年（一九七三）か

唄・三味線：小林ハル
音源：故佐久間惇一蔵の録音テープ
音階：(A)–D′；E′–G′–A′；A′–C″–D″；E″–G″–A″；A″–B″
歌詞：

されればにアよりてはこれにまた、
いずれにおろかはなけれども、
哀れなるかや葛の葉は、我が身の化けが現れて、
母は信田《しのだ》へ帰るぞえ、母は信田へ帰っても、
今にまことの葛の葉姫のお出《いで》ぞえ、
葛の葉姫が来たとてもかならず継母《けいぼ》と思わずに、
(以下録音無し)

小林ハルは、十六歳の頃、それまで五歳から師事した樋口フジのもとを離れ、長岡中条組の傘下に属した「地蔵堂のハツジサワ」に入門した。譜例14・25に採譜した曲はこの師匠から習った「祭文松坂」である。「長岡の瞽女屋の節」と同様、小林ハルはこの旋律をほとんど歌わなかったため、記憶が必ずしも正確であるとは限らない。

演奏の第一「ナガシ」は五フレーズ型の旋律であり、「長岡の瞽女屋の節」と同様、短い「歌い出し」の旋律に載った四つの音節は[a]に載るはずの歌詞から引かれ、[a]の音節数はその分減少する。[d]の終わりはわかりにくく、「母は」で始まる最後の一コトの前に旋律が休止している。しかし、第二の「ナガシ」の旋律を参照すれば、やはり休止の後にも[d]が続き、したがって[d]と[e]との間にはすでに説明した長岡瞽女に独自な旋律と韻律との間にズレが見られる。すなわち最後の一コトの「母は」(三音節)は[d]の終わりに属し、[e]は「しのだへかえるぞえ」という四五調となっている。

先に見た「門付け松坂」（譜例14・14）と「瞽女松坂」（譜例14・15）と同じ工夫である。

この旋律も杉本キクエの歌う旋律と同様、前半と後半に分かれているが、前半は三つのフレーズ、後半は二つのフレーズで構成されている。前半・後半はともに格音のA′で終始し、bとcそれ以外のフレーズはより安定性の少ないテトラコルドの中間音で終了し、dの終了には格音のA′が強調され、続くeとの結合性は韻律のズレによって高められている。

第二「ナガシ」ではcのフレーズが省略されており、bでは七七五調の歌詞が歌われている。ど忘れであるのか、それともbが意図的にcの一部と合体されているのかは判断に迷うところである。残念ながら録音は第二「ナガシ」で終了しており、「段切れ」の有無は不明である。「ハツジサワ師匠の節」の三味線伴奏は小林ハルの演奏する「坂井キイ師匠の節」の「祭文松坂」（譜例14・28）と比較して簡素であり、ハズミの少ないリズムを特徴としている。

B　四フレーズ型の「祭文松坂」とその変形

長岡瞽女の歌う「祭文松坂」の最も典型的な旋律は四フレーズ型である。演奏者によってあるフレーズが反復されたり省略されたりすることがあり、一つか複数のフレーズが二つに分解されることもある。以下では、まず明快な四フレーズ型の曲である土田ミスの「葛の葉子別れ」の演奏から分析を開始したい。

譜例14・26　「葛の葉子別れ」

録音：昭和四十八～四十九年（一九七三～七四）か
唄・三味線：土田ミス
音源：新潟県新発田市教育委員会蔵の録音テープ
音階：（A–D′）; E′–G′–A′; A′–C″–D″; E″–G″–A″; A″–B″

歌詞：

されぱによりては皆様へ、さらば一口読み上げる、
お聞きなさりて下さいと、ものの哀れを尋ぬれば、
芦屋道満白狐変化に葛の葉子別れを、
あらあらこと細かには読めねども、
あらあら読み上げ奉る、ただ情けなや葛の葉は

土田ミスの演奏する旋律の構造を表14・5にまとめておいた。

表 14.5　土田ミスの「祭文松坂」の演奏

	開始音	終止音	音節数（韻律）
三味線前奏			
「歌い出し」	G′	A′	8-5
[a]	E″→ A″	C″	7-5
[b]	C″→ E″	A′	7-5
[c]	C′→ G″	A′	7-5-3
[d]	G″	A′	4-5
三味線間奏			
[a]〜[d]の反復			

各段の冒頭のみで歌われている前半八音節、後半五音節からなる「歌い出し」は二つの短いフレーズから構成されている。それに続く各「ナガシ」の中心部は四つの個別のフレーズから成っている。A′で終了する[c]と[d]は先述した長岡瞽女独特の旋律と歌詞の間のズレによってその結合性が高められている。土田ミスのこの演奏に「段切れ」のフレーズは認められず、[d]が歌われた後、段が終了している。

土田ミスの演奏に代表される長岡瞽女の四フレーズ型「祭文松坂」は、五フレーズ型の旋律とはどのような関係にあるのであろうか。杉本キクエの演奏が示しているように、五フレーズ型の旋律では[c]と[d]が元々同じフレーズであった可能性が高く、他の瞽女の四フレーズ型の旋律にも一つないし複数のフレーズが各「ナガシ」に反復され四フレーズの変形型の曲が成立する（譜例14・27、28、29、30）。したがって、五フレーズ型の「祭文松坂」も元来四フレーズ

型の曲であり、c か d が反復されることにより五フレーズ型の旋律が誕生した可能性が高い。

次に四フレーズ型の旋律の変形のいくつかを見てみよう。

譜例14・27　「阿波の徳島十郎兵衛」（巡礼おつる）
録音：昭和四十八〜四十九年（一九七三〜七四）
唄・三味線：坂田トキ
音源：新潟県新発田市教育委員会蔵の録音テープ
音階：(A–D′)；E′–G′–A′；A′–C″–D″；E″–G″–A″；A″–B″
歌詞：

阿波の徳島十兵衛の、一人娘におつるとて、
歳《とし》はようよう九つで、背なに笈摺《おいずる》手に柄杓《ひしゃく》、
巡礼に報謝というて廻る、
来たのはどこなるや、摂津の国には大坂で、
玉造村《たまづくりむら》にてさしかかる、またも報謝とたちよれば、
おゆみ我が子と知らずして、どれどれ報謝進上《しんじょう》

越後瞽女の歌う「祭文松坂」の「阿波の徳島十郎兵衛」（巡礼おつる）は、明和五年（一七六八）、大坂の竹本座で初演された近松半二らの合作による浄瑠璃の「傾城阿波の鳴門」八段目（巡礼歌の段）に強く関係しており、そこには直接浄瑠璃から汲まれた語句が多く含まれている。しかし逆に、浄瑠璃にない部分もあり、そこに別の作品の影響あるいは越後瞽女独自の創作活動があったことが推察される。

新潟県の蒲原平野のほぼ中央部、今日の白根市域を中心に、江戸時代から近代にかけて「新飯田組」という瞽女組織

が大いに活躍した。組に伝承された「祭文松坂」を録音したのは坂田トキのみである（譜例14・27）。坂田トキは十三歳のころ白根市大郷《だいごう》出身の小柳ヒデ（本名ミテ、慶応三年〜昭和二十三年［一八六七〜一九四八］）に弟子入りしているが、芸名は親のつけた名前で結構と言われたという。組に入った時点ではまだ目が少し見えたから、八カ月ほど師匠のところに通って習った。そして十四歳から師匠について一緒に「米沢歩き」を行い、師匠とは十六年間稼業を共にした。[80] 坂田トキによれば「葛の葉子別れ」は「小学校に入ると習ったりしたもんだった。またゴゼになると一番最初に『葛の葉子別れ』を教えるもんだった」。「祭文松坂」の旋律はやはり弟子入りして間もなく覚えている。[81]

坂田トキの歌う「祭文松坂」の音階、リズム、各フレーズの輪郭は他の長岡系瞽女の演奏するものとほぼ同じである。しかし「歌い出し」に続き、各「ナガシ」では五つのフレーズが歌われ、第一と第三フレーズはほぼ同一であるので、「ナガシ」のフレーズ構造は[a][b][a′][c][d]となっている。長岡瞽女唄の特徴的な旋律と詞章との間のズレは[c]と[d]の間に見られ、各「ナガシ」の最後の一コトのはじめの三または四音節は[c]に引き寄せられ、[c]の旋律で歌われている。ここでも[c][d]両方がA′で終了し、韻律によって「ナガシ」は[c]が歌われた後にも続いていることを聴衆に知らせている。「段切れ」は惜しくも録音されておらず、その有無については判断できない。

譜例14・28　「阿波の徳島十郎兵衛」（巡礼おつる）、坂井キイ師匠の節

録音：昭和四十八年（一九七三）八月
唄・三味線：小林ハル
音源：新潟県新発田市教育委員会蔵の録音テープ
音階：(A–D′)；E′–G′–A′；A′–(B′)C″–D″；E″–G″–A″；A″–B″
歌詞：

　さればにアよりてはこれにまた、

いずれにおろかはなけれども、なに新作のなきままに、
古き文句に候えども、阿波の徳島十郎兵衛の、
一人娘におつるとて、歳《とし》はようよう九つで、
背なに笈摺《おいずる》手に柄杓《ひしゃく》、巡礼に報謝というて廻る、
廻り来たのがどこになるや、摂津の国は大坂に、
玉造村《たまつくりむら》にてさしかかる

（略）

さても一座の上様《うえさま》へ、まだ行く末はほど長い、
読めばりかいも分かれども、まずはこれにて次ぎの段

小林ハルが「阿波の徳島十郎兵衛」を「坂井キイ師匠の節」に載せて演奏した録音を譜例14・28に採譜した。[82] 彼女は、二十二歳の時二人目の師匠であったハツジサワと死別し、新たに白根市大郷の組に所属した坂井キイに入門し、「坂井キイ師匠の節」を学んだ。数多くの「祭文松坂」の録音を残した小林ハルは、好んでこの旋律を採用した。

譜例14・28に採譜した唄は基本的に四フレーズ型の旋律であるが、短い「歌い出し」の後、[a]と[b]が反復され、各「ナガシ」は[a][b][a′][b′][c][d]という六フレーズから構成されている。旋律と詞章との間のズレは[c]と[d]との間に発生しており、[c]には七七三の音節が載せられ、[d]は四五の音節からなっている。四つのフレーズからなる長い「段切れ」は[a][b][c][d]の変形であると思われる。

「長岡の瞽女屋の節」（譜例14・24）、あるいは「ハツジサワ師匠の節」（譜例14・25）と比較して「坂井キイ師匠の節」の三味線伴奏はハズミが顕著であり音域も広い。

譜例14・29　「白井権八」（山入りの段）

録音：昭和四十二年（一九六七）二月二十三日
唄・三味線：加藤イサ
音源：『瞽女うた――長岡瞽女篇』、オフノートON 38
音階：(A–C′–D′)；E′–G′–A′；A′–C″–D″；E″–G″–A″；A″–C‴–D‴
歌詞：

されぱによりてはこれにまた、
国は中国名も高き、因州は鳥取の城下松平、
相模の守の藩中にて、父は白井の庄左衛門、
せがれ権八郎は、今ははやハ、
十《じゅう》と五歳の明けの春、犬の喧嘩が遺恨なり、
本庄助太夫手にかけて、恋しき我が家をまかりたち、
（略）
まずはこれにイてとどめける

譜例14・29には加藤イサによる「白井権八」を採譜した。白井権八または平井権八は浄瑠璃・歌舞伎に登場する寛文・延宝頃の鳥取藩士であり、家中の本庄助太夫を殺害し逐電した。遊女小紫になじみ、辻斬強盗を働いたのちに自首し、延宝七年（一六七九）一月三日に鈴ヶ森で処刑されたという。この事件が、時代を異にしそれと関係のないはずの侠客幡随院長兵衛と結びつけられ、歌舞伎脚本の「鈴ヶ森」に脚色された。安永八年（一七七九）五月五日、江戸で白井権八狂言が初演され、同年七月浄瑠璃の「驪山《めぐろ》比翼塚」にその趣向が取り入れられ、江戸豊竹肥前座において上演された。(83) 引き続き様々な改作が行われ、文政六年（一八二三）三月には江戸市村座においてその決定版ともいえる鶴屋南

北作「浮世柄比翼稲妻《うきよづかひよくのいなづま》」が初演された。このストーリーは、その後も無数の安価な読み物、流行歌、「口説」などを通して全国に流布し、様々な大道芸人のレパートリーに入った。越後瞽女も同じ経路でその粗筋に接し、「祭文松坂」に仕立て上げたものと思われる。これについては、比較的多くの録音が現存している。(84)

譜例14・29に採譜した演奏は短い「歌い出し」によって開始され、最初の「ナガシ」が[a][b][c][d]の四つのフレーズから構成される典型的な四フレーズ型の曲である。しかしそれに続く「ナガシ」の[a]〜[d]のフレーズの輪郭とは少し異なり、第二「ナガシ」以降[a]と[b]が反復され、各「ナガシ」の構造が[a][b][a′][b′][c][d]となっている。この点に関しては小林ハルの歌う「坂井キイ師匠の節」(譜例14・28)と一致している。他の長岡系瞽女と同様、最後の[c]と[d]との間、詞章と旋律との間にズレが生じ、[d]で四〜五音節(計九音節)の歌詞が歌われている。

最後にとりわけ特殊ともいえる渡辺キクの「祭文松坂」の形式を分析してみよう。

譜例14・30　「小栗判官」(支度の段)

録音：昭和四十七年(一九七二)四月十九日
唄・三味線：渡辺キク
音源：『瞽女うた——長岡瞽女篇』、オフノートON 38
音階：(A–C′–D′)；E′–G′–A′；A′–C″–D″；E″–G″–A″；A″–B″/C‴–D‴
歌詞：

　しかるにエーよりてはこれはまた、あれよこれよと思えども、
なに新作にも無きままに、古き文句に候えど、
貞女鏡実道記、小栗判官一代記、
支度の段を読み上げる、これより読み上げ奉る、

お聞きなされてくだしゃんせ、哀れなるかや小萩殿、
いよいよ義理に責められて、
エーいやな流れに落ちまする、さらば支度を致さんと、
手慣れし鏡台取りいだし、向こう鏡をしゃんと立て、
姿を鏡にうつされて、このま姿のやつれしの、
髪の乱れや顔形
（略）
まずはエー［？］にてとどめける

「小栗判官」は説経の代表的な物語であり、高田瞽女、長岡瞽女、刈羽瞽女のいずれもが「祭文松坂」として歌った。「小栗判官」は延宝三年（一六七五）刊の説経正本が存在しており、天和二年（一六八二）八月に江戸の市村座で「小栗忠孝車」が上演され、関西においても近松門左衛門作の「当流小栗判官」（元禄十一年［一六九八］か）があり、元文三年（一七三八）八月に千前軒・文耕堂作「小栗判官車街道」が竹本座で初演された。江戸後期あるいは明治になっても「小栗判官物」の人気は衰えず、門付け芸人の演奏する「ちょんがれ」、「口説」などの素材としても採用され、戯作本、瓦版などを通しても広く伝播した。薩摩若太夫が語った「説経祭文」の歌詞本も伝わっており、越後瞽女唄と類似性が認められる。(85) 刈羽瞽女の伊平タケの演ずる歌詞には「実道記小栗判官、上中下二十四段に分かれども」という語句がみられる。説経よりは上中下に分かれた三巻の読み本に由来していたのかもしれない。(86)

大正四年（一九一五）、中魚沼郡貝野村姿（現十日町市姿）生まれの渡辺キク（芸名キミエ）は五歳の時、現長岡市（旧三島郡越路町）来迎寺《らいこうじ》の小林タキノ（明治三十年〜昭和十三年［一八九七〜一九三八］）に入門して間もなく師匠が瞽女稼業を止めたため三島郡片貝村（現小千谷市片貝町）に住む黒崎マキ（明治十一年〜昭和十三年［一八七八〜一九三八］）

に師匠を替えた。その後、長岡瞽女片貝組の一員として活躍し、中越地方を広く巡業し、群馬県に旅することもあった。瞽女稼ぎを二十三歳の時中止し結婚したが、五十六歳頃になっていくつかの曲を録音している。[87]

小林ハルの歌う「坂井キイ師匠の節」と加藤イサの歌う「白井権八」の旋律と同様、渡辺キクの「祭文松坂」は基本的に四フレーズ型であるが、各フレーズは前半・後半と二つに分かれている。前半・後半の輪郭が互いに似ている場合もあり、前半には七五、後半にはさらに七五の音節が歌われている。そのため、[a][b][c][d]各フレーズでは一コトではなく、二コトが演奏され、話の進展速度が他の瞽女の演奏と較べて倍増している。片貝組が伝承した「祭文松坂」は「全然節も違うし、三味線のやり方も全然違う」という渡辺キクの主張が裏付けられる。[88] [c]と[d]との間におこる詞章と旋律との間のズレは他の長岡系瞽女の法則とは異なり、[c]には七五調の一コトと次の七五調のコトの最初の七音節が歌われ、[d]には残りの五音節が演奏されたあと、さらに七五調の一コト分が歌われている。

以上の譜例14・26〜14・30には、「四フレーズ型」の旋律を五曲採譜した。割愛した中村キクノの演奏も四フレーズ型であり、高田瞽女の杉本キクエの演奏する旋律も[c]と[d]が似ていることから元々は四フレーズ型であったかもしれない。このように、録音された越後瞽女の「祭文松坂」の半数以上は四フレーズ型であり、この事実から判断すれば「祭文松坂」の旋律は四フレーズ型の「松坂節」（譜例14・15参照）に由来する可能性が高く、「松坂節」と「祭文松坂」が共通している第三〜第四のフレーズに見られる歌詞と旋律との間の特殊なズレもそれを示唆している。あるいは二フレーズ型の「松坂節」（譜例14・14参照）の各フレーズが二つに分かれたのかもしれない。いずれにせよ、「祭文松坂」を実際に演奏する過程において、話の進展が遅すぎると感じられたのか、各「ナガシ」において一つのフレーズないし複数のフレーズが反復されたり（五フレーズ型「祭文松坂」）、各フレーズに二コトが載せられた（譜例14・30）。この改作によって多量の歌詞を比較的短時間で演奏することが可能となり、それによって演奏者は座が持つと感じたであろう。

C　三フレーズ型の「祭文松坂」

最後に三フレーズ型の「祭文松坂」を二曲みてみよう。すでに譜例14・11には小林ハルの演ずる「門付け葛の葉子別れ」を掲載したが、鷲沢ミネや中静ミサオも三フレーズ型の旋律を録音した。

譜例14・31　「八百屋お七」（忍びの段）

録音：昭和三十三年（一九五八）六月十一日

唄・三味線：鷲沢ミネ

音源：『瞽女うた——長岡瞽女篇』、オフノートON 38

音階：（唄）D；E–G–A；A–C'–D'；E'–G'–A'

歌詞：

花の［お］江戸に隠れなアき、ところは本郷二丁目、
五人娘の三のふで、八百屋の娘にお七とこそ、
小姓の吉三《きちさ》にあこがれて、今宵は学寮へ忍ぼうか

分水町中嶋（現燕市中島）出身の鷲沢ミネは明治二十七年（一八九四）に生まれ、若い頃、瞽女親方の後藤ミトに入門し、中条組の一員となった。様々な分流に分かれていた中条組は長岡瞽女中最大の組であり、小林ハルの師匠であったハツジサワ、土田ミスに師事した袖山トウも同組に所属した（小林ハル・土田ミスは別の師匠からも唄を習っている）。しかし鷲沢ミネの「祭文松坂」の演奏を、譜例14・25に採譜した小林ハルによる「ハツジサワ師匠の節」、あるいは譜例14・26に採譜した土田ミスの「祭文松坂」に比較してみれば、同じ組の成員であっても曲はかならずしも同工であるとは限らないことがわかる。

長岡周辺では「葛の葉子別れ」が女性に最も好まれたのに対し、「八百屋お七」は特に男性に親しまれたという。(89)　天

和二年（一六八二）の放火事件の巷伝に基づく粗筋は井原西鶴が貞享三年（一六八六）に発表した『好色五人女』によって世間の注目を浴び、引き続き豊竹座の座付き作者であった紀海音の「八百屋お七」が誕生し、度重なる改作の後、安永二年（一七七三）、大坂初演の義太夫浄瑠璃「伊《だ》達《て》娘《むすめ》恋《こいの》緋鹿子《ひがのこ》」が上演された。その後、歌舞伎の演目としても人気を博し、「歌祭文」、「ちょんがれ」、「和讃」、「口説」など、種々のジャンルに取り上げられ、はやり唄としても広く流布していた。幕末の薩摩若太夫による詞章も存在しており、それには瞽女唄との共通点があるとはいえ、越後瞽女唄の歌詞の詳しい形成過程は依然として不明である。

小林ハルの歌う「門付け葛の葉子別れ」と同様、鷲沢ミネの演唱する旋律は「歌い出し」と「段切れ」の部分が欠けている。フレーズ間の間奏は短いが、二十六拍に及ぶ前奏と約十八拍の各段の間に挿入される間奏は他の長岡瞽女が演奏する「祭文松坂」とそれほど変わらない。[b]のフレーズの最後の三、四音節は第三コトの冒頭に属し、長岡瞽女に特有な歌詞と旋律との間にズレを見せている。

譜例14・32　「小栗判官」
録音：昭和四十二年（一九六七）二月二十三日
唄・三味線：中静ミサオ
音源：『瞽女うた――長岡瞽女篇』、オフノートON 38
音階：（唄）G′; A′-C″-D″; E″-F″/G″-A″; A″-C‴
歌詞：

［?］さればによりてはここにまた、いずれにおろかなけれども、
種々の利益をとどめくれ、小栗判官一代記、
あらあら読み上げたてまつる、

哀れなるかや小萩姫、道理と義理にからめられ、
二つの義理に身は一つ、今宵はささのお相手に、
さらば支度を致さんと
（略）
まずはここらで止めおきる

譜例14・32に採譜した唄の演奏者である中静ミサオ（明治四十五年〜昭和五十五年［一九一二〜八〇］）は中静マス（六代目山本ゴイ）に入門したが、後者の師匠であった堀フサにも師事した。(90) 中静ミサオの演奏する三フレーズ型の曲は長い「歌い出し」に始まり、最後には複雑な「段切れ」の旋律が繰り広げられる。旋律の構造と歌詞のズレは他の長岡系瞽女の演奏に似ている。この演奏における一段のコト数は少なく（三十コト程度）、演奏の所要時間も九分足らずである。三フレーズ型の旋律を使用しても座が持つと演奏者は判断したのであろう。

中静ミサオの歌う三フレーズ型の旋律を師匠の中静マスの五フレーズ型の唄（譜例14・22）と比較してみると、双方の披露する「歌い出し」は二つの短いフレーズから構成されており、[a]のフレーズの輪郭も酷似している。中静ミサオは五フレーズ型の唄の[b]と[c]を省略しており、[d][e]と「段切れ」は師匠の旋律とほぼ同じである。したがって、第一フレーズの安定性の少ない終止音は次のフレーズへの期待感を掻き立てており、第二、第三フレーズが長岡瞽女に独特な歌詞のズレによって結ばれ、各「ナガシ」は極めて統一的でコンパクトにまとめあげられている。門付けの演奏、あるいは短い歌詞の演奏のために最適な形式であったといえよう。

(3) 刈羽瞽女（伊平タケ）の「祭文松坂」

語り物的性格の強い「祭文」を明確な旋律を持つ「松坂節」と融合させるために、刈羽瞽女の伊平タケは高田瞽女、

長岡瞽女のいずれとも異なる別の手法を採用していた。次にそれを短く検討してみよう。

譜例14・33「小栗判官」

録音：昭和十八年（一九四三）八月三十一日

唄・三味線：伊平タケ

音源：『復刻日本民謡大観』中部篇（北陸地方）、現地録音、日本放送協会、平成四年（一九九二）。同書一二四〜一二五頁に採譜あり。同書解説編、四〇頁に歌詞あり

音階：(A)–D′; E′–G′–A′; A′–C″–D″; E″–(F♯″)G″–A″

歌詞：

貞女の鏡、実道記、

小栗判官正清は、照手の姫に別れなし、

哀れなるかや小萩姫、長《ちょう》のいいつけ是非もなく、

涙にくれて今は早や、我が身の役ではなけれども、

お国守《こくしゅ》様のお好みで、奥にお酌に出でまする、

例えばお酌に出《いで》たとて、好いて好んで出《で》るでなし、

殿の仰せで是非はない、なれども姫は、

胸にかけたるかけがねは、はずしはせんとばかりにて

（以下録音無し）

伊平タケの演奏する旋律の抑揚は話し言葉に近く、そのため即興性に富む旋律の構造が曖昧になっている。フレーズの構造にあえて分析のメスを入れるならば、最初の二つのフレーズは「歌い出し」となり、それに続き以下の特徴を持

つ三つの個別のフレーズが抽出できよう。各フレーズでは一コトの歌詞が歌われる。

[a]：高い音域（A″またはG″）から開始し、下行する。

[b]：中間の音域（E″またはD″）などから始まり、あるいはさらに低い音域から中間の音域に跳躍した後、ある音高が何度も反復され、最後に少々下行する。

[c]：[a]とほぼ同じ高い音域から開始し、一オクターブあるいはそれ以上下行する。

以上の三つのフレーズを析出することは辛うじて可能であるが、伊平タケが果たして演奏を「ナガシ」の単位で区切っているかどうかさえ疑問である。楽譜に第三「ナガシ」として明記した旋律は四つのフレーズから構成され、その内の[3d]は初登場である（段切れか）。[3d]は長く引き延ばされているA′で終了しており、三味線間奏がそれに続くが、録音はそこで途切れてしまう。

譜例14・34　「宗五郎一代記」（舟止めの段）

録音：昭和四十八年（一九七三）

唄・三味線：伊平タケ

音源：『しかたなしの極楽』、Nadja PA-6034-35（Trio Records）

音階：(A–C′)–D′；E′–G′–A′；A′–B′/C″–D″；E″–[F″/F♯″]–G″–A″

歌詞：

それはさておきここにまた、これはなにとよと尋ねれば
農道《のうみち》の鏡武士の戒め、佐倉曙義民伝、
俗に宗五郎一代記、これより読み上げたてまつる、
下総の国つが郡《ごおり》、佐倉の城下に隠れなき、

堀田上野《こうずけ》様と申するは、知行高は十一万と五千石、
上野《こうずけ》様の時代より、取固《とりか》の強いということが、
窓が何尺何寸と、箕《みの》役鍬《くわ》役万能役、
いろりに立てたる火箸まで、子供のおもちゃのはてまでも、
みな役取らるる悲しさに、二百六十四ケ村《しかそん》は、
親は子を連れ子は親を連れて、袋を首にかけ、
出《いで》る非人が多ければ、二百六十四ヶ村の、
人種《ひとだね》尽きる如くなり

（略）

宗五郎急いで帰らるる

譜例14・33に示した演奏のおおよそ三十年後の昭和四十八年（一九七三）、伊平タケは八十七歳で再度「祭文松坂」を録音した（譜例14・34）。完全な形の「佐倉宗五郎」（舟止めの段）である。演奏者が高齢のためこの演奏の音楽的要素の分析は慎重に行わなければならないが、昭和十八年（一九四三）に録音した曲と簡単に比較してみよう。

昭和十八年の演奏と同様、昭和四十八年の演奏も二つの短いフレーズに分かれている「歌い出し」から開始しており、いずれのフレーズもA′で終止している。昭和四十八年の演奏の最初の「ナガシ」と見られる部分は四つのフレーズから構成されており、長く引き延ばされるA′で終止している。第二の「ナガシ」はさらに複雑な構造を持ち、五つの個別のフレーズは特定できるが、相変わらず即興性に富むものである。それに続くやや長い間奏の位置から、あるいは2dが安定性の強いA′で終了することからも、二つ目の「ナガシ」がこの時点で終了していると判断できよう。

第三「ナガシ」以降、曲の即興性はさらに増し、分析が次第に困難を極めてゆく。各フレーズの輪郭の相互的類似性

を手がかりに、あえてa〜eの存在を特定してみたが、聞き方による別の分類方法もあろう。多くのフレーズの冒頭と終わりの部分は特に語り口に近く、フレーズの真ん中のみが旋律的である。段の終わりにはこの時点まで演唱されなかったフレーズが現れ、やはり伊平タケも一種の「段切れ」のフレーズを使用していることがわかる。三味線後奏はなく、A－G′が数回反復されることによって演奏が終了する。

かくして伊平タケは「祭文」のリズム、言葉の抑揚、話の流れを重視し、「松坂節」の旋律を大きく変えながら「語り物」と「歌い物」の折衷的な様式を持つ独特な「祭文松坂」を開発した。即興的に様々なヴァリエーションを加え、多様なフレーズを展開しながら話を聴衆に伝えている。第13章に論じた伊平タケの演奏における自由に構成された文学的要素に平行して、音楽的構造も自由にまとめあげられている。

(4)　三つの「祭文松坂」の特徴

「祭文松坂」を瞽女稼業の柱にするため、高田・長岡・刈羽瞽女はそれぞれ独自の創作活動を行い、「松坂節」と「祭文」という異質な素材を融合させた。限られた録音資料から判断すれば、この作業にあたり越後瞽女は以下にまとめた三つの異なる手法を考案した。

(1)　高田瞽女は「松坂節」による「フシ」の部分と「祭文」の口調を再現する「コトバ」の部分を交互に演奏し、「祭文」と「松坂節」のそれぞれの独自性を尊重し、コントラストに満ちた「祭文松坂」を作り出した。

(2)　長岡瞽女は「祭文」の歌詞を「松坂節」（あるいはそのヴァリアンテ）に載せ、段の最後には「松坂節」を引用することもあった。演奏の機能に柔軟性をもたせるために演奏者は各「ナガシ」の内の一つかそれ以上のフレーズを反復・省略し、歌詞の韻律と旋律との関係を調整した。

(3)　刈羽瞽女の伊平タケは「歌い物」と「語り物」の折衷を披露し、各フレーズの冒頭と終わりの部分には「語り物」的要素を、各フレーズの真ん中の部分には「歌い物」的な歌唱法を採用した。換言すれば、高田瞽女の「コトバ」と

「フシ」との間に位置する歌唱法にくわえ、長岡瞽女の柔軟なフレーズ構造の取扱いが駆使されている。

いずれの場合も、越後瞽女は単に古い唄をそのまま受容・伝承したのではなく、「原材料」ともいうべき「松坂節」や祭文、説経、浄瑠璃、講談などの詞章に長年にわたり彫琢をほどこし、やがて「祭文松坂」という新しいジャンルを成立させた。そしてこのジャンルはやがて「瞽女唄」の代名詞となり、瞽女稼業を支える重要な柱となった。

七　「口説」

越後瞽女の「口説」（別名「やんれ口説」、「心中口説」など）は七七調の長編の詞章からなり、通常いくつかの段に分かれている。歌詞の三音節目に続き、「サエー」などが挿入され、各段は「ヤンレ」、「ヤーレ」などで終了する（演奏により省略される場合もある）。「口説」の成立・展開についてはすでに別著に詳述したのでここでは深く立ち入らない。[91]

越後瞽女が歌った「口説」が出現する以前、関西を中心として歌われた「兵庫口説」など他種の「口説」が十八世紀から流行したが、これには七五調の詞章が多い。その後、芸能市場の中心が関西から関東に移るにしたがい、関西の「兵庫口説」などの題材が関東甲信越に流布した「やんれ口説」に取り入れられ、越後瞽女の十八番であった「鈴木主水」の粗筋も関西の「口説」として板行された。[92] しかし、関西に広く普及し主に盆踊り唄として歌われた「兵庫口説」などの歌詞と旋律は近世後期越後瞽女が歌っていた「口説」には直接強く影響しなかったようである。

天保頃以降、関東一円で歌われた「口説」の歌詞は江戸の草紙屋が上梓し、なかんずく江戸馬喰町に店を構えた吉田屋小吉の役割が重要であった。詞章には古い伝説のみならず、世を騒がせた事件も盛り込まれ、場合によって越後瞽女もこの歌詞本から詞章を習った可能性が高い。「祭文松坂」に馴染みの薄い関東地方の庶民は、芸能市場を通して普及した新しい「口説」の演奏を越後瞽女に求めた。「瞽女口説」の代表作であった「鈴木主水」と「大工殺し」の筋立ては歌舞伎の舞台でも上演され、「鈴木主水」が明治末期の東京で「瞽女節」として録音されたことはすでに本書第8章に述べた通りである。明治以降には新潟県の板元も多数の「口説」の歌詞本を刊行し、その多くは主に読み物や盆踊り唄の替え歌として使われたと推定される。(93) また長野県、石川県その他の地方にも「口説」が摺られ、無数の安価な冊子が販売された。

越後瞽女の「口説」の主な題材は聴衆の涙を誘う心中話であった。ほかにも滑稽物の「へそ穴口説」、「お馬口説」など、あるいは正月を祝福する「祝い口説」もあり、歌詞の性格を問わず同じ旋律が使われた。旋律は「新保広大寺」に由来していると推定できるが、複雑な構造を持つ瞽女唄の「新保広大寺」が直接「瞽女口説」の単純な旋律となったとは考えにくい。というよりは、庶民の間で愛唱された簡単な「新保広大寺」のヴァリアンテに、より長い歌詞が載せられ、「新保広大寺くずし」、「細か広大寺」、「殿さ節」、「口説」などに改作される過程の方が想像しやすい。「祭文松坂」の形成過程と同様、越後瞽女はすでに広く知られていた旋律に新しい歌詞を当てはめ、三味線伴奏を加え、庶民音楽文化に深く根付いていた独自のジャンルを誕生させたのである。

杉本シズによれば「口説っていうんだからね、ああいうものは節面白くないんだわ。この葛の葉とか、山椒太夫とか、これはまあ節は面白いけどね」と述べている。(94) さらに古く、詞章がさらに長く、瞽女仲間内に限って伝承された「祭文松坂」と較べ、越後瞽女は「口説」をそれほど高くは評価しなかったようである。このことは、旋律が極めて単純で反復的であったこともその原因のひとつであったであろうが、盆踊りでは素人の音頭取りが歌い、あるいは瞽女と較べてより強く差別された種々の芸人も同じ歌詞を歌っていたことが関係しているのかもしれない。

高田・長岡・刈羽瞽女の「口説」の旋律は少なくとも五種が録音されており、幾度も反復される中心部の旋律（以下、便宜上「一ナガシ」と呼ぶ）は互いに酷似している。

譜例14・35　「鈴木主水」

録音：昭和五十四年（一九七九）十月二十六日
唄・三味線：杉本キクエ
音源：上越市蔵の録音テープ
音階：（唄）A–C′–D′；E′–G′–A′；A′–C″–D″；E″
歌詞：

花のサエお江戸の山の手辺《へん》に、ところ青山百人町《まち》の、
鈴木主水という侍が、女房もちにて子供が二人
（略）
［？］さるサエ

譜例14・35に採譜した杉本キクエの演奏は「花の」と「サエ」という二つの短い部分に分かれている「歌い出し」から開始し、それに続き[a]と[b]の二つのフレーズが演唱されている。高田・長岡・刈羽を問わず、越後瞽女の「口説」の各フレーズは原則として一コト（七七調）で構成されている。

[a]の開始直後に見られる長く引き延ばされたA′はその後はあまり歌われないので、次の「ナガシ」の[2a][2b]のフレーズがこの唄のより典型的な形を提示しているとみられる。譜例では、反復記号をそこに置いたが、当然「ナガシ」により旋律は微妙に変化する。

音階は「民謡テトラコルド」から構成されており、第一フレーズは安定性の少ない中間音のC′で終了し、第二フレーズは格音であるAで終了している。つまり上に分析した「祭文松坂」と同じ原理は「口説」の各「ナガシ」を支配している。「口説」の一段の終わりに、杉本キクエは[b]のフレーズを歌わず、その代わりに特別な「段切れ」のフレーズを演奏しており、段は格音のD′で終了している。

譜例14・36 **「鈴木主水」**
録音：昭和四十八年（一九七三）八月
唄・三味線：小林ハル
音源：新潟県新発田市教育委員会蔵の録音テープ
音階：（唄）A–B / C′–D′; E′–G′ / F♯′–A′; A′–B′ / C″)–D″; E″–G″ / F♯″
歌詞：

花のお江戸の山の手辺《へん》、ところ青山百人町《まち》の、

（略）

またもそのよは居つづけサエなさるやれ

下越・山形県を中心に活躍した小林ハルは「口説」を習ったもののあまり演奏しなかったという。譜例14・36に採譜した「鈴木主水」は杉本キクエの演奏と比較してもさらに簡素な唄である。「歌い出し」のフレーズは欠けており、それに続く[a]と[b]の二つのフレーズは短く歌いやすい。各「ナガシ」の全体構造は譜例14・35にみた杉本キクエの演奏と概ね一致している。[a]のフレーズの終止は[b]より安定性が低く、二つのフレーズが音楽的に把握しやすい単位をなしている。

使用されている音階ではF♯とG、あるいはBとCとの違いは曖昧であるが、格音の配置は杉本キクエの「口説」と共通している。

譜例14・37 **「鈴木主水」**
録音：昭和四十八〜四十九年（一九七三〜七四）
唄・三味線：土田ミス

音源：新潟県新発田市教育委員会蔵の録音テープ
音階：（唄）A–C′–D′；E′–G′–A′
歌詞：

花のお江戸の山の手辺《へん》の、ところ青山百人町《まち》の
（略）
ぐっと差しこむ刃《やいば》の
［……?］二人サエ

土田ミスは若い頃四郎丸組に属し、頻繁に上州に稼ぎに出ており、関東で一世を風靡した「口説」を演奏する機会が多かったという。譜例14・37に採譜した演奏では、その三味線前奏と後奏の長さが特徴的であるが、全体の形は基本的に譜例14・35と14・36とに見た旋律とそれほど変わらない。

唄には「歌い出し」のフレーズが認められず、各「ナガシ」は二つのフレーズに分かれており、音域が狭く、音階は二つの「民謡テトラコルド」から構成されている。[a] [b]のフレーズの双方がAで終了しており、互いに似ており、非常に反復的である。「段切れ」のフレーズには不鮮明な箇所が含まれ採譜できなかったが、小林ハルの演奏と同様、旋律はAで終止している。

譜例14・38　「安五郎くどき」

録音：昭和四十七年（一九七二）四月十九日、南魚沼郡湯沢町
唄・三味線：渡辺キク
音源：鈴木昭英蔵の録音テープ
音階：（唄）A–C′–D′；E′–G′–A′；A′–C″–D″；E″–F♯″

歌詞：

国は下総行徳町《ぎょうとくまち》、住みしょ慣れし商売柄
よろず商い名は安兵衛《やすばい》、律儀一遍それいう者［よ］

渡辺キクの録音した「口説」（譜例14・38）は人気の高い「安五郎くどき」であり、土田ミスもこれを録音している。心中話ではなく、互いに惚れた二人の主人公が目出度く結婚式を挙げる結末である。[95] 刊本の存在は未確認であり、越後地方特有の地口説であるかもしれない。「歌い出し」のフレーズは認められず、録音が途中で途切れているので、「段切れ」のフレーズがあるかどうかは不明である。三味線前奏、唄の旋律の形式と音階は全て小林ハルの歌う「口説」（譜例14・36）に似ている。[a]の終わり方はやや曖昧であり（D′かC′か）、反面[b]ははっきりとAで終止しており、各「ナガシ」の終了を告げている。

譜例14・39　「春口説」
録音：昭和四十八年（一九七三）
唄・三味線：伊平タケ
音源：『しかたなしの極楽』、Nadja PA-6034-35（Trio Records）
音階：（唄）A–C′–D′；E′–G′–A′（又はD′–F′–G′）；A′–C″–D″；E″
歌詞：

こと［しゃ］サイよい年《とし》ヨ年《とし》も繁盛、
明けて初春《はつはる》おん寿《ことぶき》の、
礼式礼儀も相変わらずに、
（略）

［め］でたいサエ

刈羽瞽女伊平タケの演奏（譜例14・39）は「祝い口説」の一種であり、これも越後の地口説である。歌詞の由来は不明であるが、群馬県で門付けに廻った際に歌われたという。この「春口説」は蚕の成長を促進すると信じられていたため、養蚕の盛んな地方でとりわけ人気が高かった。九十歳の元瞽女榎本ふじが昭和三十五年（一九六〇）に民謡研究家竹内勉のために歌った「蚕口説」、あるいは後述する「春駒」などからも同じ効果が期待されたという。[96]

伊平タケの「春口説」の演奏は、すでに見た他の瞽女が歌った「口説」より構造的に複雑である。三味線前奏は短いが、それに続く「歌い出し」は二つのフレーズに分かれ、間奏の後、唄の反復される中心部である「ナガシ」が始まる。輪郭が互いに似ているaとbの二つのフレーズから構成されており、前者の終わり方は後者より曖昧である。

音階を分析すると、「歌い出し」と終結のフレーズ（段切れ）の音階は何回も唄の中心部とは異なっていることがわかる。すなわち、「歌い出し」と「段切れ」のフレーズにはD′-F′-G′；A′-C″-D″など、二つのはっきりした「民謡テトラコルド」が使われており、三味線伴奏もそれにしたがっている。一方、a b のそれぞれのフレーズはA-C′-D′、の音域の低いテトラコルドから構成されているが、D′-F′-G′のテトラコルドはbの最後のみに見られ、それ以外にはE′-G′-A′、のテトラコルドが支配的である。

以上簡単に分析した五種の「口説」の流行が去った後の時代には、越後各地の瞽女仲間も著しく衰退し、「瞽女唄」としての新しい発展の道は事実上閉ざされることとなった。しかし他の芸人が次第に「口説」を捨てたり忘れたりする中で、大きくかつ強靱な組織力をもつ瞽女仲間がもっと長く存続していたならば、「瞽女口説」もやがて一種の古典となり、「祭文松坂」と同じ役割を果たすようになったのかもしれない。

八　越後瞽女の民間信仰・宗教に関わる芸能

戦後に行われた数多くの民俗調査によれば、かつて越後瞽女が民間信仰の対象であったことは明らかである。しかし、民間信仰あるいは宗教の根幹をなす抽象的な欲望——無病息災、五穀豊穣、極楽往生など——は、それ自体としてはそのままで人々の情熱の対象とはなりにくく、何らかの媒体を介して、はじめて信者の心底に届く。その媒体は儀式、行事、修業、祈禱など様々であるが、最も効果的なもののひとつは芸能である。芸能の力によって民間信仰・宗教が信徒の関心を高め、教義に深さを与えたと考えられる。反面、民間信仰・宗教は芸能に新たな社会的機能を持たせ、聴き手の現世・来世に対する期待を代弁している。越後瞽女も民間信仰・宗教の社会的基盤の広さを活用し、宗教色の濃い芸能を演奏した。しかし、自らの芸能を下級の宗教者が唱えた諸々の経文、呪文、祭文などから区別するため、また宗教芸能をより馴染みやすくするためにも、三味線伴奏をともなう陽気な旋律に載せ、瞽女ならではの宗教芸能を創り出した。

民俗芸能の民間信仰・宗教に関わる側面はすでに多数の研究の対象となってきたが、民間信仰・宗教の芸能的側面の分析は緒についたばかりであるといえよう。以下において、民間信仰・宗教に関連する越後瞽女の芸能の中から、「万歳」、「春駒」、「地蔵和讃」を順に取りあげ、簡単に解説しながらその音楽的要素に若干の分析を加えてみたい。

(1)「瞽女万歳」

近世を通して三河万歳は東海地方をはじめ、関八州、北陸などで幅広く行われ、「春過て三河へ江戸の流行唄」という天保頃の川柳が示すように、万歳を専門とする芸人は様々なはやり唄の普及にも携わった。[97] 天和年中（一六八一〜八四）まで寺社奉行の支配下にあった三河万歳は貞享元年（一六八四）、陰陽家をその前年より統率していた土御門家の支配下に入り、同家江戸役所の配下に置かれた[98]。視障者と同様、各国の万歳は自らの社会的位置と幕府や諸藩に与えられた特権を守るために貴族階級と上流武士との関係を強調し、他の大道芸人との差異化を図った。

東北地方における三河万歳について文化十一年（一八一四）の『出羽国秋田領風俗問状答』に「萬歳はもと三河の国より常陸へ来り住てけるが、慶長年間この地へ移り来れりと申すなり」とあり、秋田領では正月に城へ登り祝いの詞を述べ、それより士家の町々を廻ったようである。彼らが語った十二番の詞章の中には越後瞽女の語る「柱立て」と似た「屋建万歳」も含まれていた[99]。天保十四年（一八四三）に成立した『駿国雑誌』にも「柱立て」に共通する語句を含む万歳の詞章が記録されている[100]。それ以外にも、福島県郡山市湖南町に採録された会津万歳の「柱立祝」（屋形万才）、あるいは宮城県やその周辺で行われた「仙台万歳」にも越後瞽女の「柱立て」と同系の詞章が採録され、広く語り継がれていた[101]。

享和三年（一八〇三）、現新潟県胎内市中条《なかじょう》（旧中条町横道）で書かれた「年中御暮方帳」には正月の来訪者として「銭五百文、三百文減ス、三河万歳」と「同弐百文、百文ニ成ル、尾張万歳」の記載が見られ、これは万歳が越後まで足を運んだ証拠のひとつとなる[102]。文化十四年（一八一七）に成立した『越後国長岡領風俗問状答』にも、長岡領の三河万歳が「小鼓、三絃など持、壱弐人目出度言葉をつらねて、拍子面白く唄うて門に入もの乞ふ」とあり、他所と同様、越後を巡業した万歳は正月の風物であったことを示している[103]。嘉永二年（一八四九）成立の『北越月令』にも「萬歳はもの貰ひのをとこ、小鼓三弦などを持、独なるも二人連なるもあり」と説明しており、万歳の社会的地位は極めて低いと認識されていたことがわかる[104]。明治九年（一八七六）、東京は万歳の稼業を禁止したが、越後では引き続き町と村々での巡業が可能であった[105]。明治十年（一八七七）の『越後長岡年中行事懐旧歳記』に、一月七日より「万歳・四ツ竹・胡弓等の芸人来ル。芸人は諸方より来るといひども、多く柏崎より出る。外の芸人御城内へ入る事許されず。万歳は御館まで召出さる。太夫は三味線をひき、才蔵は小鼓を以て、少し下品なれども、面白き事は三河万歳に増れり」とその様子を記述している[106]。

明治二十年代になると、越後における万歳の詞章の採録、あるいは新しい万歳の創作も行われた。例えば明治二十四年（一八九二）二月、新潟県古志郡新町大字新町二百八十壱番戸、丸山廣蔵は定価二銭五厘の『新ぱんごまんざへ』を著し印刷した。もっぱら仮名文で書かれたこの冊子の表紙には三味線を弾く太夫と鼓を叩く才蔵とが描かれている。(107)

越後瞽女の演奏した万歳は瞽女の所属した組などにより詞章がある程度異なるが、太夫役の詞は大概三つの少し異質な部分から構成されている。演奏が目出たい詞の「御常若《おんとこわか》にはご万歳とは君の栄えておわします」などという、すでに平安期の万歳にあった詞章と共通する言葉によって開始される。(108) 次に仏教色の濃い「経文」が語られ、最後には家中を祝福する「柱立て」が演唱されている。その途中々々で、才蔵の「〇〇づくし」その他の滑稽な文句が挿入されるが、これについては江戸あるいは地方都市に拠点を置く戯作者や寄席芸人などが作った可能性がある。男性視障者が語った「テンポ語り」（「早物語」）から転用された詞章、その場で即興的に作られた詞、あるいは瞽女が直接万歳（才蔵）から習ったものもあるかもしれない。(109)

高田瞽女は「柱一本々々に神さんがついて……神さんを呼ぶんだ」と理解しており、「柱立て」の宗教的意義を忘れなかったようである。(110) 長岡瞽女の関根ヤスは瞽女万歳の演奏について次のように説明している。

> 正月は家に入っての、膝突いて歌うがらしさ。そんどき、祭文松坂、あれもいうし、万歳もいい。「春は万歳」というての、祝う。万歳はまあ、春は、あれで、言うなあ。万歳はどこでもあるでの。上州へ行ったどきでもやります。万歳は短っこい。万歳には才蔵というもんがある。万歳らけら、《だから》こんげんだあ。《こんなもんだ》おら、んな、《みんな》声が出ねえの、だめらろもさ、万歳の。
>
> 　春は万歳、夏は神楽、まことにおめでとうそうらいけーる。おん常若にて、ご万歳とは君も栄えておわしまーす。まことにおめでとうそうらいけーる。
>
> そこらで万歳が一ついうて、それからまた太夫さまいうて。一人でもやられる。二人で掛け合ってやることもある。

家の中に入ってやる。正月になると「万歳てがあるが、それ歌うてくらっしゃい」なんという人がいっくらもあるんだ。(11)

さて、高田・長岡・刈羽系の瞽女が録音した万歳を見てみよう。採譜した演奏のいずれもが太夫と才蔵の二人を交代で演奏しており、太夫役を演じる瞽女が二上りの三味線伴奏を担当している。刈羽瞽女の伊平タケの場合、才蔵は瞽女ではなく、伊平タケにインタビューなどを行った朝比奈尚行である。

譜例14・40　「万歳」（柱立て）

録音：昭和五十四年（一九七九）七月五日
唄・三味線：杉本キクエ（太夫）。唄：杉本シズ（才蔵）
音源：『瞽女唄』（上越市発足二十周年記念）、新潟県上越市、平成三年（一九九一）
音階：（唄）A–C′–D′；D′–E′(F′)–G′；A′–C″(B′)
歌詞：

（太夫）
御常若《おんとこわか》にはご万歳とは
君も栄えておわします（アイチャイチャ）、愛嬌ありける新玉《あらたま》の、
年《とし》取るその日のあしたには水も、わかゆる木の芽もさす（アイチャイチャ）、
徽宗公《きそうこう》は頭《あたま》も冠頭《こうべ》に召す、莫耶《ばくや》が打［っ］たる剣《つるぎ》をば、
ゆずり葉を口には含ませ、五葉の松をばおん手に持ち、
これにてめでとう候らいける、まずはここらで才蔵が番だ
（才蔵）

ササこらこらこいこらこらこらこいてば、
なんじゃいなこらなんじゃいところか大変だ、
今年《ことし》や豊年《ほねん》だこら豊年だってば万作だこら、
おかみさんのしんげえさく[112]あったった、
おおさ太夫さんこらだんまりだんまり、
聞いてくれほらしんげえさくというて、

こらなにがなんぼあったった、
おおあった人参《ねんじん》・牛蒡《ごんぼ》・茄子に隠元、
十六大角豆《ささげ》・芋なんぞあったたこら、
芋なんざお良いもんで親喰って子喰ってこら、
芋茎《ずいき》喰って葉喰って、
あとに残るのはきんきらきんの毛ばかり、
だといったのは太夫さんはどうじゃ、

（太夫）
清涼殿のこなたには、たたせ給もみてやれば、
作りの結構きれいやきれいや、綾の縁《へり》も五百両よ、
錦の縁《へり》も五百両よ、高麗縁《こうらいべり》も五百両よ（アイチャイチャ）、
合わして千と五百両の畳、さらさらさらと敷かわせ給いける、
南の方では白金《しろがね》の（アイチャイチャ）、山を遣わせ給《たんま》いける、
鳳凰が舞い遊ぶ、西あたって三十重の黄金《こがね》の、

山を遣わせ給《たんま》いける、鶴と亀とが舞い遊ぶ（アイチャイチャ）、
宮殿楼閣《ふうてんどうかく》立て並べ、大般若は一千巻合わして六百巻は（アイチャイチャ）、
長《なが》のじゅうに取られ給《たんま》いけるコラ、残りし［四？］百巻は（アイチャイチャ）、
この堂へ天下《あまくだ》らせ給《たんま》いける、まずはここらで才蔵が番だ、
（才蔵）
ササこらこいこらこらこらこいてば
（略）
（太夫）
まことにめでとう候らいける

杉本キクエが太夫を勤める「万歳」の旋律には様々な長さのフレーズが含まれ、各フレーズの開始と終了を判断することは極めて困難である。単なる恣意的な判断に陥るのを避けるために、譜例14・40では所々で挿入する才蔵の掛け声の位置あるいは才蔵のコトバの開始・終了を構造的な区切りとしておさえてある。

「祭文松坂」や「口説」とは異なり、高田瞽女の演奏する「万歳」は有節的な唄ではない。大きく分けてみれば、曲は太夫のフシと才蔵のコトバからなり、才蔵のコトバの終わりには太夫のフシと似ている旋律が歌われ、太夫のフシへと滑らかに移行する。この移行の旋律の役割はすなわち先に見た譜例14・17の「話し松坂」にあるコトバの終わりに現れる旋律と同じ機能を担い、瞽女唄の場合には急なコトバからフシへの移行は避けられている。太夫の歌う旋律は以下に示した流動的で即興性・不規則性に富む[a][b][c]の三つの基本的なフレーズ群に分類できる。

[a]：E′またはA′から開始し、若干上行した後はまたE′まで下行し、引き続きE′が強調されている。最後には一オクターブ下のAまで下がり終了するか、それとも再度若干上行し、あるいはA′まで上がりすぐにまたAまで下がるこ

ともある。

[b]：A′-C″の動きから開始し、F′またはE′まで下がり、その後短い休止が入っている場合が多い。その後C″から次第にA′まで下行するが、フレーズの終わり方は一様でない。ただし、多くの場合最終的にはEに落ち着く。

[c]：才蔵の出番を予告するフレーズであり、[b]の変形として解釈することも可能であろう。二つか三つの部分から構成されており、途中で一回か二回Eまで下がり、下がった後はまたA′まで上行して、その後はAに戻り、最後にはAに落ち着いている。

太夫の旋律の音階は三つの「民謡テトラコルド」にまとめることができる。E′とF′あるいはC″とB′との間の差ははっきりしない場合もあるが、曲の冒頭が[a]の場合はE′、[b]の場合はF′がかなり意図的に区別されていると思われる。しかし曲の途中ではこの相違がやや曖昧になっている。

越後瞽女の演奏する「万歳」は全て二上りの三味線伴奏の前奏で始まり、「祭文松坂」あるいは「口説」の前奏よりは短く、高い音域が強調されていない。長岡瞽女と比して高田瞽女は太夫の旋律に簡素な伴奏を付け、歌詞の韻律が重視されている。それとは対照的に、才蔵のコトバは途切れなく三味線音楽がともなない、拍が鮮明である。

譜例14・41 「万歳」（経文）

録音：昭和五十一年（一九七六）七月二十四日

唄・語り：金子セキ・中静ミサオ

音源：『瞽女うた――長岡瞽女篇』、オフノートON 38

音階：（唄）A-C′-D′；D′-F′-G′；A′-C″-D″

歌詞：

（太夫）

鶴よ亀よといちぎょう重ねて舞い遊ぶ、ご万歳とは御常若《おんとくわか》にて、
君も栄えておわします、愛嬌ありける新玉《あらたま》の、
年《ねん》取り始めにあしたには水も、わかゆり《[る]》木の芽も咲く、
徽《き[ん]》宗公《そうこう》の玉の冠頭《こうべ》に召す、莫耶《ばくや》が打ったる剣《つるぎ》はり、
ゆずり葉をば口に含ませ、五葉の松をばおん手に持ち、
まことにめでとう候らいける、まずはここらで才蔵が番だ、
ああいいとも才蔵なんでもいいから威勢よくやってくれ

（才蔵）

こらこいこらこらこらこらこらこらこいてば、
聞いてくれこら聞いてくれては太夫さん、
おればかこうだかやるせがない、
ほら聞くともなんでもやってくれ、
ああ才蔵なんてばさべくり出したが止めどがない、
あ長いもんで申そうかい、あ短いもんでも申か、

（略）

こいつはべらぼめ長いなっというたが、
まずはここらで太夫さんが番だ

（太夫）

旦那がところに候ずんば、いもんだいにひが三十なりんばとて、
西行き浄土がとかわれたり、東軍茶利《ぐんきり》卿よ、

南の［う］方が多聞天、丑寅こうぶく天と、
かるが上では玄奘法師、三蔵法師が天竺にと登《のんぶ》りて、
まことに経文ござりたり、まず経文［?］にとりては、
昔のお経（京）は難波《なんば》のきょうよ、中程が奈良のきょうよ、
まずはここらで才蔵が番、ああこらこいこらこらこら［……?］
（略）
（太夫）
御万歳とまことにめでとう候らいける

長岡系瞽女の金子セキと中静ミサオの演奏（譜例14・41）は、三味線伴奏が豊富、リズムは終始はっきりしている。この演奏は、元は別々の組の出身であった二人が斉唱し、その結果極めてヘテロフォニックな演奏になり、正確に採譜するのに苦労した。斉唱のため即興性は減少しているが、掛け声が無いので、フレーズの区切りをある程度恣意的に判断しなければならない。

太夫役の旋律は基本的に[a][b]の二つのフレーズ群から構成されている。[b]は直ちに[b^2][b^3]という変形として反復されており、[b^3]の最後の約七拍は引き続きさらに二回反復されている。この旋律は才蔵の出番を予告する箇所にも使われているので、役割が異なっていることから便宜上[c]とした。[c]に続き、「ああいいとも、才蔵なんでもいいから威勢よくやってくれ」という太夫が語る「コトバ」の部分は才蔵の演奏へと移行し、才蔵が入ると、高田瞽女の「万歳」と同様、才蔵が定拍の強いコトバを囃している。才蔵のコトバが終わりに近づくにつれて、急にフシになり終了する。短い三味線間奏が太夫役の出番を準備しており、以上示した形式が繰り返される。[c]の後半からは、曲の最後のフレーズになっているようである。

音階は三つの「民謡テトラコルド」から成っており、高田瞽女の場合のようなやや複雑な音階構造は認められない。

譜例14・42「**万歳**」

録音：昭和四十八～四十九年（一九七三～七四）

唄・三味線：小林ハル（太夫）・土田ミス（才蔵）

音源：新発田市教育委員会蔵の録音テープ。歌詞は佐久間惇一『瞽女の民俗』二七三～二七五頁参照

音階：（唄）A–C′–D′；D′–E′/F′–G′；A′–B′/C″–D″

歌詞：

（太夫）
めでたいところはご万歳、鶴よ亀よ知行重ねて、
御常若《おんとこわか》にて、ご万歳とは君も栄えておわします、
愛嬌ありけるあら玉の、年《とし》取るその日のあしたには、
水もわかゆる木の芽も咲く、徽宗公《ちそうこう》の玉の冠頭《こうべ》に召す
莫耶《がくや》が打ったる剣《つるぎ》はり、ゆずり葉をば口に含ませ、
五葉の松をばおん手に持ち、まことにおめでと候らいける、
またはここらに才蔵が番だ、
ハイド才蔵、才蔵なんだしっかりはやしはどうでもいいぞ
（才蔵）
ハーこらこいあらはこらこい、こらこらこらこらこらこいってば
なんでもこいコラ才蔵なんぞうしゃべくり出したら止めどがない

ことしや豊年だア、豊年だってば万作だコラ、
兄の田が千刈りで、かかの田が万刈りでコラ、
千刈り万刈り刈り込んで、それを箕でもってすうくいこみますで、
もって計り込み
(中略)
やっとこさで奥まで押し込んだというたが、
さあさ、お祝いだが太夫さんの番、こらこいこいやれこらこいこい
(太夫)
旦那がうちに
(略)
(太夫・才蔵)
上には鶴、下には亀、目出たいところのご万歳

譜例14・42に採譜した演奏は太夫の歌うフレーズの多くが曖昧なピッチで終了し、リズムも不鮮明であり、正確に採譜することは困難である。したがって歌詞の各音節の位置は推定に過ぎない。

短い三味線前奏の後、[a]のフレーズ群が歌われ、金子セキ・中静ミサオの歌う[a](譜例14・41)に共通する箇所は認められるが、音域は高い。曲の中心部は金子セキ・中静ミサオの曲と同様[b]のフレーズ群から構成されているものの、[b]と[b²]の終わり方(最後の二つの短いフレーズ)に大きな相違がある。才蔵の演奏が開始される直前、[b²]の最後の二つの短いフレーズが[c]として繰り返され、それも金子セキ・中静ミサオの演奏に一致する。定拍の強い三味線伴奏は独自な様式であるが、変化に乏しい。また曲の終わりの「上には鶴、下には亀、目出たいところのご万歳」は太夫・才蔵双

方が語り口で唱えており、以下採譜した刈羽瞽女の伊平タケの演奏（譜例14・43）に見られる終わり方に近い。

譜例14・43 「万歳」（柱立て）
録音：昭和四十八年（一九七三）
唄・三味線：伊平タケ（太夫）・朝比奈尚行（才蔵）
音源：『しかたなしの極楽』、Nadja PA-6034-35（Trio Records）
音階：（唄）G；A-C′-D′；E′-G′-A′；A′-B′/ C″-D″
歌詞：

（太夫）
ご万歳とは君も栄えておわします、年《とし》取るその日のあしたには、
水もわかゆる木の芽も咲く、徽宗公《ちそうこう》の玉の冠頭《こうべ》に召す、
莫耶《ばくや》が打ったる剣《つるぎ》はり、ゆずり葉をば口に含ませ、
五葉の松をばおん手に持ち、まことにめでと候らえばが、
まずはここらで才蔵が番だ、こらいいとも才蔵やってくれ、
（才蔵）
そらこい、そらこいこらこいこいこい、
才蔵なんどはしゃべくり出したら止めどがない、
あわぶくたったにい[え]たったコラ降ろしごろの喰いごろだ、
めでたい中のその中に、
七福神が寄り集まったが大変じゃ、

七つの蔵をばこの屋敷きりりしゃんとあったったコラ、
まめだらまめのらおったたった、
美沙門銭蔵《ぜにくら》、
（略）
というたが太夫さんの番だ
（太夫）
ああいいとも才蔵うまいぞううまいぞ、
まずは
（略）
上には鶴下には亀、鶴と亀とが知行かさねたご万歳まずはめでとう

三味線伴奏が簡素である伊平タケの演奏する万歳（譜例14・43）は高田瞽女の万歳に類似する点が多い。しかし伊平タケの歌う「祭文松坂」と同様、万歳も非常に自由に演奏されており、旋律の構造を特定することは断念した。小林ハル・土田ミスの演奏と同様、曲は「上には鶴下には亀、鶴と亀とが知行かさねたご万歳まずはめでとう」という語り口で終了している。

以上見てきた四種の瞽女万歳には時事性に乏しく時代の流れに無関心な宗教者にふさわしい太夫の歌詞がある一方、時事性の強い滑稽で親しみやすい才蔵のコトバとが含まれている。音楽もコントラストに満ちており、太夫の旋律の構造とリズムの曖昧さはこの芸能が元々語り物であったことを忍ばせる一方、才蔵の早語りは逆に明快なリズムと単純な三味線伴奏を特徴としている。「歌い」と「語り」、固定性と即興性、伝統性と時事性などの対比により万歳が極端にまで芸能化されていることがわかる。

(2)「春駒」

万歳と同様、養蚕の予祝として養蚕の盛んな地で特に歓迎された「春駒」のルーツは古く、一月一日から二月の終わりまでの門付け芸・祝福芸として広く行われた。(113) すでに十六世紀から都会で流行し、京都の町を描く『洛中洛外図』(米沢市教育委員会蔵)にも二組の「春駒」を演じる芸人の姿が見られる。また延宝四年(一六七六)の『日次紀事』に、「春駒」は「往人家而施芸術」とあり、京都では一月の初めに万歳、西宮傀儡師、大黒舞などの門付け芸人と共に町を廻ったことがわかる。(114) やがて「春駒」の芸は、独自の展開をみせ、その替え唄が都会の花街に流行した。(115) これが具体的にどの旋律で歌われたのかは不明であるが、松川勾当・安永勾当両人が編集し京都で出された『琴線和歌の糸』(寛延四年[一七五一]刊)では「三下り端歌」の部類に入っている。(116)

正徳三年(一七一三)の『滑稽雑談』に関西の「春駒」の歌詞が記録されている。「目出たや〱、春の始の春駒なンどは、夢に見てさへよいとや申、年吉世吉かうかい吉、小飼に取てはみのの国ふはの国、やおの山口に留たる種はのうよい種や、かいこの女郎にお渡し申、飼女の女郎は請悦んで、はりまたけの初綿なンど、手にさへきりりとしたゝめ申、左の脇に三日三夜、右の脇に三日三夜、両方合せて六日六夜」云々と続く歌詞は越後瞽女の演奏するものにそっくりであり、養蚕との関係も明白である。(117)

「春駒」を専門とする芸人の越後国における活躍は、文化十四年(一八一七)成立の『越後国長岡領風俗問状答』からも読みとれる。鳥追、「盲人」の平家語り・てんぽう語り、三河万歳、大黒舞の他に、「春駒といふものも侍り。家中へは十五日を際として入らしめず、民間へは春の中大かた此類ありしとぞ」とある。(118) また佐渡の相川町にも「男春駒」と「女春駒」が伝わり、天保年間の『相川町年中行事』には「男春駒」が描かれている。(119) 新潟県では多くの「春駒」の歌詞が最近まで伝承されている。(120)

近世後期から明治にいたり、養蚕の中心地は越後瞽女が頻繁に巡業を行った上州にあった。北毛地域の「慶応四年、当せい春こまはやし、辰正月廿九日」という本が示唆するように、幕末の上州においては、「春駒」がことのほかはやり、掲載されている歌詞は高田瞽女の歌う「春駒」より長いものであるが、多くの句は瞽女の「春駒」に共通している。[121]群馬県各地の聞き取り調査から、春駒を専門とする芸人の歌詞が越後瞽女の「春駒」とほぼ一致していることも明らかとなった。[122]また大滝雅楽絵（杉野三枝子）は、昭和四十七年（一九七二）十一月に杉本キクエの「春駒」を録音し、その歌詞を群馬県・長野県・石川県の「春駒」と比較検討した結果、高田瞽女の歌詞は群馬県の「春駒」にもっとも近いと結論づけている。[123]したがって、上州を定期的に廻っていた越後瞽女も越後地元の「春駒」というより上州の芸人からこの唄を伝承した可能性が高い。

譜例14・44　「春駒」

録音：昭和四十九年（一九七四）五月か

唄・三味線：杉本キクエ。掛け声・囃子詞：杉本シズ、難波コトミ

音源：『越後瞽女のうた』、Columbia FZ-7011-14

音階：（唄）A–C′–D′; E′–G′–A′; A′–C″–D″; E″

歌詞：

　春の始めに春駒なんぞ（ソリャ）、夢に見てさえ良いと申す、
むしてうつすは十二の駒よ（アハイドハイド）、
月もよし日もよし、子がいもよし[124]（ソリャ）
子がいにとりては、美濃の国よ、
美濃の国や尾張の国よ（アハイドハイド）
（略）
鶴は千年亀は万年

いた。旋律は基本的に有節的であり、三つのフレーズから構成されている。一節目の冒頭の部分はそれに続く節とは若干異なっているので、反復記号は二節目に付した。[a]の後に掛け声の「そりゃ」が入り、[b]と[c]の間に短い休止のある場合が多い。各節が掛け声の「アハイドハイド」で締めくくられている。「春駒」の歌詞が終わると『滑稽雑談』などに採録されている古い詞章には認められない「鶴は千年、亀は万年」が語り口で唱えられている。それはおそらく「万歳」から転用されたのであろう。

「春駒」の宗教性は「現世利益」を求める極めて素朴なものであるが、古くから伝わった駒と蚕との不思議なつながりを物語る歌詞がはずみのよい旋律と三味線伴奏に載せられ、宗教と芸能が手を組んで養蚕に対する欲望を面白く表現している。民間信仰が芸能に実用的な意味を与え、逆に芸能は民間信仰に深みを与えそれを面白く具現した好例のひとつである。

(3)「地蔵和讃」

高田瞽女が、いつから和讃を歌い始めたのかは定かでない。近世年代不詳の刊本に含まれている「賽の河原地蔵和讃」には「帰命頂礼地蔵尊、(略) 賽の河原の物がたり、聴くにつけても哀れなり、二つや三つや六つや七つ、十よりしたの幼児が賽の河原に集まりて」など、高田瞽女の和讃と同じ語句が見られる。[125] この類の和讃は越後に限らず、上州、信州などでも古くから民間に伝承され、子供は年寄りから子守唄として聞かされたこともあった。[126]

以下譜例14・45には高田瞽女の和讃を採譜したが、佐久間惇一著『瞽女の民俗』には小林ハルによる「徳島和讃」(巡礼おつるの話)、「賽の河原和讃」(地蔵和讃と同種のもの)、「夢和讃」、あるいは和讃のパロディーである「お茶和讃」の歌詞が採録されているので参照されたい。[127]「お茶和讃」の創作には願人(願人坊主)が影響したと考えられ、明治十年(一八七七)成立の『越後長岡年中行事懐旧歳記』に長岡周辺には「願人坊主、出家法脈に放れ、堕落して和讃或は阿保多羅経抔を読みて、托鉢す。又数人集りて傘に幕を張り、伊勢おんどうを躍り米銭を乞ふ」とあるように、「阿保多羅経」以外にも、長岡周辺の願人が滑稽な和讃を工夫したとしても不自然ではない。(128) 明治以降、都会から急速に姿を消した願人はその後も地方においては滑稽な唄の普及に一役買っていた。

譜例14・45　「地蔵和讃」
録音：昭和四十八年（一九七三）七〜九月
唄・三味線：杉本キクエ。掛け声：杉本シズ、難波コトミ
音源：『越後の瞽女唄』、CBS Sony SODZ 1-3
音階：（唄）E′–F♯′/G′–A′；B′–D″–E″；F♯″
歌詞：

賽のエ（さて）河原の因果を聞きな（さて）、
帰命頂礼《きみょうちょうらい》地蔵さん、一つや二つ三つや四つ、
十《と》より下の幼子《おさなご》は、無情の風にさそわれて（さて）、
賽の河原へ初旅に、賽の河原へ行きついて（さて）、

（略）

さこいこいと呼びよせて、袈裟やヨ衣《ころも》・布衣《ほい》、
衣にかいくるみ（さて）、すたこりゃやとこせよりやな（アチョイト）、
ありゃりゃんりゃ、これはもせげ《「申し上げ」カ》たいやれさのせエ

高田瞽女の歌う「地蔵和讃」の三味線伴奏は二上りであり、リズムの強いはずみを3／♪として表した。また臨時記号の量を減らし読みやすくするため、開放弦（二上り）を例外的にA–E′–A′、に設定した。

曲全体は三つの部分から構成されている。第一部の二つのフレーズ[a][b]は一回だけ歌われる「歌い出し」である。第二部は[c]からなり、それが幾度も反復され、曲の中心部をなす。第三部は[d][e][f]の三つのフレーズからなり、曲を締めくくる部分である。なお、ほぼ全てのフレーズは前半と後半と二つに分かれている。

音階に含まれている$F^{\#\prime}$とG'との違いは曖昧であるが、曲の開始と終了の部分においてG'がより多く歌われ、中心部の[c]では$F^{\#}$が支配的である。「民謡テトラコルド」・「律テトラコルド」の両方からなる越後瞽女唄には比較的珍しい音階である。

「万歳」「春駒」と同様、「和讃」の宗教的要素は著しく芸能化されている。「さて」「アチョイト」などの掛け声は世俗的な唄の影響を示唆し、三味線伴奏も「甚句」などに使用された伴奏に似ている。それでもこれによって「和讃」の宗教性が「崩れる」と解釈することはおそらくは正しくない。むしろ宗教が芸能に昇華されることによって、はじめて本格的に民間人の宗教心の琴線に触れることに成功したと考えるほうが妥当であろう。

九　「春の日足」

寛政十一年（一七九九）、越後の事情を叙述する手紙の中に、原松洲（安永五年〜文政十二年［一七七六〜一八二九］）は次のように述べている。

東都のはやり歌及び長歌・豊後ぶしなどを此国の妓又は盲人などうたへども、江戸の声音決而うつらぬ也。百里の地にしてすらうつらざる事かくの如し、華音の出来ぬは尤なる事也、江戸のうつらぬはまだしも也、越の内にて其歌皆小異也、甚句は新潟のもの也、外の所にてうたふ甚句は大同小異にて、其声音決而新潟の如く出来ぬ也、おけさ出雲崎のもの也、いづれの地にておけさをうたへども出雲崎のものとちがふ也。三賀《(三階)》ぶし柏崎のもの也、いづれの地にてもうたへども柏崎のごとく出来ぬ也。春の日足《ひあし》今町の物也、いづれの地にてもうたへども今町のごとく出来ぬ也、まつざか《(松坂)》新発田のもの也、いづれの地にてもうたへどもしばたの如く出来ぬ也。ちんやんぼ佐渡のもの也、いづれの地にてもうたひおどれ共佐渡の船頭のごとくに出来ぬ也。以上六品の歌おどりは皆越後にて出来し歌にて、いづれの地にても此六品の歌なり、然れども其出来し本土より外にてはまなびがたし。声音の道微なりといふべし。[129]

これは、越後地元の唄を論じ、高田瞽女の歌う「春の日足」も取り上げている貴重な文章であり、「春の日足」がこの頃からすでに注目されていたことがわかる。近年近藤忠造は杉本キクエにこの唄を演奏してもらっているが、彼女の説明によると「この唄は、文句がめでたいので瞽女の親方衆であるところの〈ナカイ〉の集りの時、その祝言としてうたうもので、その外の時には全くうたわれず、しかも必ず会合の最後にうたうものである」と報告している。近藤は原松洲が言及する「今町」を直江津（現上越市）とし、「春の日足」は「当時は相当流行した民謡であった」と結論づけている。また瞽女は「ナカイの祝言」の終わりに歌うとあるのは、「この地方はもとより日本各地で土地の唄が出たら〈オヒラキ〉となるという民俗に共通する」と述べている。[130]

しかし、「春の日足」を少しでも音楽的に分析すれば、そこには「流行した民謡」に顕著な特徴は認められないことがわかる（譜例14・46参照）。

譜例14・46　「春の日足」
録音：昭和四十九年（一九七四）五月か
唄・三味線：杉本キクエ
音源：『越後瞽女のうた』、Columbia FZ-7011-14

音階：(A)–C′–D′；D′–E♭′(E′)–G′；A′–B♭′(B′)–D″；D″–E″(E♭″)–G″

歌詞：

春のひあしに、遊びも長き
花ざかり、
夢と思えば、五十年、
その邯鄲の仮枕、
楽しみになるわいな

高田瞽女の歌う「春の日足」はテンポが遅く、発声法と三味線伴奏も上方唄（地歌）あるいは江戸の端唄に近く、直江津の民謡というより、都会的な唄であったと考えるべきであろう。歌詞も全く民謡風ではなく、「わいな」などという言葉遣いから察しても花街の唄であろう。音楽的構造を見ても、地歌・端唄に多い通作で、旋律は大きく二つの部分に分かれ、その間に三味線の間奏が弾かれている（「花ざかり」の後）。音階もその他の越後瞽女唄とは異なり、半音（「都節テトラコルド」）が豊富に含まれ、拍も曖昧である。

「春の日足」は、高田瞽女が何らかの「民謡」を地歌風に改作した可能性は排除できないものの、原松洲の主張には疑問を挟む余地が充分にある。そもそも彼の解説は正確な民俗学調査を目的としておらず、彼は越後のいくつかの唄を聴いてか、あるいは唄を聴かずにか、地元の者の説明を受け、それを根拠に唄と地理との関係に注目しながら自説の「声音の道」を説いているのである。「春の日足」を「今町の物」、つまり直江津の唄だとすれば、それは直江津の民謡というよりは直江津の花柳界ではやっていた唄であろう。延享三年（一七四六）の『直江津今町村鑑帳』によれば、当時今町には遊女屋十一軒が営業し、その後宝暦十一年（一七六一）には計二十四軒があり、様々な茶屋などと共に町の芸能市場を支えていた。[131] また天保九年（一八三八）の今町には五人、嘉永六年（一八五三）四月には七人の「盲女」も数えられた。[132] 高田瞽女がこの唄を直江津の花街に置かれた芸妓あるいは今町の「盲女」から習った可能性が高い。

近藤が「瞽女の親方衆であるところの〈ナカイ〉の集りの時」歌われたと説明しているが、「ナカイ」は「名替《ながえ》」のことであろう。高田の場合、瞽女に入門して間もなく弟子は師匠から一種の「芸名」（瞽女名）をもらい（杉本キクエの場合は「ハル」であった）、弟子入りから七年目で名を改め、その際「名ぶるまい」が催され、「お開き」に「春の日足」が歌われたという。[133] もらった名前は「出世名」と称し（杉本キクエの場合は「初梅」であった）、主に同僚同士で使う名前であった。[134] 名替の儀式は一人前の瞽女への道の重要な一里塚であり、「親方衆」が集まり祝いを催した。

この「名ぶるまい」について、杉本キクエは次のように回顧している。

> それでね、七年目になるとさ、名替えってさ、芸者にすれば本曲にまあなったってもんだね、そいうことしてこんだ、友達の呼ぶね、その名前つけるんだがね。そんどきにはあんた、どーしたってそのあれだね、呼ばれてきてもね。そらてんでにまずしいうちから弟子に来ているしょ（人）もあれば、うちだそう言ったって、とてもお大尽《だいじん》のうちから芸習いたくてくるんだから、お大尽のうちからもらわれてきて、そういう人もあって、そうしるとてんでに実家はいろいろあるわね。どんなあのお大尽のうちから、名替えのときに所務に呼んでもね、もう絶対にその男しょをね、そのわたしら組合の、その瞽女さの仲間十七人の外れ、その十七人の下《しも》にね、そのいくらきれいのうちから男性のかた招待したって、わたしらみんな組の下《した》に占めるんです、そいうのに決まっているんです。[135]

他地の瞽女が年季明けの際に催した「年《ねん》明きぶるまい」と同様、「名ぶるまい」も結婚式を模した儀式であった。そこでは、弟子が角隠しをかぶり裲襠をまとい、三三九度の酒盃を交わし、親方が花婿の代わりをつとめた。[136] 日露戦争以後は、不況のため略式化され、杉本キクエの場合は、桃割れに花簪で、衣裳は木綿の着物だけであったそうである。三三九度が済んでから、親方が弟子の出世名を披露し、一同がそれを褒めて、儀式は終わった。儀式が終了した後、呼ばれて来た親方が順に歌い、民謡、はやり唄など段物以外の様々な唄が歌われた。

この晴れの場に「春の日足」も演奏された。この唄は普段の聴衆であった農民の好みとは異なっており、また瞽女自身はこのような地歌・端唄風の唄を、日頃「商売」として歌っていた「祭文松坂」、「口説」などとは違う、新鮮で上品な演目と考えていたようである。「春の日足」は芸能市場の本拠地ともいえる花柳界を通して瞽女の手に入ったが、越後瞽女はそれを全く「商売」の種とはしなかった。その結果、瞽女組織の衰退とともに「春の日足」も衰滅していったのである。

一方、この「春の日足」のパロディー「魚づくし」も杉本キクエは覚えている。(137)

春のいわしにあさばもなまず
かながしら
えびと思えばこちこだい
そのかれたいのかにまくら
たこしびになるわいな

いつだれが歌ったのかは不明であるが、譜例14・46に採譜した旋律と同じ節に載せられたという。近世の上方・江戸の遊里にも数多くの地歌・端唄のパロディー風の替え唄が作られ、「上品」な文化を茶化す遊び心、あるいは通常の価値観を問い直そうとする精神が窺える。

むすびに代えて——瞽女唄の「特有の聴き方」をめぐって

越後瞽女は聴衆の所望に応え端唄、長唄、常磐津、新内、清元、義太夫のさわりなどを演奏し、「鴨緑江節」、「伊勢音頭くずし」、「都々逸」、「謎かけ」、「鹿児島小原節」、「輪島節」、「秋田甚句」、「糸魚川小唄」、「直江津小唄」、「新井小唄」、「新井甚句」、「新磯節」、「県づくし」、「スキー音頭」など本書には採譜しなかった無数のはやり唄や民謡も歌った。これらの唄の演奏には瞽女唄の歌唱法や三味線伴奏が影響している箇所が少なくないが、以上の唄の大半は越後瞽女仲間の中で育成されたり新しい展開を見せるということはほとんどなかった。瞽女のレパートリーに比較的遅く入った「小唄」などは、新しい「瞽女唄」に練り直す時間が足りなかったことにくわえ、以上の民謡とはやり唄の社会的機能は「瞽女唄」の代名詞であった「祭文松坂」とは異なり、瞽女の職人的性格、仲間の由緒ある存在、稼業の正当性などを聴き手に印象づける役割に乏しく、これらはむしろ瞽女と聴衆の共有のレパートリーであった。

戦後の急速な社会変化にともない、現役の瞽女の人口が激減し、視障者の生活や職業もある程度多様化し、「祭文松坂」の社会的機能・意味が次第に変容した。マスメディアの力で氾濫する短いヒット曲に馴れ親しんだ者は瞽女唄の聴き方を知らず、「祭文松坂」の「口語り」構成法を力説した国文学者の山本吉左右でさえ、越後瞽女唄を「長唄や新内などいわゆる邦楽に慣らされた私たちの耳には、歌といい三味線といい、なんとも挨拶の困るような代物だ」と述懐している。山本は「それはそれで特有の聴き方があったらしい」と推測はしているが、この「特有の聴き方」については一言も言及していない[138]。ただし演奏に際して聴き手は瞽女の「口語り」と暗記された箇所とを区別するのが困難であるので、「祭文松坂」の「特有の聴き方」は「口語り」の有無とは関係が薄いと判断せざるをえない。

「特有の聴き方」があったとすれば、それは一体どのようなものであったのであろうか。まず、瞽女唄は単に「文学」あるいは「音楽」ではなく、「演奏」を基本単位として成立していることを思い起こすべきであろう。「祭文松坂」や「口説」などの演奏では、反復的（有節的）な音楽的構造と反復に乏しい文学的構造との間に相互関係が生じ、演奏にあたり循環的な時間を形成する音楽は物語の直線的な時間の流れによって先に進められ、逆に物語の直線的な時間の流れは音楽的な循環によって区切られている。この大枠の中で、言語的（文学的）要素と音楽的要素の両方が互いに構造化しており、音楽を通して物語が展開され、それを耳で追いながら楽しむことこそが、瞽女唄の「特有の聴き方」の基

表 14.6　「祭文松坂」の演奏の構造的単位

言語・文学の水準	音楽の水準
音節（単語）	音符，装飾音
七五調などに基づく「コト」	フレーズ
文節または文章	フレーズ群（「ナガシ」の前半・後半など）
コト群（ナガシ）	「ナガシ」
段（話の内容で決定される）	段（「歌い出し」・「段切れ」で決定される）
話の全体	複数の段

礎であったと思われる。

循環的・直線的な時間の進行を耳で追うことは、表14・6に掲載した音楽的・文学的単位を媒介して行われ、音節の水準から演奏全体の水準まで様々な単位が存在している。

最も短い単位として、各音節（言語の水準）の結合性・連続性、非結合性・非連続性があげられる。各音節の配置と継続などは旋律の動きに影響されており、例えば二つの音節から構成されている単語の間に長い旋律（フシ）などが挿入されている場合、前者が発音された後には一種の期待感あるいは緊張感が聞き手に与えられている。逆に多くの音節が語り口（コトバ）で演奏される際、旋律の進行は一時的に途切れ、聴き手はその再開を期待する。緊張と和らぎの連続で演奏が進み、ある種の演奏的論理が成立してゆく。

単位を少し拡大した場合は、七五調あるいは七七調が重要性を帯びてくる。多くの瞽女唄では「ヒトコト」を旋律の一フレーズに載せることが基本であるが、いくつかの音節が次のフレーズに移される場合、「コト」と「フレーズ」との間に不一致が生じ、ここにも音楽と言語との間に一種の緊張が生じる。そして「ナガシ」の最後に歌詞の韻律と旋律の構造が再度一致し、「ナガシ」という演奏の単位が成立する。

さらに大きい単位は「段」である。話のプロットの構造は演奏に際して多数の「ナガシ」に分解されている。三味線の間奏が挿入されることにより言語・文学の水準が一時的に無視されており、この不一致からも大きな期待感・緊張感が生じる。かつて「葛の葉子別れ」、「八百屋お七」など瞽女唄の粗筋は聴衆が熟知しており、瞽女唄を楽しむことは、新しい芸能との出会いというよりは古いものとの再会の喜びを意味していた。しかし、この再会の具体的な姿は瞽女の演奏によって時には微妙に、時には大胆に改変され、聴き手はその細部までは容易に予測できなかった。演奏により歌詞と音楽の相互関係がどのような展開を見せるのかを知るためにはやはり実際に演奏を経験するしか方法はなかった。

瞽女唄を幼少から親しんでいた聴衆は、このプロセスを無意識的に理解していたのであろう。しかし、瞽女唄をはじめて聴く現代人にとっては、このプロセスを意識化することが重要である。旋律を個別の短い単位として評価し、三味線伴奏の音色や即興的な微妙な変化に耳を傾け、あるいは話に登場する主人公たちの過酷な運命などに感動することにもそれなりの楽しみと価値もあろうが、「祭文松坂」を聴きながら音楽的・文学的要素がどのように扱われ、循環的時間と直線的時間が演奏の中にどのように構築されているのか、またそれがプロットの内容にどのように関わっているのかを把握することこそが瞽女唄への理解に不可欠なのである。

ところが、瞽女唄の意味はこうした構造的要素の次元をはるかに超えている。経済、政治、文化などの社会的諸条件が歴史的に変化する中、同じ音楽・言語の構造的要素も時代によって異なる意味を帯びるようになる。したがって、瞽女唄（あるいはさらに伝統文化一般）の意味も、各時代に生きている聴き手がそのつど問い直さなければならなくなる。瞽女唄を空虚なノスタルジアの道具、あるいは単に過去のある時に流通した商品として愛でるのではなく、各時代の人々の生き方や文化の鏡として、それと向き合おうとするならば、そこで必要とされる問いかけは、「瞽女唄が我々の社会にとってどんな意味を持っているのか」というより「我々の社会は瞽女唄にとってどんな意味を持っているのか」という形を取らなければならない。このような逆説的な問題提起によってはじめて、瞽女唄に内在する現代社会への批判力を蘇生させ、瞽女唄と現代社会との建設的な関係の模索が開始されるであろう。例えば、越後瞽女唄を新たに普及するためにはどうすればよいのかという「文化保存」的観点よりは、そもそもこの唄を一世紀にわたり衰退させてきた政治・経済諸条件をどのように評価し、それをどのように改めるべきかという「社会変革」的観点の方がさらに重要であろう。また例えば、古い唄を「民俗芸能」として鑑賞の仕方を伝えるより、そもそも二十世紀になってはじめて登場した「民俗芸能」というカテゴリー自体に孕まれるイデオロギー的役割を解明することの方がなお肝要となろう。こうした観点に立つならば、瞽女唄から我々自身の社会への批判へと問題を展開することが可能となる。そうすることによってはじめて現在における瞽女唄の真の意味が、われわれの眼前に姿を現してくることであろう。

注

序文

（1）以下、本書においては「障害」という語を用いるが、学術研究においては世界保健機関が、一九八〇年に International Classification of Impairments, Disabilities and Handicaps (ICIDH) において提案した通り、「障害」を disorder（疾病または変調）、impairment（機能障害）、disability（能力障害または能力低下）、handicap（社会的不利）に分化し、使い分けることが望ましい。しかし、この分類にも様々な未解決の問題が含まれている。例えば社会的・文化的に定義づけられている「disorder」と「impairment」は単なる自然現象ではなく、「disability」とは峻別できない。また「障害」の持つ諸側面が一連の直線的な過程を示すとも誤解されやすい。このような問題を解決するためＩＣＩＤＨは二〇〇一年に改定され、そこでは「障害」をより多元的に捉え、障害の過程における社会的・物理的環境の役割をより明確にするため、「機能障害、活動、参加」というモデルが提案された。すなわち「障害」を身体と精神の状態と背景因子（環境因子、個人因子）との間の複雑でダイナミックな相互作用から規定すべきであると解釈している。

（2）諸先学の越後瞽女関係研究・文献に杉本キクエの名前を「キクイ」と表記したものがしばしば見られる。弟子の杉本（五十嵐）シズの証言によれば「おらかあちゃん［杉本キクエ］、生まれたときの名前はキクエ。キクイでなく、キクエ」と述べ、杉本キクエは「エだ。それね、文化庁からいただいた証書も、黄綬褒章んどきの名前もキクイ。それね、イでない、エだそう言ったって、またイにしるらしいんだ」と強調している（鈴木昭英「聞き書き高田瞽女――その四」一二一頁）。以下において本人の意向を尊重し「キクエ」と記す。

（3）『長岡市史』資料編三、五一八～五二〇頁（三五七号）。『東京都古文書集』第三巻、八二～八三頁（弘化四年［一八四七］八月十七日）。『渋川市誌』第四巻、六七二頁（行幸田からの報告）。

（4）茂手木潔子のインタビュー録音による（一九七九年十月、高田にて）。
Lafcadio Hearn, *Kokoro*, pp. 40–45, 1896.

（5）京都ふなばし和久治板「花枝房円馬作、京名所とつちりとん、上」『大寄登津千里唐雲』国立国会図書館蔵（整理番号二〇九・二五〇）、近世後期か。名古屋の貸本屋「大惣」（正式には大野屋惣七）の蔵書であった。

第1章

（1）「清水座頭」野々村戒三・安藤常次郎編『狂言集成』一二一頁。ちなみに天正狂言本（「ござとう」）、天理本（「清水座頭」）などにはこの語句は見られない。

（2）渥美かをる他編『奥村家蔵、当道座・平家琵琶資料』大学堂書店、一九八四年、二～四頁（『当道大記録全』）、一四三～一四四頁（『当道略記』）、『宮津市史』資料編、第二巻、（京都府）宮津市史編さん委員会、一九九七年、六六〇～六六四頁など参照。瞽女の「縁起・式目」には「女儀にて、理立ずんば」などという文言が含まれていることから見て、それらはそもそも男性の手になるものと思われる。しかし天皇が「盲女」に「官を賜」い「それより男子の盲人も官を賜ひて」（傍点筆者）という女性先行説も近世社会に広く流布していた。こちらについてはむしろ女性視障者の解釈を反映していたと思われる（『都名所図会』一一五頁、『真佐喜のかつら』三八七頁参照）。

（3）福岡藩における養子縁組成立の例としては、「（仮）書状〈御領国座頭支配浅江検校の件〉」（未五月二十八日、資料番号一三六）福岡市総合図書館蔵参照。

（4）享保十年（一七二五）九月、長州藩。『山口県史料』近世編、法制上、七〇七〜七〇八頁。

（5）元禄十三年（一七〇〇）五月十日、公文名《くもんみょう》村（安房勝山領、現福井県敦賀市）の「覚書」（村定書）。敦賀市史編さん委員会編『敦賀市史』史料編、第四巻下、一九八三年、七八頁。

（6）『福岡県史資料』続第一輯、四三頁、一〇九頁、二七〇頁、四〇三〜四〇四頁、四五七頁。

（7）視覚障害の身体的・生物学的側面にさえ歴史・文化的な要素が大きく関わっていることを忘れてはならない。近代にいたるまで、失明の主要な原因は天然痘、麻疹、トラコーマ、外傷などであり、それらの疾病のいずれもそれぞれの時代の社会的状況に直結していたのであり、また外傷は多くの場合、過酷な労働条件に由来したことはいうまでもない。トラコーマの原因などは、患者のおかれた衛生状態に密接な関係を持ち、中近世について詳しい統計は存在しないものの、貴族・武士階級よりは貧民の間により広く蔓延していたと思われる。麻疹の場合も、それが失明にまで至るにはビタミンAの欠乏が重大な要因をなしていた。したがってその主因が零細農民の貧しい食生活にあり、支配階級の搾取行為と関連が深かったことは明らかである。天然痘についても、種痘は、幕末以降まず大坂や江戸に導入されたが、地方への普及にはかなりの年月を要した事情がある。視覚障害者が多いとされていた越後において、種痘の取組は、ようやく明治五年（一八七二）十月から始まり、山村など僻地への徹底はさらに遅れた（『村上市史』資料編五、近現代二、「御用日記」下巻、村上市、一九八九年、一五七頁、五二六頁、七〇六頁、七〇九頁、七一九頁、七三五〜七三六頁、七四三頁など参照）。驚くべきことに、越後の一地域においては、種痘の導入以前に、天然痘の伝染予防対策がとられていた。文政十一年（一八二八）成立の『秋山紀行』によれば、越後の秋山郷では天然痘患者の発生が確認された場合、村法により山に小屋掛けがされ、病人はそこに「入院」したという。看病には「遠近の村里より毎々疱瘡いたせしもの」があたり、食事、煎薬などが患者に提供された（鈴木牧之著、宮栄二校注『秋山紀行』東洋文庫、平凡社、一九七一年、二三頁）。この伝染予防法は江戸の学者の間でも知られていたようであるが、一般的には普及せず、天然痘で失明する者は後を絶たなかった。

（8）本書においては近世古文書に多く見られ、今日は学術用語となった「瞽女」という名称を採用した。瞽女の呼称については佐久間惇一『瞽女の民俗』二二頁、五十嵐富夫『瞽女――旅芸人の記録』二二一〜二四頁参照。

（9）『燕市史』民俗・社会・文化財編、三五〇頁。

（10）『君津市史』史料編一、四一六頁参照（万延二年［一八六一］一月の村入用帳の記載）。武田正「越後瞽女聞書抄」一三四頁。大正頃には「学校の生徒が道で会うと帽子をはずして頭下げたもんだが、今［昭和四十年代］では〈盲目来たあれあれ〉というもんだ。人情も変わったもんだ」と証言している（武田正「越後瞽女聞書抄」一三三頁）。
(11)『文明本節用集研究並びに索引』、「陰影編」三三五頁。『天正十八年本節用集』下冊、十一帖表。
(12) *Vocabulario da lingoa de Iapan com adeclaraçao Portugues*, p. 241.
(13)『山城四季物語』一五三頁。安永九年（一七八〇）成立の『都名所図会』（一一五頁）にも「御前に伺候するゆゑ、御前《ごぜ》と風儀《ならは》しけり」とある。
(14)『南留別志』三〇頁。
(15)「ごぜん」「ごぜい」などの表記の例としては次の史料参照。『刈谷町庄屋留帳』第九巻、二五三頁（文化十三年［一八一六］四月十一日の項）。現山梨県増穂町にあった小林村、文久二年（一八六二）の「当戌村入用夫銭帳」。相模国愛甲郡半原村文書、「来子村入用扣帳」（文政十年［一八二七］十一月）明治大学博物館（刑事部門）蔵、「来亥村諸入用控之帳」（嘉永三年［一八五〇］十二月）同蔵。『大府市誌』資料編、近世、二八九〜二九〇頁（文久四年［一八六四］一月、現愛知県）。『愛知県史』資料編、第一八巻、七六六〜七六七頁（明治四年［一八七一］三月）。『飯田瞽女（ごぜ）資料』明治三十三年（一九〇〇）七月二十四日の下伊那郡大島村古町の文書など参照。佐久間惇一「東蒲原郡の人達と瞽女んさと」一五頁。「ごぜんのふ」については本書第6章注(44)参照。
(16)『訓蒙図彙』三四〇頁。『書言字考節用集』七七頁（原本第四冊、人倫）。
(17)『完本色道大鏡』四六二頁。
(18)『和漢三才図会』第二巻、二六〇頁（巻第十）。
(19)『可成三註』八三頁。『倭訓栞』七六七頁。
(20)『嬉遊笑覧』下巻、三五〜三六頁。
(21)「盲人保護に付達」（明治六年［一八七三］五月二日）。
(22)『村上市史』資料編三、一二六頁、一三二頁。
(23)『東寺尾村飴屋兵助女子一件』資料三十九（「御尋ニ付奉申上候」）、資料十九（「㈣　御尋ニ付乍恐以書付御答申上候」）。
(24)『梁塵秘抄口伝集』巻第十、『和漢朗詠集・梁塵秘抄』（『日本古典文学大系』第七三巻）、岩波書店、一九六五年、四四六頁、四四七頁。
(25)『平治物語』、『保元物語・平治物語』（『日本古典文学大系』第三一巻）、岩波書店、一九六一年、二五二頁。竹内理三編『鎌倉遺文』第一一巻、東京堂出版、一九七六年、一四〇頁（七九六〇号）。
(26)『平家物語』下、『日本古典文学大系』第三三巻、岩波書店、一九六〇年、二六一〜二六六頁など参照。
(27)『貞和五年春日社臨時祭次第』、『日本庶民文化史料集成』第二巻、田楽・猿楽、三一書房、一九七四年、一七〜一九頁。
(28)『看聞御記』上巻、一五四頁。
(29)「座頭式目」中山太郎『日本盲人史』正編、二六六〜二六七頁による。ちなみに近世の座頭も頻繁に房寿一、美寿の一、池寿一など、「寿」という字を含む都《いち》名を受領した。当道座の記録（名簿）である「上衆成立」にも、こうした名前が多く見られ（渥美かをる他編『奥村家蔵、当道座・平家琵琶資料』一六〇〜二〇八頁）。地方にも「円寿」などの「仏説座頭」がいた（『甘木市史資料』近世編、第五集、六六頁など参照）。
(30)『徳山市史史料』上巻、七三三〜七三五頁、本書史料篇「年表享保九年（一七二四）四月」の項参照。

(31) 天保八年（一八三七）八月（「御施行物頂戴願書」か一四一一・一）、同年十二月（「御施行物頂戴願書」か一四二一・一）。
(32) 『東寺尾村飴屋兵助女子一件』資料二十（「㊄　御尋ニ付乍恐以書付御答奉申上候」）。
(33) 現福岡県甘木市の享保頃以前と推定される記録には「円寿」という平家座頭の名前も確認できる。『甘木市史資料』近世編、第五集、六六～六七頁。
(34) 例外的に岐阜県東濃地方と沼津にも「寿名」が確認できる。しかし東濃地方の瞽女は普通「すみ」、「てつ」、「みの」などと名乗り、沼津瞽女二六六名のうちに五、六種の「寿名」が認められるが、沼津瞽女の瞽女名の大多数は「妙」で始まる。
(35) 渡辺村男『旧柳川藩志』二四二頁。
(36) 鈴木昭英「越後瞽女組織拾遺」九〇～九二頁、本書史料篇「諸国瞽女由緒記・縁起・式目」参照。
(37) 鈴木昭英「瞽女の出世儀礼」三八六頁。
(38) 渥美かをる他編『奥村家蔵、当道座・平家琵琶資料』一四五頁。
(39) 『徳川禁令考』前集第五、一三一頁（二七六二号）。類例には『江戸町触集成』第一一巻、一四八～一四九頁（文化二年［一八〇五］五月、一一三二五号）、三三八頁（文化十年［一八一三］三月、一一六一六号）、第一四巻、四一一～四一二頁（天保十四年［一八四三］八月、一四〇〇八号）参照。
(40) 「座頭式目」。
(41) 『愛媛県史』資料編、近世上、二三八～二四〇頁。天和二年（一六八二）頃、船による移動の際、瞽女は当所の勾当から「証文」を発行してもらうよう求められている。これから見ても、当地の瞽女の行動は当道座が掌握していたことが知られる。『松山市史料集』第四巻、近世編三、五六頁参照。
(42) 『広島市史』第二巻、一〇二頁（出典不詳）。
(43) 『宇和島・吉田藩史料集粋』第五巻、二九頁。
(44) 『町役所日記』第四一巻、六〇五六頁。
(45) 『大迫町史』民俗資料編、七六八頁、八〇〇～八〇一頁。
(46) 『足柄県議案答書』（本書史料篇「諸国瞽女由緒記・縁起・式目」の「伊豆三島瞽女の由緒記」参照）。管見の限り、瞽女が「剃髪」した例は他には見あたらない。また絵画、浮世絵、滑稽本の挿絵などの史料からも確認できない。もっとも同文書はこれを「古語」と位置づけ、瞽女の「五派ノ中ハ在髪ニテ専ラ絃唄ヲ活業ト致シ候」と説明している。
(47) 『東寺尾村飴屋兵助女子一件』資料三十九（「御尋ニ付奉申上候」）、資料二十六（「[十二] 上田座之心得」）。長岡藩も寛政元年（一七八九）に「座頭・瞽女は、座本有之支配致候事」という法令を定めたが（今泉省三「長岡の『ごぜ』について」四頁）、「座元」とは当道座の座元を意味しているのか、それとも瞽女の場合「座本」は瞽女仲間の座元（山本ゴイ）であったのかは不明であり、また「支配」の内容も明らかではない。
(48) 『東寺尾村飴屋兵助女子一件』資料十九（「瞽女共支配之義ニ付座元城稲答書」）、資料二十（「㊄　御尋ニ付乍恐以書付御答奉申上候」）。
(49) 『東寺尾村飴屋兵助女子一件』資料三十九（「御尋ニ付奉申上候」）、資料二十六（「[十二] 上田座之心得」）、資料三十（「[十五] 上田座之心得、三」）、資料二十九（「[十四] 善光寺座之心得、二」）、資料二十五（「㊉　瞽女之儀ニ付中之条元分武井正三郎江問合御札共并回状」）。
(50) 『東寺尾村飴屋兵助女子一件』資料二十五（「㊉　瞽女之儀ニ付

中之条元分武井正三郎江問合御札共并回状」）。

(51)『東寺尾村飴屋兵助女子一件』資料四十五（「其御支配所内座頭仲間支配又ハ座元抔と申もの有無之儀」）。

(52)『加賀藩史料』藩末篇、上巻、八五五頁。

(53)『諸例選要』四九六～四九七頁。

(54)『徳川禁令考』後集第四、三〇六～三〇七頁（一〇三号）。牧野備前守忠雅は、天保十一年（子年、一八四〇）一月十三日まで寺社奉行を勤め、その後任は戸田因幡守（日向守）忠温であり、問い合わせをした深谷遠江守盛房は勘定奉行で道中奉行兼帯であった。

(55)『長崎町方史料』第三巻、三四六頁。『宮田村誌』上巻、四六九頁、嘉永三年（一八五〇）の「村方定法帳」。

(56)『指掌録』第六冊。

(57)「乍恐以書付御訴訟奉申上候」。

(58)『東寺尾村飴屋兵助女子一件』資料二十一（「㈥　乍恐御尋ニ付御答申上候」）。

(59)『徳川禁令考』前集第五、一二九頁（二七五九号）。

(60)『指掌録』、「口上之覚え」。

(61)『東寺尾村飴屋兵助女子一件』資料三十九（「御尋ニ付奉申上候」）、弘化四年（一八四七）十月。

(62)『東寺尾村飴屋兵助女子一件』資料十七（「㈡　御内々申上候」）。

(63)『駿国雑志』第一巻、二四二頁（巻之七）。「頭々」の読み方の例としては佐久間惇一『瞽女の民俗』二七〇頁、または鈴木昭英「新飯田瞽女」六一頁の翻刻資料を参照（後者に「かしら」のふりがなあり）。「当道」の読み方の例としては鈴木昭英「越後瞽女組織拾遺」九〇～九一頁、西沢爽『日本近代歌謡史』二五一頁参照。その他「頭堂」（東京都足立区に住んでいた瞽女、榎本ふじ所有の「瞽女式目」竹内勉『じょんがらと越後瞽女』一五五頁）、「遠々」（『瞽女掟書』）の字も見られる。新飯田瞽女の「御条目」に「武州恩領より河越播磨派え伝之者也、寛延四辛未年孟夏吉日」とあるように（鈴木昭英「新飯田瞽女」六二頁）、「縁起」「式目」などの作成にあたっては関東の瞽女が関わっていた可能性がある。

(64)『東寺尾村飴屋兵助女子一件』資料三十九（「御尋ニ付奉申上候」、上職人町、満ツ都提出文書）。

(65)「〝ごぜ〟争論の文献発見」二頁。

(66)『松阪市史』第一三巻、七八～七九頁。

(67)「越後瞽女溺死一件」『刈谷町庄屋留帳』第六巻、四七六頁など参照。

(68)強力な瞽女仲間のあった越後高田の場合でも同様であった。安永十年（一七八一）、高田で作成された瞽女配当金減額の請書控には「惣代座元、瞽女済弥一」という名前が見られる。「済弥一」が当道座員の「市名」であれば、ここにも女性組織が少なくとも名義上は男性組織の配下にあったと思われる（『上越市史』資料編四、近世一、一六二～一六三頁参照）。上高柳村（現埼玉県騎西町か）の瞽女が高田瞽女にあてた書簡（明治二年［一八六九］以降か）にも受取人が「盲女豊重殿」となっており（「上高柳村瞽女書簡」）、天保五年（一八三四）十二月十八日に「竹政」という人物が返済されたと思われる三両一分を受け取り（「おほへ」）、元治元年（一八六四）七月にも「国政」などが金を預けたと記録されている（『諸用帳』）。「豊重」「竹政」「国政」などが高田瞽女の世話人であったかもしれないが、当道座員の名前と推測すれば、高田瞽女の組織が少なくとも名義上は男性組織の配下にあった可能性がある。

(69)『古事記』に曙立王《あけたつのみこ》と弟の菟上王《うなかみのみこ》が旅に出た際、「自那良戸遇跛盲。自大坂戸亦遇跛盲。唯木戸是掖(戸カ)月之吉戸卜而」と警告されており(『古事記』、倉野憲司校注『古事記・祝詞』[日本古典文学大系、第一巻]、岩波書店、一九五八年、一九八頁)、「盲」と「跛」との出会いが不吉とされたことが窺える。あるいは垂仁天皇の息子であった本牟智和気王《ほむちわけのみこと》も言語障害があり、それが出雲の大神の祟りであったとされた(『古事記』一九六頁)。また仏教の「業病」思想にしたがい、自家に視覚障害者がいることを「恥」と感じ、それをなるべく隠そうとする習慣も近年まで残っていた。長岡系瞽女の小林ハルが語っているように、子供の頃は毎日寝間に置かれ、「寝間は、一番奥にあって、家にはいろいろと人の出入りがあったが、よその人がきても戸を閉めておけば声も聞こえなかったし、窓は二重になっていて、用のない時は開けないようにいわれていた。あの家に盲がいるといわれるのが、いやだったんだろう」という(桐生清次『次の世は虫になっても』一六頁)。中世の障害者については河野勝行『障害者の中世』参照。

(70)『新修鳥取市史』第三巻、二六七~二六八頁(「石井先祖掟書」、嘉永三年[一八五〇])。「小諸藩の法令」(『北佐久郡志資料集』)、(長野県)佐久教育会、一九六七年、一六六頁(寛政五年[一七九三]五月)。『江戸町触集成』第一三巻、塙書房、二〇〇〇年、四五一頁(天保十二年[一八四一]十二月十八日、一三四三三号)。『町役所日記』第一九巻、二七九七頁(杵築城下、享和三年[一八〇三]六月九日)。

(71)生瀬克己「儒学者の障害者像」『日本の障害者の歴史——近世篇』明石書店、一九九九年、一六〇~一八四頁参照。

(72)瞽女・餌差の宿泊費用の処理については次の史料参照。上野村(現埼玉県岩槻市)、天保十五年(一八四四)、「村役人出勤并餌差衆盲女座頭止宿覚帳」(村田潤三郎『瞽女さは消えた』二一五~二一八頁)。花香塚村(現群馬県新田町)、文化三年(一八〇六)一月、「餌指こせ泊り覚帳」(斎藤美雄文書、一九一、群馬県立文書館に写真複製あり)。弘化五年(一八四八)一月、「餌刺瞽女泊覚帳」(斎藤美雄文書、五三〇、群馬県立文書館に写真複製あり)。大島村(現群馬県太田市)、安政七年(一八六〇)一月、『餌差・瞽女人数扣』。秩父の聞き書きは飯野頼治「瞽女と秩父」二頁(小鹿野町合角、大場博談)参照。

(73)『御触書天明集成』九二六頁(三一〇五号、安永三年[一七七四]十月)。

(74)『江戸町触集成』第八巻、四一五頁(九四八八号、寛政元年[一七八九]十月一日)。『新編埼玉県史』資料編第一五巻、九五〇~九五一頁も参照(安永五年[一七七六]四月)。

(75)『徳川禁令考』前集第五、一三二~一三三頁(二七六四号、寛政三年[一七九一]四月)。

(76)『続地方落穂集』五〇~五一頁(文化五年[一八〇八]前後成立か)。この点については加藤康昭『日本盲人社会史研究』五一~六二頁を参照されたい。

(77)文政七年(一八二四)十一月十七日、『記録書抜　伊達家御歴代記事』第三巻、三八六頁。

(78)『藩法集』第七巻、二一一頁、(二五四号)。視覚障害者の身分については、中山太郎『日本盲人史』正編、四四六~四四七頁をはじめ、児玉幸多と加藤康昭の論争を参照されたい(加藤康昭『日本盲人社会史研究』二三一~二三三頁、二四三頁、註一三二)。

(79)『大日本近世史料』（一）、上田藩村明細帳下、二九九頁、上田藩村明細帳中、二二八頁、上田藩村明細帳下、七六頁など参照。『蘆ヶ崎村誌』（津南町文化財資料、第六）、（新潟県）津南町教育委員会、一九六二年（複製）、九二頁、一〇〇頁。

(80)『平日閑話』一八四頁（この記録に見られる「盲女」の人数はほかの記録と比較して過大であることは加藤康昭が指摘している。『日本盲人社会史研究』七四頁）。『広島市史』第二巻、三二六～三二七頁。他の記録（同年五月の調査）には座頭一〇二〇人の数字もあり、瞽女の人口は明記されていない。天明六年（一七八六）十月二十八日には江戸の座頭が三八四〇余人とある（「春水掌録」十『随筆百花苑』第四巻、中央公論社、一九八一年、二六四頁参照）。

(81) 近世の人口調査の対象と方法については加藤康昭『日本盲人社会史研究』五四～五九頁参照。

(82)「奉差上一札之事」（文政二年［一八一九］六月二十八日）。

(83)『守屋舎人日帳』第一巻、五二頁。大島建彦「沼津の瞽女」六一頁。『兎園小説』三三八頁。「穢多瞽女二件」。『藤岡市史』民俗編下、三三〇頁にも殺害された瞽女の供養の報告がある。

(84) 飯野頼治「瞽女と秩父」三～四頁。

(85)『御仕置裁許帳』六二～六三頁（一五九号）。

(86)『御仕置裁許帳』三四五～三四六頁（八〇七号）。

(87)『我衣』三三一頁。『藤岡屋日記』第二巻、一四四頁。

(88) 七十三歳の男性談。『下保谷の民俗』資料報告、四八〇頁による。長岡瞽女の小林ハルも巡業中には「石を投げたりする子がいる」と語っている（桐生清次『次の世は虫になっても』一一三頁）。

(89) 鷲尾星児のインタビュー。東京芸術大学蔵の録音テープによる。

(90)『証記抜萃類聚』、「四十九印、座頭・瞽女」資料一。幕府が支給した配当については本書史料篇参照。

(91)『指掌録』元文二年（一七三七）条と、『広島県史』近世資料、第三巻、七〇三～七〇五頁など参照。『東寺尾村飴屋兵助女子一件』資料二十八。

(92) 弾左衛門との訴訟については中山太郎『日本盲人史』正編、三八七～三八八頁、『編年差別史資料集成』第六巻、三一書房、一九八六年、四七七～四七八頁、第八巻、一九八七年、三六二～三六三頁。『憲章簿』第五巻、五四六～五四七頁など参照。塚田孝『近世身分制と周縁社会』東京大学出版会、一九九七年、二一六～二一九頁には訴訟に関する記録が虚偽であることがほぼ証明されている。

(93) この過程については兵藤裕己「当道祖神伝承考——中世的諸職と芸能」『文学』第五六巻、第八号（七八～九五頁）、第九号（五二～六四頁）、一九八八年参照（特に第九号、五六～五九頁）。

(94)「座頭縁起」『当道大記録全』、渥美かをる他編『奥村家蔵、当道座・平家琵琶資料』所収、七一頁、八三頁（後者には「筋要敷者」となっているが「筋悪敷者」の間違いであろう）。当道座の行った差別については加藤康昭『日本盲人社会史研究』二〇三～二〇四頁、二九七頁など参照。

(95)『当道大記録全』二二～二三頁、六〇頁。

(96) 文政十二年（一八二九）の阿波藩士坂本熊太の例については、中山太郎『日本盲人史』三三五頁参照。

(97)『東寺尾村飴屋兵助女子一件』資料十一（弘化三年［一八四七］九月二十一日）。

(98) 柳田国男「所謂特殊部落ノ種類」『国家学会雑誌』第二七巻、

第五号、一九一三年五月、七七九頁。明治三十六年（一九〇三）刊の京都市立盲啞院編『瞽盲社会史』（三六頁）によれば近世には「武家・百姓・町人より貰ふ配当は江戸の如きは配当頭ありて、其下に五七人の盲人を雇ひ、非人小屋頭と交際せしめ、互に吉凶ある家を探聞して貰に行き、悉く惣録に預け、其集金は月末に分配し来りし」とある。その真偽については定かでないが、あるいは江戸の賤民身分の者との協力関係が維持されていたのかもしれない。

(99)『越谷市史』第二巻、六五九頁、あるいは今泉省三『長岡の歴史』第五巻、五四四頁など参照。田中喜男『加賀藩被差別部落史研究』二九一頁（天明五年［一七八五］六月十五日）。『裏見寒話』四一六頁。

(100)「土御門家神職座頭渡世出入一件」。

(101)「乍恐以書付御訴訟奉申上候」（天保二年［一八三一］九月三日）。

(102)評判の悪い者が村から閉め出された例としては『福井県史』資料編、第七巻、一九九二年、九九二頁（「長野村定一札」、天保六年［一八三五］）参照。

(103)守屋毅『近世芸能興行史の研究』広文堂、一九八五年、一五頁。

(104)『兼山秘策』、『日本経済大典』第六巻、史誌出版社、一九二八年、二六三頁。

(105)『独語』二八六頁。

(106)『世事見聞録』、『日本庶民生活史料集成』第八巻、三一書房、一九六九年、七三七頁。『甲子夜話』続篇二、平凡社、一九七九年、二五五頁。

(107)加藤康昭『日本盲人社会史研究』一〇三～一一六頁、三五一～三六〇頁など。神田由築『近世の芸能興行と地域社会』東京大学出版会、一九九九年。

(108)『高知県史』民俗資料編、七七頁（六八～七九頁の「風俗変更黙識録」による）。

(109)『宝暦はなし』、『日本都市生活史料集成』第四巻、城下町篇II、学習研究社、一九七六年、五六二頁、五六四頁、五六五頁、五八〇頁。

(110)『新編一宮市史』資料編、第七巻、三六五頁。『水府地理温故録』、『茨城県史料』近世地誌篇、茨城県史編さん近世史第一部会、一九六八年、一八一頁。

(111)『相州三浦郡東浦賀村（石井三郎兵衛家）文書』第四巻、一六六頁。

(112)『瑞浪市史』史料編、（岐阜県）瑞浪市編、一九七二年、一九二頁。

(113)『筆満可勢』、『日本庶民生活史料集成』第三巻、六六九頁。

(114)『浅草寺日記』第二三巻、浅草寺、二〇〇三年、三一二～三一三頁（天保十三年［一八四二］七月三十日条）。

(115)『刈谷町庄屋留帳』第二巻、一九七六年、六五〇頁（宝暦六年［一七五六］三月）。

(116)『刈谷町庄屋留帳』第三巻、一九七八年、三六九頁。

(117)『刈谷町庄屋留帳』第三巻、四二〇頁、第四巻、四二〇頁、第一一巻、四〇〇頁、二〇六頁。

(118)『徳川禁令考』前集第五巻、一八八～一八九頁（寛政十一年［一七九九］六月二十四日、二八二〇号）の禁止令は特に有名である。

(119)『直方《のおがた》市史』資料編、上巻、（福岡県）直方市史編さん委員会編、一九八三年、三七九頁（文化五年［一八〇八］六月）。

(120)『太田市史』史料編、近世一、一六一頁。『村上市史』資料編二、一〇九一頁（慶応二年［一八六六］十月九日）。

(121)『記録書抜　伊達家御歴代事記』第五巻、二二〇頁（宇和島藩、天保十四年［一八四三］三月一日）。

(122)「坐頭へ伝馬夫渡事」『皆山集』第六巻、一五二頁。

(123)「盲人保護に付達」。『山梨県史』第三巻、一九六〇年、三七一頁。『甲府市史』史料編、第六巻、七八〇頁も参照。三好一成「伊州三島宿瞽女仲間と足柄県の開化策」一四八〜一四九頁。本書史料篇「年表」の「明治八年（一八七五）一月二十九日」、「同年二月二十三日」、「同年二月」、「同年三月二日」などの諸項も参照。

第2章

(1)『新潟日報』昭和三十一年（一九五六）二月十一日。

(2) 大滝雅楽絵（杉野三枝子）「瞽女唄の研究——高田瞽女唄を中心として」一九七三年。橋本節子「越後瞽女唄の音楽的特色について」一九七五年。また一九七七年の小山直嗣『新潟県の民謡』にも「三人心中口説」が採譜された（一三三頁）。小田（橋本）節子は一九八三年に佐久間惇一『瞽女の民俗』にも小林ハル・杉本キクエの「祭文松坂」の「葛の葉子別れ」と「口説」の「鈴木主水」（小林）と「松前口説」（杉本）を、より正確に採譜している（巻末から八〜一四頁。「葛の葉子別れ」の最後の二つの段が前後している）。「口説」の詳しい分析と歴史についてはグローマー・ジェラルド『幕末のはやり唄』名著出版、一九九五年、一四〜一九頁、三一〜三七頁、九五〜一四〇頁を参照されたい。

(3) 橋本節子「越後瞽女唄の音楽的特色について」一六六頁、一六八頁、一七〇頁参照。

(4) 田中ちた子・田中初夫編『女用訓蒙図彙』（静嘉堂文庫蔵本）、渡辺書店、一九七〇年、八一〜八二頁。

(5)『歌系図』三五六頁。『楠瀬大枝日記——燧袋』第三巻、八三〜八四頁。

(6)「独語」二七七頁。

(7)『蜑の焼藻の記』、『日本随筆大成』第二期、第二二巻、吉川弘文館、一九七四年、二一三頁。

(8) 竹内勉『じょんがらと越後瞽女』二一三頁。小林ハルも「段物」を単に「ゴゼ唄」と呼んでいる。森田一郎「瞽女「小林ハル女」の話」六四頁参照。

(9)『和田町史』史料集、（千葉県）和田町編さん室編、一九九一年、二二九頁（小向村、「教諭諺解」より）。

(10) Kay Kaufman Shelemay ed., *Musical Transcription* (Garland Library of Readings in Ethnomusicology, vol. 4), New York : Garland Publishing, 1990 には採譜に関する二十世紀の研究動向を窺わせる数多くの学術論文が含まれている。

(11) Charles Seeger, "Prescriptive and Descriptive Music Writing," *Musical Quarterly*, vol. 44, 1958, pp. 184–195 (Charles Seeger, *Studies in Musicology* 1935–1975, Berkeley : University of California Press, 1977, pp. 168–181 にも所収).

(12) 小泉文夫「解題——音階研究の方法」『日本の音階』（東洋音楽選書、九）、東洋音楽学会、一九八二年、一五頁。小泉は「記述的採譜」と「規範的採譜」という用語を使っているが、シーガー氏は prescriptive transcription あるいは descriptive transcription の名称をあえて使用していない。それは、「採譜」という行いにはいつも何かの音源（録音・演奏など）が先行しているので、採譜はかならず記述的な側面を持っているからであろう。

(13)小泉文夫「解題――音階研究の方法」一五～一六頁。
(14)日本放送協会編『日本民謡大観(沖縄・奄美)』日本放送出版協会、一九八九～九三年。
(15)真言宗豊山派仏教成年会出版委員会編『新義真言声明集成』楽譜篇第二巻、二箇法要集、下、真言宗豊山派仏教成年会、一九九八年。
(16)竹内道敬『日本音楽の基礎概念』放送大学教育振興会、一九九六年、三頁。小泉は批判の対象を「現在の五線譜」に限定し、竹内より慎重な姿勢をみせている(小泉文夫『日本の音――世界のなかの日本音楽』青土社、一九七七年、一九～二四頁参照)。ちなみに小泉が行った日本音楽に関する研究には五線譜以外の楽譜はほとんど使用されていない。
(17)斎藤真一『瞽女――盲目の旅芸人』一九〇頁。

第3章

(1)松島の戸石家の日記『万手控覚帳』安政七年(一八六〇)八月二十三日条には家内の女性たちが近在の高城の口寄せ巫子を訪れ「口よせ小遣ひ」として「代二百二十五文」を払ったとある(『松島町史』資料編二、(宮城県)松島町史編纂委員会編、一九八九年、五六八頁、五八〇頁参照)。
(2)桜井徳太郎『伝承と生態』(桜井徳太郎著作集、第五巻『日本シャマニズムの研究』上)、吉川弘文館、一九八八年、五二二頁、五三〇頁。石井正己「巫覡と始祖伝承――東北地方盲僧・盲巫の事例から」(日本口承文芸学会例会、一九八七年十一月二十一日発表レジュメ)、神田より子「巫女の生活誌II」『民俗宗教』第三集、一九九〇年十二月、一一九頁。
(3)『松前歳時記草稿』六九二頁。
(4)竹内勉『じょんがらと越後瞽女』一六八～一七〇頁。
(5)『青森県史』第二巻、三三六頁(『平山日記』による)。
(6)『奥富士物語』上巻、五五頁。『青森県租税誌前編』下巻、三九～四一頁。
(7)高橋梵仙『日本人口史之研究』第三巻、二六三～二六七頁。
(8)盛岡市中央公民館蔵。翻刻本一～一五巻は『盛岡藩雑書』(盛岡市教育委員会・盛岡市中央公民館編、熊谷印刷出版部、一九八六～二〇〇一年)、一六巻以降は『盛岡藩家老席日記雑書』となっている。元文三年の調査は一六巻、四五一～四五六頁参照。延享元年(一七四四)の記録は高橋梵仙『日本人口史之研究』第三巻、五〇頁、三一六～三二七頁による。
(9)木村礎「国生村――長塚節「土」の世界」六四八頁。本書第9章も参照。
(10)『藩法集』第九巻上、三五九～三六〇頁(八四四号)、三七四頁(八八七号、元禄十二年[一六九九]十一月)、三七五頁(八九〇号、元禄十三年[一七〇〇]二月)、一〇七頁(二一七号、寛保四年[一七四四]一月二十一日)。
(11)『藩法集』第九巻上、三八〇～三八一頁(九〇七～九〇八号)。
(12)『藩法集』第九巻上、四四〇頁(一一一五号)、二八九頁(六五八号)、三〇〇頁(六七七号)。
(13)『藩法集』第九巻上、八六五～八六六頁(一九〇七号)。
(14)『大迫町史』民俗資料編、八〇〇～八〇一頁、七六八頁。
(15)高橋梵仙『日本人口史之研究』第二巻、三六～三七頁の表による。
(16)加藤康昭『日本盲人社会史研究』四三五頁(「公文録」自明治二年六月・至明治四年七月、仙台藩の部、総理府蔵による)。
(17)『宮城県史』第三一巻、二四四～二四五頁。

(18) 橋本宗彦『秋田沿革史大成』下巻、八五九〜八六〇頁、八四二頁、八四三〜八四四頁。
(19) 橋本宗彦『秋田沿革史大成』下巻、八四九頁。
(20) 『山形県史』資料篇一六、一九七六年、九〇頁。
(21) 『群馬町誌』資料編二、一二〇頁。「米沢」は米沢村（現群馬県太田市）を指している可能性も排除できないが、総人口一二六人（明治十年［一八七七］）の小さな村であったので、六人の瞽女がそこに住んでいたとは考えにくい。
(22) 『山形県史』資料篇一七、五三四頁。
(23) 武田正「越後瞽女聞書抄」一三四頁。
(24) 『南陽市史』民俗編、五四三頁。佐久間惇一「阿賀北の瞽女聞書II」一九七三年、一三〜一四頁。
(25) 江田忠「塩井の瞽女宿」五二〜五四頁。
(26) 鈴木昭英「唄と踊りを興行した四郎丸瞽女」二頁。佐久間惇一郎「阿賀北の瞽女聞書II」一四頁。
(27) 小林生「或るゴゼ（盲女）の生活誌」四五頁。
(28) 柳田国男編『山村生活の研究』五三頁。
(29) 「中荒井與三十二箇村風俗帳」庄司吉之助編著『会津風土記・風俗帳』巻二、貞享風俗帳、歴史春秋社、一九七九年、一三三頁。
(30) 『福島県史』第八巻、六〇八頁。
(31) 『福島県史』第八巻、九七九〜九八〇頁。
(32) 『福島県史』第一〇巻上、六四五頁。
(33) 『福島県史』第八巻、一六一頁。
(34) 『筆満可勢』、『日本庶民生活史料集成』第三巻、六二四頁。
(35) 大條和雄『絃魂津軽三味線』合同出版、一九八四年、一五頁。

第4章

(1) 橋本照嵩「筑紫平野をゆく〝こんかいさん〟」二四〜二五頁。「こんかい」については福島邦夫「稲荷に捧げる歌――日本、瞽女とコンカイをめぐって」も参照。
(2) 『町役所日記』第四一巻、六〇〇九頁。
(3) 福島邦夫「盲人と語り物」一一三頁。
(4) 『藩法集』第八巻上、一八三頁（三三三号）。
(5) 『藩法集』第八巻下、五三頁（二一一三号）。
(6) 『藩法集』第八巻下、三六四頁（二九〇八号）。
(7) 『守屋舎人日帳』第一巻、五二頁。
(8) 『薩陽往返記事』六七三頁。文政十一年〜天保九年（一八二八〜三八）成立。『薩摩風土記』四三九頁にも「かの国のさはぎは、六丁のしょんがぶし・琉球歌なり」とある。
(9) 『薩摩風土記』四三九頁。
(10) 『鹿児島ぶり』四〇二頁。
(11) 『薩摩風土記』四四七頁。
(12) 柳田国男『山村生活の研究』五三〜五四頁。
(13) 鷲尾星児「ゴッタンをたずねて」『ゴッタン』（CBSソニー25AG-247, 一九七八年）のレコード解説。
(14) 以下の情報は主に東京芸術大学蔵の録音テープ、鷲尾星児の荒武タミへのインタビューから取った。また『ゴッタン』（レコード解説）にもその抜粋が含まれている。
(15) 竹内勉『じょんがらと越後瞽女』六二九頁。
(16) 『諸努変革調』。
(17) 『肥後藩人畜改帳』第一巻、一六六頁。
(18) 『藩法集』第七巻、一八八〜一八九頁（二二四号）、三七五頁（六七四号、六七五号）。

(19)『色道大鏡』下巻、一四〇一頁。
(20)『藩法集』第七巻、九二九頁(八七号、文化八年[一八一一]五月と文政四年[一八二一]三月)。
(21)『随筆事典』第二巻、一五三頁、『弘化日記』。
(22)『新熊本市史』史料編、第四巻、新熊本市史編纂委員会、一九九六年、三五七頁(弘化三年[一八四六]九月の風俗取締方改革意見書より)。
(23)『新熊本市史』史料編、第四巻、三五〇頁、三五七~三五八頁(弘化三年[一八四六]七月、九月)。
(24)『松井家文書御町会所古記之内書抜』上巻、二七一頁。
(25)『玉名市史』資料編五、三七二頁、三七八頁。
(26)『徳冨家文書(二)』二七~二八頁、四一頁。
(27)柳田国男編『山村生活の研究』五三頁。福島邦夫「盲人と語り物」一一三頁。
(28)『長崎歳時記』七七六頁。
(29)『長崎町方史料』第三巻、三六九~三七〇頁、三四六頁。
(30)『御屋形日記』元禄二年(一六八九)二月二十日条。
(31)元禄二年(一六八九)十一月二日、元禄十四年(一七〇一)十一月十三日、享保十七年(一七三二)十月二十八日の諸条。中村久子「肥前多久の芸能」一九四頁、同「部落史年表〈享保六年から享保二十年[一七二一~三五]まで〉」『佐賀部落解放研究所紀要』第一六巻、一九九九年、四一~八三頁、七五頁も参照。
(32)『佐賀藩法令・佐賀藩地方文書』一六二頁、二〇三頁。
(33)大隅三好『盲人の生活』二〇七頁。
(34)関敬吾『島原半島昔話集』一四七~一四八頁。Richard Dorson, *Folk Legends of Japan*, p.135も参照。
(35)「覚」(日向・豊後国竈人別牛馬目録)、内藤家文書。同じ調査で日向(宮崎・臼杵郡)と豊後(大分・国東・速見郡)には盲僧十六人、座頭二十四人、盲目二十五人とも記録されている。
(36)『万覚書』、天保六年(一八三五)二月十二日条、内藤家文書。
(37)「覚」(家督相続ニ付盲女へ下銀之事)、内藤家文書。
(38)武井正弘「諸塚村の芸能」四七頁。武井は三名の瞽女をあげている。
(39)『町役所日記』第六巻、八六五頁。
(40)『町役所日記』第三巻、四三〇頁。
(41)『町役所日記』第三巻、四四八頁。
(42)『町役所日記』第一二巻、一七九一~一七九二頁。
(43)『町役所日記』第三六巻、五三七七頁。
(44)『町役所日記』第四一巻、六〇一五頁、六〇五六頁。
(45)『藩法集』第一二巻、五四九~五五〇頁(一〇八号)。
(46)柳田国男編『山村生活の研究』五三頁。
(47)『惣町大帳』第三輯、中津藩史料刊行会、福岡県大和町、一九七六年、三一頁など参照。享保五年(一七二〇)三月二十三日、座頭たちは「当廿一日是心院様御一周忌御法事ニ付」「前々の通」配当銭を受け取った(同書、七〇頁)。
(48)『町役所日記』第一巻、八〇頁。
(49)『町役所日記』第二巻、一八二頁。
(50)『町役所日記』第二巻、一九二頁、第八巻、一〇八八頁。
(51)『惣町大帳』第二輯、九四頁。
(52)『惣町大帳』第五輯、三七頁。
(53)『惣町大帳』第六輯、一一八頁。『惣町大帳』後編、第四輯、一九頁、第九輯、七六頁、九七頁。
(54)『惣町大帳』後編、第一輯、三四頁。
(55)『惣町大帳』後編、第九輯、一一三~一一四頁。

(56)『惣町大帳』後編、第八輯、九七〜九八頁。
(57)『福岡藩、寛文・延宝期御用帳』一二〇頁。
(58)『宇佐近世史料集』山口家史料（一）、五五頁。『宇佐近世史料集』（三）、中島家史料、二五九頁。
(59)『豊前市史』文書資料、二四六〜二四九頁。
(60)『福岡県史資料』第四輯、六一三頁。
(61)『中村平左衛門日記』第九巻、一一五頁（安政二年［一八五五］五月二十六日条）。
(62)『中村平左衛門日記』第九巻、三四八〜三四九頁。「定吉」は翌年七月十一日に配られた「極難者」への「御心付」の対象者のひとりでもあった。同書、五六一〜五六三頁参照。
(63)『福岡県史資料』続第一輯、七〇八〜七〇九頁（安政二年［一八五五］か）。
(64)『中村平左衛門日記』第九巻、三六一頁。
(65)『甘木市史資料』近世編、第四集、一二〇頁。『新訂黒田家譜』第五巻、一二〇頁。
(66)『福岡県史』近世史料編、福岡藩御用帳一、四八一〜四八三頁。
(67)『正房日記』一三六頁、二四〇〜二四一頁、二五一頁。
(68)『甘木市史資料』近世編、第五集、六六〜六七頁。『甘木市史資料』近世編、第二集、六七〜六八頁、『掌中秘記』に含まれている文化十三年（一八一六）五月改「御領分中人高御書上目録控」による。
(69)『嘉穂地方史』近世編、第二巻、三九四〜四〇一頁。
(70)『福間町史』資料編、第一巻、五四八頁（明治六年［一八七三］六月十二日、八月二日）。
(71)『津屋崎町史』資料編、上巻、（福岡県）津屋崎町史編さん委員会、一九九六年、五八三頁。
(72)『福岡藩法令集』第一巻（松下志朗編『七隈史料叢書』第九巻）、七隈史料刊行会、一九七六年、二九頁。
(73)『福間町史』資料編、第三巻、二九九頁（勝浦、安永四年［一七七五］三月、「田嶋村座頭浄瑠理語共、両人罷越一宿仕候、賄代并糸代共」。三〇七頁も参照）。『福間町史』資料編、第三巻、二五七頁、二六二頁（神湊浦座頭）、三一〇頁（鞍手郡座頭）、三一三頁（甘木村座頭沢都）、三一五頁（志賀嶋座頭）など参照。
(74)『嘉穂地方史』近世編、第二巻、三一九頁、三二五頁（安政三年［一八五六］八月）。
(75)『博多津要録』第二巻、二七七頁、二九七〜二九九頁。
(76)『福岡県史』近世史料編、福岡藩御用帳一、六〇七〜六〇八頁（天明六年［一七八六］十二月十八日）。
(77)『福岡県史』近世史料編、福岡藩御用帳一、三九一〜三九二頁（天明二年［一七八二］十二月七日）、四五四〜四五五頁（天明六年［一七八六］三月七日）、六〇七〜六〇八頁（天明六年［一七八六］十二月十八日）諸条参照。
(78)『福岡県史資料』第九輯、五一〇頁。
(79)「古代日記書抜」『福岡県史』近世史料編、久留米藩初期（下）、西日本文化協会、一九九七年、一五八頁。『藩法集』第一一巻、一二二頁（三〇二号）。
(80)『万御用覚帳』、享保六年（一七二一）十二月二十八日条。
(81)『久留米藩大庄屋会議録』三九頁（寛政六年［一七九四］三月十二日）、一〇〇頁（享和三年［一八〇三］七月十九日）。
(82)『久留米藩大庄屋会議録』二〇五頁（文政四年［一八二一］十二月十一日）。
(83)『久留米藩大庄屋会議録』二二五頁。

(84)『久留米市史』第八巻、三三五〜三三六頁（天明六年［一七八六]）。『藩法集』第一一巻、一一九七〜一一九八頁（文政四年［一八二一］五月四日、三五三九号）。『久留米市史』第八巻、六二六頁、六二八頁、六三〇頁、六三五頁、六四〇頁（天保三年［一八三二]）。
(85)『藩法集』第一一巻、一四八六頁、一四八九頁（四三三四号、四三三六号）。
(86)渡辺村男『旧柳川藩志』中巻、二四二頁。
(87)『福岡県史資料』第七輯、四四一頁（弘化三年［一八四六］十月十五日)。『柳川藩史料集』三二二頁（安政三年［一八五六］六月十五日)、五一四頁（明治五年［一八七二］九月)、五五三頁（明治六年［一八七三］六月十二日)。
(88)福島邦夫「稲荷に捧げる歌」九八〜九九頁。
(89)福島邦夫「瞽女唄」九五〜九六頁。同「盲人と語り物」一一三頁。同「稲荷に捧げる歌」八六〜八八頁。

第5章

(1)『藩法集』第三巻、一〇五二頁（二七三三号)。
(2)『徳川禁令考』前集第五、一二九〜一三〇頁（二七五号)。
(3)加藤康昭『日本盲人社会史研究』一五八〜一五九頁。
(4)加藤康昭『日本盲人社会史研究』一九六頁。
(5)加藤康昭『日本盲人社会史研究』一九一頁。加藤は「座頭入出来ぬほど窮迫しているか、あるいは身分的に差別された盲人は他の賤民とともに冠婚の門に集まり、米銭を乞うていた」と指摘している。
(6)『俗耳鼓吹』、『燕石十種』第三巻、中央公論社、一九七九年、一六二頁。加藤の主張の拠となっているのは『藩法集』第三巻、一〇五二頁（二七三三号）の明和三年（一七六六）の記事であるが、明和から天明の間にこの風習が突然現れたとは考えにくい。
(7)『天理市史』史料編、第二巻、八八〜九一頁。畿内の他の例をいくつか拾ってみれば、文政頃の大坂では吉事に際して座頭仲間に祝儀の支給が定められた（「家持、祝物六匁、志四匁。借家、祝物四匁、志三匁」とある)。大和国御料所国々は弘化四年（一八四七)、郡山領（現奈良県）は嘉永五年（一八五二）に縁組にともなう座頭に支給すべき銭高と方法を決定した。安政五年（一八五八）の石上布留社（現天理市）の祢宜によれば、「盲人」は「婚礼之節」祝銭を乞請けていたなど、多くの記録が残っている（『大坂道修町町式目』、『日本都市生活史料集成』第一巻、三都篇一、学習研究社、一九七七年、四五六頁。また『大和高田市史』（改訂）史料編、（奈良県）大和高田市史編纂委員会、一九八二年、二六七〜二七〇頁。『香芝町史』史料編、（奈良県）香芝町史調査委員会、一九七六年、四八二〜四八五頁。『天理市史』史料編、第一巻、天理市史編さん委員会、一九七七年、一一八頁なども参照)。
(8)『隔蓂記』第一巻、五九八頁。
(9)『色道大鏡』一三九九〜一四〇一頁。
(10)『人倫訓蒙図彙』八五頁。
(11)『見た京物語』一一頁。
(12)『堺市史』第五巻、八九頁。
(13)『和漢三才図会』第二巻、二六〇頁（巻第十)。
(14)『三味線問答』巻之三。
(15)『三味線問答』巻之二。
(16)『三味線問答』巻之三。
(17)『松の葉』、高野辰之編『日本歌謡集成』第六巻、三七一頁。

(18)『虚実柳巷方言』一七頁。

(19)『歌系図』三五六頁。『歌曲時習考』六〇頁、一二四頁（文政元年［一八一八］）。

(20)『兵庫県史』史料編、近世二、三六〇頁。

(21)福知山町の町名主日記に特定の女性の「徘徊差留」が見られる。『福知山市史』史料編二、福知山市史編さん委員会編、一九八〇年、三六〇頁（安政七年［一八六〇］二月十七日の項）、五九九頁（元治元年［一八六四］六月十四日の項）参照。『兵庫県史』史料編、近世二、二五二〜二五三頁（赤穂藩、安永十年［一七八一］一月二十四日）。『豊中市史』史料編三、二九二頁（天保五年［一八三四］三月、一ツ橋領［摂津・河内］）。『天理市史』史料編、第二巻、五〇一〜五〇二頁（天保十四年［一八四三］九月、萱田村［現天理市］）。

(22)「按摩つや在所引籠之節鳥目銭請取書」（天保十三年［一八四二］四月）。

(23)『和歌山県史』近世史料、第一巻、八五一頁、第二巻、五三〇頁、六四四頁（嘉永六年［一八五三］七月九日）。『和歌山市史』第五巻、四四一頁、四七一頁、九〇四頁、九三五頁も参照。

(24)『和歌山県史』近世史料、第二巻、八四〇頁。

(25)『田辺市史』第八巻、史料編五、田辺市史編さん委員会編、一九九六年、二四七〜二五〇頁参照。

(26)『東寺尾村飴屋兵助女子一件』資料九（「座頭飴屋一条豊前様江御御問合申上候儀申上」）。

(27)『記録書抜　伊達家御歴代記事』第一巻、三〇七頁。

(28)『記録書抜　伊達家御歴代記事』第二巻、一五四〜一五五頁（天明元年［一七八一］八月一日）、第三巻、三四九頁（文政六年［一八二三］六月十八日）参照。晴眼者の女性音楽家も藩に仕えたようである。例えば文政六年（一八二三）三月二日に「武田治部太夫娘音曲取扱御目付達」（同書、第三巻、三四〇頁）、同年同月二十六日に「村尾三折娘音曲取扱達」（同書、第三巻、三四二頁）などの記録がある。

(29)『記録書抜　伊達家御歴代記事』第二巻、一八〇頁。

(30)『記録書抜　伊達家御歴代記事』第二巻、四九頁（宝暦二年［一七五二］十月七日）。

(31)『記録書抜　伊達家御歴代記事』第一巻、一七頁。

(32)『記録書抜　伊達家御歴代記事』第一巻、二三八頁（貞享二年［一六八五］十月二十四日か、同年五月二十九日）など参照。

(33)『記録書抜　伊達家御歴代記事』第一巻、二〇七頁。

(34)『記録書抜　伊達家御歴代記事』第一巻、一九六頁、二二一頁。

(35)『記録書抜　伊達家御歴代記事』第一巻、二二六頁。

(36)『記録書抜　伊達家御歴代記事』第一巻、五二頁。

(37)河合南海子「宇和島藩盲人養米制度史料」一二七頁、一四一頁（以下、扶持制度に関する情報も同。本書史料篇「年表」の「寛文十一年（一六七一）八月九日他」の項、「安政二年［一八五五］八月」の項も参照）。『不鳴条』三二五〜三二六頁も参照。史料の詳しい分析は河合南海子「宇和島藩における盲人養米制度の成立と展開」参照。また加藤康昭『日本盲人社会史研究』四三〇〜四三一頁も参照。

(38)『記録書抜　伊達家御歴代記事』第一巻、三〇八頁。

(39)『記録書抜　伊達家御歴代記事』第一巻、一五〇頁、第二巻、一九頁。

(40)『記録書抜　伊達家御歴代記事』第二巻、九〇頁、二三六頁、第三巻、四九頁。それ以外にも明和五年（一七六八）三月末に

「御前様御年重、盲人江銀百目被下」という記録がある（同書、第二巻、九八頁）。
(41)『記録書抜　伊達家御歴代記事』第一巻、三二六頁。
(42)『記録書抜　伊達家御歴代記事』第四巻、一九一頁。『租税書類第四百四十一冊』（安政二年［一八五五］八月）。福島正夫『「家」制度の研究　資料篇一』四二七頁（明治五年［一八七二］四月十八日）。
(43)『不鳴条』三二七頁。『愛媛県史』資料編、近世下、七二九～七三〇頁。『宇和島・吉田藩史料粋』第一一巻、三一頁。福島正夫『「家」制度の研究』四二七～四二八頁。
(44)『記録書抜　伊達家御歴代記事』第五巻、一六三頁。
(45)『宇和島吉田両藩誌』七四七頁。『記録書抜　伊達家御歴代記事』第五巻、二二〇頁。
(46) 朝倉治彦他編『神話伝説辞典』一九七頁。
(47)『松山市史料集』第四巻、五六頁。
(48)『証記抜萃類聚』（四十九印、座頭・瞽女）、資料一。『松山市史料集』第四巻、二七頁。『愛媛県史』資料編、近世上、二三八頁。
(49)『松山市史料集』第四巻、二七頁、九四頁、八三〇頁。
(50)『愛媛県史』資料編、近世上、二三八～二三九頁。『松山市史料集』第五巻、三九〇頁。『愛媛県史』資料編、幕末維新、一六九～一七〇頁。
(51)『松山市史料集』第四巻、三八三頁、五三〇～五三一頁（「御触状控帳」）。
(52)『佐川町史』上巻、四二八頁。平尾道雄『近世社会史考』五七頁。
(53)『皆山集』第六巻、四一頁。松本瑛子「近世社会における座頭・瞽女の考察」五四頁も参照（「家老月番記録」高知市民図書館平尾文庫）。
(54)『憲章簿』第五巻、四九五頁（延宝七年［一六七九］六月十五日）。
(55)『憲章簿』第七巻、二八七頁（年代不詳）。
(56)『憲章簿』第五巻、四九七頁（享保十七年［一七三二］九月二十四日）。
(57)『憲章簿』第五巻、四九七～四九九頁。
(58)『憲章簿』第五巻、五〇〇頁。
(59)『憲章簿』第五巻、五〇〇～五〇一頁（天明八年［一七八八］九月二十七日）。
(60) 負担については『皆山集』第六巻、一四三～一四四頁、平尾道雄『高知藩財政史』五二頁、『本山町史』上巻、一九五～一九六頁（文化元年［一八〇四］三月六日）、『編年百姓一揆史料集成』第六巻、一九〇～一九一頁（天明七年［一七八七］三月十日）参照。本山郷北山村の場合、おおよそ一軒につき四分九厘余となっていた（『西郡巡見日記』、『佐川町史』上巻、五二六頁、天明八年［一七八八］五月十日、十一日）。
(61)『皆山集』第六巻、一四四頁。現東洋町にあった野根村には嘉永六年（一八五三）十一月、安政四年（一八五七）六月十八日、慶応元年（一八六五）四月十四日の「座頭・瞽女銀」の記録が残り幕末の状況を示している（『高知県史』近世史料編、一四〇三頁、三一五頁、三一八頁、一四〇五頁）。
(62)『皆山集』第六巻、一二二頁。
(63)『憲章簿』第五巻、五三二頁。
(64)『憲章簿』第五巻、五〇九頁（天保四年［一八三三］八月十七日）。

(65)『憲章簿』第五巻、五一五頁。
(66)『皆山集』第六巻、一五二頁。
(67)『高知県史』民俗資料編、七二四頁（『国府村史』後編、第四章による）。
(68)『藩法集』第三巻、一〇四八～一〇四九頁（二七一八号）。
(69)『藩法集』第三巻、一〇五二頁（二七三三号）。
(70)『藩法集』第三巻、一〇四八～一〇四九頁（二七一八号）。
(71)『新編香川叢書』史料篇一、香川県教育委員会編、一九七九年、一〇三五頁（「古法便覧」）。
(72)『新編香川叢書』史料篇一、一〇〇七頁（「古法便覧」）、一〇九四頁（「古法便覧」、安永七年［一七七八］）。
(73)『香川県史』第九巻、資料編、一七三頁。
(74)『香川県史』第九巻、資料編、一七三～一七五頁。
(75)『香川県史』第九巻、資料編、八六～八七頁。
(76)『香川県史』第九巻、資料編、一七三～一七四頁。
(77)『香川県史』第一〇巻、資料編、四八七頁（「高松町年寄御用留」）。『香川県史』第九巻、資料編、三三八頁（天保十三年［一八四二］、「御改革一件記」）。
(78) 朝倉治彦他編『神話伝説辞典』一九七頁。
(79)『岡山県史』第二一巻、一一～一二頁（一六七～一六八頁、本書史料篇「年表　寛文八年［一六六八］十月二十六日」の項も参照）、第二四巻、一二〇六頁。
(80)『藩法集』第一巻上、六四四頁（一六七二号）、六三三～六三四頁（一六二七～一六二八号）。『岡山県史』第二一巻、九七五頁にも年代不詳の関連項目が見られる。
(81)『藩法集』第一巻下、三三一～三三二頁（一六二七号）。
(82)『岡山県史』第二一巻、一一～一二頁、一六七～一六八頁。座頭にも別に「奉加」が配られたようである。『岡山県史』第二一巻、八六二頁（享保八年［一七二三］七月二十八日）など参照。
(83)『岡山県史』第二五巻、五四六頁。
(84)『藩法集』第一巻下、二三三頁（三一四号、寛保元年～延享二年［一七四一～四五］十月二日）。
(85) 加藤康昭『日本盲人社会史研究』四二五頁（寛保二年［一七四二］七月、「廻在座頭判鑑に成候一件」池田家文書、岡山大学附属図書館蔵）。
(86)『藩法集』第一巻下、七九一頁（五一二号）。
(87)『広島県史』近世資料編、第三巻、一〇二頁、一〇四頁、一二一頁、一四四頁。
(88)『広島県史』近世資料編、第三巻、一五七～一五八頁。
(89)『竹原市史』第四巻、二五～二六頁にある元禄八年（一六九五）十一月七日の規定参照。
(90)『広島県史』近世資料編、第三巻、二三一頁、二二七～二二八頁。
(91)『広島市史』第二巻、一〇二頁、一〇五～一〇六頁。
(92)『広島市史』第二巻、三七一～三七七頁、六三五～六三七頁。
(93)『広島県史』近世資料編、第五巻、一九二～一九三頁。
(94) 元文二年（一七三七）九月二十日、寛延三年（一七五〇）十一月五日。『広島県史』近世資料編、第三巻、六三一～六三二頁、六八三頁。
(95)『広島県史』近世資料編、第二巻、広島県編、一九七六年、七八四頁。宝暦九年（一七五九）九月以前成立と思われる（『芸州政基』による）。
(96) 兼沢・内田家「賀茂郡兼沢村御免割帳」（延享二年）、『広島県史』近世資料編、第一巻、広島県編、一九八一年、三八六頁。

(97)『廿日市町史』資料編、第二巻、九三頁(宝暦六年[一七五六]十二月四日)。
(98)『広島県史』近世資料編、第三巻、七〇三〜七〇五頁(宝暦六年[一七五六]十二月四日)、第四巻、一一三三頁(明治二年[一八六九]九月十九日)。
(99)『郡務拾聚録』天、『広島県史』近世資料、第三巻、七〇三〜七〇五頁、宝暦六年[一七五六]十二月四日参照。以下もそれによる。また『新修広島市史』第二巻、広島市役所、一九五八年、二三七頁も参照(「郡要集」坤四二による)。
(100)『広島市史』第二巻、三二六頁の解説、あるいはそれを踏襲する加藤康昭『日本盲人社会史研究』四三五頁には、「官途銀」は座頭たちが幕府に訴えたから出されたとあるが、実際は当初からそのように定められていたようである。
(101)『広島市史』第二巻、三二六〜三二七頁。浅野家蔵の『事蹟緒鑑』によると思われる『広島市史』第二巻、三二六〜三二七頁の記述には座頭七八〇人、盲女三五四人という数字が見られるが、郡中のみの人数である。「安芸郡規則集控」(『海田町史』資料編、八五〜一一二頁)、「知新集」(『新修広島市史』第六巻、一一〇頁)に見られる数字とも一致している(本書史料篇「年表」の「文政五年[一八二二]脱稿」、「文久元年[一八六一]十一月」の諸項参照)。文政二年(一八一九)九月の記録に、高田郡には座頭九十五人、「盲女」三十二人がいたとある(『高田郡史』資料編、七一頁)。
(102)『広島県史』近世資料編、第三巻、一一三〇頁、第四巻、五一六頁、八五七頁。
(103)『廿日市町史』資料編、第三巻、五三一〜五三三頁。
(104)『郡務拾聚録』天、『広島県史』近世資料編、第三巻、七〇四頁。
(105)『広島県史』近世資料編、第四巻、一九二〜一九四頁、第五巻、八八四頁。
(106)『広島県史』近世資料編、第四巻、一一〇三頁。
(107)『広島県史』近世資料編、第三巻、一〇七三頁。
(108)『新修広島市史』第七巻、三八七頁(五四五号)。
(109)柳田国男編『山村生活の研究』五三頁。
(110)「証記抜萃類聚」、「四十九印、座頭・瞽女」資料一、資料七。
(111)「証記抜萃類聚」、「四十九印、座頭・瞽女」資料二。以下も同書による。
(112)分量は「納枡」で量られ、一般に使用された桝より五%増しの容量であった。
(113)『徳山市史史料』中巻、八二〜八四頁、八六〜八八頁。
(114)『徳山市史史料』上巻、七三四頁。
(115)『徳山市史史料』上巻、七三三〜七三五頁。詳しい分析には加藤康昭『日本盲人社会史研究』四三一〜四三三頁参照。
(116)『防長風土注進案』。
(117)『山口県史料』近世編、法制上、七〜八頁。
(118)『福原家文書』中巻、二二一頁参照(文政六年[一八二三]九月)。
(119)『山口県史料』近世編、法制上、六八〇〜六八一頁(正徳三年[一七一三]五月二十九日)。『萩藩四冊御書附』九八頁(明和八年[一七七一]八月編)。『山口県史料』近世編、法制下、三三三頁(明和三年[一七六六]九月)。
(120)『山口県史料』近世編、法制上、七〇六〜七〇七頁。
(121)『山口県史料』近世編、法制上、七〇七〜七〇八頁。
(122)『山口県史料』近世編、法制上、七〇八〜七〇九頁。

(123)『山口県史料』近世編、法制下、一九三〜一九四頁（享保十三年［一七二八］か、十二月二十五日）。
(124)『山口県史料』近世編、法制下、三三頁（明和三年［一七六六］九月）。
(125)『敦賀市史』史料編、第五巻、六四七〜六四八頁（『遠目鏡』による）、七一一頁（『敦賀志』による）。『敦賀市史』通史編、上巻、敦賀市史編さん委員会、一九八五年、五〇〇頁も参照。
(126)『敦賀市史』史料編、第五巻、六四九頁（『遠目鏡』による）、七一一頁（『敦賀志』に「天保十五年御改革後ハ芝居ハなし」ともある）。「芝居舞台小屋立替ニ付笹屋治郎兵衛願書」『敦賀市史』史料編、第二巻、一九七八年、七四七〜七四八頁。芝居については同書、通史編、上巻、五〇一〜五〇二頁参照。
(127)『敦賀市史』史料編、第五巻、六四七頁。
(128)『指掌録』所収の「覚」（享保十三年［一七二八］か）。以下も『指掌録』第六冊の内、「瞽・座頭式」（享保四年二月〜元文三年［一七一九〜三八］）による。『指掌録』の視障者に関する項目は加藤康昭『日本盲人社会史研究』二三〇頁に要約されている。
(129)『指掌録』。
(130)『越前国名実蹟考』四四五〜四四六頁。『福井県史』資料編、第三巻、八一頁。越前国府中本多領の覚書に「寛文元年公儀より御定」とあるが、寛文二年が正しいと思われる。同書、資料編、第六巻、二五二頁。
(131)『福井市史』資料編六、二九九頁。
(132)『拾椎雑話』四四七頁。『稚狭考』六八四頁。
(133)『福井県史』資料編、第七巻、一八九〜一九〇頁。『平泉寺史要』三〇四頁。『越前町史』続巻、三〇八頁。
(134)『拾椎雑話』六九〜七五頁。
(135)『拾椎雑話』二四三頁。
(136)『福井県史』資料編、第五巻、六一七頁、六一九頁。第七巻、一六〇〜一六五頁。
(137)『拾椎雑話』二三三頁。
(138)『稚狭考』六八四頁。
(139)『拾椎雑話』一三三頁。
(140)『拾椎雑話』一〇七頁。
(141)『鳥取県史』第七巻、一三九頁。
(142)『鳥取県史』第一二巻、七四九〜七五一頁。
(143)『藩法集』第二巻、二七四〜二七五頁（二三四号）。
(144)『鳥取県史』第一一巻、九七六〜九七七頁。
(145)『新修鳥取市史』第三巻、三七一〜四一三頁。
(146)『新修島根県史』史料篇二、二六一頁、一五六頁。寛政十二年（一八〇〇）、大原郡には瞽女七人がいた（中林季高「大原郡人口の変遷」九頁）。
(147)『近世藩法資料集成』第三巻、一三頁。『新修松江市誌』一八九頁。
(148)『大和村誌』上巻、六〇一〜六〇二頁。
(149)『新修島根県史』史料篇三、一一九頁（宝暦十年［一七六〇］）、三七七〜三七八頁（宝暦十年［一七六〇］十月二十九日）参照。
(150)『新修島根県史』史料篇三、一九八頁（天明二年［一七八二］四月二十七日）。
(151)『新修島根県史』史料篇三、六一一頁。萩藩の書付は明和八年（一七七一）八月編の「四冊御書附」にある（本書史料篇「年表明和八年（一七七一）八月編」参照）。
(152)『新修島根県史』史料篇三、五三三頁。
(153)『高知県史』民俗資料編、七二四頁（『国府村史』後編第四章による）。

第6章

（1）『松阪市史』史料篇、第一三巻、七八〜七九頁。
（2）『三重県史』資料編、近世四下、一四一頁。
（3）『岐阜県史』史料編、近世八、三三五頁。
（4）『新修稲沢市史』資料編一〇、三三二〜三三三頁、四九五頁。『豊明市史』資料編一、九〜一〇頁。
（5）『大府市誌』資料編、近世、二八八頁、二八九頁、二九〇頁。
（6）『豊明市史』資料編、補三、五〇三〜五〇七頁。
（7）『愛知県史』資料編一八、四六八頁（慶安二年［一六四九］二月の報告書による）。『新編岡崎市史』第七巻、一二二三〜一二二四頁。
（8）以下においては本書史料篇「年表」の該当する項目を参照されたい。なお、宝暦年間の西尾図によれば、瞽女屋敷は会ゲ山にあったようであるが、詳細は分かっていない。『西尾町史』上巻、三一七頁参照。名古屋には当道組織があり、吉凶の際、座頭たちは石高により定められた配当を集め、毎年十月には妙音講が催された。瞽女に配当が与えられたかは不明である。『名古屋市史』風俗編、名古屋市役所、一九一五年、三八六〜三八八頁。
（9）『豊明市史』資料編一、三七頁、八五頁、八八頁。
（10）「中嶋」という地名は少なくとも八カ所にあるので、中嶋組の在所を特定することは困難である。あるいは刈谷町にあった中嶋という場所を指しているかもしれない。
（11）『豊田市史』第七巻、資料下、近世、豊田市教育委員会・豊田市史編さん専門委員会編、一九八〇年、六三〇〜六三一頁。
（12）『愛知県史』資料編、第一八巻、七六六〜七六七頁。
（13）『吉良町史』資料二、一四七頁。長野県・岐阜両県境に近い稲武町にも慶応元年（一八六五）四月十七日に訪れる瞽女のために五十文が村費から捻出された記録がある（『稲武町史』民俗資料編、二一〇〜二一一頁参照）。
（14）熊原政男『飛騨の年輪』一〇〜一一頁。柳田国男編『山村生活の研究』五三頁にも飛騨の丹生川《にゅうかわ》村から春になると決まって美濃の瞽女が訪れ、徳山村（現藤橋村）では山県《やまがた》郡からの瞽女が春来村し、米麦を貰って行ったとある。
（15）加藤康昭「盲人の生活と民衆文化」三一八頁に引用。
（16）『岐阜県史』史料編、近世八、五一頁（文政十三年［一八三〇］一月）。
（17）『岐阜県史』史料編、近世四、二二六頁。
（18）『紙魚のやとり』四二〜四三頁。
（19）加藤康昭「盲人の生活と民衆文化」三一六頁。加藤康昭『日本盲人社会史研究』三八九頁。『岐阜県史』史料編、近世四、四五二頁。原史料は高山市郷土館蔵であるが、「未整理」という名目で非公開となっている。
（20）『大和村史』史料編、八一五〜八一六頁。
（21）『岐阜県史』史料編、近世九、六六〇頁（天保六年［一八三五］五月）、第八巻、一〇五頁（文化十一年［一八一四］一月六日）。
（22）林智登美「美濃の瞽女」七四頁。
（23）『新修関市史』史料編、近世二、五二二〜五二三頁。
（24）『岐阜県史』史料編、近世二、九二二頁。
（25）由来伝説の記録には『御嵩町史』史料編、八二八〜八二九頁。根本重毅『御嵩町史』史料編、三四六頁。三好一成「岐阜県東濃地方の瞽女仲間」五二頁など参照。
（26）『南木曽町誌』資料編、七九八頁。

(27)『農陽志略』巻三。『御嵩町史』史料編、三七二頁も参照。『新撰美濃志』五八三頁（巻二六）。

(28) 水谷教章『蟹薬師願興寺誌要並年表』御嵩町願興寺蔵、一九五四年、二〇頁（三好一成「岐阜県東濃地方の瞽女仲間」五二頁による）。長岡系の越後瞽女頭も「五位」と名乗っているが、大寺瞽女との関係は不明である。三好一成の調査により明治年間の大寺派の瞽女屋敷の所在地はほぼ確定している。三好一成「岐阜県東濃地方の瞽女仲間」五四～五五頁参照。

(29) 安藤由彌家文書、宝暦九年（一七五九）十一月の由緒書（本書史料篇「諸国瞽女由緒記・縁起・式目」参照）。『恵那市史』史料編、六八六～六八七頁。恵那市大井町「古山太郎家文書」（嘉永七年［一八五四］六月）、三好一成「岐阜県東濃地方の瞽女仲間」五一～五二頁。『恵那市史』史料編、三六四～三六五頁、五五五頁、六八六～六八七頁、三好一成「岐阜県東濃瞽女の生活誌」二七～二九頁なども参照。三好は位牌と墓石を検討した結果この系譜には疑問点が多いとも指摘している（「岐阜県東濃瞽女の生活誌」二八頁）。

(30) 三好一成「岐阜県東濃地方の瞽女仲間」五〇頁。

(31) 三好一成「岐阜県東濃瞽女の生活誌」三一～三三頁参照。

(32)「〝ごぜ〟争論の文献発見」『恵那情報』一九七七年五月二十一日（一一八四号）、二頁。出典の文書は恵那市大井町「古山太郎家文書」（「乍恐御達奉申上候御事、一、頃日座頭瞽女共人組一件取調」である。現在は所在不明。三好一成「岐阜県東濃地方の瞽女仲間」六二頁。

(33) 三好一成「岐阜県東濃地方の瞽女仲間」五九頁。石像に「寛政三亥」年とある。三好一成「岐阜県東濃瞽女の生活誌」二六頁。

(34)『恵那市史』史料編、六八六頁。

(35)『恵那市史』史料編、五三二頁。

(36)『御嵩町史』史料編、三九五頁、三九六頁。慶応元年（一八六五）十二月の記録（三九八頁）も参照。

(37)『恵那市史』史料編、三六四～三六五頁、五五五頁。

(38) 三好一成「岐阜県東濃瞽女の生活誌」三七～三八頁。

(39) 水野都沚生「続〝瞽女聞き書〟」二六頁。

(40) 松山義雄『むかし、あったってなん』二〇〇～二〇一頁。

(41)『飯田瞽女（ごぜ）資料（「原本ハ知久仙右衛門文書」）』。原田島村「古町の元酒屋瞽女を救う」三七～三八頁。なお原田は二つの文書（現物所在不明）を寛政五年（一七九三）三月や同年九月としている。しかし、原田の論文に掲載されている写真から判断すれば、後者は単に「九月」とあり寛政五年とは明記されていない。内容からしても後者は前者より早く成立したと思われる（寛政四年［一七九二］か）。

(42)『東海訓盲院』九六～九七頁に郡別・年齢別の数字が見られる。

(43)『東都一流江戸節根元集』三〇四頁。

(44) 塚崎進「ごぜ・ごでの」一三一頁。『柳沢の民俗』一二七頁。相模国愛甲郡半原町の村入用帳に「ごぜんのふ」という呼称も見られる（文政十年［一八二七］十一月、嘉永三年［一八五〇］十二月）。

(45)「駿府町数并家数人数覚帳」。

(46) 龍泉寺は永正四年（一五〇七）駿河国有度郡柚之木に開創した後に駿府紺屋町に移り、「お愛」の死去の際には幕府に三十石の供料を拝領した。寛永三年（一六二六）に徳川秀忠の上意で寺が下魚町（現常磐町二丁目）に移り、大伽藍と霊廟が造営され寺領三〇〇石となり、その直後から宝台院と称するようになった。将軍から三〇〇石の朱印を賜った。昭和十五年（一九四〇）の静岡大火と昭和二十年（一九四五）の大空襲ですべて消失した。「お愛」については斎木一馬他校訂『徳川家諸記譜』第一巻、続群書類従完成会、一九七〇年、三二頁、一五〇頁、第二巻、一九七四年、二一頁など参照。
(47)『駿国雑志』附図第一巻、第十二図。
(48)『駿府広益』前篇中、六七〇頁、六七二頁。
(49)『静岡市史』近世史料三、四八九〜四九〇頁（『松木新左衛門始末聞書』）。
(50)『名乎離曽の記』（天保十三年［一八四二］成立）第一巻、七三〜七六頁。『駿国雑志』第一巻、二四四頁（天保十四年［一八四三］刊）。『修訂駿河国新風土記』上巻、一九六頁（文化十年［一八一三］序）。『足柄県議案答書』、「瞽女由緒記」。
(51)『駿府風土記』、九〇〇頁。『駿国雑志』第一巻、二四五頁、『駿府名細記』も参照。
(52)『駿国雑志』第一巻、二四五頁。『修訂駿河国新風土記』一九六頁にも「毎年正月と七月との十六日に宝台院にて府の瞽女に斎を賜ふ」とある。
(53)『足柄県議案答書』、「瞽女由緒記」。『名乎離曽の記』上巻、七三〜七六頁。
(54)『修訂駿河国新風土記』一九六頁。
(55)『足柄県議案答書』、「瞽女由緒記」。
(56)『駿府風土記』八九八頁。『駿府名細記録』。『名乎離曽の記』上巻、七三〜七六頁。『駿府広益』前篇上、六二九頁。しかし『駿国雑志』には「瞽女屋敷一名瞽女長屋、有渡郡、府中、下魚町の末、金米山宝台院浄土の傍にあり。是近歳給はる処の居所也」となっており、文久元年（一八六一）三月自序の『駿河志料』に「松」宅は「国府の南、縦の行第七行の街」にあったとしている（『駿国雑志』第一巻、二四一頁。中村高平編『駿河志料』第一巻、八一七頁［巻之三十六］）。
(57)『駿国雑志』第一巻、二四四頁。
(58) 太田家文書、「甲州八代郡上野村寅年小入用帳」（延享三年［一七四六］）、「宝暦九年寅年村入用夫銭帳」、「宝暦十四年申年中村小入用夫銭帳」、「嘉永三年亥春入用夫銭帳」。増穂町旧村文書四、安政元寅年（一八五四）「村入用夫銭帳」。
(59) 塚崎進「ごぜ・ごでの」一三〇頁。
(60)『足柄県議案答書』、「瞽女由緒記」。三好一成「伊州三島宿瞽女仲間と足柄県の開化策」一二〇頁。同、一〇二頁に引用されている明治八年（一八七五）一月二十九日付の文書も参照。
(61)『駿国雑志』第一巻、二四二頁。『足柄県議案答書』、「瞽女由緒記」。
(62)『三島市誌』中巻、四三七頁。
(63) 観法寺の過去帳から天保十一年から明治六年（一八四〇〜七三）の間には十八人の三島瞽女の死亡が確認できる。三好一成「伊州三島宿瞽女仲間と足柄県の開化策」一二八頁の一覧表参照。
(64)『足柄県議案答書』、「御糺ニ付奉申上候」の内、明治八年（一八七五）一月二十五日「目今人員」の調査録による。三好一成「伊州三島宿瞽女仲間と足柄県の開化策」一〇三〜一〇六頁も参照。
(65)『三島市誌』中巻、四三七頁。
(66) 嘉永三年（一八五〇）三月、半原村（現神奈川県愛川町）の「来亥村諸入用控之帳」（相模国愛甲郡半原村文書）には、六月二十日に二人の三島瞽女が泊まったとある。

(67)『小山町史』第二巻、二五三頁。
(68)『御殿場市史』第二巻、二三〜三四頁。
(69)『裾野市史』第三巻、六一九〜六二〇頁。「瞽女泊順番覚帳」。『御殿場市史』第五巻、五七〜六三頁。現御殿場市にあった山の尻村の庄屋宅に弘化四年（一八四七）四月九日に七人の瞽女が泊まり、雨天のため逗留したという記録もある（『御殿場市史史料叢書』第二巻、三五八頁）。明治三年（一八七〇）の六日市場村には六十三人の瞽女が泊まっていた。
(70)『静岡県史』資料編、第一六巻、五〇五頁。
(71)『金谷町史』資料編二、三二三頁、三二八頁。『史料叢書』一、近世の村・家・人、六四頁。
(72)「川東村々より断書之写」、榛原郡番生寺村、鷲山家文書（家番号五〇〇〇二、資料番号〇九二B）、静岡県立中央図書館歴史文化情報センター蔵。
(73)『静岡県史』資料編、第一六巻、四九六〜四九七頁。
(74)三好一成「伊州三島宿瞽女仲間と足柄県の開化策」一四八〜一四九頁、本書史料篇「年表」の「明治八年（一八七五）一月二十九日」、「同年二月二十三日」、「同年二月」、「同年三月二日」などの諸項も参照。
(75)『裾野市史』第四巻、二八五〜二八六頁。
(76)『東海道宿村大概帳』二一〇頁。
(77)大島建彦「沼津の瞽女」五一頁。
(78)間宮喜十郎『沼津史料、付沼津宿案内記中巻』三六頁、（巻ノ二）。
(79)大島建彦「沼津の瞽女」四八頁。
(80)中村高平編『駿河志料』第二巻、五一七頁。『沼津市誌』四三三〜四三四頁。
(81)大島建彦「沼津の瞽女」六二頁。
(82)藤池良雄「瞽女」一二頁。安永六年（一七七七）四月二十一日の筆録には沼津瞽女の総人数は一五三人となっているが、五十三人の間違いであろう（関守敏「安永六年の沼津藩領と御巡見道順書上帳」五頁）。
(83)世良太一編『杉先生講演集』附録一二頁。大島建彦「沼津の瞽女」五〇頁。後者の統計は「明治廿年六月調製」と記された「三枚橋町共有基地図面」などによる。
(84)大島建彦「沼津の瞽女」六三頁。
(85)世良太一編『杉先生講演集』附録一二頁。
(86)伊豆国賀茂郡浜村小沢家文書参照。沼津の瞽女への言及は弘化二年（一八四五）一月「巳村入用帳」にある。
(87)伊豆国加茂郡笹原村文書参照。「田中瞽女」の記載は「庚午諸役銭覚帳」にある。
(88)Wilhelm Heine (1817-1885), *Reise um die Erde nach Japan an Bord der Expeditions-Escadre unter Commodore M. C. Perry*, vol. 2, pp. 116-117.
(89)『東海訓盲院』一〇頁。
(90)『東海訓盲院』一九頁。
(91)鈴木昭英『瞽女——信仰と芸能』六頁。
(92)『看聞御記』上、一五四頁（応永二十五年［一四一八］八月十七日）。

第7章

(1)「綿津屋政右衛門自記」『芝居と茶屋町』石川県図書館協会、一九三二年、五一〜五二頁。『日本都市生活史料集成』第五巻、城下町篇三にも所収。

（2）『三壺聞書』一四七頁。
（3）田中喜男『加賀藩被差別部落史研究』二四四頁。
（4）『加賀藩御定書』前編、石川県図書館協会、一九八一年、三五頁。
（5）『金沢市史』資料編六、近世四、町政と城下、金沢市史編さん委員会編、二〇〇〇年、七八頁、八八頁。『加賀藩御定書』前編、五五～五六頁。『加賀藩御定書』後編、石川県図書館協会、一九八一年、七五五頁。
（6）『金沢市史』資料編六、三一一頁。
（7）『金沢市史』資料編六、三二五頁。
（8）田中喜男『加賀藩被差別部落史研究』二五二頁。元禄八年（一六九五）の礪波郡組別百姓戸数の書上には「壱軒、こせ家」とあり（『富山県史』史料編、第三巻、九四七頁）、文化八年（一八一一）五月の新川郡百姓・頭振などの書上にも「壱人、瞽女」が記録されている（同書、一〇〇九～一〇一〇頁）。
（9）『加賀藩史料』第一三編、五一〇～五一一頁。
（10）『野々市町史』資料編二、一三九頁。
（11）『金沢市史』（『稿本金沢市史』）風俗編、第二巻、五二五頁。金沢の当道組織などについては中山勉「身分的周縁の人々――近世を生きた盲人たち」参照。
（12）『加賀藩史料』第六編、四七四頁。
（13）『亀田氏旧記』七五頁。同書、八七頁、九六頁、一一〇頁、一一九頁、一五二頁も参照。
（14）『亀田氏旧記』一五二～一五三頁。
（15）『金沢市史』資料編七、五八六～五八八頁（天明八年［一七八八］一月改）。
（16）『加賀藩史料』第八巻、八七二頁（「袖裏雑記」による）、第九巻、一二七頁（「坂井留書」による）。
（17）『石川県史』第二編、一九二八年、六四九頁。福田松園『金沢の歌舞伎』近八書房（金沢市）、一九四三年、二四～二七頁。『芝居と茶屋町』一頁。
（18）『金沢市史』（『稿本金沢市史』）風俗編、第二巻、五〇八頁（詳細不明の「旧記」による）。金沢の廓と茶屋町については宮本由紀子「金沢の廓」『論集近世女性史』吉川弘文館、一九八六年参照。
（19）この点については氏家幹人「地方都市興行の成立と背景」津田秀夫編『解体期の農村社会と支配』校倉書房、一九七八年、二七二～二七六頁参照。
（20）『金沢町名帳』参照。
（21）『金沢町名帳』二二六頁。
（22）『国事雑抄』上編、一一一頁。
（23）『加賀藩史料』第一三編、五三七頁。
（24）『加賀藩史料』藩末篇、上巻、八五五頁。
（25）『加賀藩史料』第一一編、四一七頁。
（26）『加賀藩史料』第一三編、五四五頁。
（27）『加賀藩史料』第一四編、一八頁。
（28）『加賀藩史料』第一四編、九六五頁。
（29）『加賀藩史料』藩末篇、上、一〇〇九頁（「御親翰帳之内書抜」による）。
（30）『金沢市史』（『稿本金沢市史』）風俗編、第一巻、一六四頁、二〇四頁、二三〇頁、風俗編、第二巻、五四〇頁。
（31）田中喜男『加賀藩被差別部落史研究』五五九～五六〇頁。『加賀藩史料』第一二編、三一〇頁。
（32）『老の路種』三四頁。同書、二七頁にも石川県辰巳村辺の瞽女に関する言及がある。
(33)　田中喜男『加賀藩被差別部落史研究』六〇八～六〇九頁。
(34)　若林喜三郎編『梅田日記』北国出版社（金沢市）、一九七〇年、一三四頁。
(35)　田中喜男『加賀藩被差別部落史研究』二九二～二九六頁。『加賀藩史料』第一二編、三一〇頁、第一四編、四四五～四四六頁。
(36)　『七尾市史』資料編、第三巻、二一一頁、二一五頁。
(37)　『加賀藩史料』第一二編、三一〇頁。加藤康昭『日本盲人社会史研究』四四九～四五〇頁も参照。
(38)　「穢多瞽女二件」。
(39)　『氷見市史』第四巻、五三八頁。
(40)　『近世越登賀（越中・能登・加賀）史料』第一巻、八三頁。『氷見市史』第三巻、六六九～六七〇頁。『富山県史』史料編、第五巻、八六九～八七〇頁。天保の大飢饉に際して射水郡の瞽女・座頭計一七〇人に二十五石五斗の「御貸米」が渡されたが、その内の瞽女の人数は不明である。『氷見市史』第三巻、六六九～六七〇頁（天保八年［一八三七］四月二十九日）参照。
(41)　福岡町山岸家文書、『富山県史』民俗編、九一四頁。黒坂富治『富山県の民謡』三五三頁、『八尾町史』七八一頁。
(42)　音曲指南の一例として『旧新川県誌稿・海内果関係文書』二五～二六頁（明治八年［一八七五］二月の旧新川県［現富山県］小杉町の殺傷事件の記録）参照。
(43)　黒坂富治『富山県の民謡』三五三頁。『富山県史』民俗編、九一四頁。『福岡町史』八五一頁。伊藤曙覧『とやまの民俗芸能』二〇八頁。
(44)　『富山県史』通史編四、近世下、一九八三年、八六二頁、史料編、第五巻、一三八五頁。
(45)　『富山市史』通史、上巻、一九八七年、一三七〇頁（大場文書、「天保七年飢饉ノ略記」による）。
(46)　『富山県史』史料編、第五巻、一三八六頁、一四一一頁。氏家幹人「地方都市興行の成立と背景――近世後期における芝居公許の論理」二六九頁にも「寛政年間富山芝居始の記」（富山県立図書館蔵）が引用されている。町人の芝居熱は、単に観覧するにとどまらず、自ら歌舞伎踊りをする者が多く現れたようである。享保十年（一七二五）の禁止令参照（『富山市史』通史編、上巻、一三七一～一三七二頁）。
(47)　『富山県史』通史編、第四巻、八六四頁。
(48)　『町吟味所御触留』五九四頁。『富山県史』通史編、第四巻、八六二頁。
(49)　『町吟味所御触留』五八～五九頁。「目明キ之弟子」の中には実際には単に手引きであった可能性も排除できない。
(50)　『町吟味所御触留』二八九頁。『富山町方旧記』第二巻によれば、「別屋敷」が天明三年（一七八三）頃に売却されている。
(51)　『町吟味所御触留』二八九～二九〇頁。
(52)　『町吟味所御触留』二八九頁、三二七頁。
(53)　『旧記抜書』第一巻。
(54)　『富山町方旧記』第二巻。
(55)　『富山県史』史料編、第五巻、二九三頁。
(56)　『町吟味所御触留』三七頁、一五三頁、一五六頁（宝暦八年［一七五八］十月二十九日）。田中喜男『加賀藩被差別部落史研究』六〇六頁引用の安政元年の取締令も参照。
(57)　『高岡史料』下巻、八九九頁。
(58)　『高岡史料』下巻、九〇〇頁。
(59)　富山県には高岡の瞽女町以外に「瞽女町」という地名が残って

いる。小杉町において、上野の宮村の表の田の付近を「ゴゼマチ」と称し、そこにはかつて「ごぜという遊女」が住んでいたという。『小杉町史』三一七頁参照。
(60)『高岡史料』下巻、八九七～八九八頁（「朝山氏留帳」による）。
(61)『高岡史料』下巻、九〇二頁（「高岡詩話」による）。
(62)『高岡史料』下巻、九〇二～九〇三頁（「木町委細帳」による）。
(63)村井雨村「瞽女町」七四頁、七六頁、七八頁。
(64)『藩法集』第六巻、三四九頁。
(65)『氷見市史』第三巻、五五八頁。
(66)『中村屋文書』その一、二三頁。
(67)『町吟味所御触留』一五三頁（宝暦八年［一七五八］六月四日）。
(68)氷見市立博物館編『宮永家文書』その二、氷見市立博物館、一九八八年、三頁（年代不詳の文書による）。
(69)『中村屋文書』その一、四九頁。
(70)『応響雑記』上巻（越中資料集成七）、桂書房、一九八八年、三六二頁、四五三頁、九九五頁など参照。『応響雑記』に含まれている芸能に関連する情報については竹下喜久男『近世地方芸能興行の研究』清文堂、一九九七年、二七四～三一四頁参照。
(71)『応響雑記』上巻、四七〇頁、五五三頁、七一五頁など参照。
(72)『庄下村市誌』九一頁。
(73)加藤郁乎編『近世滑稽俳句大全』読売新聞社、一九九三年、二五九頁。
(74)竹内勉『新保広大寺』一二七頁。
(75)宮成照子『越中瞽女と母の在生ご利益』六四頁。
(76)成瀬昌示談。
(77)黒坂富治『富山県の民謡』三五三頁。
(78)『富山県史』民俗編、九一四頁。
(79)竹内勉『新保広大寺』一二七頁。
(80)『城端町史』一三九〇頁（本井与三吉談）。『八尾町史』七八一頁。
(81)『富山県史』民俗編、九一四頁。黒坂富治『富山県の民謡』三五三頁。黒坂は「幻の民謡《ごぜ節》を中新川郡立山町と同郡上市町で採録することができた」と述べているが、これは瞽女自身の演奏ではなく、瞽女の唄を聞いた人々の演奏である（黒坂富治『富山県の民謡』三五五～三五八頁参照）。黒坂の著書に「ごぜ節」（中新川郡立山町）、「目桑ごぜ節」（お吉清左）、「立山ごぜ節」、「上市ごぜ節」（鈴木主水）の歌詞や演奏者名などが挙げられている。本節の情報は主に宮成照子と勇勇談による。
(82)小原万龍は大正十一年（一九二二）以降東京浅草で興行し、「越中小原節」の歴史に大きく貢献した。彼女とその一座については、『朝日町誌』文化編、（富山県）朝日町、一九八四年、五八～六〇頁参照。
(83)『大沢野町誌』上巻、四七六頁。
(84)『八尾町史』七八一頁。
(85)瞽女唄の「新保広大寺」と「口説」については竹内勉『新保広大寺』一二〇～一二七頁、グローマー・ジェラルド『幕末のはやり唄』一四～一九頁、九五～一四〇頁など参照。盆踊り唄については『立山町誌』（五百石町誌・五百石地方郷土史要）、富山県中新川郡高野村、一九三五年（新興出版社、一九八二年復刻）、六四頁参照。旋律の意識については勇勇談。
(86)『大沢野町誌』上巻、四七六～四七七頁。

(87)『富山県史』民俗編、九一四頁。『八尾町史』七八一頁。『福岡町史』八五一頁。
(88) 伊藤曙覧『とやまの民俗芸能』二〇七～二〇八頁。
(89)『富山県史』民俗編、九一四頁。黒坂富治『富山県の民謡』三五四頁に「佐藤チヨが愛用した胡弓」の挿絵があり、三弦もののようである。
(90)『富山県の民謡』（富山県民謡緊急調査報告書）、富山県教育委員会、一九八五年、六九頁。
(91)『富山県の民謡』七七頁。

第8章

(1)『江戸町触集成』第二巻、四三～四四頁（二〇六五号）。
(2)『半日閑話』一八四頁。男性が女性より六倍の確率で失明することは普通ありえないと考えるならば、この数字は何らかの瞽女組織に属している者のみを反映しているのであろう。同年五月の調査で他の記録（「春水掌録」十『随筆百花苑』第四巻、中央公論社、一九八一年、二六四頁）には座頭一〇二〇人の数字があるが、瞽女の人口は明記されていない。享保十年（一七二五）には町奉行支配の分として座頭一二八四人という統計もあり（秀村選三編『近世福岡博多史料』第一集、西日本文化協会、一九八三年、二五一頁）、寛保三年（一七四三）には座頭一二八三人（「寛延雑秘録」『未刊随筆百種』第五巻、中央公論社、一九七七年、四〇八頁）、天明六年（一七八六）十月二十八日には江戸の座頭が三八四〇余人（「春水掌録」十、二六四頁）、天明七年（一七八七）にも座頭三八四〇余人が数えられている（「一話一言」巻七、『日本随筆大成』別巻一、吉川弘文館、一九七八年、二九三頁）。
(3)『当道大記録全』、渥美かをる他編『奥村家蔵当道座・平家琵琶資料』大学堂書店、一九八四年、一六～一七頁。安政五年（一八五八）写、宝暦十三年（一七六三）の当道への配当に関する記録には「婚礼ニ水鉄料、婦人出産着料、袴着料、元服ニ烏帽子料、家督ニ冥加金、新宅ニ竃之料、寺地ニ堂供養之料、法事惣供養料、宮地ニ遷宮之料、不幸ニ茶ニ牌料、蔵立ニ新造之料」が挙げられている（『韮崎市誌』資料編、四三二頁）。しかし、例えば現群馬県太田市・高崎市には嘉永六年（一八五三）一月と同年四月の記録に「座頭共江是迄分限ニ応し婚姻之節聊之志遣候処、近来新規土蔵、元服之祝其外品々名目附祝義ねたり取」とあり、婚礼以外の配当支給を禁ずる動きもあり、時代・場所により慣例が異なったことを示唆している（『太田市史』史料編、近世二、七八七頁、七三一頁。『新編高崎市史』資料編七、六三三頁も参照）。
(4)「御免状之事」。
(5)『徳川実紀』第三篇、五一四頁、五二三頁。すでに寛永九年（一六三二）二月二十六日、徳川秀忠の死去に際し、「山川検校城管金三十両。同朋一人三十両」という例もあるが、これは運上配当ではなかったようである。『徳川実紀』第二篇、五四〇頁参照。また同じ山川検校については寛永十一年（一六三四）四月十二日の項に「今年積塔の頭役にあたるといへども、家系貧乏にしてとゝのひがたき由聞召、金二百両給ふ」とあり、この二〇〇両の一部が他の座員にも配られたと思われる（『徳川実紀』第二篇、六二八頁参照）。加藤康昭『日本盲人社会史研究』四四六頁に将軍より「盲人」への施行の件数を示す表がある。
(6) 元禄寛政間の江戸惣録の名簿は『当道大記録全』五七～六〇頁に見られる。「惣録」という語はすでにそれ以前に「総検校」と同じ意味として使用されていることもあった。たとえば、『徳川実紀』の寛永十一年（一六三四）二月四日の項にある「瞽者惣録」がそのひとつの例である。『徳川実紀』第二篇、六二二頁参照。

(7)『東京市史稿』市街篇、第五二巻、五九二頁。

(8)『東京市史稿』市街篇、第五二巻、五八九頁。

(9)『藩法集』第五巻、三〇八～三〇九頁(一一号)。

(10)『正宝事録』第一巻、三四八頁(九六九号)。

(11)『駿国雑志』第一巻、二五七頁。

(12)『駿国雑志』第一巻、二四五～二四六頁。

(13)『東寺尾村飴屋兵助女子一件』資料二十一(「㈥　乍恐御尋ニ付御答申上候」)。

(14)『駿国雑志』第一巻、二四六頁。

(15)『東寺尾村飴屋兵助女子一件』資料十一。

(16)『徳川禁令考』前集第三、五六～五八頁。

(17)『後編柳営秘鑑』二五八頁。

(18)『甲子夜話』第二巻、三五一頁。

(19)『日乗上人日記』九二二頁。

(20)『落穂集』二四四頁(巻之十、「躍児の事」)。

(21)「加賀節」は特に寛文から天和年間にかけて吉原を中心に流行し、元禄十六年(一七〇三)刊『松の葉』第三巻や宝永三年(一七〇六)成立の『若緑』などには「端唄」として収録されている(『日本歌謡集成』第六巻、三四八頁、第七巻、一〇五～一〇六頁、「異本洞房語園」『燕石十種』第五巻、中央公論社、一九八〇年、二〇三頁など参照)。

(22)『紫の一本』巻四、二〇五～二〇六頁。『宴遊日記』三頁、四四九頁。

(23)『江戸町触集成』第一七巻、二五二頁(一六〇八七号)、第一八巻、一三二～一三三頁(一六六六〇号)、一八七頁(一六七五九号)、二六四頁(一六八九六号)。

(24)具体例としては文政六年(一八二三)九月十一日、元治元年(一八六四)十月一日、慶応元年(一八六五)七月、江戸の孝行者への褒美(『江戸町触集成』第一二巻、一六〇頁[一二一九九号]、第一八巻、二六四頁[一六八九六号]、三二七～三二八頁[一七〇〇〇号])、あるいは天保十三年(一八四二)十二月二十日、東海道川崎宿の者への褒美(『忠孝誌』二八〇～二八一頁)など参照。以上元治元年の例で褒美の対象者であった「ふき」について「拾四才之節より按摩取藻との一弟子に相成」とあるので、失明した女性が座頭に弟子入りし「揉療治」を習い覚えたこともあったことがわかる。

(25)『江戸町触集成』第七巻、四五六～四五七頁(八六五二号、安永七年[一七七八]四月六日の触)。

(26)『七種宝納記』一五頁。

(27)『江戸町触集成』第五巻、三九頁(六五四一号)。『正宝事録』第三巻、五九頁(二五三七号)も参照。『正宝事録』の慶応義塾大学本では「住所」は「住居」となっている。

(28)『藤岡屋日記』第二巻、一四三頁。

(29)「絵入稗史《せうせつ》蕣《あさがお》物語」五四五頁。

(30)石井良助『江戸の賤民』二九頁(『政要拾遺』による)。

(31)『我衣』四二四頁。

(32)『廿三番狂歌合附録』一九六～一九七頁。

(33)中村幸彦・中野三敏校訂『甲子夜話三篇』第一巻、平凡社、一九八二年、二二七頁。お助け踊りについてはグローマー・ジェラルド『幕末のはやり唄』三一～三四頁参照。

(34)大島建彦「沼津の瞽女」五六頁。

(35)『江戸名所図会』第一巻、四四六～四四七頁(巻之二、麦藁細工）、四四八～四四九頁（巻之二、大森和中散）。

(36)『浮世風呂』二八八頁。

(37)「傾城《けいせい》筑紫《つくしの》𤢖《つまごと》」一九〇頁。

(38)『浮世風呂』二八八頁。『浮世床』三五八頁。

(39)『続歌舞伎年代記』六一五～六一六頁。『武江年表』下巻、一三〇頁。『続歌舞伎年代記』七一七～七一八頁。歌詞は鈴木昭英「刈羽瞽女」九七～一〇〇頁参照。

(40)「盲人」が自ら「盲人」を風刺する話を作ったと柳田国男は推定しており、この場合もそれらの話は瞽女・座頭自らの意識というよりは、彼らに対する社会通念を反映していることは言をまたない。「盲をからかふ話」（「桃太郎の誕生」『定本柳田国男集』第八巻、筑摩書房、一九六二年、二九七～三〇〇頁）。

(41)『東京市史稿』市街篇、第五二巻、六〇九頁。

(42)「東京府録事」第二号、第三二号、『明治の演芸』第一巻、三八～四〇頁。現世田谷区にあった太子堂《たいしどう》村とその隣村にも同法令が明治八年（一八七五）六月十七日に布かれた。『武蔵国荏原郡太子堂村、御用留』明治八・九・十年明治七年補遺、七頁参照。

(43)維新後東京に居合わせた外国人が、視障者の按摩業などに触れている例も少なくない。例えば、明治十三年（一八八〇）刊、Isabella Bird, *Unbeaten Tracks in Japan: An Account of Travels in the Interior Including Visits to the Aborigines of Yezo and the Shrine of Nikko*, Rutland, Vermont, Charles Tuttle, 1973, pp. 175-176を参照。明治二十四年（一八九一）刊、J. M. Dixon, "The Habits of the Blind in Japan"（*Transactions of the Asiatic Society of Japan*, vol. 19, no. 3, pp. 578-582）は東京の下層の按摩の修業過程を詳しく記述している。

(44)『武江年表』下巻、二四六頁。明治五年（一八七二）十月十五日に執行された「窮民乞食」の強制収容とそれにともなう一連の法律も東京の瞽女に打撃を与えたであろう。『東京市史稿』市街篇、第五三巻、一九六三年、五九四～六〇九頁参照。

(45)林英夫編『近代民衆の記録』四、「東京の貧民」四五四～四五五頁。

(46)柳田国男「遊行女婦のこと」一二四頁。

(47)小沢昭一『私のための芸能野史』二〇〇頁。

(48)鈴木昭栄『瞽女——信仰と芸能』二四五頁。

(49)柳水亭種清『開花新題咄表詩話』初編、西沢爽『日本近代歌謡史』二五九頁。

(50)近現代の盲人女性に関しては、谷合侑「盲女性たちの闘い」『盲人の歴史』一七四～一八四頁などがある。

第9章

(1)この点については、例えば平野哲也「江戸時代中後期北関東における百姓の生業の多様と選択」白川部達夫編『近世関東の地域社会』岩田書院、二〇〇四年を参照されたい。

(2)『近世農政史料』三、二一〇頁、二六二頁。関東の村々への来訪者に関する研究は、現茨城県の村々については石井修「来訪者と村」、現神奈川県については白井哲哉「村への来訪者と村人の対応」『神奈川地域史研究』第一〇号、一九九一年、四三～四九頁など参照。

(3)『御触書天明集成』九二六頁（三一〇五号）。

(4)『御触書天保集成』下巻、高柳真三・石井良助編、岩波書店、一九三七年、七四四頁（六二九四号）。『地方落穂集追加』（『日本経済大典』第二四巻）、一九六九年、四六三～四六四頁（巻四）、明治文献。

（5）川田純之「下野における徘徊する浪人と村の契約」『地方史研究』第四四巻第二号、一九九四年、二九～四五頁。同「徘徊する浪人の実態とその社会」『栃木県立文書館研究紀要』第一巻、一九九七年、八四～一〇〇頁。
（6）『二宮町史』資料編一、三八二～三八四頁。「諸浪人日記控帳」『松戸市史』史料編一、松戸市史編さん委員会、一九七一年、四六一～四七九頁。『板橋区史』資料編三、六四六～六四八頁。
（7）『新編高崎市史』資料編七、三三三～三三七頁。
（8）安政七年（一八六〇）大島村（現群馬県太田市）『餌差・瞽女人数扣』など参照。
（9）『町田市史』上巻、九三二頁、鶴間村。
（10）土佐の佐川領にはすでに明暦四年（一六五八）に瞽女などの賄いが村入用として処理された珍しい例もあり、あるいは西日本では他の地域でも行われていたのかもしれない（『佐川町史』上巻、四二八頁参照）。しかし関東甲信地方では、ようやく近世後期にこうした手法が一般化し、膨大な数の村で採用された。ただしこうした記録が残されている事実自体、元文～延享頃における幕府の村入用帳作成義務強化の影響を窺わせる。
（11）『近世農政史料』三、一〇二頁。
（12）『近世農政史料』三、一六二～一六三頁。
（13）『近世農政史料』三、二二一～二二二頁（明和五年［一七六八］三月十～十一日）、二四〇頁（明和五年［一七六八］八月十六日）、三〇四頁（明和七年［一七七〇］二月十三日）、四四一頁（安永二年［一七七三］三月五～七日）。
（14）『近世農政史料』三、四一八頁。
（15）堀一郎『我が国民間信仰史の研究』第二巻、七〇四頁。
（16）『岩井市史』資料、近世編一、一九〇頁、二〇〇～二〇一頁、二〇四頁。『古河市史』資料、近世編、七二一頁、三五四頁。
（17）『猿島町史』資料編、近世、六三頁。
（18）制限については『茨城県史料』近世政治編一、五七三頁（「水戸紀年」）、『水戸下市御用留』第一巻、茨城大学附属図書館、一九九一年、二一頁、第五巻、一三四頁参照。天明七年（一七八七）の文書は『茨城県史料』近世政治編一、四〇二頁参照。文政十三年（一八三〇）の文書は『水戸下市御用留』第五巻、一三三頁参照。
（19）『三和町史』資料編近世、一六一頁。
（20）椎名仁『境河岸』五四頁。
（21）『小山市史』史料編、近世一、七四六～七四七頁（嘉永五年［一八五二］十月）。
（22）石井修「来訪者と村」四七六頁。
（23）中山太郎『日本盲人史』正編、四二三～四二五頁、四四四頁。戦前の茨城県の瞽女について昭和十三年（一九三八）の調査に「茨城県高岡村では二十年前まで川尻附近から来た。親方だけが盲女であった」ともある（柳田国男編『山村生活の研究』五三頁）。
（24）木村礎「国生村――長塚節「土」の世界」六四八頁。
（25）『栃木県史』史料編、近世一、五八五頁。『宇都宮市史』第四巻、近世史料編Ⅰ、二八四頁。
（26）『栃木県史』史料編、近世一、五八一頁。
（27）『南河内町史』第四巻、二七〇～二七一頁（安政三年［一八五六］二月）。
（28）「婚姻ニ付入用帳」天保九年（一八三八）十二月、東水沼村（現芳賀町）。
（29）『栃木県史』史料編、近世一、一九八頁。

(30)「餌指座頭泊帳」寛保二年（一七四二）正月。「金銭立替帳」嘉永三年（一八五〇）十一月二十六日（島田嘉内家文書）。島田家は代々島田村の名主役を勤め、酒造業であった。
(31)『千代田村の民俗』一七七～一七八頁。
(32) 中山太郎『日本盲人史』正編、四二三頁。
(33) 鈴木昭英「長岡瞽女の組織と生態」六七頁。同論文、八七頁も参照。
(34) 佐久間惇一『瞽女の民俗』一五五頁。
(35)『擁書漫筆』三七二～三七三頁。
(36) 高野斑山編『俚謡集拾遺』三一書房、一九七八年（復刻版）、「付録、明治年間流行唄」五八～六八頁に六十一種の歌詞があげられている。伊平タケの演奏は『しかたなしの極楽』（レコード）に収録されている。杉本キクエの演奏は未聴であるが、『越後瞽女のうた』の解説書（二〇頁）にあげられている。
(37) 栃木県教育委員会編『栃木県の民謡』（民謡緊急調査報告書）、一九八三年、五六～五七頁。
(38)『千代田村の民俗』一七七～一七八頁。
(39)『栃木県の民謡』三三頁参照（以下多少の訂正を施した）。
(40)『玄蕃先代集』七二一頁。『柏市史』資料編七、四三〇頁、四五三頁。『柏市史』資料編四、二六頁。
(41)『我孫子市史資料』近世篇一、二五四頁、二八三頁。
(42) 安斉秀夫「旧布佐海岸の家並と生活」一五〇頁、一四四頁。
(43) 香取は相浜村の字名でもあったので、村内の瞽女であった可能性もある。
(44) 芝居など芸能に関する記載には『近世農政史料集』三、八二頁（宝暦十三年［一七六三］四月十日）、一二一頁（宝暦十三年［一七六三］十二月三日条）、二一七～二一八頁（明和五年［一七六八］四月五日）、二六一頁（明和六年［一七六九］二月十一日）、三六一頁（明和八年［一七七一］五月二十六日）、四〇一頁（明和九年［一七七二］二月二十日条）、四四〇頁（安永二年［一七七三］三月五日条）など参照。
(45)『やなぎ樽研究』復刻版、第五巻、五五七頁。
(46) 高田瞽女の杉本キクエも「長岡の瞽女さんたちは［中略］冬んなれば必ず上総の方へ行ぎなした」というが、自らは行かなかったようである（鈴木昭栄「聞き書き　高田瞽女――その二」四二頁）。
(47) この日記は『流山市史』近世資料編三～五に翻刻されているが、過去を隠すことが現行の差別の一掃につながるという誤った認識が原因か、「瞽女」「盲女」という語の「瞽」「盲」の字はすべて伏せ字となっており（ひらがなで書かれた「ごぜ」のみが原本通り）、しかも「虫損」という虚偽のふりがなが施されている。表9・3には「典拠」として翻刻された巻数と頁を示したが、情報は流山市立博物館蔵の原本（マイクロフィルム）に従った。
(48) 現船橋市域で活躍した瞽女の来村はいくつかの日記にも記録されている。『船橋市史』史料編四上、五八七頁（文政十一年［一八二八］十月十九日）、六〇四頁（文政十二年［一八二九］三月二～四日）、六一二頁（文政十二年［一八二九］五月十一日）、六二〇頁（文政十二年［一八二九］七月十七日）、六七二頁（天保四年［一八三三］九月七日）、六八〇頁（天保四年［一八三三］十月二十一日）参照。既に寛政五年（一七九三）一月の船橋九日市村に「盲女二人」がいたようである（『船橋市史』史料編一、二三四頁）。
(49) 榎本正三『女たちと利根川水運』一八五～一八六頁、一九一～一九二頁。

(50)『下総町史』近世編、史料集二、二八四頁、二八六頁。『印西町史』史料集、近世編三、三九五頁、四〇一頁。
(51)水野葉船「下総開墾の見聞（三）」三九～四〇頁。
(52)本書史料篇「年表」の「文政十一年（一八二八）十月十九日」、「文政十二年（一八二九）三月二日～七月七日」、「天保四年（一八三三）九月七日、十月二十一日」の項参照（『船橋市史』史料編四上、五九一頁、六〇四頁、六一二頁、六二〇頁、六七二頁、六八〇頁）。
(53)『流山市史』近世資料編四、五八二頁、三、五六八頁。
(54)『印旛村史』近世編史料集二、四二一～四三一頁。
(55)永井家文書、エ三三三。
(56)島田家文書、ホ二五八。『君津市史』史料集一、四一六頁。
(57)水野葉船「下総開墾の見聞（三）」三九～四〇頁。
(58)『野田市民俗調査報告書』第一集、八八頁、第二集、六八頁、一八〇頁、三八二頁、第三集、九九頁、二一九頁。
(59)押尾忠・大熊文夫『四街道市の民俗散歩』一四五頁。
(60)『沼田市史』資料編二、近世、（群馬県）沼田市史編さん委員会、一九九七年、一七一頁。『境町の民俗』一七五頁も参照。
(61)『松井田町誌』（群馬県）松井田町誌編さん委員会、一九八五年、四六九頁。『安中市史』第三巻、八八七～八八八頁。
(62)『閭里歳時記』二五〇頁。
(63)塚越徳太郎家文書、「万雑入用年中扣帳」（本書史料篇「村入用帳・夫銭帳・宿帳などに見られる瞽女」）参照。
(64)「奉差上一札之事」、清次家文書（月夜野町月夜）。
(65)群馬県を巡業した越後瞽女の話は五十嵐富夫『三国峠を越えた旅人』六三～八〇頁。佐久間惇一『瞽女の民俗』一五二～一五四頁。鈴木昭英・松浦孝義・武田正明編『聞き書越後の瞽女』七五～八八頁など参照。
(66)『北橘村の民俗』六八頁、一五四頁。
(67)『六合《くに》村の民俗』五六頁。
(68)『高崎史料集』藩記録（大河内二）、二四八～二四九頁。
(69)『太田市史』史料編、近世一、一六一頁。
(70)『新編高崎市史』資料編六、四八一頁。
(71)『群馬県史』資料編、第一五巻、六六九頁、七二九～七三〇頁。『千代田村の民俗』一七八頁。
(72)『渋川市誌』第四巻、六七二頁。『藤岡市史』民俗編下巻、六四七頁、三三九頁。『群馬県史』第二六巻、六七三～六七四頁。
(73)『藤岡市史』民俗編下巻、六四七頁。
(74)柳田国男編『山村生活の研究』五三頁。
(75)『新田町誌』第二巻、一一四九頁（花香塚村、文化三年［一八〇六］一月）参照。
(76)『刈谷町庄屋留帳』第一三巻、一頁。
(77)幕府に許可された「御餌差」以外、関東地方では公認されなかった「鳥さし候者」も活躍したことは宝永七年（一七一〇）六月十九日の禁止令などから察せられる（『江戸町触集成』第三巻、塙書房、一九九五年、六二頁、四二七三号）。
(78)『本庄市史』資料編、近世文書目録、六四～六五頁にも「小役餌指盲女泊村入用覚」（儘田家文書、三九七）、「村入用小役餌指瞽女泊帳、名主伊右エ門」（儘田家文書、四二九）、「餌指小役盲女泊村入用帳、名主伊右エ門」（儘田家文書、四六八）の文書の題目が見られるが、文書の所在は不詳である。
(79)五十嵐富夫『三国峠を越えた旅人たち』五六頁。
(80)『群馬県史』資料編、第一〇巻、二三六～二三七頁。
(81)『群馬県史』資料編、第一五巻、七八頁。

(82)『群馬県史』資料編、第一六巻、二二四頁、二二七頁。
(83)『群馬町誌』資料編二、一一八頁。五十嵐富夫『三国峠を越えた旅人たち』五六～五七頁。
(84)『太田市史』史料編、近世三、二七五～二七六頁。天明四年（一七八四）一月五日。
(85)「議定証文」。
(86)『前橋市史』第六巻、三六四～三六五頁。『渋川市誌』第五巻、三四三頁。
(87)『群馬県史』資料編、第九巻、二五八～二五九頁。
(88)『渋川市誌』第五巻、三五〇頁。『富岡市史』近世資料編、二八三頁。『新編高崎市史』資料編七、三七七～三七九頁にも年代不詳の類例がある。
(89)『伊勢崎市史』資料編二、一九八九年、二二一頁。
(90)『群馬県歴史』第二巻、一五七頁、一七四頁。
(91)『前橋市史』第七巻、資料編二、一九八五年、一三頁。
(92)『新編埼玉県史』資料編一四、七八頁。『川越市史』史料編、近世第三、五三～五五頁。現川越市の村々の瞽女の存在も宝暦五年（一七五五）二月二十八日、明和元年（一七六四）九月、明和七年（一七七〇）四月に確認できる。
(93)『上尾市史』第三巻、八二頁。
(94)『浦和市史』第三巻、近世史料編四、八〇七頁、八二三頁。
(95)金山正好「八王子に伝わっていた瞽女の巻物」一三～一五頁。鈴木昭英「新飯田瞽女」六一～六二頁。佐久間惇一『瞽女の民俗』二七〇～二七三頁。長岡と高田の瞽女の年代不詳の式目にも「武州忍領」、「河越の播摩派」などへの言及がある。今泉省三『長岡の歴史』第五巻、五四三～五四六頁。高田市文化財調査委員会編『高田のごぜ』一八～一九頁参照。
(96)『兎園小説』三二八頁。埼玉県からの瞽女唄の歌詞には高野辰之編『日本歌謡集成』第一二巻、六七頁参照。
(97)『流山市史』近世資料編四、五八二～五八三頁。『八潮市史調査報告書』第六巻、二三二頁。
(98)『所沢市史』近世史料二、六〇八頁。
(99)「土御門家神職座頭渡世出入一件」。
(100)「乍恐以書付御訴訟奉申上候」。
(101)『越谷市史』第二巻、六六一頁。
(102)福島邦夫「八王子・楢原に生きた瞽女さんたち」一八頁。
(103)『鶴ヶ島町史』近世資料編四、二八四～二八五頁。
(104)武蔵国埼玉郡横根村文書、「当村諸入用控帳」、「当村諸入用覚帳」など参照。
(105)『都幾川村史資料』四（五）、二二五頁。
(106)『浦和市史』第三巻、近世史料編四、七八八～七九一頁。
(107)『都幾川村史資料』四（六）、二五頁（明治三年［一八七〇］一月、現ときがわ町）。
(108)『行田市史』下巻、三二三頁。出典は明記されていない。『上尾市史』第三巻、三二八頁。『新編埼玉県史』資料編一四、四六二～四六三頁。
(109)「上高柳村瞽女書簡」（明治二年［一八六九］以降。七月二十一日）。
(110)『埼玉県史料叢書』第二巻、一九五～一九七頁。
(111)『八潮市史』民俗編、八九〇頁。『八潮市史調査報告書』第二巻、二六〇頁、第五巻、三一四～三一五頁、第六巻、二三二～二三三頁。
(112)『草加市史』民俗編、二八八頁。
(113)『北本市史』第六巻、二九八頁。

(114)『坂戸市史』民俗史料編二、五一頁。

(115) 飯野頼治「瞽女と秩父」二～三頁（小鹿野町合角、大場博談。小鹿野町日尾、黒沢弘司談）。

(116)『俚謡集』一三四頁。

(117)『八潮市史調査報告書』第五巻、三一四～三一五頁、第二巻、二六〇頁、第六巻、二三二～二三三頁。

(118)『北本市史』第六巻、二九八頁。

(119)『越谷市史』第二巻、六五八～六五九頁。また塚崎進「ごぜ・ごでの」一三〇頁によれば昭和十九年（一九四四）頃、埼玉県加須町に「熊谷の渡しの辺でよくみたゴゼは、盲で夫婦で歩いてきた。女房の方が大きい三味線を担いで、よく片目の潰れた亭主が手を引いて来たものだ。ひいたもの（曲目）は何かお経みたいでをかしなものんでしたと言ふ」とある。

(120) 飯野頼治「瞽女と秩父」三頁（皆野町日野沢、黒沢重治談）。

(121)『新修杉並区史』資料編、六〇五頁。『町田市史』上巻、九三一頁。

(122)『福生市史資料編』近世一、二三頁、二七頁。『小金井市誌』三、資料編、一三六頁。

(123)『瞽女の記録』一頁。同書口絵に昭和初期ごろ江戸川区にきた瞽女の写真が掲載されている（江戸川べりの堤、尺八との合奏）。

(124)『瞽女の記録』一一頁。関東周辺の村々における瞽女の受け入れ態勢に関しては、五十嵐富夫『三国峠を越えた旅人たち』五〇～六三頁も参照。

(125)『瞽女の記録』五〇～五一頁。

(126)『田島家文書』第一巻、一五七頁。

(127)『田島家文書』第一巻、一八六頁。

(128)『目黒区史』資料編、二九九～三〇〇頁。

(129)『世田谷区史料』第四集、一六七頁（奥沢村、宝暦七年［一七五七］）、二〇六頁（天保十年［一八三九］三月、松原村の入用帳）。

(130)『狛江市史料集』第八巻、二七〇～二七二頁、第六巻、一三〇～一三一頁。

(131)『小島日記』第二九巻、四九頁。

(132)『武蔵野市史』続資料集三、二四三～二四四頁。

(133)『世田谷区史料』第三集、一九六〇年、四四〇頁。

(134) 本書史料篇「村入用帳・夫銭帳・宿帳などに見られる瞽女」の「東京都大田区（下沼部村）表2B」参照。

(135)『大田区史』資料編、北川家文書、第二巻、一三～二八頁、一〇一～一〇二頁。同年の「当未瞽女座頭并捨子諸入用割合帳」。『大田区史』資料編、平川家文書、第二巻、五七八～五八〇頁も参照。

(136)『調布市史』民俗編、四一六頁。

(137)「当申瞽女座頭止宿料割合帳」。『大田区史』資料編、平川家文書、第二巻、五八五～五八七頁。

(138)『武蔵野市史』資料編、一三五頁、二九九～三〇〇頁、続資料編、第三巻、二一四～二一五頁、二四三～二六四頁。

(139)『武蔵野市史』続資料編一、三六六頁。

(140)『武蔵村山市史』資料編近世、一三一～一三五頁（天保六年［一八三五］一月）、一六五頁（慶応三年［一八六七］十一月）、一八六頁（天保十一年［一八四〇］四月）。「赤堀」は現埼玉県桶川市赤堀か。

(141) 石坂家文書、三一九の五二。

(142)『下保谷の民俗』資料報告、四七九～四八〇頁。

(143)『多摩市史』資料編二、近世、社会経済、三六六頁、三六八頁、三八六頁、三八七頁。
(144) 福島邦夫「八王子・椚原に生きた瞽女さんたち」。
(145)『秋川市史』附編、二〇六頁。『秋川の昔の話』七五頁も参照。
(146)『相模原市史』第二巻、二四八頁（古木祥三郎「中和田沿革略誌」［昭和五年］による）。
(147)『神奈川県史』資料編九、三六九頁。
(148) 小寺篤「芸能地名考」一三頁。伊藤節堂「瞽女唄『小栗判官照手姫』」九頁。瞽女渕之碑の刻字は本書史料篇「年表　大正元年（一九一二）十二月十四日」の項参照。
(149)『逗子市誌』第七集、池子の部、上、七一頁。現座間市にあった二十四カ村の文化十五年（一八一八）二月二十八日の村議定参照。
(150)『秦野市史』近世史料、統計編一、一五一頁、一五三頁、一六五頁、一六八頁参照。
(151) 相模国愛甲郡半原村文書、「来子村入用扣帳」（文政十年［一八二七］十一月）、同「来亥村諸入用控之帳」（嘉永三年［一八五〇］十二月）。
(152) 新川正一家所蔵文書、一〇。
(153) 斎藤清四郎家所蔵文書、四八。
(154)『相州三浦郡須軽谷村（鈴木家）文書』一九四〜一九九頁。
(155)『南足柄市史』第二巻、四六四〜四六六頁。『伊勢原市史』資料編、近世二、三八二頁（明治二年［一八六九］十二月）参照。
(156)『南足柄市史』第三巻、一三〇〜一三二頁（元治二年［一八六五］二月二十八日）。
(157)『綾瀬市史民俗調査報告書』第三巻、三〇九頁。『綾瀬市史』第八巻下、別編民俗、綾瀬市、二〇〇一年、三二四頁も参照。
(158)『大和市史』第八巻下、五四六頁、五五九頁。『藤沢市史』第七巻、四一五頁。

第10章

(1)「盲人保護に付達」甲州文庫（甲〇九三・六、二五一、七）。
(2) 亀屋座の成立については、飯室るり子「甲府の芸能と亀屋座」『甲府市史研究』第四号、一九八七年、一四二〜一四四頁、金子誠司「近世地方都市における芝居公認策の意義――教安寺境内芝居成立前後の甲府興行」『山梨県史研究』第一二号、二〇〇四年、六二〜八三頁参照。市村座と甲府興行との関係には神田由築「甲府の芝居と江戸役者」『山梨の文学』第一七号、三七〜四五頁、二〇〇一頁参照。
(3)『甲府市史』通史編、第二巻、近世、甲府市市史編さん委員会、一九九二年、八三二〜八四八頁。伊原敏郎『市川団十郎の代々』上巻、市川宗家、一九一七年、五四頁。
(4)『裏見寒話』（附録）、四六七頁、四六五頁。
(5)『甲府市史』史料編、第三巻、五九五〜五九八頁。甲府の女性は舞台芸能にも携わった。例えば天明七年（一七八七）三月二日、亀屋座に「女小芝居」の十五日の興行が許され、文化四年（一八〇七）、甲府では女浄瑠璃の上演が行われ、天保六年（一八三五）にも興行が数回繰り返された。『山梨県史』資料編、第九巻、近世二、一九九六年、六二九頁、八一二頁、八六四頁、八七〇頁、九〇二〜九〇三頁参照（御用留による）。
(6)『甲府市史』史料編、第三巻、五九六〜五九七頁。
(7)『甲斐の落葉』巻ノ下、七七頁。明治十二年（一八七九）の『甲斐国現在人別調』の統計には県の「盲人」総人口九八一人の内、病による失明は八七七人（内女性四七〇人）に対し、生来失明者は八十四人（内女性五十人）、怪我による失明者は二十人（内女性十三人）となっている（『甲斐国現在人別調』統計院編纂、芳文閣、一九七九年、一四一頁）。

（8）江戸初期には、「西郡座」もあったようであるがその後廃絶した。三つの座の名称は享保十三年（一七二八）二月十九日付「祝言諸色覚」に確認できる。万延二年（一八六一）一月の文書に甲府西青沼町の城染と甲府竪近習町の律一が「甲府座元」となっており、山田町には「東座」の総一、魚町には「中座」の守一が座元として勤めていた（『史料叢書』一、近世の村・家・人、二六四頁。太田家文書、「座頭廻国廻村などの取締り方申上書」。『甲斐国志』下巻、一四五七～一四五八頁も参照）。医業に関して、例えば寛政三年（一七九一）六月、築山《つくやま》村（現南アルプス市築山）の「郡奉行廻村仰渡書」の請証文に「幼年之節より亡目人ニ相成渡世不相成者江は、可成丈遊芸ヶ間敷儀は致用捨、経絡針治等之義重終行為致其者、老後迄渡世に相成候様」とある（『白根町誌、資料編』一七七頁）。

（9）本書史料篇「村入用帳・夫銭帳・宿帳などに見られる瞽女」の「現山梨県市川三郷上野（上野村）」宝暦三年、酉暮より村小入用帳、宝暦十四年、申年中村小入用夫銭帳など参照。

（10）『裏見寒話』四一六頁（巻之四）。『甲斐国志』下巻、一四五七～一四五八頁（巻之百一）。

（11）『山梨県史』第三巻、一九六〇年、一〇三頁。

（12）「瞽女作法取調申上書」。

（13）『甲州文庫史料』第二巻（甲府町方編）、山梨県立図書館、一九七二年、一〇九頁、一四五頁。

（14）『甲州府中横近習町宗旨改帳』大木家文書。

（15）「戸籍改入費銭瞽女納分差戻請取」。

（16）『甲府市史』史料編、第二巻、六八四頁。

（17）「他国瞽女入込差止願書」。

（18）「瞽女作法取調申上書」。

（19）『甲斐の落葉』巻ノ上、四六頁。

（20）『山梨県史』第三巻、一九六〇年、一〇三頁。

（21）柳田国男「誓願寺の縁起」『女性と民間伝承』、『定本柳田国男集』第八巻、筑摩書房、一九六二年、三六一頁。

（22）『松阪市史』第八巻、六二二頁。

（23）『村明細帳』巨摩郡編二、八七頁。

（24）『玉穂町誌』玉穂町誌編さん委員会、一九九七年、五三七頁、五七〇頁、五四〇頁、五五六頁。

（25）『村明細帳』巨摩郡編二、八五頁。乙黒村にも甲斐国内唯一の虚無僧寺（明暗寺、武蔵国青梅鈴法寺の末寺）があった（『玉穂町誌』六一八～六四二頁参照）。

（26）『玉穂町誌』三五〇～三五一頁。

（27）『玉穂町誌』三五八頁、四八三頁。

（28）後者の記録は同村の記録であるが、組名の明記されていない瞽女も数多く記録されている。また同じ組に所属すると思われる瞽女の、月日の異なる宿泊が両方の記録に見られるので、同村の別の地域の事情を伝えているのかもしれない。

（29）「瞽女作法取調申上書」。

（30）『甲府市史』史料編、第四巻、一四五頁。

（31）『甲府市史』史料編、第四巻、一三九～二〇二頁。「と勢都」の名前は翌天保八年の「極々困窮者名前人数取調帳」に再度現れている。同書、史料編、第二巻、近世一、六七〇頁参照。

（32）『山梨県史』第三巻、一九六〇年、一〇三頁（明治六年［一八七三］五月二日の記録）。

(33)「他国瞽女入込差止方願書」。
(34)『荊園紀事』、マイクロフィルム第一巻（文化十五年［一八一八］）。『韮崎市誌』資料編、三七六～三七七頁。
(35)「諸勧化の扱いに付取極」。『白根町誌』資料編、一七八～一七九頁にもこれとほぼ同じ文書が駒場村の村法度の一条（寛政五年［一七九三］十二月）として含まれている。
(36)相模国愛甲郡半原村文書。
(37)『山梨県史』第三巻、一九六〇年、一〇三頁（明治六年［一八七三］の記録）。
(38)『白州町誌』資料編、五六～五七頁。
(39)『甲斐の手振』、『日本都市生活史料集成』第五巻（城下町篇三）、学習研究社、一九七六年、三一七頁。
(40)「口説節」の歴史と構造の詳しい分析としてはグローマー・ジェラルド『幕末のはやり唄』を参照されたい。
(41)山梨県立博物館の甲州文庫に「山梨郡岩下お瀧清次心中くどき」（甲九一一・六五オタ。表紙に「刊行安政ならん」の手書き文字あり）、「しん板大塚三人心中くどき」（甲九一一・六五サン。歌詞に「こんど明治の十三年」とある）、「大泉村西出山田の女房身述在福井村福太郎心中」（甲四四三〇、欠帖あり）、「かさねひようたん甲府新聞ぜんあくくどき」（甲九一一・六五カサ。歌詞に「明治サア十四の七月二日」とある）、「新板青物くどきぶし」（国四四三一）、「新板たい平ろう人くどき、上」（甲四四三二）などの幕末・明治初期甲州で起こった事件などを主題とする「口説」の歌詞本がある。
(42)『韮崎市誌』資料編、四三二頁。
(43)『御坂町誌』資料編、五四頁。元治元年（一八六四）には四十四匁五分七厘（瞽女扶持白米壱俵代）（上黒駒区有文書、黒〇九三・四、一四一、『元治元年村入用夫銭帳』）、慶応元年（一八六五）には七十八匁（盲女扶持白米壱俵代）（上黒駒区有文書、黒〇九三・四、一四二、『慶応二年村入用夫銭帳』）が夫銭帳に掲載されている。
(44)『史料叢書』一、近世の村・家・人、二六四頁。『東山梨郡誌』六四七～六四八頁。
(45)ただし、文久元年序『那麻與美《なまよみ》日記』にあるように、塩後村（現甲州塩山市）には瞽女の泊まる「木賃宿」が多くあり、巡業中の瞽女がすべて名主宅などに泊まったとは限らない。
(46)明和六年（一七六九）四月十四日、二十六日など、綿塚村の例など参照（『丑夏夫銭割帳』明和六年［一七六九］七月二十八日の村入用帳）。
(47)『村明細帳』山梨郡編、一三四頁。
(48)『須玉町史』史料編、第二巻、三〇〇頁。
(49)『増穂町誌』史料編、九一頁。
(50)『塩山市史』史料編、第二巻、五〇一頁。
(51)『境川村誌』資料編、三五四頁。
(52)本書史料篇「村入用帳・夫銭帳・宿帳などに見られる瞽女」の山梨県の村入用帳参照。
(53)『韮崎市誌』資料編、三七六～三七七頁。
(54)太田家文書、「寛延四年、甲斐国八代郡上野村未年小入用帳」。
(55)『御坂町誌』資料編、五〇六頁、五〇九頁。山梨郡山村（現甲州市勝沼町）にも「銀拾五匁、盲女座頭継送入用」が文政四年（一八二一）と文政七年（一八二四）の入用帳に記載されている（『勝沼町史料集成』六〇八～六〇九頁）。
(56)『白根町誌』資料編、一一一頁。『甲西町誌資料編』六九頁にも延享三年（一七四六）六月付のほぼ同文の規定があり、有野村以外三十五村が名を連ねている。
(57)『境川村誌』資料編、三三〇頁。
(58)例えば大久保村(現増穂町大久保)の天保八年(一八三七)九月付の「相極メ申付法之事」には「出化神主山伏虚無僧之類泊り八分つゝ之積り座頭ハ六分蓌女ハ五分つゝニ継立テ可申候事」とあり、瞽女と座頭の取扱いは異なっていたことがわかる(『増穂町誌』史料編、九九~一〇〇頁)。
(59)『韮崎市誌』資料編、三九二頁。以下三ツ沢村の記録は全てこれによる。
(60)『川口市史』近世資料編、第一巻、七三六~七三七頁。
(61)例えば上野村(現市川三郷上野町)の入用帳によれば、文政九年(一八二六)三月十二日には瞽女十六人が訪れ、天保四年(一八三三)の村入用帳にも十人以上の来訪が数回も記録されている。
(62)『神奈川県史』資料編九、三六九頁。
(63)本書史料篇「村入用帳・夫銭帳・宿帳などに見られる瞽女」の山梨県の村入用帳参照。
(64)大島建彦「沼津の瞽女」六三頁。
(65)太田家文書、「宝暦九年、寅年村入用夫銭帳」、「嘉永三年、亥春入用夫銭帳」。『駿国雑誌』第一巻、二四四頁(巻之七)。
(66)鈴木昭英「長岡瞽女の組織と生態」八七頁。
(67)大島建彦「沼津の瞽女」五七頁、五九頁。
(68)世良太一編『杉先生講演集』一二頁。
(69)『沼津新聞』第七号、明治十四年(一八八一)八月三日、三頁。
(70)「他国瞽女入込差止方願書」。
(71)「他国瞽女入込差止願書」。
(72)関所の瞽女に対する対応については文政二年(一八一九)九月二十四日の栗橋関所(現埼玉県)の例が興味深い。『栗橋関所史料』第一巻、三三一頁参照。
(73)『白根町誌』資料編、一一一頁。
(74)「戸籍改入費銭瞽女納分差戻請取」。
(75)「盲人保護に付達」。『山梨県史』第三巻、一九六〇年、三七一頁、『甲府市史』史料編、第六巻、七八〇頁も参照。
(76)『山梨県史』第三巻、三七二~三七三頁、一九六〇年。
(77)『山梨県史』第三巻、三八五~三八六頁、一九六〇年。
(78)菊島家文書、第三巻(古M七‐三、三)。
(79)「明治初年七月八日」の「瞽女引渡」参照。
(80)明治七年(一八七四)と思われる「瞽女之儀ニ付願」参照。
(81)宮本常一『生業の推移』一〇一頁。
(82)『甲斐国現在人別調』九四頁(「甲斐国」)、三八頁(「西山梨」)、一七四頁(「甲府」)。
(83)『甲斐の落葉』下巻、七八頁。
(84)戦後山梨県の「盲人福祉運動」に関しては「盲人福祉運動とともに——長谷部薫」NHK甲府放送局編『甲州庶民伝』日本放送出版協会、一九七七年、二二一~二二五頁参照。

第11章

(1)『佐久市志』民俗編下、九一七頁。『長野県史』民俗編、第一巻(三)、二八二頁、第二巻(三)、三三五頁、第三巻(三)、二八二頁、二八七頁、第四巻(三)、二〇一頁、二〇四頁。この地域における瞽女の活発な芸能活動は、例えば次のような伝説を生んでいる。北安曇地方に、高さ二十間、幅十五間の大岩があり、この岩の側に住んでいた三人の瞽女がこの岩の上に座って折々三味線を弾いて楽しんでいたが、あるとき喧嘩をして三人とも落ちて死に、今も天気の変わり目には三味線の音が聞こえるという（朝倉治彦他編『神話伝説辞典』一九七頁）。

（2）茂手木潔子のインタビュー録音による（一九七九年十月、高田にて）。

（3）『高遠町誌』上巻、歴史一、六五一頁。高遠の瞽女は戦前まで活躍したようである。鈴木昭英「信州飯田瞽女の足跡」一六七頁参照。

（4）『大日本近世史料』上田藩村明細帳、中、三六六頁。

（5）『飯田瞽女（ごせ）資料一』、天保二年（一八三一）二月、「家作勧化帳」。「御施行物頂戴願書」信濃国松代真田家文書（か一四一一～一）。

（6）平瀬麥雨「小通信」。

（7）水野都沚生は、昭和三十三年（一九五八）に最後の飯田瞽女であった下伊那郡大下条村生まれの伊藤フサエ（明治二十四年～昭和六十二年［一八九一～一九八七］）を取材し、それに基づいて論文を発表している。その後、北原貞一郎、村沢武夫、原田島村、三好一成、鈴木昭英らも飯田瞽女に関する貴重な史料を発掘し、研究を重ねている。

（8）本章の松代の瞽女に関する節は二〇〇五年二月刊の拙稿に基づくが、その主な史料である『東寺尾村飴屋兵助女子一件』については、二〇〇五年七月に山田耕太がさらに詳細に分析を加えている。その結果を受けて、筆者のこの事件の経緯に関する理解も幾分変わったため、以下においてはいくつかの点を訂正している。

（9）『城下町松代の民俗』六〇頁。

（10）信濃国松代真田家文書（う七四七）、国文学研究資料館蔵。

（11）『日本歴史地名大系』第二〇巻（『長野県の地名』）、平凡社、一九七九年、八五三頁。

（12）『願聞置留』信濃国松代真田家文書（う六七九）。

（13）『東寺尾村飴屋兵助女子一件』資料十六。資料の番号は以下表11・1参照。

（14）「御施行物頂戴願書」信濃国松代真田家文書（か一四一一～一）。

（15）「御施行物頂戴願書」信濃国松代真田家文書（か一四二一～一）、（か九八二）。

（16）『長野市誌』第一三巻、四六三～四六四頁。『長野県史』近世史料編、第七巻（一）、三二三頁。安政七年（一八六〇）三月の人数書留によれば、城下町八町（総人口二八六五人）には座頭四人が住んでいた（中町に三人、荒神町に一人）。安政七年（一八六〇）三月の「人詰御改帳」によれば（関川千代丸収集文書）、紺屋町には瞽女の「哥寿」が住み、伊勢町には量八の妹である瞽女「松世」（六十八歳）が十四歳の養女「とよ」（改名「者都」）などと同居した。

（17）『願聞置留』信濃国松代真田家文書（う六七九）。

（18）『東寺尾村飴屋兵助女子一件』資料十九。以下、表題略。

（19）資料十六。

（20）資料六十一。

（21）「金児丈助伺書」信濃国松代真田家文書（か一四〇九）。藩が支給した配当については山田耕太「松代藩領の盲人」一八三～一八八頁参照。

（22）『坂城町誌』四九四～四九五頁。

（23）寺尾村に関する詳細な研究は山田耕太「松代藩領の盲人」一八八～一九五頁参照。

（24）資料五十二、二十五。

(25) 資料三十一。
(26) 兵助は女房のみわ、安太郎・いそ・寅吉の三人の子と共に暮らし、重三郎の田畑を耕作していたのであろう。「嘉永二年酉二月課業勤ニ付御書上帳」(小林家文書、長野市立博物館蔵) という帳面には兵助、安太郎・いそ、いずれも「難渋者」と記載されている。山田耕太「松代藩領の盲人」一九五～一九六頁。
(27) 資料十二。
(28) 寛文の文書は、山田耕太「松代藩領の盲人」二一〇頁参照。
(29) 資料十。
(30) 資料十二。
(31) 資料九。
(32) 資料十八。
(33) 資料二十五、五十一、五十五。
(34) 資料十六。
(35) 資料十七。
(36) 資料四十九。
(37) 資料十七。
(38) 資料十九～二十一。
(39) 資料十九～二十。
(40) 資料二十七、三十。
(41) 資料二十七。
(42) 資料二十八。宝永三年 (一七〇六) の村差出帳には、房山に総人口二一九二人の内、座頭五人と瞽女一人 (後者は付箋による。享保十二年 [一七二七] 七月か) がいたとある。『大日本近世史料』上田藩村明細帳、中、三六六頁。
(43) 資料四十九、資料三十一。中野陣屋については資料二十七も参照。中野陣屋は中野村 (現中野市) にあった。北信濃の幕府領六万石余、百三十余村を支配。
(44) 資料二十五。
(45) 資料二十三。
(46) 資料四十七。
(47) 資料四十八。
(48) 資料四十九。
(49) 資料五十一～五十二。
(50) 資料五十三。
(51) 資料六十二。
(52) 「東寺尾村瞽女いそ不届につき、琴・三味線差留親元へ押込申付状等」。山田耕太「松代領の盲人」二二八頁は、「いそ」が後 (嘉永五年 [一八五二] 五月六日の藩主交代の際か) に赦免されたとしているが、出典を明記していない。
(53) 資料十六。
(54) 資料十七。
(55) 資料四十七。
(56) 資料四十七。
(57) 資料十七。
(58) 資料十六。
(59) 資料五十三。
(60) 真田淑子『箏の家――八橋流箏曲の系譜』長野市、風景社、一九八〇年、一七四～一七八頁。有一の系譜は次の通りである。八橋検校→(十二代)→岩崎検校郡一→上宅検校→八幡勾当明伝一→有一座当 (同書、一七九～一八〇頁)。真田藩に伝わった八橋流箏曲については吉川英史「八橋流箏曲について」『箏曲と地歌』(東洋音楽選書 [三])、音楽之友社、一九六七年、一一五～一二六頁、真田淑子『検校の系譜』金子印刷、一九八五年、二三～二八頁参照。真田新の演奏は吉川英史監修『箏曲八橋流全集』（一九七〇年、東芝七〇六九〜七一）のレコードに収録されている。松代八橋流の箏曲の楽譜には真田淑子『箏曲八橋流入門』キョウワ出版社、一九八〇年、同『箏曲八橋流表組全曲』キョウワ出版社、一九八二年参照。歌詞については同『八橋流箏曲歌詞解題』キョウワ出版社、一九八一年参照。

(61) 資料十六。

(62) 平野健次「歌謡文学としての箏曲――筑紫箏と俗箏組歌の資料と問題」『箏曲と地歌』一一二〜一一三頁。

(63) 資料十六。

(64)「ロウサイ」とは、八橋検校作「雲井弄斎」のことであろう。『歌曲時習考《かきよくさらえこう》』（文政元年［一八一八］）によれば、八橋流には中許と奥許の二種があり（『歌曲時習考』六〇八頁、六二二頁）、松代藩に伝わった「ロウサイ」も奥許のものであったと思われる。

(65) 資料十六。真田淑子『箏の家』一一五〜一一六頁。

(66) 真田淑子『箏の家』一八三頁。

(67)『代々諸事書留覚』。村方あるいは寺社からも座頭に扶持が支給されていたようである。「座頭扶持方村中寄帳」（赤木村、文政八年［一八二五］十月）青木義之家文書、松本市文書館蔵、あるいは「寺布施并座当江出銭覚」（元禄二年〜宝暦六年［一六八九〜一七五六］、松本城下宮村町）河辺義正家文書、松本市文書館蔵の記録など参照。

(68)『長野県史』近世史料編、第四巻（二）、三五七頁（高須領、天和元年［一六八一］十一月）、第五巻（一）、六六頁（松本領、元禄七年［一六九四］十一月二十五日）。松本市史近世部門編集委員会・松本市史編さん室編『松本藩の史料』松本市史歴史編近世部門調査報告書、第三集、二頁（元禄六年［一六九三］五月二十三日）も参照。

(69)『波田町誌』自然民俗編、六九二頁。

(70) 有賀喜左衛門「瞽女の話」四六頁。『東筑摩郡松本市・塩尻誌』第三巻、下、一一一一頁も参照。松本訓盲院の設立や明治以降の長野県における視覚障害者の教育史とそれに関する文献については小平千文「長野県最初の盲ろう教育機関松本訓盲院設立と東筑摩郡下の盲ろう教育環境」『松本市史研究』第一三巻、二〇〇三年、五六〜六五頁参照。

(71) 有賀喜左衛門「瞽女の話」四六頁。

(72)『松本市史』第三巻、八七三頁。

(73)『堀家御用部屋日記』、今井白鳥編『近世郷土年表』八八頁による。『後聞筆記』四五巻、今井白鳥編『近世郷土年表』二五七頁による。

(74) 水野都沚生「続〝瞽女聞き書〟」二五頁。

(75)『飯田瞽女（ごぜ）資料一』、「家作勧化帳」。

(76) 村沢武夫『伊那の芸能』二五三頁に引用。

(77)『晩年叢書』（村沢武夫『伊那の芸能』二五三頁に引用）。詳しい分析には三好一成「飯田瞽女仲間の生活誌」参照。今井白鳥編『近世郷土年表』二二四頁、文政四年（一八二一）五月二十八日の項に「瞽女長屋を設くる事を願出づ」とあるが、出典は不詳。

(78) 三好一成「飯田瞽女仲間の生活誌」二四七頁。本書史料篇「年表　明治二十四年（一八九一）八月」の項も参照。

(79) 三好一成「飯田瞽女仲間の生活誌」二四八頁。ちなみに、天保十二年（一八四一）十一月には飯田の座頭も長屋の建設を願い出、そのための勧化が許可され、町方・在方の民衆の厚意により長屋が建てられた。明治二十年頃には八戸ずつ二棟の長屋がまだ存在していた（正木敬二「飯田座頭長屋普請勧化」二〇〜二三頁)。座頭長屋にあった妙音堂、飯田瞽女の「弁天様の祭り」についてては鈴木昭英「信州飯田瞽女の足跡」一三九〜一四〇頁、一六三〜一六七頁参照。

(80)『飯田瞽女(ごぜ)資料』、伊藤ふさ〔ママ〕家資料、天明五巳年以後、建家絵図、弁天敷地(明治二十三年[一八九〇])。『飯田瞽女(ごぜ)資料(「原本ハ知久仙右衛門文書」)』、明治二十四年(一八九一)八月、明治三十三年(一九〇〇)七月二十四日。三好一成「飯田瞽女仲間の生活誌」二四七〜二四八頁。

(81)松山義雄『むかし、あったってなん』一八七〜一八八頁。

(82)水野都沚生「「瞽女」聞き書」二〇頁。三好一成「飯田瞽女仲間の生活誌」二四一頁参照。

(83)『下條村誌』上巻、五六九〜五七〇頁。

(84)「旅芸人」一〇五頁。この「覚」が個人の記録であるのか、村費を示す記録であるのかは不明。

(85)『清内路村誌』下巻、二六六頁。

(86)『川上村誌』資料編、第六巻、五〜六頁。

(87)『坂城町誌』四九四頁。

(88)信州佐久郡五郎兵衛新田村柳沢家文書による(写真は学習院大学蔵)。安永八年(一七七九)十二月「子村中諸入用帳」、天明五年(一七八五)一月「巳村中諸入用帳」。

(89)『辰野町誌』歴史編、六九七頁。

(90)『長野県史』近世史料編、第三巻、五〇九〜五一〇頁。『長野県史』民俗編、第二巻(三)、三三七頁に諏訪地方の瞽女の活動範囲を示す地図がある。

(91)「村定［　　　］」、天保十年(一八三九)作成。

(92)「村定并日記帳」。

(93)『富士見町史』上巻、七四四頁。

(94)『長野県史』近世史料編、第四巻(一)、二六四〜二六五頁。『高遠町誌』上巻、歴史一、七六〇頁。『宮田村誌』上巻、五三一頁も参照(天保十四年[一八四三])。高遠の瞽女については天保五年(一八三四)十一月十四日の記録にも言及が見られる。『高遠の古記録』第一巻、二七頁参照。

(95)「四人之者共瞽女・座頭之証文之写」。「差出し申一札之事」。

(96)『清内路村誌』下巻、二六六頁。

(97)『軽井沢町誌』民俗編、一四九頁。『佐久市志』民俗編、下、九一七頁。

(98)村沢武夫も伊藤フサエの演奏を録音したようであるが、テープの所在は不明である。「飯田町づくし甚句」と「名古屋甚句」の歌詞は村沢武夫『伊那の芸能』二五一〜二五二頁参照。

(99)鈴木昭英「瞽女の語り」一二八〜一二九頁。伊藤フサエは常磐津、富本、清元、長唄、端唄などを習った(同書、一三一〜一三三頁、鈴木昭英「信州飯田瞽女の足跡」一五一〜一五二頁参照)。

(100)源氏節の歴史については尾崎久弥の説を紹介する斎藤寿始子「説教源氏節をめぐって——愛知県下に現存する正本・床本について」『説話・伝承学』第六巻、一九九八年、一〇三〜一一六頁参照。また浅野建二編『日本民謡大辞典』雄山閣、一九八三年、一八二〜一八三頁、『日本音楽大事典』五三八頁、藤根道雄・竹内道敬「新内節」なども参照。

(101)『明治の演芸』第七巻、二七頁、一八九頁。

(102)林智登美「美濃の瞽女」。岐阜県、長野県、福岡県、愛知県などで行われた地方公演に関する情報は『明治の演芸』にある。同書、第四巻、七四頁、一四〇頁、第五巻、六六頁、八八頁、一二二頁、一六〇頁、一七〇頁、一八九頁、二二一頁、第六巻、四八

頁、八四頁、八五頁、九〇頁、九三頁、一〇八頁、一一五頁、一五四頁、一七一頁、一八二頁、二〇四頁、第七巻、一一八頁、一八九頁参照。

(103) 鈴木昭英「瞽女の語り」一二八頁。

(104)『明治の演芸』第六巻、八四～八五頁。村沢武夫『伊那の芸能』二五〇頁。

(105)『明治の演芸』第五巻、二二一頁。

(106)『長野県史』民俗編、第三巻（三）、二八八頁。

(107) 斎藤寿始子「説教源氏節をめぐって――愛知県下に現存する正本・床本について」一〇五頁。

(108) 長野県では例えば明治二十三年（一八九〇）に「長野県堀岡平四郎」が「新開化夢物語くどきぶし」という歌詞を上梓し、明治二十七年（一八九四）に東筑摩郡本郷村の大橋七兵衛あるいは明治二十九年（一八九六）に伊那郡赤穂町の近江末次郎も口説の唄本を摺り発売し、県下の口説のはやりぶりを物語っているなどの事例がある。西沢爽『日本近代歌謡史』一八一二頁、九三七頁、同書資料編、五四七～五五〇頁参照。

(109)『清内路村誌』下巻、二六六頁、三八四頁。

第12章

(1)「色好みなる男見ぬ恋に手を取る事」『曽呂利物語』四二七～四二九頁。

(2) 中村辛一『高田藩制史研究』資料編、第一巻、三六二頁（『万年覚』、三印上）。

(3) 佐久間惇一「東蒲原郡の人達と瞽女んさと」一七頁。

(4) 鈴木昭英『瞽女――信仰と芸能』六頁。

(5)『新潟県史』資料編八、二一四頁。

(6)『新発田町中諸事覚帳上』三四〇頁。

(7)『粟島図説』三二八頁。

(8) 佐久間惇一「下越瞽女の師弟系譜について（1）（2）」。

(9) 鈴木昭英「新飯田瞽女」。同「新津瞽女」。

(10) 鈴木昭英「越後瞽女組織拾遺」八二～八四頁。

(11) 鈴木昭英「長岡瞽女の組織と生態」五三頁。彼女については明治二十四年（一八九一）九月十五日付の『温故の栞』に含まれている記事に詳しい。

(12)『新潟県史』資料編七、一九八～一九九頁。長岡市立中央図書館蔵、互尊文庫。『長岡の地図』一四頁も参照。

(13) 今泉省三『長岡の歴史』第二巻、四五二頁、四五五頁。村松金子家文書、表紙欠（二八四・D三二二）。近世の長岡城下は上組・北組・西組の三組に分かれていた。

(14)『弘化三丙午年役場留』村松金子家文書。「諸方書㆑願写し」。

(15) 鈴木昭英『瞽女――信仰と芸能』六五頁。

(16)『温故の栞』下巻、七四八頁。

(17)『弘化三丙午年役場留』。本書史料篇「年表　弘化三年（一八四六）四月」の項参照。

(18) 同前。

(19) 同前。

(20)『柏崎史誌年譜』上巻、一三八～一三九頁、二二九～二三〇頁。

(21) 鈴木昭英『瞽女――信仰と芸能』一一頁。

(22) 鈴木昭英「聞き書き　高田瞽女――その二」四四頁。

(23)「浜組」については鈴木昭英「越後瞽女組織拾遺」八〇～八一頁、八五～八九頁参照。

(24) 斎藤真一『瞽女――盲目の旅芸人』二二四頁。

（25）『谷沢永続記、一』。『新潟県史』資料編六、三七一頁。滝沢定春、延宝九年（一六八一）、「高田城請取聞書」四六頁。

（26）『越後頸城郡誌稿』上巻、五四七頁。「仲間儀定証文之事」市川信夫蔵。『新潟県史』資料編六、八八八～八八九頁。『高田市史』上巻、二四四頁、二四六頁、三〇三頁、三〇四頁。高田市文化財調査委員会編『高田のごぜ』一六～一八頁。

（27）市川信次「高田ゴゼ」五頁。

（28）二〇〇一年十月二十五日に行われた筆者の調査による。野尻美和島弁才天については『信濃町誌』信濃町誌編纂委員会編、一九六八年、九六～九七頁、一二六二～一二六三頁参照。高田瞽女は信州への旅には必ず野尻の弁財天を伏し拝んだと岩瀬博が伝えている（『伝承文芸の研究』二四七頁）。天林寺には今も「一、紅地純金錦　須弥段打敷二枚　寄付人陀羅尼町　草間ソノ　高田組瞽女一同」と書かれた奉納札が本堂の壁にかかっている。昭和三年（一九二八）の昭和天皇御大典記念に高田瞽女組が寺へ寄贈したという。ちなみに天林寺は寛政元年（一七八九）七月、同月二十六～二十八日の間に弁財天開帳の願書を奉行に提出し、「当寺之義ハ場所片寄別而道橋等不宜候ニ付、灯燈宵之内表寺町出口迄燈申度奉存候」と説明している（中村辛一『高田藩制史研究』資料編、第四巻、九〇六頁、『記録便覧』巻之十二による）。

（29）市川信次「高田瞽女について」『貝塚』第三四号、四頁。市川は既に「越後の瞽女」（一九三九年四月一日）において「川口御坊」について述べている。

（30）『東寺尾村飴屋兵助女子一件』資料三十八、「申二月」（弘化五年［一八四八］）。

（31）越後において座頭は「ゴボサ」と呼ばれたことがある（佐久間惇一「越後の昔話の来訪者伝承について」八二頁）。他所においても座頭が当道座員を「御坊」と呼ぶ例もある（『皆山集』第六巻、一二二頁、天保十年［一八三九］五月五日、『証記抜萃類聚』、「四十九印、座頭・瞽女」、資料一など参照）。

（32）『三代関』、高木市之助他編『平家物語』（国語国文学研究史大成、第九巻）、三省堂、一九七七年、一六八頁。

（33）『東寺尾村飴屋兵助女子一件』資料三十九（「御尋ニ付奉申上候」）、上職人町、満ツ都提出文書、弘化四年（一八四七）十月。

（34）『東寺尾村飴屋兵助女子一件』資料三十八。

（35）『東寺尾村飴屋兵助女子一件』資料三十九。

（36）同前。

（37）中村辛一『高田藩制史研究』資料編、第一巻、六五〇頁、第五巻、五一六頁。後者の記録は以下の通り（『記録便覧』巻之廿六）。

天明元丑年二月十一日

一、配当前々より御祝儀御法事壱度ニ金三両ツヽ、被下置候処、此度御倹約ニ付銀壱枚宛ニ被仰付候ニ付、座頭共より願書、文略、

但、右願書御取上無之戻ス、猶又二月廿三日座元津弥一より願書差出ス、

文略

同年〔天明元〕同月〔二月〕晦日

一、配当之義年々是迄金七両ツヽ、被下置候得共、被遊御減金五両弐歩宛当年より可被下置旨被仰渡、座元津弥一御請書差上ル、文略

（38）『上越市史』資料編四、一六二～一六三頁。

（39）明治二年（一八六九）以降、七月二十一日、「上高柳村瞽女書簡」。

（40）『東寺尾村飴屋兵助女子一件』資料三十九（「御尋ニ付奉申上

候」）。

(41) 鈴木昭英「長岡瞽女の組織と生態」八六頁。大山真人『わたしは瞽女』一七八頁。

(42)『糸魚川市史』資料編一、文書編、三七五～三七六頁。

(43) 同前。

(44) 鈴木昭英「越後瞽女組織拾遺」九二～一〇二頁参照。

(45)「座頭縁起」。

(46)『肥後藩人畜改帳』第一巻、一六六頁。

(47)「座頭式目」。『証記抜萃類聚』、「四十九印、座頭・瞽女」、資料三。

(48)『徳川禁令考』前集第五、一三二～一三三頁（二七六四号、寛政三年［一七九一］四月）。

(49)『長岡町奉行月番日記』長岡藩政史料集三、一三一頁。

(50)『新発田の民俗』下、五三五頁。

(51) 鈴木昭英「越後瞽女組織拾遺」九四～九五頁。本書史料篇「年表　安政四年（一八五七）前後」の項参照。

(52)「仲間儀定証文之事」。

(53)「乍恐以書附奉願上候」。

(54)『筆満可勢』、『日本庶民生活史料集成』第三巻、六九二頁。

(55)『東寺尾村飴屋兵助女子一件』資料三十九。

(56)「入置申一札之事」。明治二十一年（一八八八）六月の中静マス（六代目山本ゴイ）の入門願差入証には鈴木昭英「長岡瞽女の組織と生態」七六頁、また大正十五年（一九二六）斎藤ミヨの「弟子入年期証」には鈴木昭英「新飯田瞽女」五七頁にそれぞれの写真がある。

(57) 本書史料篇「年表　明治三十一年（一八九八）二月」の項参照。

(58)『東寺尾村飴屋兵助女子一件』資料三十八、弘化四年（一八四七）二月。

(59)『東寺尾村飴屋兵助女子一件』資料三十九。

(60)『東寺尾村飴屋兵助女子一件』資料三十八。

(61)『村上市史』資料編五、近現代二、御用日記下巻、一九八九年、三二二頁。鈴木昭英「マンチの巫俗と伝承」『長岡市立博物館研究報告』12、一九七七年、六九～九〇頁。

(62)「両組産業開物之巻」三一二頁。

(63)『東寺尾村飴屋兵助女子一件』資料三十八、「申二月」（弘化五年［一八四八］）。

(64)『村上市史』資料編五、一九九頁。

(65)『柏崎史誌年譜』上巻、二五四頁。

(66) 鈴木昭英「越後瞽女組織拾遺」九四～九五頁。「乍恐以書附奉願上候」。

(67)『東寺尾村飴屋兵助女子一件』資料三十八、資料四十七（「更科村梅之市江弟子入入料覚」）。高田の「茶町」は正式名称ではなく、茶商売の特権が与えられた横町と呉服町を指していた。「菊の」が旅籠屋と座敷の多かった横町に住んでいた可能性は高いと思われる。

(68)『東寺尾村飴屋兵助女子一件』資料三十八。

(69)『北越月令』五六九頁（嘉永二年［一八四九］）。

(70) 文化十二年（一八一五）五月、『長岡市史』資料編三、四七九～四八〇頁（三二五号）。同書、四八〇～四八一頁（三二六号、文化十二年［一八一五］六月十三日）も参照。詳しい分析は本山幸一「近世越後にみる盲人の存在形態」一九～二〇頁参照。なお、明治四年（一八七一）一月二十一日に「盲人」の吉凶の際における「謂ナク金銭ヲ貪ル」ことがまたも禁じられ、「盲人」に与えられた配当が当道廃止の直前まで問題とされていることがわかる。『新潟県史』資料編一三、四五九頁。
(71) 鈴木昭英「越後瞽女組織拾遺」九五頁。
(72) 『新潟市史』資料編二、五九九頁。
(73) 『西川町所在史料集』第三集、六〜七頁。『長岡市史』資料編三、五〇五〜五〇六頁(三四八号、嘉永六年[一八五三]四月二十三日)、四六〇〜四六二頁(三一七号、文久二年[一八六二]十一月)、五一八頁(三五六号、慶応三年[一八六七]十月)。「かくせつ」という習慣は北陸地方全般以外、兵庫県にも行われたようである。例えば文久三年(一八六三)二月、三草藩加西郡十一カ村の「倹約取締御請書」に「かくせつと唱へ忍ひやかに寄集徒ニ飲食いたし候義致間敷候」とある(『西脇市史』史料篇、西脇市史編纂委員会、一九七六年、二九一頁)。
(74) 『長岡市史』資料編三、五一八〜五二〇頁(三五七号、明治元年[一八六八]十二月十七日)。
(75) 『柏崎日記』六六九頁(天保十三年[一八四二]三月六日)。
(76) 郡司正勝「御前(ごぜ)物語」二八頁。
(77) 茂手木潔子のインタビュー録音による(一九七九年十月、高田にて)。「ほら」などの間投詞を少し省略した。
(78) 鈴木昭英「聞き書き 高田瞽女——その二」四二頁。佐久間惇一「阿賀北の瞽女聞書II」一七頁。
(79) 『やせかまど』四一頁。
(80) 中村辛一『高田藩制史研究』資料編、第五巻、五一七頁。
(81) 『上越市史』資料編四、一四六〜一四九頁。
(82) 『やせかまど』五〇頁。
(83) 『刈谷町庄屋留帳』第一二巻、一五九頁。
(84) 「廻状(後欠・盲女みわ廻村に付世話依頼)」松尾家文書(一一五六号)。
(85) 『山古志村史』通史編、二七二〜二七三頁。同書、七四九〜七五〇頁も参照。現東京都多摩市の三本松にも宿を断られた瞽女が行き倒れとなり、「瞽女の碑」が立てられたという逸話が残る(『口承文芸』八六頁)。
(86) 『中之島村史』民俗・資料編、六五八頁。
(87) 鈴木昭英「長岡瞽女の組織と生態」五六頁。『瞽女の民俗』二六七〜二六九頁(明治十七年[一八八四]二月十五日)。市川信次「高田ゴゼ」一九五九年、五頁(出典不詳)。他の記録には高田瞽女五十六人とある(『高田市史』第一巻、三〇三頁)。
(88) 鈴木昭英「唄と踊りを興行した四郎丸瞽女」参照。
(89) 『温故の栞』下巻、七八四頁。
(90) 旧当道の関係者に同じ努力が見られる。例えば甲府では明治二十二年(一八八九)三月、男性視障者が「峡中盲人会」の規約書を発行し、「追テハ以テ大日本盲人会ヲ組織スルノ予備ト為ス」という目的を掲げていた(「峡中盲人会規約」四頁、大木家古文書、山梨県立博物館蔵)。

第13章

(1) 大滝雅楽絵「瞽女唄の研究(二)」『楽道』三八三号、岩瀬博「瞽女の語り物(上)」、紅露恵利子「瞽女唄「俊徳丸」の研究」、秋谷治「説経節の伝統——説経祭文と越後瞽女」、磯貝みほ子「高田瞽女唄の特徴」などがある。
(2) 『人倫訓蒙図彙』二九一頁。
(3) 『高田御引渡之記録』。『高田市史』第一巻、二四三〜二四四頁。
(4) 『長岡市史』一九七三年(初版一九三一年)、八七四〜八七五頁。

（5）高岡功「越後における明治初期の当山派山伏の帰すうについて——柏崎不動院の古義真言番付表から」『高志路』二三一号、一九七四年、九〜二〇頁。

（6）鈴木昭英『越後・佐渡の山岳修験』修験道歴史民俗論集三、法蔵館、二〇〇四年。

（7）古代祭文、オシラ祭文、和合祭文、牛祭祭文、羽黒祭文など、様々な祭文は五来重編『日本庶民生活史料集成』第一七巻、三一三〜四〇七頁に所収されており、参照されたい。説経の研究は非常に豊富であるが、次の著作は特に貴重なものである。横山重編『説經正本集』角川書店、一九六八年。荒木繁・山本吉左右編注『説経節』平凡社、一九七三年。岩崎武夫『さんせう太夫考』平凡社、一九七三年。盛田嘉徳『中世賤民と雑芸能の研究』所収の「〈しのだづま〉の語り手」（二二四〜二四一頁）と「説教讃語」（二四二〜二六六頁）。岩崎武夫『説経浄瑠璃の世界』平凡社、一九七八年。室木弥太郎『増訂語り物（舞・説経・古浄瑠璃）の研究』風間書房、一九八一年。肥留川嘉子『説経の文学的研究』和泉書院、一九八六年。藤掛和美『説経節の世界』ぺりかん社、一九九三年。

（8）『このころ草』、『新編稀書複製会叢書』第三四巻、臨川書店、一九九一年、八二〜八三頁。『人倫訓蒙図彙』二八三頁。

（9）『嬉遊笑覧』下巻、六二頁（巻六上）。

（10）『続飛鳥川』、『新燕石十種』第一巻、中央公論社、一九八〇年、三二頁。

（11）郡司正勝・関山和夫編『見世物雑志』三一書房、一九九一年、一七八頁。

（12）『新発田藩史料』第三巻、三八一頁［八三号］。

（13）明治九年（一八七六）の祭文語りに関しては、同年四月二十四日の『東京絵入新聞』が詳述しており（『明治の演芸』第一巻、一五三頁）、明治七年（一八七四）に埼玉県にも「物貰体祭文読始メ門立之類」の活動禁止令が出るほど目立つ存在であった（『大滝村誌』資料編四、山中家文書、［埼玉県秩父郡］大滝村、一九七五年、一〇三頁）。

（14）『新発田の民俗』下、三五五頁。

（15）鈴木昭英「長岡瞽女唄集」一三八頁。

（16）金沢康隆『江戸結髪史』青蛙房、一九六一年、三二六〜三二七頁、一四九頁。

（17）『嬉遊笑覧』下巻、六三〜六四頁（巻六上）。

（18）『嬉遊笑覧』下巻、七四九頁（或問附録）。

（19）『嬉遊笑覧』下巻、七四八頁（或問附録）。

（20）『日本庶民生活史料集成』第一二巻、三一書房、一九七二年、四〇八〜四五一頁に翻刻されている。薩摩若太夫の「小栗判官照手姫」の詞章と瞽女の「小栗判官」の類似性については杉野三枝子（大滝雅楽絵）が論じ（「瞽女唄の研究（二）」『楽道』第三八三巻、四〜七頁）、また小山一成もそれを比較している（『貝祭文・説経祭文』一八〇〜一八七頁参照）。

（21）『新潟市史』資料編二、六〇九頁。

（22）『長岡市史』資料編三、六八頁。嘉永四年（一八五一）三月にも現新潟市において郡奉行からほぼ同じ触が出された。『西川町所在史料集』第四集、村政関係史料（二）（嘉永四年・嘉永五年御用留［土屋家文書］）、西川町教育委員会、一九七八年、一二頁。

（23）鈴木昭英「長岡瞽女の組織と生態」六五頁。

（24）鈴木昭英「長岡瞽女の組織と生態」六八頁、同「唄と踊りを興行した四郎丸瞽女」二頁、同「新飯田瞽女」五〇頁など参照。

(25) 山本吉左右「口語り論」『くつわの音がざざめいて』。

(26) Albert Bates Lord, *The Singer of Tales*, Cambridge, Massachusetts: Harvard University Press, 1960 (Stephen Mitchell, Gregory Nagy 編の第二版［二〇〇〇年］に付属のCDあり)。続編の Mary Louise Lord, ed., *The Singer Resumes the Tale*, Ithaca, New York: Cornell University Press, 1995 もある。口頭的フォーミュラの分析による様々な国と地域の文学の本質を再検討する試みは一九六〇年代に入ってから爆発的に増え、一九八五年までに出版された欧文の論文の数がいかに多いかは、この角度からの研究に関するある文献目録が、七〇〇頁以上にまで及んでいることからも窺える。James Miles Foley, *Oral-formulaic Theory and Research: An Introduction and Annotated Bibliography*, New York: Garland, 1985 参照。

(27) ロードは「フォーミュラ」をさらに厳密に、次のように定義している。「所与の主要な概念を表現するために、同じ韻律的な状況下で決まって用いられる言葉のグループ (a group of words which is regularly employed under the same metrical conditions to express a given essential idea)」(Lord, *The Singer of Tales*, p. 30)。

(28) 山本吉左右『くつわの音がざざめいて』六八頁、一〇九～一一〇頁参照。ちなみに、ロードは「即興」という用語をほとんど採用していない。叙事詩の口頭的構成法について、彼は次のように述べている。「私が以上に描写したことは、用意なしの即座の即興を意味していない。この点を誤解しないようにしていただきたい。私が描写しているのは、突如の即興ではなく、歌い手が『決まり文句』と『テーマ』［構成上のモチーフ］を充分に身につけた結果、はじめて可能となったある特殊な演奏の際における構成法である。これらは意識的に丸暗記される過程を経て習得されたのではなく、頻繁な使用と度重なる実演を通して記憶されたのである。『決まり文句』は暗記することを楽にするのではなく、暗記する必要がないために存在している」(Albert Lord, *The Singer Resumes the Tale*, p. 11)。

(29) 佐久間惇一『瞽女の民俗』二〇五頁。高田瞽女は「ヒトコエ」ともいったようである。杉本シズ談、茂手木潔子のインタビュー録音による（一九七九年十月、高田にて）。

(30) 山本吉左右『くつわの音がざざめいて』七四頁。なお、「口説」の場合は「ヒトコト」が普通七七調の一句から成る。

(31) 佐藤峰雄「「高田瞽女唄」の研究（一）」三二四頁。山本吉左右『くつわの音がざざめいて』四三頁。

(32) 佐久間惇一『瞽女の民俗』二〇五頁。

(33) 同前。

(34) 山本吉左右『くつわの音がざざめいて』七一頁。

(35) 佐久間惇一『瞽女の民俗』二〇六～二〇七頁、巻末の譜例（一〇頁）参照。

(36) "The group of ideas regularly used in telling a tale in the formulaic style of traditional song." Lord, *The Singer of Tales*, p. 68.

(37) 説経正本については注(7)参照。

(38) 「芦屋道満大内鑑」『浄瑠璃名作集』上巻（『日本名著全集』江戸文芸之部、第六巻）、一九二七年、四八八頁参照。

(39) 坂垣俊一「祭文松坂『阿波の徳島十郎兵衛』」参照。

(40) 岩瀬博「瞽女の語り物――〈景清〉をとおして」。

(41) 岩瀬博『伝承文芸の研究』二八二～二八三頁など参照。

(42) 佐久間惇一『瞽女の民俗』二〇八頁。

(43) 佐久間惇一『瞽女の民俗』二〇九頁。したがって、小山一成が指摘しているように、小林ハルの歌う詞章には大和砂川派祭文踊りの「石童丸」あるいは二代目櫻川雛山が平成元年（一九八九）に演じた江州音頭「石童丸」に酷似する語句が数多く含まれていることは、それほど驚くべき事ではなかろう。小山一成『貝祭文・説経祭文』七七～七九頁、一八七～一九六頁。

(44) 桐生清次『次の世は虫になっても』九一頁。高田瞽女の杉本キクエも「実家にいる頃、父親が講談本を読んできかせたり、流行り唄を唄って聞かせた」と回想している（大山真人『わたしは瞽女――杉本キクエ口伝』二二〇頁参照）。読売についてはグローマー・ジェラルド『幕末のはやり唄』六七～九四頁参照。

(45) 山本吉左右『くつわの音がざざめいて』四五～五八頁。

(46) 茂手木潔子のインタビュー録音による（一九七九年十月、高田にて）。

(47) 長岡系の瞽女も、巡業中の演奏において「祭文松坂」を「ナガシ」ごとに交互で（掛合いで）演じたといわれている。佐久間惇一『瞽女の民俗』二〇六頁参照。佐久間によれば瞽女はセリフを三「コト」ずつ歌っていたとあるが、正確には「一ナガシ」であったと思われる。

(48) 種々の「歌祭文」の中、越後瞽女の語る「祭文松坂」の題材を汲むものとしては「八百屋お七」のみが確認できる。その詞章に「五人娘に三のふで」、「八百屋の娘にお七こそ」、「闇には迷さねど、恋路の道のくら迷い」などは瞽女唄の歌詞と共通しているが、その大半は類似性を欠いている。「歌祭文」には次の翻刻などがある。「新編歌祭文集」『日本歌謡集成』第八巻。「色竹歌祭文揃」『近世文芸叢書』第一一巻、国書刊行会、一九一二年、一八九～二一一頁。「色里新かれうびん」（西澤版）『鼠璞十種』第一巻、名著刊行会、一九七〇年、五七八～五八九頁参照（大坂版、享保初年か）。『摂陽奇観』第三巻（巻之二十九）、浪速叢書刊行会、一九二八年、四四七～四七五頁。また「淋敷座之慰」『日本歌謡集成』第六巻、一三六～一三七頁も参照（延宝四年［一六七六］版、江戸の流行唄）。高野斑山編『俚謡集拾遺』三一書房、一九七八年（一九一五年刊の複製）、二七一～二七二頁（松江市）には島根県の盆踊り唄として採集された「お七吉三歌ざいもん」もある。

(49) 昭和四十八～四十九年（一九七三～七四）の録音は新発田市教育委員会により行われた。佐久間惇一『阿賀北瞽女と瞽女唄』、板垣俊一「祭文松坂『葛の葉子別れ』――校注補訂瞽女唄段物集の試み・その二」、同「祭文松坂『阿波の徳島十郎兵衛』――校注補訂瞽女唄段物集の試み・その三」に歌詞が翻字されている。平成八年（一九九六）の演奏はCDの『最後の瞽女――小林ハル九十六歳の絶唱』に収録されている。

(50) 佐久間順一『阿賀北瞽女と瞽女唄集』九頁、五九頁、六三頁。

(51) 鈴木昭英「刈羽瞽女」七三～八〇頁。鈴木昭英・松浦孝義・武田正明編『聞き書越後の瞽女』一七五～一九一頁にも翻字されている。

(52) 鈴木昭英談。

(53) 佐久間惇一「阿賀北の瞽女聞書I」三〇頁。

(54) 鈴木昭英『瞽女――信仰と芸能』一〇頁。

(55) 鈴木昭英「聞き書き　高田瞽女――その三」五四頁。

(56) 森田一郎「瞽女「小林ハル女」の話」六四頁。竹内勉『じょんがらと越後瞽女』二一二頁。

(57) 郡司正勝「御前（ごぜ）物語」二七頁。

(58) Lord, *The Singer of Tales*, pp. 19-24.
(59) 佐久間惇一「阿賀北の瞽女聞書I」三一頁。
(60) 鈴木昭英「刈羽瞽女」二九頁。
(61) 鈴木昭英・松浦孝義・竹田正明編『聞き書越後の瞽女』一八頁。
(62) 鈴木昭英・松浦孝義・竹田正明編『聞き書越後の瞽女』一九頁。
(63) 郡司正勝「御前(ごぜ)物語」二九頁。

第14章

(1) 茂手木潔子が昭和五十四年(一九七九)十月、高田(上越市)で行った杉本キクエと杉本シズへのインタビュー録音による(以下同)。これとは別に伊平タケの三味線に関する話は竹内勉『じょんがらと越後瞽女』二一八～二一九頁参照。
(2) 桐生清次『次の世は虫になっても』二〇九頁。
(3) 大滝雅楽絵「瞽女唄の研究――高田瞽女唄を中心として」『楽道』第三八七巻、一二頁。「越後瞽女溺死一件」も参照。
(4) 鈴木昭英「越後長岡濁沢老翁古事談」六三頁。
(5) 茂手木潔子のインタビュー録音による。
(6) 竹内勉『じょんがらと越後瞽女』二一二頁。
(7)「地蔵和讃」、「話し松坂」の途中などには非常に早い三拍子とも解釈できる箇所もあるが、三つの拍それぞれの独立性が低く、やはりこれも基本的な単位は一拍とみたほうが妥当であろう。表記しやすくするため、3／♪拍子として採譜した。
(8) 武田正「越後瞽女聞書抄」一三三頁。
(9) 桐生清次『次の世は虫になっても』二五頁。鈴木昭英「越後瞽女組織拾遺」六〇頁。
(10) 市川信夫「思い出の高田瞽女」杉山幸子『瞽女さん』一二一頁。郡司正勝「御前(ごぜ)物語」二七頁。
(11) 竹内勉『追分節』一七五頁。同『じょんがらと越後瞽女』二〇八頁。
(12)『近世奇跡考』、『日本随筆大成』第二期、第六巻、吉川弘文館、一九七四年、三一三頁、三一五頁。
(13)『好色一代男』、『西鶴集』上(『日本古典文学大系』第四七巻)、岩波書店、一九五七年、一四三～一四四頁。
(14)『東海道中膝栗毛』二一二頁(四編下)。
(15)『糸竹初心集』の曲の再現(五線譜)には林謙三「江戸初期俗謡の復原の試み」『奈良学芸大学紀要』第七巻第一号、二一～四四頁(一九五七年十二月)と馬淵卯三郎、『糸竹初心集の研究――近世邦楽史研究序説』音楽之友社、一九九二年を参照されたい。
(16) 杉本キクエの名前は「キクイ」ともよく書かれているが、杉本シズの証言によれば「おらかあちゃん[杉本キクエ]、生まれたときの名前はキクエ。キクイでなく、キクエ」。これに対して杉本キクエは「エだ。それね、文化庁からいただいた証書も、黄綬褒章んどきの名前もキクイ。それね、イでない、エだそう言ったって、またイにしるらしいんだ」(鈴木昭英「聞き書き 高田瞽女――その四」一二一頁)。したがって、以下においては、あえて「キクエ」と記すことにする。
(17) 浅野建二編『日本民謡大事典』雄山閣、一九八三年、二一〇～二一一頁。
(18) 高野斑山編『俚謡集拾遺』三一書房、一九七八年(一九一五年刊の複製)、「付録、明治年間流行唄」四四頁。
(19) 茂手木潔子のインタビュー録音による。

(20) 松山義雄『むかし、あったってなん』一八五頁参照。
(21) 福島邦夫「長岡瞽女採訪記」二四～二六頁。『村上市史』民俗編、下巻、四六五頁。
(22) 茂手木潔子のインタビュー録音による。
(23) 竹内勉『じょんがらと越後瞽女』二七八～二八三頁。
(24) 茂手木潔子のインタビュー録音による。
(25) 山崎春夫「津川民謡「めでた」に関する越後の瞽女唄「庄内節」について」六三～六五頁参照。
(26) 山崎春夫「津川民謡「めでた」に関する越後の瞽女唄「庄内節」について」六三頁。
(27) 鈴木昭英「長岡瞽女の組織と生態」六七頁。
(28) 小泉蒼軒編、田村順三郎翻字『越志風俗部、歌曲――所々盆踊歌、田歌、船歌』（新津・中蒲原郡郷土資料、第三集）、（新潟県）新津市立記念図書館、郷土資料参考室、一九六七年、九～一〇頁。書誌については浅野建二編『日本民謡大事典』八三～八四頁参照。嘉永二年（一八四九）成立の『北越月令』五八四頁にも同じ五種にくわえ、「太良や太良〱妙多羅天の少しさがれはおやものこしだ」の「岩室甚九郎ふし」が掲載されている。
(29) 鈴木昭英「長岡瞽女唄集」一五三～一五五頁に多くの瞽女唄の「岩室くずし」の歌詞があげられている。
(30) 「岩室甚句」については『日本民謡大観』中部篇（北陸地方）、六七～六八頁参照。
(31) 小林ハルの経歴については鈴木昭英「越後瞽女組織拾遺」六〇～六一頁、同「小林ハル　瞽女一筋の道」佐久間惇一『瞽女の民俗』二三三～二六二頁など参照。ハツジサワ親方と坂井キイについては鈴木昭英「長岡瞽女の組織と生態」六三～六四頁参照。
(32) 『越後長岡年中行事懐旧歳記』五〇頁。神田町へは廻らなかったようである。
(33) 『越後国長岡領風俗問状答』、『日本庶民生活史料集成』第九巻、三一書房、一九六九年、五四二頁。
(34) 『長岡市史』八七四頁。佐久間惇一「阿賀北の瞽女聞書II」一一頁。
(35) 「しょんがえ」は宝永三年（一七〇六）の『若緑』に五種が見られ、座敷歌であろう（『若緑』、『日本歌謡集成』第七巻、一一〇頁）。明和八年（一七七一）刊の『山家鳥虫歌』には中国地方の「ションガヘ」が所収されており（浅野建二校注『山家鳥虫歌』岩波書店、一九八四年、一九九～二〇〇頁）、安永三年（一七七四）に成立した『粋弁当』には本調子、二上り、三下りそれぞれの「しょんがえ」ないし「しょんがい」が収録されている（浅野建二編『弦曲粋弁当』、『続日本歌謡集成』巻四、近世編下、東京堂出版、一九六一年、二三九頁［二上り］、二七六頁［三下り］、二八一頁［本調子］）。幕末・明治の「しょんがいな」については西沢爽『日本近代歌謡史』一七七二～一七八〇頁参照。
(36) 端唄の「梅は咲いたか」（本調子）は『日本俗曲集』（世界音楽全集、第三四巻）、春秋社、一九三二年、三六頁に採譜されている。
(37) 佐久間惇一「阿賀北の瞽女聞書II」一一頁。土田ミスの話による。
(38) 『北越月令』五六七頁、五六九頁。
(39) 佐久間惇一「阿賀北の瞽女聞書II」一一頁。森田一郎「瞽女「小林ハル女」の話」六八頁。
(40) 鈴木昭英『瞽女――信仰と芸能』二一六頁。
(41) 『村上市史』民俗編、下、四六六頁。
(42) 以下においては、フレーズとフレーズ、あるいは段と段との間の三味線音楽を「間奏」という名称に統一したが、高田瞽女自身は「間《あい》の手」と呼んだことがある。杉本シズ談、茂手木潔子のインタビュー録音による。

(43)『続日本歌謡集成』巻四、二九三頁、三五〇~三五一頁。『越志風俗部、歌曲』一六頁。

(44)この諸問題については『日本民謡大観』中部篇（北陸地方）、七八~七九頁、竹内勉『新保広大寺』（特に二三~七七頁）、グローマー・ジェラルド『幕末のはやり唄』一六~一九頁、三一~三四頁、一〇二~一〇八頁、竹内勉『じょんからと越後瞽女』を参照されたい。

(45)郡司正勝「御前（ごぜ）物語」二八頁。

(46)斎藤真一『瞽女――盲目の旅芸人』一八〇~一八一頁に杉本キクエが記憶した「新保広大寺」の別の歌詞三種あり。

(47)鈴木昭英・松浦孝義・竹田正明編『聞き書越後の瞽女』二二八頁。

(48)『復刻日本民謡大観』中部篇（北陸地方）、現地録音所収（「新潟II、一九」）。同書、八七~八六頁に楽譜あり。また同書の解説編、三三頁に歌詞あり。

(49)佐久間惇一『瞽女の民俗』二八五頁参照。歌詞のみの記録であり、録音の存在は不詳。

(50)藤田徳太郎「〈松坂〉といふ民謡の名称」『日本民謡論』萬里社、一九四〇年。

(51)十七世紀における伊勢踊りの流行については次の記録参照。『徳川実紀』第二巻、九頁（『駿府記、紀年録』による。慶長十九年［一六一四］九月）。同書、三一八頁（『東武実録』などによる。寛永元年［一六二四］春より）。『紫の一本』、『戸田茂睡全集』国書刊行会、一九一五年、二四一頁、二七三頁（天和三年［一六八三］成立）。

(52)『蘆ヶ崎村誌』（津南町文化財資料、第六）、三二頁、津南町教育委員会、一九六二年（大正年間の写本の複製）。

(53)三村清三郎「寛政己未松洲原簡越後だより」二一頁。

(54)『続日本歌謡集成』巻四、三五〇頁。『越志風俗部、歌曲』一三~一六頁。

(55)感和亭鬼武『旧観帖』、『滑稽名作集』（帝国文庫、第二五巻）、博文館、一九〇九年、二六四頁。

(56)『東海道中膝栗毛』三二六頁（六編上）。

(57)「角兵衛」『長唄全集』上巻、誠文堂、一九二六年、一〇一頁。「後の月酒宴島台」『常磐津全集』日本音曲全集刊行会、一九二六年、二五三頁。『日本民謡大観』中部篇（北陸地方）、一一七頁に楽譜あり。

(58)『筆満可勢』、『日本庶民生活史料集成』第三巻、六六九頁（文政十三年五月二十四日の項）。

(59)下越の瞽女の中村キクノが録音した唄も存在しているが、高齢のためか、唄の旋律と三味線伴奏に不明瞭な音が甚だ多く、採譜を断念せざるをえなかった。

(60)小林ミトは叔母に当たる山本ゴイ（長岡瞽女頭）の弟子であったが、後に結婚し、四郎丸組を創設し、晴眼者の踊り子を含む興行団で巡業した。

(61)鈴木昭英「唄と踊りを興行した四郎丸瞽女」七~八頁。

(62)鈴木昭英・松浦孝義・武田正明編『聞き書越後の瞽女』二二二頁。

(63)録音は『復刻日本民謡大観』中部篇（北陸地方）の付随のCDに所収。唄の採譜（しかし別の録音によるものであり、後半のみ）は同書、一二六頁参照。付随の現地録音のCD解説書（四〇頁）に「この唄では「松坂」は消えてしまい「祭文」だけになってしまっている」とあるが、納得しがたい主張である。かえって、祭文口調の旋律は全く認められず、旋律と発声法は完全に歌い物の様式である。

(64) 佐久間惇一編『阿賀北瞽女と瞽女唄集』一六三頁。『日本民謡大観』中部篇（北陸地方）、一二八頁（J）に採譜された「松坂」はその一例である。詳しくみれば、この唄は四つのフレーズから構成され、最初の二フレーズは「のぞおまれて」まで続き、そして「うたい」、「にわの」、「とじょうの」で始まる三つのフレーズはすべて同じ形の旋律に載せられている。最後には「アーこれ」から始まる別のフレーズが歌われ、唄が終了する。

(65)『新潟県の民謡』一八〇頁、一六三頁、三二一頁（一四号）。録音は現在非公開である。

(66) 山形県教育委員会編『山形県の民謡』（民謡緊急調査報告書）、一九八三年、一二一～一二二頁。歌詞は最上郡東小国村字本城、明治二十四年［一八九一］生まれの佐藤タニによる。

(67) 佐久間惇一『瞽女の民俗』二二九～二三〇頁。

(68) 大滝雅楽絵（杉野三枝子）も昭和四十七年（一九七二）十一月杉本キクエら高田瞽女の「松坂」を録音したと述べており、それも「話し松坂」であろう。大滝雅楽絵「瞽女唄の研究——高田瞽女唄を中心として」『楽道』第三八二巻、一三頁、第三八五巻、四～八頁、第三八九巻、一二～一三頁参照。歌詞は以下の通りである。

　ハアー、大海の水のんでも、コイコイッと、いわしはいわし、コイコイッと、泥水のんでもこいはこい
［せりふ］アリャッチャ、嫁にいたびはさせるしうまいもんはくえるし、秋なりゃお馬おいてつかうぞ、こささコイコイッと
［後略］

(69) 盛田嘉徳「〈しのだづま〉の語り手」『中世賤民と雑芸能の研究』二二四頁。また荒木繁・山本吉左右編注『説経節』平凡社、一九七三年、二七三～三〇六頁も参照。

(70)『塵塚談』、『燕石十種』第一巻、中央公論社、一九七九年、二六八頁。

(71) 佐藤峰雄「高田瞽女唄〈俊徳丸〉（段物）に見られる三味線の「合の手」について」。

(72) 佐藤峰雄「「高田瞽女唄」の研究」に[d]と[e]の類似性も指摘され、佐藤は杉本キクエの演奏における「ヒトナガシ」のフレーズ構造を[a][b][c][c′][c″]と考えている。しかし、[c][c′][c″]それぞれの終始音の相異、あるいは杉本キクエが一九五四年に録音した演奏、さらに長岡瞽女の演奏などを勘案すれば、やはり五つの個別のフレーズを基本とすることが妥当であると思われる。

(73) 鈴木昭英『瞽女——信仰と芸能』一四七頁参照。『日本歌謡集成』第七巻、四七～四八頁。荒木繁・山本吉左右編注『説経節』一～五七頁、五来重編『日本庶民生活史料集成』第一七巻、三五七～三六二頁、文化庁文化財保護部編『民俗資料選集十五——巫女の習俗II、青森県』国土地理協会、一九八六年、一七八～二〇一頁。笹森建英・肥田野恵里「イタコ経文《神寄せ》の原典と変形——口頭伝承に於ける変化」『弘前大学教育学部紀要』第六二巻、一九八九年、四三～五六頁。Takefusa Sasamori, "The Use of Music in the Ritual Practices of the *Itako*, a Japanese Shaman," *Shaman*, vol. 3. no. 1, 1995, pp. 41-54.

(74) 中村キクノの演奏には非常に不安定な音高が多く含まれているので、本書には採譜しなかった。

(75) 佐久間惇一『瞽女の民俗』二〇五頁。

(76) 横山十四男「佐倉惣五郎伝承の形成過程」西山松之助先生古稀記念会編『江戸の民衆と社会』吉川弘文館、一九八五年、三一一〜三三八頁参照。

(77) 詳細は鈴木昭英「長岡瞽女の組織と生態」五四〜五五頁参照。

(78) 佐久間惇一「阿賀北の瞽女聞書Ⅰ」三一頁。鈴木昭英「小林ハル　瞽女一筋の道」七九頁。坂田トキも説明しているように「長岡では大きい家を借りておいて、一番芸の達者な人を一人おいて、一年中、門廻りするもんだから、稽古してくれらんねから、頼んで、口米出して稽古させたそうだ」（武田正「越後瞽女聞書抄」一三三頁参照）。

(79) 近世後期には三下りが越後の音楽の象徴であったことは、長唄「越後獅子」が示唆している。近世後期の駿河瞽女の三味線も「調子は三下り也」と『駿国雑志』にある（二四四頁）。

(80) 鈴木昭英「新飯田瞽女」五一頁。伊藤太郎・藤田治雄「「しもかわ瞽女」坂田とき聞書」にも坂田トキに関する報告にくわえ、彼女の歌う「巡礼おつる」の歌詞も掲載されており、参考されたい。佐久間淳一「下越瞽女の師弟系譜について（2）」二一二頁も参照。

(81) 武田正「越後瞽女聞書抄」一三三頁。

(82) ほぼ同じ詞章は、現存する土田ミス、中村キクノのそれぞれの録音にも認められるが採譜しなかった。中村キクノの歌詞（一段のみ）は佐久間惇一編『阿賀北瞽女と瞽女唄集』一二〇頁所収。小林ハル、土田ミス、坂田トキの歌詞の校注補訂付きの採録は坂垣俊一「祭文松坂『阿波の徳島十郎兵衛』」一九九八年参照。

(83)『歌舞伎年表』第四巻、岩波書店、一九五九年、三五六頁によれば、「江戸《えど》名所《めいしょ》緑《ゆかり》曽我《そが》」という狂言が、安永八年（一七七九）一月十五日から上演され、大塚友一郎はそれを最初の「白井権八」物としており、他の参考書にも同じ情報がある（大塚友一郎『歌舞伎細見』第一書房、一九二六年、八五四頁）。しかし、配役などをみると、権八と小紫の役は登場しないようである。『歌舞伎年表』は白井権八狂言の始まりを同年五月五日にしており、権八は団十郎が演じた（『歌舞伎年表』第四巻、三五八頁参照）。

(84) 小林ハルの歌う「白井権八」は「編み笠ぬぎ」（六段）と「山入りの段」（別名「山中段九郎」）（六段）が含まれ、杉本キクエも「山中段九郎」を録音した。

(85) 大滝雅楽絵「瞽女唄の研究」『楽道』三八三号、四〜七頁。

(86) 鈴木昭英・松浦孝義・竹田正明編『聞き書越後の瞽女』一九一頁。

(87) 鈴木昭英『瞽女――信仰と芸能』一八七頁、一九一〜一九二頁。

(88) 鈴木昭英『瞽女――信仰と芸能』二〇二頁。

(89) 福島邦夫「長岡瞽女採訪記」二六頁。

(90) 鈴木昭英「長岡瞽女の組織と生態」六七頁。

(91) グローマー・ジェラルド『幕末のはやり唄』九五〜一四〇頁参照。譜例14・34〜36、38に採譜した演奏は同書、一五九〜一六五頁にも掲載したが、若干の訂正を加えた。

(92) 磯貝みほ子「鈴木主水・白糸口説についての一研究」参照。

(93) 桑山太市「唄本の出版元」『高志路』第二〇六号、一九六五年、一〇〜一二頁。鈴木昭英「瞽女の歌本」二一〜三七頁。板垣俊一「新潟県に於ける明治の唄本（一）――書誌関係を中心に」『新潟の生活文化』第四号、一九九七年、二三〜三〇頁参照。

(94) 茂手木潔子のインタビュー録音による。

(95) 土田ミスの歌う歌詞は佐久間惇一編『阿賀北瞽女と瞽女唄集』

一三一〜一三二頁に採録されている。

(96) 竹内勉『じょんがらと越後瞽女』一六五頁にその歌詞あり。

(97) 「柳多留」一五一篇、岡田甫校訂『誹風柳多留全集』第一二巻、三省堂、一九九九年、二一頁。

(98) 鈴木実「土御門家と三河万歳（前編）」『安城歴史研究』第一六巻、一九九〇年、八八〜八九頁、九二頁。

(99) 『出羽国秋田領風俗問状答』、『日本庶民生活史料集成』第九巻、風俗、三一書房、一九六九年、四九五〜四九六頁。

(100) 『駿国雑誌』第二巻、二三六〜二三七頁（巻之十五上）。

(101) 小沢昭一・高橋秀雄編『座敷芸・大道芸』一八七頁、一九五〜一九九頁。

(102) 『中条町史』資料編第二巻、近世上、（新潟県）中条町史編さん委員会編、一九八四年、三一八〜三一九頁。

(103) 『越後国長岡領風俗問状答』五四四〜五四五頁。上州にもおおよそ大正時代までは、上方の万歳が来たと古老が覚えている。『六合村の民俗』五七頁参照。

(104) 『北越月令』五六九頁。

(105) 『東京市史稿』市街篇、第五八巻、東京都、一九六七年、一〇六五頁。

(106) 『越後長岡年中行事懐旧歳記』四八頁。五一頁に万歳の絵もあるが、間違って「盲女《ごぜ》の年始」と題されている。

(107) 『日本近世歌謡資料集』第二六巻（原本は國學院大学蔵）。その二年後（明治二十六年［一八九三］）にも「萬歳錦水」なる者が「新潟名物名所万歳」を作っている。「寿言集」四一〜四二頁参照。

(108) 「禁中千秋萬歳歌」『日本歌謡集成』第五巻、三九八頁。

(109) 例のひとつは『山古志村史』民俗、一一八〜一一九頁参照。小林ハル・土田ミスの「万歳」の演奏にこのセリフが使われている。

(110) 杉本シズ談、茂手木潔子のインタビュー録音による。

(111) 鈴木昭英『瞽女——信仰と芸能』二一六頁。

(112) しんげえさく＝新開作。家長の耕地以外を新開して得たもので、家族個々の者の所得・作物（へそくり）となった。

(113) 詳しくは川本祥一『旅芸人のフォークロア』農山漁村文化協会、一九九八年を参照されたい。また『座敷芸・大道芸』二三六〜二五〇頁も参照。

(114) 『日次紀事』、『日本庶民生活史料集成』第二三巻、三一書房、一九八一年、二四頁。

(115) 江戸からは『淋敷座之慰』（延宝四年［一六七六］刊）、「春駒くどき木やり」『日本歌謡集成』第六巻、一五一〜一五二頁。京阪地域からは西澤一風の『音曲色《おんぎょくいろ》巣籠《すごもり》』（元禄〜享保刊）、「春駒替歌」『日本歌謡集成』第八巻、一四一頁参照。元禄十六年（一七〇三）京都版の『松の葉』にも「長歌」として所収されている（『日本歌謡集成』第六巻、三二七〜三二八頁）。

(116) 『日本歌謡集成』第七巻、三一九頁。

(117) 『滑稽雑談』第一巻、ゆまに書房、一九七八年、一一二〜一一三頁（巻之二）。

(118) 『越後国長岡領風俗問状答』五四五頁。

(119) 今村哲爾「金山と春駒」『中世遍歴民の世界』（『大系日本歴史と芸能——音と映像と文字による』第六巻）、平凡社、一九九〇年、一三三頁。

(120) 『新潟県の民謡』一四九頁、二一〇頁、二一四頁、二二一頁などには一九八〇年代採録されたものがある。

(121) 『群馬県史』資料編、第二二巻、近世四、北毛地域二、一九八二年、八三四～八三五頁。

(122)『白沢村の民俗』一〇八頁など参照。

(123) 大滝は伝承経路についても考察し、高田瞽女唄の「春駒」の音楽的特徴を分析している。大滝雅楽絵「瞽女唄の研究」『楽道』第三八五巻、八～九頁、第三八六巻、四～六頁参照。

(124) 子がい＝蚕。

(125)「賽の河原地《(ママ)》和讃」『日本歌謡集成』第四巻、三九五～三九八頁。

(126) 上州の例としては『千代田村の民俗』一七五頁参照（二種の地蔵和讃の詞章も掲載されている）。信州の例としては『清内路村誌』下巻、三八三～三八四頁参照（歌詞と楽譜）。

(127) 佐久間惇一『瞽女の民俗』二八九～二九四頁。

(128)『越後長岡年中行事懐旧歳記』二〇七頁。

(129) 三村清三郎「寛政己未松洲原簡越後だより」二二一頁。

(130) 近藤忠造「原松洲の「越後だより」と瞽女唄――主として「春の日あし」について」二七～二八頁。

(131)『新潟県の地名』一八八頁。

(132)『越後頸城郡誌稿』上巻、七九一頁。『上越市史』資料編四、三二七～三三九頁。

(133)『越後瞽女のうた』（Columbia FZ-7011-14）の解説書参照。

(134) 鈴木昭英「聞き書き　高田瞽女――その四」一二一頁。

(135) 鈴木昭英「聞き書き　高田瞽女――その三」五二頁。

(136)「年明きぶるまい」「名ぶるまい」については鈴木昭英「瞽女の出世儀礼」三八一～三八六頁を参照。

(137)『無形文化財――越後高田瞽女唄』（キングレコードKHA1008-10）より。

(138) 山本吉左右『くつわの音がざざめいて』六二頁。

後　書

図書館の視聴覚資料室にあったレコードのジャケットに「瞽女」という文字を私が初めて目にしたのは、昭和六十年（一九八五）に来日して間もなくのことであった。「瞽女」の読み方は知らなかったが、解説書に掲載された歌詞を追いながら録音を聴き、越後瞽女の記憶力と集中力に驚いた。早速唄の旋律の採譜を試み、歌詞の英訳も手がけ、そうして行くうちにますます瞽女と瞽女唄に対する興味が深まり、彼女たちが様々な悪条件のもとでどのように仲間組織を確立し、どのようにして膨大なレパートリーを創り出していったのかを知るために手がかりとなる瞽女関係史料、文献などを集めることに専念するようになった。昭和六十三年（一九八八）には故佐久間惇一先生の紹介で当時八十八歳であった小林ハルとの出会いに恵まれ、彼女の生演奏「鈴木主水」を聴いた時には、寒稽古で鍛えられた声の力に圧倒された。

「瞽女」のレコードに偶然遭遇して以来かれこれ二十年、私は断続的に各地を「廻在」しながら史料と文献の収集を続けた。平成六年（一九九四）以降は数年おきにいくつかの地方で活躍した瞽女に関する論文を発表してきたが、それらが刊行された直後には決まってさらなる貴重な史料が出現した。その結果、既刊の論文を単に集めて一書にまとめることは不可能であった。本書では、これまでに収集した史料と録音資料を基に瞽女と瞽女唄をもう一度捉え直すとともに、将来の研究への一助として瞽女関係史料集と文献目録の作成に努めた。

本書の枚数は当初の計画の数倍に膨れあがっているが、なお残された課題は非常に多い。まず瞽女唄の録音資料による歌詞の翻字については、現在せいぜい道半ばである。長岡瞽女唄の場合、佐久間惇一・鈴木昭英がその翻字の礎を築き、近年には板垣俊一がさらに詳しい解説を加えている。刈羽瞽女唄の歌詞の多くも鈴木昭英が翻字を行い、瞽女唄研究には欠かせない資料を提供した。一方、録音された高田瞽女の「祭文松坂」の歌詞の大半は、いまだ活字化されていない。また長岡系瞽女や高田瞽女が演奏したはやり唄の歌詞の多くもまだ翻字されておらず、旋律と三味線伴奏の採譜・分析も遅れている。

瞽女の写真やその他の映像の体系的な収集、整理、解説、公開なども依然として甚だ不充分である。写真、映画などは、瞽女の風俗と活躍を具体的に証明するのみならず、瞽女を社会に幅広く紹介する役割も果たす。戦前から現在までに撮影された写真資料は様々な個人、出版社、図書館、文書館、新聞社、役所、研究機関などに分散しており、テレビ局などが制作したビデオや映画もある。それらの資料の整理は、むろん撮影者が生存中になされることが望ましいという点からも、急務といえよう。

唄を覚えている瞽女のほとんどが他界した今日、瞽女の直接的な調査はすでに不可能となっているが、瞽女を宿泊させた者、瞽女唄を聞き覚えている者、あるいは瞽女の親族などからは、依然として貴重な情報を引き出すことが可能である。間接的な証言、回顧談、演奏などを収集、整理、分析、公開することにより、瞽女研究の新たな発展が期待される。

最後に、瞽女研究の意義、あるいはそれを現代社会にどのように活用すべきかに関して一言しておきたい。近年とりわけ欧米に展開しつつある「障害学」(disability studies) の研究成果からわかるように、いわゆる先進国において人間の理想とは、若く、スポーツに長け、疲れを知らず長時間労働をこなし、「完全な身体」あるいは「完全な知性」の持ち主（特に男性）とされている。もっともこれは広告業界、プロ・スポーツ業界、福祉関連業界、厚生労働省などの要望を強く反映した理想像である。こうした人間像は、単なる理想にとどまらず、それが「普通」とみなされるにいたって、人々はこの虚像に照らして、自らが「不完全」か、あるいはいずれは「不完全」になるのではないかという心配や不安に駆られるのである。そうして見いだされた「短所」を補うための商品が宣伝され、それらの購入が薦められ、資本主義社会における消費の拡大が進み、企業に莫大な利益をもたらしている。

こうした病理的な現状を社会レベルで匡正していくには、産業界やマスメディアが人々に強制しようとしているイメージに屈せず、その虚偽性を明らかにすることが重要である。つまり「完全な身体」を想定するイデオロギーの徹底的な批判が不可欠である。それを実現するためには、その源の所在を見つけ出すことが前提条件であり、言い換えればそれは先に述べた虚像の歴史を知ることに他ならない。「障害学」の一分野とされるこのような歴史学は、単にそもそも存在しない「障害者」に限定された「立場」からの歴史語りといった思想に基づく断片の歴史学ではない。またそれは、主観的に決められた「史実」の羅列にとどまる実証主義的歴史学でもむろんない。立場論としての歴史学や実証主義の誤謬に陥らないためには、様々な時代と場所において「障害」という概念がどのように構築されたのか、各時代の障害者支援に関わる諸政策の有無が経済的生産性の向上（近世の場合は主に年貢・運上金などの増加）と支配体制の正当化にどのように関連したのか、また個別の歴史的・社会的条件のもとで「障害者」とされた者の有する能力がなぜ、あるいはどのように抑制・開発されたのかを問い直す必要がある。このプロセスから社会全体の力学が幾分なりとも解明されてゆくならば、長い歴史のなかに築かれた差別的慣習や価値観、そしてそれを推し進めた政治体制などが現代社会にどのように受け継がれ、かつどのように変化してきたのかも次第に明らかとなるであろう。

「障害者」は、これまでの歴史語りに一つの空白領域をなしてきた。つまり逆説的な言い方をするならば、「障害者」は歴史的な「不在性」によってのみ、その存在が表示されてきたのである。今や、彼らの存在は歴史語りの内にたしかに存在するものとして取り戻されつつある。そして、彼らが取り戻されることによって、彼らに対する差別が、いかに歴史的に作り出されてきたのかが明らかとなり、その解消への道筋が示されるであろう。もし差別が、不可避な運命の所産ではなく、歴史的に生み出されたものに過ぎないとするならば、それを克服する方法も歴史による以外にはないのである。

差別の廃止にあたり、「障害者」は単に「処遇の対象」ではなくなるであろう。その時、「障害者」・「健常者」を問わず、人間それぞれの発達と可能性をどのように支援すればよいのかが、はじめて論じられるようになるであろう。支援とは単に政府、自治体などが「障害者」に一方的に与える「慈悲」や「憐愍」ではなく、被支援者が主体的に政策の立案・決定・実行に参加することを意味する。そうすることで人間同士の様々な差異を基調とし、不当な差別を生むことのない、各個人の障害との多様な取り組みを後押しする政策がはじめて誕生するであろう。その時、これまで恣意的に「障害者」と「健常者」とに分類されてきた人々の利害は、最終的に完全に一致を見るであろう。そして、正しい歴史認識に基づく社会改革を徹底的に推進してゆくならば、「完全な身体」あるいは「完全な知性」を持たない者——それは実は全ての人間である——が現在経験している差別や将来への意識的・無意識的な不安が大幅に解消され、はじめて人間らしい社会が成立するのである。瞽女と瞽女唄の研究を通して本書がこの道程の小さな一歩となれば幸いである。

二〇〇七年一月

著　者

譜例 14. 46　春の日足　　　　演奏：杉本キクエ

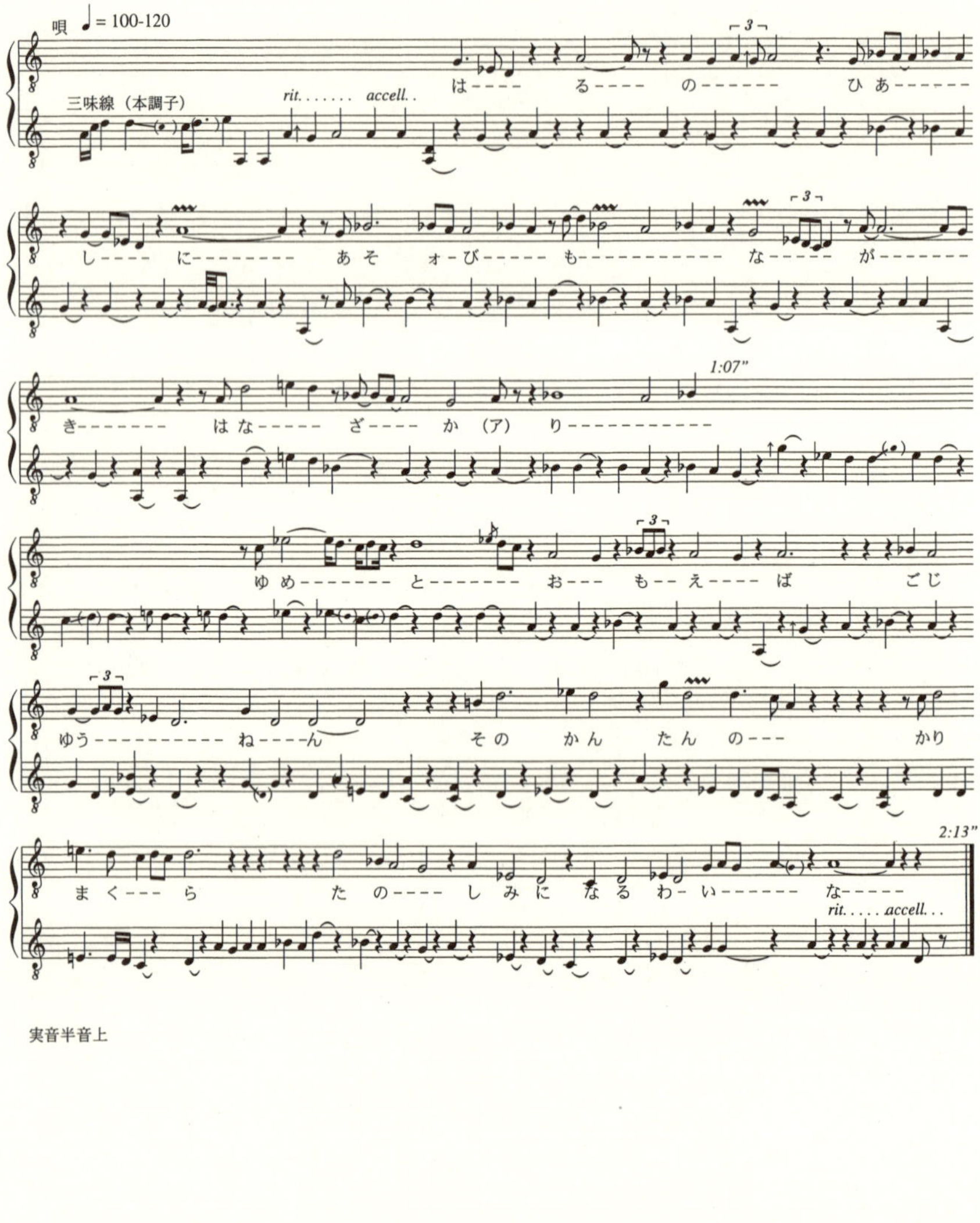

実音半音上

(掛け声)
さ て
e
5:3
すた こ りゃ やーーーー とーーーーー
ー こ せーーーーーーーーーー よーオーーーーー り や
3
(掛け声) ア チョイ ト
な あ りゃ りゃんーーーー りゃーーーーーー これ は も
5:3
せーーーーーーー げ たーーー い やーーー れーーー さ の せ
rit. . . . . . .
5:3
ーーーーー エ
accel.
実音半音上

《著者略歴》

ジェラルド・グローマー (Gerald Groemer)

1957年　アメリカ合衆国オレゴン州に生まれる
1985年　ジョンズ・ホプキンズ大学ピーボディ音楽院博士課程修了・音楽博士
1993年　東京芸術大学大学院音楽研究科博士課程修了・芸術博士（音楽学）
　　　　江戸東京博物館専門研究員
1994年　Earlham College（Richmond, Indiana, USA）助教授
現　在　山梨大学教育人間科学部教授
著　書　『幕末のはやり唄』名著出版，1995年（東洋音楽学会田辺賞受賞）
　　　　The Spirit of Tsugaru : Blind Musicians, Tsugaru Jamisen, and the Folk Music of Northern Japan, Harmonie Park Press, 1999.

瞽女と瞽女唄の研究　研究篇

2007年2月28日　初版第1刷発行

定価はケースに
表示しています

著　者　ジェラルド・グローマー

発行者　金井雄一

発行所　財団法人　名古屋大学出版会
〒464-0814　名古屋市千種区不老町1名古屋大学構内
電話(052)781-5027/FAX(052)781-0697

印刷 ㈱クイックス　ISBN978-4-8158-0558-6

乱丁・落丁はお取替えいたします。

索　引

あ　行

か 行

さ　行

た　行

な　行

は　行

ま　行

や　行

ら 行

わ 行

瞽女関係文献目録・解題

瞽女に関する史料，研究，音響・映像資料などの収録にあたり，次の資料は原則として割愛した。

1．現代の文学作品，週刊誌，新聞など，学術研究にとって重要でないと判断した資料。
2．美術品，音楽作品，現代演劇作品，小説・映画の「はなれ瞽女おりん」関係の随筆，批評など。
3．一般参考書の瞽女に関する初歩的な記述。

収録資料は，5種類に大別し，以下の項目を設けた。

1．文献・所蔵目録。
2．史料・研究論文。中世・近世史料は原則として書名，近代以降の研究は著者名で掲載した。ただし県市町村史などは書名を採用した。
3．欧文書・論文。
4．録音資料（レコード，CD，カセットテープなど）。
5．映像資料（映画，ビデオテープなど）。

論文などは出版年代順に掲載した。タイトルが充分な解説となる出版物，未見のもの，または学問的価値が低いと判断した著作などについては，解題を省略した。

1. 文献・所蔵目録（年代順）

「瞽女に関する主要文献」，『新潟県立新潟図書館報』，第8号，1978年7月。

1970年代までの越後瞽女に関する研究・資料目録。脱漏多し。

「市川信次先生著作目録抄」，『貝塚』，34号，1984年11月，2頁。

市川信次の業績録。市川の活動と人生は『貝塚』34号，金子以策「市川信次の学問遍歴」（8-12頁），市川信夫「市川信次とゴゼ研究——野の学徒のライフワーク」（13-17頁）参照。

「瞽女関係資料」，柿木吾郎編，上越教育大学刊，1987年10月。

1980年代の越後瞽女に関する研究と資料目録。全3頁。脱漏多し。

http://lib.city.kashiwazaki.niigata.jp/siraberu/sirabe/goze.htm

「瞽女（ごぜ）」。柏崎市立図書館ソフィア・センター蔵の越後瞽女関連の図書（含掛軸），新聞，雑誌の記事一覧（タイトル，著者名，請求番号）。

http://poplar.nicol.ac.jp/library/data/1-15-4.html

「越後瞽女関係資料のご案内——県立新潟女子短期大学図書館所蔵を中心に」。県立新潟女子短期大学，新潟県立図書館，板垣俊一蔵の瞽女関係資料目録。「図書」（画家，写真家，音楽関係者，小説家・脚本家・映画監督，ノンフィクション・ライター，福祉関係者，民俗学・地方史・仏教史研究家，昔話研究家，団体・機関，本学学生），「視聴覚資料」，「さらに資料を探すために」，「瞽女をテーマとする美術作品や瞽女関係の史料などを見るには」，「史料・民俗資料」の項目あり。

http://poplar.nicol.ac.jp/library/data/1-15-5.htm

上越市立総合博物館瞽女関係美術作品一覧。仲田大二，斎藤真一，江口康三，濱谷浩，の油絵，絵画などの所蔵目録。

http://poplar.nicol.ac.jp/library/data/1-15-6.htm

上越市立総合博物館蔵瞽女関係資料一覧。高田瞽女の式目，規約証，所持品などの所蔵目録。

2. 史料・研究論文

間章，「名状しがたい明るさ，瞽女唄のレコード化に寄せて」，『新潟日報』，1973年4月11日号。

『愛知県史』，資料編，第18巻，近世4，愛知県史編さん委員会編，2003年。

慶安2年（1649）2月の報告書に三河瞽女120人に布施支給とある（468頁）。明治4年（1871）3月，吉良町を訪れた瞽女・座頭への施金，施米の記録あり（765-767頁）。

『青森県史』，青森県編，1926年。

『平山日記』による明和元年（1764）の津軽郡中「瞽男女」人口記録あり（第2巻，326頁）。『八戸藩史稿』による延享元年（1744）6月25日，八戸藩瞽女人口の記録あり（第4巻，587頁）。

『青森県租税誌前編』，下巻，青森県文化財保護協会，青森市，1963年。

元禄14年（1701）2月17日，津軽藩の「坐頭・瞽女」等への配当に関する法令あり

(39-40 頁，原本「巻之十一」)。

赤羽二三郎，「瞽女宿」，『伊那』，1999 年 11 月，15-19 頁。

昭和一桁代の飯田瞽女に関する懐古談。

『秋川市史』，附編，秋川市史編纂委員会，（東京都）秋川市，1983 年。

瞽女に関する項目あり（206 頁，現東京都あきる野市）。

『秋川の昔の話』，（東京都）秋川市教育委員会，1992 年。

瞽女に関する短い項目あり（75 頁）。

秋谷治，「説経節の伝説――説経祭文と越後瞽女」，『一橋論叢』，第 97 巻，第 3 号，1987 年，304-326 頁。

越後瞽女の説経系歌詞の研究。

『上尾市史』，第 3 巻，資料編 3，近世 2，上尾市教育委員会編，埼玉県上尾市，1995 年。

享保 6 年（1721）8 月，南村からの申渡書の請書に「盲女」への言及あり（81-82 頁)。

文政 12 年（1829）12 月，上尾宿の議定書に「盲人」への言及あり（328 頁)。

「朝顔日記」，『朝顔日記・今昔庚申譚』(絵入文庫，第 8 巻)，絵入文庫刊行会，1916 年，1-321 頁。

大坂の作家雨香園柳浪（稗海亭柳浪，通称馬田昌調，文政元年［1818］没）著，北川春政画。芝屋芝叟の遺話により述作され，後の浄瑠璃・歌舞伎の基となった。文化 8 年 (1811) 序。瞽女となった「深雪」の話は主に 233-238 頁にあり，234-235 頁に絵あり。→「増補生《しやう》写《うつし》朝顔《あさがほ》話《ばなし》」，「絵入稗史《せうせつ》蕣《あさがお》物語」，「傾城《けいせい》筑紫《つくしの》𤩍《つまごと》」。

朝倉治彦・井之口章次・岡野弘彦・松前健編，『神話伝説辞典』，東京堂出版，1963 年。

「ごぜ　瞽女」(196 頁)，「ごぜいわ　瞽女岩」(197 頁）の項目あり。

『足柄県議案答書』，明治 8 年（1875）1-3 月。神奈川県立公文書館，『神奈川県史写真製本目録』近世 17（県外・東京都以外，追加)，『静岡県田方郡韮山町江川文庫 331』に原本の写真あり。

原資料は財団法人江川文庫蔵。瞽女に関する記録は次の通り。「御糺ニ付奉申上候」(明治 8 年［1875］1 月 25 日，29 日)，「第十一号第廿四号答議」(明治 8 年［1875］2 月 23 日)，「瞽女原籍ニ復スル論」(明治 8 年［1875］2 月)，「客年十一月廿二日会議之議案エ御指令エ答書」(明治 8 年［1875］3 月 2 日)，「客年十二月廿二日議議案之内第十一号・第廿四号答議」(明治 8 年［1875］3 月)，「伊豆三島瞽女の由緒紀」。分析と一部翻刻は三好一成「豆州三島瞽女仲間と足柄県の開化策」にある。

安達浩，『瞽女――盲目の旅芸人』，京都書院，1992 年。

長岡瞽女（中静ミサヲ，金子セキ，手引きの関谷ハナ）が 1976 年に行った巡業の写真集。鈴木昭英の解説あり（102-107 頁)。

『我孫子市史資料』，近世篇 1，我孫子市史編さん委員会編，千葉県我孫子市教育委員会，1988 年。

天保 14 年（1843）6 月（159 頁)，文化 10 年（1813）3 月（254 頁)，天保 13 年（1842）3 月（293 頁）の村明細帳に瞽女の存在が確認できる。

『尼崎市史』，第 5 巻，尼崎市役所，1974 年。

寛永 13 年（1636）11 月 27 日，青山氏の遺書に瞽女・座頭への言及あり（203 頁)。

『甘木市史資料』，甘木市史編纂委員会，甘木市役所，1983 年（近世編，第 2 集)，1984 年（近世編，第 4 集，第 5 集)。

『掌中秘記』所収，文化 13 年（1816）5 月，秋月藩「御領分中人高御書上目録控」に

「盲女」人口が見られる（近世編，第2集，67-68頁）。遠藤家文書「記録（一）」に宝暦4年（1754）9月12日，甘木の「御領分盲人」への救米支給の記録あり（近世編，第4集，120頁）。「甘木中諸事覚書」による享保（1716-36）頃以前と推定される甘木の宗官家文書に「後世」人口が明記されている（近世編，第5集，66-67頁）。以下『正房日記』の項も参照。

『綾瀬市史民俗調査報告書』，第3巻（深谷の民俗），綾瀬市秘書課市史編集係編，綾瀬市，1994年。

瞽女への言及あり（309頁）。

新川正一家所蔵文書，横浜開港資料館に写真あり。

今宿村（現横浜市旭区）の文書。第10巻（写真版）に万延2年・文久元年（1861）1月「村入用帳」，文久2年（1862）1月「戌村入用帳」あり。第11巻に明治2-4年（1869-71）の「明治二巳より未迄三ヶ年分村入費書上帳」あり。

荒木繁・山本吉左右，『説経節』，平凡社，1973年。

「説経節の語りと構造」に瞽女唄の分析あり（340-361頁，山本吉左右著）。

有賀喜左衛門，「瞽女の話」，『ドルメン』，第7号，1932年8月，45-48頁。

1930年代，高田・松本などで活躍した瞽女に関する報告。

『粟島図説』，『越佐叢書』，第8巻，新潟県三条市，野島出版，1976年，321-330頁。

文化年間（1804-18）成立か，小泉善平（宝暦11年～天保9年［1761-1838］）著。328頁に粟島（現新潟県）の瞽女への言及あり。

『阿波藩民政資料』，徳島県物産陳列場，1914年。

文政5年（1822），現徳島市にあった名東郡北浜浦に瞽女1名が数えられた（813頁）。

安斉秀夫，「旧布佐海岸の家並と生活」，『我孫子市史研究』，第5巻，1980年，129-153頁。

現千葉県我孫子市の戸籍に明治12年（1879）11月30日移住の瞽女の掲載あり（150頁）。

安藤由彌家文書，恵那市長島町久須見，瞽女関係文書の写真は恵那市教育委員会蔵。

以下の文書の写真あり。天保9年（1838）閏4月25日の「旦那場村数覚」（『恵那市史』史料編，686頁も参照）。宝暦9年（1759）11月，久須見瞽女由緒書（『恵那市史』史料編，686-687頁も参照）。延宝2年（1674）8月，久須見村の瞽女縁起（三好一成「岐阜県東濃地方の瞽女仲間」56頁参照）。

『安中市秋間の民俗』，群馬県民俗調査報告書第22集，群馬県教育委員会，1980年。

「はでなものを着ると「ゴゼの三味線袋のようだ」」と言った（下秋間）とある（25頁）。蚕の忙しい時期に「ゴゼが来たころはゴゼが来たとき約束しておくと，時期になれば手引きの人が来てくれた」とあり（71頁），「昭和になっては来なくなった」（東上秋間）ともある。越後から来た瞽女の風俗に関する詳しい報告もある（81頁，107-108頁）。

『安中市史』，第3巻，民俗編，安中市市史刊行委員会編，（群馬県）安中市，1998年。

磯貝みほこ筆，主に越後瞽女に関する項あり（887-891頁）。特に瞽女の「春駒」の説明が詳しい。

「按摩つや在所引籠之節御鳥目銭請取書」，摂津国大阪加島屋長田家文書，1544号，国文学研究資料館蔵。

天保13年（1842）4月の請取書。

『飯島町誌』，中巻，中世・近世編，飯島町誌編纂刊行委員会編，（長野県）飯島町，1996

年。

瞽女への言及は次の通り。432頁に安永9年（1780）の本郷村村入用帳。437頁に弘化3年（1846）12月，七久保村の南北議定書付。439頁に天保14年（1843）10月，田切村の「規定連印帳」。611頁に元禄13年（1700）5月の代官申渡（飯島町）。

『飯田瞽女（ごせ）資料』（「伊藤ふさ《[ママ]》家資料，天明五巳年以後。建家絵図。弁天敷地」），飯田市立中央図書館蔵（複写資料）。

主に明治23年（1890）前後の飯田瞽女仲間の納税，屋敷地・畑地など土地所有・売渡しに関する書類。明治25年（1892）の瞽女長屋の絵図，明治39年（1906）11月23日の飯田瞽女の請書もある。

『飯田ごぜ，瞽女（ごぜ）資料』，飯田市立中央図書館蔵（複写資料）。

表紙右端に「飯田瞽女（ごぜ）資料」とある。「旅芸人」という出典不詳の記事，林智登美「美濃の瞽女」，天保3年（1832）「御蔵貢皆済帳」の一部，天明5年（1785）11月知久仙右衛門への書簡と関係文書，明治24年（1891）8月「一札之事」，寛政5年（1793）3月，高須領の瞽女関連文書，村沢武夫の写し・翻刻（手書き）と研究ノートの寄せ集め。

『飯田瞽女（ごぜ）資料（「原本ハ知久仙右衛門文書」）』，飯田市立中央図書館蔵（複写資料）。

表紙右端に「原本ハ知久仙右衛門文書」とある。飯田瞽女仲間長屋建設・田地譲り渡し関係記録。本書史料篇「年表」の「天明5年（1785）11月」（4種），「同年11月以降か」，「明治24年（1891）8月」，「明治33年（1900）7月24日」の諸項参照。また「寛政4年（1792）か，9月」，「寛政5年（1793）3月」，高須領の瞽女関連文書もある。三好一成「飯田瞽女仲間の生活誌」，原田島村「古町の元酒屋瞽女を救う」にその大半の翻刻あり。

『飯田瞽女（ごせ）資料一』（「家作勧化帳，天保二年，上郷かみごう分地」），伊藤家文書，複写資料は飯田市立中央図書館蔵。

天保2年（1831）2月，瞽女長屋建設に関する「家作勧化帳」。

『飯田瞽女（ごぜ）資料二』（「家作勧化帳，天保二年，下郷分」），伊藤家文書，複写資料は飯田市立中央図書館蔵。

天保2年（1831）2月，瞽女長屋建設に関する「家作勧化帳」。

飯野頼治，「瞽女と秩父」，『せこ道』（山地民俗関東フォーラム），第5巻，2004年6月，1-4頁。

1950年代まで秩父を巡業した瞽女に関する古老の聞き書き，秩父各地に残る瞽女にまつわる伝承などを紹介。

五十嵐富夫，『三国峠を越えた旅人たち』，ぐんま歴史新書3，吾妻書館，1983年。

瞽女の歴史・縁起などに言及し，村入用帳・宿泊宿帳などの記録を駆使し，現群馬県・新潟県より江戸東京を廻った瞽女の研究（24-81頁）。1970年代著者は越後瞽女の加藤イサ・渡邊キク・伊平タケにインタビューを行った。瞽女に関する史料は次の通り（不完全な引用もある）。享保16年（1731）1月23日（56頁），明和8年（1771）（56頁），安永2年（1773）（56頁），安永9年（1780）（56-57頁），天明2年（1782）（34-35頁），天明3年（1783）（57頁），文化12年（1815）（57頁），文政2年（1819）（57-58頁），文政11年（1828）（58頁，御用留より），天保2年（1831）（58頁），天保11年（1840）（58頁），天保13年（1842）（59頁），天保15年（1844）（60頁），弘化4年

(1847) 11 月 2 日（58 頁），弘化 5 年（1848）（58 頁），嘉永 6 年（1853）（59 頁），安政 7 年（1860）3 月（59 頁）。

五十嵐富夫，『瞽女——旅芸人の記録』，桜楓社，1987 年。

主にインタビューから得られた元瞽女の証言に基づく研究。「上州のむらむらを訪ねた瞽女」(128-139 頁)，「元瞽女訪問記」（加藤イサ・渡辺キク・五十嵐サカ・伊平タケ・杉本キクエへのインタビューなど，166-187 頁)，「葛の葉子別れ」(3 段，語り手不詳，80-92 頁)，杉本キクエによる「山椒太夫」の歌詞（97-107 頁）あり。明治 31 年（1898）2 月の「中越瞽女矯風会規約」全文収録（48-59 頁)。

池谷光朗家所蔵文書，176。横浜開港資料館に写真あり。

慶応 2 年（1866）12 月，南綱嶋村（現神奈川県横浜市）の「村入用勘定帳」に瞽女に関する記載あり。

石井修，「来訪者と村」，木村礎編，『村生活の史的研究』，八木書房，1994 年，469-476 頁。

田宿《たじゅく》村（現茨城県筑西市）の来訪者に関する研究に明治 29 年（1896）の瞽女への言及あり（476 頁)。

石井良助，『江戸の賤民』，明石書店，1988 年。

寛政 11 年（1799）2 月 26 日，江戸の乞胸頭の記録に「俄盲瞽女」への言及あり（28-29 頁)。天保 13 年（1842）5 月 24 日の江戸乞胸の記録（『市中取締類集』，「乞胸取調之部」による）に，門付けする「盲人」が乞胸配下にあるという主張あり（104-105 頁)。

石川欣一，「通り過ぎた幸福，同じ道から帰る——荒廃の宿場を救ふ国道」，『東京日日新聞』（現『毎日新聞』)，1933 年 7 月 25 日，7 頁。

主に三国街道の衰退に関する新聞記事であるが，瞽女への言及もあり。佐藤振寿撮影，3 人の瞽女の写真も掲載。

石坂家文書，武蔵国多摩郡和田村，国文学研究資料館蔵。

現東京都多摩市にあった村の文書の内，92 冊の村入用関係書類（仮目録番号，32V-319 [1-92])。その中には，宝暦 10 年〜明治 5 年（1760-1872）に中和田村を訪れた瞽女の記録が多く含まれている。詳しくは本書史料篇「村入用帳」参照。

石牟礼道子，『西南役伝説』（朝日選書 345)，朝日新聞社，1988 年。

「拾遺一，六道御前《ろくどうごぜん》」と題された明治期鹿児島県で活躍した瞽女の身の上話あり（225-241 頁)。フィクションであろうが，口頭伝承によるか。

伊豆国加茂郡笹原村文書，『明治大学刑事博物館目録』，第 10 号，書冊・横帳の部，A 村政・村入用，明治大学博物館（刑事部門）蔵。

笹原村（現静岡県河津町）の村入用帳に瞽女の記載あり。天明 5 年（1785）12 月「巳諸役銭書抽帳」(13)，天明 8 年（1788）1 月「申諸役銭覚帳」(14)，寛政 9 年（1797）11 月 28 日「巳諸役銭抽帳」(18)，寛政 12 年（1800）10 月「申諸役銭抜帳」(18)，文化 7 年（1810）1 月 11 日「庚午諸役銭覚帳」(21)，文政 12 年（1829）12 月「丑村入用覚帳」(26)，天保 3 年（1832）12 月「辰村入用覚帳」(34)，天保 4 年（1833）12 月「巳年村入用覚帳」(34)，天保 8 年（1837）12 月「酉村入用帳」(34)，安政 7 年（1860）1 月「村入用覚之帳」(43)，文久元年（1861）12 月「酉村入用覚」(44)，文久 3 年（1863）1 月「亥村入用覚之帳」(43)，慶応 2 年（1866）12 月 3 日「寅村入用覚之帳」(49)，明治元年（1868）11 月「辰年村入用之覚帳」(43)。

伊豆国賀茂郡浜村小沢家文書，『明治大学刑事博物館目録』，第 12 号，書冊・横帳の部，A 村政・村入用，明治大学博物館（刑事部門）蔵。

浜村（現静岡県河津町）の村入用帳に瞽女の記載あり。天明2年（1782）12月「寅年諸役銭目録帳」(6)，寛政12年（1800）1月「村入用帳」(9)，享和2年（1802）12月「戌年諸役銭覚帳」(11)，享和3年（1803）12月「亥ノ諸役銭帳」(12)，文化5年(1808) 12月「辰年役銭帳」(15)，文化7年（1810）12月「午年役銭帳」(17)，文化8年（1811）1月「未村入用帳」(18)，同年（1811）12月「未年役銭帳」(20)，文化10年（1813）1月「酉年村入用帳」(21)，同年（1813）11月「酉年諸役銭帳」(22)，文化11年（1814）1月「村入用帳」(23)，同年（1814）12月「戌年諸役銭帳」(24)，天保5年（1834）12月「午村入用帳」(27)，天保6年（1835）12月「未役銭帳」(28)，天保7年（1836）12月「申役銭覚帳」(29)，天保8年（1837）12月「酉役銭覚帳」(30)，天保9年（1838）12月「戌役銭勘定帳」(31)，天保11年（1840）12月「子役銭勘定帳」(32)，天保12年（1841）12月「丑役銭勘定帳」(33)，天保13年（1842）1月「寅年村入用帳」(34)，同年（1842）12月「寅役銭勘定帳」(35)，天保14年（1843）12月「卯役銭勘定帳」(36)，天保15年（1844）1月「辰村入用帳」(37)，同年（1844）12月「辰役銭帳」(38)，弘化2年（1845）1月「巳村入用帳」(39)，同年（1845）12月「巳役銭帳」(40)，弘化3年（1846）1月「午村入用［　］」(41)，同年（1846）12月「午役銭帳」(43)，弘化4年（1847）1月「未ノ村入用帳」(44)，同年（1847）12月「未役銭帳」(46)，弘化5年（1848）1月「申ノ村入用帳」(47)，嘉永元年（1848）12月「申年役銭帳」(48)，嘉永2年（1849）1月「酉ノ村入用帳」(49)，同年（1849）12月「酉年役銭帳」(50)，安政元年（1854）「寅之役銭帳」(53)，安政3年（1856）12月「辰之役銭帳」(55)，慶応元年（1865）1月「丑村入用覚之帳」(59)，元治元年〜慶応元年(1864-65)「子村入用帳」(61)。

泉田宗健，「越後瞽女と津軽じょんがら節」，『禅文化』，195号，2005年，135-142頁。

「一休宗純像並森盲女像」（正木美術館蔵），「瞽女縁起」，謡曲「望月」などを取り上げ，越後瞽女の失明原因，生活，仲間組織，巡業，レパートリーなどを論じる。

『伊勢崎市史』，資料編2，近世2，町方と村方，伊勢崎市，1989年。

寛政2年（1790）3月，上植村の夫銭帳あり（217-221頁）。

『伊勢原市史』，資料編，近世2，伊勢原市，1996年。

明治2年（1869）12月，瞽女らに対する合力支給禁止令あり（382頁）。

磯貝みほ子，「鈴木主水・白糸口説についての一研究」，『群馬女子短期大学紀要』，第14号，1987年，107-126頁。

著者が関西版「鈴木主水」の「口説」を発見・翻刻し，またその歴史的背景を探る。

磯貝みほ子，「鈴木主水口説の変遷について」，『日本歌謡研究』，第29号，1989年，61-70頁。

上の「鈴木主水・白糸口説についての一研究」とほぼ同じ趣旨の論文。

磯貝みほ子，「高田瞽女唄の特徴」，『群馬女子短期大学紀要』，第17号，1990年，47-53頁。

高田瞽女唄の初歩的な説明。

磯貝みほ子，「越後瞽女唄の特徴について」，『日本歌謡研究』，第31巻，1991年，66-71頁。

主に「祭文松坂」「葛の葉子別れ」の歌詞の研究。

板垣俊一，「昔話，その現場性と変容について——瞽女が語った山姥の昔話を例に」，『都大論究』，第33号，1996年，57-66頁。

昔話の語り手としての越後瞽女に関する研究。

板垣俊一,「祭文松坂『八百屋お七』——校注補訂瞽女唄段物集の試み・その一」,『県立新潟女子短期大学研究紀要』, 第 33 号, 1996 年, 114–126 頁。

長岡教育委員会蔵のテープによる長岡瞽女の唄の採録と注釈。以下 1997 年以降の論文も同様。佐久間惇一『阿賀北瞽女と瞽女唄集』所収の歌詞も参照。

板垣俊一,「祭文松坂『葛の葉子別れ』——校注補訂瞽女唄段物集の試み・その二」,『県立新潟女子短期大学研究紀要』, 第 34 号, 1997 年, 94–104 頁。

板垣俊一,「新潟県に於ける明治の唄本(一)——書誌関係を中心に」,『新潟の生活文化』, 第 4 号, 1997 年, 23–30 頁。

明治期新潟県で出版された「口説節」などの唄本とその版元に関する研究。

板垣俊一,「祭文松坂『阿波の徳島十郎兵衛』——校注補訂瞽女唄段物集の試み・その三」,『県立新潟女子短期大学研究紀要』, 第 35 号, 1998 年, 104–114 頁。

板垣俊一,「祭文松坂『赤垣源蔵』——校注補訂瞽女唄段物集の試み・その四」,『県立新潟女子短期大学研究紀要』, 第 36 号, 1999 年, 201–212 頁。

板垣俊一,「祭文松坂『明石御前』——校注補訂瞽女唄段物集の試み・その五」,『県立新潟女子短期大学研究紀要』, 第 37 号, 2000 年, 206–224 頁。

『板橋区史』, 資料編, 第 3 巻, 近世, 板橋区史編さん調査会, 板橋区, 1996 年。

646–647 頁に安政 3 年(1856)1 月, 徳丸村の「諸勧化控帳」(村入用帳)あり。

市川信次,「越後の瞽女」,『グラフィック』, 創美社, 1939 年 4 月 1 日号。

高田瞽女の簡単な説明。「高田のゴゼはもう十五六名に減つて了つたが三十年前は百人を超へる賑やかさであつた」,「高田市のゴゼ仲間を統轄する今年八十八歳の最年長者は「座本」と呼ばれて」いるなどとある。

市川信次,「高田ゴゼ」,『日本経済新聞』, 1958 年 9 月 7 日号。

高田市文化財調査委員会編『高田のごぜ』21 頁に復刻。

市川信次,「高田ゴゼ」,『頸城文化』, 第 14 号, 1959 年, 4–7 頁。

越後瞽女の風俗などの簡単な説明。

市川信次,「ごぜ唄」,『文部省芸術祭参加資料』, 新潟県高田市, 高田教育委員会, 1965 年。

市川信次,「ごぜと水上勉」,『新潟日報』, 1967 年 10 月 14 日号。

市川信次,「近代文学の瞽女」,『BSN レポート』, 第 71 号, 1968 年, BSN 新潟放送。

市川信次,「高田瞽女の生活と歌謡」,『民俗芸能』, 第 35 号, 1969 年冬号, 25–32 頁, 58 頁。

越後瞽女の歴史と伝統に関する簡単な説明。5 枚の写真(i–iii 頁)と高田瞽女による「万才」,「松前くどき」,「小栗判官」(第 1 段)の歌詞も所収。

市川信次,「高田瞽女——口承文芸の化石」, 高田瞽女文化記録保存会, 1971 年。

全 12 頁の初歩的な解説と写真。

市川信次(講師)・松田政秀(助言者),『第 2 回成人大学講座資料——古きよき時代 1, ごぜとその時代』, 上越市教育委員会, 1971 年 7 月 15 日の講座レジュメ。

B4(2 つ折り)1 枚裏表, 公演目次, 祭文松坂の歌詞, 高田瞽女の 3 人の紹介文。

市川信次,「瞽女の道」,『小原流挿花』, 第 22 巻, 第 5 号, 小原流文化事業部, 1972 年。

市川信次編,「越後高田瞽女歌」, 五来重編,『日本庶民生活史料集成』, 第 17 巻(民間芸能), 三一書房, 1972 年, 554–588 頁。

高田瞽女唄の翻字。 →五来重編

市川信次，「杉本キクイ女のこと」，『新潟日報』，1973 年 11 月 22 日。

杉本キクエの「黄綬褒章」受賞の経緯の説明。

市川信次，「高田瞽女——三百年の伝統に生きる」，『アジア女性交流史研究』，第 16 号，1974 年，11-21 頁。

高田瞽女の歴史，修行，歌，村廻り，縁起・式目，「ごぜ」の語源などの説明。

市川信次，「「瞽女」という称呼について」，『頸城文化』，第 35 号，1975 年，90-94 頁。

「ごぜ」の語源に関する研究。

市川信次，「高田瞽女について」，『戸田正誠先生美寿記念誌』，戸田正誠先生米寿記念出版会，1975 年，181-189 頁。

高田瞽女の研究。『貝塚』，第 34 号，1984 年，3-8 頁に復刻あり。

市川信次，「瞽女について」，『自然と文化』，1979 年春号，43-45 頁。

越後瞽女の初歩的な紹介。

市川信次，「高田瞽女について」，『貝塚』，第 34 号，1984 年，3-8 頁。

市川信次『戸田正誠先生美寿記念誌』所収（1975 年）の論文と同文。元和 9 年（1623）の高田瞽女仲間に関する記録の引用あり。

市川信夫，『雪と雲の歌』，ポプラ社，1976 年。

瞽女が主人公の子供向けの本。

市川信夫，「市川信次とゴゼ研究——野の学徒のライフワーク」，『貝塚』，第 34 号，1984 年，13-17 頁。

市川信夫，「思い出の高田瞽女」，杉山幸子，『瞽女さん』，河辺書林，1995 年，112-129 頁。

市川信夫，「高田瞽女最後の旅」，『会報瞽女』（瞽女文化を顕彰する会），第 2 号，2000 年 8 月 10 日，8-9 頁。

昭和 29 年（1954）11 月，上越市諏訪（旧諏訪村）の旅を記録した 7 枚の写真と解説。

市川信夫，「高田から胎内へ——高田瞽女の変遷と長岡瞽女との出会い」，瞽女文化を顕彰する会編，『瞽女小林ハル——103 歳の記録』，新潟日報事業社，2003 年，82-85 頁。

越後瞽女に関する簡単な解説。

市川信夫，「足半の採集と瞽女——「市川信次の瞽女研究」から」，『頸城文化』，第 51 号，2003 年，156-167 頁。

市川信次が巡業中の高田瞽女に民具の「足半《あしなか》」（草履の一種）を集めてもらい，また高田瞽女を調査したことに関する論文。高田瞽女の草間千代・草間このえから市川信次に宛てた 6 枚の葉書の内容も掲載。また草間千代・このえにより足半収集の形跡を示す地図あり（近藤雅樹編『図説　大正昭和くらしの博物館』による）。

「一札之事」，森田家文書，5944 号，埼玉県立文書館蔵。

年代不詳（江戸後期か），大野村（現ときがわ町）か。瞽女・座頭に関する請書。

『一遍上人縁起絵巻』，『日本絵巻全集』，第 9-10 巻，東方書院，1930 年。

元亨 3 年（1323）成立。神戸の真光寺蔵の絵巻。第 9 巻，36 頁に鼓を叩く瞽女の絵あり。

『糸魚川市史』，資料編 1，文書編，（新潟県）糸魚川市，1986 年。

天保 7 年（1836），西頸城地方へ入り込む高田瞽女の取締を願う糸魚川瞽女の願書あり（375-376 頁）。

伊藤曙覧《あけみ》，『とやまの民俗芸能』，富山市，北日本新聞社，1977 年。

富山県の瞽女に関する項あり（207–210 頁）。

伊藤節堂,「瞽女唄『小栗判官照手姫』」,『わが住む里』, 第 36 号, 藤沢中央図書館, 1985 年 1 月, 1–10 頁。

神奈川県藤沢市に伝わる小栗判官の伝説, 越後瞽女唄（祭文松坂）の「小栗判官照手姫」, 藤沢の「瞽女渕之碑」と瞽女の墓などを主題とする論文。

伊藤太郎・藤田治雄,「「しもかわ瞽女」坂田とき聞書」,『高志路』, 第 223 号, 1971 年, 48–61 頁。

長岡系瞽女の坂田トキに関する研究と祭文松坂「巡礼おつる」1–4 段の翻字。

『糸時雨越路一諷』, 国立国会図書館蔵（207–931）。

安政 5 年（1858）刊（江戸）, 柳水亭種清著。序に瞽女唄「大工殺し」への言及あり。

『稲沢市史』 →『新修稲沢市史』

『稲武町史』, 民俗資料編, 稲武町教育委員会, 1999 年。

元治元年 12 月～慶応元年（1864–65）, 愛知県北設楽郡稲武町（区有文書）の村入用帳に瞽女の記載あり（210–211 頁, 慶応元年［1865］4 月 17 日）。

井上蜜光貞他編,『年表日本歴史 5――江戸後期 1716–1867』, 筑摩書房, 1988 年。

宝暦 7 年（1757）2 月 22 日, 周防・長門・安芸の瞽女に関する記述あり（82 頁）。

『茨城県史料』, 近世社会経済編 3, 茨城県史編集会, 茨城県立歴史館, 1988 年。

天明 7 年（1787）1 月,「川崎村飢人書上帳」に「盲人」女性の記載あり（107–113 頁）。

『茨城県史料』, 近世政治編 1, 茨城県史編さん近世史第 1 部会, 茨城県, 1970 年。

388–431 頁所収の「勘定方記録」に「盲女」への配当金の記録あり（402 頁）。

今井白鳥編,『近世郷土年表』, 飯田史談会叢書, 第 2 篇, 市村咸人校閲, 山村書院, 1932 年。

『堀家御用部屋日記』による正徳 6 年（1716）3 月 1 日, 飯田瞽女・座頭が配給支給を願い出る記録あり（88 頁）。文政 4 年（1821）5 月 28 日の瞽女長屋建設に関する記録もあるが, 出典不詳（214 頁）。『後聞筆記四十五巻』による天保 5 年（1834）11 月 8 日, 藩の瞽女・座頭への配当支給の記録あり（257 頁）。『郡局要例』による天保 7 年（1836）1 月 29 日, 瞽女の活動許可令あり（260 頁）。『後聞筆記四十五巻』による天保 8 年（1837）12 月 17 日, 瞽女の拝借米に関する記録あり（273 頁）。

今泉省三,「長岡の『ごぜ』について」,『長岡郷土史』, 第 3 号, 1962 年, 1–5 頁。

文久 3 年（1863）2 月 13 日『与板屋日記』の引用あり（1 頁）。「金子文書」による寛政元年（1789）, 越後長岡領の「御領法」あり（4 頁）。

今泉省三,『長岡の歴史』, 新潟県三条市, 野島出版, 1968 年。

元禄 7 年（1694）6 月, 元禄 13 年（1700）の長岡人口調査あり（第 2 巻, 452 頁, 455 頁）。長岡瞽女に関する項目あり, 縁起・式目（年代不詳）などを所収（第 5 巻, 543–551 頁）。

『伊万里歳時記』,『日本都市生活史料集成』, 第 10 巻, 在郷町篇, 学習研究社, 1976 年, 45–88 頁。

天保 3 年（1832）12 月（か）の美談に「盲女」への言及あり（73 頁）。

「入置申一札之事」, 坂牧文書 1474, 新潟県山古志村役場蔵。

安政 4 年（1857）10 月, 瞽女入門の誓約書（目録に「入並《［ママ］》申一札之事」とある）。

翻刻と写真は『歴史研究』（新人物往来社刊）,「古文書解読講座　第七十五回」1983 年 5 月（第 267 号）, 34–38 頁参照。『山古志村史』史料 1, 305–306 頁にも翻刻あり。

『入間市史』，近世史料編，入間市史編さん室，入間市，1986年。
明和4年（1767）3月の木蓮寺村の村明細帳（315-318頁），寛政3年（1791）6月の三ツ木村の村明細帳（318-323頁）に瞽女泊り入用の記載あり。

色川大吉，『ある昭和史――自分史の試み』，中央公論社，1975年。
南多摩郡川口村楢原に瞽女の親子が住んでいたという話あり（183頁）。

『岩井市史』，資料，近世編1，岩井市史編さん委員会編，（茨城県）岩井市，1994年。
宝永3年（1706）4月の「下総国猿島郡下郷廿三ヶ村」の村明細帳に「盲女」10人の記載あり（180-204頁）。

『岩城村誌』，上巻（古代・中近世編），岩城村誌編集委員会編，（愛知県越智郡）岩城村，1986年。
弘化4年（1847）5月3日に発生した「瞽女小雪一件」の記録（抜粋）あり（243-249頁）。伏せ字あり。

岩瀬博，『瞽女の語る昔話，杉本キクエ媼昔話集』，三弥井戸書店，1975年。
高田瞽女の杉本キクエ口伝の昔話集。

岩瀬博，「瞽女の語り物の場合，シンポジューム――民間語り物研究の課題」，『伝承文学研究』，第19号，1976年，35-39頁。
瞽女の語り物と昔話の特徴と構造の簡単な解説。

岩瀬博，「瞽女の語り物（上）―― 祭文松坂節「景清」を中心に」，『伝承文学研究』，第20号，1977年，72-82頁。
長岡系瞽女の小林ハルと高田瞽女の杉本キクエの語り物（歌詞）の分析。後，岩瀬博『伝承文芸の研究』第3篇，第3章「瞽女の語り物，一，――祭文松坂節「景清」を中心に」（278-287頁）所収。

岩瀬博，「昔話の語りてとしての瞽女」，『昔話――研究と資料』，第9号，三弥井書店，1980年12月，19-35頁。

岩瀬博，「「昔話の語り手」としての瞽女」，野村純一編，『昔話と民俗』（日本昔話研究集成第3巻），名著出版，1984年，390-412頁。
主に高田瞽女と長岡瞽女の組織と生活様式の違いが「昔話に対するあり方」にどのように反映されているのかを検討。後，岩瀬博『伝承文芸の研究』第3篇，第2章「「昔話の語り手」としての瞽女」（255-277頁）所収。

岩瀬博，「瞽女と語り物」（中世語り物，特集，語り物の構造），『国文学解釈と鑑賞』，第51巻，第4号，1986年，49-55頁。
後，岩瀬博『伝承文芸の研究』第3篇，第4章，「瞽女の語り物，二，――二つの「景清」」（288-305頁）所収。

岩瀬博，「瞽女の語る世界―― 『杉本キクエ媼昔話集』から」『日本学』，第13巻，名著刊行会，1989年5月，151-158頁。
後，岩瀬博『伝承文芸の研究』第3篇，第1章，「瞽女の語る世界―― 『杉本キクエ媼昔話集』から」（246-254頁）所収。

岩瀬博，『伝承文芸の研究』，三弥井書店，1991年。
第3篇（246-305頁）に「瞽女の昔話と語り物」あり。上記4編をまとめたもの。

岩瀬博，「瞽女の語り物――「景清」をとおして」，『大谷女子大国文』，第30巻，2000年，1-11頁。
瞽女唄（祭文松坂）「背清」は近松門左衛門『出世背清』の4段目を抽出する形で構成

されたと論じる。

岩橋小弥太，『藝能史叢説』，吉川弘文館，1975年。

261-264頁に中世の「盲御前」に関する研究あり。

岩森道子，『野仏の瞽女』，近代文芸社，1984年。

小説（フィクション）。

『印西町史』，史料集，近世編3，（千葉県）印西町史編さん委員会，1992年。

寛政7年（1795）4月「下総国印旛郡別所村高反別銘細帳」（395頁），同年同月「下総国印旛郡小倉村差出明細帳控」（401頁）にそれぞれ瞽女1人の記載あり。

『印旛村史』，近世編史料集2，印旛村編さん委員会編，（千葉県）印旛村，1978年。

安永元年（1772）大廻村（421-423頁），安永5年（1776）2月大廻村（425-426頁），弘化5年（1848）1月萩原村（429-431頁）の村入用帳に瞽女への合力などに関する記載あり。

『蔭涼軒日録』，『続史料大成』，21-25巻，臨川書店，1978年。

永享7年〜文正元年（1435-66），文明17年〜明応2年（1485-93），京都在住の僧侶による記録。文明19年（1487）5月26日の項（『続史料大成』第22巻，490頁）に瞽女への言及あり。

『浮世床』，『日本古典文学全集』，第47巻（洒落本，滑稽本，人情本），小学館，1971年。

文化10年〜文政6年（1813-23）刊，式亭三馬（第1-2編）・滝亭鯉丈（第3編）著。江戸で流行した瞽女唄の歌詞を収録（357-360頁，巻ノ下）。

『浮世の有様』，『日本庶民生活史料集成』，第11巻，三一書房，1970年。

文化3年〜弘化3年（1806-46），大坂の記録。瞽女に関する触書は591頁（天保13年［1842］3月上旬），627頁（天保13年［1842］6月27日），651頁（天保13年［1842］8月27日）にある。

『浮世風呂』，『日本古典文学大成』，第63巻，中村通夫校注，岩波書店，1957年。

文化6-10年（1809-13）刊，式亭三馬著。江戸に流行する瞽女唄への言及あり（288頁，四編巻之下）。

『浮世物語』，『仮名草子集・浮世草子集』（日本古典文学全集，第37巻），小学館，1971年，145-284頁。

寛文5-6年（1665-66）頃刊，浅井了井著。瞽女への言及あり（163頁）。

『宇佐近世史料集』，村井益男・後藤重己編，（大分県）宇佐市史刊行会，1976年（[2]，山口家史料1），1979年（[3]，中島家史料）。

宝暦5年（1755），宇佐郡中麻生村に「鼓毛目女」2人とある（[2]，山口家史料1，55頁）。天保8年（1837）7月，「瞽女四人」とある（[3]，中島家史料，264頁）。慶応4年（1868）1月の東高家村の宗門人別御改帳に2人の「盲人」（女性）の記録あり（[3]，中島家史料，291頁，292頁）。

『歌系図』，『日本歌謡集成』，第8巻，東京堂，1942年，341-372頁。

天明2年（1782）刊。瞽女唄2種に関する記録あり（356頁）。

「内川付近及び大川東通絵図」，長岡市立中央図書館，互尊文庫蔵。

享保14年（1729）5月，長岡の地図。瞽女屋敷の位置が示されている。→『長岡の地図』

『宇都宮市史』，第4巻，近世史料編Ⅰ，宇都宮市史編さん委員会，宇都宮市，1980年。

城下の元禄8年（1695）の瞽女人口（257頁），明和8年（1771）の瞽女人口（284頁）

あり。寛延2年（1749），城主の瞽女への配当に関する記録あり（300頁）。

烏兎沼宏之,「「オナカマ」考――神子と瞽女の関連について」,『東北学』, 第2号, 72-85頁。

山形県最上地方の口寄せ巫女（オナカマ）と瞽女の研究。山形県内の瞽女に関する情報は72-73頁にある（正徳元年［1711］, 寛保2年［1742］, 延享3年［1746］, 明和9年［1772］, 天明8年［1788］, 明治2年［1869］）。

『裏見寒話』,『未刊随筆百種』, 第9巻, 中央公論社, 1977年, 320-468頁。

宝暦2年（1752）序。甲斐国（現山梨県）に関する記録。416頁（1928年版には219-220頁）に甲斐国の瞽女に関する短い説明あり。

『浦和市史』, 第3巻, 近世史料編4, 浦和市総務部市史編さん室編, 浦和市, 1985年。

文化12年（1815）11月14日の「祝儀覚」に瞽女への配当の記載あり（791頁）。宝暦8年（1758）2月8日（807頁）, 同年9月22日（823頁）に瞽女が泊まったとある（803-830頁, 染谷村文書の日記による）。

『宇和島・吉田藩史料集粋』, 愛媛大学歴史学研究会, 宇和島支部史料集粋編集委員会, 1963年（第1巻, 宇和島藩庄屋史料1, 富岡村庄屋史料――杉本家史料1）, 1963年（第2巻, 宇和島藩庄屋史料1, 富岡村庄屋史料――杉本家史料2）, 1964年（第5巻, 宇和島藩庄屋史料, 三浦庄屋史料1――田中家史料1）, 1964年（第6巻, 宇和島藩庄屋史料1, 三浦庄屋史料――田中家史料2）, 1965年（第11巻, 宇和島藩庄屋史料1, 三浦庄屋史料――田中家史料7）。

瞽女に関する記録は次の通り。第1巻, 35-36頁, 文政12年（1829）「座当盲女御養米利米之事」の「覚」。第2巻, 72-73頁, 文久4年（1864）2月の宗門御改録の作成に関する文書。第5巻, 26頁, 安永3年（1774）「ねたりヶ間敷」行為の禁止令。同巻, 29頁, 安永6年（1777）1月5日,「盲女」の検校配下を命じる法令。第6巻, 24頁, 文化9年（1812）6月「よたろと申者」の「御制札」。第11巻, 31頁, 明治2年（1869）12月の「御改革写」。

『宇和島吉田両藩誌』, 愛媛教育協会北宇和部会編, 名著出版, 1972年。

享保～元文頃推定, 宇和島城下, 素人音曲指南の禁止令あり（747頁）。

「絵入稗史《せうせつ》蕣《あさがお》物語」,『日本戯曲全集』, 第29巻, 義太夫狂言世話物偏下, 渥美清太郎編, 春陽堂, 1930年, 541-590頁。

嘉永元年（1848）8月20日, 江戸市村座初演, 西沢一鳳軒著。琴を奏でる瞽女の場面を含む歌舞伎戯曲。→「朝顔日記」

『餌差・瞽女人数扣』, 群馬県立文書館蔵（HR4, 4-34-1, 2-89）。

大島村（現群馬県太田市）川崎大作家文書, 安政7年（1860）1月。村を訪れた瞽女の記録あり（本書史料篇,「村入用帳」参照）。

「餌指座頭泊帳」, 岡田純一家文書, 1362号, 栃木県立文書館蔵。

寛保2年（1742）1月, 芳賀郡東水沼村（結城領, 現栃木県芳賀町）, 瞽女宿泊の記録。

「穢多瞽女二件」,『屋代弘賢雑録』, 無窮会専門図書館蔵（神習文庫, 43-13126井）。

成立年代不詳, 文政8年（1825）前後か。大聖寺領（現石川県加賀市）で越後瞽女が追い剝ぎを殺害した逸話。滝沢馬琴『兎園小説』に武蔵国忍領を舞台とする類似する話あり（文政8年［1825］頃）。

江田忠,「塩井の瞽女宿」,『置賜の民俗』, 第7-8巻, 1976年, 52-54頁。

大正時代まで毎年（多くの場合7月）山形県置賜地方を訪れた越後瞽女に関する研究。

胡弓を奏でた瞽女もいたとある。

『越後頸城郡誌稿』，越後頸城郡誌稿刊行会編，豊島書房，1969 年。

寛保 2 年（1742），高田瞽女人口の記録（上巻，547 頁），天保 9 年（1838）のより限定された地域の瞽女を含む人口統計（791 頁），同年の人口統計あり（930–931 頁）。

越後国頸城郡文書，『明治大学刑事博物館目録』，第 36 号，書冊・横帳の部，A 村政・村入用，明治大学博物館（刑事部門）蔵。

頸城郡行《ゆく》野《の》村（現上越市安塚区）の村入用帳に瞽女の記載が見られる。天保 11 年（1840）3 月，去亥郡中組合村小入用夫銭書上帳（80），安政 5 年（1858）3 月「去巳郡中組合村小入用夫銭帳」（81），文久 2 年（1862）3 月「去酉郡中諸割村小入用夫銭帳」（82）。

「越後瞽女溺死一件」，林英夫編，『流民』（近代民衆の記録 4），新人物往来社，1971 年，515–523 頁。

天保 7 年（1836）5 月 10 日の瞽女自殺事件の記録。要点は遠藤滋『かたりべ日本史』48–53 頁に整理されている。

『越後長岡年中行事懐旧歳記』，反町茂雄校訂，弘文荘，1964 年。

明治 10 年（1877），小川當知著。長岡瞽女に関する記録あり（50 頁，『長岡市史』1931 年版，874 頁，瞽女に関する記録の情報源となっているか）。万歳に関する記録あり（48 頁）。『日本都市生活史料集成』第 5 巻（城下町篇 3），学習研究社，1976 年，516–563 頁にも所収。

「越後の瞽女——第二十七回関東ブロック民俗芸能大会」，1985 年（著者不詳）。

新発田市民文化会館の瞽女公演のプログラム解説。

「越後のごぜ芸人」，『信越百年の秘話』，読売新聞社新潟松本支局編，新潟県三条市，野島出版，1969 年，121–123 頁。

読売新聞の新越版，1966–68 年連載の記事。主に市川信次の情報に基づく。

『越後風俗志』，越後地誌風俗全書，温古談話会編，1895 年（国書刊行会，1990 年復刻）。

明治 28 年（1895）刊。越後の瞽女・座頭に触れている（復刻版の 273–274 頁，第 7 巻，19–20 頁）。

『越前国名蹟考』，『福井県郷土叢書』，福井県立図書館，福井県郷土誌懇談会共編，第 5 集，福井県郷土誌懇談会，1958 年。

文化 12 年（1815）自序。寛文 2 年（1662）4 月 5 日付，越前の瞽女・座頭への配当金に関する「覚」あり（445–446 頁）。西山光照寺の縁起に「盲女」への言及あり（409–410 頁）。

『越前町史』，続巻，越前町史編纂委員会編，越前町役場，1993 年。

天保 13 年（1842）2 月の村入用帳に瞽女への言及あり（308 頁）。

『江戸町触集成』，全 20 巻，原島陽一他編，塙書房，1994 年（第 2 巻），1997 年（第 7–8 巻），1999 年（第 12 巻），2000 年（第 14 巻），2001 年（第 15–16 巻），2002 年（第 17 巻）。

瞽女などに関する町触は次の通り。第 2 巻，43–44 頁（2065 号），天和 3 年（1683）3 月 2 日，江戸町中屋敷の調査に関する「覚」。第 4 巻，84 頁，享保 6 年（1721）11 月 2 日の人口調査（命令）。第 5 巻，39 頁（6541 号），元文 4 年（1739），江戸での上方節禁令。第 7 巻，456–457 頁（8652 号），安永 7 年（1778）4 月 6 日，女性名義の借家に関する申渡。第 8 巻，415 頁（9488 号），寛政元年（1789）10 月 1 日，町年寄りから年番

名主への申渡。第12巻，160頁（12199号），文政6年（1823）9月11日，按摩「こう」への褒美。第13巻，262-263頁（13170号），天保8年（1837）12月22日，孝行者「亀次郎」への褒美。第14巻，268-269頁（13819号），天保13年（1842）12月20日，孝行者「つね」への褒美。同巻，390頁（13977号），天保14年（1843）7月6日，孝行者「益江」への褒美。第15巻，108-109頁（14258号），弘化元年（1844）12月17日，孝行者への褒美。第16巻，206-207頁（15320号），嘉永5年（1852）9月21日，失明した母を扶養する孝行者「千代」褒美を貰う。第17巻，252頁（16087号），安政5年（1858）5月6日，失明した母を扶養する孝行者「きく」褒美を貰う。第18巻，132-133頁（16660号），文久元年（1861）11月21日，失明した母を扶養する「清太郎・米吉」褒美を貰う。第18巻，254-255頁（16876号），元治元年（1864）6月19日，失明した母を扶養する「清五郎」褒美を貰う。第18巻，264頁（16896号），元治元年（1864）10月1日，孝行者「ふき」褒美を貰う。第18巻，327-328頁（17000号），慶応元年（1865）7月，孝行者「与吉」褒美を貰う。

『江戸名所図会』，全4巻，有朋堂書店，1917年。

天保5-7年（1834-36）刊，斎藤月岑著，長谷川雪旦画。瞽女の絵は第1巻，446-447頁（巻之二，「麦藁細工」），448-449頁（巻之二，「大森和中散」）にある。

『恵那市史』，恵那市史編纂委員会編，岐阜県恵那市，1976年（史料編），1989年（通史編，第2巻）。

久須見瞽女に関する説明あり（通史編，第2巻，1166-1169頁）。史料編に次の記録あり。文久3年（1863）12月，「久須見村御物成付払割合帳」の「上ごせ」，「下ごせ」に関する文書（364-365頁）。嘉永6年（1853）6月29日，「正家村村入用割元帳」（532頁），慶応3年（1867）12月，「夘暮千石大割帳」（555頁，現恵那市周辺の瞽女への言及）。嘉永4年（1851）10月18日，正家村入用帳の記録（561頁）。天保9年（1838）閏4月25日と宝暦9年（1759）11月，「久須村《[ママ]》瞽女家覚書」（686-687頁）。

榎本正三，『女たちと利根川水運』，利根川叢書4，崙書房出版，1992年。

千葉県の瞽女に関する研究。寛政7年（1795），「下総国印旛郡別所村高反別明細帳」に瞽女1人とある（191-192頁，『印西町史』，資料集，近世3，395頁にもある）。享和3年（1803）の瞽女奉納の手水石（現千葉県印西市地蔵寺）の記録（185-186頁）あり。安政4年（1857）10月の長岡瞽女の入門誓約書の記録あり（188-189頁）。

『愛媛県史』，資料編，愛媛県史編さん委員会編，1984年（近世上），1987年（幕末維新），1988年（近世下）。

瞽女に関する記録は次の通り。近世上，203頁，延宝6年（1678）3月20日，松山藩の「郷中触書」。238-240頁，元禄15年（1702）5月21日，松山藩の「座頭・瞽女勧物米請書之覚」。282頁，元禄4年（1691）の瞽女人口（松山町）に関する記録。299頁，天和2年（1682）（か）の法令。305頁，天明4年（1784）2月に瞽女3軒とある。幕末維新，169-170頁，松山藩，明治4年（1871）4月20日「座頭・瞽女救助布告」。近世下，435頁，元禄4年（1691）10月2日，宇和島藩の人口調査に瞽女・座頭の人数の記載。729-730頁，吉田藩，元禄11年（1698）3月28日「座頭養米規定」。139頁，安政3年（1856）11月「喜多郡五百木村米豆銀免割目録」，瞽女・座頭扶持の記載。

『絵《え》本《ほん》時世《いまよう》粧《すがた》』，『日本庶民生活史料集成』，第30巻，三一書房，1982年，592-604頁。

享和2年（1802）刊，歌川豊国画。琴を奏でる瞽女の挿絵あり（593頁）。

『塩山市史』，史料編，第2巻，近世，塩山市史編さん委員会，（山梨県）塩山市，1995年。

牛奥村内出入取扱に関する宝暦6年（1756）2月の箇条書あり（465頁）。文化7年（1810），瞽女81人の泊まり賄いの記載を含む夫銭帳あり（501頁）。『荆園紀事』文化15年（1818）8月14日，15日の項に瞽女に関する情報あるが誤読などあり（957頁）。

遠藤滋，『かたりべ日本史』，雄山閣，1975年。

42-53頁に瞽女の説明あり。

遠藤滋，「ごぜ唄ジンジンする声」，『心』，第30巻，第11号，1977年，73-84頁。

『宴遊日記』，『芸能記録』（『日本庶民文化史料集成』，第13巻，別巻1），三一書房，1977年，1-813頁。

安永2年〜天明5年（1773-85）成立，柳沢信鴻著。瞽女への言及は3頁（安永2年［1773］1月21日），449頁（安永8年［1779］11月19日）にある。

『老の路種』，金沢文化協会，1936年。

上田耕著（天明7年〜元治元年［1787-1864]），天保6年（1835）序。加賀藩の瞽女への言及は27頁，34頁にある。

『大潟町史』，資料編，大潟町史編さん委員会，（新潟県）大潟町，1988年。

延宝9年（1681）の人別帳に瞽女1人がいるとある（119頁）。

大隅三好，『盲人の生活』，生活史叢書34，生瀬克己補訂，雄山閣，1998年。

瞽女に関する項目あり（202-210頁）。明治末年佐賀県の農村を訪れた瞽女に関する言及あり（207頁）。生瀬克己著の補章「近現代の〈視覚障害者〉をめぐって」あり，明治以降の視覚障害者の歴史を辿る（221-243頁）。

『大阪市史』，第3巻，大阪市，清文堂，1911年（1965年復刻）。

安永3年（1774）11月10日，町奉行の触あり（841頁）。

『大沢野町誌』，上下，大沢野町誌編集委員会編，（富山県）大沢野町，1958年。

「俄瞽女」がこの地方に巡業したとある（上巻，476-477頁）。

大島建彦，「沼津の瞽女」，『沼津市史研究』，第7号，1998年3月，45-66頁。

沼津市，真楽寺の過去帳など多くの史料に基づく沼津の瞽女の実態の研究。文政11年（1828）12月8日，25日の瞽女への施米に関する書付あり（48頁）。明治9年（1876）沼津瞽女の名簿あり（50頁）。真楽寺の過去帳に見られる瞽女の名前あり（51-62頁）。

大島治清・中曽根松衛編，『日本民謡全集』，第3巻，関東中部編，雄山閣，1975年。

瞽女と瞽女唄に関する項目あり（128-129頁，134-138頁）。

大滝雅楽絵，「瞽女唄の研究——高田瞽女唄を中心として」，『楽道』，第382巻，9-15頁，第383巻，4-8頁，第384巻，10-16頁，第385巻，4-9頁，第386巻，4-9頁，第387巻，11-17頁，第388巻，14-17頁，33頁，第389巻，8-13頁，37頁，1973年，（正派邦楽会）。

瞽女唄の音楽要素の分析。佐久間惇一『瞽女の民俗』230頁によれば著者の本名は杉野三枝子で，高田の瞽女唄を録音したらしい。

『大田区史』，資料編，東京都大田区，1976年（平川家文書，第2巻），1978年（平川家文書，第4巻），1984年（加藤家文書，第1巻），1985年（北川家文書，第2巻），1986年（加藤家文書，第3巻），1987年（加藤家文書，第4巻）。

瞽女に関する記録は次の通り。平川家文書，第2巻，宝暦4年〜明治5年（1754-1872），多数の下丸子村の村入用帳など（本書史料篇参照）。平川家文書，第4巻，1478頁，寛延3年（1750）「午年六郷領下丸子村諸役入目帳」。北川家文書，第2巻，寛政4年〜文化14年（1792-1817）の下沼部村の村入用帳など（13-28頁，101-102頁）。加藤

家文書，第1巻，276頁，279頁，282-283頁，285頁，291頁，294頁，297頁，301頁，304頁，307頁，308頁，311頁，315頁，嘉永2年〜明治4年（1849-71）「定式并臨時立替物諸払覚帳」など。58-59頁，明治3年（1870）1月「当午年村役人出勤覚帳」。60-61頁，明治4年（1871）1月「当未年村役人出勤覚帳」。322頁，明治4年（1871）1月「当未年諸事立替物覚帳」。65頁，325-326頁，明治4年（1871）12月の記録。339-340頁，年代不詳の記録（明治3年［1870］か）。加藤家文書，第3巻，414頁，416頁に天保10年（1839）1月，加藤家文書，第4巻，477頁，天保13年（1842）1月，馬込村の瞽女に関する記載。

太田家文書，山梨県立博物館蔵。

主に上野村（現山梨県市川三郷町，旧三珠町上野）関係文書。瞽女関係の文書は次の通り（成立年月日，表題，請求番号）。寛保元年（1741）1月「酉年中夫銭帳」（太093.4/73），延享3年（1746）1月「甲州八代郡上野村寅年小入用帳」（太093.4/84），寛延4年（1751）1月「寛延四年，甲斐国八代郡上野村未年小入用帳」（太093.4/96），宝暦2年（1752）1月「甲斐国八代郡上野村申年小入用帳」（太093.4/101），宝暦3年（1753）12月「宝暦三年，酉暮より村小入用帳」（太093.4/105），宝暦9年（1759）1月「宝暦九年，寅年村入用夫銭帳」（太093.4/121），宝暦14年（1764）1月「宝暦十四年，申年中村小入用夫銭帳」（太093.4/128），安永6年（1777年，表紙欠）「安永六年村小入用帳」（太093.4/151），天明2年（1782）1月「天明二年，寅年中村入用夫銭帳」（太093.4/161），天明5年（1785）「巳年中夫銭帳」（太093.4/166），享和元年（1801）12月「戌春村小入用夫銭帳」（太093.4/212），享和2年（1802）1月8日「享和二壬戌年，上野村，村入用夫銭控帳」（太093.4/218），文化13年（1816）12月「丑春村小入用夫銭帳」（太093.4/278），文政9年（1826）12月「亥春村小入用夫銭帳」（太093.4/353），文政10年（1827）12月「子春村小入用夫銭帳」（太093.4/361），天保4年（1833）12月「天保四年，上野村，午年村小入用夫銭帳」（太093.4/406），嘉永3年（1850）11月「嘉永三年，亥春入用夫銭帳」（太093.4/477），万延2年（1861）1月「座頭廻国廻村などの取締り方申上書」（太093.6/58），年代不詳（明治7年［1874］か，8月3日）「瞽女本籍之義ニ付連絡書簡」（太093.6/161），年代不詳（明治7年［1874］か，5月11日）「瞽女戸籍など之義連絡書簡」（太093.6/163）。

『太田市史』，史料編，太田市，1978年（近世1），1979年（近世2），1983年（近世3）。

村入用帳に瞽女への合力の記録は近世1，837頁（弘化4年［1847］11月2日），840頁（安政7年［1860］3月）にある。天明4年（1784）1月5日「浅間山焼以後穀物高値につき下値売買等申渡請書」は近世3（太田宿本陣史料集），275-276頁にある。

『大野郡高山壱之町村宗門人別御改帳』，高山市郷土館蔵（非公開）。

文政11年（1828）2月の現岐阜県高山市の記録。加藤康昭『日本盲人社会史研究』247頁に一部引用。

『大迫町史』，民俗資料編，大迫町教育委員会編，（岩手県）大迫町，1983年。

大迫町（現花巻市）の「菅原五兵衛覚書」（759-816頁所収，大迫町蔵「菅原隆太郎文庫」内の文書から編纂）に幕末の視障者に関する記録あり。菅原五兵衛は天保元年生〜大正4年没（1830-1915）。768頁に「座頭宗門」について述べ，「奥浄瑠璃及座頭ノ古事」の項（800-801頁）で地元の瞽女に言及する。

大林太良，「口承文芸と民俗芸能」，『日本民俗文化大系』，第7巻，小学館，1984年，5-44頁（序章）。

様々な口承文芸とその担い手に言及しながら，越後瞽女の特徴と役割も紹介する研究（特に 15–17 頁参照）。

『大府市誌』，資料編，近世，大府市誌編さん刊行委員会編，（愛知県）大府市，1990 年。
文久 4 年（1864）2 月 1 日〜5 月 28 日か，猪伏村「子之年飯米取替帳」に瞽女に関する記録あり（288–290 頁）。

『大町市史』，大町市編纂委員会，1984 年（第 5 巻，民俗・観光資料），1986 年（第 3 巻，近世資料），（長野県）大町市。
元禄 7 年（1694）11 月 25 日，安曇郡千県村（現長野県大町市）の生類憐み令の請書に瞽女への言及あり（第 3 巻，69 頁）。瞽女を含む旅芸人の聞き取り調査の情報あり（第 5 巻，225–227 頁）。

『大間々町誌』，別巻 2，近世資料編（『大間々町の近世資料』），（群馬県）大間々町。
寛延 3 年（1750）3 月，桐原村の村入用帳あり（300–301 頁）。

『大宮市史』，大宮市史編さん委員会編，大宮市，1969 年（第 5 巻，民俗・文化財編），1975 年（資料編 1）。
文化 7 年（1810）10 月に安永 3 年（1774）10 月の旅僧・修験・瞽女・座頭取締令の再発布あり（第 1 巻，48–49 頁，角井駿河「文化七午年日記」による）。「昔大宮宿」に瞽女の家があり，加茂宮にもあったとある（第 5 巻，32–33 頁）。

大山真人，『わたしは瞽女——杉本キクエ口伝』，音楽之友社，1977 年（1999 年再版）。
高田瞽女の杉本キクエに関する情報が多く含まれている研究。「旅一日」（99–103 頁），「瞽女宿の機能」（156–159 頁），「式目の意味」（173–179 頁），「瞽女の生活」（216–221 頁），「消えゆく瞽女」（287–289 頁），「瞽女唄」（290–298 頁）などの章が特に学問的である。杉本キクエによる門付け唄「こうといな」（293 頁，1973 年 1 月録音），祭文松坂の「葛の葉子別れ」（293–294 頁，1 段目，1971 年 7 月録音），「松前口説」（294–296 頁，1975 年 5 月録音），「新保広大寺」（296 頁，1975 年 5 月録音），「万歳（柱立て）」（296–298 頁，1973 年 1 月録音），口説の「へそ穴口説」（298 頁，1971 年 7 月録音）の歌詞も翻字。

大山真人，『ある瞽女宿の没落』，音楽之友社，1981 年。
高田（現上越市）最後の瞽女であった杉本キクエ・杉本シズ・難波コトミの活動の終焉を記録する。

大山真人，『高田瞽女最後』，音楽之友社，1983 年。
大山は杉本キクエに多くのインタビューを行ったが，瞽女を美化する脚色と学術的記述とが混在する。

『岡崎市史』 →『新編岡崎市史』

岡見正雄，「瞽女覚書」，『女子大国文』，第 20 号，1961 年，76–79 頁。
中世の瞽女の研究。

『岡山県史』，岡山県史編纂委員会編，1986 年（第 21 巻），1981 年（第 25 巻），1982 年（第 24 巻）。
瞽女に関する記録は次の通り。第 21 巻（備前家わけ史料），11 頁，寛文 7 年（1667）11 月 1 日，瞽女・座頭への祝儀に関する定め（寛文 8 年［1668］10 月 26 日の項，167–168 頁も参照）。849 頁，宝永年間（1704–11）か，瞽女・座頭の弟子への言及（975 頁に年代不詳の関連する文書も参照）。第 24 巻，1205–1206 頁，宝永 4 年（1707）6 月 15 日の備前国城下の人口調査。1218–1221 頁，宝永 4 年（1707）6 月 15 日「備前国備中国

之内御郡々村数家数并男女人数」。第25巻（津山藩文書），546頁，元禄14年（1701）3月の「覚」。1176頁，文化9年（1812）7月21日の浪人取締令（幕府令，文化9年［1812］6月24日の項参照）。

小川家文書，（信濃国安曇郡保高町村小川家文書），国文学研究資料館蔵。

327号に天保7年（1836）7月，安曇郡保高町村（松本藩領，現安曇野市穂高）の「入用ノ通」に瞽女への配当の記載あり。『史料館所蔵史料目録』第44集（1986年），48頁参照。

『小川町の歴史』，資料編4，近世1，（埼玉県）小川町，2000年。

弘化3年（1846）1月，飯田村の村入用帳あり（303-304頁）。増尾村，慶応4年（1868）3月の村入用帳あり（305-306頁）。

「おきての中の女　越後ごぜ」，『読売新聞』，1964年9月25日。

『奥田家文書』，奥田家文書研究会編，大阪，大阪部落解放研究所，1971年（第6巻），1972年（第7巻）。

現大阪府にあった南王子村の記録に女性視障者も数多く含まれている。第6巻，617-652頁，「難渋人書上帳」（天保8年［1837］4月）。761-799頁，「何十人書上ヶ帳」（嘉永4年［1851］2月）。第7巻，4-15頁，「難渋人書上ヶ取調子帳」（慶応2年［1866］6月）。16-74頁，「極難渋人書上ヶ取調子帳」（慶応2年［1866］6月）。218-227頁，「極難之者名前書上帳」（慶応2年［1866］7月）。279-287頁，「難渋人取調子書上帳」（明治2年［1869］5月）。287-301頁，「難渋人取調子書上帳」（明治2年［1869］5月）。

『奥富士物語』，上下，（青森県叢書，第8-9編），青森市，青森県学校図書館協議会，1954年。

明和2年（1765），藤原通麿による編集，津軽藩四代信政公の事績を詳記。元禄14年（1701）2月17日の瞽女・座頭・乞食への配当に関する藩法所収（上巻，55頁，［巻一］）。

奥山家文書，山梨県立博物館蔵。

主に甲州山梨郡西保中村（現山梨県山梨市牧丘町）の文書。瞽女への寄付が記録されている村入用町・夫銭帳の題名，年度，請求番号は次の通り。「甲州山梨郡西保中村巳（天明5）小入用帳」（天明5年［1785］，奥093.4/21），「西保中村巳（天保7）村入用夫銭帳」（天保7年［1836］，奥093.4/68），「西保中村丑（天保12）村入用夫銭帳」（天保12年［1841］，奥093.4/73），「西保中村卯（天保14）村入用夫銭帳」（天保14年［1843］，奥093.4/74），「西保中村午（弘化3）村入用夫銭帳」（弘化3年［1846］，奥093.4/76），「西保中村子（嘉永5）村入用夫銭帳」（嘉永5年［1852］，奥093.4/82），「山梨郡西保中村酉（文久元）村入用夫銭帳」（文久元年［1861］，奥093.4/92），「西保中村子（元治元）村入用帳」（元治元年［1864］，奥093.4/97），「西保中村寅年村入用夫銭帳」（年代不詳，慶応2年［1866］か，奥093.4/102），「西保中村午（明治3）村入用夫銭帳」（明治3年［1870］，奥093.4/105）。

小沢昭一，『私のための芸能野史』，芸術生活社，1972年。

東京の芝新網町に20世紀前半に瞽女が住んでいたとある（200頁）。

小沢昭一・高橋秀雄編，『座敷芸・大道芸』，『大衆芸能資料集成』第3巻（祝福芸），三一書房，1982年。

102-141頁に次の瞽女唄の歌詞が所収されている。102-112頁，祭文松坂「信徳丸」（10段），112-115頁，祭文松坂「石童丸」（3段），115-119頁，祭文松坂「景清」（4段），

119-126 頁，祭文松坂「明石御前」(6 段)，126-133 頁，祭文松坂「佐倉宗五郎」(6 段)，133-135 頁，口説「鈴木主水」(2 段)，135-137 頁，口説「お吉清左」(1 段)，137-138 頁，口説「お粂左伝次」(1 段)，138-139 頁，口説「赤猫くどき」(1 段)，139 頁，口説「ねずみくどき」，140-141 頁，「万歳」。「ねずみくどき」は刈羽瞽女の伊平タケの演奏に基づき（鈴木昭英・松浦孝義・武田正明編『伊平タケ聞き書越後の瞽女』による)，その他は長岡瞽女の小林ハル，土田ミスの演奏に基づく（佐久間惇一編『阿賀北瞽女と瞽女唄集』による)。それ以外にも会津万歳の「柱立て祝い」(187 頁）と「子別れの段」(190-191 頁)，仙台万歳の柱立て三種（195-198 頁)，広島県三次市の大黒舞「小栗判官照手姫」(230-233 頁）など瞽女唄に関係の深い大道芸の歌詞あり。236-248 頁に様々な「春駒」の歌詞も収録されている。

『御仕置裁許帳』，『近世法制史料叢書』，第 1 巻，石井良助，創文堂，1959 年。

寛文 13 年（1673）6 月 25 日，視覚障害者の継娘が殺害された事件（159 号，62-63 頁)，元禄 6 年（1693）4 月 12 日，江戸の瞽女「てる」一件（807 号，345-346 頁)，元禄 10 年（1697）閏 2 月 8 日に「盲女」との駆け落ち事件（183 号，75-76 頁）の記録あり。

押尾忠・大熊文夫，『四街道市の民俗散歩』，(昔の内黒田村)，四街道内黒田村民俗愛好会，千葉県四街道市，1981 年。

145 頁に瞽女への言及あり。

「乍恐以書付御訴訟奉申上候」，杉本家文書，918 号，国文学研究資料館蔵。

天保 2 年（1831）6 月，武蔵国大和田村・南秋津村の文書。陰陽家の瞽女仲間に対する不法行為に関する瞽女の訴訟願書。『史料館所蔵史料目録』第 65 集，『武蔵国多摩郡後ケ谷村住本家文書目録』(1997 年）18 頁参照。

「乍恐以書附奉願上候」，上越市立総合博物館蔵。

文化 15 年（1818）4 月，高田瞽女の町惣年寄御衆中宛の願書（文案)。

小田節子（旧姓橋本)，「越後瞽女唄をめぐって」，『新潟県図書館報にいがた』，第 8 号，1978 年，1-4 頁。

越後瞽女とそのレパートリーの初歩的な解説。

『落穂集』，『江戸史料叢書』，萩原龍夫・水江漣子校注，人物往来社，1967 年。

享保 13 年（1728）成立，大道寺友山（重祐）著。巻之十「躍児の事」の項に「ごぜ」への言及あり（244 頁)。

『御触書寛保集成』，高柳真三・石井良助編，岩波書店，1934 年。

元禄 14 年（1701）9 月，「盲女」関連の触書あり（1195 頁，2558 号)。

『御触書天明集成』，高柳真三・石井良助編，岩波書店，1936 年。

安永 3 年（1774）10 月，瞽女に関する触書あり（926 頁，3105 号)。

「覚」，内藤家文書（家督相続ニ付盲女へ下銀之事)，明治大学博物館（刑事部門）蔵（第 3 部，14 地方，304)。

年代不詳，十一月十日付。

「覚」，内藤家文書（日向・豊後国竃人別牛馬目録)，明治大学博物館（刑事部門）蔵（第 3 部，14 地方，319)。

卯年（延享 4 年［1747］か）8 月，延岡藩の人口調査。

「覚」，野口家文書，1840 号，埼玉県立文書館蔵。

現ときがわ町，明治 3 年（1870）か，12 月 23 日，大河原座元，「盲人・盲女」の助成

金の領収書。

「おほえ」，上越市立総合博物館蔵。

天保5年（1834）12月18日，高田瞽女の「覚」。

『御屋形日記』，九州大学蔵，101巻のマイクロフィルムあり（1992年撮影）。原本は多久市立郷土資料館蔵。

元禄2年（1689）2月20日，元禄2年（1689）11月2日，元禄14年（1701）11月13日，享保17年（1732）10月28日の諸項に現佐賀県多久市域で活躍した瞽女に関する記載あり。

『小山市史』，史料編，近世1，小山市史編さん委員会編，小山市，1982年。

嘉永5年（1852）10月の古河町座元の瞽女・座頭留場一札（婚礼の際，瞽女・座頭の村内立入りを制限する留場の証状）あり（746–747頁）。

『小山町史』，第2巻，近世史料編1，（静岡県）小山町，1991年。

享保19年（1734）7月の生土村村定あり（253頁）。

『温故の栞』（『越後地誌風俗全書　温故の栞』），上下，温古談話会編・刊，1890–93年（1977年復刻）。

第1巻，350–351頁（大平智順著，明治23年［1890］刊），第2巻，784頁（関古佐美著，明治24年［1891］9月15日の記録）に長岡瞽女に関する説明がある。第1巻の項は高田市文化財調査委員会編『高田のごぜ』24頁などに復刻。第2巻の項は村田潤三郎『瞽女さは消えた』255頁に復刻。

「恩田杢差図書」，信濃国松代真田家文書，か985，国文学研究資料館蔵。

天保8年（1837）12月13日，松代藩，座頭・盲女・非人への祝儀に関する申渡。表題は『史料館所蔵史料目録』第37巻，41頁による。

『甲斐国志』，上中下，『甲斐叢書』，第10–12巻，甲斐叢書刊行会，1884年（第一書房，1974年再版）。

文化11年（1814）成立，松平定能著。現山梨県の瞽女に関する記録あり（下巻［巻之百一］，1458–1459頁）。

『皆山集』（土佐之国史料類纂），第6巻（社会・民族［1］篇），松野尾章行（原著），平尾道雄他編，高知県立図書館，1973年。

瞽女に関する記録は次の通り。元禄15年（1702）10月，土佐藩の瞽女への施行米支給の開始に関する言及（40–41頁）。天保10年（1839）5月5日に土佐藩の扶持制度を讃える座頭の文書（122頁）。延宝7年（1679）6月15日，土佐藩の座頭・瞽女に伝馬などの支給（135頁）。天保14年（1843），土佐藩の瞽女・座頭に関する調査報告（143–144頁）。明治3年（1870）3月，土佐藩の瞽女・座頭に関する布告（144頁）。明治3年（1870）4月の土佐藩の瞽女・座頭廃止の触書（152頁）。

「廻状（後欠・盲女みわ廻村に付世話依頼）」，松尾家文書，1156号。

史料は年代不詳であるが，「みわ」は嘉永7年（1854）5月4日生まれ。新潟市紫竹山の文書。『新潟市合併町村の歴史——史料目録』新潟市合併町村史編集室編・刊，1986年，334頁参照。

『貝瀬日記』，原本所在不詳，塩沢町史編さん室の解読文がある。

文政2年（1819）5月20日から文政13年（1830）10月3日の間，瞽女の到来を記録するいくつかの項目を含む日記。貝瀬家は魚沼郡神宇村（現南魚沼市塩沢）の有力な農家である。

『海田町《かいたちょう》史』，資料編，（広島県）海田町，1981 年。

文久元年（1861）11 月成立「安芸郡規則集控」に宝暦 7 年（1757）の「座頭盲女之事」（95-98 頁），安永 6 年（1777）以降の「割付」（95 頁），宝暦 7 年（1757）の「座頭・盲女」（111-112 頁），瞽女・座頭の人数と扶持などに関する記録あり。

『甲斐の落葉』，有峰書店，1975 年（上巻・下巻合本）。

山中共古（山中笑《エム》，嘉永 3 年～昭和 3 年［1850-1928］）著。明治 34 年（1901）序。巻ノ上，46 頁に明治頃以前甲府の瞽女に関する項あり。巻ノ下，77-78 頁に甲府の視覚障害者と按摩に関する項あり。

『甲斐国現在人別調』，統計院編纂，芳文閣，1979 年。

明治 12 年（1879）12 月 31 日，山梨県の調査結果。瞽女については「甲斐国」（94 頁），「西山梨」（38 頁），視障者全般については「甲斐国」（140-142 頁）参照。

『加賀藩史料』，全 18 編，大阪，清文堂，1970 年。

瞽女関連記録は次の通り。第 4 編，25-26 頁（寛文 3 年［1663］6 月 6 日），第 5 編，16 頁（元禄 2 年［1689］4 月 4 日），227 頁（元禄 6 年［1693］5 月），第 6 編，474 頁（享保 9 年［1724］8 月 21 日），第 11 編，417 頁（文化元年［1804］），第 12 編，310 頁（文化 11 年［1814］2 月），第 13 編，510-511 頁（文政 7 年［1824］7 月），537 頁（文政 7 年［1824］11 月 26 日），第 14 編，18 頁（文政 13 年［1830］閏 3 月 11 日），445-446 頁（天保 5 年［1834］4 月），965 頁（天保 9 年［1838］9 月）。

『加賀藩史料』，藩末篇，大阪，清文堂，1980 年。

嘉永 7 年（1854）3 月 20 日（上巻，599 頁），安政 4 年（1857）1 月（上巻，853-855 頁）に瞽女に関する記録と法令あり。

『鏡村史』，鏡村史編纂委員会，（高知県土佐郡）鏡村，1989 年。

天保 7 年（1836）の村入用として瞽女・座頭補銀の記録あり（340 頁）。村々に納められた「出銀」の制度は文化 13 年（1816）以来の制度とある（342 頁）。

『香川県史』，第 9-10 巻，資料編（近世史料 1-2），1987 年。

瞽女に関する記録は次の通り。第 9 巻，86-87 頁，延享 4 年（1747）5 月の瞽女・座頭への触。163-164 頁，年代不詳（文政 11 年［1828］，または天保 11 年［1840］か）「素人」弟子取りの禁止令。173-175 頁，弘化 2 年（1845）4-5 月の瞽女・座頭への配当に関する法令。第 10 巻，487 頁，文化 7 年（1810）4 月 13 日の触。504-505 頁，文化 9 年（1812）2 月 25 日の倹約令。521 頁，文化 13 年（1816）5 月の宗門帳に関する「覚」。

『歌曲《かきよく》時習考《きらへかう》』，浅野健二他監修，『日本歌謡研究資料集成』，第 9 巻（歌系図・歌曲時習考），勉誠社，1980 年，73-664 頁。

初版は文化 2 年（1805）であるが，『日本歌謡研究資料集成』，第 9 巻所収のものは文政元年（1818）の改正増補版である。142 頁の「きりこ」（本調子）は「瞽者かめ調」とある（80 頁）。

『隔蓂記』，第 1 巻，赤松俊秀校注，京都，思文閣，1997 年。

京都金閣寺の独住第 2 世鳳林承章（文禄 2 年～寛文 8 年［1593-1668］，後水尾天皇の再従兄弟）の日記。寛永 21 年（1644）7 月 21 日，京都にて踊り子に三味線伴奏を付ける「盲婦」の記録あり（598 頁）。

『鹿児島県史料』，旧記雑録追録 4，鹿児島県維新史料編さん所編，1973 年。

「旧記雑録追録」巻 71，享保 14 年（1729）12 月 11 日「竹姫君様御入輿之件」に「こ

せ」への言及あり（4-5頁）。

『鹿児島ぶり』，『日本庶民生活史料集成』，第9巻，三一書房，1969年，391-452頁。
402頁に瞽女への言及あり（天保7年［1836］2月13-17日）。

『笠懸村誌』，別巻三，資料編，近世史料集笠懸村誌編纂室，（群馬県）笠懸村，1989年。
安永5年（1776）3月，阿左見村・阿左村の村入用帳あり（25頁）。

柏木家文書，信濃国御影新田村柏木家文書，国文学研究資料館蔵。
安永2年（1773）2月，安永5年（1776）3月，天明8年（1788）3月，佐久郡御影新田村「村入用夫銭書上帳」（51-1号，51-2号，51-3号）に瞽女に関する記載が見られる。『史料館所蔵史料目録』第45集（1987年），72頁参照。

『柏崎市史資料集』，近世篇4（『柏崎町会所御用留』，嘉永元年～安政3年），柏崎市史編さん委員会，1979年。
安政3年（1856）7月23日の「盲人ちとせ」に関する記録あり（499頁）。

『柏崎市史資料集』，民俗篇（『柏崎の民俗』），柏崎市史編さん委員会，1986年。
「ごぜ」の項目に主に鈴木昭英の研究成果を概略し，史料に見られる柏崎瞽女にも言及する（934-939頁）。

『柏崎史誌年譜』（『稿本柏崎史誌年譜』），上下，柏崎市立図書館編，新潟県柏崎市，1956年。
瞽女に関する記録は上巻，138-139頁（元禄8年［1695］），229-230頁（天保9年［1838］），254頁（安政頃［1854-59年］）にある。

『柏崎日記』，『日本庶民生活史料集成』，第15巻，三一書房，1971年，632-765頁。
天保13年（1842）3月6日の項（669頁）に「瞽女祭り」に関する記録あり。

『柏市史』，資料編，柏市史編さん委員会編，柏市，1970年（第7編，諸家文書上），1971年（第4編，布施村関係文書上）。
寛保元年（1741）11月，布施村の差出帳に瞽女2人の記録あり（第4編，26頁）。寛保元年（1741）6月，正連寺村の差出帳に瞽女1人（第7編，430頁）。同年同月大室村の差出帳に瞽女1人とある（第7編，453頁）。天保14年（1843）6月，布施村の差出帳に瞽女1人がいたとある（第4編，48頁）。

『春日部市史』，第3巻（近世史料編3ノ1），春日部市教育委員会，1982年。
文政9年（1826）11月「旅籠屋相続願并御取締」あり（468-469頁）。

『雅俗随筆』，『真燕石十種』，第6巻，中央公論社，1981年，146-208頁。
寛政8年（1796）頃，失明した母親を抱える「花子」の美談あり（156頁）。

『片品の民俗』，群馬県民俗調査報告書第1集，群馬県教育委員会，1960年。
「口説」，「殿さエ節」など，瞽女唄に関する情報あり（109-110頁）。

『甲子夜話』，第2巻，中村幸彦・中野三敏校訂，平凡社，1977年。
文政4年～天保12年（1821-41）頃成立，松浦静山著。将軍家に仕える瞽女に関する記録あり（351頁）。

『勝沼町史料集成』，上野晴朗編，（山梨県）勝沼町，1973年。
明和2年（1765）1月（596-598頁），明和4年（1767）1月（598-604頁），綿塚村の小入用帳あり。明和6年（1769）7月28日，同村の夫銭割帳あり（604-608頁）。文政4年（1821）3月，文政7年（1824）3月，山村の小入用帳あり（608-609頁）。安永2年（1773）1月（611-612頁），享和2年（1802）1月（615-616頁），菱山村の小入用帳あり。

加藤康昭,『日本盲人社会史研究』, 未来社, 1974年。

中山太郎『日本盲人史』(正続) とともに日本視覚障害者史の研究の双璧である。著者は近世社会を中心に中山の作業を点検し, 視覚障害者に関する諸問題を社会構造のなかで捉えている。瞽女を主題とする一章あり (244-256頁)。文政2年 (1819) 2月, 文政11年 (1828) 2月, 天保14年 (1843) 2月, 飛驒国大野郡壱之町村の宗門人別帳の引用あり (247-248頁)。寛保2年 (1742) 7月, 岡山大学附属図書館池田家文書蔵「廻在座頭判鑑に成候一件」を引用 (425頁)。

加藤康昭,「盲人の生活と民衆文化」, 大石慎三郎編,『地方文化の日本史』, 第6巻 (『江戸と地方文化 (一)』), 文一総合出版, 1977年, 313-338頁。

安政5年 (1858) 2月, 飛驒国大野郡壱之町村の瞽女人口あり (316頁)。明治11年 (1878) 8月, 岐阜県吉城《よしき》郡古川町他5カ村より差し出された「盲人」救済の「願書」あり (318頁)。

加藤康昭,「近世の障害者と身分制度」, 朝尾直弘編,『日本の近世』, 第7巻 (身分と格式), 中央公論社, 1992年, 126-179頁。

視障者を含む近世の障害者に関する総合的研究。都会の瞽女に言及する (141-144頁)。

『神奈川県史』, 神奈川県県民部県史編集室編, 1974年 (資料編9 [近世6]), 1979年 (資料編8 [近世5下])。

天保13年 (1842) 4月に久良岐郡知行地へ送られた寛政3年 (1791) 3月の改革趣意教諭達書の中に瞽女への言及あり (資料編8 [近世5下], 94-98頁)。元禄6年 (1693) 2月19日, 矢倉沢関所の瞽女通行に関する書上あり (資料編9 [近世6], 369頁。『南足柄市史』第3巻, 493頁も参照)。

『神奈川県史料』, 神奈川県立図書館編, 1969年 (第2巻, 政治部1)。

明治15年 (1882) 11月の救済米支給に関する記録あり (694頁)。

『金沢市史』, 資料編7, 近世5 (商工業と町人), 金沢市史編さん委員会, 金沢市, 2002年。

天明8年 (1788) 1月改 (寛政10年 [1798] 6月改), 瞽女・座頭への祝儀の記録あり (585-586頁)。

『金沢市史』(『稿本金沢市史』), 風俗編第1-2, 金沢市史編纂委員会, 名著出版, 1973年 (大正5-11年 [1916-22] 刊の複製)。

風俗編第1, 164頁に座頭への言及, 204頁, 220頁に瞽女への言及あり。風俗編第2に「座頭」に関する一節あり (523-527頁), 瞽女に関する情報もある (525頁, 文政7年 [1824] 1月,『国事雑抄』によるか)。540頁にも瞽女への言及あり。

『金沢町名帳』, 金沢市立玉川図書館, 1996年。

文化8年 (1811), 金沢柳町「ごぜ　たを」の記載あり (226頁)。

『金谷《かな》町《やちょう》史』, 資料編2, 近世, 金谷町史編さん委員会, (静岡県) 金谷町役場, 1993年。

瞽女・座頭に関する条目は次の文書にある。文政2年 (1819) 10月8日, 大代《おおじろ》村「倹約取究」(323頁)。文政2年 (1819) 10月, 米価下落についての大代村など8カ村の組合取極帳 (328頁)。文政2年 (1819) 11月, 嶋村など10カ村組合村の取極書 (331頁)。

金山正好,「八王子に伝わっていた瞽女の巻物」,『多摩のあゆみ』, 33号, 1983年, 9-16頁。

瞽女の歴史などの解説と八王子地方に伝わった瞽女縁起と式目 (12-15頁, 延享3年

[1746] 成立，寛政5年 [1793] 写）の復刻。

「金児丈助伺書」，信濃国松代真田家文書，国文学研究資料館蔵。

瞽女関係文書は次の通り（年月日，国文学研究資料館蔵の目録による表題，請求番号）。天保8年（1837）8月，松代藩，天真院様御法事ニ付座頭施物頂戴を願いたる旨の伺い（か1409）。同年12月，松代藩，円明院法事ニ付施行の件に関する伺いの下書き（か1418-2）。同年同月，松代藩，円明院法事ニ付施行の件に関する伺い（か1418-1）。同年同月，松代藩，道姫様縁組ニ付座頭・盲女へ祝儀頂戴に関する伺い（か983）。表題は『史料館所蔵史料目録』第37巻，70-71頁，41頁による。

『金草鞋』，『一九全集』（続帝国文庫，第21巻），博文館，1900年。

十返舎一九著，文化10年～天保5年（1813-34）刊。瞽女に関する話あり（687頁，780-781頁，947-948頁）。続帝国文庫版には挿絵が全て省略されている。原本は千葉県，成田仏教図書館蔵。瞽女の絵は第5巻（白川，現福島県），第8巻（山内・米倉，現新潟県新発田市），第12巻（犬目，現東京都八王子市），第19巻（野々市，現石川県金沢市），第23巻（宮の下，現神奈川県足柄下郡箱根町宮ノ下，「箱根七湯」のひとつ）にある。

『嘉穂地方史』，近世編，第2巻，嘉穂地方史編纂委員会近世部会編，（福岡県）嘉穂地方史編纂委員会，1984年。

安政3年（1856）8月，「大倹取締」（305-327頁所収）に福岡藩が行った規制に瞽女・「盲人」への言及あり（319頁，325頁）。赤坂村（現福岡県飯塚町）の安政5年（1858）1月の「赤坂村年中村雑用帳」（394-401頁）に瞽女の記載あり。

『鎌ヶ谷市史』，鎌ヶ谷市教育委員会編，（千葉県）鎌ヶ谷市，1991年（資料編3上，中世・近世1），1993年（資料編5，民俗）。

佐津間村の文化6年（1809）1月の人口統計（資料編3上，385頁），文政11年（1828）4月の人口統計（資料編3上，386頁）に瞽女1人とある。戦前まで瞽女が来たとある（資料編5，314頁）。

鎌田忠良，「め絵馬参り瞽女唄」，『日本の流民芸』，新人物往来社，1974年，128-149頁。

主に高田瞽女の杉本キクエを対象とする瞽女に関する研究。若い瞽女4人の写真あり（134頁，出典不詳）。

上黒駒区有文書，山梨県立博物館蔵。

八代郡上黒駒村（現山梨県笛吹市御坂町）の文書。「元治元年村入用夫銭帳」（元治2年 [1865] 3月，黒093.4/141）と「慶応二年村入用夫銭帳」（慶応2年 [1866] 3月，黒093.4/142）に瞽女賄い代の記録あり。

「上高柳村瞽女書簡」，上越市立総合博物館蔵。

明治2年（1869）以降，高田瞽女より上高柳村（現埼玉県騎西町か）瞽女宛の書簡。

『亀田氏旧記』，『日本都市生活史料集成』，第5巻，城下町篇3，学習研究社，1976年，37-218頁。

金沢町人の日記。瞽女に関する記録は次の頁にある。75頁（明和9年 [1772] 3月21日），79頁（安永4年 [1775] 8月5日），87頁（安永6年 [1777] 8月6日），95-96頁（安永7年 [1778] 4月21日，29日），110頁（安永8年 [1779] 1月18日），119頁（安永8年 [1779] 11月15日），152-153頁（寛政2年 [1790] 7月10日），218頁（文政2年 [1819] 1月2日）。

茅野生，「越後『ごぜ』の起り」（「経済風土記，新潟県の巻」），『東京日日新聞』，1929年3

月7日号。

越後瞽女に関する古老の懐古談などを記録。

『刈谷町庄屋留帳』，全20巻，刈谷市教育委員会，1979年（第6巻），1981年（第7巻），1982年（第8-9巻），1983年（第10-11巻），1984年（第12-13巻），1985年（第14-15巻），1986年（第16巻）。

瞽女の来町などに関する記録は次の頁にある。第6巻，258頁（寛政4年［1792］2月2日），476頁（寛政7年［1795］2月5日），684頁（寛政9年［1797］4月18日）。第7巻，459頁（享和2年［1802］1月23日），463頁（享和2年［1802］2月12日），469頁（享和2年［1802］3月27日）。第8巻，123頁（文化3年［1806］5月29日），173頁（文化4年［1807］1月29日），273頁（文化5年［1808］3月19日），281-282頁（文化5年［1808］4-11月），359-360頁（文化6年［1809］3月12日～12月1日），438頁（文化7年［1810］3月13日～6月14日），505頁（文化8年［1811］2月18日～4月13日），571-572頁（文化9年［1812］4月23日～11月3日）。第9巻，252-253頁，261頁（文化13年［1816］3月25日～4月23日），336頁（文化14年［1817］3月25日～9月16日），414頁，416頁，443頁，450-451頁，457頁（文化15年［1818］3月26日～10月18日），487頁，498頁，511頁（文政2年［1819］2月18日～5月23日），535-536頁，543頁，549頁（文政2年［1819］8月25日～10月25日），595頁，601頁，617頁，638頁，655頁（文政3年［1820］2月24日～11月19日）。第10巻，42-44頁，47頁，53頁，59頁，78頁，99頁（文政4年［1821］4月25日～11月4日），143-144頁（文政5年［1822］3月27日～4月5日），227-228頁（文政6年［1823］3月7日～10月16日），418頁（文政8年［1825］4月11日～10月27日），521-522頁（文政9年［1826］1月19日～11月23日），606頁（文政10年［1827］4月4日～11月29日）。第11巻，94-95頁（文政12年［1829］8月～11月16日），276頁（天保2年［1831］5月1日～10月17日），464頁（天保3年［1832］5月8日～9月29日），618-619頁（天保4年［1833］4月17日～9月27日），674-676頁（天保5年［1834］6月），747頁（天保5年［1834］8月26日～10月29日）。第12巻，1頁（天保5年［1834］12月23日），170頁（天保6年［1835］5月18日～10月14日），159頁（天保7年［1836］2月7日），240-241頁（天保7年［1836］9月），314-315頁（天保7年［1836］2月7日～10月25日），487頁（天保8年［1837］4月～5月23日），513頁（天保9年［1838］4月25日～閏4月21日）。第13巻，1頁（天保10年［1839］2月か～9月28日），11頁（天保10年［1839］3月），501頁（天保14年［1843］1月か）。第14巻，1頁（天保15年［1844］6月15日～11月1日），222頁（弘化3年［1846］2月）。第15巻，1頁（嘉永4年［1851］4月9日～11月23日），363頁（安政2年［1855］1月19日～11月9日），482頁（安政3年［1856］4月19日），601-602頁（安政4年［1857］5月29日～10月1日）。第16巻，124頁（安政6年［1859］8月15日～10月23日），254-255頁（安政7年［1860］1月9日～万延元年［1860］10月27日）。

『軽井沢町誌』，民俗編，軽井沢町誌慣行委員会，1989年。

瞽女が追分や塩沢（軽井沢市）を訪れたとある（149頁）。

河合南海子，「宇和島藩盲人養米制度史料」，菅原憲二編，『記録史料と日本近世社会II』（社会文化科学研究科，研究プロジェクト報告書，第46集），2002年，千葉大学大学院社会文化科学研究科，125-151頁。

愛媛県立図書館蔵伊予八藩土地関係史料所収『租税書類　第四百四十一冊』から「坐当盲女江下米覚」,「正徳四年二月　浦里百姓共より出候三升米大豆之内座頭・盲女江相渡候終始之覚書」,「在浦百姓中ヨリ出三升米大豆帳曳付」,「三升米大豆起并座頭・盲女江被下米覚」,「安政二己卯八月　郷中百姓中より出三升米大豆伺之割替控其余共」の翻刻。詳しくは以下『租税書類　第四百四十一冊』参照。

河合南海子,「宇和島藩における盲人養米制度の成立と展開」,『伊予史談』, 329 号, 2003 年 4 月, 48-58 頁。

元禄 11 年（1698）に成立した宇和島藩の瞽女・座頭に対する扶持制度に関する研究。

『川上村誌』, 資料編,（長野県）川上村誌発行会, 1990 年（第 1 巻, 御所平林野保護組合文書上）, 1994 年（第 3 巻, 大深山・原林野保護組合文書）, 1995 年（第 4 巻, 梓山川上登雄家文書上）, 1996 年（第 6 巻, 梓山川上登雄家文書下）。

宝暦 11 年（1761）6 月 26 日, 中陰の禁止令あり（第 1 巻, 117 頁）。寛政元年（1789）10 月 27 日付, 安永 3 年（1774）の幕府令に関連する文書あり（第 1 巻, 300 頁）。文政 6 年（1823）3 月, 原村の村入用帳あり（第 3 巻, 524-525 頁）。天保 14 年（1843）閏 9 月, 柏木誠太夫の「教諭筋御申渡書写」に瞽女への言及あり（第 4 巻, 45 頁）。享保 13 年（1728）3 月の村入用帳に瞽女への言及あり（第 6 巻, 5-6 頁）。

『川上村誌』, 民俗編,（長野県）川上村誌刊行会, 1986 年。

村々を廻り,「鈴木主水」や「八百屋お七」を歌っていた越後瞽女に関する項目あり（669-670 頁）。6 種の短い瞽女唄の歌詞（俗曲, 口説の一くだりなど）も掲載されている。

『川口市史』, 川口市, 1983 年（近代資料編, 第 1 巻）, 1985 年（近世資料編, 第 1 巻）。

弘化 4 年（1847）3 月, 横曽根村の宗門人別書上帳に瞽女一家 12 人の名前が見られる（近世資料編, 第 1 巻, 644 頁）。文政 5 年（1822）3 月, 瞽女・座頭への合力に関わる事件の記録あり（同, 736-738 頁）。文久 3 年（1863）3 月, 横曽根村の村入用夫銭帳あり（同, 749 頁）。榛松村, 明治 2 年（1869）12 月の村入用帳あり（近代資料編, 第 1 巻, 248-249 頁）。

『川越市史』, 史料編, 近世第 3, 川越市総務部市史編纂室, 川越市, 1972 年。

川越藩の瞽女人口に関する短い記録は次の通り。宝永 2 年（1705）に「四人ごせ」とある（55 頁）。宝暦 5 年（1755）2 月 28 日, 武州入間郡寺尾村に「壱人瞽女」とある（528 頁）。明和元年（1764）9 月に武州入間郡久下戸村に「ごぜ弐人」とある（205 頁）。明和 7 年（1770）4 月, 武州高麗郡下小坂村に「壱人, 瞽女」とある（636 頁）。

川崎家文書, 山梨県立博物館蔵。

山梨郡八幡南村（現山梨市）関係文書。瞽女の記載が見られる村入用帳は次の通り（成立年月日, 請求番号）。寛政 4 年（1792）7 月（古 5-360）, 天保 6 年（1835）8 月（古 5-316）, 天保 11 年（1840）8 月（古 5-362）。

川野楠己,『最後の瞽女小林ハル――光を求めた一〇五歳』, 日本放送出版協会, 2005 年。

小林ハルの語りによる生涯を描く。特にその晩年に焦点を合わせている。

河東碧梧桐,『三千里』, 全 5 巻（上下・続上中下）, 講談社, 1974 年。

俳人の旅日記。第 3 巻（続上, 別題『続三千里』上）, 明治 42 年（1909）6 月 3 日, 長野県飯山地方での瞽女との出会いについての詳しい記録あり（65-67 頁）。

『鰥寡孤独并格段之病体ニ而困窮之者取調申上』, 信濃国松代真田家文書, う 747, 国文学研究資料館蔵。

文政 7 年（1824）8 月作成，松代藩 283 カ村の調査。『史料館所蔵史料目録』第 28 集，189 頁参照。

神田より子，「ゴゼ・イタコ・ミコ」，赤田光男他編，『講座日本の民俗学 7　神と霊魂の民俗』，雄山閣，1997 年。

『完本色道大鏡』　→『色道大鏡』

『看聞御記』，『續群書類従』，補遺 2，上下，続群書類従完成会，1958–59 年。

応永 25 年（1418）8 月 17 日の項に「盲女」への言及あり（上巻，154 頁）。

「記」，上越市立総合博物館蔵。

年代不詳，寅十月一日。高田瞽女の記録，「泉屋久兵衛」の領収書か。

『聞伝叢書』，『日本経済大典』，第 25 巻，滝本誠一編，明治文献，1969 年，415–835 頁。

年代不詳（天保 6 年［1835］3 月前後か）の瞽女・座頭「ねだりゲ間敷儀」に関する項目あり（798 頁，巻十一）。

菊島家文書，マイクロフィルムは山梨県立博物館蔵。

明治 6 年（1873）12 月「下荻原村課出金勘定仕上帳」（村入用帳）あり（マイクロフィルム第 3 巻，古 M7–3，3）。

「議定証文」，岩崎佳男家文書（太田市米沢），群馬県立文書館蔵（請求番号，HRE4–20–1，2–485）。

文化 4 年（1807）4 月，10 カ村の議定証文に瞽女への言及あり。

『木曽街道六十九次』，北斎と広重，第 3，講談社，1964 年。

天保 6 年（1835）頃，渓斎英泉・安藤広重画。「伏見」（第 51 目次）に三味線を持つ瞽女一組が描かれている（79 頁）。

『熙《き》代《だい》勝《しょう》覧《らん》』，江戸東京博物館編，『大江戸八百八町』（江戸開府 400 年・開館 10 周年記念大江戸八百八町展），94–121 頁所収（写真），江戸東京博物館，2003 年。原資料はベルリン東洋美術館蔵。

文化 2 年（1805）頃画，日本橋付近の繁盛を描く巻物。門付けする瞽女の後ろ姿が描かれている（115 頁）。

『北浦町史』，史料編，（宮崎県）北浦町，1998 年（第 3 巻，延岡藩内藤家文書［1］），2000 年（第 4 巻，延岡藩内藤家文書［2］）。

文政 11 年（1828）5 月，市振村の人口統計あり（第 3 巻，685 頁）。天保 6 年（1835）2 月 12 日の鳴物停止につき瞽女への手当の記録あり（第 4 巻，468–469 頁。以下，明治大学博物館［刑事部門］蔵『万覚書』も参照）。

『北区史』，資料編，近世 2，北区史編纂調査会，東京都北区，1995 年。

弘化 3 年（1846）1 月，袋村の村入用帳に瞽女に関する記載あり（615 頁）。

『北橘村の民俗』，群馬県民俗調査報告書第 10 集，群馬県教育委員会，1968 年。

越後から来た瞽女に関する情報あり（68 頁，154 頁）。

北原貞一郎，「按摩長屋とごぜ長屋」，『伊那』，第 8 巻，1 号，1960 年 1 月，36 頁。

長野県飯田市にあった瞽女長屋などに関する短い研究。

『北本市史』，第 6 巻，民俗編，北本市教育委員会市史編さん室編，（埼玉県）北本市，1989 年。

来訪した瞽女への言及あり（298 頁）。

「寄付金証」，上越市立総合博物館蔵。

年代不詳（明治頃か）7 月 8 日。天林寺納所が発行した領収書。

『岐阜県史』，史料編，1966年（近世2-3)，1968年（近世4)，1972年（近世8)，1973年（近世9)。

瞽女に関する記録は次の通り。近世2，922頁，享保15年（1730）8月（旗本領）の「座頭・盲女」への配当に関する条目。近世3，89頁，天明3年（1783）1月の瞽女への配当金の記載。260頁，天和3年（1683）12月29日作成「祝言入用勘定帳」。近世4，226頁，元瞽女の屋敷の寸法（延享2年［1745］6月)。448-467頁，天保14年（1843）2月「飛騨国高山一之町村宗門人別改帳」。近世8，50-51頁，文政13年（1830）1月，高山の瞽女・座頭への祝儀の額。105頁，文化11年（1814）1月6日，郡上八幡の慈恩寺からの瞽女・座頭への合力の額。335頁，正保2年（1645）4月23日，尾張家3万石の大名の遺言に瞽女への遺金。478頁，享保18年（1733）1月26日，「盲女」の「かつ」に関する書上。近世9，660頁，天保6年（1835）5月，郡上八幡町，「座頭・盲女」配当渡し方に関する文書。

『岐阜市史』，史料編，近世1，岐阜市，1976年。

宝暦8年（1758）12月の岐阜町御触留帳に「盲人」への言及あり（10頁)。

『君津市史』，史料集1，古代・中世・近世1，千葉県君津市編さん委員会，千葉県君津市，1991年。

416頁に万延2年（1861）の村入用帳に「ごぜのぼふ」の記載あり。

木村博，「「瞽女の道」その他——新潟と山形を結ぶもの」，『山形民俗』，第15号，2001年11月，25-28頁。

山形に来た越後瞽女と宗教との関係の解説。

木村礎，「国生《こっしょう》村——長塚節「土」の世界」，木村礎編，『村生活の史的研究』，八木書房，1994年，621-657頁。

648頁に瞽女が国生村（現茨城県常総市）を訪れ，「口寄せ」を行ったなどという情報あり（聞き取り調査による，戦前ころか)。

『旧記抜書』，富山県立図書館蔵（富山藩文書127-2)。

現富山県に活躍した瞽女に関する文化13年（1816）5月11日の記録あり（第1巻)。

『嬉遊笑覧』，上下，名著刊行会，1979年。

文政13年（1830）10月自序，喜田村信節編。下巻，「瞽女」の項あり（35-36頁)。『日本随筆大成，別巻』吉川弘文館，1979年にもある（第9巻，73頁参照)。

『旧新川県誌稿・海内果関係文書』，新田二郎・栄夏代編，『越中資料集成』，第14巻，富山市，桂書房，1999年。

明治8年（1875）2月，瞽女「クム」殺傷事件の記録あり（『旧新川県誌稿』25-26頁)。

『狂雲集』，中本環編，『新撰日本古典文庫』，第5巻（狂雲集・狂雲詩集・自戒集)，89-212頁，現代思潮社，1976年，398-441頁。

一休（宗純）著（応永元年～文明13年［1394-1481］)。418番の詩（文明2年［1470］11月14日）に「盲女」への言及あり（440頁)。応仁の乱前後（1460-70頃）成立と推定される408番，410番，414番の詩（439-440頁）も「盲女」に関係が深い。

『行田市史』，下巻，行田市史編纂委員会，行田市，1964年。

寛政11年（1799）5月，瞽女の宿泊に関する政令の説明あり（323頁，出典不詳)。

『享保増補村記』，宮田伊津美編，岩国徴古館，1989年。

享保11年（1726)，岩国領の村々の人口記録のなかに瞽女12人余も数えられている（42頁，236頁，247頁，610頁，622頁，662頁，767頁，778頁)。

『虚実《きよじつ》柳巷《さと》方言《なまり》』，『浪速叢書』，第 14 巻，大阪，浪速叢書刊行会，1927 年，127-222 頁。
寛政 6 年（1794）成立，香具屋先生（魯堂）著。大阪の花柳界の名人瞽女の名前あり（141 頁）。

「清水座頭」，野々村戒三・安藤常次郎編，『狂言集成』，能楽書林，1974 年，121-123 頁。
室町末期か。瞽女の登場する狂言。

「清水座頭」，北川忠彦他編，『天理本狂言六義』，下巻，三弥井書店，1995 年，147-149 頁。
同上。

『吉良町史』，資料 2（横須賀村を中心とした村方文書），吉良町史編纂委員会，（愛知県）吉良町，1989 年。
「瞽女扶持」の記載を含む岡山村「壬申村入用記」（明治 5 年［1872］）の写真あり（147 頁）。天保 8 年（1837）2 月の困窮者名簿に「盲目」の記載あり（337 頁）。

桐生清次，『次の世は虫になっても——最後の瞽女小林ハル口伝』，柏樹社，1981 年。
長岡系の瞽女小林ハルの自伝。「生いたち」，「瞽女として旅に出る」，「親方をかえる」，「皮張りの三味線」，「親方となる」の章あり。

桐生清次，『最後の瞽女——小林ハルの人生』，文芸社，2000 年。
『次の世は虫になっても——最後の瞽女小林ハル口伝』の改題増補。

『桐生市梅田町の民俗』，群馬県民俗調査報告第 12 集，群馬県教育委員会編，1969 年。
越後から多くの瞽女が訪れて来たとある（129 頁）。また「越後から来たホンモノのゴゼは，村の中にひと月くらい泊まっていたが，オフミゴゼは大正の頃にも来て，クドキブシを主としてやった」ともある（53 頁）。

『記録書抜　伊達家御歴代記事』，第 1-5 巻，（『宇和島藩庁・伊達家史料』，第 7-11 巻所収），近代史文庫宇和島研究会，宇和島市，1981-83 年。
『記録書抜』は第 1 巻所収，12-169 頁。寛文 9 年（1669）5 月 27-29 日（17 頁），延宝元年（1673）10 月 20 日（30 頁），延宝 4 年（1676）12 月 10 日（34 頁），天和元年（1681）11 月 24 日（41 頁），貞享 2 年（1685）5 月 21 日（47 頁），5 月 29 日（47 頁），10 月 24 日（47 頁），享保 6 年（1721）2 月 7 日（130 頁）に宇和島藩の瞽女への配当・扶持支給などに関する記録あり。享保 13 年（1728）10 月 2 日に「座当・盲女」への配当支給に関する記録あり（150 頁）。『伊達家御歴代記事』は第 1 巻 170 頁～5 巻 259 頁所収。延宝 9 年（1681）3 月に瞽女・座頭への米支給（第 1 巻，196 頁，221 頁）。天和 3 年（1683）正月，瞽女・座頭廻在に関する定め（同巻，223 頁，226 頁）。貞享 2 年（1685）5 月 21 日か，29 日，10 月 24 日か，瞽女・座頭へ配当支給あり（同巻，228 頁）。宝永 6 年（1709）2 月 13 日，「盲女ことじゆ」への扶持支給（同巻，307 頁）。享保 6 年（1721）1 月，瞽女・座頭への追加支援（同巻，326 頁）。寛保 2 年（1742）5 月 12 日に瞽女・座頭へ配当支給（第 2 巻，19 頁）。宝暦 2 年（1752）10 月 7 日，「盲女実路」に扶持支給（同巻，49 頁），宝暦 3 年（1753）1 月 27 日，「御任官」につき配当支給（同巻，50 頁），宝暦 13 年（1763）6 月 12 日，「御誕生」につき配当支給（同巻，79 頁），明和 3 年（1766）2 月 28 日，「年重ニ付」瞽女・座頭に配当支給（同巻，90 頁。236 頁にもある），天明元年（1781）8 月 1 日，「盲女佐代」，逗留願い出る（同巻，155 頁），天明 7 年（1787）9 月 22 日か，「盲娘」峯寿溺死（同巻，180 頁）。文化元年（1804）2 月 16 日，「御年重」につき「座当・盲女」へ配当（第 3 巻，49 頁），文政 6 年（1823）6 月 18 日，玉浦琴寿「音曲」命ぜられる（同巻，349 頁），文政 7 年（1824）11 月 17 日，「盲女」履き物規制（同巻，386 頁），文政 8 年（1825）5 月 6 日，衣類規制

（第4巻，9頁），天保3年（1832）10月7日，「座当・盲女」扶持延滞（同巻，191頁），天保14年（1843）3月1日，素人音曲指南を禁止（第5巻，220頁）。

「金円借用証書」，上越市立総合博物館蔵。

明治42年（1909）5月20日，高田瞽女の証文。

『近世越登賀（越中・能登・加賀）史料』，第1巻，深井甚三編，桂書房，1992年。

天保4年（1833）6月「射水郡村々家数調理帳」に瞽女75人とある（82-83頁，89頁）。

『近世地方経済史料』，第8巻，小野武夫編，吉川弘文館，1958年。

寛政11年（1799）11月「西国筋村々取計方伺」に瞽女・座頭らのねだりに関する「伺」あり（503頁）。

『近世農政史料集』三（『旗本領名主日記』），児玉幸多・川村優・大石慎三郎編，吉川弘文館，1972年。

現千葉県館山市にあった相浜《あいのはま》村の名主日記（『諸色覚日記』）。瞽女来村の記載は次の通り。宝暦13年（1763）8月5日（98頁），10月10日（109頁），宝暦14年（1764）4月10日（136頁），6月10日（141頁），7月28日（144頁），明和5年（1768）5月23日（225頁），6月6日（228頁），6月20日（231頁），明和6年（1769）4月1日（267頁），4月9日（269頁），7月25日（283頁），8月16日（285頁），明和7年（1770）5月14日（316頁），明和8年（1771）4月16日（354頁），明和9年（1772）4月27日（409頁），10月14日（425頁）。

『近世藩法資料集成』，第3巻，松江藩出雲国国令，京都帝国大学法学部日本法制史研究室編，1944年。

貞享3年（1686）7月の松江藩令あり（13頁「国令・御徒以下附，上」）。延享5年（1748）6月16日の藩令あり（305頁，「国令後偏・農」）。

「金銭立替帳」，島田嘉内家文書，601，栃木県立文書館蔵。

嘉永3年（1850）3月の阿蘇郡田島村（佐野藩領，現栃木県佐野市）の入用帳に瞽女の記載あり（11月26日）。

金塚友之亟，『蒲原の民俗』，新潟県三条市，野島出版，1970年。

「東萱場の長歌と音頭とり」という章に，「西川ぶし」（別名「西川くどき」）を歌っていた「唄うたい」について論じ（288-301頁），瞽女唄との関係にも触れている（291頁）。

『訓蒙図彙』，『日本庶民生活史料集成』，第30巻，三一書房，1982年，332-342頁。

初版は寛文6年（1666）。第4巻は『日本庶民生活史料集成』所収。「瞽女」の字に「こぢよ」の振り仮名が見られる（340頁）。

『久慈市史』，第4巻，史料編1（天正18年～安永9年），（岩手県）久慈市，1987年。

八戸藩の瞽女を含む人口記録は以下の通り（八戸市立図書館蔵，『八戸藩日記』による）。享保11年（1726）8月13日（434-435頁），享保17年（1732）6月26日（456頁），元文3年（1738）4月26日（503-504頁），延享元年（1744）6月29日（552-554頁），寛延3年（1750）7月28日（593-595頁），宝暦2年（1752）2月1日（602-604頁），宝暦4年（1754）2月26日（618-619頁）。

『楠瀬大枝《くすのせおおえ》日記　燧袋《ひうちぶくろ》』，第3巻（土佐群書集成，第18巻），高知市民図書館，1969年。

文化10年（1813）閏11月13日，土佐藩の瞽女への言及あり（83-84頁）。

『六合《くに》村の民俗』，群馬県民俗調査報告書第4集，群馬県教育委員会，1963年。

越後から来た瞽女に関する情報あり（6頁，56頁）。

『熊野御幸記』(『那智叢書』, 第6巻), 和歌山県勝浦町, 熊野那智大社, 1965年。

建仁元年 (1201) 10月8日の項に「盲女」に関する記録あり (16頁)。

熊原政男,『飛驒の年輪』, 錦正社, 1967年。

飛驒地方 (現岐阜県北部) で活躍した瞽女に関する古老の話は「旅の芸人たち」(9-13頁) にある。

「組合申合之事」, 山本家文書, 静岡県立中央図書館蔵。

文政2年 (1819) 10月, 現静岡県天竜市の資料, 瞽女の扱いに関する項目あり。

『倉渕村の民俗』, 群馬県民俗調査報告書第18集, 群馬県教育委員会, 1976年。

大正10年 (1921) 頃まで, 瞽女が「15-16人連れて来て, 宿を割当てとめて, 化粧して吾妻の方まで行った。買い切りのようにしていた者もいたが, 若い衆があとをつけ歩いて大さわぎだった」などとある (59頁)。瞽女が「吾妻の方から来た」ともあり, あるいは大正時代までには「ゴゼはゴゼンボウともいい, 芸者で, 越後の柏崎などから5, 6人で組んで, 親方がついて来た」とある (206頁)。

『栗橋関所史料』, 第1巻, (埼玉県史料叢書13, 上), 埼玉県教育委員会, 2002年。

文政2年 (1819) 9月24日,「盲女」の扱いに関する項目あり (331頁)。

『久留米市史』, 第8巻, 資料編, 近世1, 久留米市史編さん委員会編, 久留米市, 1993年。

天明6年 (1786), 藩が瞽女らに配当を支給した記載あり (335-336頁)。天保3年 (1832), 藩の規格割賦に関する記録あり (626-640頁)。

『久留米藩大庄屋会議録』(寛政3年〜文政5年 [1791-1822]), 九州文化史研究史料集5, 九州大学, 九州文化史研究所, 史料集刊行会, 2001年。

筑後国久留米藩上妻・下妻郡新庄組 (現筑後市・八女市の一部) の大庄屋として勤めていた矢賀部家の記録。瞽女に関する項目は次の通り。寛政6年 (1794) 3月12日 (39頁), 寛政8年 (1796) 4月12日 (62頁), 享和3年 (1803) 7月19日 (100頁), 文政2年 (1819) 8月30日 (172頁), 文政3年 (1820) 11月21日 (202頁), 文政3年 (1820) 12月11日 (205頁), 文政4年 (1821) 10月3日 (218頁), 文政5年 (1822) 5月20日 (225頁)。

グローマー・ジェラルド (Gerald GROEMER),『やんれ口説節の研究』, 東京芸術大学博士論文 (2冊), 1993年。

越後瞽女のレパートリーに含まれている「口説節」の歴史的・音楽学的研究。付録に20種未刊の口説節の歌詞の翻刻と1000種以上の口説節の所蔵・出典の索引あり。瞽女口説の旋律の採譜・分析もある。

グローマー・ジェラルド,「加賀藩の瞽女と瞽女唄」,『東洋音楽研究』, 第59号, 1994年, 23-42頁。

富山・石川両県の瞽女に関する研究。訂正版は宮成照子『瞽女の記憶』153-166頁に所収。大幅に増訂を施した稿は本書研究篇第7章所収。

グローマー・ジェラルド,「石川県の「やんれ口説節」と門付け芸人」,『マンタリテ・金沢——「遊び」からみえるもの』(金沢学6), 金沢学研究会, 1995年, 121-142頁。

現石川県の門付け芸人の研究。134-135頁に瞽女に関する項あり。

グローマー・ジェラルド,『幕末のはやり唄』, 名著出版, 1995年。

著者の博士論文 (『やんれ口説節の研究』) を出発点に, 主に都々逸節と越後瞽女口説を取り上げた研究。特に第4章は口説節の「鈴木主水」に焦点を合わせ,「新保広大寺」との関連などを分析。瞽女口説の旋律の採譜・分析があるが, 訂正された楽譜などは本

書研究篇第 14 章所収。

グローマー・ジェラルド，「江戸東京の瞽女」，『東京都江戸東京博物館研究報告』，第 7 号，2001 年，45-70 頁。

大幅に改訂を施した稿は本書研究篇第 8 章所収。

グローマー・ジェラルド，「甲斐国の瞽女」，『山梨大学教育人間科学部』，第 3 巻，第 1 号，2001 年，251-265 頁。

現山梨県の瞽女に関する研究。増訂を施した稿は本書研究篇第 10 章所収。

グローマー・ジェラルド，「松代の瞽女」，『信濃』，第 57 巻，第 2 号，2005 年 2 月，35-54 頁。

本書研究篇第 11 章所収であるが，史料の再検討あるいは山田耕太「松代藩領の盲人」（2005 年 7 月刊）による新たな史料の存在の指摘，研究分析の成果などによって修正を行った。

黒坂富治，『富山県の民謡』，富山市，北日本出版社，1979 年。

富山地方の瞽女唄の研究（353-358 頁）。

『桑取谷民俗誌』，上越市史双書 No. 4，新潟県上越市，1999 年。

高田瞽女が 1950 年代まで彼岸の頃やって来たなどの聞き書きあり（543-544 頁）。

桑山太市，『新潟県民俗芸能史』，錦正社，1972 年。

新潟県における芸能一般に関する研究。瞽女に関する項目あり（811-849 頁）。柏崎系瞽女の「八百屋お七」（しのびの段，827-833 頁），「とっくり口説」（845-847 頁）の歌詞も採録。

郡司正勝，「御前（ごぜ）物語」，『民俗芸能』，第 8 号，1965 年，27-29 頁。

新潟県寺泊出身の瞽女榎本トラ（明治 32 年［1899］生）の証言などを記録。

『群馬県史』，資料編，1977 年（第 9 巻，近世 1，西毛地域 1），1978 年（第 10 巻，近世 2，西毛地域 2），1980 年（第 11 巻，近世 3，北毛地域 1），1982 年（第 26 巻，民俗 2），1986 年（第 14 巻，近世 6，中毛地域 2），1988 年（第 15 巻，近世 7，東毛地域 1。第 16 巻，近世 8，東毛地域 2）。

瞽女に関する記録は次の通り。第 9 巻，215 頁，文化 5 年（1808）12 月，緑野郡高山村村の取極。218 頁，223 頁，慶応 3 年（1867）1 月，藤岡町名主役勤方覚帳。236 頁，安永 2 年（1773）3 月，藤岡町の入用帳。240-245 頁，嘉永 6 年（1853）12 月，緑野郡高山村の村入用帳。258-259 頁，天保 7 年（1836）12 月，多胡郡吉井町の村議定。317 頁，明和 8 年（1771）8 月 21 日，木幡領宇田村高齢者書上。第 10 巻，236-237 頁，元文 5 年（1740）3 月，群馬郡東明屋村の村入用帳。第 11 巻，129 頁，文化 6 年（1809）4 月，浪人等合力銭扱い方に関する願書。第 14 巻，275 頁，文化 13 年（1816）10 月，瞽女等への配当金の制限。第 15 巻，78 頁，延享 2 年（1745）3 月，山田郡桐原村の村入用帳。669-735 頁，「桐生新町寄場組合村人別家業改請印帳」（明治 2 年［1869］7 月）の内，中広沢村の記載（730 頁）。第 16 巻，212-213 頁，明和 7 年（1770）3 月，新田郡下田中村の村入用帳。217 頁，明和 8 年（1771）3 月，山田郡只上村の村入用帳。第 26 巻，665-666 頁，672-675 頁，聞き取り調査報告。

『群馬県歴史』，第 2 巻，群馬県編纂，群馬県文化事業振興会，1974 年。

明治 5 年（1872）7 月の「乞食」取締令（157 頁），明治 6 年（1873）5 月 9 日の瞽女に関する群馬県令（174-175 頁）あり。

『群馬町誌』，資料編 2，近世，群馬町誌編纂委員会，群馬町，1999 年。

享保 2 年（1717），高崎藩歴代藩主覚書の中に瞽女に関する記載あり（31 頁）。寛政 4 年（1792）1 月，井出村の入用帳あり（114–122 頁）。

『郡務拾聚録』，広島県川東村，小田家蔵，広島県立文書館に写真版あり。

得能家の『郡務拾聚録』3 冊のうち，「天」と「地」の 2 冊は小田家蔵。「天」に宝暦 6 年（1756）12 月 4 日，現広島県の「座頭・盲女」への扶持に関する記録あり。

『荆園紀事』，楠家文書。山梨県立博物館にマイクロフィルムあり（古 M22）。

文政 15 年（1818）起筆の日記。マイクロフィルム第 1 巻（文化 15 年［1818］）4 月 14 日，15 日，19 日，22 日，23 日の項に上塩後村（現甲州市塩山）に瞽女が訪れたことを示す記録あり。

「傾城筑紫 𤩍《けいせいつくしのつまごと》」，『脚本傑作集』，上巻（続帝国文庫，第 16 編），博文館，1899 年，121–288 頁。

奈河晴助作。文化 11 年（1814）1 月，大坂「中の芝居」初演。近松徳三作の「朝顔日記」を増補した歌舞伎脚本。 →「朝顔日記」

『憲章簿』（土佐藩法制史料），全 7 巻，高知県，高知県立図書館，1983 年（第 1 巻，宮掟編），1985 年（第 5 巻，職人・商人・郷人・寺社・耶蘇・浪人・医師・遍路・盲人・穢多・牛馬編），1986 年（第 7 巻，田銀諸林米・雑集・版築・逓駅・［付］疇時録）。

第 1 巻に享保 4 年（1719）2 月の瞽女・座頭衣類取締令（51 頁），享保 11 年（1726）10 月 17 日の再触あり（55 頁）。延享 5 年（1748）6 月 28 日に一部再触（65 頁）。明和 7 年（1770）4 月，御廓中の下駄御免（100 頁）。寛政 8 年（1796）6 月，瞽女・座頭道難儀に関する法令あり（184 頁）。文政 3 年（1820）3 月「地下風俗御貢物納所帳仕立中遣田役等諸御示条々之事」（235 頁）。第 5 巻，495–533 頁（「盲人之部」）に土佐藩の瞽女・座頭に関する次の史料あり。瞽女に直接関係のある文書は次の通り。延宝 7 年（1679）6 月 15 日（495–497 頁），享保 17 年（1732）9 月 24 日（497 頁），明和 6 年（1769）1 月 24 日（497–498 頁），天明 7 年（1787）2 月 9 日（499 頁），天明 7 年（1787）か，3 月 23 日（499–500 頁），天明 8 年（1788）6 月 1 日（500 頁），天明 8 年（1788）9 月 27 日（500–501 頁），寛政 5 年（1793）9 月 29 日（501–502 頁），寛政 9 年（1797）9 月 18 日（502–503 頁），寛政 10 年（1798）10 月 28 日（503–504 頁），享和元年（1801）4 月 9 日（504–505 頁），享和元年（1801）4 月（511–512 頁），文化 4 年（1807）3 月（505–506 頁），文政 7 年（1824）6 月 7 日（507 頁），文政 10 年（1827）10 月 4 日（507–508 頁），文政 11 年（1828）6 月 23 日（508 頁），文政 11 年（1828）11 月（508–509 頁），天保 4 年（1833）8 月 17 日（509 頁），天保 13 年（1842）3 月 6 日（509–510 頁），天保 13 年（1842）4 月 24 日（510–511 頁），天保 14 年（1843）か，10 月 17 日（513–514 頁），嘉永元年（1848）6 月 28 日（515–516 頁），安政 2 年（1855）4 月 29 日（516–517 頁），安政 2 年（1855）7 月 3 日（517 頁），安政 2 年（1855）7 月 5 日（517 頁），安政 2 年（1855）か，8 月 24 日（518 頁），安政 2 年（1855）11 月（518–520 頁），安政 3 年（1856）か，11 月 11 日（531–532 頁），安政 6 年（1859）4 月 9 日（532 頁），安政 6 年（1859）6 月 5 日（532–533 頁），万延元年（1860）7 月 28 日（533 頁）。第 7 巻に「諸用人類以下伝馬渡方之事」（年代不詳，187 頁），「座頭・瞽女并妙音講之節送夫之事」あり（年代不詳，287 頁）。

『玄蕃先代集』，『日本都市生活史料集成』，第 7 巻（港町篇 2），学習研究社，1976 年，706–731 頁。

享保 5 年（1720），飯沼村（現千葉県銚子市）の人口調査あり（721 頁）。

小泉八雲　→ Hearn，Lafcadio

『弘化三丙午年役場留』，村松金子家文書，長岡市立中央図書館（互尊文庫）に複製あり（280-D314）。

複写本の 59 枚目に長岡町「上組」に住んでいた瞽女人口の記録あり（弘化 3 年［1846］2 月 29 日）。複写本の 115-118 枚目に長岡とその周辺地域に住む座頭の配当支給関係の願書とそれに関する過去の触（文化 12 年［1815］6 月 13 日，天明 7 年［1787］9 月 14 日）あり。瞽女の人数も記録されている（弘化 3 年［1846］4 月）。

『孝義録』，菅野則子校注，東京堂出版，1999 年。

別題『官刻孝義録』。寛政 5 年（1793）5 月，視覚障害者の姑と娘を抱えた江戸在住の「さよ」に関する記録あり（上巻，143-144 頁）。

『甲西町誌資料編』，（山梨県）甲西町誌編集委員会，甲西町，1973 年。

延享 3 年（1746）6 月，35 カ村の村掟あり（68-69 頁）。

『口承文芸』，多摩市史叢書，第 5 巻，多摩市の民俗，多摩市史編纂委員会，多摩市，1992 年。

「瞽女の碑」と「瞽女の石」の話あり（86 頁）。話者は明治生まれの女性。

『高知県史』，1974 年（近代史料編），1975 年（近世史料編），1977 年（民俗資料編）。

瞽女に関する記録は次の通り。近世史料編（野根村［現東洋町］北川家文書），855 頁，嘉永元年（1848）9 月 25 日，瞽女・座頭の稽古禁止の解除。1403 頁，嘉永 6 年（1853）11 月，瞽女・座頭銀に関する「御割付」。315 頁，318 頁，安政 4 年（1857）6 月作成，安喜（芸）郡野根村「座頭・瞽女銀」支払記録。1405-1407 頁，慶応元年（1865）4 月 14 日，瞽女・座頭への指出記録。近代史料編，168 頁，明治 8 年（1875）9 月 13 日の達。民俗資料編，4 頁，寛文 4 年（1664）10 月 2 日「桂井素庵日記」（1-9 頁所収）。22 頁，36 頁，宝暦 2 年（1752）『寺川郷談』（22-39 頁所収）の瞽女への言及。50 頁，宝暦 13 年（1763）10 月 22 日，51 頁，明和 4 年（1767）6 月 10 日「八日記」の条（『森勘左衛門広定日記』，45-56 頁所収）。144 頁，安政 4 年（1857）「安喜郡府定目」（126-164 頁所収）に祝席に瞽女を呼ぶ禁止令。307 頁，安政 4 年（1857）2 月「御改正風土取縮指出帳」，安喜郡川北村の人口記録（『安喜郡川北村御改正風土取縮指出帳』土佐群書集成，第 6 巻，高知市立市民図書館，1965 年，23 頁にもある）。418-423 頁，『憲章簿』（盲人之部）からの抜粋。607-609 頁，寺石正路『土佐郷土民俗譚』（高知県立図書館，1928 年，590-642 頁所収）からの「座頭・瞽女」の章，「瞽者の浄瑠璃」と「瞽者の天才」の項目を設けているが，主に座頭について述べている。724 頁，竹内英省『国府村史』（高知県立図書館，1961 年，716-764 頁所収）にも明治期の瞽女に関する記述あり。

『江南市史』，資料 3，古文書編上，江南市編纂委員会，（愛知県）江南市，1980 年。

中般若村，弘化 3 年（1846）6 月の下用帳に「をぜ」（「ごぜ」か）への合力の記載あり（230 頁）。

河野勝行，『障害者の中世』，京都市，文理閣，1987 年。

「一休・盲森女の人間的結合といわゆる盲人一揆」という章あり（137-158 頁）。

『甲府雑記』，若尾資料（若 092.97-6），山梨県立博物館蔵。

大正時代写か。慶応 4 年～明治元年（1868），甲府城下の横近習町・飯田新町の瞽女人口記録あり。

『甲府市史』，史料編，甲府市史編さん委員会編，甲府市役所，1987 年（第 2-4 巻），1989 年

（第 5-6 巻）。
瞽女に関する記録は次の通り。第 2 巻（近世 1，町方 1），682-684 頁，明治 3 年（1870）6 月の瞽女人口統計。同巻，684-687 頁，明治 3 年（1870）9 月の瞽女人口統計。第 3 巻（近世 2，町方 2），596 頁，598 頁，天保 13 年（1842）の女性視覚障害者の音曲師匠としての活動に関する記録。第 4 巻（近世 3，町方 3），145 頁，天保 7 年（1836）9 月，瞽女を含む困窮者名簿。第 5 巻（近世 4，村方），364 頁，現山梨県甲府市湯村，元治元年（1864）の村入用帳。第 6 巻（近代），780 頁，明治 6 年（1873）5 月 2 日の瞽女廃止令。

神戸金貴家文書（1），「去卯年村入用帳」，合綴，群馬県立文書館蔵（『群馬県立文書館収蔵文書目録』，第 14 巻，1165/1-1165/4）。
明和 9 年（1772）3 月，現甘楽郡下仁田町の 4 カ村の記録。

『後編柳営秘鑑』（『内閣文庫所蔵史籍叢刊』，第 5 巻，『柳営秘鑑（1）』，171-294 頁），汲古書院，1981 年。
享保 14 年（1729）の江戸の瞽女に関する記録（258 頁）。

『稿本金沢市史』 →『金沢市史』

紅露恵利子，「瞽女唄「俊徳丸」の研究」，『大谷女子大国文』，第 9 号（遠藤嘉基先生退職記念特輯），231-235 頁，1979 年 3 月。
杉本キクエ，小林ハル，土田ミスの歌う「俊徳丸」の文学的構造に関する簡単な説明。

『古河市史』，資料，近世編（町方・地方），古河市史編さん委員会，古河市，1982 年。
354 頁に宝暦 8 年（1758）7 月，721 頁に延享 2 年（1745）5 月改の町人口統計あり。

『小金井市誌』，小金井市誌編さん委員会編，小金井市役所，1967 年（第 3 巻，資料編），1970 年（第 2 巻，歴史編）。
第 2 巻（歴史編），上小金井村（明治 3 年［1870］），梶野新田（明治元年～3 年［1868-70］）の村入用による表（362-363 頁）。第 3 巻（資料編），上小金井村の入用帳による延享元年（1744）8 月の記載（135-136 頁）。梶野新田の村入用帳（寛政 7 年［1795］1 月）の記載（138-139 頁）。上小金井村の村入用帳（文化 15 年［1818］3 月，明治 4 年［1871］4 月）の記載あり（148-149 頁，448-449 頁）。

『国事雑抄』，上中下，石川県図書館協会，1932 年。
文政 7 年（1824），金沢に瞽女 21 人とある（上編，111 頁）。

小暮紀久子，「近世における女性の関所通行について」，『論集近世女性史』，吉川弘文館，1986 年，43-99 頁。
文化 7 年（1810）2 月 25 日，箱根関所において「余字余文」のために差し戻された「盲女」の通行手形の写しあり（68-69 頁）。『箱根御関所日記書抜』箱根古文書を学ぶ会編，箱根町教育委員会発行，1976 年による。

『越谷市史』，第 2 巻，通史下，越谷市役所，1977 年。
「ゴゼの遍歴」の一章（658-661 頁）に，越谷市を訪れた瞽女の説明とその縁起（明治 12 年［1879］10 月 1 日）あり。

「越路町にも「ごぜ」」，『新潟日報』，昭和 41 年（1966）3 月 15 日，12 頁。
村田潤三郎が越路町在住の瞽女中静ミサオ，金子セキ，石黒リサを調査したことを報告。

小島美《とみ》子《こ》，「ゴゼサン」，『史窓余話』（国史大辞典付録），第 5 号，5-6 頁，吉川弘文館，1985 年。

随筆。

『小島日記』，第29巻（文久4年），小島日記研究会編，（町田市）小島資料館，1987年。
小野路村名主の日記。元治元年（1864）9月17日に瞽女に関する記録あり（49頁）。

『古事類苑』，文部省編，吉川弘文館，1969年（再版）。
瞽女に関する史料の復刻あり（『人部2』，988-994頁）。

『小杉町史』，富山県小杉町，1959年。
「ごぜ」と称する遊女が町の「ごぜ街」に住んだとある（317頁）。

「瞽女唄——第二十回文部省芸術参加プログラム」，1965年10月23日（著者不詳）。
当日の日本少年館ホールにおける越後瞽女公演のプログラム解説。

「瞽女唄——国立劇場第七回民俗芸術公演，日本の民謡」，1969年8月（著者不詳）。
当月国立劇場での越後瞽女公演のプログラム解説。

『瞽女掟書』，武蔵国埼玉郡横根村文書，『明治大学刑事博物館目録』，第57号，書冊・横帳の部，T法令・範令，資料194，明治大学博物館（刑事部門）蔵。
年代不詳。現埼玉県さいたま市岩槻区横根の瞽女の掟書。『明治大学刑事博物館目録』第57号，61頁に『瞽女控書』となっているが，これは誤読。

「瞽女鑑札」，甲州文庫（093.6-106），山梨県立博物館蔵。
「慶応四年戊辰，瞽女座元」とある。現山梨県甲府市にいた瞽女（「上飯田新町組」）の鑑札一枚。駒形，二重の厚紙製，縦12.5㎝×横(上) 6.8㎝・(下) 9㎝。両面に文字と印あり。

「戸籍改入費銭瞽女納分差戻請取」，甲州文庫（甲093.6-251-6），山梨県立博物館蔵。
明治6年（1873）3月3日。甲府城下横近習町の瞽女から徴収された税金返還の証明書。

「御施行物頂戴願書」，信濃国松代真田家文書，国文学研究資料館蔵。
松代領（現長野県長野市）の当道組織が作成した天保8年（1837）8月（か1411-1），12月（か1421-1），（か982）の願書。表題は『史料館所蔵史料目録』第37集，70頁，71頁，41頁による。

『瞽女小林ハル——103歳の記録』，瞽女文化を顕彰する会編，新潟日報事業社，2003年。
元瞽女小林ハルの写真。鈴木昭英「小林ハル——瞽女一筋の道」（78-81頁），市川信夫「高田から胎内へ——高田瞽女の変遷と長岡瞽女の出会い」（82-85頁）の解説もある。

「ごぜざとう」，池田廣司・北原保雄，『大蔵虎明本狂言集の研究』，本文編，中巻，表現社，1973年，423-425頁。
室町末期成立か。寛永19年（1642）写の狂言。

「瞽女作法取調申上書」，甲州文庫（甲093.6-251-4），山梨県立博物館蔵。
天保13年（1842）4月，甲府城下横近習町の瞽女の風俗などに関する当町の名主による取り調べ。

「“ごぜ”争論の文献発見」，『恵那情報』，1977年5月21日（1184号），2頁。
「寅六日」（安政元年［1854］か）恵那郡の瞽女の弁財天をめぐる争論に関する文書を紹介。原文書の所在は不詳。

「瞽女泊順番覚帳」，駿東郡茶畑村，沼田村，内田家文書，静岡県立中央図書館歴史文化情報センター蔵。同館に複製あり。
文久3年～明治4年（1863-71）に沼田村（現御殿場市）を訪れた瞽女にかかる入用に関する文書。

「瞽女泊り仕役覚帳」，静岡県立中央図書館歴史文化情報センター蔵（写真）。

天保 9 年（1838）12 月，東駿郡茶畑村，柏木家文書。『裾野市史』第 3 巻，619-620 頁に翻刻あり。

「瞽女之儀ニ付願」，大木家文書（古 23-2-3691），山梨県立博物館蔵。

明治 7 年（1874）か。甲府城下での元瞽女の引き取りに関する文書の下書き。

『瞽女の記録』，『江戸川区郷土資料集第 12 集』，江戸川区教育委員会社会教育課編，江戸川教育委員会教育課，1983 年。

江戸川区を訪れた瞽女に関する多数の文書。所収史料は主に寛政 12 年〜明治 3 年（1800-70）田島家文書（一之江新田）と，嘉永 3 年〜明治 5 年（1850-72）須原家文書（笹ヶ崎村）両村の村入用帳の抜粋である。瞽女縁起・式目の写しなど，その他の資料と解説もあり。一之江村名主家（田島家）の記録の一部は『田島家文書』第 1 巻にも所収。

「瞽女のすえ」，朝日新聞新潟支局編，『新潟に生きる』，昭和書院，1973 年，77-88 頁。

著者不詳。高田瞽女の杉本キクエの生涯などに関する説明。『朝日新聞』1972 年 2 月 15 日，16 日，17 日，18 日，20 日号連載の記事を所収。

「瞽女引渡」，大木家文書（古 23-2-1592），山梨県立博物館蔵。

「七月八日」付，年代不詳の文書であるが，甲府の瞽女廃止令以降（明治 7 年［1874］前後）と推定される。

小竹久爾・吉田小五郎・清水ミテ・松田政秀，「あらあら読あげ奉る，越後ゴゼ口説，伊平たけさんを聞いて」，『越後タイムス』，1973 年 7 月 15 日号。

『児玉町史』，近世資料編，児玉町教育委員会・児玉町編さん委員会編，（埼玉県）児玉町，1990 年。

寛政 10 年（1798），八幡山町の入用帳あり（250-253 頁）。

小寺篤，「芸能地名考——藤沢「瞽女渕之碑」の周辺」，『神奈川文化』，No. 332，第 36 巻，第 4 号，1989 年 10 月，神奈川県立図書館，6-13 頁。

神奈川県藤沢市西俣野にある瞽女渕にまつわる伝説の説明とその検証。大正元年（1912）12 月 14 日に立てられた碑の刻字あり（9-10 頁）。

『御殿場市史』，御殿場市史編さん委員会，御殿場市役所，1975 年（第 2 巻，近世史料編），1977 年（第 5 巻，近代史料編 1）。

第 2 巻，文化 7 年（1810）1 月，六日市場村「両村諸入用并村中物請取控帳」（村入用に関する情報，「瞽女泊り覚」などを含む文書）あり（23-34 頁）。萩原村，宝暦 10 年（1760）4 月の規定にごぜ・座頭への言及あり（214 頁）。天保 15 年（1844）1 月，仁杉村の村入用帳あり（364-366 頁）。第 5 巻，六日市場村，明治 3 年（1870）1 月「当午諸役覚帳」（村入用帳の類）あり（57-63 頁）。明治 15 年（1882）8 月 10 日「拾五年学校費割合簿」あり（472-474 頁）。

『御殿場市史史料叢書』，第 2 巻，御殿場市史編さん委員会，御殿場市，1977 年。

山の尻村の「名主日記」。弘化 4 年（1847）4 月 9 日の項目に瞽女への言及あり（358 頁）。

「小林」，『未刊謡曲集』，田中允《まこと》編，続 4，古典文庫，1989 年，321-355 頁（3 種）。

謡曲，明徳 2 年（1391）以降成立か。瞽女が「早歌」，「早節」を謡う場面あり。321-332 頁（樋口本），332-343 頁（観世本），344-355 頁（彰考館本）。『謡曲叢書』（芳賀矢一編），第 1 巻，博文館，1914 年，759-764 頁にも別種あり。成立，伝承，「明徳記」と

の関わりなどについては小林健二「能〈小林〉考」『中世劇文学の研究——能と幸若舞曲』三弥井書店，2001年，134-160頁参照。

小林生，「或るゴゼ（盲女）の生活誌」，『高志路』，第1巻，第6号，1935年6月，44-47頁。

中蒲原郡横越村において，著者による下越瞽女の大倉シマへのインタビューなどあり。

『狛江市史料集』，（東京都）狛江市，1977年（第6巻），1978年（第8巻）。

第6巻，嘉永4年（1851）4月，「しうぎ帳」（131頁）あり。安政4年（1857）7月20日「御公用割」という和泉村の入用帳に関する記録あり（362-363頁）。第8巻，天保14年（1843）8月12日，「娵取諸入用」に瞽女への配当金などの記載あり（272頁）。

『小牧市史』，資料編3，近世文書編1，小牧市史編集委員会，小牧市，1979年。

嘉永6年（1853）11月の倹約令に「盲女」への言及あり（269頁）。

「御免状之事」，吾妻地区諸家文書（1），134-2，群馬県立文書館蔵。

文久元年（1861）8月の由緒書。『群馬県立文書館収蔵文書目録』16巻，142頁参照。

小山郁之進，「〈高田瞽女〉杉本キクイ師の生涯における「自覚」」，『日本歌謡研究』，30号，1990年，99-106頁。

小山一成，『貝祭文・説経祭文』，文化書房博文社，1997年。

小林ハル伝の祭文松坂「石童丸」が大和砂川派祭文踊「石童丸」と一致する箇所ありと指摘する（77-79頁）。小林ハル伝の祭文松坂「小栗判官照手姫」を薩摩千代太夫の『小栗武勇姫鏡』と比較し，3-4段目に一致する箇所があると指摘する（180-187頁）。二代目櫻川雛山が語る江州音頭「石童丸」を小林ハル伝の詞章と比較し，その類似点を検討する（187-207頁）。

小山直嗣，『新潟県の民謡』，新潟県三条市，野島出版，1977年。

越後瞽女唄の「三人心中」の歌詞と旋律の楽譜あり（132-135頁）。その他の口説の歌詞も収録。

五来重編，『日本庶民生活史料集成』，第17巻（民間芸能），三一書房，1972年。

554-588頁に市川信次編の高田瞽女唄集あり。内容は次の通り。「門づけ唄」，段物（祭文松坂）の「葛の葉」（全3段），「小栗判官」（化粧の段1・2段目，おしやくの段），「俊徳丸」（祈りの段），「山椒太夫」（船別れの段，1・2段目），口説の「御山くどき」，「松前くどき」，「へそあなくどき」，三河万歳の「柱立て」，祝い唄の「春駒」の歌詞と解説。589-591頁に越後賀茂の瞽女口説「瞽女口説地震の身の上」あり（斎藤真幸［1859年没］作。鈴木昭英「瞽女の唄本」，あるいは『日本近世歌謡資料集』第40巻［1036号］参照）。248-249頁に瞽女『駿国雑志』（巻之七）による瞽女縁起式目あり。

『御領分宗門人別勘定帳』，内藤家文書，第1部の28（寺社）124，明治大学博物館（刑事部門）蔵。

日向延岡藩の人口調査9冊に「盲女」「ごぜ」の掲載あり。文政11年（1828）5月，弘化4年（1847）5月，安政6年（1859）5月，万延元年（1860）5月，文久元年（1861）5月，文久3年（1863）5月，元治元年（1864）5月，慶応元年（1865）5月，慶応2年（1866）5月。

「婚姻ニ付入用帳」，岡田純一家文書，2010号，栃木県立文書館蔵。

天保9年（1838）12月，芳賀郡東水沼村（結城領，現栃木県芳賀町）の名主家の入用家に「座頭・盲女」への祝儀の記載あり。

『今昔物語』，全5巻，『日本古典文学大系』，第22-26巻，山田孝雄他編，岩波書店，1959-

63 年。

嘉承元年（1106）以後，12 世紀前半成立か。第 3 巻，154–156 頁（巻第 12 第 19。弘仁 13 年［844］成立『日本国現報善悪霊異記』，「下巻，11」にもある）と同巻，242–243 頁（巻第 13 第 27）に「盲女」の開眼に関する話あり。

近藤忠造，「原松洲の「越後だより」と瞽女唄——主として「春の日あし」について」，『西川竹園高校研究紀要』，3 号，1976 年，25–28 頁。

柏崎出身の原松洲（安永 5 年〜文政 12 年［1776–1829］）著「越後だより」（寛政 11 年［1799］成立）。越後瞽女唄「春の日足」への言及あり。「越後だより」の抄は三村清三郎，「寛政己未松洲原簡越後だより」参照。

近藤雅樹編，『図説　大正昭和くらしの博物館』，民俗学の父・渋沢敬三とアチック・ミューゼアム，河出書房，2001 年。

藤井裕之「瞽女《ごぜ》が集めた足半《あしなか》」（34–35 頁），「アチックと足半《あしなか》と瞽女《ごぜ》」（54–57 頁）。高田瞽女草間ソノの弟子であった草間このえ・千代が昭和 12 年（1937）5 月 23 日から 9 月 16 日にかけて新潟県東頸城郡，西頸城郡において市川信次のために集めた草履の一種に関する記事。55–57 頁にこのえ・千代の足跡を示す地図 4 枚あり。

今野圓輔，『日本民俗学大系』，第 3 巻（社会と民俗，第 1），平凡社，1958 年。

全国の瞽女に関する初歩的な説明あり（340–341 頁）。

今野圓輔，「檜枝岐民俗誌」，池田弥三郎他編，『日本民俗誌大系』，第 9 巻（東北），角川書店，1974 年，3–70 頁。

初版 1951 年。福島県に越後瞽女が来たとある（14 頁参照）。

『西行物語絵巻』，『日本の絵巻』，第 19 巻，中央公論社，1988 年。

鎌倉時代。杖を持ち，笠をかぶる 2 人の女性（瞽女か）の絵あり（23–24 頁）。

『埼玉県史』 →『新編埼玉県史』

『埼玉県史料叢書』，埼玉県，1995 年（第 2 巻，埼玉県史料 2），1998 年（第 4 巻，埼玉県史料 4）。

芸人取締令に関する項目は次の通り。第 2 巻，195–196 頁，明治 8 年（1875）7 月。第 4 巻，183 頁，明治 8 年（1875）3 月 19 日。同巻，189–190 頁，明治 8 年（1875）9 月 7 日。

斎藤真一，『瞽女——盲目の旅芸人』，日本放送出版協会，1972 年。

主に高田瞽女を取り上げた著書。画家であった著者が「男のロマン」を追求しながら高田瞽女に関する情報を提供。杉本キクエとのインタビューあり（276–290 頁）。杉本キクエによる「山椒太夫」（17–23 頁），「かわいがらんせ」（45–46 頁），「磯節の替歌」（68 頁），「松前」（129–130 頁，174 頁），「新保広大寺」（180–181 頁），「鴨緑江節替歌」（杉本キクエ作）（196 頁），「地蔵和讃」（214–215 頁）他の歌詞も収録。

斎藤真一，『越後瞽女日記』，河出書房新社，1972 年。

著者が最後の高田瞽女と共に新潟県を巡業したこと，種々の瞽女唄を掲載しながら主に瞽女宿を提供した人々の瞽女に関する懐古談などを収録している。「高田瞽女一覧表」あり（261–265 頁）。瞽女宿の地図もある。別冊（資料・瞽女唄）1–27 頁に高田瞽女唄の歌詞が採録されており，28 頁に高田瞽女の式目・縁起，29–30 頁に「離れ瞽女調べ」あり。限定版，1975 年と 1980 年に普及版として再版。

斎藤真一，「雪の高田で感動の対面『瞽女——盲目の旅芸人』」，『新潟日報』，1972 年 6 月 19 日号。

斎藤真一,「お春瞽女物語り展　越後瞽女日記より」, パンフレット。

　1975年, 東京, 上野松坂屋にて開催。

斎藤真一,「私の雑記帳」,『特集――瞽女画家の「性の哀歌」』, 1977年10月号, 25-29頁。

　斎藤真一の絵画（5-25頁）, 絵画や著者の人生哲学などの解説あり（25-29頁）。

斎藤真一,『瞽女物語』, 講談社, 1977年。

　著者の絵画集。越後瞽女に関する初歩的な解説あり（66-93頁）。巻末に著者の『越後瞽女日記』にもある瞽女宿の地図あり。

斎藤真一,『絵日記――瞽女を訪ねて』, 日本放送出版協会, 1978年。

　主に著者の絵画集。

斎藤真一,『斎藤真一放浪記』, 美術社出版, 1978年（改訂版1987年）。

　著者のキャリアと1964年以降の瞽女との出会いの記録。「瞽女さんと私」（59頁,『新潟県人』第8巻, 1975年初出),「信じている瞽女」（66-70頁,『大法輪』第7巻, 1977年初出),「瞽女に想う――祈願美」（70-71頁,『小説新潮』1972年5月号初出）あり。3人の瞽女の写真あり（111頁）。

斎藤清四郎家所蔵文書, 48, 横浜開港資料館に写真あり。

　公田村（現横浜市）の明治2年（1869）2月, 明治4年（1871）2月の村入用帳, 明治4年（1871）4月, 森公田村の「浪士其外格番賄帳扣」, 同年同月の「浪士格番賄帳」に瞽女の記録あり。

斎藤美雄家文書（群馬県新田郡新田町花香塚）。群馬県立文書館に写真複製あり。

　文化3年（1806）1月「餌指こせ泊覚帳」（191号）（『新田町誌』第2巻, 資料編上, 1149頁に翻刻あり）, 弘化5年（1848）1月「餌刺瞽女泊覚帳」（530号）あり。

三枝家文書, 山梨県立博物館蔵。

　粟生野《あおの》村（現山梨県甲州市塩山）, 明治5年（1872）2月「村賄夫銭帳」（古16-653）, 同年8月「申之夫銭帳」（古16-656）に瞽女に関する記録あり。

『境川村誌』, 資料編, 考古・古文書, 山梨県境川村, 1990年。

　享保9年（1724）7月, 瞽女1人とある（286頁）。文政8年（1825）1月, 瞽女・座頭の村送りを禁止する村法度あり（330頁）。安政4年（1857）12月22日, 瞽女扶持を制限する一条を含む村議定書あり（354頁）。

『堺市史』, 第5巻, 資料編第2, 堺市史編纂部, 大阪清文堂, 1966年（初版1930年）。

　元禄8年（1695）の瞽女人口に関する記録あり（89頁）。

『境町の民俗』, 群馬県民俗調査報告書第5集, 群馬県教育委員会編, 1964年。

　越後瞽女が暮れから正月にかけて来たなどとある（175頁）。

榊原和夫,「津軽に“滅びの美学”を――冬のさい果て, 瞽女・民謡・水軍のあとを訪ねて」,『日本及日本人』, 1570号, 1983年4月, 117-123頁。

　随筆。

『坂城町《さかきまち》誌』, 中巻,（長野県）坂城町誌刊行会, 1981年。

　享保11年（1726）, 中之条村村入用の表あり（493-494頁）。同村寛政2年（1790）3月の村入用帳の写真あり（495頁）。

『坂戸市史』, 坂戸市教育委員会編,（埼玉県）坂戸市, 1983年（民俗史料編2, 石造遺物）, 1991年（近世史料編2）。

　民俗史料編2に瞽女と民間信仰との関係への言及あり（51-52頁）。近世史料編2, 弘化4年（1847）12月, 赤尾村の「諸宿割」に関する史料もあるが, 瞽女に支給された金

額，宿などは特定できない（680 頁）。

『佐賀藩法令・佐賀藩地方文書』，鳥栖市史資料編，第 3 集，鳥栖市史編纂委員会編，1971 年。

明和 9 年（1772）9 月「御改正御書附，四冊之内二」に「盲女」への言及あり（162 頁）。同年同月の「郡方付而之書附」にも「盲女」への言及あり（203 頁）。

相模国愛甲郡半原村文書，『明治大学刑事博物館目録』，第 10 号，書冊・横帳の部，A，村政・村入用，明治大学博物館（刑事部門）蔵。

愛国郡半原村（現愛川町）の村入用帳に瞽女（ごぜんのふ）の記載が見られる。文政 10 年（1827）11 月，「来子村入用扣帳」(49)，嘉永 3 年（1850）12 月，「来亥村諸入用控之帳」(49)。

『相模原市史』，第 2 巻，（神奈川県）相模原市，1967 年。

慶安 3 年（1650）の瞽女への言及あり（248 頁）。

『相良町史』，資料編，近世 2，（静岡県）相良町，1992 年。

寛政 6 年（1794）3 月，磯村村入用帳あり（211 頁）。寛政 8 年（1796）10 月 15-18 日の日記に瞽女逗留の記載あり（911 頁）。

『佐川町史』，上下，佐川町史編纂委員会，（高知県）佐川町役場，1982 年。

万治元年（1658）9 月，佐川両代官から山分諸村宛に出された法度あり（上巻，428 頁）。天明 8 年（1788）5 月 10 日，11 日，佐川領久喜村の人々が「盲人」を森村に送るための出費を迷惑と感じた記録あり（上巻，526 頁。扈従森勘左衛門芳材『西郡巡見日記』による）。

『佐久市志』，佐久市志編纂委員会編，（長野県）佐久市，1990 年（民俗編上下），1992 年（歴史編 3，近世）。

瞽女に関する聞き書きあり（民俗編上，111-112 頁，民俗編下，916 頁）。万延元年（1860）の「定夫後セ宿扣帳」から作成された瞽女宿泊者に関する表あり（歴史編 3，486-488 頁）。

佐久間惇一，「阿賀北の瞽女聞書 I」，『蒲原』，32 巻，1973 年，25-33 頁。

下記 2 編ともに，長岡系の元瞽女（小林ハル，土田ミス，中村キクノ，丸山ミセ）から得た情報を基にした一連の論文。入手困難であるが，内容の多くは著者の『瞽女の民俗』にも利用されている。

佐久間惇一，「阿賀北の瞽女聞書 II——稼業と信仰」，『蒲原』，33 巻，1973 年，10-23 頁。

佐久間惇一，「阿賀北の瞽女聞書 III——歌曲」，『蒲原』，34 巻，1973 年，12-20 頁。

佐久間惇一，「下越瞽女の師弟系譜について（1）」，『高志路』，第 234 巻，1974 年，16-27 頁。

大沢コイ組，おトラさん組，おイッさん組，おキノさ組，椋のキミ組，おキッさ組各組，加えて長者館のチヅ（金屋組，浜茄子組，今板組，ヒロノ），そのほかの新発田市とその周辺地域で活躍した瞽女の師弟関係の民俗誌と分析。

佐久間惇一，「下越瞽女の師弟系譜について（2）」，『高志路』，第 235 巻，1974 年，17-27 頁。

新津市とその周辺地域の瞽女（白根組，月潟組），白根市大郷（小柳ミテの組，坂田キイと市之瀬のスミなど），小林ハル，土田ミスなどに関する民俗誌と師弟関係に関する研究。

佐久間惇一，『阿賀北瞽女と瞽女唄集』，新発田市，新発田市文化財調査審議会，1975 年。

長岡系の瞽女唄の歌詞の採録（翻字），橋本節子による譜例と音楽的要素の分析。佐久間惇一「瞽女の生態と組織」（147–154 頁），「録音瞽女の略歴」（小林ハル・土田ミス・中村キクノの略歴）（155–159 頁），「瞽女唄について」（159–164 頁）の研究あり。収録歌詞は次の通り。小林ハルによる祭文松坂の「葛の葉子別れ」（4 段），「新徳丸」（10 段），「小栗判官照手姫」（4 段），「石童丸」（3 段），「阿波の徳島十郎兵衛」（4 段），「景清」（4 段），「白井権八編み笠ぬぎ」（6 段），「権八山入りの段」（山中段九郎）（6 段），「八百屋お七」（5 段），「佐倉宗五郎」（6 段），「明石御前」（6 段），「石井常右エ門なぐりなぐり返し」（5 段），「赤垣源蔵」（4 段）。土田ミスによる「新徳丸」（6 段），「小栗判官照手姫」（4 段）。中村キクノによる「葛の葉子別れ」（2 段），「阿波の徳島十郎兵衛抄」（1 段）。小林ハルによる口説「鈴木主水」，「お吉清左」。土田ミスによる口説の「まま子三次」，「お粂左伝次」，「安五郎くどき」，「お筆半左」，「金次くどき」，「赤猫くどき」，「臍穴くどき」。小林ハル・土田ミスによる「万才」。小林ハルによる「出雲節」（謎かけ）。小林ハル・中村キクノ・土田ミスによる「瞽女松坂」。1996 年以降，板垣俊一の研究（継続中）により正確な翻字と注釈あり。

佐久間惇一，「東蒲原郡の人達と瞽女んさと」，『阿賀路』，第 17 号，1977 年，15–17 頁。

鍵取（現新潟県川上村にあった 12 戸ほどの集落）に来た新発田瞽女と長岡系瞽女に関する報告。「出雲節」謎掛けの歌詞あり（16 頁）。

佐久間惇一，「瞽女唄を後世に，土着文化究明の手がかり」，『新潟日報』，1977 年 4 月 7 日号。

佐久間惇一，「越後の瞽女」，三谷栄一編，『口承文芸』（講座日本の民俗 9），有精堂出版，1978 年，172–194 頁。

越後瞽女とその風俗の説明。瞽女の隠語一覧あり（176–177 頁）。

佐久間惇一，「瞽女の万歳」（国立劇場第二十七回民俗芸能公演――祝福芸の系譜），10–11 頁，1978 年。

1978 年 3 月 24 日の公演のプログラム解説。

佐久間惇一，「長岡系ごぜ唄永久保存，小林ハルさん近く録音」，『新潟日報』，1978 年 6 月 13 日号。

佐久間惇一，「瞽女唄をめぐる二，三の問題――瞽女唄と民衆の受容」，『口承文芸研究』，第 2 号，1979 年，23–28 頁。

越後瞽女を受け入れた民衆はどのような人たちであったか，「祭文松坂」の演奏に対する反応や，聴き手の反応に対する瞽女の反応などを取りあげる。

佐久間惇一，「瞽女の伝承文芸」，五来重他編，『民間宗教文芸』（講座日本の民俗宗教 7），弘文堂，1979 年，178–200 頁。

越後瞽女の組織と生活，瞽女の宗教性，瞽女をめぐる民間信仰，瞽女の口承文芸を解説する。

佐久間惇一，「越後の昔話の来訪者伝承について」，『日本民俗学』，第 130 号，1980 年，80–86 頁。

越後瞽女はふだんは旅宿で昔話を語っておらず，宿の人に子守を頼まれ宿の子供に昔話を語り，あるいは旅の退屈しのぎに同行の瞽女同士の間で昔話を語ったと報告される（84 頁）。来訪者伝承の昔話のなかにおいて，瞽女の果たした役割がやや誇張される傾向があると指摘。

佐久間惇一，「越後の風土と瞽女」，『日本農書全集月報』，第 25 巻（『粒々辛苦録・他』），

1980年12月，1-3頁，農山魚村文化協会。

越後瞽女に関する初歩的な解説。

佐久間惇一，「昔話の語り手と聞き手」，『昔話の語り手』，三弥井書店，1980年，36-49頁。

昔話の語り手と聴き手との関係，昔話についての作法，形式，禁忌などを検討する。

佐久間惇一，「再び聴ける瞽女の至芸」，『新潟日報』，1980年4月13日号。

佐久間惇一，『瞽女の民俗』（民俗芸能叢書91），岩崎美術社，1983年。

主に小林ハルの証言に基づく長岡系の瞽女と下越系瞽女を中心とする研究。小林ハルの演奏による祭文松坂「葛の葉子別れ」，口説「鈴木主水」，杉本キクイ［キクエ］・杉本シズ・難波コトミの演奏による「葛の葉子別れ」，杉本キクイによる口説「松前口説」の譜例あり（8-14頁，裏表紙から）。収録の歌詞の多くは佐久間惇一『阿賀北瞽女と瞽女唄集』にも所収。収録されている歌詞は次の通り。小林ハル（太夫）・土田ミス（才蔵）による「万歳（経文）」（273-277頁，『阿賀北瞽女と瞽女唄集』には収録されていない），「万歳（柱立て）」（277-280頁），小林ハル・金子セキによる「祝いくどき」（2種，280-281頁），小林ハル・金子セキ・中村キクノによる「瞽女松坂」（281-283頁），小林ハル・金子セキによる「岩室」（2種，283-284頁），小林ハルによる「越後追分（松前）」，「新保広大寺」，「都々逸」，「出雲節謎かけ」，「鴨緑江節」（284-287頁），小林ハルと五十嵐シズによる2種の「伊勢音頭くずし」（285-286頁），杉本キクイによる「咄松坂」（287-289頁），小林ハルによる「和讃」（289-294頁）。267-269頁に「高田瞽女仲間規約書」（明治17年［1884］2月15日，明治34年［1901］1月。原本はともに現在上越市立総合博物館蔵），270-273頁に白根市，飯田豊次郎蔵「御講組の御条目」（瞽女縁起・式目，寛延4年［1751］），295-310頁に「越後瞽女習得歌曲一覧用」あり。

倉田隆延『芸能』第25巻第4号，1983年，30-32頁に書評あり。

桜井徳太郎，「瞽女の生態」，『新潟日報』，1968年3月14日号。

桜田勝徳，「ごぜ（瞽女）」，日本民俗協会編，『日本社会民俗辞典』，第1巻，誠文堂新光社，1952年，420-421頁。

高田市文化財調査委員会編『高田のごぜ』22-24頁に復刻。

佐々木金一，「ごぜさん」，矢沢昇編，『古老は語る』，績文堂出版，1978年，154頁。

明治後期に長野県で活躍した瞽女の目撃者であった佐々木金一の記述。

佐々木八郎，『語り物の系譜』，笠間書院，1977年。

中世の瞽女に関する「盲御前」の章あり（50-58頁）。

「奉差上一札之事」，清次家文書（月夜野町月夜），写真は群馬県立文書館蔵（仮目録29巻，GRE74-9-12，3-362）。

文政2年（1819）6月28日，「瞽女手込め一件」。

「差出申一札之事」，群馬県立文書館蔵（仮目録20巻，21-1-1［3］），小板橋良平宇治寄贈文書（今渕村三ノ倉），今渕村教育委員会蔵。

碓氷郡上里見村，嘉永2年（1849）12月の「盲女」に関する文書。

「差出し申一札之事」，長野県辰野町，村上栄一蔵文書。長野県辰野町に複写資料あり。

文化10年（1813）4月，樋口村，瞽女・座頭との「出入」に関する願書（下書）。

「差出申御請書之事」，野口家文書，1485号，埼玉県立文書館蔵。

明治2年（1869）12月，大野村，「盲人」「盲女」の止宿合力に関する文書。

『猿島《さしま》町史』，資料編，近世，（茨城県）猿島町史編さん委員会編，1995年。

明和3年（1766）12月の生子《おいご》村高反別村明細帳に瞽女2人とある（63頁）。

『蔭戒記』，国立国会図書館蔵（わ 210，4-37）。

　中山定親編。応永 33 年（1426）11 月 16 日条に「盲女」への言及あり。

『雑書』 →『盛岡藩家老席日記雑書』

『薩摩風土記』，『日本都市生活史料集成』，第 3 巻，城下町篇 1，学習研究社，1975 年，428-470 頁。

　別名『異本薩摩風土記』，鹿児島県立図書館蔵。記事中に文政 5 年（1822）の記述があるので（465 頁），文政頃以降成立か。薩摩を巡業した江戸出身の瞽女の記録あり（447 頁）。

『薩陽往返記事』，『日本庶民生活史料集成』，第 2 巻（探検・紀行・地誌　西国篇），三一書房，1969 年，609-703 頁。

　文政 11 年～天保 9 年（1828-38）成立。薩摩の瞽女と瞽女唄への言及あり（673 頁）。

「座頭縁起」，『座頭縁起，他三篇』に合綴，国立国会図書館蔵（301-180）。

　寛永 4 年（1627）12 月 5 日付の記録。主に視覚障害者の縁起，官位などに関する記録であるが，瞽女にも言及する。

「座頭式目」，『座頭縁起，他三篇』に合綴，国立国会図書館蔵（301-180）。

　享保 11 年（1726）成立。瞽女の位，名前，習慣に関する記録あり。中山太郎『日本盲人史』（正編），266-267 頁，加藤康昭『日本盲人社会史研究』250 頁，253 頁参照。

佐藤親雄，「瞽女考――その 1，瞽女の縁起と性格について」，『東京教育大学教育学部紀要』，第 13 巻，1967 年，139-143 頁。

　『駿国雑志』の瞽女縁起と杉本キクエ蔵の縁起の簡単な比較検討。

佐藤親雄，「瞽女考――その 2，瞽女の特権，活動，史的意義について」，『東京教育大学教育学部紀要』，第 15 巻，1969 年，89-94 頁。

　江戸時代の駿国瞽女と 20 世紀の越後瞽女の活動，組織，修行，教育史的意義などの解説。

「座頭留書」（写本），国立国会図書館蔵（834-35）。

　天保 6 年（1835）3 月，未年（同年か）1 月の触。

佐藤峰雄，「「高田瞽女唄」の研究（1）」，『新潟大学教育学部紀要』，人文・社会科学編，第 36 巻，第 2 号，1995 年，323-333 頁。

　高田瞽女杉本キクエの演奏（1979 年 5 月 13 日録音）による祭文松坂「俊徳丸」の音楽学的分析（旋律を中心に）。

佐藤峰雄，「高田瞽女唄〈俊徳丸〉（段物）に見られる三味線の「合の手」について」，『民俗音楽研究』，第 26 号，2001 年，24-40 頁。

　高田瞽女の演奏する段物の三味線「合の手」24 例を採譜し，比較分析を行った。その結果，「合の手」がいくつかの短い動機からなり，それぞれが絶えず変奏されているが，「合の手」の全半は 14 拍程から構成され，後半は 8 拍からなっていると結論づけている。

『実隆公記』，全 13 巻，続群書類従完成会，1938 年。

　三条西実隆著。永正 6 年（1509）4 月 30 日（第 5 巻上，195 頁），永正 7 年（1510）7 月 19 日（第 5 巻下，394 頁）の項に唄を歌う「盲女」への言及あり。

『座間市史』，第 2 巻，近世資料編，神奈川県座間市，1991 年。

　文化 15 年（1818）2 月 28 日の組合村 24 カ村の議定書あり（477-478 頁）。

『三味線問答』，国立国会図書館蔵（京 253）。

天明 5 年（1785）刊，京都菊屋安兵衛板，耳見斎眼聴第著。巻之一～巻之三に瞽女への言及あり。

『三壺《さんこう》聞書』，『加賀能登郷土図書創刊』，石川県図書館協会，1931 年。

慶長 19 年（1614）6 月上旬の項（147 頁，［原本の第 11 巻］）に加賀の瞽女への言及あり。

『三枚橋の民俗』，沼津市史編さん調査報告書第 12 集（民俗調査報告書 7），沼津市教育委員会，1995 年。

112 頁に沼津三枚橋の瞽女に関する短い解説あり（大島建彦筆）。

「三枚橋横宿に瞽女の消息」，『沼津史談』，第 37 号，1987 年，82 頁（著者不詳）。

明治 14 年（1881）8 月 3 日（通刊第 7 号）『沼津新聞』からの引用。静岡県沼津地方の瞽女に関する記録。タイトルは原文にない。

『三和町史』，資料編，近世，三和町史編さん委員会，（茨城県）三和町，1992 年。

寛政 3 年（1791）3 月 15 日，友渕村の伊勢講番付に「こせ」への言及あり（118 頁）。享保 10 年（1725）4 月，代官池田喜八郎条目に「盲女」への言及あり（161 頁）。元禄 4 年（1691）3 月 25 日，仁連町耶蘇宗門改め一札に「ごぜ」への言及あり（720 頁）。

椎名仁《じん》，『境河岸――利根・江戸川河岸の要衝』，茨城県土浦市，筑波書林，1982 年。

箱島家文書の「婚礼座頭祝儀之定」（元文 2 年［1737］）に境河岸で活動した瞽女への言及あり（54 頁）。

『塩尻市誌』，第 4 巻，民俗・文化財・史資料等，塩尻市誌編纂委員会編，塩尻市，1993 年。

瞽女を含む旅芸人に関する解説あり（116–117 頁）。瞽女が大正時代初期頃まで訪れたとある（371 頁）。また「高島藩の墨付き」（許可）を与えられたような家にしか来ず，そこに泊めることもあり，ある家では隠居所に泊めたと説明する。

『塩満《しおみつ》の民俗』，沼津市史編さん調査報告書，第 9 集（民俗調査報告書 5），沼津市教育委員会，1995 年。

89 頁に大正の半ば頃まで瞽女が三味線を持って門付けに来たとある。

『四季耕作風俗図巻』，未刊，所蔵不詳（斎藤真一『瞽女――盲目の旅芸人』222 頁参照）。

江戸後期か。二人の瞽女の門付け姿（休憩の時か）の絵。

『志木市史』，（埼玉県）志木市，1987 年（近世資料編 1），1988 年（近世資料編 2）。

天保 14 年（1843）6 月，館村の明細帳に瞽女壱人とある（近世資料編 1，77 頁）。寛政 7 年（1795）1 月，中野村の入用帳に瞽女に関する記載あり（近世史料編 2，24 頁）。

『色道大鏡』，上中下，八木書店，1974 年。

延宝 6 年（1678）10 月序，藤本（畠山）箕山著。下巻，1399–1401 頁（原本の巻十四 45 オ～46 オ）に「瞽女篇」あり。翻刻は『完本色道大鏡』野間光辰編，京都市，友山文庫，1971 年参照（瞽女に関する項は 462–463 頁）。

『指掌録』，東京大学史料編纂蔵。

敦賀町奉行所での定，規式，先例などを項目に分けて編集し，寛文頃～天保 11 年（1840）の記事あり。第 6 冊に「瞽目《（ママ）》・座頭式」あり，享保 4 年 2 月～元文 3 年（1719–38），現福井県敦賀市，小浜市の瞽女・座頭に関する記録。文書に「越前国敦賀郡敦賀町打它弁次郎所蔵，明治三十年八月採訪，同三十五年十月謄写了」とある。『敦賀市史』史料編，第 5 巻，166–495 頁に翻刻あり（瞽女・座頭の項は 205–211 頁にある）。

『静岡県史』，資料編，第 16 巻，近現代 1，1989 年。

明治 7 年（1874）11 月 22 日の「瞽女が隊をなし，銭を乞うを廃すべきの議」，足柄県（現静岡県）の議案あり（496-497 頁）。明治 7 年（1874）11 月 22 日の連合大区会議で三島宿瞽女の巡行を廃止し，原籍へ編入する方法の議案（505-506 頁）。

『静岡市史』，静岡市役所，1976 年（近世史料 3）。

駿府の豪商松木新左衛門の事績の記録である『松木新左衛門始末聞書』（安永 8 年［1779］成立，457-510 頁）に駿府瞽女に関する項あり（489-490 頁）。

『祠曹雑識』，3，（内閣文庫所蔵史籍叢刊，第 9 巻），汲古書院，1981 年。

文政 2 年（1819）9 月 23 日，座頭盲女の取扱いに関する評定所の申合書あり（1330 頁，原本巻 57）。

『七十一番歌合』，『日本庶民生活史料集成』，第 30 巻，三一書房，1982 年，67-106 頁，295-331 頁。

寛永頃以前成立か。狩野吉信（天文 20 年～寛永 17 年［1551-1640］）画。鼓を打ちながら「曽我物語」を語る瞽女の絵あり。瞽女の絵は 80 頁，308 頁，別冊 68 頁（詞書）参照。徳江元正によれば，絵の構図は「一休和尚并森盲女図」（「一休宗純并森盲女画像」か，大阪府忠岡町正木美術館蔵）と酷似している（『日本古典文学大辞典』第 2 巻，617 頁参照）

『七偏人』，『滑稽本集』（日本名著全集，第 14 巻），日本名著全集刊行会，1927 年，931-1088 頁。

安政元年（1854）刊，梅亭金鵞（文政 4 年～明治 25 年［1821-92］）著。瞽女唄（口説）の「笠松峠」と「鈴木主水」への言及あり（1017 頁）。

篠原家文書，山梨県立博物館蔵。

八代郡東油川村の村入用帳類あり。文政 10 年（1827）8 月（古 1-1025），文政 11 年（1828）2 月（古 1-1003），文政 13 年（1830）8 月（古 1-2585），天保 7 年（1836）8 月（古 1-3090），天保 10 年（1839）8 月（古 1-2976），天保 13 年（1842）8 月 1 日（古 1-2961），弘化 2 年（1845）8 月（古 1-2616），嘉永 2 年（1849）3 月（古 1-458），8 月 1 日（古 1-33），嘉永 5 年（1852）8 月（古 1-184），安政 3 年（1856）8 月（古 1-849），文久元年（1861）月欠（古 1-1056），文久 2 年（1862）8 月 1 日（古 1-242），文久 3 年（1863）3 月（古 1-302），慶応元年（1865）8 月 1 日（古 1-257），明治 3 年（1870）8 月 1 日（古 1-1155），同年（1870）月欠（古 1-504），明治 6 年（1873）1 月（古 1-318）。

篠宮はる子，「新潟県高田市のゴゼ」，『民俗』（相模民俗学会刊），第 60 号，1965 年 6 月，5-7 頁。

1965 年 3 月 26 日に行われた杉本キクエ・五十嵐シズ・難波コトミへのインタビューに基づく高田瞽女の簡単な紹介。

（新発田），「阿賀北瞽女唄，全曲を録音，松坂口説など百曲余」，『新潟日報』，1975 年 7 月 4 日号。

『新発田の民俗』，下（『新発田市史資料』，第 5 巻下［民俗下］），新発田市史編纂委員会編，新発田市，1972 年。

新発田市周辺の瞽女については 355-356 頁に参照。寛政 5 年（1793）12 月 5 日，寛政 12 年（1800）5 月 12 日，箏曲の秘曲が瞽女に伝授された証明書の写しあり（535 頁）。

『新発田藩史料』，第 3 巻，藩政篇，国書刊行会，1988 年。

安永 3 年（1774）10 月，江戸幕府の「盲人」に関する取締令あり（257 頁）。天保 13 年

(1842) 8 月 6 日の祭文語り・軍談師の禁止令あり (381 頁)。

『新発田町中諸事覚書上』,『越佐叢書』, 全 19 巻, 今泉鐸次郎他編, 第 8 巻, 331–358 頁, (新潟県) 三条市, 野島出版, 1976 年。

宝永 4 年 (1707) 5 月 29 日, 新発田町 (現新潟県)「女座頭」(瞽女・座頭か) に関する町触あり (340 頁)。

『渋川市誌』, 渋川市誌編さん委員会, (群馬県) 渋川市, 1984 年 (第 4 巻, 民俗編), 1989 年 (第 5 巻, 歴史資料編)。

瞽女に関する短い報告あり (第 4 巻, 671–672 頁)。文化 14 年 (1817) 2 月の渋川村などの勧化合力金議定あり (第 5 巻, 342–344 頁)。天保 13 年 (1842) 9 月「渋川村ほか宿村申合議定」あり (同, 350 頁)。

島田家文書 (千葉市稲毛区長沼町), 千葉県文書館蔵。

長沼新田関係文書。安政 5 年 (1858) 1 月「午村入用帳」(ホ 258) に瞽女に関する記載あり。

『島根県史』→『新修島根県史』

『紙魚のやとり』, 岐阜市, 大衆書房, 1970 年。

17 世紀初頭から文政 11 年 (1828) までの飛騨高山に関する加藤家の記録 (1925 年編)。宝暦元年 (1751) 12 月 25 日, 瞽女が被害にあった盗み事件の記述あり (42–43 頁)。

『下総町史』, 近世編, 史料集 2, (千葉県) 下総町史編さん委員会, 1987 年。

名木村の藤崎理右衛門を願主とする滑川村龍正院の唐金灯籠 2 基の建立に関する安永 2 年 (1773) 1 月の勧化帳 (「本堂, 銅籠建立帳」269–288 頁所収)。3 人の瞽女の名前あり (284 頁, 286 頁)。

下重暁子,『鋼《はがね》の女《ひと》』, 講談社, 1991 年。

小林ハルの聞き書きから得た情報を小説風にまとめた本。

『下条村誌』, 上巻, 下条村誌編集委員会, (長野県) 下条村誌刊行会, 1977 年。

天和元年 (1681) 11 月の不審者取締令あり (484–485 頁)。天保 10 年 (1839) の吉岡村の村入用帳あり (569–573 頁。570 頁に「後世」の記載あり)。

『下保《しもほう》谷《や》の民俗』, 資料報告, 保谷市史編さん委員会編, (東京都) 保谷市役所, 1986 年。

瞽女の到来に関する古老の話の聞き書きあり (479–480 頁)。

『沙石集』,『日本古典文学大系』, 第 85 巻, 渡邊綱也校注, 岩波書店, 1966 年。

弘安 2–6 年 (1279–83) 成立。「盲女」の登場する話あり (381–382 頁, 原本巻第 9 の 8)。

『拾椎雑話』,『福井県郷土叢書』, 第 1 巻, 福井県郷土史懇談会, 1954 年, 1–470 頁。

元禄 2 年 (1689) 生まれの町人学者であった木崎惕窓著, 宝暦 7 年 (1757) 序。若狭 (現福井県) の瞽女への言及は 75 頁 (天和 3 年 [1683] 8 月), 107 頁 (宝暦 7 年 [1757]), 133 頁 (同年), 243 頁 (同年), 447 頁 (元文 2 年 [1737])。

『修善寺町資料』, 第 7 巻 (伊豆国君沢郡大沢村), 修善寺町, 修善寺町教育委員会, 1971 年。

大沢村 (現静岡県), 天明 3 年 (1783) 1 月 11 日か。瞽女に関する記載あり (87–99 頁)。

『修訂駿河国新風土記』, 上巻, 国書刊行会, 1975 年。

文化 10 年 (1813) 序。新庄道雄 (安永 5 年～ 天保 6 年 [1776–1835]) 著, 足立鍬太郎修訂, 飯塚伝太郎補訂。「瞽女　松が宅地」の項目あり (196 頁)。

「寿言集」,『高志路』,第3巻,第1号,(通巻第25号),1937年1月,38-42頁。
著者不詳。瞽女などが歌った歌詞。「春駒の唄」(38-39頁),「新潟名物名所萬歳」(萬歳錦水著)の一部あり(41-42頁)。

上越市企画部公聴課編,「最後の瞽女さたち」,『報告上越』,第173号,1979年,2-5頁。

『上越市史』,資料編4,近世1,上越市史編さん委員会,上越市,2001年。
寛政5年(1793)1月の高田町紺屋町瞽女「留雪」への褒美の記録あり(146-149頁)。安永10年(1781)の願書あり(162-163頁)。嘉永6年(1853)4月の高田町別人口の記録あり(327-329頁)。天保9年(1838)の高田町の人口統計あり(323頁)。明治3年(1870)10月の高田町別職人の記録に「盲人きよ」とある(351頁。福永家文書,上越市立図書館蔵による)。

『上越市史』,別編6,藩政資料2,上越市史編さん委員会,上越市,2000年。
高田領中の16人の瞽女を含む人口統計あり(82頁)。榊原文書,「嗣封録」(十二),年代不詳,江戸前期か,上越市立高田図書館蔵。

上越市文化財調査審議会編 →高田市文化財調査委員会編,『高田のごぜ』。

『城下町松代の民俗』,長野市誌民俗調査報告書,第4集,長野市誌編さん委員会民俗部会企画調整部企画課市誌編さん室,1996年。
新潟方面からやってきた瞽女に関する言及あり(60頁)。

『庄下村市誌』,庄下村史誌編纂委員会,(富山県)砺波市矢木,1979年。
天保13年(1842)9月の村定に瞽女への言及あり(91頁)。

『証記抜萃類聚』,「四十九印,座頭・瞽女」,(山口県岩国市)岩国徴古館蔵。
元文3年(1738),岩国藩が行政執行時の先例調査作業を簡便化するために項目別に編集したもの。64冊からなっているが,そのうち45冊が現存している。「四十九印,座頭・瞽女」に元禄2年[1689]10月,元禄11年[1698],元禄12年[1699],元禄15年[1702]2月,正徳5年[1715]8月,享保2年[1717],瞽女・座頭に対する配当などに関する記録あり。

「条々」,永青文庫,熊本大学附属図書館に寄託。
明暦4年(1658)6月4日の記録。福岡に瞽女「むめ」がいたとある。

「聖徳太子絵伝記」,『近松世話浄瑠璃』(帝国文庫,第50巻),637-696頁,博文館,1897年。
瞽女が登場する享保2年(1717)1月初演の浄瑠璃(672-673頁)。

『城端町史』,城端町史編纂委員会,富山県城端町,1959年。
瞽女に関する古老の言及あり(1390頁)。

『庄原市史』,近世文書編,(広島県)庄原市史編纂委員会,1980年。
嘉永7年(1854)10月,浪人などの取締令あり(90-91頁)。

『正宝事録』,全3巻,日本学術振興会,1964年(第1巻),1965年(第2巻),1966年(第3巻)。
第1巻,348頁(969号,元禄14年[1701]9月5日),第3巻,59頁(2537号,元文4年[1739]10月10日)に瞽女関係の法令あり。

「諸勧化・ごぜ・座頭村送りのきめについての書状」,関口家文書,村政138,神奈川県立公文書館。
年代不詳(4月1日),江戸後期か。西小安,東小安,生麦村(現神奈川県横浜市)の勧化・ごぜ・座頭村送りの取決めに関する書状。

「諸勧化の扱いに付取極」，甲州文庫（甲 093.6-251-5），山梨県立博物館蔵。

年代不詳（丑極月）の短い文書。『白根町誌』，資料編，178-179 頁にもほぼ同文が駒場村の村法度の一条として含まれている（寛政 5 年［1793，丑年］か，12 月）。

『職人尽発句合』，『日本庶民生活史料集成』，第 30 巻，三一書房，1982 年，559-591 頁。

寛政 8 年（1796）成立，五升庵瓦著，鴨のあかた主（梨木祐為）画。琴を奏でる瞽女の絵（586 頁）とその詞書（別冊，155 頁）あり。

『書言字考節用集』，大阪，前田書店出版部，1975 年。

享保 2 年（1717）1 月刊，槇島昭武編著。「瞽女」を「コジョ」や「ゴゼ」と読むとある（77 頁，第 4 冊，人倫）。

「諸方書レ願写し」，丸山秀夫家文書。長岡市立中央図書館（互尊文庫）に複製あり（D24）。

複写本の 26 枚目に長岡町「西組」に含まれていた瞽女の人数の記録あり。安政 5 年（1858）2 月 19 日。

『諸努変革調』，県政資料 57-2，熊本県立図書館蔵。

明治 2 年（1869）12 月，熊本藩の人口調査録。

『諸用帳』，上越市立総合博物館蔵。

元治元年（1864）7 月，高田瞽女の記録。

『諸例選要』，『日本財政経済史料』，第 8 巻上，大蔵省，1924-1925 年（小宮山書店，1972 年再版）。

瞽女に関連する幕府の記録。天保 3 年（1832）10 月 16 日付の文書の引用あり（496-497 頁，巻三）。

『白沢村の民俗』，群馬県民俗調査報告書第 11 集，群馬県教育委員会，1969 年。

「ゴゼ，二三人ずつ組になって，三味線をならしながら来た」（74 頁），「万歳，獅子，ゴゼが家々にまわってきた」とある（168 頁）。

白洲正子，「瞽女の唄」，『新潮』，第 79 巻，第 4 号，1982 年，200-205 頁。

『白根町誌』，資料編，白根町誌編纂委員会，山梨県白根町（現南アルプス市）役場，1969 年。

瞽女関係の記録は次の通り。延享 3 年（1746）6 月の有野村の「倹約掟書」（111 頁），寛延 2 年（1749）12 月の同村の瞽女扶持に関する一条（119 頁），上八田村の明和 7 年（1770）7 月の夫銭帳（142 頁），寛政 3 年（1791）5 月の視障者の生業と支配への言及（177 頁），寛政 5 年（1793）12 月の瞽女・座頭の巡業への制限の村法度（179 頁），天保 8 年（1837）12 月，西野村（297 頁），安政 3 年（1856）12 月，飯野新田村（359 頁）の夫銭帳。

『史料叢書』1，近世の村・家・人，国文学研究資料館史料館編，名著出版，1997 年。

文政 2 年（1819）10 月 8 日の遠江国榛原郡嶋村の倹約令（64 頁），同年同月の「組合取極帳」（66 頁），同年 11 月の「組合取極帳」（70 頁）に瞽女への言及あり。甲斐国山梨郡下井尻村の享保 13 年（1728）2 月 19 日の「祝言諸色帳」に瞽女への祝い金の記載あり（264 頁）。

「誌」，上越市立総合博物館蔵。

大正 4 年（1915）8 月 17 日，高田瞽女の寄付金証。

『素人浄瑠理評判記』，『日本庶民文化史料集成』，第 7 巻（人形浄瑠璃），三一書房，1975 年，493-513 頁。

天明 6 年（1786）刊。大阪を中心に，素人浄瑠璃に関する説明の中，瞽女への言及あり

(493 頁)。

『白根市史』，第 2 巻（近世史料），白根市史編さん室，（新潟県）白根市，1985 年。

「ねん」という視覚障害のある孝行者に関する項目あり（557 頁，文化 6 年［1809］12 月 14 日。581 頁，文化 8 年［1811］5 月 4 日)。『新発田藩改務日記』による。

『城山町史』，第 2 巻，資料編，近世，（神奈川県）城山町，1990 年。

文政 12 年（1829）8 月，小倉村・三ヶ木村，地頭への倹約方九ヶ条上申書に「盲人方，并芸人」などへの言及あり（271–272 頁)。

『信越百年の秘話』 →「越後のごぜ芸人」

『新熊本市史』，史料編，第 4 巻，1996 年。

弘化 3 年（1846）7 月，市中風俗取締方に関する報告書（350 頁)。同年 9 月，市中風俗取締方改革に関する意見書（357–358 頁)。

『新修稲沢市史』，資料編 10，近世地方 1，愛知県稲沢市，新修稲沢市史編纂会事務局，1986 年。

現稲沢市周辺の村に伝わったと思われる寛文 7 年（1667）3 月 18 日付の尾張藩法に「盲女」への言及あり（332–333 頁)，同年同月同日の稲葉村に伝わったほぼ同文もある（495 頁)。文政 13 年（1830）3 月，中島村の宗門改に関する触あり（489–490 頁)。

信州佐久郡五郎兵衛新田村柳沢家文書，長野県北佐久郡浅科村，五郎兵衛記念館蔵。

宝暦 8 年〜嘉永 2 年（1758–1849）の五郎兵衛新田村（現長野県浅科村）の村入用小使帳に瞽女・座頭に関する記録あり。写真は学習院大学蔵（整理番号 1826–1868)。

『新修島根県史』，史料篇第 2（近世上)，史料篇第 3（近世下)，1965 年。

史料篇第 2 に宝暦 4 年（1754)，出雲・隠岐両国の人口統計である『雲陽大数録』に瞽女 139 人が見られる（156 頁)。貞享 5 年（1688）の『増補隠州記』に瞽女 8 人とある（187 頁，195 頁，205 頁，249 頁，261 頁)。史料篇第 3 に宝暦 10 年（1760）の「宝暦九卯年御年貢并諸入用割合取立勘定目録」（115–121 頁）に「新こせ」などへの扶持の記載あり。現大田市の「諸色覚書」（185–232 頁）に天明 2 年（1782）4 月の瞽女への祝儀の記録あり（198 頁)。文化 12 年（1815）8 月，瞽女の止宿に関する「覚」あり（611 頁)。宝暦 10 年（1760）10 月 29 日，瞽女への合力の「覚」あり（377 頁)。天明 2 年（1782）4 月の瞽女らへの祝儀の記録あり（198 頁)。宝暦 10 年（1760）の村入用帳に前年の瞽女扶持に関する記録あり（119 頁)。

『新修杉並区史』，資料編，東京都杉並区役所，1982 年。

宝永 3 年（1706）5 月の瞽女・座頭に関する記載あり（605 頁)。

『新修関市史』，史料編，近世 2，関市教育委員会，（岐阜県）関市，1993 年。

文化 12 年（1815）4 月，文政 7 年（1824）8 月，小屋名村の明細帳に瞽女への言及あり（387 頁，393 頁)。享保 11 年（1726）4 月の関郷の人別改書（522 頁)，享保 17 年（1732）4 月の関郷の人別改書（523 頁）あり。

『新修鳥取市史』，第 3 巻，資料篇，鳥取市，1985 年。

元治元年（1864）11 月の「座頭・瞽女祝悔料」の記載あり（371–413 頁)。

『新修広島市史』，広島市役所編，1959 年（第 6 巻［資料編その 1］)，1960 年（第 7 巻［資料編その 2］。

文政 5 年（1822）編の『知新集』からの視覚障害者に関する記録あり（第 6 巻，110 頁，137 頁，139 頁，151 頁，182 頁)。延宝 4 年（1676）8 月 30 日の「覚」（第 7 巻，150 頁)，明治 7 年（1874）5 月 3 日の「盲人」に関する県令（第 7 巻，387 頁）あり。

『新修松江市誌』，松江市誌編さん委員会編，松江市，1962 年。

貞享元年（1684）5 月，松江城下白潟町の「宗門御改目録」によれば，城下に瞽女が 18 人いた（189 頁）。

『新撰美濃志』，岐阜県，大衆書房，1931 年（1969 年再版）。

万延元年（1860）刊，岡田啓著。現岐阜県の瞽女への言及あり（583 頁）。

『新訂黒田家譜』，第 5 巻，川添昭二・福岡古文書を読む会校訂，文献出版，1983 年。

天明元年（1781）12 月 17 日条に同月 21 日に黒田治之葬儀の際，「瞽者・瞽女」への救米支給の記録あり（120 頁）。

『新編一宮市史』，資料編，第 7 巻，愛知県一宮市，1967 年。

寛文 7 年（1667）3 月 3 日『尾張藩村方御触書集，上』による尾張藩法あり（3 頁）。

『新編岡崎市史』，第 7 巻，史料近世上，新編岡崎市史編集委員会，新編岡崎市史編さん委員会，1983 年。

58-185 頁の「岡崎町万留書覚帳」に安政 4 年（1857）8 月 17 日，瞽女・座頭への配当支給の記録あり（123-124 頁）。

『新編埼玉県史』，1984 年（資料編 15，近世 6，交通），1991 年（資料編 14，近世 5，村落・都市）。

元禄 15 年（1702）の「武州河越御領分明細記」に「三人，盲女」とある（資料編 14，78 頁）。天保 7 年（1836）12 月 29 日の「幡羅郡中奈良村村中取極箇条書」に瞽女への合力禁止あり（同，461-463 頁）。安永 5 年（1776）4 月に将軍日光社参の際に関する定あり（資料編 15，950-951 頁）。

『新編信濃史料叢書』，信濃史料刊行会，1973 年（第 6 巻），1979 年（第 22 巻）。

『信府統記』第 25 巻による享保 7 年（1722）の松本領の瞽女人口（第 6 巻，503-504 頁），享保 8 年（1723）9 月の松本領の瞽女人口を含む記録あり（同，505-506 頁）。信濃地方の俳諧集『みはしら』（文政 7 年［1824］4 月序）に瞽女に言及する句あり（第 22 巻，296 頁）。

『新編高崎市史』，高崎市，1997 年（資料編 6，近世 2），1999 年（資料編 7，近世 3）。

安永 9 年（1780）4 月の「高崎町由緒書上写」に町人口の記録あり（資料編 6，481 頁）。第 7 巻に文政 7 年（1824）7 月の石原村の入用帳（328-333 頁），天保 13 年（1842）1 月の下飯塚村の入用帳（333-337 頁），弘化 3 年（1846）1 月の下小塙村の入用帳（337-343 頁）に村に渡来した多くの瞽女への合力の記載あり。寛政 4 年（1792）閏 2 月の「上滝村万雑入用請負証文連印帳」（325-326 頁），享和元年（1801）の「下飯塚村入用につき取極め」（352 頁），慶応 3 年（1867）2 月の「下小鳥島村万雑入用請負証文議定連印帳」（365-363 頁），年代不詳（江戸後期か）「板鼻宿寄場村組合内議定書」（377-378 頁）に瞽女への言及あり。下小鳥村，安政 7 年（1860）3 月作成の「万雑入用帳」からの情報あり（資料編 7，256-257 頁）。

『新編豊川市史』，第 6 巻，資料編，近世上下，新編豊川市史編集委員会編，（愛知県）豊川市，2003 年。

享保 11 年（1726）4 月，下千両村に瞽女 1 人とある（863 頁，867 頁）。

『人倫訓蒙図彙』，朝倉治彦校注，平凡社，1990 年。

元禄 3 年（1690）7 月，京都・大坂・江戸で刊。三味線を弾く瞽女の絵あり（85 頁）。

『随筆辞典』，全 5 巻，朝倉治彦編，東京堂，1961 年。

吉田《(古カ)》重剛著『弘化日記』，弘化 3 年（1846）7 月 19 日の項に肥後国で瞽女が披露した唄

の記録あり（第2巻，153頁）。

『菅江真澄遊覧記』，内田武志・宮本常一編訳，平凡社，1965年（第1巻），1966年（第2巻）。

主に天明年間（1780年代），菅江真澄著。天明2年（1782）の「伊那の中路」（第1巻，3-35頁）に笠をかぶる3人の越後の女性（瞽女か）への言及あり（10頁）。天明5年（1785）の「小野のふるさと」（第1巻，117-153頁），秋田の仏教的な唄を歌い占い稼ぎの「えびすかせ」の女性視覚障害者にも触れる（128頁）。天明8年（1788）の「岩手の山」（第2巻，78-106頁）にも女性視覚障害者である巫女に言及あり（88-89頁）。

杉野三枝子　→大滝雅楽絵

杉みき子，「高田ごぜ唄」，『新潟県文学全集』，第5巻（第2期，随筆・紀行・詩歌編，現代編2），（長野県松本市）郷土出版社，1996年，82-86頁。

高田瞽女に関する随筆。

杉山幸子，『瞽女さん』，（長野市）川辺書林，1995年。

主に高田系の元瞽女杉本（五十嵐）シズと難波コトミに関する本。杉本シズによる「春駒」（39-41頁），越後と信濃の門付け唄（64-66頁），杉本キクイ（キクエ）による「葛の葉子別れ」（130-132頁），「新磯節」（133-134頁），「新井節」（135頁）の歌詞収録。カセットテープに杉本キクイ・杉本シズ・難波コトミの演奏による「かわいがらんせ」（1969年録音），「新磯節」（1978-80年録音），「新井甚句」（1978-80年録音），杉本キクイによる祭文松坂の「葛葉の子別れ」（1段，1954年録音）収録。2003年の再版にカセット・テープはCD化されている。

『宿毛市史資料』，第4巻，兼松家文書，（高知県）宿毛市教育委員会，1979年。

文久元年（1861）6月の『差出扣』に庄屋の職務に関する記録で瞽女に関する項目あり（183-192頁）。

『逗子市史』，資料編2，近世2，逗子市，1988年。

小坪村，文久3年（1863）2月の村入用帳に瞽女の記載あり（610-611頁）。

『逗子市誌』，逗子教育研究会調査部編，逗子市役所，1973年（第6集，桜山の部［2］），1976年（第7集，池子の部［上］）。

第6集，桜山の部（2）に文化15年（1818）の浪人取締令あり（125-126頁）。第7集，池子の部（上）に相模国三浦郡桜山村の安永2年（1773）3月の指出書上帳に2人の瞽女の記載あり（71頁）。

鈴木家文書，山梨県立博物館蔵。

下野原村（現山梨県笛吹市御坂町下野原）の文書。天保8年（1837）8月1日「夫銭帳」（古12-102），天保12年（1841）3月「八代郡下野原村小入用帳」（古12-73），天保12年（1841）8月「夫銭帳」（古12-104），弘化5年（1848）3月「八代郡下野原村小入用帳」（古12-9）などに瞽女関係の記載あり。

鈴木昭英，「瞽女の歌本」，『長岡郷土史』，第11号，1972年11月，21-37頁。

「瞽女口説地震の身の上」（斎藤真幸［安政6年（1859）没］作），「をつる」の口説の歌詞に関する研究と歌詞の翻刻。『日本近世歌謡資料集』第40巻（1036号）も参照。五来重編『日本庶民生活史料集成』第17巻，589-591頁にも復刻あり。

鈴木昭英，「長岡瞽女の組織と生態」，『長岡市立科学博物館研究報告』，第7号，1972年，51-100頁。

長岡瞽女の民俗誌，写真，地図，史料などが豊富に盛り込まれている長岡瞽女の総合的

研究。53頁に延宝9年（1681）9月11日，山本ゴイの墓の記録，53頁に明治25年（1892）1月27日，山本ゴイの墓からの情報あり。95-100頁に明治31年（1898）2月長岡瞽女による「中越瞽女矯風会規約」あり。

鈴木昭英，「刈羽瞽女」，『長岡市立科学博物館研究報告』，第8号，1973年，27-100頁。
新潟県刈羽瞽女の組織，師弟関係，活動，妙音講，稼業，民間信仰などの民俗学的・歴史的研究。刈羽瞽女の縁起・式目（54-55頁）と以下の瞽女唄の歌詞も収録されている。伊平タケの演奏に基づく祭文松坂「小栗判官」（二度対面の段，69-73頁），「佐倉宗五郎」（船どめの段，73-80頁），「平井権八」（編み笠脱ぎの段，80-86頁），「お筆くどき」（86-88頁），「上原くどき」（88-90頁），「正月祝いくどき」2種（90頁），「門付け松坂」22種（91頁），「婚礼松坂」ざか歌（92頁），「鴨緑江節替え歌」（92頁）。唄本に基づく「上原くどき」（93-95頁），「長崎くどき」（95-97頁），「赤田くどき」（おそやくどき，97-100頁）。

鈴木昭英，「瞽女の民間信仰」，『日本民俗学』，第85号，1973年5月，1-10頁。
瞽女にまつわる民間信仰に関する研究。生業に関わる信仰（養蚕，稲作，麦作，綿畦），子安信仰（安産，子育て），治病信仰，瞽女が集めた米の力，瞽女を宿泊させることの功徳，瞽女と巫女との関係についてなどを述べる。後，鈴木昭英『瞽女――信仰と芸能』95-114頁所収。

鈴木昭英，「越後瞽女組織拾遺」，『長岡市立科学博物館研究報告』，第9号，1974年，55-104頁。
三条瞽女，土底組・西野島組・田麦組瞽女，糸魚川瞽女のそれぞれの組織，師弟関係，妙音講，巡業，唄演目に関する研究。89-92頁に土底組の縁起復刻あり。97頁に糸魚川市在住上谷タキの「遊芸観察」の写真あり（昭和4年［1929］12月17日）。

鈴木昭英，「唄と踊りを興行した四郎丸瞽女」，『長岡郷土史』，第12号，1974年，1-16頁。
瞽女歌とともに踊りをも披露するという特異な形式の巡業活動を行い，長岡瞽女の組織から外れた四郎丸組に関する研究。

鈴木昭英，「越後の瞽女」，『まつり』，第26号，1975年，93-125頁。
越後瞽女一般の歴史と特徴を簡単に解説。後，鈴木昭英『瞽女――信仰と芸能』3-40頁所収。

鈴木昭英，「越後瞽女の組織構造」，『昔話研究資料叢書』（附録，口承文芸研究通信），第14巻，三弥井書店，1975年3月号，4-7頁。
瞽女に関する簡単な解説。

鈴木昭英，「新飯田瞽女」，『長岡市立科学博物館研究報告』，第11号，1976年，41-71頁。
新飯田瞽女の師弟系譜，組織，経歴，弟子入りと年期，妙音講，巡業，民間信仰，唄の伝承に関する研究。61-62頁に新飯田瞽女の縁起も所収。

鈴木昭英，「越後瞽女」『民話と伝説』，第5巻（甲信越・飛騨），学習研究社，1976年，186-189頁。
主に越後瞽女の組織，巡業と歌謡，瞽女の民間信仰に関する解説。

鈴木昭英，「聞き書　長岡瞽女」，『長岡市立科学博物館研究報告』，第14号，1979年，103-123頁。
関根ヤスと渡辺キクへのインタビュー。数え唄の歌詞も収録。後，鈴木昭英『瞽女――信仰と芸能』187-246頁所収。

鈴木昭英，「長岡瞽女唄集」，『長岡市立科学博物館研究報告』，第14号，1979年，125-155

頁。

渡辺キクの演奏による祭文松坂「葛の葉子別れ」(4段，127-131頁)，続編の「二度の別れ」(131-133頁)，「八百屋お七」(忍びの段，3段，133-138頁)，「小栗判官」(支度の段，銚子の段，お座敷の段，二度対面の段，138-145頁)，口説の「安五郎くどき」(145-147頁)。金子セキ・中静ミサオの演奏に基づく祭文松坂の「葛の葉子別れ」(一度の子別れ，1段，147-149頁)，「八百屋お七」(忍びの段，149-150頁)，「祝いくどき」2種 (150-151頁)，「三河万歳」(経文，151-152頁)，「鴨緑江節替え歌」7種 (153頁)，門付け唄の「岩室くずし」33種 (153-154頁)。加藤イサの演奏に基づく「岩室くずし」10種 (155頁) と関根ヤスの演奏による門付け唄の「しょんがえ節」2種 (155頁)。

鈴木昭英，「小国のごぜさ」，『へんなか』，第2号，29-31頁。

新潟県小国町にいた瞽女の出身，師弟関係，活躍などに関する情報。

鈴木昭英，「越後長岡濁沢老翁古事談」，『長岡市立科学博物館研究報告』，第17号，1982年，35-82頁。

63-64頁に「瞽女節」の項目に「門付け歌」の歌詞などあり。

鈴木昭英，「瞽女物語」，『瞽女唄ネットワーク通信』，瞽女唄ネットワーク，1991年〜。

越後瞽女に関する簡単な解説。「1，瞽女前史」創刊号 (1991年1月15日)，2頁。「2，瞽女仲間の由来」第2号 (1991年12月1日)，2頁。「3，越後縁起」第3号 (1992年4月15日)，2頁。「4，瞽女仲間の自治体制」第4号 (1992年11月29日)，2頁。「5，中越瞽女矯風会」第7号 (1995年1月31日)，2頁。「6，瞽女の弟子入り」第8号 (1995年4月1日)，2頁。「7，稽古を始める」第9号 (1995年7月1日)，2頁。「8，寒稽古」第10号 (1995年9月15日)，2頁。「9，初旅」第12号 (1996年2月11日)，2頁。「10，門づけの様態」第13号 (1996年4月22日)，2頁。「11，瞽女宿」第15号 (1996年9月6日)，2頁。「12，三国の峠越え」第16号 (1997年1月15日)，3頁。「13，危険な旅路」第17号，(1997年4月27日)，2頁。「14，はるか遠い旅路」第18号 (1997年7月14日)，3頁。「15，米沢への旅」第19号 (1997年10月4日)，3頁。「16，正月をことほぐ」第20号 (1998年1月15日)，3頁。「17，長岡瞽女の妙音講」第21号 (1998年4月29日)，3頁。「18，瞽女屋は唄の稽古所」第22号 (1998年7月5日)，4頁。「19，高田瞽女の妙音講」第23号 (1998年9月18日)，3頁。「20，年あきの妙音講」第24号 (1999年2月6日)，3頁。「21，頭屋制の瞽女お講」第25号 (1999年4月29日)，3頁。「22，瞽女の縁起」第26号 (1999年12月10日)，3頁。「23，祭り駆けから門付けの旅へ」第27号 (2000年5月1日)，3頁。「24，瞽女歌の演目」第29号 (2001年7月10日)，2頁。「25，語り物の系譜」第30号 (2002年1月24日)，3頁。「26，祭文松坂の語りの仕組み」第31号 (2002年4月2日)，2頁。「27，祭文松坂の語りの表現」第33号 (2002年9月7日)，3頁。

鈴木昭英，「瞽女の宗教性」，『宗教民俗研究』，第1号，1991年，3-16頁。

主に長野県飯田の元瞽女伊藤フサエの証言による養蚕信仰，安産信仰，子育て信仰，治病信仰，禁圧のまじないなどに関する研究。後，鈴木昭英『瞽女——信仰と芸能』115-132頁所収。

鈴木昭英，「遊行芸人——瞽女の世界」，安達浩，『瞽女——盲目の旅芸人』，京都書院，1992年，102-107頁。

越後の瞽女に関する簡単な解説。

鈴木昭英,「瞽女と芸能」,『仏教芸能と美術』, 名著出版, 1993年, 3-46頁。

中世の「盲御前」と語り物, 歌謡の系譜と展開, 初祖伝承とその背景, 修行形態などに関する研究。147-148頁に「越後瞽女祭文松坂・口説・伝承曲一覧」あり。172頁に新潟・長野県の瞽女の「年期の季刊と年期明け儀礼の名称・会場」の表あり。後, 鈴木昭英『瞽女――信仰と芸能』133-186頁所収。

鈴木昭英,「新津瞽女」,『長岡市立博物館研究報告』, 第29号, 1994年, 73-78頁。

新潟県新津の瞽女の組織・師弟関係などに関する研究。

鈴木昭英,「瞽女のわざと力」,『フォークロア』, 第3号, 1994年, 46-49頁。

瞽女の組織, 活躍, 民間信仰などの簡潔な解説。

鈴木昭英,「聞き書き　高田瞽女――その1」,『長岡市立博物館研究報告』, 第30号, 1995年, 69-74頁。

一連の論文（「その2」～「その4」は以下参照）。著者が行った1972年5月26日（「その1」,「その2」39-45頁）と1980年3月6日（「その2」45-50頁,「その3」,「その4」）の高田瞽女（杉本キクエ・杉本シズ）へのインタビューを翻字。

鈴木昭英,『瞽女――信仰と芸能』, 高志書院, 1996年。

佐久間惇一『瞽女の民俗』とともに瞽女研究の双璧である。主に既刊の論文の再版。書評には福島邦夫『日本民俗学』219号, 145-152頁, 1999年参照。

鈴木昭英,「聞き書き　高田瞽女――その2」,『長岡市立博物館研究報告』, 第32号, 1997年, 39-50頁。

鈴木昭英,「瞽女の語り」, 岩波講座『日本文学史』, 第16巻（口承文学1）, 岩波書店, 1997年, 111-148頁。

越後瞽女の歴史, 組織, 伝統, レパートリーと, 歌詞の構造・様式を簡単に説明。また飯田瞽女の伊藤フサエのレパートリーに関する言及あり。

鈴木昭英,「聞き書き　高田瞽女――その3」,『長岡市立博物館研究報告』, 第33号, 1998年, 45-56頁。

鈴木昭英,「聞き書き　高田瞽女――その4」,『長岡市立博物館研究報告』, 第34号, 1999年, 115-126頁。

鈴木昭英,「瞽女, 芸道の軌跡」,『会報瞽女』, 瞽女文化を顕彰する会, 2000年～。

越後瞽女に関する簡単な解説。「渡世の業」第1号（2000年2月1日）, 5頁。「中世の盲御前」第2号（2000年8月10日）, 4-5頁。「近世の瞽女仲間」第3号（2001年2月10日）, 8-9頁。「世に出た越後瞽女」第4号（2001年9月1日）, 6-7頁。「町方瞽女と里方瞽女」第6号（2003年4月）。

鈴木昭英,「瞽女唄・祭文松坂の語り」, 山下宏明編,『軍記語りと芸能』（軍記文学研究叢書, 第12巻）, 汲古書院, 2000年, 156-182頁。

越後瞽女唄「祭文松坂」の構造と修辞法の分析。

鈴木昭英,「小林ハル瞽女一筋の道」, 瞽女文化を顕彰する会編,『瞽女小林ハル――103歳の記録』, 新潟日報事業社, 2003年, 78-81頁。

小林ハルの生涯, 活躍などに関する解説。

鈴木昭英,「瞽女の出世儀礼」,『環境・地域・心性――民俗学の可能性』（新潟大学民俗学研究室10周年記念論文集）, 岩田書院, 2004年, 373-396頁。

越後瞽女の年季修行, 仲間組織を紹介し,「年《ねん》明きぶるまい」,「名替え」,「年明き妙音講」の儀式について述べる。

鈴木昭英,「瞽女の宗教性と巫女」,『巫覡盲僧学会会報』, 第 17 号, 2005 年 12 月 31 日, 1-5 頁。

鈴木昭英,「飯田瞽女足跡」, 福田晃・山下欣一編,『巫覡盲僧の伝承世界』, 第 3 集, 136-172 頁, 三弥井書店, 2006 年。

主に伊藤フサエの証言による飯田瞽女の組織, 家系, 師弟系列, 修業, 巡業,「弁天様の祭り」などに関する研究。

鈴木昭英・松浦孝義・武田正明編,『聞き書越後の瞽女』, 講談社, 1976 年。

新潟県刈羽系の元瞽女伊平タケの証言を収録解説。伊平タケの演奏に基づく次の歌詞も含まれている。「追分け」(16 頁),「門付け唄」(22 頁),「祝いくどき」(82-84 頁),「新保広大寺」(109-110 頁),「万歳」(112-116 頁),「サノサ」(151 頁), 祭文松坂「佐倉宗五郎一代記」(船どめの段, 175-191 頁),「小栗判官」(二度対面の段, 191-200 頁),「平井権八」(編み笠脱ぎの段, 200-213 頁), 口説「上原くどき」(213-216 頁),「お筆口説き」(216-220 頁),「正月祝いくどき」2 種 (221-222 頁),「鼠くどき」(222-223 頁), 門付け唄「門付け松坂」22 種 (223-225 頁), ざか唄「婚礼松坂」6 種と「鴨緑江節替え歌」7 種 (225-227 頁)。採録された歌詞の大部分は鈴木昭英「刈羽瞽女」(1973 年) 69-92 頁から引用。

鈴木孝庸,「口頭演誦とその詞章――「道行」の扱い方をめぐって」,『人文学研究』, 第 104 輯, 新潟大学人文学部, 2000 年, 41-64 頁。

「段物」(小林ハル演) を中心に登場人物の旅と移動に関する独特な表現の分析。

鈴木孝庸,『越後ごぜうた文芸談義』, 新潟大学大学院現代社会文化研究科ブックレット, 新潟大学編集委員会編, 新潟, 新潟日報事業社, 2003 年。

越後瞽女唄の解説,「葛の葉子別れ」の紹介と歌詞を分析し, 中世の語り物との関連を指摘しながら, 物語の公演技法を解明する研究。

『裾野市史』, (静岡県) 裾野市史編さん専門委員会, 1993 年 (第 4 巻, 資料編, 近現代 1), 1996 年 (第 3 巻, 資料編, 近世)。

天保 9 年 (1838) 12 月「瞽女泊り仕役覚帳」(第 3 巻, 619-620 頁), 明治 24 年 (1891) 3 月 16 日「村方瞽女泊り仕役控帳」あり (第 4 巻, 285-286 頁)。

『須玉町史』, 史料編, 第 2 巻, 近世, 須玉町史編さん委員会, (山梨県) 須玉町, 1998 年。

天保 7 年 (1836) 7 月 (359 頁), 弘化 5 年 (1848) 1 月 (363-364 頁), 嘉永 2 年 (1849) 8 月 (300-301 頁), 安政 6 年 (1859) 6 月 27 日 (304-307 頁) に瞽女関係の史料あり。

『駿河国新風土記』 →『修訂駿河国新風土記』

『駿国雑志』(別題『駿河雑誌』), 全 8 巻, 附図 3 巻, 静岡市, 吉見書店, 1910-16 年。

天保 14 年 (1843) 刊, 阿部正信著。巻之七 (第 1 巻, 239-292 頁) に静岡・江戸の瞽女に関する記録あり。静岡の瞽女宅の図あり (附図第 1 巻, 第 12 図)。241-244 頁に駿河の瞽女に伝わった縁起・式目も収録。

『駿東郡沼津町誌』, 駿河資料集成 7, 沼津市立駿河図書館編, 1980 年。

114-115 頁に「瞽女町」という項目あり (大正初年)。

『駿府広益』, 前篇, 上中下,『静岡市史』, 中世近世史料, 第 2 巻, 静岡市役所, 1981 年, 599-754 頁。

宝暦 13 年 (1763) 前後以降 5 年の間, 静岡に関する諸々の記録。629 頁, 672 頁に瞽女人口あり。

『駿府風土記』，『静岡市史』，第 2 巻，中世近世史料 2，静岡市役所，1981 年，878–934 頁。
安永頃（1772–81）成立か。898 頁に瞽女拝領地に関する項目あり。900–901 頁に瞽女の風俗に関する説明あり。『静岡市史』（中世近世史料 4），第 4 巻，837–899 頁，静岡市役所，1982 年に別本あり（瞽女関係の項は 860–862 頁にある）。

『駿府町数并家数人数覚帳』，静岡県立中央図書館歴史文化情報センター蔵。
元禄 5 年（1692）2 月の駿府（現静岡市）に関する瞽女の人口などの記録。加藤康昭『日本盲人社会史研究』245 頁に一部引用。

『駿府名細記』，静岡県立中央図書館歴史文化情報センター蔵。
成立年不詳。駿府瞽女の「拝領地」，駿河国瞽女の施餓鬼などに関する言及あり。

『清内路《せいないじ》村誌』，上下，清内路村誌編纂委員会編，（長野県）清内路村誌刊行会，1982 年。
文化 3 年（1806）5 月の倹約令あり（上巻，274–275 頁）。飯田瞽女が村に来たという報告あり（下巻 266 頁）。「地蔵和讃」，「越後くどき」など，瞽女唄の可能性が高い歌詞もある（下巻 382–385 頁）。

『清涼寺縁起絵巻』，『日本絵巻全集』，第 1 巻，東方書院，1928 年。
数人の女性（瞽女の可能性がある）が寺院の門の下で鼓を奏でる絵あり（104 頁）。

関川千代丸収集文書，長野県立歴史館蔵。
安政 7 年（1860）3 月，松代城下伊勢町「人詰御改帳」（0–2/1–9），同年同月，松代城下紺屋町，同（0–2/1–10）に瞽女の記録あり。

関敬吾，『島原半島昔話集』（柳田国男編，全国昔話記録），三省堂，1942 年。
147–148 頁に「狸が瞽女に化けた話」あり。

『関市史』 →『新修関市史』

関守敏，「安永六年の沼津藩領と御巡見道順書上帳」，『沼津市史だより』，第 8 号，1997 年 3 月，4–5 頁。
「郡村高書上帳」（伊豆三島文庫蔵）安永 6 年（1777）4 月 21 日の項に沼津三枚橋に「瞽女百五十三人」とある（5 頁）。

『世間息子気質』，『浮世草子集』（日本名著全集，江戸文芸之部，第 9 巻），647–718 頁，日本名著全集刊行会，1928 年。
正徳 5 年（1715）刊，江島其磧作。679 頁（巻之二第三）に瞽女への言及あり。

『世田谷区史料』，第 4 集，東京都世田谷区，1961 年。
宝暦 7 年（1757）2 月（奥沢村か，原家文書）の定に「盲女・座頭」の宿への言及あり（167 頁）。天保 10 年（1839）3 月，松原村の「村入用帳」に瞽女の記載あり（206 頁）。

『世田谷区史料叢書』，第 5 巻（旧上野毛村田中家文書，御用留 5），世田谷区立郷土資料館，1990 年。
天保 6 年（1835）3 月 11 日，瞽女・座頭に関する触の写しあり（307 頁）。

『節用集二種』（天理図書館善本叢書和書之部，第 21 巻），安田章解題，八木書店，1974 年。
永禄 2 年～天正 18 年（1559–90）頃成立と推定される枳園本『節用集』所収（1–350 頁）。222 頁に「御前」の項目あり。

世良太一編，『杉先生講演集』，横山雅男刊，1902 年。
明治 2 年（1869）5 月 16 日～6 月 1 日，駿河国沼津の人口調査に瞽女の人数あり（附録 12 頁）。

『賤者考』，『本居全集』，第 6 巻，吉川半七，1903 年，662–713 頁。

　安政2年（1855）以前成立。本居内遠（寛政4年〜安政2年［1792–1855］）著。695頁に瞽女への言及あり。『日本庶民生活史料集成』第14巻，489–526頁にも所収（三一書房，1971年）。

仙波いく，『越後ゴゼ』，講談社出版サービスセンター，1998年。

　小説。

『草加市史』，民俗編，草加市編さん委員会編，（埼玉県）草加市，1987年。

　瞽女に関する言及あり（288頁）。

『相州三浦郡秋谷村（若命家）文書』，上巻，横須賀史学研究会，横須賀市立図書館，1977年。

　文化15年（1818）3月，16カ村の「浪人諸勧化申談」あり（47–48頁）。

『相州三浦郡須軽谷村（鈴木家）文書』，横須賀史学研究会，横須賀市立図書館，1984年。

　明治2–4年（1869–71），須軽谷村の村入用帳あり（194–199頁）。

『相州三浦郡東浦賀村（石井三郎兵衛家）文書』，第3–4巻，横須賀史学研究会，横須賀市立図書館，1984年。

　嘉永7年（1854）1月，東浦賀村の村入用帳あり（第3巻，79–80頁）。

『惣町大帳』，全16輯，判田隆夫校訂，中津藩史料刊行会，（福岡県）大和町，1976年（第2輯），1980年（第5輯），1985年（第6輯）。

　中津惣町（現大分県中津市）町会所の記録。享保3年（1718）8月，姫路町の瞽女に関する申渡あり（第2輯，94頁）。寛延4年（1751）3月13日，瞽女に関する禁止令あり（第5輯，37頁）。同年8月2日，大御所中陰後および殿様帰城後，瞽女の活動の再開を許すことを触れる必要がない旨の記録あり（第5輯，56頁）。宝暦6年（1756）4月，中津城下の人口記録あり（第6輯，118頁）。

『惣町大帳』，後編，全23輯，竹本弘文校訂，中津惣町大帳刊行会，（福岡県）大和町，1985年（第1輯），1989年（第5輯），1992年（第8輯），1993年（第9輯），1995年（第10輯）

　中津惣町（現大分県中津市）町会所の記録の続編。瞽女に関する記録は次の通り。享和元年（1801）5月19日，姫路町新魚町の瞽女「栄寿」の追い払い解除令（第1輯，34頁）。文化元年（1804）5月5日の人口統計に瞽女2人（第4輯，19頁）。文化2年（1805）12月12日の倹約令があるが，瞽女の活動は除外（第5輯，83–84頁）。文化5年（1808）12月25–29日，筑前国宇佐の浪人に瞽女とおぼしき者が琴の稽古をつけた吟味書（第8輯，96–98頁）。文化7年（1810）5月，97頁には同年7月，町の人口記録（第9輯，76頁）。同年10月28日若殿様御出生につき恩赦，瞽女1人が「徘徊御免」となる記録（第9輯，113–114頁）。文化9年（1812）3月5日，瞽女・座頭，火消人足として「不罷出候分」の規定（第10輯，15頁）。

『双筆五十三次』，大判錦絵丸屋久四郎版，安政2年（1855）成立，太田記念美術館蔵。

　三代歌川豊国・三代歌川広重画。「舞阪」（第31次）の絵は巡業中の瞽女3人を描いている。

「増補生写朝顔話《しやううつしあさがほばなし》」，『傑作浄瑠璃集下』（評釈江戸文学叢書，第4巻），樋口慶千代編，講談社，1935年（1970年復刻），831–870頁。

　天保3年（1832）1月2日，稲荷境内の竹本座で上演された義太夫節。耶麻田加々子が山田案山子《かがし》（近松徳叟）の遺作「生写朝顔日記」と奈河晴助の「傾城筑紫𤩍《けいせいつくしのつまごと》」を添削し，義太夫節に書き直した。→「朝顔日記」

『続伊予岩城島の歴史』，下巻，岩城村郷土誌編集委員会，（愛媛県越智郡）岩城村，1972年。

明治5年（1872）4月の人口調査に瞽女8人とある（372頁）。

『続歌舞伎年代記』，廣谷國書刊行会，1925年。

石塚豊芥子編。嘉永5年（1852）3月3日（615-617頁）と安政4年（1857）10月16日（717-718頁）に瞽女唄と歌舞伎との関係の記録あり。

『続撰清正記』，『大日本史料』，第12編の8，東京帝国大学文学部史料編纂所編，東京帝国大学，1906年。

加藤清正が慶長16年（1611）に乞食の「盲女」に合力を施した記録あり（418-420頁）。

『続地方落穂集』，『日本経済大典』，第25巻，滝本誠一編，明治文献，1969年，5-414頁。

文化5年（1808）直後成立か。瞽女を含む人別認方の雛形あり（50-51頁，原本の巻二）。「盲女」「座頭」等に関する覚あり（72頁，原本の巻三）。

『租税書類　第四百四十一冊』，愛媛県立図書館蔵（史料番号1589）。

愛媛県立図書館蔵の伊予八藩土地関係史料。宇和島藩が作成した「坐当盲女江下米覚」に次の4つの資料が含まれている。「正徳四年二月　浦里百姓共より出候三升米大豆之内座頭・盲女江相渡候終始之覚書」（盲人扶持制度成立した元禄11年［1698］からはじまり，正徳年間の藩と座頭との対立の時期におよぶ），「在浦百姓中ヨリ出三升米大豆帳曳付」（元禄11-15年［1698-1702］，三升米大豆の使用内訳などの説明），「三升米大豆起并座頭・盲女江被下米覚」（寛文11年［1671］の地ならし見地の状況，元禄11年［1698］の制度開始時の状況の説明），「安政二己卯八月　郷中百姓中より出三升米大豆伺之割替控其余共」（安政2年［1855］に領民への強制貸付の利息が下げられたという制度変更の説明）。資料の一部は『不鳴条』礼之巻（七，三升米大豆之事）にもうある。

『袖ヶ浦市史』，資料編2，近世，袖ヶ浦市史編さん委員会編，1998年。

文久2年（1862）7月17日，瞽女への祝儀の記録あり（199頁）。

『曾呂利物語』，『落語全集』，博文館，1909年，395-460頁。

元和年間（1615-24）成立か。瞽女が登場する笑い話あり（427-429頁，原本の巻三）。

『代々諸事書留覚』，河辺義正家文書71，松本市文書館蔵。

別題『元禄年間より代々諸事書留覚』。松本城下宮村町，河辺与兵衛の作成した記録。享保11年（1726）3月21日，「御城請取之節改」，同年9月「宮村町指出し帳」に瞽女の人口などあり。

『第20回文部省芸術祭参加「ごぜ唄」』，昭和40年（1965）10月23日，日本青年館ホールで行われた演奏のプログラム。

新潟県教育委員会編。高田瞽女の歴史，杉本キクイ［キクエ］，杉本シズ，難波コトミの演奏の解説，写真，瞽女唄の歌詞（「葛の葉子別れ（初段）」，「山椒太夫（船別れの段）」，「松前口説」「新保広大寺」）などあり。

『大日本近世史料』（1-3），上田藩村明細帳（上中下），東京大学史料編纂所編纂，東京大学出版会，1953年。

上田藩村明細帳の中巻に上田藩房山村の瞽女に関する記載あり（366頁）。享保20年（1735）7月か。

『大和村誌』，上巻，大和村誌編纂委員会，（島根県邑智郡）大和村，1981年。

「盲人，不具者への福祉」という項（600-602頁）に宝暦3年（1753）10月天領内の

村々の瞽女・座頭の人口調査と福祉政策に関する文書あり（上野村仲岡三上家文書）。

『高岡史料』，下巻，名著出版，1972 年（1909 年の複製）。

高岡瞽女と瞽女町に関する記録あり。「開正寺旧記」慶長頃（1596-1615）と天明 2 年（1782）9 月の項（900 頁）に高岡の瞽女に関する記録あり。「朝山氏留帳」（897-898 頁）に慶応元年（1865）5 月の高岡「瞽女街」に関する項あり。「高岡詩話」（900-902 頁）に天保～弘化（1830-40 年代）と安政 6 年（1859）1 月の「瞽女街」への言及あり。安政 6 年（1859）1 月 18 日，「木町委細帳」にも瞽女に関する項あり（903 頁）。

『高崎史料集』，藩記録（大河内 2），高崎市歴史民俗資料調査員会編，高崎市教育委員会，1989 年，181-274 頁。

『高崎町奉行日記』（寛政四子年正月より十二月ニ至），寛政 4 年（1792）10 月 1 日，6 日の項に高崎瞽女の養女貰い受けに関する記録あり（248-249 頁）。

『高田御引渡之記録』，十日町市山谷，酒井稔家文書。

天和元年（1681）高田領の人口記録の内「ごぜ 23 人」とある。

『高田郡史』，資料編，高田郡史編纂委員会，（広島県）高田郡町村会，1981 年。

文政 2 年（1819）9 月の記録（71 頁）に「盲女」の人口統計あり。

「高田ごぜ」，上中下，『信濃毎日新聞』，1965 年 10 月 12 日，13 日，14 日号（著者不詳）。

初歩的な説明。

「高田瞽女――その風土」（1-5），『新潟日報』，1976 年 5 月 31 日，6 月 2 日，3 日，4 日，5 日号（著者不詳）。

初歩的な説明。

『高田市史』，第 1 巻，高田市史編集委員会編，高田市，1958 年。

高田の瞽女人口統計その他の記録は 243-246 頁（天保 11 年［1840］），303 頁（文化 6 年［1809］，明治 34 年［1901］，昭和 7 年［1932］），304 頁（文化 11 年［1814］3 月）にある。

高田市文化財調査委員会編，『高田のごぜ』，「高田市文化財調査報告書」，第 2 巻，第 1 部，新潟県高田市，高田市文化財調査委員会，1959 年，1-24 頁。

高田系瞽女の歴史的・民俗誌的研究。高田瞽女の歴史，生活，習俗などを取りあげ（1-7 頁），瞽女唄の演目と「葛の葉子別れ」（初段）の歌詞も採録（8-15 頁）。「祭文松坂」の旋律の譜例（15 頁）には多くの間違いあり。文化 11 年（1814）3 月，大正 11 年（1922）高田瞽女に関する史料の翻刻・復刻あり（16-20 頁）。上越市文化財調査審議会編，『上越市文化財調査報告書』，第 2 集，上越教育委員会，1979 年に復刻。

『高遠の古記録』，第 1 巻，町方取扱諸事控，長野県上伊那郡高遠町教育委員会，高遠文化財保護委員会，1958 年。

天保 5 年（1834）11 月 14 日の出火の節，瞽女への連絡に関する文書あり（27 頁）。

『高遠町誌』，上巻（歴史 1，歴史 2），高遠町誌編纂委員会，長野県，高遠町誌刊行会，1983 年。

寛政元年（1789）11 月に藩の人口調査を命じる触あり（上巻，歴史 1，565 頁）。享保 4 年（1719）の人口（同，651 頁）。天保 6 年（1835）12 月，下山田村の「諸高掛定法書」あり（同，759-760 頁）。村入用に関する言及あり（上巻，歴史 2，26 頁）。

高橋順二，『日本絵双六集成』，柏書房，1980 年。

『東海道遊歴双六』（安藤広重，恵比寿屋庄七版，嘉永 5 年［1852］）に瞽女 3 人の姿が描かれている（17 頁）。

高橋秀雄,「瞽女唄の戯作」,『民俗芸能』, 第 36 号, 1969 年春号, 49–51 頁。

高田瞽女の歌った「へそくどき」の解説。

高橋秀雄,「庶民の中に生きた語り物——奥浄瑠璃と瞽女唄」,『月刊文化財』, 第 204 号, 1980 年, 42–47 頁。

45–47 頁に高田瞽女の由来, 組織, 活躍などを簡単に紹介。

高橋秀雄,「越後の瞽女唄」,『芸能』, 第 32 巻, 第 5 号 (特集「わたらいの芸能」), 1990 年, 32–35 頁。

高橋梵仙,『日本人口史之研究』, 日本学術振興会, 1955 年 (第 2 巻), 1962 年 (第 3 巻)。

仙台藩の「盲女」人口表あり (第 2 巻, 36–37 頁の間)。延享元年 (1744) 8 月 2 日の盛岡藩の人口統計表 (第 3 巻, 50–51 頁) あり。原史料である『南部家雑書』の翻刻は同 316–327 頁にある。「宗教家人口」の内「座頭」として女性の人口も含まれており,「盲女」の人口であろう (第 3 巻, 263–267 頁)。

高柳金芳,『江戸の大道芸』, 柏書房, 1982 年。

様々な大道芸人の研究であるが, 瞽女に関する一章あり (141–163 頁)。

『高山壱之町村宗門人別帳』, 高山市郷土館蔵 (非公開)。

文政 2 年 (1819) 2 月の飛騨高山の瞽女も記載されている記録。加藤康昭『日本盲人社会史研究』247 頁に引用。

滝沢定春,「延宝 9 (1681) 年,「高田城請取聞書」」,『研究集録』, 県立新井高等学校 (新潟県新井市小出雲), 第 9 輯, 1967 年 11 月, 44–56 頁。

小林隆一蔵 (直江津市) の記録の翻刻。延宝 9 年 (1681) 7 月, 瞽女の人数 (26 人) あり (46 頁)。

武井正弘,「諸塚村の芸能——盲僧とゴゼ伝承」,『歴史手帖』, 第 12 巻, 第 3 号, 1984 年 3 月, 46–47 頁。

宮崎県東臼杵郡諸塚村を訪れた瞽女に関する短い報告。

竹内勉,『追分節——信濃から江差まで』, 三省堂, 1980 年。

「越後瞽女伊平タケの記憶」に伊平タケの生い立ち, 修行,「追分節」などに関する意見を含むインタビューあり (173–182 頁)。

竹内勉,『新保広大寺, 民謡戸籍調べ』, 錦正社, 1973 年。

瞽女の民謡普及に関する研究 (76–119 頁)。「新保広大寺」の旋律が「口説」に使われていたと解説する。

竹内勉,『じょんがらと越後瞽女』(民謡地図 2), 本阿弥書店, 2002 年。

「じょんがら」「新保広大寺」などの歌詞とその伝承者の研究。第 2 章「越後瞽女とその芸」(147–236 頁) あり。150–155 頁, 158–162 頁に東京に住んでいた瞽女の榎本ふじ所有の「瞽女式目」(縁起) を掲載 (『越谷市史』第 2 巻, 659–661 頁にもある)。榎本ふじが昭和 35 年 (1960) 10 月 3 日に演奏した「蚕口説」の歌詞 (165 頁), 杉本キクエが昭和 52 年 7 月 1 日に演奏した「馬口説」の歌詞 (182–183 頁), 杉本キクエが演奏した「おしげ口説」(184–186 頁) の歌詞, 杉本キクエが昭和 29 年 (1954) 8 月 12 日に録音した「かしょく重兵衛松前口説」の歌詞あり (186–189 頁)。198–231 頁に伊平タケへのインタビューの採録あり。278–283 頁に越後瞽女唄「こうといな」を論じ, 302–315 頁に伊平タケと杉本キクエの「新保広大寺」を比較。鹿児島の瞽女の荒武タミの唄にも言及する (628–630 頁)。

武田正,「越後瞽女聞書抄」,『置賜の民俗』(復刊特集二十周年記念号), 第 38 号, 132–135

頁，1973年。

新潟県白根市の瞽女坂田トキへのインタビューを整理した聞き書き。

武田正，「昔話における「語り」の系譜——瞽女・祭文・僧侶」，『昔話——研究と資料』，第6号，1977年，47-58頁。

瞽女の語り（50-52頁）の項目を設け，越後瞽女が新潟県各地，山形県置賜地方などにおいて昔話を語ったと報告している。

武田正，『日本昔話の伝承構造』，名著出版，1992年。

「瞽女と昔話の語り」（第3章，第2節，304-313頁）に瞽女・琵琶法師など視覚障害者の「語り」の研究。

武田正，『おんなのフォークロア』，岩田書院，1999年。

第3章第4節（174-179頁）に「オナカマ・瞽女さま」あり。置賜地方を巡業した坂田トキを対象とする聞き書きによる解説あり（176-179頁）。

武田正明，「魅力の芸と人柄——伊平たけさんのタイムス大会」，『越後タイムス』，1973年11月11日号。

武田正明，「東五月祭でのゴゼ唄」，『越後タイムス』，1974年6月23日号。

武田正明，「歴史講座の瞽女唄公演」，『越後タイムス』，1974年8月11日号。

武田正明，「タイムス東京大会，伊平タケさんの〈ゴゼ唄〉」，『越後タイムス』，1974年11月3日号。

武田方樹，「小林ハル（97歳・瞽女）（インタビュー）」，『サライ』，第9巻，第23号，1997年，12月，7-11頁。

小林ハルへのインタビュー。編者名は「武田万樹」とあるが，誤植であろう。

武田方樹，「唄と三味線に生きる九十九歳の旅路，人間国宝になった瞽女——小林ハル」，『婦人公論』，第84巻，第4号，1999年，146-149頁。

武知鉄二，「説教を貫く説話的想像力——瞽女唄における説教の説話的把握と語りの表現媒体としての三味線の役割について」，益田勝実・松田修編，『日本の説話5，近世』，東京美術，1975年，292-339頁。

主に風土論・比較文化論からなる随筆風の論文。

『竹原市史』，西村嘉助・渡辺則文・道重哲男編，広島県竹原市役所，1964年（第3巻，史料編1），1966年（第4巻，史料編2）。

豊田郡忠海町，文政2年（1819）の4月の人口調査あり（第3巻，200頁）。文政2年（1819）の吉名村の人口調査あり（同，236頁）。元禄8年（1695）11月7日の座頭の施行に関する規定あり（第4巻，25-26頁）。寛政7年（1795）4月の安芸古賀茂郡下市村・大石の人口調査あり（同，251-252頁）。

「他国瞽女入込差止方願書」，甲州文庫（甲093.6-251-2），山梨県立博物館蔵。

「丑二月」（延享2年［1745］）2月か）。甲府市横近習町瞽女の願書の文案。端裏に「此文言悪しき所有之候ニ而外之文言ニ而申上候由」とある。

「他国瞽女入込差止願書」，甲州文庫（甲093.6-251-3），山梨県立博物館蔵。

延享2年（1745）3月8日，甲府市横近習町瞽女の願書。

『田島家文書』，第1巻，東京都教育委員会・法政大学封建社会研究会編，東京都教育庁社会教育部文化課，1974年。

一之江村（現東京都江戸川区）の名主家の記録87点の内，寛政12年（1800）以降の村入用帳などにおいて瞽女に関する記載が多く見られる。瞽女関係文書の解説あり（214-

215頁)。『田島家文書』第1巻に掲載されている記録の抜粋は『瞽女の記録』にも翻刻され,『田島家文書』第1巻には漏れている当家の瞽女関係文書も含まれている。

多田滋,「瞽女の去来」,『秋山郷,民俗資料緊急調査報告書』,新潟県教育委員会,1971年,111-112頁。

『辰野町誌』,歴史編,辰野町誌編纂専門委員会編,(長野県)辰野町誌刊行会,1990年。

瞽女・座頭に関する項目あり(696-698頁)。享保15年(1730)「御停止御書付之写」(平出,赤羽隆一蔵文書)に瞽女・座頭に関する条目の写真あり(697頁)。

田中喜男,『加賀藩被差別部落史研究』,明石書店,1986年。

寛永5年(1628)加賀藩の瞽女の住宅2軒に関する史料あり(244頁)。その他,瞽女に関する史料は次の頁にある。252-253頁(寛文7年[1667]3月8日),282頁(明和9年[1772]3月21日),287頁(安永6年[1777]8月7日),291頁(天明5年[1785]6月15日),291-294頁(天明6年[1786]),297-300頁(天明7年[1787]),301頁(寛政2年[1790]7月10日),400-401頁(年代不詳「酉七月」),401頁(年代不詳,座頭・瞽女・舞々の救済願い),497頁(延宝3年[1675]3月1日),559頁(文化11年[1814]2月),608-609頁(文久2年[1862]9月,金沢の瞽女・座頭への施物の割合に関する史料)。

田中義広,「越後高田のゴゼ」,『まつり通信』,第128号(1971年11月号),3頁。

田辺みさ子「越後瞽女(ごぜ)」,『靖淵』(大妻女子大学家政学会刊),第19号,1976年,49-52頁。

越後瞽女の歴史と生活習慣などの初歩的な解説。

谷合侑,『盲人の歴史』,明石書店,1996年。

平安から現代の通史であるが,主に20世紀の視障者に焦点を当てる。

谷合侑,『盲人福祉事業の歴史』,明石書店,1998年。

特に近現代的な視覚障害者福祉事業の発展を論じる。

『谷沢永続記』,一,慶長〜宝永,新潟県上越市市川信夫蔵。

高田藩に関わる様々な記録の記録集。延宝9年(1681)の人口統計に「瞽女二十三人」とある。

「旅芸人」,著者名・雑誌名・出版年不詳。複写は飯田市立中央図書館『飯田ごぜ,瞽女(ごぜ)資料』のフォルダに所収(村沢武夫収集文書)。

1頁の雑誌記事であるが(「105頁」とある),慶応元年(1865)7月27日〜11月10日,現長野県飯田市,田村の片桐家の記録が引用されている。三好一成「飯田瞽女仲間の生活誌」242頁にも引用されている。

『多摩市史』,資料編2,近世,社会経済,多摩市史編纂委員会,多摩市,1995年。

明和8年(1771)2月14日〜8月9日,乞田村に瞽女訪問の記録あり(366頁,368頁,386-387頁)。

『玉名市史』,資料編5(古文書),玉名市史編修委員会,(熊本県)玉名市,1993年。

元禄4年(1691)4月の他国から来る者の支配に関する「覚」あり(370-372頁,376-378頁)。

『玉村町誌』,別巻2(『玉村町の文書』),玉村町誌刊行委員会編,(群馬県)玉村町,1988年。

天保7年(1836)12月沼之上村の村入用帳あり(196-206頁)。

『稚狭考』,『福井県郷土叢書』,第1巻,福井県郷土史懇談会,1954年,471-796頁。

享保元年（1716）生まれの町人学者であった板屋一助著，明和4年（1767）成立。現福井県の瞽女に関する記録あり（684頁）。

『地口絵手本』，上下，東京都立中央図書館蔵。

江戸後期か。江戸，須原屋伊八・須原屋源助刊。下巻に三味線を持つ瞽女の絵あり。

『千葉県市原郡誌』，千葉県市原郡教育会編，千葉県市原郡役所，1916年。

文化13年（1816）2月の上総国市原郡池和田村等八カ村村議定あり（1194頁）。

『忠孝誌』，『日本教育文庫』，孝義篇上，同文館，1910年，255-300頁。

天保13年（1842）12月20日に「按摩渡世，盲人，つね」に忠孝のため銀5枚の褒美が支給され（280-281頁），孝行者「文蔵」の母親が「盲目同様」となる経緯の同年同月同日の記録もある（281-282頁）。

『中古雑唱集』，『日本歌謡集成』，第5巻，東京堂，1979年，458-499頁。

天保元年（1830）成立。宇都宮の瞽女唄2種あり（491頁）。

『調布市史』，民俗編，調布市史編纂委員会編，調布市，1985年。

瞽女に関する言及あり（416頁）。

『調布市史研究資料』，第6巻，調布の近世史料上，調布市史編集委員会編，調布市，1987年。

元治2年（1865）3月の金子村の村入用帳あり（138頁）。

『千代田村の民俗』，群馬県民俗調査報告書第14集，群馬県教育委員会，1972年。

瞽女が蚕に歌うために1週間〜10日泊まり込んだとある（177頁）。また栃木の鹿沼近辺の瞽女も来ており，あるいは天神原（千代田村）にも瞽女の家があったともある。

塚越徳太郎家文書，高崎市立図書館蔵。

下飯塚村（現高崎市）の文書。天保13年（1842）1月，「万雑入用年中控帳」（『高崎市史』資料編，第7巻，333-337頁に翻刻），天保14年（1843）3月「万雑入用年中扣帳」に瞽女の記録あり。

塚崎進，「ごぜ・ごでの」，『ひだびと』，第12巻，第5号，1944年5月，24-25頁。

主に伊豆半島東岸の瞽女に関する聞き書き。「ごでの」は北伊豆方言で「瞽女」の意。

「土御門家神職座頭渡世出入一件」，国立国会図書館蔵（834-33）。

文化5年（1808）2月（文化9年［1812］写）武蔵国の瞽女に関する記録。抜粋は『東松山市史』資料編，第3巻（近世編），東松山市教育委員会事務局市史編さん課編，東松山市，1983年，339-341頁にあり。また中山太郎『続日本盲人史』161-165頁にもある。

土屋家文書，信濃国佐久郡下海瀬村土屋家文書，国文学研究資料館蔵。

佐久郡下海瀬村入用帳に瞽女の記載が見られる。「当午村入用夫銭帳」（785号，文政5年［1822］1月），「村入用夫銭帳」（786号，文政8年［1825］12月），「年中村方入用夫銭帳」（787号，文政12年［1829］12月）「年中村方入用夫銭帳」（788号，天保2年［1831］12月），「村方入用夫銭帳」（789号，安政6年［1859］8月8日），表紙欠（790号，万延元年［1860］），「村方入用夫銭帳」（791号，万延2年［1861］1月），「村諸入用夫銭帳」（792号，文久2年［1862］1月〜文久3年［1862-63］）。『史料館所蔵史料目録』第24集，1976年，92-93頁参照。

『燕市史』，民俗・社会・文化財編，（新潟県）燕市，1990年。

「瞽女」の項目あり（349-350頁）。越後瞽女に関する初歩的な解説であるが，破門された瞽女が「縁日や祭りを追って，神社近くの路上に小さな筵を敷いてうたった。哀れそ

うなか細い声で，習い覚えた唄をうたうのだが「とうとう乞食になりさがった」と嘲笑されたものだという」とある。

『敦賀市史』，史料編，第5巻，敦賀市史編さん委員会編，敦賀市，1983年。

天和2年（1682）中村正記・正俊・正勝著『遠目鏡』（623–656頁）に3人の瞽女の名前あり（647頁）。『指掌録』（166–495頁所収，以上『指掌録』の項参照）に享保4年2月〜元文3年（1719–38）瞽女・座頭に関する項目（205–211頁）と享保頃とおぼしき座頭・瞽女町人足御免（188頁）あり。

『鶴ヶ島町史』，近世資料編4，鶴ヶ島町史編さん室編，埼玉県鶴ヶ島町，1985年。

宝暦13年（1763）2月の「先規仕来今度為〆り申合連印帳」あり（284–285頁）。

出《で》門《もん》乾《きつ》人《と》「瞽女の道」，『旅行アサヒ』，1976年5月1日号，110–113頁。

市川信次を取材した記事。越後瞽女の歴史，日常生活，掟，芸能活動などを簡単に説明。三味線を弾く榎本トラ，「瞽女宿」で歌う杉本キクエ・五十嵐シズ・難波コトミ，杉本キクエの自宅の写真などもある。

『天狗草紙』，『天狗草紙・是害房絵』（『日本絵巻物全集』第27巻），角川書店，1978年所収。

永仁4年（1296）成立。図4に瞽女とおぼしき者が東寺の門前で鼓を演奏している。

『天正狂言本』，古川久校注『狂言集』下（日本古典全書），朝日新聞社，1956年，207–332頁。

天正6年7月（1578）の奥書あり。311–312頁に「ごぜざとう」の狂言あり。

『天正十八年本節用集』，上下2冊附解説，東洋文庫叢刊17，東洋文庫，1971年。

原題『節用集』天正18年（1590）成立。下冊，11帖表に「御前」の定義として「盲女」とある。

『天保改革町触史料』，荒川秀俊編，雄山閣，1974年。

天保13年（1842）12月20日（87–288頁），21日（288–290頁），孝行者への褒美の記録あり。

『天理市史』，史料編，第2巻，天理市史編さん委員会，天理市，1977年。

天保14年（1843）9月，瞽女・座頭は例外扱いとする音曲禁止令あり（501–502頁）。

『東海訓盲院』，（静岡県小笠郡掛川町）季報社，1900年。

東海訓盲院の創立の歴史とカリキュラム，静岡県の視覚障害者の現状などを解説。

『東海道五十三次』，安藤広重画，天保4年（1833）。

「二川」，「沼津」，「吉田」の絵に瞽女が見られる。

『東海道五十三次細見図絵』，初代歌川広重画，神奈川県立博物館蔵。

弘化頃成立。「大磯」に瞽女の巡業する姿が描かれている。

『東海道宿村大概帳』，『近世交通史料集』，第4巻，児玉幸多校訂，吉川弘文館，1970年。

天保14年（1843）成立。東海道の三枚橋（沼津）宿付近に60人の瞽女が住んでいるとある（210頁）。

『東海道中膝栗毛』，『日本古典文学大系』，第62巻，麻生磯次校注，岩波書店，1958年。

享和2年〜文化6年（1802–09）刊，十返舎一九著。220–224頁（四編下）に瞽女の滑稽話あり。

『東京市史稿』，市街篇，第52巻，東京都，1962年。

明治4年（1871）4月に民部省が作成した「盲人」救済のための「盲人」以外の者に課す「三味線税」案あり（609頁）。

『東京都古文書集』，旧多摩郡新町村名主，吉野家文書，東京都教育委員会，1985年（第3巻），1987年（第5巻），1991年（第9巻），1992年（第10巻）。

『弘化三午御用留』に弘化4年（1847）8月17日，遠方出身の瞽女の止宿等禁止あり（第3巻，82-83頁）。明治3年（1870）閏10月7日の取締令あり（第5巻，108頁）。第9-10巻に宝暦14年～文化10年（1764-1813）の村入用帳あり（本書史料篇「村入用帳」新町村［東京都現青梅市］の項［表］参照）。

「道中膝栗毛藤川段」，『富本及新内全集』（日本音曲全集），日本音曲全集刊行会，1928年，251-288頁。

弘化～嘉永頃（1840-50年代），富士松魯中作。十返舎一九『東海道中膝栗毛』を新内節に改作。越後瞽女の甚句も引用。町田佳聲編『日本民謡大観』中部篇北陸地方，61頁に採譜あり。

『東都一流江戸節根元集』，『未刊随筆百種』，第5巻，中央公論社，1977年，271-326頁。

寛政2年（1790）5月3日，島田宿（現静岡県島田市）に浄瑠璃を教授する瞽女がいるとある（304頁）。

「当巳村役人百姓役勤日記」，岡田清家文書，（千葉県）流山市立博物館蔵。

安政4年（1857）1月の日記に瞽女の訪れに伴う賄い代に関する記述あり（本書史料篇「村入用帳」参照）。

『兎園小説』，『日本随筆大成』，第2期，第1巻，吉川弘文館，1973年，1-356頁。

文政8年（1825）成立，滝沢馬琴著。越後の瞽女が毎年武蔵国忍領を訪れ，「近比」瞽女が盗賊を殺害したとある（328頁，巻之十二）。無窮会専門図書館神習文庫「穢多瞽女二件」に類似する話はあるが，場所は加賀国大聖寺領となっている。

『都幾川村史資料』，都幾川村史編さん委員会編，（埼玉県）都幾川村，1996年（第4巻［3］，近世編，大椚地区1）1998年（第4巻［5］，明覚地区1），1998年（第4巻［6］，明覚地区2）。

第4巻（3）に文久3年（1863）2月の大野村の村入用帳（243-246頁），同年同月の椚平村の村入用帳（246-249頁）あり。第4巻（5）に文化10年（1813）3月23日，別所村「村内納方定帳」あり（225-226頁）。第4巻（6）に明治3年（1870）1月「盲人・盲女仕切金請取につき覚」あり（25頁）。

徳江元正，「瞽女」，『日本古典文学大辞典』，第2巻，岩波書店，1984年。

主に中世・近世初期の瞽女に関する文献を紹介する（617頁）。

『徳川禁令考』，石井良助編，創文社，1959年（前集第1，第3，第5），1960年（後集第4）。

瞽女に関する禁令などは次の通りである。前集第1，59頁（153号）成立年代不詳（江戸初期か）の「徳川成憲百固条」に視覚障害者に関する項目あり。同，153頁（306号）に「成憲考異」（成立年代不詳，江戸前期か）の第35条目は瞽女に触れている。前集第3，56-57頁（1276号）に正徳3年（1713）大奥局の修復などに関する条目に瞽女への言及あり。同，57-58頁（1277号）に享保6年（1721）4月の「女中条目」の掟に瞽女に関する条目あり。前集第5，132-133頁（2764号）に寛政3年（1791）4月の瞽女・座頭間の結婚に関する意見。同，184頁（2812号）に明和6年（1769）6月の浪人取締令。同，190-191頁（2825号）に文化9年（1812）6月24日の瞽女・座頭などを含む浪人取締令。後集第4，306-307頁（103号）に天保11年（1840）11月の瞽女と当道座との関係に関する史料あり。

『徳川時代警察沿革誌』，上巻，内務省警保局編，1927 年。

天保 7 年（1836）「押て宿をねたり合力を乞」ことを禁止する幕府令あり（524 頁）。

『徳川実紀』，『国史大系』，第 38–47 巻，吉川弘文館，1964–66 年。

正保 5 年（1648）1 月 16 日に幕府が「盲女」に 300 貫文を支給した記録あり（第 3 篇［『国史大系』第 40 巻］，514 頁）。その他の「盲女」・「瞽女」への配当金に関する記録は次の通り。第 3 篇，523 頁（慶安元年［1648］3 月 5 日），564 頁（同年［1648］9 月 15 日）。第 4 篇（『国史大系』第 41 巻），296 頁（万治 2 年［1659］1 月 16 日），328 頁（同年［1659］9 月 14 日），518 頁（寛文 4 年［1664］12 月 2 日），597 頁（寛文 7 年［1667］2 月 6 日）。第 5 篇（『国史大系』第 42 巻），3–4 頁（寛文 8 年［1668］2 月 6 日），123 頁（寛文 12 年［1672］2 月 7 日），238 頁（延宝 4 年［1676］6 月 8 日），279 頁（延宝 6 年［1678］2 月 6 日），361 頁（延宝 8 年［1680］6 月 18 日）。第 6 篇（『国史大系』第 43 巻），133 頁（元禄 5 年［1692］2 月 6 日），149 頁（同年［1692］8 月 6 日），261 頁（元禄 9 年［1696］5 月 12 日），657 頁（宝永 4 年［1707］6 月 25 日）。第 7 篇（『国史大系』第 44 巻），38 頁（宝永 6 年［1709］5 月 27 日），456 頁（正徳 6 年［1716］閏 2 月 27 日）。第 8 篇（『国史大系』第 45 巻），369 頁（享保 10 年［1725］4 月 22 日）。第 10 篇（『国史大系』，第 47 巻），450–451 頁に瞽女などに関する取締令あり（安永 3 年［1774］10 月 28 日）。

『独語』，『日本随筆大成』，第 1 期，第 17 巻，吉川弘文館，1975 年，261–288 頁。

元文～延享頃。太宰春台（延享 4 年［1747］没）著，元文頃への言及あり。江戸の瞽女に関する言及あり（277 頁）。

『徳冨家文書（二）』，芦北郡史料叢書，第 6 集，（熊本県津奈木町）七浦古文書会，2001 年。

「徳冨太多七内分帳」（1–31 頁所収），「徳冨太多七申渡覚」（32–43 頁所収）に寛政 8 年（1796）4 月の瞽女・座頭の取締に関する文書あり（27–28 頁，41 頁）。徳冨家は肥後国津奈木手永の惣庄屋を勤めた。

『徳山市史史料』，徳山市史編纂委員会，徳山市役所，1964 年（上巻），1966 年（中巻）。

享保 9 年（1724）4 月，現周南市徳山の江戸中期の瞽女・座頭に関する情報あり（上巻，733–735 頁）。寛政 4 年（1792）2 月，領内の人口調査に瞽女の数あり（中巻，2–84 頁）。同年同月の御領内諸町人数書取にも瞽女の数あり（同，84–85 頁）。天保 5 年（1834）2 月，領内の人口調査に瞽女の数あり（同，86–88 頁）。

『所沢市史』，近世史料 2，所沢市史編さん委員会，1983 年。

文化元年（1804）7 月の「片山座座法の儀につき申上書」あり（608 頁）。慶応 3 年（1867）1 月の糀谷村の村入用帳に「女座頭」などへの合力の記載あり（734–743 頁）。

『土佐山田町史料』，第 1 巻，土佐山田町教育委員会編，高知県香美郡土佐山田町，1978 年。

文久 2 年（1862）1 月，土佐藩法を伝える「御用廻文」に瞽女・座頭の雇用禁止令あり（66–67 頁）。

『栃木県史』，史料編，栃木県史編さん委員会編，1974 年（近世 1），1975 年（近世 3），1977 年（近世 6）。

享保 13 年（1728）11 月，上石川村高割面割規定に瞽女への言及あり（近世 1，198 頁）。寛延 2 年（1749）8 月の「盲女祝儀」の規定（同，581 頁）あり。元禄 8 年（1695）3月の「盲女」人口の記録（同，585頁）あり。文化元年（1804）12月に「盲

目」の女性に関する情報（近世3，617頁）あり。文政4年（1821）1月の轟村の「定例仕来帳」（近世6，262頁）あり。

『栃木県の民謡』，民謡緊急調査報告書，栃木県教育委員会編，1983年。

下都賀郡の「ゴゼ節」（「サノサ節」）などの歌詞あり（56-57頁）。「葛の葉子別れ」の歌詞の一部を含むヨカヨカ飴売りの唄の歌詞あり（32頁）。

『鳥取県史』，鳥取県編，1974年（第6巻），1976年（第7巻），1977年（第8巻），1981年（第11巻），1979年（第12巻），1978年（第13巻）。

佐藤長健編（明和6年［1769］没）『因府録』（第6巻，1-412頁）。元禄未年（元禄16年［1703］か）9月13日に「座頭・盲女」の衣類に関する「覚」あり（第6巻，316頁）。享保15年（1730）6月の衣類に関する倹約令にも「座頭・盲女」への言及あり（同，318頁）。貞享2年（1685）5月12日の宗門改に関する触あり（第7巻，139頁）。享保6年（1721）7月16日の幕府による人口調査令あり（同，349頁）。元文4年（1739）1月の「会見郡笹畑村頭百姓田畑分地帳」に「座頭・盲女」への言及あり（第8巻，303-304頁）。慶応4年（1868）8月か，米子町産物入札講一件に「座頭・瞽女」への言及あり（同，835頁）。『在方諸事控』による天保4年（1833）11月，「座頭・盲女」仲間の願書と関連文書あり（第11巻，976-977頁）。嘉永6年（1853）5月24日の「免札」に関する記録あり（第12巻，749-751頁）。慶応3年（1867）2月27日の「鳴物停止」御免の書付あり（第13巻，938頁）。

『鳥取市史』　→『新修鳥取市史』

『富岡市史』，近世資料編，（群馬県）富岡市市史編さん委員会，1987年。

天保13年（1842）9月，藤木村の議定連印帳あり（280-285頁）。

富川蝶子，「桃割の鹿の子の手絡も懐かしく」，『会報瞽女』（瞽女文化を顕彰する会），第4号，2001年9月1日，4-5頁。

著者の生まれた家は見附市太田町の瞽女宿で，それに関する幼い頃の懐古談。

『富山県史』，史料編，1974年（第5巻，近世下），1978年（第6巻，近代上），1980年（第3巻，近世上）。

寛文7年（1667）3月の瞽女貸米指除の申渡（第3巻，165-166頁），元禄8年（1695），礪波郡組別戸数等書上に「壱軒，こせ家」とあり（同，947頁），文化8年（1811）5月の新川郡百姓・頭振などの書上にも「壱人，瞽女」とある（同，1010頁）。享保13年（1728）5月の風俗取締令（第5巻，214頁），宝暦12年（1762）2月の恵民禄懸銀割符に関する申渡（同，268-269頁），明和5年（1768）11月14日の救済策（同，293頁），天保11年（1840）4月15日の人別調査（同，869-870頁）あり。明治35年（1902）8月26日，同年9月24日「富山日報」の記事に富山県人の工女虐待事件に関する報道（第6巻，1178-1180頁）。

『富山県史』，民俗編，1973年。

富山瞽女に関する情報と越後瞽女の来訪に関する情報（914頁）。

『富山市史』，全5巻，富山市史編修委員会，富山市，1960年。

延宝9年（1681）3月5日付の瞽女に関する法令あり（第1巻，514-515頁）。

『富山町方旧記』，前田文書，富山県立図書館蔵（前-124）。

天明3年（1783）6月29日と7月6日条に現富山市の瞽女の屋敷売払いに関する記録あり（弐之巻）。高瀬保編『富山藩・町方事件簿』「富山町旧記」現代語訳，桂書房，1993年，183-186頁も参照。

『豊明市史』，資料編，豊明市史編纂委員会，（愛知県）豊明市，1975 年（第 1 巻），1999 年（補 3，近世 1）。

寛文 7 年（1667）3 月 18 日の「二十四ヶ条物」に「こぜ」の記載あり（資料編 1，9–10 頁）。寛政 10 年（1798）3 月の中島村の瞽女・座頭に支給する米の定めあり（同，37 頁）。享和元年（1801）3 月 11 日に「知多郡こせ」が中島村に来村した記録あり（同，85 頁）。同村同年 8 月瞽女来村の記録あり（同，88 頁）。資料編補 3（近世 1），503–507 頁に慶応 2 年（1866）12 月，沓掛村「寅歳大割拾帳」あり。

『豊岡・八幡の民俗』（高崎市今昔市民生活資料調査報告書），高崎市今昔市民生活資料調査員会編，高崎市史編さん室，1989 年。

越後の瞽女が来たなどとある（61 頁）。

『豊川市史』 →『新編豊川市史』

『豊中市史』，史料編 3，豊中市史編纂委員会，大阪府豊中市役所，1962 年。

天保 5 年（1834）3 月，摂津・河内両国の取締願書あり（292 頁）。

『豊橋市史』，史料編 6，豊橋市役所，1965 年。

正徳 6 年（1716）6 月の三河領に入り込む他国者の宿泊に関する「覚」に瞽女への言及あり（82–84 頁）。

『名乎離曽の記』（別名『名遠理曾之記』），『東海文庫』，第 1–3 巻，（静岡市）静岡郷土研究会，1928 年。

天保 13 年（1842）成立，加藤正行著。現静岡県の瞽女に関する伝説・歴史などの記録あり（第 1 巻，73–76 頁）。中山太郎『日本盲人史』正編，430–432 頁にも収録。

永井家文書，（鴨川市横渚），千葉県文書館蔵。

北風原《ならいはら》村関係文書。文政 7 年（1824）の村入用帳（エ 333，表紙欠）に瞽女に関する記載あり。

中井幸二郎，『民謡の女――日本民謡考』（日本人の民俗 6），実業の日本社，1977 年。

日本民謡の伝承における女性の役割に関する本。新潟県の瞽女についての初歩的な説明あり（81–91 頁）。

『長岡瞽女』，長岡市立科学博物館資料シリーズ No. 10，長岡市立科学博物館，2001 年。

長岡市立科学博物館蔵の長岡瞽女所持品の写真と解説（三味線，バチ，袋，手甲，笠，江ノ島弁財天の掛軸，中越瞽女矯風会規約の冊子など）。

『長岡市史』，長岡市役所編，名著出版，1973 年（初版 1931 年）。

長岡の瞽女に関する情報は 240 頁，249 頁，336 頁，339 頁，874 頁，877 頁，923 頁にある（1931 年版）。毎年 1 月 11 日，瞽女の活動に関する記録（874 頁）は『越後長岡年中行事懐旧歳記』によるか。

『長岡市史』，長岡市，1994 年（資料編 3［近世 2］），1996 年（通史編上）。

瞽女の簡単な解説は通史編上，672–673 頁にあるが，資料編 3 には次の史料あり。70–72 頁，天保 3 年（1832）3 月 25 日の郷中への倹約令。479–480 頁，文化 12 年（1815）5 月の「婚礼祝儀の座頭・瞽女への施与につきうかがい」。480 頁，同年（1815）6 月 13 日の「割元・庄屋ら婚姻の際座頭への祝儀につき達し」。505–506 頁，嘉永 6 年（1853）4 月 23 日の郷中への倹約令。460–462 頁，文久 2 年（1862）11 月の「村取極之事」。518 頁，慶応 3 年（1867）10 月 19 日の「若衆講の酒の量につき申付け」。518–520 頁，明治元年（1868）12 月 17 日の若者規制についての誓約。詳しい分析は本山幸一「近世越後にみる盲人の存在形態」参照。

『長岡の地図』，長岡市史双書 No. 22，長岡市史編集委員会，長岡市，1991 年。

享保 14 年（1729）5 月，「内川付近及び大川東通絵図」に瞽女屋敷が見られる（14 頁）。

『長岡町奉行月番日記』，長岡藩政史料集 3（町方編），長岡市史双書 No. 19，長岡市，1991 年。

寛保 2 年（1742）11 月 26 日（131 頁），寛保 3 年（1743）3 月 29 日（150 頁），「いよ」という瞽女に関する記録あり。

『長崎歳時記』，『日本庶民生活史料集成』，第 15 巻，三一書房，1971 年，767-802 頁。

寛政 9 年（1797）成立。瞽女の宗教儀式に関する項目あり（776 頁）。

『長崎町方史料』，第 3 巻，（福岡大学総合研究所資料叢書，第 6 冊），福岡大学総合研究所，1989 年。

明治 4 年（1871）2 月，「盲人仲間」の願書（346 頁），天保 11 年（1840）か，12 月老齢の瞽女 2 人救済の願書（369-370 頁）あり。

『中山道浦和大宮宿文書』，埼玉県史料集，第 7 集，埼玉県立浦和図書館，1975 年。

文化 6 年（1809）6 月の明細帳に「盲女三人」とある（144 頁）。

中野完二，「伊平さんの聞き書『越後のゴゼ』刊行」，『越後タイムス』，1976 年 3 月 7 日号。

『長野県史』，近世史料編，長野県史刊行会，1971 年（第 1 巻の 1，東信地方），1975 年（第 3 巻，南信地方），1977 年（第 4 巻の 1，南信地方），1982 年（第 4 巻の 2，南信地方），1973 年（第 5 巻の 1，中信地方），1974 年（第 5 巻の 2，中信地方），1981 年（第 7 巻の 1，北信地方）。

瞽女に関する史料は次の通り。第 1 巻（1），578 頁，年代不詳（江戸後期か），上塩尻村（上田領）庄屋年中行事に瞽女取扱いの説明。第 3 巻，508-509 頁，天明 2 年（1782）8 月の高島領「乙事村瞽女宿屋順帳」（現富士見町）。第 4 巻（1），264-265 頁，高遠領宮田村の天保 6 年（1835）12 月「諸高掛定法書」（高遠領），859 頁に貞享 3 年（1686）3 月「幕府領中坪村宗門改帳」（幕府領）。同，1164 頁，元禄 13 年（1700）5 月「赤須伝馬町除地取上げ代官申渡」（幕府領）。第 4 巻（2），124 頁，寛政 9 年（1797）3 月「他所者逗留等改南条村五人組頭請書」（飯田領）。同，357 頁，天和元年（1681）11 月「雑芸人等取締触」（高須領）。同，781 頁，寛政 6 年（1794）11 月「小川村村方出入裁定請書并村定」（千村御預所）。同，1012 頁，1018 頁，明和 9 年（1772）「福島村七左衛門公私定法留帳」（幕府領）。同，1034 頁，文政 10 年（1827）7 月「福与村中山分村役等定」（幕府領）。第 5 巻（1），66 頁，元禄 7 年（1694）11 月 25 日の北安曇郡美麻村千見（松本領）の取締令の請書。同，108-109 頁，享保 10 年（1725）9 月の松本町の人口調査（「松本町帳面」）。同，383 頁，享保 10 年（1725）の松本領（在方）の人口調査。同，423 頁，文化 7 年（1810）5 月の松本領庄内組 14 カ村人口調査。第 5 巻（2），268 頁，年代不詳の文書に成相組（松本領）の瞽女人口。同，720 頁，天保 14 年（1843）9 月，筑摩郡古見村（高遠領）の瞽女への配当金などに関する定法書。同，782-783 頁，文化 3 年（1806）5 月 20 日の高島領の取締に関する申渡。第 7 巻（1），318-319 頁，明治 2 年（1869）12 月の松代城下の人口調査に瞽女 2 人とある。

『長野県史』，民俗編，長野県史刊行会，1987 年（第 1 巻［3］，東信地方，ことばと伝承），1989 年（第 2 巻［3］，南信地方，ことばと伝承），1990 年（第 3 巻［3］，南信地方，中信地方，ことばと伝承），1986 年（第 4 巻［3］，北信地方，ことばと伝承）。

聞き取り調査による長野県各地で活躍した瞽女に関する情報は第 1 巻，277 頁，282 頁，

第 2 巻，330-331 頁，334-335 頁，第 3 巻，282 頁，287 頁，第 4 巻，201 頁，204 頁 にある。

『長野市誌』，第 13 巻，資料編，近世，長野市誌編さん委員会，1997 年。

安政 7 年（1860）3 月，松代八町の「御条目」に人数書留が含まれ，瞽女 2 人の記録あり（461-465 頁）。

『中之島村史』，民俗・資料編，中之島史編纂委員会，（新潟県）中之島町，1988 年。

慶応 2 年（1866）9 月の瞽女・座頭への合力を禁止する令あり（658 頁）。

中林季高，「大原郡人口の変遷」，『島根民俗』，第 2 巻，第 1 号，1939 年，9 頁。

寛政 12 年（1800），島根県大原郡内に瞽女 7 人が住んでいるとある。

「仲間儀定証文之事」，新潟県上越市市川信夫蔵。

文化 11 年（1814）3 月，高田瞽女仲間組織加入者の名前が見られる。『新潟県史』資料編，第 6 巻，888-889 頁，『高田市史』第 1 巻，304 頁，高田市文化財調査委員会編『高田のごぜ』16-18 頁も参照。上越市立総合博物館蔵にもある。

中村家文書，千葉県横芝町栗浜，千葉県文書館蔵。

旧宇那谷村（現千葉市花見川区）関係文書。瞽女に関する記載が見られる文書は以下の通りである。嘉永 3 年（1850）12 月「当戌之佐倉通ひ并諸賄合力銭書出し帳」（イ 31），嘉永 5 年（1852）1 月「子之年村入用日記帳」（イ 41），嘉永 7 年（1854）1 月「寅年村方諸賄控帳」（イ 52），安政 2 年（1855）1 月「当卯金銭上納出銭控帳」（イ 57），安政 3 年（1856）12 月「村方賄并合力銭書出帳」（イ 67），安政 4 年（1857）1 月「御用通村方諸賄控帳」（イ 68），同年（1857）12 月「当巳村方賄払方覚帳」（イ 73），同年（1857）か「当巳之年過不足取立帳」（イ 125），安政 6 年（1859）12 月「合力銭諸賄其外書出し」（イ 82），安政 7 年（1860）1 月「申年村方諸賄覚」（イ 83），万延 2 年（1861）1 月「当酉之年村方諸賄帳」（イ 85），明治 4 年（1871）2 月「当未御用通諸賄合力銭控」（イ 95），同年（1871）2 月か（表紙欠，イ 95 とほぼ同文）（イ 153），年代不詳「当丑ノ諸賄合力銭并ニ御用通控」（イ 128）。

中村高平編，『駿河志料』，歴史図書社，1969 年。

文久元年（1861）3 月自序。「瞽女松宅地」の項目あり（第 1 巻，817 頁，巻之三十六）。沼津三枚橋に瞽女の屋敷地の情報あり（第 2 巻，517 頁，巻之六十二）。

中村辛一，『高田藩制史研究』，資料編，風間書房，1967 年（第 1 巻），1970 年（第 4 巻，第 5 巻）。

宝暦 4 年（1754），越後に「盲人」が多くいるとある（第 1 巻，362-363 頁）。宝暦 11 年（1761）8 月 1 日，「座頭・盲女」への配当金に関する記録あり（同巻 650 頁，『万年覚』三印上，四印下より）。宝暦 3 年（1753）5 月 8 日，勧進禁止（第 4 巻，511 頁），明和 5 年（1768）1 月 19 日，同年 5 月 9 日，同年同月 12 日，勧進に関する触あり（第 4 巻，544-545 頁，547-548 頁，『記録便覧』巻之二）。安永 5 年（1776）4 月 7 日，日光御社参一件の項目に瞽女への言及あり（同巻，560 頁，『記録便覧』巻之二，略あり）。天明 4 年（1784）12 月 19 日の瞽女・座頭の願書について（第 5 巻，516-517 頁，『記録便覧』巻之廿六，略あり），天明 2 年（1782）9 月 25 日の瞽女の到来を報告する義務に関する記録（同，517 頁，『記録便覧』巻之廿六）あり。『万年覚』，『記録便覧』のいずれも高田榊原藩の領奉行関係の記録である。

中村久子，「肥前多久領の芸能」，『西南地域史研究』，文献出版，1997 年，185-211 頁。

現佐賀県にいた元禄・享保頃の瞽女の情報あり（194 頁）。

中村久子,「旅する芸能者たち」,『佐賀部落解放研究所紀要』, 第 18 号, 2001 年 3 月, 129-148 頁。

多久家『御屋形日記』から元禄 2 年(1689)2 月 20 日の唐津領の瞽女に関する記載あり(142 頁)。

『中村平左衛門日記』, 北九州市立博物館, 1982 年(第 1 巻), 1992 年(第 9 巻)。

小倉小笠原藩領, 大庄屋中村平左衛門の公私に関わる日記。文化9年～慶応2年(1812-66)の記載あり。嘉永 2 年(1849)3 月 15 日, 菜園場《きえんば》村で火災があり,「盲女独居の小屋」が類焼に遭う(第 1 巻, 65 頁,「御用日記(抄出)」。第 8 巻, 46 頁)。安政 2 年(1855)5 月 26 日, 行事村(現福岡県行橋市)の「浄瑠璃の会・三味線の会」に瞽女が出演するとある(第 9 巻, 115 頁)。安政 2 年(1855)中村平左衛門が「盲女」に三味線を提供(第 9 巻, 348-349 頁,「別段の記」)。安政 3 年(1856)1 月 9 日, 同「盲女」が「祝儀の謡」を歌う(第 9 巻, 361 頁)。

『中村屋文書』その 1, 氷見市立博物館, 1992 年。

天保 7 年(1836)10 月 4 日, 氷見町の町人宅・座頭宅に置かれた瞽女追払いとなる(23 頁, 算用聞徳八郎『御用日記』による)。天保 8 年(1837)7 月 17 日, 同年同月 19 日氷見町の「盲人」への貸付が行われた記録あり(49-50 頁, 町肝煎中村屋徳八郎『御用日記』による)。

中村葉月,「瞽女」,『越後タイムス』, 1932 年 10 月 16 日号。

高田市文化財調査委員会編『高田のごぜ』22 頁に復刻。

中山太郎,『日本盲人史』, 昭和書房, 1934 年(八木書店 1965 年, 1976 年再版。正・続合本)。

瞽女研究の先駆的業績である「瞽女根元記」所収(423-447 頁,『旅と伝説』1933 年[第 6 年]2 月号, 8-24 頁から転載)。明治 26 年(1893)頃, 著者と「お定瞽女」との出会いについての懐古話あり(423-424 頁, 444-445 頁)。享保 11 年(1726)成立『座頭式目』からの瞽女に関する記録の引用(266-267 頁), 文政 2 年(1819)9 月 23 日,「祠曹雑識」(巻 57)による「座頭盲女」の取扱いに関する評定所の申合書(390-391 頁)あり。

中山太郎,『続日本盲人史』, 昭和書房, 1936 年(八木書店 1965 年, 1976 年再版, 正続合本)。

文化 5 年(1808)2 月の武州比企郡赤沼村の瞽女に関連する「土御門神職座頭渡世出入一件」所収(161-165 頁)。

中山勉,「身分的周縁の人々——近世を生きた盲人たち」,『部落・人権ノート』, 第 5 号, 金沢部落史研究会編, 2003 年 9 月, 1-14 頁。

金沢藩の当道組織, 瞽女・座頭の実態を探る研究。

『流山市史』, 流山市立博物館編,(千葉県)流山市教育委員会, 1992 年(近世資料編 3), 1993 年(近世資料編 4), 1994 年(近世資料編 5)。

近世資料編 3-5 所収の吉野家(芝崎村)の日記に享和 4 年～元治元年(1804-64)の項において多数の瞽女に関する記録があるが,「瞽女」,「盲女」などの文字がすべて伏せ字(「□女」など)となっており, また「虫損」という虚偽のふりがなが施されている(「ごぜ」が平仮名で書かれた場合のみは原本のままとなっている)。原本の題名は年度により変わるので, 詳細は資料集の各項目を参照されたい。瞽女に関する項は以下の通り。近世資料編 3, 65 頁(享和 4 年[1801]1 月 20-22 日), 140 頁(文化 2 年[1805]

8月10-11日)，358頁（文化8年［1811］5月2日)，371-372頁（同年［1811］8月22-27日)，515頁（文化12年［1815］8月5-6日)，568頁（文化13年［1816］7月11日)，617頁（文化14年［1817］4月13日)，618頁（同年［1817］4月20日)，623頁（同年［1817］6月6日)，625頁（同年［1817］6月13日)，677頁（文政元年［1818］7月1日)。近世資料編4，125-126頁（文政10年［1827］3月30日〜4月1日)，462頁（天保6年［1835］閏7月29日〜8月1日)，546頁（天保8年［1837］1月27日)，582-583頁（天保8年［1837］9月10-12日)。近世資料編5，248頁（嘉永3年［1850］9月9日)，550頁（安政4年［1857］5月10日)，605頁（安政5年［1858］5月13日)，692頁（安政7年［1860］3月11日)，936頁（元治元年［1864］9月1日)。

『南木曽町誌』，資料編，（長野県）南木曽町誌編さん委員会，1982年。

美濃瞽女の由来に関する短い言及あり（798頁)。

南雲《なぐも》道雄，「私の良寛逍遙（その六）――瞽女宿その他」，『公評』，第31巻，第10号，1994年，74-81頁。

主に良寛と瞽女との接点を探る文芸作品であるが，信越県境の山村にあった著者の生家は瞽女宿であり，瞽女が昭和10年代の前半まで来たなどと回想している。

『七尾市史』，資料編，七尾市，1971年（第2巻)，1973年（第3巻)。

安永3年（1774）10月の触の写しあり（資料編，第2巻，43頁)。天明5年（1785）8月「多根村組万造」(資料編，第3巻，211-212頁)，同年12月「多根村村鑑帳」に瞽女に関わる入用の記載（同，215頁）あり。

『七種宝納記』，『未刊随筆百種』，第5巻，中央公論社，1977年，13-43頁。

元禄9年（1696）成立。15頁に瞽女への言及あり。

生瀬克己編，『近世障害者関係史料集成』，明石書店，1996年。

瞽女関係史料を含む障害者関係史料の年表。享保元年（1716）10月10日，岩国藩（現山口県）の覚あり（199-200頁，『山口県同和問題関係史料集』近世による)。

『那麻與美日記』，若尾資料（若092. 9-13)，山梨県立博物館蔵。

年代不詳の写本（大正期か)。文久元年（1861）11月15日序。塩後村（現山梨県甲州市塩山）にあった瞽女の泊まる「木賃やと」に言及（103帖裏)。

『不鳴条』，『日本農民史料聚抜粋』，第11巻，小野武夫編，酒井書店・育英堂事業部，1970年，209-443頁。

伊与国宇和島藩郡奉行所の記録。礼之巻，(七，三升米大豆之事）に元禄11年（1698）3月29日瞽女・座頭に支給された「養米」の政策に関する記録あり（325-330頁)。387頁にも参照（「座当へ被下米御預之事」)。

『成田市史』，近世編，史料集，5上，(門前町1)，成田市史編さん委員会，成田市，1976年。

嘉永元年（1848）6月「座頭左近之都一件につき注進」(101-103頁)，嘉永元年（1848）12月「座頭組頭左近之都一件につき箇条書」(103-104頁）に座頭の「囲女」である「みき」という瞽女への言及あり。

『南留別志』，『日本随筆大成』，第2期，第15巻，吉川弘文館，1974年，3-49頁。

荻生徂徠（寛文6年〜享保13年［1666-1728]）著。「ごぜ」の「御前」語源説を主張（30頁)。

『可成三註』，『日本随筆大成』，第2期，第15巻，吉川弘文館，1974年，55-122頁。

享保20年（1735）序，篠崎東海他著。『南留別志』の「ごぜ」の「御前」語源説を否定

(83 頁)。

『難波職人歌合』,『日本庶民生活史料集成』, 第 30 巻, 三一書房, 1982 年, 656-659 頁。

嘉永 7 年 (1854) 刊。658 頁に三味線を奏でる瞽女の絵あり。別冊, 258 頁に詞書あり。

『南陽市史』, 民俗編, 南陽市史編さん委員会編, (山形県) 南陽市, 1987 年。

543-544 頁に「瞽女さま」の項あり。

『新潟県史』, 1981 年 (資料編 6　近世 1, 上越編), 1981 年 (資料編 7　近世 2, 中越編), 1980 年 (資料編 8　近世 3, 下越編)。

寛政 11 年 (1799),「榊原氏 (高田藩) 勘定方極秘書」(資料編 6, 223 頁) に瞽女・座頭への配当金の記録あり。正徳年間 (1711-16 年), 高田町の瞽女人口の記録あり (同, 371 頁)。文化 11 年 (1814) 3 月の「高田瞽女仲間議定証文」あり (同, 888-889 頁)。安永 3 年 (1774) の旅僧・修験・瞽女らの取締の再触あり (同, 889-890 頁, 天保 6 年 [1835] 8 月)。延宝 8 年 (1680) と元禄 4 年 (1691) 5 月の「長岡城之図」の比較に関する注記あり (資料編 7, 198-199 頁)。元禄 3 年 (1690) 2 月の「盲目」に関する村松藩郷村法度あり (資料編 8, 211 頁, 214 頁)。

『新潟県の地名』, 日本歴史地名大系, 第 15 巻, 平凡社, 1986 年。

瞽女については 211 頁参照。「高田町各町記録」(正徳年間, 瞽女 12 人) などからの引用あり。

『新潟県の民謡』, 民謡緊急調査報告書, 新潟県教育委員会, 1986 年。

新潟県の多くの民謡の歌詞とその解説。32 頁, 149 頁, 163 頁, 210 頁, 214 頁, 221 頁, 228-229 頁など参照。演奏のテープは未公開。

『新潟市史』, 資料編 2, 近世 1, 新潟市史編さん近世史部会編, 新潟市, 1990 年。

天保 14 年 (1843) 12 月, 町役人が作成した「市中風俗書」に瞽女への言及あり (599 頁)。

『新曽・上戸田の民俗』, 戸田市史編さん室, (埼玉県) 戸田市, 1987 年。

新曽《にいぞ》地区を廻在した越後瞽女に関する聞き取り調査あり (271-272 頁)。瞽女の「立ち唄」として「めでたーめでたが三つかさなりて, 今年しゃあーかとの当りどし, 稲もあのよに良い穂さく, やどが一度にさいたなら, 家のきばに蔵がたつ, 蔵の番人誰れがなる」などの歌詞あり。

『西尾町史』, 上巻, (愛知県) 西尾町, 1933 年。

宝暦年間の図に西尾町会ヶ山に瞽女屋敷あり (317 頁)。

『西川町所在史料集』, 第 3 集, 村政府関係史料 (1), 天保 13 年・嘉永 2 年・嘉永 3 年御用留 (土屋家文書), 新潟県, 西川町教育委員会, 1975 年。

天保 13 年 (1842)「御用留」, 同年 5 月の倹約令に瞽女への言及あり (6-7 頁)。

西沢爽,『日本近代歌謡史』, 全 3 巻, 正誤冊, 桜楓社, 1990 年。

第 1 巻, 第 2 章 (115-302 頁) に「心中口説」(やんれ口説節) の研究あり。瞽女縁起・式目の写本の写真あり (249-251 頁)。東京の「目明」の瞽女が心中口説を歌うと解説する明治 13 年 (1880) の本を引用 (259-260 頁)。第 3 巻に 100 冊以上の口説の歌本の影印版あり。

『廿三番狂歌合附録』,『馬琴遺稿』, 国書刊行会, 1911 年, 182-198 頁。

寛政年間 (1789-1801) 成立か, 文政 12 年 (1829) 刊, 滝沢馬琴著。196-197 頁に江戸の瞽女への言及あり。

『日乗上人日記』, 稲垣国三郎編, 日乗上人日記刊行会, 1954 年。

水戸光圀に仕えた日乗上人（慶安元年〜元禄16年［1648-1703］）の日記。水戸藩の江戸屋敷などにおける芸能の記録あり。元禄14年（1701）7月6日条に瞽女への言及あり（922頁）。

『新田町誌』，第2巻，資料編上，近世，（群馬県）新田町誌編さん室，1987年。

宝暦13年（1763）3月の下田中村の入用帳あり（1145-1146頁）。花香塚村の文化3年（1806）1月「餌指こせ泊覚帳」あり（1149頁）。

『日葡辞書』 → *Vocabulario da lingoa de Iapan com adeclaraçao Portugues*

『二宮町史』，資料編1，原始・古代・中世・近世，（神奈川県）二宮町，1990年。

弘化4年（1847）1月の中里村「当未両分諸掛扣帳」に瞽女に関する記載あり（382-383頁）。

『日本歌謡集成』，全12巻，高野辰之編，東京堂，1942年。

第6巻，197頁，202頁，228頁，258頁に「おかざき」（「岡崎女郎衆」）の近世に作成された伝統的な楽譜あり。第12巻，67-68頁に埼玉県の瞽女口説の歌詞所収。

『日本近世歌謡資料集』，全44巻のマイクロフィルム，國學院高等学校編，雄松堂書店，1992年。

藤田徳太郎・小林武治旧蔵の歌謡資料。口説節・万歳，はやり唄など多く所収。第26巻に近世・近代の流行歌本など数多くあり。越後瞽女の万歳に酷似する明治24年（1891）2月13日，新潟県古志郡新町大字新町刊，丸山広蔵著の「新ぱんごまんざへ」あり。第40巻（1036号）に斎藤真幸（安政6年［1859］没）作「瞽女口説地震の身の上」あり（五来重編『日本庶民生活史料集成』第17巻，589-591頁，鈴木昭英「瞽女の唄本」26-32頁に翻刻あり）。

『日本文化史大系』，第7巻，吉野・室町文化，誠文堂新光社，1938年。

森末義彰「音楽・舞踊」（第9章）に「平家琵琶・盲女・浄瑠璃」の項あり（256-275頁）。中世の瞽女に関する史料を引用。

『日本民謡大観』，全9巻，各巻に番号無し，町田佳聲編，日本放送出版協会，1944-80年。

瞽女に関する研究は『中部篇北陸地方』（1955年刊，78-92頁，116-133頁）参照。伊平タケの「新保広大寺」（86-87頁，1953年の録音による），祭文松坂の「小栗判官」（冒頭の部分，124-125頁），「松坂節」（「婚礼松坂」126頁）の楽譜がある。1992年の『復刻日本民謡大観』にCD録音あり。 →録音資料

『日本霊異記』，遠藤嘉基・春日和男校注，『日本古典文学大系』，第70巻，岩波書店，1967年。

別名『日本国現報善悪霊異記』，景戒著，弘仁13年（822）成立。「下巻，11」に称徳天皇の時代（在位764-70年），奈良の京の越田（奈良南一条の地か）に未亡人となった貧しい「盲女」が，その娘と共に薬師の木像を拝し，開眼を願い，木像からにじみでた樹脂を食べて，明を得た話あり。『今昔物語』巻第12第19に同じ話あり。

『韮崎市誌』，資料編，（山梨県）韮崎市誌編纂専門委員会，1979年。

寛政11年（1799）1月，三ツ沢村の村議定あり（240頁）。慶応2年（1866）12月「寅村入用帳」（村名不詳，大草町か）に瞽女への合力の記録あり（376-377頁）。文化9年（1812）7月の河原部村の御用留に瞽女への言及あり（307頁）。三之蔵村夫銭帳一覧表（文化2年〜慶応3年［1805-67］）に「山伏，ごぜ，座頭入用」に関する情報あり（387-389頁）。武田村夫銭帳一覧表に「ごぜ座頭勘定」として文化3年（1806），文化10年（1813），文化13年（1816），文政5年（1822）の記録あり（389頁）。上今井村夫銭帳

一覧表（享保 19 年〜明治元年［1734-1868］）に「ごぜ座頭入用」「ごぜ泊雑費」「ごぜ宿賄」の欄あり（390-391 頁）。「三ツ沢村夫銭帳一覧表（天明 7 年〜嘉永 2 年［1787-1849］）に「ごぜ座頭賄代」に関する情報あり（391 頁）。

『韮山町史』，韮山町教育委員会社会教育課町史編纂室編，（静岡県田方郡）韮山町，韮山町史刊行委員会。1991 年（第 5 巻），1993 年（第 7 巻）。

第 5 巻下，563 頁（明治前期），第 7 巻，116 頁（明治 7 年［1874］）に現静岡県の瞽女に関する記録あり。

『沼津市誌』，沼津市郷土研究会編，沼津市，蘭契社書店，1937 年。

433-434 頁に「瞽女町の由来」の項目あり。

『沼津市史』，沼津市史編さん委員会編，沼津市，2002 年（資料編，民俗），2003 年（史料編，近世 3）。

史料編，近世 3 に安永 6 年（1777）の「駿州駿東郡上小林村明細帳」に瞽女が沼津に移住した記録あり（51 頁）。資料編，民俗に沼津の瞽女に関する研究あり（650-652 頁）。

『沼津新聞』，マイクロフィルムは沼津市明治史料館蔵。

「雑報」として，山梨県出身の瞽女の美談は第 7 号（明治 14 年［1881］8 月 3 日）3 頁，第 8 号（同年 8 月 8 日）2 頁，第 9 号（同年 8 月 13 日）3 頁にある。

『願聞置留』，信濃国松代真田家文書，う 679，国文学研究資料館蔵。

弘化 3 年（1846）2 月，松代城下の瞽女かつに関する座頭の出入りの記録。

『鼠の権頭《ごんのかみ》』（仮題），横山重・太田武夫校訂，『室町時代物語』，第 3 巻，古典文庫，1957 年，49-92 頁。

天理図書館蔵本。室町末期か。本書の書名は「鼠の草紙」というべきかとも考えたが，鼠を題材としたものは他にもあるから，「鼠の権頭」と仮題したと，校訂者が説明している。題簽・内題欠「鼠の草紙」の一種である。瞽女の登場する場面あり（73 頁）。

根本重毅，『御嵩町史』，（岐阜県）御嵩町，1959 年。

御嵩の瞽女に関する伝説あり（346 頁）。372 頁，401 頁にも瞽女への言及あり。

『年中行事絵巻』，『新修日本絵巻物全集』，第 24 巻，角川書店，1978 年。

12 世紀成立か。9 頁（第 3 巻，第 2 部）に瞽女とおぼしき者の絵あり。

『年表　日本歴史　5　江戸後期 1716-1867』，井上光貞・児玉幸多，林家辰三郎編，筑摩書房，1988 年。

享保 13 年（1728）8 月 19 日の長州藩の触（54 頁），宝暦 7 年（1757）2 月 22 日の広島藩の触に関する言及（82 頁）あり。

『農陽志略』，国立国会図書館蔵（子 2）。

別題『濃州志略』。宝暦 6 年（1756）序。巻 3 に美濃国，願興寺の瞽女に関する記録あり。『御嵩町史』（史料集），372 頁にも引用。

『野田市民俗調査報告書』，野田市史編さん調査報告書，野田市史編さん委員会編，（千葉県）野田市，1995 年（第 1 集，今上・山崎の民俗），1997 年（第 2 集，三ヶ尾・瀬戸・三ツ堀・木野崎の民俗），1998 年（第 3 集，大殿井・横内・鶴奉・目吹の民俗），2000 年（第 4 集，吉春・谷津・岩名・五木の民俗）。

瞽女への言及は以下の通りである。第 1 集，66 頁，88 頁，179 頁。第 2 集，68 頁，156 頁，180 頁，242 頁，351 頁，383 頁。第 3 集，71 頁，99 頁，182 頁，219 頁。第 4 集，84 頁，208-209 頁。

『野々市町史』，資料編 2，近世，野々市町史編纂専門委員会，（石川県）野々市町，2001

年。

享和元年（1801）9月，「十村勤方書上」に瞽女への御貸米への言及あり（139頁）。

『宣秀卿記』，国立国会図書館蔵（わ 210.4-42）。

享禄4年（1531）3月29日の項に「女盲目」への言及あり。

ハーン，ラフカディオ（Lafcadio Hearn，日本名小泉八雲），『心——日本の内面生活の暗示と影響』，平井呈一訳，岩波文庫，1977年。

明治29年（1896）刊。44-49頁に瞽女が登場する話ある。

『博多津要録』，第2巻，秀村選三校注，福岡市，西日本文化協会，1976年。

原田安信編。延享元年（1744）3月4日に「盲女せつ」の芝居拝領に関する文書（277頁），同年8月25日藩主の死去に伴う鳴物停止の際の「盲人」救済に関する文書（297-299頁）あり。

『萩藩四冊御書附』，山口県文書館編，山口県立山口図書館，1962年。

明和3年（1766）9月の瞽女・座頭に関する書付あり（57頁，巻ノ三）。明和8年（1771）8月編，当職所や郡奉行所などから令達された雑多な法令を集めた「巻ノ四」に瞽女・座頭らの宿泊に関する書付あり（98頁）。

『白州町誌』，資料編，（山梨県）白州町誌編纂委員会，1986年。

年代不詳（江戸後期か）「座頭申ねたり取締願書」の内，「盲女」への言及あり（55-56頁）。「盲女」の記載が見られる寛政10年（1798）白須村の夫銭帳あり（287-295頁）。天明3年（1783）8月，鳥原村の倹約法度に盲世《(女カ)》・座頭に関する一条あり（311頁）。寛政3年（1791）3月の白須村上下組役人による訴訟一件の済口証文あり（313頁，瞽女への言及あり）。「問屋役人相続に付，議定」（文久3年［1863］1月）に台ヶ原宿の瞽女に関する一条あり（456-457頁）。

朴銓烈《パクチョンヨル》，『「門付け」の構造，韓日比較民俗学の視点から』，弘文堂，1991年。

瞽女などを朝鮮半島の門付け芸人と比較する。

『幕末御触書集成』，第5巻，石井良助，服藤弘司編，岩波書店，1994年。

天保8年（1837）12月22日に視覚障害者の母親を抱える者への褒美の記録あり（413-414頁）。

橋本節子，「越後瞽女唄の音楽的特色について」，佐久間惇一編，『阿賀北瞽女と瞽女唄集』，新潟県新発田市，下越瞽女唄研究会，1975年，165-201頁。

下越の瞽女唄の音楽学的研究。 →小田節子

橋本照嵩，「長岡瞽女日記」，『グライケーション』，第92巻，1974年，富士ゼロックス。

高田瞽女を記録した写真集。以下も同。

橋本照嵩撮影，大崎紀夫編，『瞽女——橋本照嵩写真集』，のら社，1974年。

橋本照嵩，「筑紫平野をゆく“こんかいさん”」，『アサヒグラフ』，3043号，1981年8月14日，16-25頁。

福岡県三潴《みずま》地方の「こんかいさん」と呼ばれた瞽女の写真とその活躍に関する記事。

橋本照嵩，『瞽女の四季 1972-1973』，（*Music gallery* 6），音楽之友社，1984年。

橋本照嵩撮影，大崎紀夫編，『瞽女』，アロン書房，1988年。

橋本秀雄，「瞽女の戯作」，『民俗芸能』，第36号，1969年春，49-51頁。

「へそあなくどき」に関する記録。

橋本宗彦，『秋田沿革史大成』，上下，秋田市，加賀谷書店，1969年。

現秋田県の瞽女人口に関する資料は下巻，842-844頁（天保5年［1834］5月），847-

849 頁（嘉永 3 年［1850］5 月），859 頁（延享 4 年［1747］9 月）にある。

『波田町誌』，自然民俗編，波田町誌編纂委員会編，（長野県）波田町長百瀬八郎，1983 年。

瞽女の訪れに関する短い報告あり（692 頁）。

『秦野市史』，第 2 巻，近世史料 1，（神奈川県）秦野市，1982 年。

安永 3 年（1774）10 月の浪人取締令の触あり（301 頁）。文化 6 年（1809）11 月に再度申し渡される（730 頁参照）。

『秦野市史』，近世史料，統計編 1（宗門改帳・村入用帳・田畑質入証文），（神奈川県）秦野市，1989 年。

151 頁（明和 8 年［1771］1 月），153 頁（安永 2 年［1773］1 月），164–165 頁（慶応 3 年［1867］1 月），168 頁（慶応 4 年［1868］6 月）に横野村の村入用帳あり。

『八幡山町史料集』一，児玉町史料調査報告，第 10 集，児玉町史編纂委員会編，（埼玉県）児玉町教育委員会発行，1987 年。

寛政 10 年（1798）3 月（230 頁），文化 15 年（1818）3 月（233 頁），八幡山町の町入用帳に瞽女への合力の記載あり。

『廿日市町史』，（広島県）廿日市町，1975 年（資料編 2，近世上），1977 年（資料編 3，近世下）。

『（芸備）郡要集』（資料編 2，47–103 頁所収）に現広島県の瞽女・座頭に関する記録が見られる（93–95 頁，宝暦 7 年［1757］）。安政 2 年（1855）2 月の割庄屋の願書あり（資料編 3，531–533 頁）。明治 2 年（1869）3 月，視障者に支給された居扶持に関する記録あり（同，755 頁）。

『羽村町史史料集』，第 7 集，村絵図・村明細帳，（東京都）羽村町教育委員会，1971 年。

延享 3 年（1746）1 月，武州多摩郡小宮領の羽村に「盲女」1 人の記載あり（167 頁）。

林智登美，「美濃の瞽女」，長野県下伊那郡高森町下市田高寿会編，『萩山の里——発足 15 周年』，1974 年，74 頁。

美濃の瞽女に関する短い回顧談。入手困難な資料であるが，飯田市立中央図書館に 1 冊あり。

林英夫編，『流民』（『近世民衆の記録』4），新人物往来社，1971 年。

江戸明治時代の大道芸人などに関する記録も多く含まれている。特に明治 29 年（1896）10 月より『時事新報』紙上に連載された著者不詳の「東京の貧民」（433–456 頁）に数回瞽女への言及が見られる（435 頁，436 頁，454–455 頁）。天保 7 年（1836）5 月 10 日「越後瞽女溺死一件」所収（515–523 頁）。

林玲子，「町家女性の存在形態」，『日本女性史』，第 3 巻，近世，東京大学出版会，1982 年，95–126 頁。

『稿本三井家史料，北家三代三井高房』に，延享元年（1744）三井家の「覚」に能役者・ごぜ・座頭などを通せとある（108 頁）。

『葉山町史料』，葉山町教育委員会編，（神奈川県）葉山町，1958 年

瞽女に関する記載を含む村入用帳あり。明治 2–4 年（1869–71）木古庭村（614–644 頁）。明治5年（1872）木古庭村（650–651頁）。明治2–4年（1869–1871）長柄村（645–647 頁）。明治 5 年（1872）長柄村（651–652 頁）。明治 5 年（1872）堀内村（649 頁）。

原田信一，「近世における瞽女の生活論序説」，『駒沢社会学研究』，第 30 号，1998 年，75–100 頁。

二次資料による瞽女の語源，瞽女縁起・式目，瞽女の仲間組織，瞽女の宗教性などに関

する初歩的な研究。

原田島村,「古町の元酒屋瞽女を救う」,『伊那』, 第22巻, 第12号, 1974年12月, 31-39頁。

主に飯田瞽女の研究であるが, 美濃国高須領の瞽女に関する文書もある。主に天明5年(1785)の瞽女長屋勧化活動に関する研究。翻刻された文書(書き下し文)は以下の通り。天明5年(1785)11月付の古文書(飯田瞽女関係, 5点, 33-36頁, 35頁にそのうち1点の写真あり), 寛政4年(1792)か, 9月(高須領の瞽女関係, 1点, 37頁, 写真あり), 寛政5年(1793)3月(高須領の瞽女関係, 1点, 37-38頁), 明治24年(1891)8月(飯田瞽女関係, 1点, 38頁。三好一成「飯田瞽女仲間の生活誌」247頁にも翻刻あり)。

『犯科帳』, 長崎奉行所判決記録, 全11巻, 森永種夫編,(長崎市), 犯科帳刊行会, 1959年。

文化2年(1805)5月27日, 駆け落ちした後, 立ち帰ってきた瞽女「ます」とその娘「しけ」に赦免の記録あり(第6巻, 120頁)。

『半日閑話』,『日本随筆大成』, 第1期, 第8巻, 吉川弘文館, 1975年。

大田南畝著。享保8年(1723)江戸の人口調査に瞽女1007人とある(184頁[巻七])。

『藩法集』, 石井良助編, 創文社, 1959年(第1巻, 上下), 1961年(第2巻), 1962年(第3巻), 1964年(第5巻), 1965年(第6巻), 1966年(第7巻), 1969年(第8巻, 上下), 1970年(第9巻上), 1973年(第11巻), 1975年(第12巻)。

瞽女に関する法律などは次の通りである。第1巻(岡山藩上), 633頁(宝永6年[1709]7月), 644頁(同年同月29日), 708頁(安永4年[1775]4月, 文化9年[1812]6月)。第1巻(岡山藩下), 233-235頁(寛保元年〜延享2年[1741-45]10月2日), 331-332頁(寛延元年[1748]8月), 545頁(安政4年[1857]5月28日), 790-791頁(明治3年[1870]閏10月, 同月19日)。第2巻(鳥取藩), 13頁(享保10年[1725]11月21日), 225-226頁(享保11年[1726]12月), 227-229頁(年代不詳), 274-275頁(宝暦2年[1752]6月), 426頁(文化9年[1812]8月13日)。第3巻(徳島藩), 32-34頁(享保12年[1727]7月6日), 659-661頁(天和元年[1681]11月1日), 1048-1049頁(讃岐・備前, 貞享5年[1688]4月10日), 1052頁(明和3年[1766]5月1日)。第5巻(諸藩), 308-309頁(高崎藩, 文政9年[1826]前後)。第6巻(続金沢藩), 348-349頁(金沢藩, 寛政6年[1794]8月)。第7巻(熊本藩), 188頁(寛文10年[1670]7月), 375頁(同年[1670]か), 83頁(寛政10年[1798]か, 2月), 929頁(文政4年[1821]3月, その中に文化8年[1811]5月の触に言及あり)。第8巻(鹿児島藩上), 182-183頁(宝永3年[1706]), 311頁(安永6年[1777]10月), 下巻53頁(延享2年[1745]1月), 364頁(宝暦6年[1756]5月27日)。第9巻(盛岡藩上), 865-866頁(文化5年[1808]9月22日)。第11巻(久留米藩), 101頁(正徳3年[1713]6月), 121頁(正徳4年[1714]6月14日), 591頁(安永3年[1774]10月), 1042頁(寛政10年[1798]7月17日), 1197-1198頁(文政4年[1821]5月4日), 1486頁(弘化2年[1845]か, 10月15日), 1489頁(同年[1845]か, 同月同日)。第12巻, 549-550頁(臼杵藩, 元治元年[1864]5月1日)。

『燧袋《ひうちぶくろ》』 →『楠瀬大枝日記——燧袋』

『東久留米市史』,(東京都)東久留米市史編さん委員会, 1978年(史料), 1979年(本編)。

天保 13 年（1842）11 月の柳窪新田の村入用帳あり（史料編，192-198 頁）。同村の瞽女下宿代に関する情報あり（本編，454-457 頁）。

『東筑摩郡松本市・塩尻市誌』，東筑摩郡松本市・塩尻市郷土資料編纂会編刊，1965 年。

瞽女に関する項（第 3 巻下，1111-1112 頁）あり。明治頃の瞽女の到来に関する長野県の者の話もある。

『東寺尾村飴屋兵助女子一件』，信濃国松代真田家文書，あ 1071，国文学研究資料館蔵。

弘化 3-5 年（1846-48），松代藩の瞽女と飴売りに関する事件の詳細な記録。上田，高田等の瞽女・座頭のしきたりなどに関する情報も含まれている。『史料館所蔵史料目録』第 28 集，106 頁参照。

「東寺尾村瞽女いそ不届につき，琴・三味線差留親元へ押込申付状等」。東寺尾共有文書（ファイル番号 106219-24）。

嘉永頃か 4 月 20 日。史料のコピーは長野市公文書館準備室（総務課）蔵。

『東山梨郡誌』，山梨教育会東山梨支会，報文社，1916 年。

元文 2 年（1737）11 月，現山梨市・甲州市塩山の 12 カ村の倹約に関する「覚」に瞽女・座頭への配当の言及あり（647-648 頁）。

樋口政則，「瞽女止宿」，『歴史手帖』，第 18 巻，第 9 号，22-29 頁，1990 年 9 月。

武蔵国葛飾郡の前名主宅（東京都江戸川区，須原義夫家文書，591 号）で発見された弘化 5 年（1848）写「瞽女能妙音講縁起之事」と「式目之事」の写真，読み下し，解説。

『肥後藩人畜改帳』，全 5 巻，大日本近世資料，東京大学出版会，1955 年。

寛永 10 年（1633）2 月 10 日付の調査に瞽女とその家族の記載あり（第 1 巻，166 頁）。

『飛騨国大野郡高山壱之町村宗門人別御改帳』，高山市郷土館蔵（非公開）。

天保 14 年（1843）2 月の高山一之町の瞽女人口。加藤康昭『日本盲人社会史研究』247-248 頁，同「盲人の生活と民衆文化」316 頁に引用。

『日次紀事』，『日本庶民生活史料集成』，第 23 巻，年中行事，三一書房，1981 年，5-138 頁。

黒川道祐著，貞享 2 年（1685）序。延宝 4 年（1676）の項に「盲女」への言及あり（26 頁）。

『日野市史史料集』，日野市史編さん委員会，日野市，1979 年（近世 2，社会生活・産業編），1986 年（近世 3，支配編）。

明治 4 年（1871）7 月，武州多摩郡下田村の「村入用書上帳」に瞽女への合力の記載あり（近世 2，83-84 頁）。明治 5 年（1872）7 月，武蔵国多摩郡三沢村「村費高掛書上帳」にも明治 2-4 年（1869-71）の瞽女らへの合力の金額の記載が見られる（同，86-89 頁）。文政 12 年（1829）4 月，武州多摩郡高幡村，「御改革組合村々議定連印帳」に婚礼に際して瞽女への配当に関する言及あり（近世 3，386 頁）。慶応 3 年（1867）3 月武州多摩郡上田村，「寅ノ村入用書上帳」に瞽女への合力の記載も見られる（同，319 頁）。

『氷見市史』，氷見市史編さん委員会，（富山県）氷見市，1998 年（第 3 巻，資料編 1），2003 年（第 4 巻，資料編 2）。

寛延 4 年（1751）5 月，瞽女に関する触あり（第 3 巻，558 頁）。天保 8 年（1837）4 月 29 日に氷見など三カ所の瞽女・座頭へ「御貸米」が支給された記録あり（同，669-670 頁）。文久 3 年（1863）3 月，八代組小杉村の「巨細帳」に「ごぜ」1 人とある（第 4 巻，103 頁）。元禄 9 年（1696）8 月 23 日の飢人改めに関する郡奉行の触書に瞽女への

言及（同，538 頁）とこれに関する申達書あり（同，539 頁）。

氷見丈繁，『日本の花街と越中赤線の今昔』，私家版（富山県高岡市），1965 年。

高岡の「瞽女町」（花街）に関する研究（94–106 頁）。

『百人女郎品定』，黒川真道編，『江戸風俗図絵』，岩崎美術社，1993 年，123–154 頁。

享保 8 年（1723）京都で刊行，西川祐信画。135 頁に三味線・琴を奏でる瞽女の絵あり。『日本名著全集』，「江戸文芸の部」，第 30 巻（風俗絵集，771–802 頁所収），日本名著全集刊行会，1929 年，783 頁も参照。

『兵庫県史』，史料編，近世 2，1990 年。

安永 10 年（1781）1 月 24 日，赤穂藩の倹約令（252–253 頁），文化 12 年（1815）7 月 6 日の難渋人の救米支給に関する出石藩の申渡（360 頁），天和元年（1681）11 月 1 日の金銀札遣につき徳島藩の掟書（432–433 頁）あり。

「評定所張紙」，早稲田大学付属図書館蔵。

別題「評定所張紙之御役方御朱印写其外品々雑書」。近世後期か。『古事類苑（人部 2）』992–993 頁に引用。

平尾道雄，『近世社会史考』，高知市立市民図書館，1962 年。

土佐藩の瞽女・座頭に関する研究（45–57 頁）。享和元年（1801）3 月の史料の引用（54–55 頁），天和元年（1681）の瞽女人口への言及あり（57 頁）。

平尾道雄，『高知藩財政史』（増補新版），高知市立市民図書館，1965 年。

高知藩が文化 13 年（1816）以来瞽女・座頭に支給した補銀額の記載（天保 14 年［1843］）あり（52 頁）。

平瀬麦雨，「小通信」，『郷土研究』，第 4 巻，第 1 号，1916 年，60 頁。

長野県諏訪地方の瞽女に関する段落あり。

廣江清，「近世瞽女座頭考」，『土佐史談』，第 157 号，1981 年，1–7 頁。

『翠軒抄録』第 5 巻（天保 13 年［1842］）などを引用しながら，土佐藩の瞽女・座頭の実態にせまる。

『広島県史』，近世資料編，1973 年（第 3 巻），1975 年（第 4 巻），1976 年（第 2，6 巻），1979 年（第 5 巻）。

瞽女に関する書付などは次の通り。第 2 巻に宝暦 9 年（1759）9 月以前成立と思われる『芸州政基』に「夫割之事」の項目において瞽女・座頭への言及（784 頁），宝暦 4 年（1754）福山藩の「座頭瞽目」（瞽女か）への配当の記録（942 頁，944 頁），同，宝暦 5 年（1755）（946 頁）。第 3 巻に慶安 2 年（1649）3 月 4 日の他国の瞽女等・諸勧進禁止令（102 頁），慶安 2 年（1649）4 月 5 日の他国の瞽女等に宿貸し禁止令（104 頁），明暦 3 年（1657）4 月 15 日郡中支配に関する条目（121 頁），寛文 10 年（1670）7 月 1 日再度触（144 頁），延宝 4 年（1676）8 月 30 日の浦島船持への条目などに関する書付（157–159 頁），元禄 12 年（1699）閏 9 月の百姓・町人に倹約を申渡す書付（228 頁，230 頁），同年同月 20 日の「盲女」の着類に関する触書（231 頁），元文 2 年（1737）9 月 20 日の諸勧進施物を禁ずる触書（631–632 頁），寛延 3 年（1750）11 月 5 日の郡方取締に関する条々（683 頁），宝暦 6 年（1756）12 月 4 日の「座頭・盲女」居扶持米銀に関する定書（703–705 頁，後半の各郡などの瞽女・座頭の人数その他は省略されている），寛政 3 年（1791）7 月の歌舞音曲などの取締令に「盲女」への言及（1072–1073 頁），寛政 7 年（1795）8 月の「盲人仲間入のことにつき触書」（1130 頁）。第 4 巻に文化 9 年（1812）8 月 21 日の沼田郡の「盲人への施物下げ渡し方改訂につき書付」（124–

125頁)，文化13年（1816）5月の「給仕女の取締りにつき口達」(178-179頁)，天保4年（1833）2月の郡中風俗に関する示し書（426-427頁)，天保11年（1840）10月の「盲人」居扶持米支給者の吟味を厳しくする触書（516頁)，天保4年（1833）2月の嘉永7年（1854）5月の書付再度発令（709頁)，嘉永7年（1854）10月の賀茂郡にて浪人・虚無僧・座頭・瞽女等の取締に関する再度触書（723-724頁)，文久3年（1863）9月の「盲人」の扶持取扱いに関する取締令（857頁)，明治3年（1870）1月の加茂郡にて「郡割・村割等の除害規則」(1093頁，1099頁，1103頁)，明治2年（1869）9月19日の「盲人座法改定につき書付」(1133-1134頁)。第5巻に元文2年（1737）2月の「座頭・瞽女の廻在につき心得条々」(192-193頁)，嘉永元年（1848）10月6日・12日の瞽女・座頭の名簿差出しを申し渡す廻達（802-803頁)，安政2年（1855）4月2日の瞽女・座頭の無法勧化を戒める触が発令（884頁)，慶応4年（1868）6月5日の藩主死去のための鳴物停止に瞽女への言及（1128頁)。

『広島市史』，第2巻，広島市，1922年。

元禄12年（1699）10月15日の「座頭盲女」の支配に関する項あり（102頁，出典不詳)。元禄15年（1702)・享保元年（1716)，「座頭・盲女」の配当銀に関する定めあり（105-106頁，出典不詳)。宝暦7年（1757）(2月22日か）の「座頭・盲女」への扶持米に関する説明（326-327頁）があるが，出典は明記されていない。浅野家蔵の『事蹟緒鑑』であろう（広島県立文書館にもマイクロフィルムがあるが，浅野家との契約者意外は使用禁止)。宝暦6年（1756）11月22日に「居扶持」の支給開始に関する項あり（363頁，出典不詳)。宝暦10年（1760）3月，城下の人口調査あり（371-377頁)。明和5年（1768）3月29日の城下の人口調査あり（633-637頁)。

『広島市史』 →『新修広島市史』

廣瀬清人，「口頭伝承としての昔話想起――ある瞽女の質的事例研究」，『新潟医療福祉学会誌』，第2巻，第1号，2002年，46-54頁。

著者は「長岡瞽女屋敷に属していた」「最後の瞽女」(1913年生）に13回の面接を行い，34の昔話を録音・録画し，その内容，特徴などを分析している。

『福井県史』，資料編，1982年（第3巻，中・近世1)，1985年（第5巻，中・近世3)，1987年（第6巻，中・近世4)，1992（第7巻，中・近世5)。

資料編，第3巻，81頁に寛文2年（1662）4月5日「御家中祝言之諸道具等御定事，附座頭・瞽女并乞食下行事」視覚障害者への配当金に関する定あり。寛政元年（1789）閏6月の大野藩西方領諸色書上覚あり（第5巻，617-619頁)。寛文元年（1661）の扶持に関する触書の写しあり（第6巻，252頁)。安政2年（1855）5月「大野町惣人別寄帳」あり（第7巻，160-165頁)。寛保3年（1743）3月，蕨生《わらびょう》村（現大野市)「村盛ニ付村極条目」あり（同，189-190頁)。

『福井市史』，資料編6，福井市，1997年（近世4上，藩法集1)，1999年（近世4下，藩法集2)。

近世4上，121頁，延宝4年（1676）7月1日，同巻220頁に正徳3年（1713）4月の江戸屋敷における瞽女の取扱いに関する定めあり。天保2年（1831）7月12日の瞽女・座頭施物渡方に関する触あり（近世4下，299頁)。

『福岡県史』，第3巻，中冊，1965年。

文化7年（1810）7月，天保11年（1840）7月，弘化3年（1846）7月，嘉永5年（1852）7月，安政5年（1858）7月の柳河（柳川）藩「御領中郡別人数高改帳」による

藩の人口の表あり（387-392 頁）。

『福岡県史』，近世史料編，福岡藩，浦方，1998 年。
年代不詳（江戸後期か）の「浦人教示条目帳」に「盲男女」への言及あり（424 頁）。

『福岡県史』，近世史料編，福岡藩御用帳一，1988 年。
「盲女」，瞽女に関連する文書は以下の通り。330-331 頁（天明 2 年［1782］8 月 3 日），391-392 頁（同年 12 月 7 日），454-455 頁（天明 6 年［1786］3 月 7 日），481-484 頁（同年 4 月 30 日），553 頁（同年 9 月 21 日），607-608 頁（同年 12 月 18 日）。

『福岡県史資料』，福岡県，1931 年（続第 1 輯），1935 年（第 4 輯），1937 年（第 7 輯），1938 年（第 9 輯），1939 年（第 10 輯）。
中村平右《（左）》衛門（寛政 5 年［1793］生まれ）が小倉領延永《のぶなが》村の瞽女のために三味線を調達した美談（続第 1 輯，708-709 頁，安政 2 年［1855］か。慶応 2 年［1866］編「孝義旌表録略伝，企救郡」による）。文政 8 年（1825）10 月，小倉藩法令に瞽女などの規制（第 4 輯，613 頁）。弘化 3 年（1846）10 月 15 日の柳河藩の法令（または弘化 2 年［1845］か）（第 7 輯，441 頁），安政 3 年（1856）6 月 15 日同藩の法令（同，471 頁）。寛政 2 年（1790）3 月「秋月小川眠石秘記」に「盲女」への言及（第 9 輯，510-511 頁）。「米府年表」（第 10 輯，514-541 頁所収）に弘化 2 年（1845）か，10 月 15 日（または弘化 3 年［1846］か。以上第 7 輯，441 頁の法令と同文）の久留米藩法に瞽女への言及。

『福岡藩，寛文・延宝期御用帳』，九州文化研究所史料集 2，九州大学大学院比較社会文化研究科，九州文化研究所史料集刊行会，1998 年。
『御留守御用帳』（110-136 頁所収）（藩主光之参勤後の留守記録），延宝 3 年（1675）4 月 6 日の瞽女に関する短い記録あり（120 頁）。『たんす』（137-235 頁所収）（家老三奈木黒田家の簞笥に保存された書付類）書付の全文あり（227 頁，同年 4 月 6 日）。

『福岡町史』，福岡町史編集委員会編，富山県福岡町役場，1969 年。
瞽女については 851 頁参照。

福島英一家文書，群馬県佐波郡境町東。群馬県立文書館に写真複製あり。
寛延 3 年（1750）3 月境村の村入用帳（96 号），天明 3 年（1783）3 月の村入用帳（125 号）に瞽女への言及あり。

福島邦夫，「長岡瞽女採訪記」，『仏教民俗研究』，第 3 号，1976 年，21-29 頁。
数名の長岡瞽女が対象となっている聞き取り調査。

福島邦夫，「瞽女――盲人と境界性の一考察」，『現代宗教』，第 2 巻，春秋社，1980 年，183-196 頁。

福島邦夫，「八王子・楢原に生きた瞽女さんたち」，『多摩のあゆみ』，第 33 号，1983 年，17-19 頁。
八王子市楢原の井手敏男（1920 年生まれ）と橋本サダ（1928 年生まれ）による話。戦前，楢原においと（親分か），おかね，おたか，おさと（手引き），という 4 人の「川口の瞽女さん」がいたという。

福島邦夫，「瞽女，瞽女歌」（魂の深奥に生きる古典――仏教文学の魅力特集，仏教文学の伝達者），『国文学解釈と鑑賞』，第 48 巻，第 15 号，1983 年，154-157 頁。

福島邦夫，「瞽女唄」，『国文学解釈と鑑賞』，第 50 巻，第 6 号，1985 年，93-96 頁。
福岡地方の瞽女と稲荷信仰，「コンカイ」の歌詞などに関する研究。

福島邦夫，「稲荷に捧げる歌――日本，瞽女とコンカイをめぐって」，川田順造・柘植元一

編,『口頭伝承の比較研究』2, 弘文堂, 1985年, 82-106頁。

福岡地方の稲荷信仰と瞽女との関係を探り, 奉納された「コンカイ」の伝承に触れ,「トウニン」(巫者) を研究。98-99頁に福岡県大川市周辺の瞽女に関する情報あり。

福島邦夫,「盲人と語り物――瞽女唄・段物を素材に」, 梶原正昭編,『平家物語――伝統と形態』(あなたが読む平家物語5), 有精堂, 1994年, 109-142頁。

主に「祭文松坂」などの歌詞の伝承法, 構成法の研究。九州の瞽女, イタコと瞽女なども取りあげている。

『福島県史』, 1965年 (第8巻, 資料編3, [近世資料1]), 1967年 (第10巻上, 資料編5上, [近世資料3])。

延享4年 (1747) 4月, 下川内村 (磐城藩) の明細帳に「女盲」の記録あり (第8巻, 160頁)。寛文5年 (1665) 4月18日, 白河藩桜町に「ごぜ一人」とある (同, 606頁)。寛政6年 (1794) 2月, 越後高田の榊原領中に瞽女11人とある (同, 774頁)。享保14年 (1729) 4月, 棚倉藩棚倉新町に座頭の女房で「盲女壱人」とある (同, 979-980頁)。延享3年 (1746) 4月三春藩常葉町より松沢境まで「盲女壱人」とある (第10巻上, 645頁)。

福島正夫,『「家」制度の研究　資料篇一』, 東京大学出版, 1959年。

明治5年 (1872) 4月18日, 宇和島県 (現愛媛県) の瞽女・座頭への扶持制度廃止に関する達あり (427-428頁)。明治6年 (1873) 3月, 愛媛県。「乾第六号」に「盲人」救済に関する達あり (428頁)。

『福原家文書』, 中巻, 宇部市立図書館, 1988年。

萩藩永代家老職であった福原家の文書 (現山口県萩市・宇部市)。文政6年 (1823) 9月「御家中内規定」(220-223頁) に瞽女・座頭への言及あり。

『福間町史』, 資料編, 福間町史編集委員会, (福岡県) 福間町, 1997年 (第3巻, 今林家文書), 1999年 (第1巻, 中世・近世・近代・現代)。

第1巻, 614-615頁, 明治6年 (1873) 6月12日, 同年8月2日に役場から「盲女」への「心付」が支給された記録あり。安永〜寛政頃の「算用帳」,「雑用帳」などに「盲女」のために支給された「賄代」,「糸代」の記録は次の通り (全て第3巻)。大嶋浦, 安永7年 (1778) 3月 (385頁)。勝浦, 安永4年 (1775) 4月 (300頁)。同年9月 (303頁)。同年12月 (306頁)。安永5年 (1776) 11月 (315頁)。天明元年 (1781) 閏5月 (329頁)。同年9月 (332頁)。鐘崎浦, 安永5年 (1776) 8月 (413頁)。同年9月 (415頁)。神湊浦, 安永5年 (1776) 4月27-28日 (337頁)。同年11月2-4日 (342頁)。安永8年 (1779) 2月16-18日 (348頁)。同年4月17日 (352頁)。同年5月30日〜6月2日 (353-354頁)。同年7月10日, 12日 (355頁)。同年9月26日 (358頁)。同年11月7日, 24-27日 (360頁)。天明元年 (1781) 5月13-15日 (370頁)。同年閏5月3-4日 (371頁)。同年6月3日 (372頁)。同年8月14日 (374頁)。福間浦, 安永4年 (1775) 7月13日 (256頁)。安永9年 (1780) 9月26日 (519頁)。同年10月5日 (530-531頁)。同年11月22日, 月日不詳 (543頁)。天明元年 (1781) 5月22日 (260-261頁)。同年7月14日, (264頁)。寛政元年 (1789) 3-11月 (582-583頁, 585頁, 590頁)。

『武江年表』, 上下, 金子光晴校訂, 平凡社, 1968年。

明治5年 (1872) 3月初旬の項に「盲女」への言及あり (下巻, 246頁)。

藤池良雄,「瞽女」,『伊豆史談』, 第85号, 1970年, 12頁。

沼津の瞽女に関する文政 11 年（1828）8 月の記録（鈴川憲二報告）の引用あり。

『藤岡市史』，藤岡市史編さん委員会，藤岡市，1990 年（資料編，近世），1995 年（民俗編下巻）。

瞽女に関する文書は次の通り。文化 5 年（1808）12 月，緑野郡高山村名主交替につき取極議定（資料編，近世，117–118 頁）。慶応 3 年（1867）1 月，藤岡町名主役勤方覚帳（同，126–127 頁，132 頁）。天保 8 年（1837），「御改革組合村々取極議定」（201–202 頁）。村入用帳は次の通りである。安永 2 年（1773）3 月，藤岡町（同，139 頁，141 頁）。天明 3 年（1783）3 月，緑野郡篠塚村（145–146 頁）。嘉永 6 年（1853）12 月，緑野郡高山村（154 頁，156–157 頁，159 頁）。民俗編下巻，330 頁，339 頁，647 頁にも瞽女に関する情報あり。

『藤岡屋日記』，全 15 巻，鈴木棠三・小池章太郎，三一書房，1987–95 年。

藤岡屋由蔵著。天保 11 年（1840）6 月下旬と 7 月の江戸の瞽女に関わる 2 つの犯罪事件の記録あり（第 2 巻，143–144 頁）。

『藤沢市史』，藤沢市史編さん委員会，（神奈川県）藤沢市役所，1974 年（第 5 巻，通史編），1980 年（第 7 巻，文化遺産・民俗編）。

瞽女に関する聞き取り調査による情報あり（第 7 巻，415 頁）。「瞽女渕の碑」やそれにまつわる伝説の説明あり（第 5 巻，158 頁。第 7 巻，844 頁）。

藤沢衛彦，『流行歌百年史』，第一出版社，1950 年。

「丸木氏」撮影「流しの瞽女」の写真あり（143 頁）。明治初期の瞽女が「姐さん本所かへ」の唄を歌ったとある（143–144 頁）。

藤田徳太郎，「新保広大寺と越後節」，『近代歌謡の研究』，1986 年，勉誠社，283–292 頁。

1937 年刊，越後瞽女の代表的な唄 2 種に関する研究。

『富士見町史』，上巻，（長野県諏訪郡）富士見町，1991 年。

幕末と推定されている文書「村定書并日記帳」（瀬沢村）に「瞽女宿割順」の項目あり（744 頁）。

『豊前市史』，文書資料，米津三郎編，（福岡県）豊前市，1993 年。

安政 5 年（1858）4 月「上毛郡男女人別御改惣寄帳」に瞽女人口の記録あり（246–251 頁）。

『復刻日本民謡大観』　→『日本民謡大観』

『福生市史』，資料編，福生市史編さん委員会編，（東京都）福生市，1989 年（近世 1），1990 年（近世 2）。

享保 19 年（1734）8 月，福生村「村差出明細帳下書」に瞽女に関する項目あり（近世 1，27 頁）。寛政 11 年（1799）7 月に同村「村方様子銘細書上帳」に「瞽女壱人」とある（同，56 頁）。嘉永元年（1848）9 月，拝島村組合村々の「議定書」あり（同，195 頁）。享和 4 年（1804）1 月，福生村の村入用帳に「盲女給」の記載あり（同，204 頁）。文政 9 年（1826）1 月，多摩郡熊川村の村入用帳あり（同，211 頁）。近世 2，75–76 頁に享和元年（1801）11 月，同巻 82–83 頁に文化 2 年（1805）11 月の川崎村の村入用帳あり。

『筆満可勢』，『日本庶民生活史料集成』，三一書房，1969 年，第 2 巻，557–608 頁，第 3 巻，595–708 頁。

天保 6–7 年（1835–36）に関西を，文政 11 年～天保 2 年（1828–31）に北陸地方を巡業した富本繁太夫の旅日記。文政 12 年（1829）2 月 9 日（第 3 巻，624 頁），文政 13 年

(1830) 10月12日 (同, 685頁), 同年12月1日 (同, 692頁), 天保2年 (1831) 1月7日 (697頁) の条に瞽女への言及あり。

『船橋市史』, 船橋市, 1983年 (史料編1), 1990年 (史料編3), 1994年 (史料編4上)。

寛政5年 (1793) 1月の村明細帳に瞽女2人とある (史料編1, 234頁。『船橋町誌』船橋町誌編纂委員会編, 青史社, 1981年, 16頁にもある)。史料編3の藤原新田の御用留による瞽女の宿泊記録は次の頁にある。649頁 (弘化4年 [1847] 10月24日), 815頁 (嘉永5年 [1852] 6月26日), 890頁 (嘉永6年 [1853] 9月4日), 942頁 (嘉永7年 [1854] 2月28日), 948頁 (同年3月15日), 958頁 (同年4月9日)。史料編4上所収の日記 (藤原新田の村役人を勤めた安川家の日記) に瞽女に関する記録あり (587頁, 文政11年 [1828] 10月19日)。同巻所収の「芼齊 (齋) 館春秋」(藤原新田) に, 瞽女の訪問を示す記録あり (文政12年 [1829] 3月2日〜7月7日, 591頁, 604頁, 612頁, 620頁), (天保4年 [1833] 9月7日, 10月21日, 672頁, 680頁)。

『部落の歴史と解放運動』, 部落問題研究所, 京都市, 部落問題研究所, 1970年。

岩国領 (周防国, 現山口県東部) の瞽女・座頭の非差別的身分に触れる (113頁)。

「古川タき受状」, 上越市立総合博物館蔵。

明治36年 (1903) 2月7日, 高田瞽女古川タキの受状。

『文明本節用集研究並びに索引』, 陰影編・索引編, 田中祝夫編, 勉誠社, 1979年。

文明6年 (1474) 成立か。「陰影編」335頁に「御前」が「女盲目」と説明されている。

『平泉寺史要』, 福井県大野郡平泉寺村, 1930年。

文化13年 (1816) 8月, 村費倹約の定に瞽女への言及あり (304頁)。

『編年雑記』,『日本都市生活史料集成』, 第4巻, 学習研究社, 1976年, 42–171頁。

宝暦7年 (1757) 1月10日, 広島藩の「座頭・盲女」扶持関連記録あり (57頁)。

『編年百姓一揆史料集成』, 第6巻, 三一書房, 1980年。

土佐藩の百姓が天明7年 (1787) 3月10日に提出した瞽女・座頭の取扱いに関連する願書あり (190–191頁)。

『防長風土注進案』, 全22巻, 山口県立図書館, 1961–66年。

天保13年 (1842) 以降成立。周防・長門の国の瞽女人数が随所に見られる。本書研究篇120頁参照。天保10年 (1839) 7月 (か) の視覚障害者の親を抱える「るう」への褒美の記録もある (第14巻, 186頁, 小郡宰判)。

邦訳日葡辞書　→ *Vocabulario da lingoa de Iapan com adeclaraçao Portugues*

『北越月令』,『日本庶民生活史料集成』, 第9巻, 三一書房, 1969年, 558–593頁。

嘉永2年 (1849) 成立, 小泉氏計 (蒼軒) 著。569頁に瞽女への言及あり。

『法華経直談鈔』, 全3巻 (上中下), 京都, 臨川書店, 1989年, (寛永12年 [1635] 刊本の陰印本)。

天文年間前後 (1530–50) 成立か。「盲女」に関する説話あり (第3巻, 174–177頁, 原本の第8本)。

保坂家文書, マイクロフィルムは山梨県立博物館蔵。

山梨郡赤尾村 (現甲州市塩山) の村入用帳などに瞽女への配当金に関する記録あり。宝暦14年〜明和4年 (1764–67) (古2–22, 181号), 明和5–7年 (1768–70) (古2–22, 182号), 安永3年 (1774) 1月 (古1–23, 183号), 天明7年 (1787) (古2–24, 185号), 天保9–11年 (1838–40) (古2–24, 187号)。

堀一郎,『我が国民間信仰史の研究』, 第2巻, 宗教史編, 創元社, 1953年。

36 頁，37 頁，39 頁，43 頁，50 頁，52 頁，703-704 頁など瞽女に関する言及や解説あり。

『本川《ほんかわ》根町《ねちょう》史』，資料編 2，近世 1，本川根町史編さん委員会編，静岡県本川根町，2000 年。

天保 5 年（1834）12 月の上藤川村の村入用帳あり（904-905 頁）。嘉永 6 年（1853）12 月の千頭村の村入用帳もある（911-929 頁）。

『本庄市史』，資料編，本庄市史編集室編，埼玉県本庄市，1976 年。

村入用帳の瞽女に関する記載が見られる箇所は次の通り。寛政元年（1789）3 月，牧西村の村入用帳（文書 433 頁）。天保 13 年（1842）1 月，元仁手村の入用控帳（文書436-444 頁）。天保 14 年（1843），元仁手村の入用控帳（文書 452 頁）。慶応 2 年（1866）12 月，宮戸村の入用割合帳（文書 498 頁）。

本田安次，「瞽女唄——葛の葉子別れの段・山椒太夫船別れの段」，『本田安次著作集——日本の伝統芸能』，第 14 巻（語り物と祝福芸，『民族芸能採訪録』），268-273 頁，錦正社，1997 年。

越後瞽女の簡単な紹介と高田瞽女による「葛の葉子別れ」と「山椒太夫」の歌詞。

本間章子，『小林ハル——盲目の旅人』，求龍堂，2001 年。

小林ハルの生涯を描く聞き書き。

『前橋市域南地区の民俗』，群馬県民俗調査報告書第 17 集，群馬県教育委員会編，1975 年。

越後の蒲原から来た瞽女などに関する聞き取りあり（268 頁）。決まった宿があり，昼は門付けし，夜は「若い衆」の聴衆が集まり，瞽女が「三味線をひいて寂しいような歌を歌った」などとある。

『前橋市史』，第 6 巻，資料編 1，前橋市史編さん委員会，前橋市，1985 年。

文化 13 年（1816）10 月，向領 33 カ村の議定あり（364-365 頁）。

『牧村史』，資料編，牧村史編さん委員会，（新潟県）牧村，1998 年。

宝暦 4 年（1754）11 月の村明細帳に「盲女」1 人という記載あり（17-26 頁）。

正木敬二，「飯田座頭長屋普請勧化」，『伊那』，第 21 巻，第 9 号，20-24 頁，1973 年 9 月。

主に天保 12 年（1841）の座頭長屋建設に関する研究であるが，瞽女にも言及する。

『真佐喜のかつら』，『未刊随筆百種』，第 8 巻，中央公論社，1977 年，291-410 頁。

嘉永 3 年～万延元年（1850-60）頃成立か。瞽女縁起に関する記述あり（387 頁）。

『正房日記』，『甘木市史資料』，近世編，第 7 集，甘木市史編纂委員会，1985 年。

筑前福岡藩の大老を勤める三奈木黒田家の玄関頭番であった加藤金左衛門正房の日記。延宝 3 年（1675）1 月 2 日から元禄 2 年（1689）8 月 19 日にかけての記録あり。三奈木黒田家の知行地の中心が甘木村に近接する下座郡三奈木村であった。天和 3 年（1683）3 月 7 日（136 頁），貞享 2 年（1685）6 月 19-21 日（240-241 頁），同年 10 月 13 日（251 頁）に瞽女が呼ばれた。

増穂町旧村文書，マイクロフィルムは山梨県立博物館蔵。

小林村関係文書，リール 4，嘉永 6 年（1853）11 月「丑年夫銭割合帳」（古 6-4/38），安政元年（1854）「村入用夫銭帳」（古 6-4/39），安政 2 年（1855）11 月「当卯村入用夫銭割合帳」（古 6-4/40），安政 3 年（1856）「辰年村入用夫銭帳」（古 6-4/41），安政 4 年（1857）「巳年村入用夫銭帳」（古 6-4/42），安政 5 年（1858）11 月「当ノ午年夫銭割合帳」（古 6-4/43），安政 6 年（1859）「当未村入用夫銭割合帳」11 月（古 6-4/44），文久元年（1861）11 月「当酉村入用夫銭割合帳」（古 6-4/45），文久 2 年（1862）「当戌村入用夫銭帳」（古 6-4/46）。リール 5，文久 3 年（1863）「亥年村入用夫銭帳」（古 6-5/1），

元治元年（1864）11月「子村入用夫銭割合帳」（古6-5/2），慶応元年（1865）「巳年村入用夫銭帳」（古6-5/3），慶応2年（1866）「寅年村入用夫銭帳」（古6-5/4），慶応3年（1867）11月「卯村入用夫銭割合帳」（古6-5/5），明治元年（1868）「辰年村入用夫銭帳」（古6-5/7）。最勝寺村関係文書，リール5，天保5年（1834）「午年入用夫銭帳」（古6-5/30），天保8年（1837），「申年村入用夫銭帳」（古6-5/31），嘉永2年（1849）「酉村入用夫銭帳」（古6-5/32）。リール6，嘉永5年（1852）「子村入用夫銭帳」（古M6-6/1），安政元年（1854）「寅村入用夫銭帳」（古M6-6/2），安政5年（1858）「午村入用夫銭帳」（古M6-6/3），慶応元年（1865）「丑村入用夫銭帳」（古M6-6/4），明治元年（1868）「辰村入用夫銭帳」（古M6-6/5），明治2年（1869）「巳村入用夫銭帳」（古M6-6/6）。

『増穂町誌』，史料編，増穂町誌編集委員会，（山梨県）増穂町役場，1977年。

瞽女関係の記録は次の通り。延享3年（1746）8月，高下村の村法度（85-86頁）。安永6年（1777）12月，大久保村の村法（91頁）。天保8年（1837）9月，大久保村の村法（99頁）。安永8年（1779）12月付の春米村の夫銭帳に瞽女への合力の記録（116-117頁）。

『町吟味所御触留』，『越中資料集成』，第4巻，高瀬保編，富山市，桂書房，1992年。

現富山県の瞽女に関する触書などあり。享保13年（1728）5月（37頁），享保18年（1733）12月4日（58-59頁），宝暦8年（1758）6月4日（153頁），同年8月14日（156頁），同年10月29日（156-157頁），宝暦12年（1762）2月（176頁），天明2年（1782）8月29日（289頁），同年8月（289-290頁），天明9年（1789）2月24日（327頁）。

『町田市史』，上巻，町田市史編纂委員会編，町田市，1974年。

享保15年（1730）の鶴間村の村入用による表あり（931頁）。

『町年寄詰所日記』，『日本都市生活史料集成』，第10巻，在郷町篇，学習研究社，1976年，441-566頁。

飛騨高山の記録。嘉永6年（1853）9月22日の鳴物停止に関連する記録に瞽女への言及あり（499頁）。

『町役所日記――大分県文化財指定，杵築藩城下町』，全47巻，杵築藩研究会（太田利男原文解読，久米忠臣編），大分県杵築市，1993年～。

元禄15年～明治4年（1702-1871）杵築城下の役所日記の翻刻。瞽女に関する条目は次の通り。享保12年（1727）3月22日（第3巻，448頁）。寛保4年（1744）4月18日（第6巻，865頁）。天明3年（1783）10月20日（第12巻，1790-1792頁）。天保10年（1839）8月26日（第36巻，5377頁）。嘉永2年（1849）7月17日（第41巻，6015頁）。嘉永3年（1850）5月12日（第41巻，6056-6057頁）。嘉永3年（1850）5月27日（第41巻，6061-6062頁）。嘉永6年（1853）9月28-29日（第42巻，6288-6289頁）。同年10月18日（第42巻，6291頁）。同年12月22日（第42巻，6297頁）。天保7年（1836）9月23日（第46巻，6875頁）。

『松井家文書御町会所古記之内書抜』，上巻，八代市史，近世資料編1，八代市教育委員会，熊本県八代市，1989年。

寛政元年（1789）3月，八代城下の人口記録あり（271頁）。

松浦孝義，「しかたなしの極楽――無形文化財・伊平たけさんの柏崎ゴゼ唄を聞いて（上）（下）」，『越後タイムス』，1973年6月10日・17日号。

松浦孝義，「ゴゼ公演〈火つけ〉役の弁」，『越後タイムス』，1973年7月8日号。
松浦孝義，「ゴゼさんのテレビ出演記」，『越後タイムス』，1974年6月2日号。
松浦孝義，「聞き書・越後の瞽女」，『越後タイムス』，1976年3月7日号。
松浦孝義，「天寿伊平タケさん」，『越後タイムス』，1977年3月6日号。
松浦孝義，「伊平さんの告別式」，『越後タイムス』，1977年4月17日号。
『松江市誌』 →『新修松江市誌』
『松阪市史』，史料篇，松阪市史編さん委員会，松阪市，1979年（第8巻，地誌1，勢国見聞集），1982年（第11巻，近世1，政治），1981年（第13巻，御用留）。

元禄3年（1690）春「安部氏女子眼病」に関する霊験談あり（第8巻，622頁）。年代不詳（江戸初期か）『南紀徳川史』第5巻による文書に瞽女への言及あり（第11巻，72-73頁）。文化8年（1811）6月の取締令あり（同，320頁）。文久2年（1862）10月15日・17日瞽女無断弟子取り一件（第13巻，78-79頁），嘉永7年（1854）8月の倹約令（同，128頁）あり。

『松の葉』，『日本歌謡集成』，第6巻，春秋社，1928年，305-394頁。

元禄16年（1703）刊，『松の葉』第3巻，端歌，さわぎの部，「悪所八景」に瞽女への言及あり（371頁）。

松原岩五郎，『最暗黒の東京』，岩波文庫，1988年。

明治25年（1892）刊。伊香保温泉周辺で仕事をした視覚障害者らに関する記録あり（104-108頁）。

『松前歳時記草稿』，『日本都市生活史料集成』，第5巻，城下町篇3，学習研究社，1976年，692-696頁。

文化4年～文政4年（1807-21）成立か。692頁に「盲男女」に関する記録あり。

松本瑛子，「近世社会における座頭，瞽女考——土佐・阿波を中心に」，鳴門教育大学大学院修士論文，社会系コース，1991年度修了。

全60頁。「盲人の生活」，「当道座の組織」，「座頭・瞽女の廻在をめぐる問題」，「座頭の身分的位置付け」の章にて近世視覚障害者を多角的に論じている。土佐・阿波の瞽女・座頭に関する部分（19-32頁）は同著者1992年発表の論文とほぼ一致している。

松本瑛子，「近世社会における座頭・瞽女の考察——土佐・阿波を中心に」，『鳴門史学』，第6号，1992年，53-70頁。

四国の視覚障害者に関する研究。扶持米制度，差別，明治維新と視覚障害者など多方面から検討する。高知市民図書館平尾文庫蔵，明和3年（1766）4月，天明8年（1788）4月の文書などを引用。

『松本市史』，松本市史編さん室，松本市，1995年（第2巻，歴史編2，近世），1997年（第3巻，民俗編）。

第2巻の口絵に文政4年（1821）1月，俄の出し物の記録に「やりトこせのおどり」とある。塩尻市境に説教節や常磐津，源氏節，小唄などを演奏した瞽女がきたとある（第3巻，873頁）。

「松本町帳面」（倉科文書），日本民俗資料館（松本市）蔵，松本市文書館に写真あり。

享保10年（1725）9月の松本町の人口書上。『長野県史』近世史料編，第5巻［1］，108-109頁，『松本市史』上巻，松本市役所，1933年，769-770頁，『新修信濃史料叢書』第6巻（『信府統記』25巻），336-337頁にもある。ほぼ同じ内容を持つ別の記録は今井敬三文書，日本民俗資料館蔵（松本市），「御引渡帳面」（享保10年［1725］10月5

日）にある（松本市文書館に写真あり）。

『松山市史料集』，松山市史料編集委員会，松山市役所，1983年（第5巻，近世編4），1984年（第4巻，近世編3），1986年（第3巻，近世編2）。

瞽女関係史料は次の通り。『松山政要記』（第3巻，3-190頁），延宝6年（1678）3月20日の倹約令（同，47-48頁）。元禄6年（1693）3月15日の衣類に関する藩令（同，102頁）。元禄5年（1692）5月15日の出船関係の藩令（同，127頁）。「松山町鑑」（第4巻，3-120頁），元禄4年（1691）の瞽女人口（同，27頁），天和2年（1682）か，瞽女関連の触（同，56頁）。天明4年（1784）2月に瞽女3軒とある（同，94頁）。「諸事頭書之控」（同，121-302頁），「酉八月四日」（嘉永2年［1849］か），瞽女衣類に関する触（同，288頁，291頁）。「御触状控帳」（同，303-568頁），文政12年（1829）7月，天保11年（1840）5月，天保13年（1842），天保14年（1843）8月24日，文久元年（1861）6月25日の衣類に関する触（同，322頁，363頁，456頁，420頁，564頁）。天保13年（1842）8月18日の倹約令（同，383頁）。天保14年（1843）7月の往来証文に関する触（同，416-417頁）。安政5年（1858）11月の音曲指南などの取締令（同，530-531頁）にあり。「松山大年寄訳書記録」（同，775-828頁），明和7年（1770）1月28日の宗門「大改」に関する触（同，816頁）。「御巡見使様御尋之節御答書」（同，829- 841頁），寛政元年（1789）3月の瞽女・座頭人口（同，830頁）。「延宝・天和・貞享・元禄年代吉藤村記録，元禄・延宝・正徳・享保年代堀江村記録」（第5巻，367-497頁），元禄15年（1702）の「こせ座頭」扶持に関する記録（同，390頁）。

『松山町鑑』，『日本都市生活史料集成』，第3巻，城下町篇1，583-650頁，学習研究社，1975年。

元禄4年（1691）の瞽女人口（601頁），天和2年（1682）（か）の瞽女関連の触あり（617頁）。天明4年（1784）2月に瞽女3軒とある（636頁）。

松山義雄，『むかし，あったってなん――信州・飯田瞽女民話集』，朝日新聞社，1982年。

長野県飯田の元瞽女伊藤フサエによる民話とその研究。「飯田瞽女生活誌」（179-221頁）に飯田瞽女の歴史，組織，掟，レパートリーなどの説明あり。

『松山領野間郡県村庄屋　越智家史料』（愛媛県近世地用資料2），越智三渓・斎藤正直編，今治市，越智茂蔵，1975年。

文久2年（1862）4月17日（55頁），慶応4年（1868）8月26日（69頁），庄屋日記に瞽女・座頭に関する項目あり。

「幻の〈越後瞽女唄〉復活。72歳の元瞽女ご茶碗で冷や酒を飲みつつ，毘沙門天境内で独演会」，『週刊朝日』，第91巻，第27号，1986年7月4日，2-3頁。

福田徳郎撮影。渡辺キク（72歳）の新潟県中魚沼郡津南町における演奏に関する短い記事と写真。

間宮喜十郎，『沼津史料，付沼津宿案内記中巻』（『沼津市史叢書』，第8巻），沼津市教育委員会，2001年。

「瞽女会津ノ墓」という項目あり（36頁，巻ノ二。明治初年）。

『三重県史』，資料編，近世4下，1999年。

文久3年（1863）3月14日の瞽女・座頭に関する取締令あり（141頁）。

『御坂町誌』，資料編，御坂町誌編纂委員会，山梨県御坂町役場，1972年。

明治5年（1872）8月19日付の乞食廃止令に関する文書あり（35頁）。享保6年（1721）11月18日の上黒駒村の村法度に「座頭・瞽女」への言及あり（54頁）。文政

11-12 年（1828-29）の「目亡」と「座頭」の村送り費用が記されている（506 頁，508 頁）。

『三島市誌』，中巻，静岡県三島市，1959 年。

文久元年（1861）3 月，4 月，文久 3 年（1863）12 月，明治 5 年（1872）1 月，現静岡県三島市の瞽女に関連する記録あり（435-438 頁）。

水沢謙一，『瞽女のごめんなんしょ昔――日本民話』，講談社，1976 年。

瞽女の語りに基づく民話（昔話）集。

水沢謙一，「昔話の伝播，伝播者としての瞽女」，『新潟日報』，1976 年 3 月 26 日号。

『水沢村史』，（新潟県）十日町市，1970 年。

「瞽女の生活」（民俗篇，117-145 頁）に水沢村を中心に越後の瞽女の生活と活動の解説あり。主に水沢村最後の瞽女とされた高橋ヒロ（明治 14 年［1881］中魚沼郡川西町高倉生，昭和 43 年［1968］没）および中野の出身で中魚沼郡津南町大割野に住み，美声の山本カツ（明治 6 年～昭和 42 年［1873-1967］，旧姓村山）の回顧談による。高倉瞽女こと高橋ツマ（明治 15 年～昭和 35 年［1882-1960］）の演奏による「葛の葉子別れ」の一部の歌詞も採録（142-145 頁）。

水野都沚生，「「瞽女」聞き書」，『伊那』，第 8 巻，第 1 号，1960 年 1 月，17-24 頁。

飯田瞽女の伊藤フサエ他に関する情報。著者は伊藤フサエによる口説節の「鈴木節水」と源氏節の「石童丸」の演奏を録音したとある（現在飯田市立中央図書館蔵）。

水野都沚生，「続“瞽女聞き書”」，『伊那』，第 22 巻，第 7 号，1974 年 7 月，23-45 頁。

伊藤フサエその他の飯田瞽女に関する情報。27 頁に伊藤フサエの「名古屋甚句」の歌詞あり。

水野都沚生，「瞽女長屋こぼれ話」，『伊那』，第 23 巻，第 1 号，1975 年 1 月，32-41 頁。

飯田の瞽女長屋付近の図，大正時代の金比羅様（琴平神社）での瞽女の思い出などを記録する。

水野葉船，「下総開墾の見聞（3）」，『郷土研究』，第 6 巻，第 1 号，35-41 頁。

1931 年前後，茨城県から来た千葉県で活躍した瞽女に関する聞き書き。（39-40 頁）。

三隅治雄，『さすらい人の芸能史』，NHK ブックス，1974 年。

入門的な説明（特に 180-183 頁参照）。

『見た京物語』，『日本随筆大成』，第 3 期，第 8 巻，吉川弘文館，1977 年，3-23 頁。

明和 3 年（1766）春，幕命によって 1 年半ほど上京した木室卯雲の記録。「瞽女見かけず」とある（11 頁）。

『御嵩町史』，史料編，御嵩町史編さん室編，岐阜県御嵩町，1987 年。

慶応 2 年（1866）（395-396 頁），慶応 3 年（1867）（398 頁），瞽女への合力などの記録あり。「大寺瞽女」の由緒に関する記録もある（828-829 頁）。

三谷一馬，『江戸商売図絵』，全 2 巻，三樹木書房，1975 年。

第 1 巻に江戸期の版本による著者画の様々な絵あり。第 2 巻，81 頁で瞽女に触れる（主に『駿国雑志』による）。

三田村鳶魚，「宋元詩と瞽女節」，『三田村鳶魚全集』，第 20 巻，中央公論社，1977 年，237-241 頁。

1935 年刊。主に『浮世床』に記録されている瞽女唄をとりあげる。著者は若い頃東京の瞽女唄を聞き，自らも歌った。

『水戸下市御用留』，全 9 冊，茨城大学附属図書館，1995 年。

文政 13 年（1830）3 月，水戸藩が「盲女・座頭」に祝儀を支給する奉行所達あり（第 5 巻，133 頁）。

『三富村誌』，上巻，三富村誌編纂委員会，（山梨県）三富村教育委員会，1996 年。

寛政 4 年（1792）12 月，上柚木村の村定（754–755 頁），天保 6 年（1835）下荻原村の入用帳（756–760 頁），嘉永 7 年（1854）徳和村「村小入用夫銭帳」（768–770 頁）による情報の表あり。天明 4 年（1784）の徳和村の村入用帳に瞽女 20 人の記載が見られるとある（772 頁）。

水上勉，「雪の中の瞽女たち」，『太陽』，59 号，1968 年 5 月，158–162 頁。

杉本キクエとの話などを採録。視障者の祖母を持つ著者は幼少の頃，若狭地方（現福井県）で活躍した瞽女が「文弥節」を歌っていたと語る。『新潟県文学全集』第 5 巻（第 2 期，随筆・紀行・詩歌編，現代編 2），長野県松本市，郷土出版社，1996 年，154–169 頁にも所収。

水上勉，『はなれ瞽女おりん』，新潮社，1975 年。

学問的な価値は低いものの，瞽女の現在のイメージを形成する決定的な役割を果たした。のち映画化された。

『水上町の民俗』，群馬県民俗調査報告書第 13 集，群馬教育委員会編，1971 年。

大正時代まで越後から来た瞽女の風俗に関する聞き取り調査報告あり（78 頁，276 頁）。

『皆野町誌』，資料編 2，中近世文書，皆野町誌編集委員会編，埼玉県皆野町，1980 年。

安政 4 年（1857）3 月，金崎村の村入用帳（218–220 頁），慶応 2 年（1866）1 月の皆野村の村用日記帳（327–340 頁），慶応 4 年（1868）1 月，皆野村の村用日記帳（340–343 頁）あり。安永 3 年（1774）10 月の旅僧，修験，瞽女，座頭の報酬に関する触書あり（415 頁）。野巻村の嘉永 6 年（1853）9 月の座頭取締令あり（376–379 頁）。寛延 3 年（1750）11 月 28 日の村定（村名不詳）に「座頭祝儀二十四文づつ可仕候事」とある（528 頁）。

『南足柄市史』，南足柄市，1988 年（第 2 巻，資料編，近世 1），1993 年（第 3 巻，資料編，近世 2）。

寛政 6 年（1794）4 月，8 カ村の倹約に関する法令あり（第 2 巻，464–466 頁）。元禄 6 年（1693）2 月の矢倉沢関所の瞽女通行に関する書上あり（第 3 巻，493 頁。『神奈川県史』資料編 9，397 頁にもある）。元治 2 年（1865）2 月の炭焼所村における祝儀の控綴に瞽女への配当の記録あり（第 3 巻，130–132 頁）。

『南河内町史』，第 4 巻，史料編 3 近世，南河内町史編さん委員会，（栃木県）南河内町，1992 年。

安政 3 年（1856）2 月の座頭・瞽女取締に関する結城町当道座一札あり（270–271 頁）。

『南佐久郡誌』，民俗編，長野県南佐久郡誌編纂委員会，1991 年。

夜の宿において口説きと段物一段などを披露する瞽女が昭和 10 年ごろまで来たとある（1018 頁）。

『身延町誌』，資料編，身延町誌資料編編さん委員会編，（山梨県）身延町，1996 年。

横根中村夫銭帳一覧表あり（509 頁）。その中に「ごぜ・座頭・虚無僧・浪人入用」の欄があり，元文 2 年〜天明元年（1737–81）の間の 1 年間の金額（16 年）が示されている。

三村清三郎，「寛政己未松洲原簡越後だより」，『書苑』，6 巻，10 号，1942 年，14–21 頁。

原松洲著の「越後だより」（寛政 11 年［1799］成立）の書き抜き。「春の日あし」への

言及あり。近藤忠造「原松洲の「越後だより」と瞽女唄――主として〈春の日あし〉について」も参照。

『宮城県史』，第 31 巻，資料篇 8，宮城県史編纂委員会編，宮城県史刊行会，1962 年。

『四冊留』に元文 4 年（1739）8 月 3 日仙台藩の瞽女・座頭に関する触あり（244-245 頁）。

『宮城村の民俗』，群馬県民俗調査報告書第 23 集，群馬教育委員会編，1981 年。

越後蒲原などの瞽女が昭和初期まで来たなどという聞き取り調査あり（84 頁。91 頁にもある）。

『都城市史』，史料編，近世 1，都城史編さん委員会，（宮崎県）都城市，2001 年。

安永 9 年（1780）7 月 9 日の禁止令に瞽女への言及あり（311-312 頁。『庄（荘）内地理志』による）。

『都名所図会』，竹村俊則校注，角川書店，1976 年。

秋里籬島著，安永 9 年（1780）成立。瞽女の由緒に言及あり（115 頁，巻之二）。

宮田伊津美，「岩国領の雑賤民について」，『部落問題研究』，第 105 号，1990 年，68-76 頁。

「座頭・瞽女について」の項目（72-77 頁）に，岩国領の視障者に対する扶持制度などの分析があるが，多くは出典が明記されていない。

『宮田村誌』，宮田村誌編纂委員会編，（長野県）宮田村誌刊行会，1982 年（上巻），1995 年（資料編）。

天保 14 年（1843）「諸高掛定法帳」に瞽女への言及あり（上巻，580-581 頁）。宝暦 12 年（1762）6 月の「祭礼獅子舞等及博奕禁止」の文書に瞽女への言及も見られる（資料編，4-5 頁）。

宮成照子，『越中瞽女と母の在生ご利益』，私家版，1989 年。

著者の母は富山の瞽女の手引きであった。著者の家族などについての私的な情報などが中心であるが，富山県の瞽女についての情報も含まれている。

宮成照子，『瞽女の記憶』，富山市，桂書房，1998 年。

富山の瞽女について述べる。

宮本常一，『生業の推移』，日本の民俗 3，河出書房新社，1976 年。

府中を訪れた瞽女に関する情報あり（101 頁）。

「妙音講縁起」，今泉鐸次郎他編，『越佐叢書』，全 19 巻，第 8 巻，新潟県三条市，野島出版，1976 年，361-368 頁。

新潟県新発田市に伝わった当道座の祖神の行跡か座仲間の慣行・心得などを説明（主に『当道要集』によるか，享保元年［1716］）。

三好一成，「飯田瞽女仲間の生活誌――瞽女長屋の建設をめぐって」，『季刊柳田国男研究』，第 8 巻，1975 年，226-251 頁。

主に伊藤家文書の分析による飯田瞽女の研究。瞽女のための長屋建設計画とその実施について詳述。翻刻された瞽女長屋建設関連文書などは次の通り。天保 2 年（1831）3 月の記録（228 頁），天明 5 年（1785）11 月「田地質物ニ入借用申金之事」（230-231 頁），同年（1785）11 月「譲り申田地之事」（231-232 頁），天保 2 年（1831）「御請申上候一札之御事」（233 頁），天保 3 年（1832）「家作入用之訳」（243-244 頁），慶応元年（1865）7 月 27 日～11 月 10 日の「ごぜの覚」（242 頁），天保 3-5 年（1832-34）12 月の「御歳貢皆済帳」（245-246 頁），明治 24 年（1891）8 月「一札之事」（247 頁），明治 39 年（1906）11 月 23 日の文書（248 頁），明治 33 年（1900）7 月 24 日の書簡（249 頁）。

引用文書の一部は原田島村「古町の元酒屋瞽女を救う」にもある。

三好一成，「岐阜県東濃地方の瞽女仲間」，『日本民俗学』，116 号，1978 年，48-63 頁。

現岐阜県の瞽女の歴史に関する研究。後に山折哲雄・宮田登編『漂白の民俗文化』（日本歴史民俗論集 8），吉川弘文館，1994 年，248-272 頁。主な引用史料は次の通り。嘉永 7 年（1854）6 月の美濃国恵那郡大井村庄屋久蔵が太田代官所へ送った書状の控（51 頁，52 頁，59 頁）。瞽女屋敷に関する年代不詳の文書（51-52 頁）。

三好一成，「岐阜県東濃瞽女の生活誌」，『季刊ドルメン』，20 号，1979 年，22-42 頁。

現岐阜県の瞽女に関する研究。主に久須見瞽女の系譜・人数・生活等とその屋敷の歴史を分析。

三好一成，「豆州三島宿瞽女仲間と足柄県の開化策」，『大乗淑徳学園長谷川仏教文化研究所年報』，第 21 巻，1997 年，95-160 頁。

伊豆地方の瞽女仲間の歴史に関する研究。元和年間（1615-24）（静岡県三島市，101-102 頁），弘化 4 年（1847）（静岡県伊豆の国市韮山，135 頁）の文書などを引用。伊豆三島瞽女の縁起と式目（121-123 頁，年代不詳）。足柄県の瞽女福祉対策に関連する記録は次の通り。明治 7 年（1874）11 月 22 日の議案（142-143 頁），明治 8 年（1875）1 月の答議（148-149 頁），同年 2 月の原籍復帰論の文書（149-150 頁），同年 2 月 23 日の答議案（150-151 頁），同年 3 月 2 日の答書（152-153 頁）など。

『三和町史』，資料編，三和町史編さん委員会，京都府天田郡三和町，1998 年。

寛政 3 年（1791）3 月 15 日の「伊勢講番付覚」に「座頭・こせ」への言及あり（118 頁）。

『三輪物語』，『神道大系』，論説編，第 21 巻，熊澤蕃山，神道大系編纂会編，神道大系編纂会，1992 年，19-110 頁。

熊沢蕃山（元和 5 年～元禄 4 年［1619-91］）著。瞽女・座頭に関する遊民論あり（107-108 頁，原本の巻第 8）。

『民間省要』，『日本経済大典』，第 5 巻，明治文献，1967 年，3-516 頁。

享保 6 年（1721）序，田中邱隅著。武蔵国矢口の翁の言として，農民の分限に不相応の婚礼慣習を弾劾，その対策を提言（105-106 頁）。

『武川村誌』，資料編，（山梨県）武川村，1989 年。

天明 2 年（1782）2 月の山高村の入用夫銭帳に「ごぜ座頭」への配当金記入あり（194 頁）。安政 6 年（1859）8 月の新奥村入用夫銭帳にも瞽女への言及あり（201-202 頁）。

『武蔵国荏原郡太子堂村，御用留』明治八・九・十年，明治七年補遺（武相史料叢書五ノ五），武相史料刊行会，1966 年。

明治 8 年（1875）6 月 17 日の「盲人」に対する税金優遇措置に関する法令あり（7 頁，24 号）。

武蔵国都筑郡上川井村（旭区）中野家文書。神奈川県立公文書館に写真あり。

文政 12 年（1829）3 月，上川井村（現横浜市旭区）の村入用帳に瞽女関係の記載あり。

武蔵国埼玉郡横根村文書，『明治大学刑事博物館目録』，第 57 号，書冊・横帳の部，A 村政・村入用，明治大学博物館（刑事部門）蔵。

横根村（現埼玉県さいたま市岩槻区）の村入用帳に瞽女の記載あり。天保 8 年（1837）1 月「村方諸入用控帳」（1118 号）。万延 2 年（1861）1 月 2 日「当村諸入用控帳」（1207 号）。文久 4 年（1864）1 月 2 日，同（1224 号）。元治 2 年（1865）1 月 2 日，同（1232 号）。明治 3 年（1870）1 月 2 日「当村諸入用覚帳」（1266 号）。明治 3 年（1870）

12月19日「当暮諸入用書抜覚帳」(1269号)。

『武蔵野市史』，武蔵野市史編纂委員会編，武蔵野市役所，1965年（資料編），1968年（続資料編1），1986年（続資料編3），1987年（続資料編4，井口家文書1），1993年（続資料編7，井口家文書4）

瞽女関係史料は次の通り。資料編，弘化2年（1845）12月，吉祥寺村の村入用帳（135頁），寛政9年（1797）3月，境村・境新田の村入用帳（300頁），明治4年（1871）3月22日改，同村村入用帳（304頁）。続資料編1，現武蔵野市に来た瞽女に関する記述（366頁）。続資料編3，文久元年（1861）3月「窮民江助成割合帳」(70-75頁)。弘化2年（1845）12月，吉祥寺村の村入用帳（214-215頁）。明治4年（1871）2月，同村の「浪士瞽女座頭止宿帳」(243-264頁)。続資料編4，元治元年（1864）3月（42-43頁），元治2年（1865）3月（45頁），慶応2年（1866）3月（47-48頁），慶応4年（1868）3月（48頁），明治2年（1869）3月（100-101頁），明治3年（1870）1月（113-117頁），同年4月（123-124頁），同年6月（126-127頁），明治4年（1871）1月（138-139頁），関前村・関前新田の入用帳。続資料編7，明治3年（1870）2月，関前新田の御用留にも瞽女への配当金に関する記録あり（402-404頁）。

『武蔵村山市史』，資料編近世，武蔵村山市史編さん委員会，（東京都）武蔵村山市，2000年。

天保4年（1833）12月，中藤村《なかとう》（129頁），天保6年（1835）1月，三ツ木村（131-135頁）の村入用帳に瞽女関係の記載あり。慶応3年（1867）11月，天保11年（1840）4月，赤堀（中藤村）の瞽女への配当の記録あり（165頁，186頁）。

『宗像市史』，史料編，第3巻，近世，（福岡県）宗像市史編纂委員会，1995年。

慶応4年（1868）8月，新村高札案に「盲女」への言及あり（256-257頁）。

村井雨村，「瞽女町」(「新曼古曼附瞽女町」)，谷川健一編，『近代民衆の記録』3（娼婦），新人物往来社，1971年，74-79頁。

大正4年（1915）7月『高岡新報』連載。富山県高岡市の瞽女に関する記録。

『村上市史』，新潟県村上市，1990年（民俗編，下巻），1992年（資料編2，近世1，藩政編），1994年（資料編3，近世2，町・村，戊辰戦争編）。

民俗編，下巻，祭文語りに関する報告（460-463頁），瞽女に関する報告（463-467頁）あり。資料編2，宝永元年（1704）11月の隠切支丹取締令あり（529頁）。資料編3，享保20年（1735）3月の明細帳に「盲人女1人」とあるが，「ごぜ」不在ともある（126頁，132頁）。

『紫の一本』，『近世随想集』（新編日本古典文学全集，第82巻），鈴木淳・小高道子校注，小学館，2000年，29-242頁。

天和3年（1683）刊，戸田茂睡著。巻四に江戸（戸塚近辺）の瞽女に関する記録あり（205-206頁）。

「村定［破　損］」，長野県富士見町瀬沢区有文書。

表紙裏に「天保拾年」(1839）とある。瞽女の賄いに関する村定の一条。文書中に寛政4年（1792）の定とある。

「村定并日記帳」，長野県富士見町瀬沢区有文書。

天保15年（1844）作成。瞽女の賄いに関する村定の一条あり。

村沢武夫，『伊那の芸能』，飯田市，伊那史学会，1967年。

飯田瞽女に関する情報あり（250-254頁）。天保7年（1836）1月29日，飯田藩の触あ

り（253頁）。主に水野都沚生「瞽女聞き書」によるが，飯田藩士岡庭政興著『晩年叢書』（成立年不詳，天保2年［1831］以降，天保2年［1831］の瞽女長屋の建設に関する記録あり）の引用あり（253頁）。著者は伊藤フサエの「源氏節」を録音したようであるが，テープの所在は不明（村沢談）。収集史料の複写とその分析の草案は飯田市立中央図書館蔵。

村田潤三郎，「長岡瞽女」，『新潟日報』，1969年7月2日号。

村田潤三郎，「盲目の歌姫長岡瞽女」（上中下），『新潟日報』，1972年2月23-25日号。

村田潤三郎，『瞽女さは消えた――日本最後の瞽女旅日記』，新人物往来社，1981年。

多くの逸話，懐古話，日記，インタビュー，写真などを掲載しながら長岡，三島郡越路町の瞽女とその活動を研究。元瞽女の中静ミサオ・金子セキによる短い唄の歌詞あり（51頁，86頁）。次の歌詞も所収。「一口もんく」（132-134頁），「磯ぶし」（134-135頁），「真室川おんど」（135-136頁），「新保広大寺」（136-137頁），「三条地震」（138-139頁），「石童丸」（一部のみ，139-141頁），「葛の葉の子わかれ」（2段，141-152頁），「義民宗吾」（口説節，一部のみ，152-155頁），「地蔵和讃」（156-157頁）。新潟県の「瞽女宿」一覧あり（160-175頁）。元瞽女の加藤イサ，中静ミサオ，金子セキ，瞽女の手引きとして勤めていた関矢ハナとのインタビュー収録（178-187頁）。「中越瞽女矯風会規約」全文を収録（192-202頁）。現埼玉県さいたま市岩槻区にあった上野村からの天保15年（1844）10月～弘化2年（1845）「村役人出勤并餌差衆盲女座頭止宿覚帳」あり（215-218頁。本書史料篇「村入用帳」も参照）。222-231頁にいくつかの越後瞽女史料を引用。

村松金子家文書。表紙欠。長岡市立中央図書館（互尊文庫）に複製あり（284-D322）。

嘉永元年書留か。複写本の57枚目に長岡町「上組」に含まれていた瞽女の人数の記録あり（嘉永元年［1848］2月29日）。

『村明細帳』，山梨県史料叢書，山梨県，1995年（山梨郡編），1996年（八代郡編），1999年（巨摩郡編2）。

安永6年（1777）9月作成の明細帳に乙黒村に瞽女壱軒ありとある（巨摩郡編2，85頁）。宝暦10年（1760）7月の記録に上小田原村の瞽女・座頭への寄付金の額などあり（山梨郡編，134頁）。寛政11年（1799）5月の記録に岡村が支給した瞽女・座頭への寄付と天保13年（1842）12月の記録に一ノ宮を訪れた瞽女の人数などあり（八代郡編，37頁，158頁）。

村山富士子，『越後瞽女唄冬の旅』，筑摩書房，1977年。

3-97頁に短編小説「越後瞽女唄冬の旅」所収。

『明治の演芸』，演芸資料選書1，倉田喜弘編，国立劇場調査養成部芸能調査室，1980年（第1巻，第5巻），1983年（第4巻），1985年（第6巻），1986年（第7巻）。

明治8年（1875）5月3日の東京の「盲人」の音曲指南による収入を免税とする法律あり（第1巻，39-40頁）。

『目黒区史』，資料編，東京都立大学学術研究会編，東京都目黒区，1962年。

宝暦12年（1762）12月の瞽女に関する記録あり（299-300頁）。

「盲人保護に付達」，甲州文庫（甲093.6-251-7），山梨県立博物館蔵。

明治6年（1873）5月2日，山梨県第91号の布達，瞽女の廃止令。『山梨県史』1960年，第3巻，371頁に振り仮名抜き大同小異の文書あり。

「望月」，横道萬里雄・表章編，『謡曲集』下（『日本古典文学大系』，第41巻），岩波書店，

1963 年，397-402 頁。

著者不詳の謡曲。室町期か。江州守山の宿に「曽我物語」を謡う瞽女に扮した者が登場する（400-401 頁）。

本山幸一，「近世越後にみる盲人の存在形態」，『越佐研究』，第 58 集，2001 年 6 月，11-24 頁。

特に長岡地方における瞽女・座頭の存在形態に関する研究。

『本山町史』，上巻，本山町史編さん委員会，（高知県）本山町，1979 年。

文化元年（1804）3 月 6 日の瞽女・座頭への配当金に関する記録あり（195-196 頁）。

『盛岡藩家老席日記雑書』，第 16 巻，盛岡市教育委員会・盛岡市中央公民館編，洋書院，2004 年。

元文元～3 年（1736-38）の日記。元文 3 年（1738）7 月 27 日条「領分中宗旨改郡分人数目録」に郡別の瞽女人口あり（451-456 頁）。延享元年（1744）8 月 2 日の人口調査には高橋梵仙『日本人口史之研究』第 3 巻，50-51 頁，316-327 頁も参照。

森記者（森忠彦か），「盲目の歌い女――瞽女」，『朝日グラフ』，2419 号（5 月 8 日），1970 年，16-25 頁。

越後瞽女の写真と解説。

森末義彰　→『日本文化史大系』

森田一郎，「瞽女「小林ハル女」の話」，『高志路』，228 号，1973 年，63-68 頁。

長岡系の元瞽女小林ハルに関する情報。

盛田嘉徳，『中世賤民と雑芸能の研究』，雄山閣，1974 年。

「「しのだづま」の語り手」（189-201 頁）などに瞽女を含む中世の大道芸人への言及。年代不詳（江戸後期作成か）「関清水蝉丸皇子雨夜宮御由緒配下」，説教に関する記録あり（259 頁）。

森本浩雅，「飯田瞽女」，『日本文学研究』，第 32 号，1993 年，78-88 頁。

長野県飯田の最後の瞽女伊藤ふさえの略伝，飯田瞽女の組織と芸能を紹介。

『守屋舎人日帳』，全 4 巻，秀村選択三編，文献出版，1979-82 年。

守屋重堯人著。南九州の瞽女が窃盗に遭う文政 9 年（1826）5 月 15-17 日に報告された事件の記録あり（第 1 巻，52 頁）。

焼津市立図書館所蔵文書，静岡県立中央図書館静岡県歴史文化情報センター蔵。

「去寅年中村入用帳」に城之腰村の瞽女に関する記載あり。

『八潮市史』，民俗編，（埼玉県）八潮市役所，1985 年。

聞き書き調査による八潮市で活躍した瞽女に関する解説あり（890-893 頁）。

『八潮市史調査報告書』，（埼玉県）八潮市，1980 年（第 2 巻，八潮の民俗資料），1982 年（第 5 巻，八潮の民俗資料 2），1983 年（第 6 巻，八潮の民俗資料 3），1985 年（第 11 巻，大瀬高橋家文書，八潮の諸家文書目録 1）。

現八潮市の村々を訪れた瞽女に出会った人々の聞き書きあり（第 2 巻，260 頁，第 5 巻 314 頁，第 6 巻，231-233 頁）。明治元年 11 月～明治 2 年（1868-69）12 月，大瀬村の御用留に瞽女の宿泊に関する記載が見られる（第 11 巻，229-250 頁）。

矢島幸雄，『消えゆく瞽女――随筆集』，近代文芸社，1995 年。

安沢秀一「御城下町郷中無縁其外共人高改帳」，『史料館研究紀要』，第 12 号，1980 年，1-210 頁。

享保 6 年（1721）9 月 1 日の宇和島藩の人口構成を示す史料あり（186-187 頁）。享保 6

年（1721），宝暦12年（1762），安永3年（1774），安永9年（1780），天明6年（1786），寛政2年（1790）の「盲女」の人口あり（120-121頁）。

『やせかまど』，『小千谷市史』，史料集，小千谷市史編修委員会，1972年，1-152頁。

文化6年（1809）序。33頁に盆踊りに関する項あり。41頁，50頁に瞽女への言及あり。50頁に「盲人」の項目において小千谷を訪ねた座頭などの詳しい説明あり。

『八尾町史』，八尾町史編纂委員会編，（富山県）八尾町役場，1967年。

明治大正期の八尾町の瞽女に関する情報（781頁）。

『柳川藩史料集』，永井新著，柳川・山門・三池教育会編纂，（熊本市）青潮社，1981年。

安政3年（1856）6月15日（322頁），明治5年（1872）9月（514頁）に瞽女への言及あり。明治6年（1873）6月12日，瞽女の弟子取り禁止令あり（553-554頁）。

『柳沢の民俗』，沼津市史編さん調査報告書，第8集（民俗調査報告書4），沼津市教育委員会，1995年。

127頁に「ごぜの」（瞽女）1人が三味線を弾きながら一軒一軒歩き，柳沢には泊まらず帰っていたとある。

柳田国男，「女性と民間伝承」，『定本柳田国男集』，第8巻，筑摩書房，1962年，313-447頁。

昭和7年（1932）初出。「旅の歌うたひ」の章に瞽女に関する短い説明あり（348-350頁）。

柳田国男，「遊行女婦のこと」，『定本柳田国男集』，第14巻，筑摩書房，1962年，120-131頁。

昭和9年（1934）初出。東京の瞽女等への言及あり（124頁）。

柳田国男編，『山村生活の研究』，筑摩書房，1938年。

鈴木棠三執筆の章（49-59頁）に昭和9-12年（1934-37）頃，福島県・岐阜県・広島県・大分県・鹿児島県などの山村を訪れた瞽女の情報あり（特に53-54頁参照）。

『やなぎ樽研究』，複製版，ゆまに書房，1982年。

巻2（12頁，93頁，238頁），巻4（53頁），巻5（557頁）に瞽女に関する句あり。

『薮塚本町の民俗』，群馬県民俗調査報告書第16集，群馬県教育委員会，1974年。

新潟の蒲原からの瞽女が毎年11-2月頃に来て，「流行歌・春雨・二アガリ・三サガリ・段物などをやった」とある（179頁）。

『山形県史』，資料篇，1974年（第13巻，村差出明細帳），1980年（第17巻，近世史料2）。

明細帳による瞽女人口に関する記録は次の通り。明和9年（1772）3月，志戸田村（第13巻，267頁）。明治2年（1869）8月，荒谷村（同，479頁）。寛保2年（1742）8月，東根村（同，740頁）。天明8年（1788）8月，東根村（同，763頁）。文化15年（1818）9月「庄内二郡五人組掟之条々」にも瞽女への言及あり（第17巻，531-534頁）。

山岸セツ，「瞽女」，『長野』（長野郷土史研究会機関誌），第144号，1989年の2，53-55頁。

高田瞽女の簡単な紹介と瞽女に関する思い出話。

『山口県史料』，近世編，法制上下，山口県文書館，1976年（上），1977年（下）。

毛利家文庫の史料。上巻，「万治以前主要法令集」に元和3年（1617）12月23日のごぜ・座頭と諸奉公人に関す法令（8-9頁，「萩藩閥閲録，三」による）。同巻所収「二十

八冊御書付」に次の記録あり。元文 3 年（1738）11 月 1 日，「他国者取締の事」の法令（678–680 頁）。正徳 3 年（1713）5 月 29 日，「他国者来去其外在々取締の事」の覚（680–681 頁）。享保 9 年（1724）3 月，「座頭・瞽女の事」の書付（706–707 頁）。享保 10 年（1725）9 月の書付の続き（707–708 頁）。享保 13 年（1728）8 月 19 日，瞽女・座頭に関する「覚」（708–709 頁）。下巻「四冊御書付」に明和 3 年（1766）9 月の書付あり（33 頁）。同巻所収，「御書付其外後規要集」に明和 3 年（1766）7 月の覚（161 頁），享保 13 年（1728）12 月 25 日「座頭・瞽女提札の事」（193–194 頁）あり。

『山古志村史』，山古志村史編集委員会編，新潟県山古志村役場，1981 年（史料 1，史料 2），1983 年（民俗編），1985 年（通史編）。

安政 4 年（1857）10 月の瞽女入門願書（史料 1，305–306 頁），慶応 3 年（1867）・明治元年（1868）の人別書あり（同，364–365 頁）。明治 37 年（1904）12 月 2 日，太田村重立協議会決議事項に「盲人」への言及あり（史料 2，138 頁）。竹沢下村の「瞽女唄」として「雨は天から，横には降れど，私しゃあんたに，縦にふるとも，横にはふらん，イササカリンリン」，「ランプさん，私しゃあんたに，ホヤホヤ惚れた，しんのあるのに，知らないで，かねにつられて，売るわいな，イササカリンリン」の歌詞あり（民俗編，141 頁）。「三味線石の由来」の項目に瞽女にまつわる伝説の記録あり（同，96–97 頁。通史編，271–272 頁，749–751 頁も参照）。男性視障者の語った「テンポ物語」に関する情報と詞章の採録（同，778–786 頁）。瞽女口説かどうかは不明であるが，人情事件を歌った唄あり（同，807–809 頁）。

山崎春夫，「津川民謡「めでた」に関する越後の瞽女唄「庄内節」について」，『阿賀路』，第 20 集，1980 年，63–65 頁。

瞽女唄の「庄内節」の由来を探り，九州などの「ハエヤ節」と津川地方の「めでた」の関係を指摘。

『山城四季物語』，『続日本随筆大成』，別巻 11，民間風俗年中行事，吉川弘文館，1983 年，131–216 頁。

延宝 2 年（1674）序，坂内直頼著。瞽女と座頭の由来（縁起）の説明あり（153 頁）。

山田耕太，「松代藩領の盲人——弘化三午年東寺尾村飴屋兵助女子一件」，渡辺尚志，『藩地域の構造と変容——信濃国松代藩地域の研究』，岩田書院，2005 年 7 月，179–240 頁。

弘化 3–4 年（1846–47）東寺尾村の飴売り「兵助」が松代の座頭座を相手取り，訴訟をおこし，娘の瞽女弟子入りを果たそうとした事件を中心に北信地方の視覚障害者と飴売りの実態を考察する詳細な研究。

『大和市史』，（神奈川県）大和市，1978 年（第 4 巻，資料編，近世），1996 年（第 8 巻下，別編，民俗）。

文政 12 年（1829）1 月，下鶴間村の村入用帳に瞽女の記載あり（第 4 巻，63 頁）。越後瞽女の当地での巡業に関する情報あり（第 8 巻，下，546 頁，559 頁）。

『大和村史』，史料編，（岐阜県）大和村編，1978 年。

現岐阜県郡上市大和町。明治 7 年（1874）3 月の「盲人明寿一願書」に瞽女への言及あり（815–816 頁）。

『山梨県史』，第 3 巻，山梨県立図書館，1960 年。

明治 6 年（1873）5 月 2 日，山梨県の瞽女組織を廃止する布達あり（371 頁。以上「盲人保護に付達」も参照）。同，103–104 頁にそれに関わる説明あり（明治 6 年［1873］5 月 2 日）。

『山梨県史』，資料編 11，近世 4，2000 年。

慶応 3 年（1867）6 月，桃園村（現山梨県南アルプス市）の村入用帳に瞽女への言及あり（268-269 頁）。

『山梨市史』，史料編，近世，山梨市役所，2004 年。

瞽女に関する文書は次の通り。寛政 7 年（1795）3 月，小原《こばら》村西分，「村鑑明細帳」（296 頁）。文化 2 年（1805），正徳寺村，「丑村入用夫銭帳」（385-386 頁）。文化 7 年（1810），上万力村，村政につき取極定書（395 頁）。天保 9 年（1838）2 月，下神内川《かのがわ》村，「村鑑明細帳」（280 頁）。

山室宗作家所蔵文書，31，横浜開港資料館に写真あり。

天保 10 年（1839）1 月，六角橋村（現横浜市）の「当亥年村入用扣帳」に瞽女に関する記載あり。

山本吉左右，「口語りの論――ゴゼ歌の場合」，『文学』（岩波書店），第 44 巻，第 10 号（1976 年），97-118 頁，第 44 巻，第 11 号（1976 年），64-72 頁，第 45 巻，第 1 号（1977 年），89-107 頁。

山本吉左右『くつわの音がざざめいて』に所収。

山本吉左右，『くつわの音がざざめいて――語りの文芸考』，平凡社，1988 年。

越後瞽女の祭文松坂の構造と口語り的創造過程を論じる（36-129 頁）。分析方法は概ね Alfred Lord, *The Singer of Tales* (Cambridge Mass, and London : Harvard Univ. Press, 1960) による。『日本民俗学』，第 180 号，140-146 頁（1989 年）に斎藤純による書評あり。

『郵便報知新聞』，東京，明治 17 年（1884）7 月 26 日（3418 号）。

瞽女を含む一行がロンドンにおいて「日本風俗博覧会」と題される興行に登場したという報道あり（2 頁）。

『湯沢町誌』，湯沢町史編集委員会，新潟県湯沢町，1978 年。

子供衆に「ごぜんぼう」と呼ばれた瞽女が田植えが終わった頃町を訪れ，冬はこなかったなどの聞き書きあり。「三条地震くどき」「葛の葉」「巡礼おつる」「佐倉宗五郎」「八百屋お七」などを歌っていた。2 種の短い瞽女唄の歌詞も掲載（983-984 頁）。

『温泉津《ゆのつ》町誌』，別巻，資料編，温泉津町誌編さん委員会，（島根県）温泉津町，1996 年。

宝暦 3 年（1753）10 月，「石見国郡中入用其外取斗定書」に石見国の瞽女・座頭の人口，配当に関する定書などあり（116-118 頁）。

『擁書漫筆』，『日本随筆大成』，第 1 期，第 12 巻，吉川弘文館，1975 年，307-478 頁。

文化 14 年（1817）成立，高田与清著。下野国（現栃木県）宇都宮近辺の瞽女唄 2 種あり（372-373 頁）。

横山旭三郎編，『くどき歌』，賀茂市立図書館，1969 年。

越後瞽女が歌っていたとされる口説節とその作者の齋藤真幸（安政 6 年［1859］没）などに関する情報と「瞽女口説地震の身の上」，「野暮口説田舎の腸」，「蒸気船茶売口説」の歌詞を翻刻。木版の写本とおもわれる「瞽女口説地震物語」は新潟県長岡市立図書館蔵。『日本庶民生活史料集成』第 17 巻，三一書房，1972 年，589-594 頁に所収。また鈴木昭英「瞽女の唄本」26-32 頁にも翻刻あり。『日本近世歌謡資料集』第 40 巻（マイクロフィルム）にも写本の写真あり。

『吉川町史資料集』，第 1 集，村明細・村極，吉川町史編集委員会，（新潟県）吉川町教育委員会，1993 年。

安政4年（1857）8月，村明細帳に瞽女1人とある（165頁）。延享3年（1746）の明細帳に「盲女壱人」とある（270頁）。

吉田絢子，「伊平さん」，『越後タイムス』，1974年11月10日号。

吉田昭一，「ゴゼ唄にのって柏崎がやって来た」，『越後タイムス』，1974年11月17日号。

吉田勉，「『越後の瞽女』を読んで」，『越後タイムス』，1976年4月11日号。

吉野家，享和4年（1804）『日記』，文化2年（1805）『日記』，文化8年（1811）『日記』，文化12年（1815）『乙亥日記』，文化13年（1816）『丙子日記』，文化14年（1817）『文化十四日記』，文化15年（1818）『日記』，文政10年（1827）『文政十日記』，天保6年（1835）『天保六日記』，天保8年（1837）『天保八丁酉歳日記』，嘉永3年（1850）『嘉永三日記』，安政4年（1857）『安政四日記』，安政5年（1858）『安政五日記』，安政7年（1860）『安政七日記』，文久4年（1864）『文久四日記』。マイクロフィルムは（千葉県）流山市立博物館蔵。

主に現千葉県流山市で活躍した瞽女に関する記録。詳細は『流山市史』の項参照。

吉原敦子，「村人は瞽女さの調べに陶酔」（わが家は瞽女宿だった），『会報瞽女』，瞽女文化を顕彰する会，第5号，2002年6月1日，8-9頁。

永谷寺先代住職夫人による村松町在住の瞽女に関する想い出話。

『四日市市史』，第8巻，史料編，近世1，四日市市編，1991年。

享和元年（1801）11月，四日市町（現三重県四日市市）の明細帳に瞽女1人の記録あり（98頁）。

「四人之者共瞽女座頭之証文之写」，堀内卓郎蔵文書，長野県辰野町に複写資料あり。

寛政3年（1791）3月，現長野県辰野町，宮所村，瞽女・座頭との関係を願い出る4人の証文。

『万覚書』，天保6年（1835）2月条，内藤家文書，第1部，6，万覚書，162，明治大学博物館（刑事部門）蔵。

天保6年（1835）2月12日に延岡藩，鳴物停止のため瞽女・座頭への手当を決定。『北浦町史』史料編，第4巻，468-469頁にもある。

『万御用覚帳』，樺島文書，福岡県立図書館に複製あり。

享保6年（1721）12月28日条に筑後国三池郡楠田組岩津ノ原出身の瞽女「くみ」が肥後国上益城郡沼山津手永唐川村で死亡したことに関する記録あり。

『俚言集覧』（『増補俚言集覧』），大空社，1990年（1899年版の再版）。

村田了阿（明和9年〜天保14年［1772-1843］）著。中巻，49頁に「ごせ」の項あり。

『両神《りょうかみ》村史』，史料編，両神村村史編さん委員会，（埼玉県）両神村，1987年（第2巻，近世，出浦家文書），1988年（第3巻，近世・近代，出浦家文書），1996年（第5巻，近世・近代，加藤家文書）。

第2巻，第3巻ともに薄村中郷の文書の中，天明7年9月〜明治3年3月（1787-1870）の村入用帳などに瞽女に関する記載多数あり。第5巻に小森村の村入用帳などに寛政元年3月〜文政9年3月（1789-1826）の瞽女に関する記載がみられる。書誌の詳細は本書史料篇「村入用帳」（埼玉県）参照。

「両組産業開物之巻」，『越佐叢書』，第16巻，新潟県三条市，野島出版，1976年，295-334頁。

小泉蒼軒著，慶応2年（1866）6月。新潟県新津・小須戸近郊の記録。312頁，315頁に瞽女への言及あり。

『俚謡集』，文部省文芸委員会編，国定教科書共同販売所，1914 年。

　事実上高野辰之編。埼玉県北葛飾郡の「ごぜ歌」所収（134 頁）。

『閭里歳時記』，『日本庶民生活史料集成』，第 9 巻，三一書房，1969 年，247-264 頁。

　安永 9 年（1780）成立，川野辺寛著。現群馬県の瞽女に関する項目あり（250 頁）。

『類聚名物考』，全 6 巻，近藤活版所，1904 年。

　宝暦 5 年～安政 9 年（1755-80），山岡俊（浚）明著。「ごぜん，御前，ごぜ」の語源説あり（第 3 巻，271 頁）。

『我衣』，『日本庶民生活史料集成』，第 15 巻，三一書房，1971 年，3-500 頁。

　江戸後期成立，加藤曳尾庵著。文化 12 年（1815）の江戸の瞽女が被害にあった強盗事件の記録あり（331 頁，巻十）。文政 4 年（1821）正月か，の瞽女唄に関する記録あり（424 頁，巻十六）。

若林一郎，『瞽女唄伝承』，福島県昭和村，ふるさと企画，1992 年。

　著者の小林ハルあるいは弟子の竹下玲子（晴眼者）との出会いの記録（随筆風）。

若林一郎，「甦る瞽女唄」，『テアトロ』，第 667 号，1998 年，108-110 頁。

『和歌山県史』，近世史料，和歌山県史編さん委員会，1977 年（第 1-2 巻）。

　享保 7 年（1722）「御倹約被仰出之趣」の内，「盲女」への言及あり（第 1 巻，851 頁）。嘉永 4 年（1851）1 月，「座頭・盲女」の音曲指南独占を保護する触あり（第 2 巻，530 頁）。嘉永 6 年（1853）7 月 9 日に再触（同，644 頁）。『小梅日記』，天保 8 年（1837）9 月 18 日の項に座頭と瞽女が琴と三味線を合奏した記録が見られる（同，840 頁）。

『和歌山市史』，第 5 巻，近世史料 1，和歌山市，1975 年。

　御用留に文久元年（1861）5 月（441 頁），同年 11 月（471 頁），慶応 4 年（1868）5 月（904 頁），慶応 4 年（1868）9 月（935 頁），素人の琴・三味線教授禁止令あり。

『和漢三才図会』，第 2 巻，寺田勇雄他訳注，平凡社，1985 年。

　正徳 2 年（1712）自序，寺島良安編。原本の巻第十に瞽女の絵と説明あり。寺田勇雄他訳注口語訳は 260 頁参照。瞽女の項の原文（日本漢文）は，『古事類苑』（人部 2），988 頁に収録。

脇田晴子，『女性芸能の源流——傀儡子・曲舞・白拍子』，角川書店，2001 年。

　中世の瞽女に関する簡単な説明あり（96-99 頁）。

『倭訓栞』（『増補語林倭訓栞』），上巻，名著出版，1990 年。

　安永 6 年（1777）京都で刊行，谷川士清（宝永 6 年～安永 5 年［1709-76］）編，井上頼圀，小杉榲邨増補。瞽女の語源説あり（767 頁。原本中編八）。『古事類苑』（人部 2），988 頁にも引用。

『和国諸職絵尽』，黒川真道編，『江戸風俗図絵』，岩崎美術社，1993 年，69-94 頁。

　貞享 2 年（1685）に江戸で刊行，菱川師宣画。三味線・鼓を奏でる瞽女の絵あり（80 頁）。『日本名著全集』，「江戸文芸の部」，第 30 巻（『風俗絵集』2-26 頁所収），日本名著全集刊行会，1929 年，12 頁も参照。

『和国百女』，黒川真道編，『江戸風俗図絵』，岩崎美術社，1993 年，9-28 頁。

　元禄 8 年（1695）に江戸で刊行，菱川師宣画。三味線を背負う道中の瞽女の絵と詞書あり（19 頁）。『日本名著全集』，「江戸文芸の部」，第 30 巻（『風俗絵集』27-96 頁所収），日本名著全集刊行会，1929 年，64-65 頁も参照。

『輪島市史』，資料編，第 4 巻，近世町方海運・近現代，輪島市史編纂専門委員会編，（石川県）輪島市，1975 年。

享保 19 年（1734）4 月 15 日改，鳳至町の公用書類改帳に瞽女「ちじょじ」への言及あり（64 頁）。

綿塚区有文書，マイクロフィルムは山梨県立博物館蔵。

「甲斐国山梨郡綿塚村小入用帳」に瞽女に関する記載あり。天保 3 年（1832），表紙欠古 M10-2/21。天保 4 年（1833），古 M10-2/22。天保 6 年（1835）3 月，古 M10-2/23。天保 7 年（1836）3 月，古 M10-2/24。天保 10 年（1839），古 M10-2/25。天保 11 年（1840），古 M10-2/26。天保 12 年（1841），古 M10-2/27。

渡邊行一，「越後の民謡と瞽女」，『文学』，岩波書店，第 8 巻，第 10 号，1940 年，441-445 頁。

主に「新保広大寺」と盆踊り口説に焦点を当てる。藤田徳太郎「新保広大寺と越後節」に大きく依存している。

渡辺村男，『旧柳川藩志』，中巻，福岡県柳川・山門・三池教育委員会，1957 年。

明治末期から大正にかけて編集。柳川藩（現福岡県）の盲僧・瞽女に関する言及あり（242-243 頁）。

著者不詳，「春日を“ゴゼ”がわたる」，『越後タイムス』，1972 年 11 月 26 日号。

著者不詳，「桶公氏の公演とゴゼ唄——12 月 3 日短大創立 25 日の行事」，『越後タイムス』，1972 年 11 月 26 日号。

著者不詳，「哀調切々の“くどき”」，『越後タイムス』，1972 年 12 月 10 日号。

著者不詳，「瞽女は“聖なる来訪者”長岡の鈴木さん，民俗学会誌に発表」，『新潟日報』，1973 年 2 月 15 日号。

著者不詳，「瞽女の歴史下越にも，新発田市の佐久間さんが訪ね歩く」，『新潟日報』，1973 年 2 月 17 日号。

著者不詳，「弁財天に歌を奉納，上越市で妙音講，高田ゴゼの 3 人」，『新潟日報』，1973 年 5 月 14 日号。

著者不詳，「『越後の瞽女唄』を集大成，LP3 枚組」，『新潟日報』，1973 年 5 月 20 日号。

著者不詳，「『冥土の土産』にと柏崎でも独演会，柏崎ゴゼ伊平たけさん……」，『越後タイムス』，1973 年 6 月 24 日号

著者不詳，「伊平たけさんのこと」，『越後タイムス』，1973 年 7 月 8 日号。

著者不詳，「越後ゴゼ日記」公演か，『新潟日報』，1974 年 3 月 10 日号。

著者不詳，「消えてゆくゴゼ唄の保存に熱意，新発田の文化財審議委員ら……」，『新潟日報』，1974 年 8 月 19 日号。

著者不詳，「郷土色豊かゴゼ出版祝う」，『越後タイムス』，1976 年 5 月 2 日号。

著者不詳，「高田瞽女——その風土（1）～（6）」，『新潟日報』，1976 年 5 月 31 日～6 月 7 日号。

著者不詳，「刈羽ゴゼ最後の人逝く——国の無形文化財伊平タケさん 92 才」，『越後タイムス』，1977 年 2 月 27 日号。

著者不詳，「伊平さん偲ぶ放送」，『越後タイムス』，1977 年 3 月 18 日号。

著者不詳，「瞽女 50 年の旅（1）～（15）」，『新潟日報』，1977 年 8 月 12 日～9 月 3 日号。

著者不詳，「又が〈瞽女さん〉のこと」，『越後タイムス』，1977 年 10 月 2 日号。

3. 欧文書・論文

Alcock, Sir Rutherford. *The Capital of the Tycoon : A Narrative of Three Years' Residence in Japan*. London : Longman, Green, Longman, and Roberts, 1863 (再版に St. Clair Shores, Michigan : Scholarly Press があるが，出版年不詳).

三味線を持つ戸塚の瞽女3人の図あり。「愉快な乞食集団」(“a group of jolly beggars”)(第1巻，112頁)。

Dorson, Richard. *Folk Legends of Japan*. Rutland Vermont, Charles Tuttle, 1962.

九州の民話，瞽女に化けた狸の話あり (135頁)。

Fritsch, Ingrid. “The Sociological Significance of Historically Unreliable Documents in the Case of Japanese Musical Guilds,” Tokumaru Yosihiko, et al., eds., *Tradition and its Future in Music. Report of SIMS 1990 Osaka*, pp. 147-152. Tokyo/Osaka : Mita Press, 1991.

瞽女縁起を含む日本の職人の由来書などに関する研究。

Fritsch, Ingrid. “Blind Female Musicians on the Road : The Social Organization of ‘Goze’ in Japan,” *Chime Journal*, vol. 5, 1992 (Spring), pp. 58-64.

越後瞽女の歴史，組織，妙音講などに関する初歩的な解説。

Fritsch, Ingrid. *Japans Blinde Sänger im Schutz der Gottheit Myoon-Benzaiten*. München : Iudicium, 1996.

日本の視障者とその守護神である妙音弁財天に関する主に宗教史の視点から綿密に行われた研究。瞽女に関しては特に198-232頁参照。

Groemer, Gerald. “The Guild of the Blind in Tokugawa Japan,” *Monumenta Nipponica*, vol. 56, no. 3, 2001 (Fall), pp. 349-380.

主に当道座の歴史に焦点を合わせるが，370-373頁に江戸瞽女の組織にも言及する。

Harich-Schneider, Eta. “Regional Folk Songs and Itinerant Minstrels in Japan,” *Journal of the American Musicological Society*, vol. 10, 1957, pp. 132-133.

越後瞽女の歴史・レパートリーに関する研究発表の要約。瞽女唄が3拍子であると誤解し，朝鮮半島の影響の可能性を推測している。

Harich-Schneider, Eta. “Die letzten Goze,” *Soziologus*, vol. 8, no. 1, 1958.

Harich-Schneider, Eta. “The Last Remnants of a Mendicant Musicians Guild : The Goze in Northern Honshu (Japan).” *Journal of the International Folk Music Council*, vol. 11, 1959, pp. 56-59.

高田系と長岡系の瞽女・瞽女唄の短い解説。誤解と誤植多し。

Harich-Schneider, Eta. *A History of Japanese Music*. London : Oxford, 1973.

412頁，418頁，516-517頁に瞽女への言及あり。段物の構造を簡単に分析し，歴史などに言及。主に高田市文化財調査委員会編，『高田のごぜ』によるか。

Hearn, Lafcadio. *Kokoro : Hints and Echoes of Japanese Inner Life*. Rutland, Vermont : Tuttle, 1972.

1896年初版。“A Street Singer, ”(「大道芸人」40-45頁所収) に瞽女と瞽女の口説の演奏を詳述する。当時 Hearn は神戸に住み，その周辺在住の瞽女か。邦訳にラフカディオ・ハーン『心――日本の内面生活の暗示と影響』平井呈一訳，岩波文庫，1977年参

照。

Heine, Wilhelm. *Reise um die Erde nach Japan an Bord der Expeditions-Escadre unter Commodore M. C. Perry*. Leipzig : Hermann Costenoble, 1856.

幕末ペリーとともに来朝したハイネの記録（安政元年前後か)。英訳の Frederic Trautman, *With Perry to Japan : A Memoir by William Heine*. Honolulu : University of Hawaii Press, 1990 もある。第2巻，116-117 頁（英訳の 176-176 頁）に静岡県下田にいたと思われる瞽女とその演奏に関する記録あり。

Hughes, David. *The Heart's Home Town : Traditional Folk Song in Modern Japan*. Ann Arbor, Michigan : University Microfilms, 1985.

日本民謡一般に関する博士論文。93-97 頁で瞽女に触れる。

Raz, Jacob. *Audience and Actors : A Study of their Interaction in Japanese Traditional Theater*. Leiden : E. J. Brill, 1983.

Raz, Jacob. "*Goze* : A Vanishing Race of Balladeers in Japan." Paper presented at the 31st International Congress of Human Sciences in Asia and North Africa (Toho Gakkai, Tokyo Japan), 1983.

著者の要約によると瞽女の由緒，歴史，組織，年季，式目，レパートリー，他の音楽ジャンルからの影響，宗教的要素，民間信仰，シャーマンとの関係を取り上げる論文。主に現地調査に基づく。

Smith, Robert, and Ella Lury Wiswell. *The Women of Suye Mura*. Chicago : University of Chicago Press, 1982.

序章に「2人の老女（九州，1935 年頃)，門付け芸人。後方の者は盲女」と解説されている写真あり。撮影された1人の瞽女が三味線を持ち運んでいる。260-263 頁で当時九州における門付け芸人などに触れる。

Vocabulario da lingoa de Iapan com adeclaraçao Portugues,（『日葡辞書』)，勉誠社，1973 年（陰影版).

慶長 8-9 年（1603-04）長崎で出版されたイエズス会編の辞書。「goje」（瞽女）が「molher cega」(「盲女」）と説明される（241 頁目。原本に頁番号無し)。

Worswick, Clark, ed. *JAPAN : Photographs 1854-1905*. New York : Pennwick, Alfred Knopf, 1979.

「3人の女性音楽家」と題されている Baron von Stillfried 撮影の写真あり（63 頁)。横浜のスタジオで撮影された構えて撮った写真は3人の若い瞽女か。

4. 録音資料

市販の録音資料

『「江差追分」と「佐渡おけさ」――民謡源流考』，コロンビア AL5047-50，1965 年。

4枚のレコードと解説書。町田佳聲が録音した刈羽系瞽女伊平タケによる「瞽女三下り」も収録。伊平タケによれば，この唄は「田の草取り追分け」とある。しかし旋律は「馬方三下り」に類似している。

『越後瞽女唄』，(1-2 巻)，岩波ホールカセット講座――民俗芸能シリーズ，1，1978 年。

カセット・テープ2本と2冊の解説書。杉本キクエ，杉本（五十嵐）シズ，難波コトミ

による演奏（東京の岩波ホールにて，1973年12月1日収録）。解説書には演奏された唄の歌詞と郡司正勝，平野健次らによる解説あり。収録された唄は次の通り。門付け唄の「かわいがらんせ」，「こうといな」，「雨降り唄」，「庄内節」。口説の「馬くどき」，「松前くどき」，「御本山くどき」。祭文松坂の「八百屋お七」（第2段，忍びの段），「葛の葉子別れ」（第2段），「山椒太夫」（第1段，船別れの段）。「春駒」，「三河万歳」（柱立て），「昭和音頭」。

『越後瞽女のうた』，Columbia FZ-7011-14，1975年。

4枚のレコード。杉本キクエ，杉本（五十嵐）シズ，難波コトミの演奏（1974年5月か）。収録された唄は次の通り。「葛の葉子別れ」（祭文松坂，1-3段），「山椒太夫」（祭文松坂，1-2段），「春駒」，「万歳」（柱立て），「松前くどき」，門付け唄の「かわいがりゃんせ」（「かわいがらんせ」とも），「こうといな」，「庄内節」，「雨降り唄」，「古調おけさ」，「新保広大寺」，「岡崎女郎衆」，「しげさ節」，「春のひやし」（ママ，「ひあし」か），「輪島節」，「安来節」。松永伍一「瞽女遠近」，須藤武子「杉本キクエさんの出逢い」など随筆風の解説もあり。麻生芳伸による歌詞の採録と解説。録音現場と演奏者の写真もある。

『越後の瞽女唄』，CBS ソニーSODZ 1-3，（発行年不詳）。

1972年3月7-9日収録の高田系瞽女の杉本キクエ，杉本（五十嵐）シズ，難波コトミの演奏と1972年10月11日収録の長岡系瞽女の中静ミサ，金子セキ，加藤イサの演奏。曲目は次の通り。高田系瞽女の「かわいがらんせ」，「こうといな」，「雨降り唄」，「新保広大寺」，「話松坂」，「松前」，「磯節」，「庄内節」，「県づくし」，「地蔵和讃」，祭文松坂の「葛の葉子別れ」（1段）。長岡系瞽女の「門付け唄」，口説の「三人心中」，「へそ口説」，祭文松坂の「葛の葉子別れ」（1段）。斎藤真一らによる解説もある。

『郷土芸能1』，大系日本の伝統音楽23，Victor KCDK-1123，1970-72年か。

様々な歌のなかに瞽女唄「葛の葉」の冒頭の部分が含まれているレコード（3分14秒）。杉本キクエ他の演奏か。

『瞽女』，ソニーSODL 25，発行年不詳。

1枚のレコード。1972年3月7-9日に録音された高田系瞽女（杉本キクエ，杉本［五十嵐］シズ，難波コトミ）による「松前」（越後追分），「磯節」，「糸魚川小唄」と1972年3月10-11日に録音された長岡系瞽女（中静ミサ，金子セキ，加藤イサ）による「門付唄」，「松前」（越後追分），「磯節」，「十日町小唄」，「真室川音頭」。

『瞽女——伝統高田瞽女の記録』，テイチク1528-29，1977年。

2枚のレコード。主に杉本キクエへのインタビュー。「こんぴら船々」，「岡崎女郎衆」，「地蔵和讃」，「葛の葉子別れ」（1段），雑歌など収録。

『瞽女うた——長岡瞽女篇』，オフノート ON 38，1999年。

1枚のCD。1958-76年に録音された長岡系の瞽女唄集。加藤イサ，金子セキ，中静ミサオによる門付け唄の「岩室」（1967年2月23日録音）。金子セキ，中静ミサオによる門付け唄の「飯塚小唄」，「花笠音頭」，「真室川音頭」，「佐渡おけさ」（1973年7月13日録音）。加藤イサ，金子セキ，中静ミサオによる「鹿児島小原節」（1967年2月23日録音）。金子セキ，中静ミサオによる「万歳」（1976年7月24日録音）。中静ミサオによる祭文松坂「小栗判官」（支度の段）（1967年2月23日録音），加藤イサによる祭文松坂の「白井権八」（山入りの段［山中段九郎］）（1967年2月23日録音），渡辺キクによる祭文松坂の「小栗判官」（支度の段）（1971年4月19日録音），鷲沢ミスによる祭

文松坂の「八百屋お七」(忍びの段)(1958 年 6 月 11 日録音),山本ゴイ(山本マス)による祭文松坂の「佐倉宗五郎」(舟止めの段)(1958 年 4 月 13 日録音)。鈴木昭英による解説と歌詞の翻字。

『瞽女うた 2——高田瞽女篇』,オフノート ON 39,1999 年。

1954-69 年に録音された高田系の瞽女唄。杉本キクイ(キクエ),杉本(五十嵐)シズ,難波コトミによる門付け唄の「かわいがらんせ」,「新保広大寺」,「三河万歳」,口説の「松前くどき」(1954 年録音),祭文松坂の「葛の葉子別れ」(1 段,1954 年録音)。市川信夫による解説。

『瞽女　小林ハル　母の墓前で涙の絶唱』,小林ハル瞽女唄保存会,燕三条エフエム放送株式会社,2005 年。

小林ハルによる演奏。昭和 57 年(1982)録音,阿波の徳島十郎兵衛の内「おつる母子出会いの場」,昭和 53 年(1978),東京国立劇場にて録音「瞽女万歳」(経文・柱立て),録音年不詳「石童丸」。

『瞽女さん——高田瞽女の心を求めて』,杉山幸子,長野市,川辺書林,1995 年に付録のカセット・テープ。

高田系瞽女の杉本キクエの 1954 年録音の「葛の葉子別れ」(1 段),杉本キクエ,杉本(五十嵐)シズ,難波コトミの演奏による「かわいがらんせ」(1969 年録音),「新磯節」(1978-80 年録音),「荒井甚句」(1978-80 年録音)。

『ゴッタン』,CBS ソニー25AG-247,1978 年。

1 枚のレコード。ゴッタンというのは九州の瞽女にかねてよく使われていた木製の三味線。小泉文夫「ゴッタンの音楽」,鷲尾星児「ゴッタンをたずねて」,村田熈「ゴッタンについて」の解説書もある。演奏は荒竹タミ(明治 44 年[1911]生まれ,鹿児島県の瞽女)である。収録された唄は次の通り。「お夏くどき」(「よのえぶし」より),「島ぶし」,「明烏」(おちえぶし[大津絵節]より),「小野小町」(おちえぶし[大津絵節]より),「はんやぶし」,「鹿児島よさこい」,「蜜柑くどき」(「よさこいぶし」より),「夜這いくどき」(「よさこいぶし」より),「賽の河原」(「おちえぶし」より),「だらけ」(「おちえぶし」より),「三下り」,「荷方ぶし」,「とっちんぶし」,「お末くどき」(「よのえぶし」より)。1978 年 2 月 17 日録音。

『最後の瞽女小林ハル 96 歳の絶唱』,川野楠己制作・解読,KHK-96,1997 年。

1 枚の CD。同じ CD は茶園制作所から出版された(1999 年か)。祭文松坂の「阿波の徳島十郎兵衛」,「葛の葉子別れ」,端唄の「春雨」,「越後追分」。長岡系瞽女小林ハルへのインタビューも含まれている。1996 年 4 月 4 日デジタル録音。

『しかたなしの極楽』,Nadja PA-6034-35(Trio Records)。

2 枚のレコードと解説書,歌詞。刈羽系瞽女の伊平タケ(1973 年録音)による「婚礼松坂」,「さのさ」,「春口説き」,「万歳」(柱立て),「新保広大寺」,「鴨緑江節」,「極楽の唄」,祭文松坂の「宗五郎一代記」(舟止めの段)の演奏。

『三味線うたの生い立ちとその移り変わり』,日本コロンビア,AL5019-22,1962 年。

4 枚のレコードと解説書。町田佳聲編。2 枚目の B 面に刈羽系瞽女の伊平タケによる「新保広大寺」と「小栗判官」(冒頭の部分のみ)あり。

『杉本キクエ・越後瞽女の唄』,クラウンレコード,Crown SW 5070-71,1977 年(1985 年)。

2 枚のレコード。祭文松坂の「山椒太夫」(1-2 段)。口説の「馬くどき」,「おしげくど

き」。雑歌の「新保広大寺」,「古調おけさ」,「輪島節」,「磯節」,「鴨緑江節」。門付け唄の「かわいがりゃんせ」(「かわいがらんせ」),「こうといな」,「庄内節」,「雨降り唄」。杉本キクエの語りもある。解説,竹内勉。

『全国民俗芸能大会〈実況録音〉』,コロンビアレコード,ALS 5032(発行年不詳)。

高田系瞽女杉本キクエの演奏による「葛の葉子別れ」も含まれている。

『声の音楽』,(『日本の音2――邦楽百科CDブック』),日本伝統音楽芸能研究会編,音楽之友社,1996年。

杉本キクエ・杉本(五十嵐)シズの演奏による「葛の葉子別れ」一段目の一部(1969年8月13日,国立劇場での録音)と九州の瞽女荒武タミの「荷方節」の演奏(1977年10月14日,国立劇場での録音)。解説書に鷲尾星児「庶民芸能を集大成した瞽女唄「葛の葉」」(224-229頁),「薩摩の庶民音楽ゴッタン「荷方節」」(230-236頁)あり。

『日本の放浪芸』,小沢昭一編,Victor W7011-17,1971年か。

7枚のレコード。全国の大道芸を多数に収録しているが,多くの場合断片的であり,録音の上に小沢昭一のコメントが重なっている。2枚目のB面に新潟県の「春駒」あり。4枚目A面に越後瞽女の「門付け唄」と祭文松坂の「葛の葉子別れ」(一部のみ)収録。小沢昭一著の解説書もある。視障者の芸能の録音は1999年にCD化,再版されている(『語る芸――盲人の芸　小沢昭一が訪ねた道の芸・街の芸・祝う芸・説く芸・話す芸・語る芸・商う芸・流す芸』,ドキュメント日本の放浪芸,第4巻,ビクターエンタテインメント)。

『日本吹込み事始――全集　一九〇三年ガイズバーグ・レコーディングス』。11枚のCD。EMI Angel TOCF-59061〜59071,2001年。

6枚目のCD(俗曲篇二)7番目のトラックに立花家橘之助の演奏による「大津絵節,昔の雑唄瞽女節入」あり。

『日本民謡大観』,中部篇(北陸地方),現地録音,日本放送協会,1992年。

『日本民謡大観』の再版に際して,その基となった町田佳聲が録音したテープもCD化され付録として各篇に伴う。中部篇に刈羽系瞽女の伊平タケによる「新保広大寺」(新潟県II,19。解説書33頁参照),祭文松坂の「小栗判官」(冒頭の部分のみ)(新潟県III,3,解説書40頁参照),「婚礼松坂」(新潟県III,4,解説書40頁参照)。

『無形文化財――越後高田瞽女唄』,キングレコードKHA 1008-10,1978年。

3枚のレコード。杉本キクイ(キクエ),杉本(五十嵐)シズ,難波コトミによる演奏。収録された唄は次の通り。祭文松坂の「葛の葉子別れ」(1-3段),「山椒太夫」(1段,船別れの段)。口説の「馬くどき」(「まあ口説」),「御本山くどき」。門付け唄の「かわいがらんせ」,「こうといな」,「雨降り唄」,「庄内節」。雑歌の「岡崎女郎衆」,「比羅船々」,「名替の祝い唄」(春の日足),「春駒」,「新保広大寺」,「古調おけさ」,「しげさ節」。市川信次「高田瞽女の伝統と歌謡」(2-3頁)と石塚義一郎「瞽女唄について」(4-5頁)の解説あり。

研究機関・図書館等所蔵の録音

1. 新発田市教育委員会蔵の録音テープ(1973-74年録音)。株式会社ハードオフコーポレーションによるダビングが可能。

ジャンル・曲名	段数	演奏者
祭文松坂　「葛の葉子別れ」	(1-4)	小林ハル
〃　「景清」	(1-3)	〃
〃　「白井権八編笠ぬき」	(1-3)	〃
〃　「権八山入りの段」(中山段九郎)	(1-6)	〃
〃　「信徳丸」	(1-10)	〃
〃　「葛の葉子別れ」(ハツジサワ師匠の節)	(1)	〃
〃　「葛の葉子別れ」(坂井キイ師匠の節)	(1)	〃
〃　「葛の葉子別れ」(長岡の瞽女屋の節)	(1)	〃
万歳　「万歳柱立」		〃
俗曲　「二上り新内」		小林ハル
雑歌　「どんどん節」		〃
〃　「米山甚句」		〃
〃　「ストトン節」		〃
〃　「鹿児島おはら」		〃
〃　「佐渡おけさ」		〃
〃　「深川くずし」		〃
〃　「新津甚句」		〃
祭文松坂　「小栗判官」	(1-4)	〃
〃　「石童丸」	(1-3)	〃
〃　「阿波の徳島十郎兵エ」(巡礼おつる)	(1-4)	〃
万歳		小林ハル・土田ミス
雑歌　「出雲節なぞかけ」		小林ハル
〃　「庄内けん節」		〃
〃　「越後追分」		〃
祭文松坂　「赤垣源蔵」	(1-4)	〃
〃　「明石御前」	(1-6)	〃
〃　「石井常右衛門なぐり返し」	(1-5)	〃
〃　「佐倉宗五郎」	(1-6)	〃
〃　「八百屋お七」	(1-5)	〃
口説　「お吉清左」		〃
〃　「鈴木主水」	(1-2)	〃
常磐津　「日高川」		〃
〃　「稲川」		〃
〃　「一ノ谷」	(1-2)	〃
義太夫　「仙台萩」		〃

〃　「弁慶じょうし」		〃
〃　「寺子屋」		〃
〃　「二十四考」		〃
端唄「春雨」		〃
長唄「黒髪」		〃
〃　「松がつらい・花の姿」		〃
端唄「松づくし」		〃
門付け唄「瞽女松坂」		〃
〃　「春語り万歳」		〃
〃　「門付け葛の葉子別れ」		〃
門付け唄「ションガイナ」		小林ハル
〃　「ちょいとね」		〃
〃　「新磯節」（立ち唄としても歌われた）		〃
〃　「真室川音頭」		〃
〃　「花笠音頭」		〃
〃　「伊勢音頭くずし」（立ち唄）		〃
雑歌「万歳（経文）」		〃
〃　「万歳（柱立）」		〃
長唄「とくわか万歳」		〃
〃　「手習子」		〃
端唄「御所車」		〃
〃　「大津絵」		〃
〃　「かっぽれ」		〃
長唄「雛鶴三羽」		〃
端唄「よいとこ」		〃
〃　「いんかいな」		〃
〃　「浅くとも」		〃
〃　「どどいつ」		〃
祭文松坂「小栗判官照手姫」	(1-4)	土田ミス
〃　「阿波の徳島十郎兵エ」（巡礼おつる）	(1-4)	〃
〃　「八百屋お七」	(1-4)	〃
〃　「白井権八笠ぬぎ」	(1-6)	〃
〃　「葛の葉子別れ」	(1-4)	〃
〃　「景清」	(1-4)	〃
〃　「佐倉宗五郎」	(1-6)	〃
〃　「白井権八　山入りの段」	(1-6)	〃

〃　「信徳丸」	(1-6)	〃
〃　「明石御前」	(1-6)	〃
〃　「赤垣源蔵」	(1-4)	〃
長唄 「塩くみ」 ※途中まで		〃
口説 「鈴木主水」	(1-2)	〃
〃 「まま子三次」		〃
〃 「お筆半左」		〃
門付け唄「門付松阪」		〃
口説 「お吉清左」		〃
〃 「お粂左伝次」		〃
口説 「安五郎くどき」		土田ミス
常磐津 「稲川」		〃
雑歌 「万歳かけあい」		土田ミス・小林ハル
口説 「金次くどき」		土田ミス
〃 「赤猫くどき」		〃
〃 「へそ穴くどき」		〃
長唄 「花車」		〃
〃 「とくわか万歳」		〃
〃 「娘道成寺」		〃
〃 「手習子」		〃
〃 「はねかむろ」		〃
端唄 「十二都々逸」		〃
〃 「御所車」		〃
〃 「松づくし」		〃
〃 「青柳」		〃
〃 「春雨」		〃
〃 「大津絵」		〃
清元 「かつを」		〃
〃 「子守唄」		〃
長唄 「雛鶴三羽」		〃
〃 「娘道成寺三下り」		〃
俗曲 「二上り新内」		〃
長唄 「花の姿」		〃
義太夫さわり 「弁慶じょうし」		〃
〃　「朝顔日記」		〃
〃　「仙台萩」		〃

〃　　「三勝半七」		〃
〃　　「太閤記十段目」		〃
端唄「ようぶし」		〃
〃「夕ぐれ」		〃
〃「槍さび」		〃
〃「紀の国」		〃
〃「いんかいな」		〃
〃「博多節」		〃
〃「かっぽれ」		〃
〃「どどいつ」		〃
端唄「秋の夜」		土田ミス
民謡・流行歌「江差追分」		〃
〃　　「越後追分」		〃
〃　　「道中追分」		〃
〃　　「鴨緑江節」		〃
〃　　「新磯節」		〃
〃　　「大正節」		〃
〃　　「むらさき節」		〃
〃　　「深川節」		〃
〃　　「よされ節」		〃
〃　　「安来節」		〃
〃　　「けん節」		〃
〃　　「どんどん節」		〃
〃　　「さのさ節」		〃
〃　　「らっぱ節」		〃
〃　　「伊勢音頭くづし」		〃
〃　　「にこにこ」		〃
〃　　「おいとこさ節」		〃
〃　　「大津絵」		〃
〃　　「相馬甚句」		〃
〃　　「庄内おばこ」		〃
〃　　「越中おはら」		〃
〃　　「東京音頭」		〃
〃　　「さくら音頭」		〃
祭文松坂「葛の葉子別れ」	(1-2)	中村キクノ
民謡「江差追分」		〃

〃　「瞽女松阪」		〃
〃　「新磯節」		〃
〃　「出雲節」		〃
〃　「博多節」		〃
祭文松坂　「阿波の徳島十郎兵エ」(巡礼おつる)	(1)	〃
民謡　「越後追分」		小林ハル
〃　「信州追分」		〃
〃　「鴨緑江節」		〃
〃　「さのさ節」		〃
〃　「むらさき節」		〃
民謡　「越中おはら」		小林ハル
〃　「出雲節」		〃
〃　「よされ節」		〃
〃　「県づくし」		〃
〃　「らっぱ節」		〃
〃　「相馬甚句」		〃
〃　「かごめおばこ」		〃
〃　「庄内おばこ」		〃
〃　「安来節」		〃
語り　「万歳」		小林ハル・土田ミス
〃　「正月祝くどき」		〃　〃
〃　「づばめ節」		小林ハル
〃　「ハッパ横町」		土田ミス
〃　「安来節」		小林ハル

2. 上越市蔵の録音テープ（1977–80年録音）。高田瞽女杉本キクエ・杉本（五十嵐）シズの演奏（未公開）

ジャンル・曲目	全段数	収録段数	各段の演奏時間（分・秒）	録音年月日
祭文松坂　「山椒太夫」	2	1–2	30, 29	1976年8月4日
〃　「やけ山巡礼」	2	1–2	31, 33	1979年5月24日
〃　「俊徳丸」	7	1–4	30, 30, 31, 36	1979年5月14日
〃　「平井権八」	3	1–3	28, 25, 23	不詳
〃　「山中団九郎」	6	1–2	38, 35	1979年8月9日
〃　「葛の葉子別」	3	1–3	28, 28, 29	1975年5月15日

〃　「小栗判官」	5	1-2	22，27	1979年6月27日
〃　「八百屋お七」	5	1-2	23，23	1979年7月5日
〃　「景清」	3	1-3	29，33，28	1977年6月22日
〃　「佐倉宗五郎」	10	1-2	44，32	1979年8月23日
〃　「片山万歳」	12	1-2	34，42	1979年9月6日
〃　「石井恒右衛門」	5	2-3	29，24	1979年7月20日
口説　「鈴木主水」			30	1979年9月20日
〃　「松前口説」			20	1979年8月9日
〃　「清三口説」（「星座口説」）			22	1979年10月26日
口説　「おしげ口説」			16	1979年7月5日
〃　「石童丸」（かるかや）			24	1979年9月20日
〃　「治郎さ口説」			10	1979年9月20日
〃　「三人心中口説」			11	1979年6月27日
〃　「お馬口説」			11	1979年5月14日
〃　「御本山口説」			18	1979年7月20日
〃　「おくめ左伝治」			31	1979年10月26日
〃　「おひさ口説」			15	1979年10月26日
〃　「おふで口説」			43	1979年10月26日
〃　「二十八日口説」			18	1979年7月20日
〃　「へそ穴口説」			10	1978年12月6日
門付け唄　「かわいがらんせ」			1′38″	1979年6月27日
〃　「こうといな」			1′26″	1979年6月27日
〃　「庄内節」			1′28″	1979年6月27日
〃　「雨ふり唄」			不明	不詳
民謡　「新保広大寺」			1′50″	不詳
〃　「糸魚川小唄」			5′10″	1976年6月22日
〃　「直江津小唄」			4′36″	1976年6月22日
〃　「伊勢音頭くずし」			7′25″	不詳
〃　「鴨緑江節」			5′58″	不詳
〃　「新磯節」			5′36″	1976年8月14日
〃　「スキー音頭」			4′43″	1978年12月6日
〃　「新井小唄」			4′55″	1979年5月24日
〃　「新井甚句」			5′47″	1979年5月24日
〃　「輪島節」			7′17″	1979年5月24日
〃　「秋田甚句」			3′45″	1977年10月20日
〃　「県づくし」			7′05″	1977年10月20日

万歳　「三河万歳」			12′10″	1979年7月5日
「山椒太夫」の説明			不詳	不詳

3. NHK 放送文化ライブラリ（録音テープ）
   昭和29年（1954）8月12日録音，杉本キクエ演奏の「かしょく重兵衛松前口説」（15′12″）あり。歌詞は竹内勉『じょんがらと越後瞽女』186-189頁参照。
4. 長岡市立科学博物館蔵の録音テープ
   鈴木昭英が収集した録音資料が保管されているようであり，その一部はCDの『瞽女うた——長岡瞽女篇』に収録されている。非公開。
5. 飯田市立中央図書館蔵の録音テープ（伊藤フサエの唄と語り）

ジャンル・曲名	演奏時間	録音年
源氏節　「石童丸」	6′52″	1958年
口説　「鈴木主水」	3′55″	〃
語り 民謡　「名古屋甚句」	70′33″ 語りの内，1′37″ （46′23″より）	1974年

6. 東京芸術大学蔵の録音テープ（非公開）
   荒武タミと鷲尾星児との対談（1978年2月17日録音）
7. 『瞽女唄』，（上越市発足二十周年記念），新潟県上越市，1991年。
   5枚のCDと市川信夫による解説（歌詞無し）。1975年より79年にかけて録音された高田系瞽女（杉本キクエを中心に）のレパートリーの大半を所収。収録された唄は次の通り。口説の「松前口説」，「清三口説」，「おしげ口説」，「治郎さ口説」，「三人心中口説」，「お馬口説」，「御本山口説」，「二十八日口説」，「へそ穴口説」。祭文松坂の「山椒太夫」（1-2段），「俊徳丸」（1段），「葛の葉子別れ」（1段）。「三河万歳」。門付け唄の「かわいがらんせ」，「こうといな」，「庄内節」，「新保広大寺」。民謡などの「糸魚川小唄」，「直江津小唄」，「伊勢音頭くずし」，「鴨緑江節」「新磯節」，「スキー音頭」，「荒井小唄」，「荒井甚句」，「輪島節」，「秋田甚句」，「県づくし」。非売品。

5. 映像資料

神林栄二寄贈写真53，「瞽女さん」，柏崎市立図書館ソフィア・センター蔵（740-カン-53）。

国立劇場，荒竹タミ（ゴッタン，唄），「お夏くどき」，「蜜柑くどき」の演奏。

国立劇場，伊平タケ（三味線，唄）による祭文松坂の「俊徳丸」，「石童丸」の演奏の一部，（18分）。

『瞽女唄とその心』

　ビデオテープ，1時間22分38秒，1985年6月19日県立新潟女子短期大学全学講義に

おける公演の録音。解説佐久間惇一，門付け唄・祭文松坂・インタビュー・万歳柱立・佐渡おけさ（演奏，小林ハル・杉本シズ）。

『瞽女，そのロマンの旅まくら』，読売テレビ。

50分のビデオテープ。

『ゴゼ，盲目の女旅芸人』，日本映像記録センター。

30分の映画。

『瞽女の道——新潟・上越』（NHK編「新日本紀行［10］」），日本放送協会，日本ビクター，1995年。

30分のビデオテープ。1972年初放送。

『ごめんなしょ，ごぜの旅路』，BSN新潟放送。

ビデオテープ，60分。

『新歴史を旅する盲目の旅人——越後瞽女』，BSN新潟放送。

ビデオテープ，30分。

『大系日本歴史と芸能——音と映像と文字による』，第13巻，（大道芸と見世物），網野善彦他篇，平凡社，1991年。

「瞽女・長岡・ごぜ門付」。ビデオテープ，長岡系瞽女の門付け姿を7分撮影。

『北越誌』，NHK，1972年。

75分のテレビドラマ。

『はなれ瞽女おりん』，表現社，1977年。

117分のカラー映画。水上勉の同題の小説を映画化。篠田正浩監督。音楽は武満徹作曲。

譜　例

譜例 4.1　お夏くどき（よのえぶし）　　演奏：荒武タミ

実音短３度下

譜例 4. 2　島ぶし

演奏：荒武タミ

実音半音上

譜例 7.1　瞽女節（口説　鈴木主水）　　演奏：酒井政行

実音長３度下

譜例 7. 2　瞽女唄（口説　鈴木主水）　　演奏：勇勇

実音半音上

譜例 7.3　瞽女節

演奏：福光子

実音約半音上

譜例 7.4　松倉の千代の口説節（間の手）　　演奏：女性（旧大山町）

三味線（本調子）

実音 4 度下

胡弓（口三味線）

実音全音上

譜例 8. 1　昔の雑唄瞽女節　　演奏：立花家橘之助

2a'
ら い ― ― は ― ― ― ― ―
にょうぼう もちにて こどもは ふ
2b
た ― り
ふ た り こ ど も の ― あ る そ ― の
な ― か に ― ― ― ― ―
3a
きょうも あすも とじょろう か い ば か ― り
3b
あ る ひ わ が
つ ま ― も ん ど ― に む ― か い
rit. . . . . . .

実音約半音下

譜例 9. 1　ゴゼ節（サノサ節）

演奏：小村デン

実音約全音下

譜例 11. 1　源氏節（石童丸）　　　演奏：伊藤フサエ

b
--------し-----------ら---　ハ　かま--------
た---------り------------こう---------の------------------
rit.
3　3
------はず-----------よ-------に--------------て
かと------う------------せ-い-----------も------------
ん--------しげ--------う----------じ------------の　ハ
b'
わす-----------れ--------------エ　が-----た----
3
み--------イ--の------いし-------どう　ま--------る---------

うまれの – – – – – – – – – – – – – – – せき – – – – – – – – – – – に – – – – – – – – – – – – – –
3
めで – – – – – – – – – – ら – – – – – – – – れ – – – – – – – – – – – し ハ
b''
♩= 130
ちち – – – – – – – – – – – – – – を – – – – – – – – – – – – – – た ず – – – – – – – – – ね – – – – – – –
– – – て – – – – – – – – – はる – – – – – – – ば – – – る – – – – – – – – – – – と – – – – – – –
3
つくしの – – – – – – – – – – – – – – – – – はて – – – – – – – か – – – – – – – ア ら – – – – – きの
c
3
♩= 104
– – – – – – く – – – – – に – – – – – – の こうやを – – – – – – – – – – – – – さ – – – し – – – – – て –
♩= 95
rit. . . . .
♩= 120
♩= 90
て – – – – – はる – – – – – – – – – – – ば – – – – ハ る – – – と – – – – – – – – – – – – – – はは
3
3

♩= 96-104
は　こも　そに---あず----　け----　て--------
d
いしどう---まる　は---　ただひ　と---　り------　とりの　ざんり-ゆ
d'
-の　やま　み---ち　？　ゆ-　ら----り--ゆら（りと）　たず
？
d''
ね--　ま---　せ----ど　なか-　な　か---　に　あな　た----のお
て--　ら--を　さ-し　の　ぞ--き-----------　ふたこ　な--　さ
e
い--わい　さし--の　ぞ--き　ちい　さ--な--　こ--え----をハ　エ
ヘ エヘ はり--------　あ----------　け　て　いまと［　］
(以下録音無し)
実音約半音上

譜例 11. 2　名古屋甚句

演奏：伊藤フサエ

実音約全音上

譜例 11. 3　口説（鈴木主水）　　演奏：伊藤フサエ

b
ん　ど---と　いう--さ---　む---　ら-　い　が　にょうぼうもちに　て---　こど--
2a
も----------　ふた----　り　ふたり　こど　も-
2b
の　ある--そ----の---　な　か--に　きょうも--あす　も　と　じょろう　か---
3a
- い------ばか-----り　みる

実音表記の通り

譜例 14. 1　岡崎女郎衆（比較譜）

糸竹初心集

紙鳶

大弊

高田瞽女

譜例 14. 2　岡崎女郎衆　　演奏：杉本キクエ他

三味線（本調子）

実音表記の通り

譜例 14. 3　金比羅船々

演奏：杉本キクエ

譜例 14. 4　雨降り唄　　演奏：杉本キクエ他

実音表記の通り

譜例 14. 5　かわいがらんせ

演奏：杉本キクエ・杉本シズ

実音半音下

譜例 14. 6　こうといな　　　　演奏：杉本キクエ・杉本シズ

実音増４度下

譜例 14. 7　庄内節

演奏：杉本キクエ・杉本シズ

実音増４度上

譜例 14. 8　岩　室

演奏：加藤イサ他

実音表記の通り（唄）、１オクターブ下（三味線）

譜例 14. 9　しょんがいな　　演奏：小林ハル

実音全音上

譜例 14.10　春語り万歳

演奏：小林ハル

実音約４度上

譜例 14. 11　門付け葛の葉子別れ　　演奏：小林ハル

実音全音下

譜例 14.12　新保広大寺　　　　演奏：伊平タケ

そんとり づらめが イートモ ソリャ コイ
※最終回（三味線）
3
実音短3度下

譜例 14. 13　新保広大寺　　演奏：杉本キクエ他

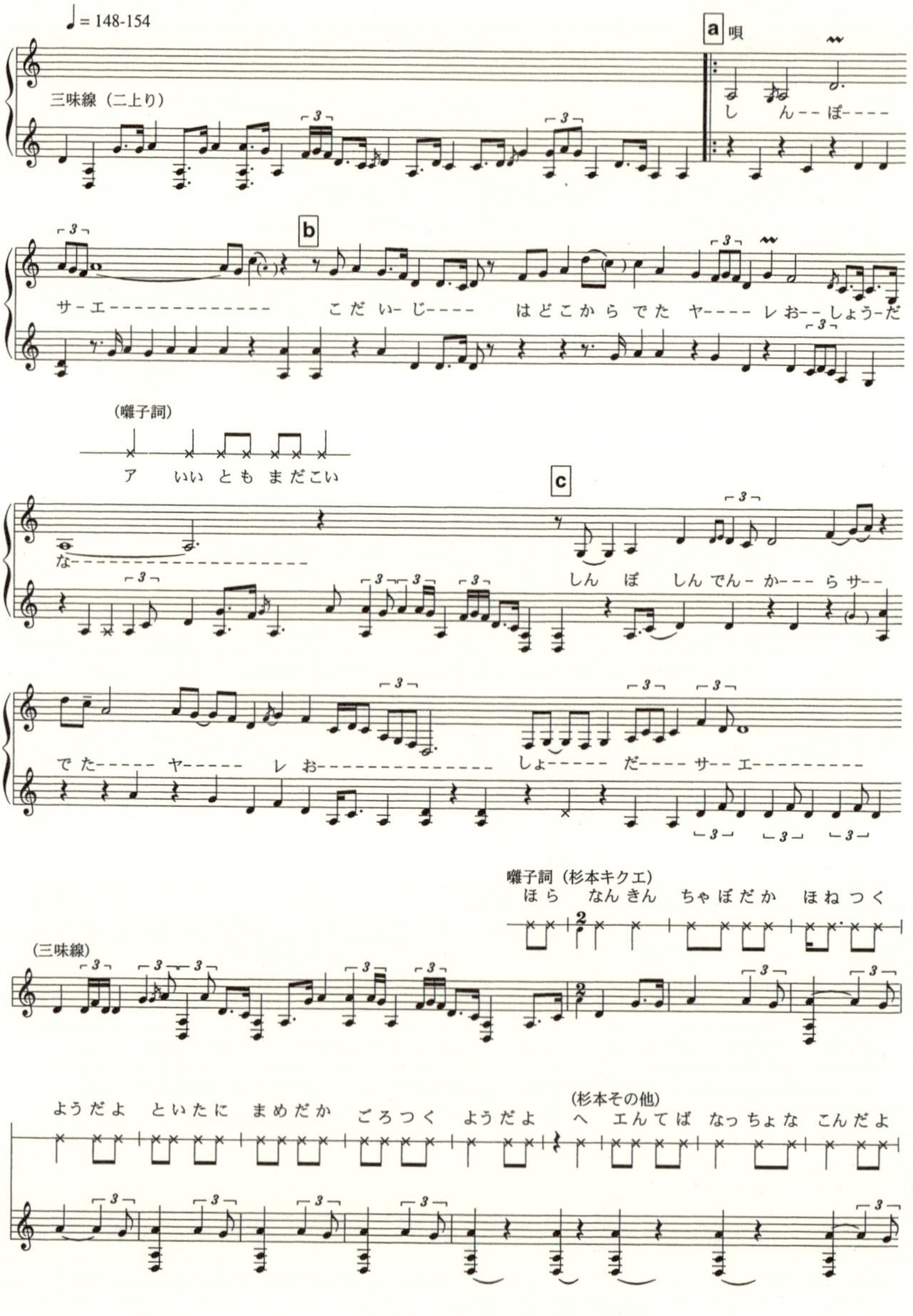

実音完全４度下

譜例 14. 14　門付け松坂

演奏：土田ミス

実音表記の通り

譜例 14. 15　瞽女松坂

演奏：小林ハル

実音半音下

譜例 14. 16　婚礼松坂　　演奏：伊平タケ

も------------------------------------
あ------------- れ-----
ここ------------------ ろ------- ざ------------ し--------------
(第二節)
さけ------------------------------ の------- さ か----------
な---- に-------------- わしゃたの---ま---------------------- れ--- た---
----------- うたい しら ず--の う-- たしらず---- なにも さかな
が なきゆ えに---- ちょう し--の--くちに------ まつをさ- し まつの

実音全音上

譜例 14.17　話し松坂　　演奏：杉本キクエ他

コ ウ シ タ コ イ コ イ お ら う ち よ め に こ い
あ さ ね は さ せ る し う ま い も ん は く れ る し
(囃子詞)
い- - - -
あ き な り ゃ う ま お い て つ か う ぞ
オ サ コ イ コ イ ト
(三味線)
唄
2a
ア- - - - - - - - - - - - - - - - -
2b
こ れ- -
エ- - も- - - - - - - -
(掛け声) ア ー コイ ト
2c
(唄)
- - - - - み な- - - - さ- - - - - - - - - ん- - - - - - - - - - - - -
お わ- -
ら- - い- - - - - - - - - - ぐ- - - - - - - - - - - - - - - - さ- - - - - - - よ- - - - -
rit. . . . .
おわらいぐさと もうしまして
えちごなかくびきごおりに おきまして
せきがわにすんだる どじょうこいふな

オーイ　どじょうこいふな　こんな　やまかわにいても　つまらないじゃないか　これより
いままちのみなとさきでも　いでようじゃあるまいか　あいさよかろうと　りょうさんにんで
でかけてまいりました　ふなのやっこが　いさみのやっこで　とうせいはやりのいわむろじんくで
やってまいりました
3
さ　ら　し
や
て　ぬ　ぐ
4:3
い　ちょい　と　ほ　お　か　ぶ　り
み　な　と　が　よ
rit. . . . .
い　は　ア　リャ　い　き　な　も　の

まあ　ずんずんと　やってまいりましたが
しょうがマー
2d
こ　い
イ
イ　の　み　ち　ゆ
2e
最終回は※へ
ゆ　き　きゃ　と　め　ら　れ　ぬ
(囃子詞)
又 a から e まで
だ

実音全音下

譜例 14. 18　葛の葉子別れ　　　演奏：杉本キクエ，1954 年

c
－ に－－－－－－－－－　も－ の－－－－－ の　あ－－ わ－ れ－－－ を－－－ た ず ね
d
る　に－－－－　あ し や－－ どう－－－まん－－－－－－－ し ろ　ぎ－ つ－ ね－－－－－
e
へん　げ－－－－－　く ず－ の－－－ は　こ わ か れ－－－
－－ を－－－－－－－－－－－－－－－－
(三味線)
2a
※
こ と は－－－
つ ぎ の－
－－－－－－－　だん－－－－－－　に て－－－ わ か れ　ま－－－－ す－－－－－－－－

実音全音下

譜例 14. 19　葛の葉子別れ　　演奏：杉本キクエ，1974 年

a
い ず れ―――――――――――　お ろ―――　か―――――　は―――――――　あ
↓最終回は※へ
ら ね - ど―――――――― も―――――――
b
よ き し　ん―――　さ く――――――――　も――な き - ゆ え -
c
く ず の　は―――　ひ め―――　の　あ わ れ　さ――を―――――――
d
こ と は――――――――――　こ ま か―――――

に よ め ね ど----も------
e
あ ら-----（あ）ら よ み あ---- げ た て ま つ------ る--------------
※（段切れ）
accell. . . . .
こ れ を----------
こ の--------
ざ の-----
だ ん- の------ き------ れ-------------------
accell. . . . . .
実音約半音下

譜例 14. 20　葛の葉子別れ（比較譜）　演奏：杉本キクエ

実音：1　　半音下
　　　2, 3　表記の通り

譜例 14. 21　山椒太夫（「コトバ」の部分）　演奏：杉本キクエ

実音約半音下

譜例 14. 22　佐倉宗五郎（舟止めの段）　演奏：六代目山本ゴイ

c
d
あらあ　ら-----よ-み　あげ--たてまつる-------　く
には-----しも-----うさ　いん----ばのこお------り-　イさくらのじょう--
e
---か-------　ほった-----　こう-----づ　けさまの-------　ごほ
ん-----------　りょ---ォ-----ォ-------------------------------
(三味線)
2a
唄
げにこう---づ---け　さ-ま----　と----------　もう--す　ら-----る------は---
2b
--------　ち　ぎょうおん---た　か--が---じゅう----い　ち　まん　ご
2c
せ---んごく-----------　とりか　の-----　つ---よい　と---い

2d
うーこーとは－－－－－－－ まどが－－－－なんじゃ－－－－く なんずん－－ と－－－ま
2e
どイや－－－ く－－－－－－－－－－－－－－ までは －－－－－－－－－ よけーれ－－－－－－ど－－
最終回は※へ
－も－－－－－－－ オ－－－－－－－－－－－－－－－－－－－－－－－－－－－－－－－－－－－－
※(段切れ)
(り) －－－－－－－－－－－－－ まーーー ず－－－－－－－－－－－－－－－－－ は－－－－－－－－－－－－－－－－－－
－ ここら－－－－－－－－－－－－－－－－－－－ ア－－－－－－－
で－－－－－－－－－－－－－－－－－－－－－－－－－－ とめ－－－－－－ おー－－き－－－－－－－－－－－ イ－－－－－
－－－－ る－－－－－－－－－－－－－－－

実音表記の通り

譜例 14. 23　比較譜（A：佐倉宗五郎　B：葛の葉子別れ）

A
B
e
6
3
(段切れ)

譜例 14. 24　葛の葉子別れ（長岡の瞽女屋の節）　演奏：小林ハル

2b
どう--- ま---ん--しろ-- ぎつ ね--- へん げ-に くず の----は こわ----
2c
2d
か-れ を- あら(あ) ら--よみ あ--- げ たて まつ る--- ただ な
2e
さ----- け------ や くず---の は--- は-------お--- っと に わ か れ-
- こ に---わ---か-れ----------------
♩= 90-100
accel. . . . .
3a
もと
※
まず------------ は---------- これ------に--
--------- て-------- だん の-き--------れ

実音約半音下

譜例 14. 25　葛の葉子別れ（地蔵堂のハツジサワ師匠の節）　演奏：小林ハル

（三味線）

2a
はは--は-----------------　しの--だ----へ----かえ-----ても--------
2b
いま---に　まこ-とのくず-の　は--ひめのおい　でぞえ-------
2d
くずのは---------ひ　めが---------きた-と-　ても---か　なら　ず
2e
-----------------　げ---　ぼ---と---　おもわず　に-------------

実音表記の通り

譜例 14. 26　葛の葉子別れ　　　演奏：土田ミス

実音全音上

譜例 14. 27　阿波の徳島十郎兵衛（巡礼おつる）　　演奏：坂田トキ

2a
せっ つのくには------- おお さか--- で
2b
たまづくむ--
らー--にて さし--かか-----る
2a'
またも ほうしゃ と-たち よれ---ば
2c
------ おゆみ---- わが こと---し ら--ずしてどれど れ----
2d
ほ う-----
-しゃ し ん じょう-------------
3a
おもわず

実音全音下

譜例 14. 28　阿波の徳島十郎兵衛（巡礼おつる），坂井キイ師匠の節　　演奏：小林ハル

2a
2b
としは－－－－－－よう－－よう ここ－－のつ－－－－で
せなに－－－－－おい－－－－ ずるて
に－－－ひ－－しゃ－く－－－－－－－－
じゅんれいにほう－－しゃと－－－－－いうて－－まわ－－－ る
2b'
2c
まわりきたの－－が どこ なーる－－や－－－
せっ つ の－－－ く に－－－ は－－－おお－－－ さ か－に
2d
たま つ－く り－－－－－－
む ら－－－－－－－に－－－てさしか－－－－かる－－－－－－－－－－－－－
－－－－－－
3a
またも
さてもいちざのう－えさまへ－－－－ まだゆくす
※
え－はほど なが い－－－－－
よ めば－－－りか－－いも－－－わか－－れど－－もまずは－
－－－－－－
これ－－－－－－－に－－てつぎの－－－－－だん－－－－－－－－－－－－－－

実音半音下

譜例 14. 29　白井権八（山入りの段）　　演奏：加藤イサ

2a'
ごんぱちろう は---いまははーやハ-----
じゅう----と ご さ い
----の あ-- け--のはるウ-----
2b'
いぬの けん か が----いこん
なり-----
2c
ほんじょう--すけだ---ゆう てにかけて こいし き-----
↓最終回は※へ
2d
わが---や--を まかり--た ち-----
3a
あづ
※
まずは-----
これに-----
イ------ て------とどめける-----

実音全音下

譜例 14. 30　小栗判官（支度の段）　　演奏：渡辺キク

c
つる　おききなさ-れてくだ-しゃんせ--　あわれ--なる---かや--
d
-　おはぎ---ど---の---------いよいよ　ぎりに-------せめ----ら
2a
れて-----------------------　エ---いやなな
2b
がれにおちま--する--　さらばしたーくをいたさん--と--　てなれし
2c
きょうだいーとりいーだーし　むこう---かが---みを--しゃんとたて　すが
↓最終回は※へ
2d
たをかがみにうつさーれて--　このま---すが---たの---　やつれ--
-し----の--------かみ-----の　みだれーやかお---かた　ち-----------

実音半音上

譜例 14. 31　八百屋お七（忍びの段）　演奏：鶯沢ミネ

実音表記の通り

譜例 14. 32　小栗判官　　演奏：中静ミサオ

2a
あら　あら--------よみ-　あ　げ---　たてま---つ　る---
2b
-　あわれ-------------　なる----か　や　こはぎ-ひ-め--　どう---
2c
り　と----------　ぎり　に--------　から------め-ら-------
唄
3a
ふたつの---------
ぎ　り　に------みはひ---と---つ-----
3b
こ　よい----は----
--ささ---の　おあい　て--に　さら　ば--------
3c
した　く--を--い--た　さん-

実音短3度下

譜例 14. 33　小栗判官　　　　演奏：伊平タケ

2b
なみだにくれて---- いまは
はーやー
2c
わがみの やくでは----- なけれーどーもーーー
3a
おこくしゅーーーさーま のーおこのみーでおくに
おしゃくに いでーまする--
3b
たとえ ばーーーーーー おしゃく
にー いで たとー てーーー
3c
すいて こ
のんーーでーでるでなーし とののおうせでーぜひはない---
3d
なれどもひめー
は むねにーかけーたる--- かけが ねー は はずしは-- せんーーーー
と ばーか りーーー にーー て

実音４度上

譜例 14. 34　宗五郎一代記（舟止めの段）　　演奏：伊平タケ

2b
つ－る－－－－－－－　しもう さのくに つがごお－－り
2c
2b'
さくら のじょうかに－－かくれ な－－き ほっ た
こうずけ－－さま ともう す－－る－－は
2c
ちぎょう た か はじゅうい
2e
2d
ち－まん－－と－ごせん ご－－く こう ずけ さまの じだい－よ－－り－－－－－ とりか－－の
つ よ い－－－と－－－－－－－－－－－－いうこ－－－ と－－ が
3a
まどがなんじゃく なんずん－－と
3c
3e
みのや－－く－－くわ や－－く－－ばん のうや－－くい ろ りに
たてたる ひば しま で－－－

3a'
3c'
こどものおもちゃのはてまでも-
みなやく-
3e'
とらる--る-かなしさ--に
にひゃくろくじゅう---しかそんは
4a'
4b
おやはこをつれこはおやを------
つれ
4c
てふくろをくびにか-け---
いでるひにん--が-おおけ
4e
4d
れ--ば
にひゃくろくじゅう------しかそん--の
ひとだ
ね------つきる----------ごとく-----な---り
最終回
そう---ご--------------------ろう--------------
いそ
い------でかえら-----る------る---------------

実音短3度上

譜例 14. 35　鈴木主水　　　演奏：杉本キクエ

実音短6度下

譜例 14. 36　鈴木主水　　演奏：小林ハル

実音短 6 度下

譜例 14. 37　鈴木主水　　　演奏：土田ミス

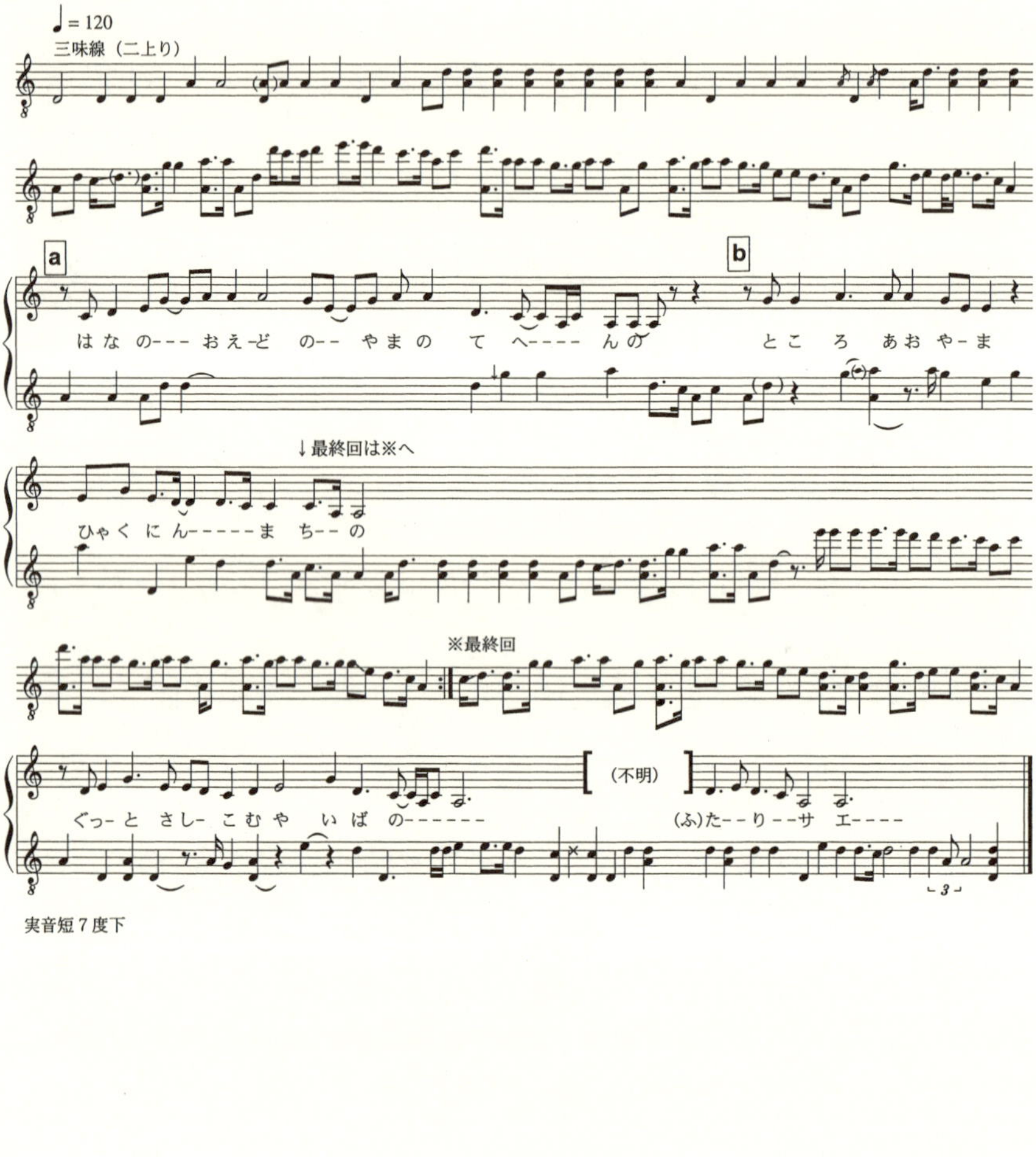

実音短 7 度下

譜例 14. 38　安五郎くどき

演奏：渡辺キク

実音短6度下

譜例 14. 39　春口説　　演奏：伊平タケ

実音増４度下

譜例 14. 40　万歳（柱立て）　　演奏：杉本キクエ・杉本シズ

（囃子詞）
サ　サ　こらこらこい　こらこらこらこいてば　なんじゃいな　こら　なんじゃい　どころかたいへんだ
ことしや　ほねんだ　こら　ほねんだってば　まんさくだ　こら　おかみさんの　しんげえさく　あったった
おお　さたゆさん　こら　だんまり　だんまり　きいてくれ　ほら　しんげえさく　というて　こら
なにが　なんぼ　あったった　おお　あった　ねんじん　ごんぼ　なすに　いんげん　じゅうろく　ささげ
いもなんぞ　あったた　こら　いもなんぞ　よいもんで　おやくって　こくって　こら　ずいき　くって　はくって
a3
あとにのこるのは　きんきらきんの　けばかりだ　というったのは　たゆうさんは　どうじゃ
b2
せいりょうでんの－　こなたに－－－

(掛け声)アイチャイチャ
a4
は　たたせ　たも--みてやれ--ば--つくりのけっ--こ　きれいやきれいや
あやの　へり-も-ごひゃくりょう---よ　にしきの　へりも---ごひゃくりょう　よ
(掛け声)アイチャイチャ
b3
こうらいべりも--ごひゃくりょう-よ　あわしてせんと-ごひゃくりょう-
の　たたみ　さらさ　ら--さらと　しかわせた--まいけ---る　みなみのかたでは--
(掛け声)アイチャイチャ
a5
しろかね　の　やまをつかわせたんま-いけ---る　ほう　おうが--
a6
まい　あそ---ぶ　にしあたってさんじゅう　じゅう　の　こがねの--やまを
(掛け声)アイチャイチャ
つかわせた--まいけ---る　つるとかめとが---まいあ-そ-ぶ

b4
ふうてん　どうがく たてなら----べ　だい- はんにゃ は いっ-せん-- かん　あわして ろっ-
(掛け声) アイチャイチャ
a7
ぴゃくかん-- は　ながの じゅう に と られ た んまいけ-- るコラのこり
(掛け声) アイチャイチャ
c2
し-ひやくか ん は　この どう へ あ まくだらせた んまいけ-- る　まずは
(囃子詞) サ サ コラコラコイ コラコラコラコイ てば
ここらで さい ぞうが ば ん だ-------
(終わり)
まことにめで とう そう　ら い け---- る-------
accel. . . . .

実音約増４度下

譜例 14.41　万歳（経文）　　演奏：金子セキ・中静ミサオ

そう- ら- い- け (る)
まず は- こ こ ら で- さいぞう- - が ばん- - - だ ああいいともさいぞうなんでもいいから
(才蔵、一人)
いせいよくやってくれ こらこい こらこらこらこらこらこらこいでばきいてくれ こらきいてくれ ては
たゆうさんお ればかこうだかやるせがないほらきくともなんでもやってくれ ああさいぞうなんてば
さべくりだしたが とめどがないあながいもんでもうそうかいあみじかいもんでももうそうか
こいつはべらぼめながいなっという たが まず は- こ こ ら で- たゆうさんが ばん- - だ- - - - - -
(三味線)
a2
(太夫、二人)
だんなが ところにそう- ろう- - ずん ば- - い もん- - だいに ひがさん
b4
じゅうなりんばと- - - て にしゆきじょうどがとかわれた- - - - り ひが し

b5
ぐん さ り きょう よ－ み な み の う が た が た－－もん てん－－－－－ う し－－－－－と ら こ う－－ ぶ く
て ん－－ と か る が う え で は げん そう－ぼう し－－ さん ぞう ぼう し が て ん じ く に と
b6
のん ぶ り－－－ て ま こ と に きょう も ん ご ざ り た－－－ り ま ず きょう もん［ ］ に
↓（最終回は※へ）
c2
と り て は－－ む か し の お きょう は なん－－ば の きょう－－－ よ な か－－－ ほ ど が な ら の
（才蔵、一人）
きょう－－－ よ ま ず は こ こ ら で さい－ ぞう が ばん－－－ああ こ ら こい こ ら こ ら こ ら こ ら
（※）
［ ］ ご まん ざ い と ま こ と に め で－－－と う そ う－－－ らい
け－－－ る－－－－－－－－－－－－－－－－－－－－

実音増４度下

譜例 14. 42　万　歳　　　　演奏：小林ハル・土田ミス

こらにさいぞうがばんだ ハーイ ドさいぞうさいぞうなんだしっかりはやしはどうでもいいぞ
(才蔵)
ハ コラコイアラハコラコイ コラコラコラコラコラコイってばなんでもこい コラさいぞうなんぞうしゃべくり
(pp)
(pp)
だしたらとめどがない ことしやほうねんだアほうねんだってばまんさくだコラあにのたが せんがりで
(pp)
かかのたがまんがりでコラせんがりまんがりかりこんで それをみでもってすうくいこみ
ますでもってはかりこみ やっとこさでおくまでおしこんだというたが さあ さ--おい
(太夫)
わいだ- がたゆうさんのばん コラコイコイ ヤレコラコイコイ
(f)
(終わり)（太夫・才蔵）
だんながうちにも 上には鶴、下には亀、日出たいところのご万歳
実音5度下

譜例 14. 43　万歳（柱立て）　演奏：伊平タケ・朝比奈尚行

まことにめで　と－そ－－－らえ－－－ば　が－　まずはここらで－－－さい
(才蔵)
そらこい　そらこいこらこいこいこい　さい
ぞう－－が－ばん　だ　こらいいともさいぞうやってくれ
ぞうなんどはしゃべくりだしたらとめどがない　あわぶくたったにいたった　コラお　ろしご　ろのくいごろだ　めでたい
(調絃)
なかのそのなかに　しちふくじんが　よりあつまったがたいへんじゃ　ななつのくら　をばこの
やしき　きりりしゃんとあったった　コラまめだらまめのらおったった　びしゃもんぜにぐら
(調絃)
あったった
(太夫)
と－いう (いう) た　が－た　ゆう－さん のばん　だ　ああいいともさいぞううまい
ぞううまいぞ　ま

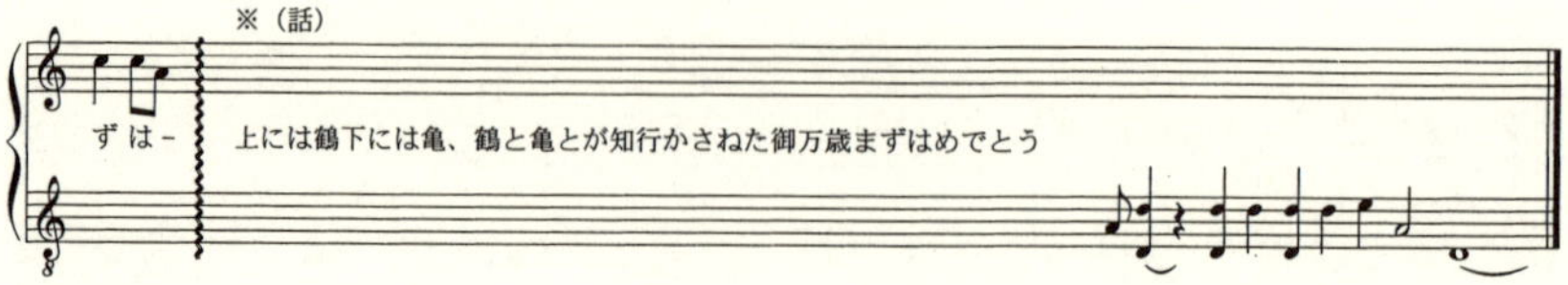
※（話）
ず は－
上には鶴下には亀、鶴と亀とが知行かさねた御万歳まずはめでとう

実音全音～短３度下

譜例 14.44　春　駒

演奏：杉本キクエ他

実音短７度下

譜例 14. 45　地蔵和讃　　演奏：杉本キクエ他

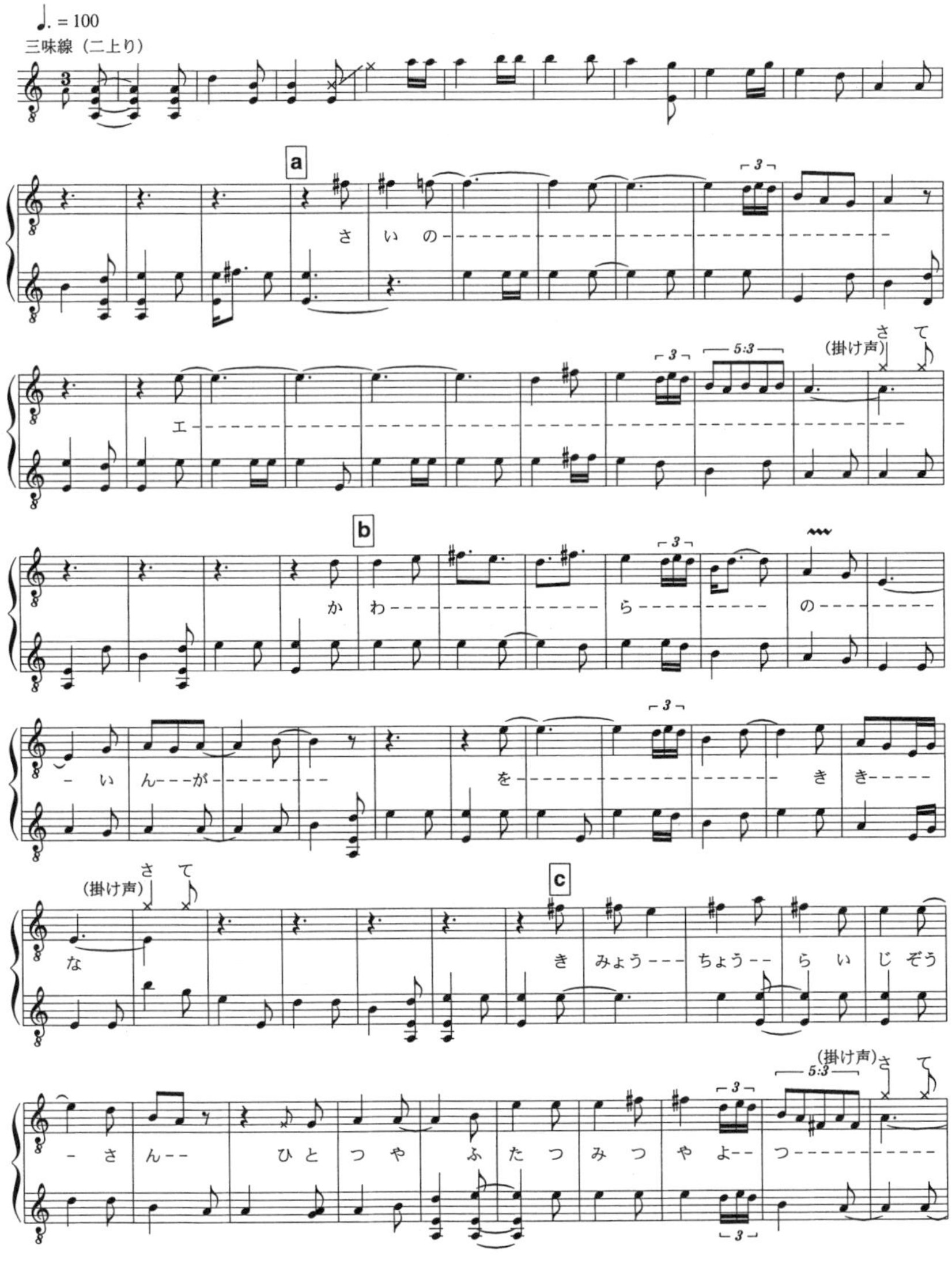

c2
とよりしたのおさなーーごはーーーー
むじょうのかぜにさそわれーーてーーーーーーーーーーーーー
(掛け声)さ　て
5:3
3
c3
さいのかわらへはつたーーーびにーーーーーーーさいの
かわらへゆきついーーーーーてーーーーーーーーーーーーーー
(掛け声)さ　て
5:3
↓最終回は※へ
c4
※
d
さいさこいこいーーとよびよせーーーーーーー
4:3
5:3
てーーーーーーーーーーけさやヨーーーーーーーころもほいこ
ろーーーーーーーーもーーーーーにーーーーーーーーーーかいーーーーーーーくるーーーーーみ
4:3